中华传世藏书

【图文珍藏版】

二十五史

姜涛⊙主编

线装书局

韩世忠传

【题解】

韩世忠（1089～1151），南宋名将。字良臣，延安人。年轻时曾参加镇压方腊起义军。金兵入侵，他在河北力抗金军，屡立战功，历任御营左都统制、武胜昭庆军节度使、浙西制置使。建炎四年（1130），与金将兀术大战于黄天荡，相持四十八日，以八千水军击败金兵十万人。后镇守楚州十余年，屡挫金兵。他先后多次上疏，反对宋金议和，曾以岳飞冤狱，当面责问秦桧。因其抗金主张不被朝廷采纳，自请解职，闭门谢客至死。所部号称"韩家军"，与"岳家军"齐名。

【原文】

韩世忠字良臣，延安人。风骨伟岸，目瞬如电。早年鸷勇绝人，能骑生马驹。家贫无产业，嗜酒尚气，不可绳检。日者言当作三公，世忠怒其侮己，殴之。年十八，以敢勇应募乡州，隶赤籍，挽强驰射，勇冠三军。

崇宁四年，西夏骚动，郡调兵捍御，世忠在遣中。至银州，夏人婴城自固，世忠斩关杀敌将，掷首陴外，诸军乘之，夏人大败。既而以重兵次嵩平岭，世忠率精锐鏖战，解去。俄复出间道，世忠独部敢死士殊死斗，敌少却，顾一骑士锐甚，问俘者，曰："监军驸马兀啰也。"跃马斩之，敌众大溃。经略司上其功，童贯董边事，疑有所增饰，止补一资，众弗平。

从刘延庆筑天降山砦，为敌所据，世忠夜登城斩二级，割护城毡以献。继遇敌佛口砦，又斩数级，始补进义副尉。至藏底河，斩三级，转进勇副尉。

宣和二年，方腊反，江、浙震动，调兵四方，世忠以偏将从王渊讨之。次杭州，贼奄至，势张甚，大将

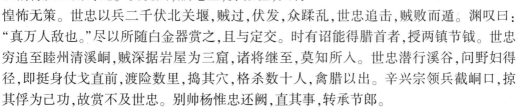

韩世忠

惶怖无策。世忠以兵二千伏北关堰，贼过，伏发，众踩乱，世忠追击，贼败而遁。渊叹曰："真万人敌也。"尽以所随白金器赏之，且与定交。时有诏能得腊首者，授两镇节钺。世忠穷追至睦州清溪峒，贼深据岩屋为三窟，诸将继至，莫知所入。世忠潜行溪谷，问野妇得径，即挺身仗戈直前，渡险数里，捣其穴，格杀数十人，禽腊以出。辛兴宗领兵截峒口，掠其俘为己功，故赏不及世忠。别帅杨惟忠还阙，直其事，转承节郎。

三年，议复燕山，调诸军，至则皆溃。世忠往见刘延庆，与苏格等五十骑俱抵滹沱河。逢金兵两千余骑，格失措，世忠从容令格等列高冈，戒勿动。属燕山溃卒舟集，即命舣河

岸,约鼓譟助声势。世忠跃马薄敌,回旋如飞。敌分二队据高阜,世忠出其不意,突二执旗者,因奋击,格等夹攻之,舟卒鼓譟,敌大乱,追斩甚众。时山东、河北盗贼蜂起,世忠从王渊、梁方平讨捕,禽戮殆尽,积功转武节郎。

钦宗即位,从梁方平屯狁州。金人压境,方平备不严,金人迫而遁,王师数万皆溃。世忠陷重围中,挥戈力战,突围出,焚桥而还。钦宗闻,召对便殿,询方平失律状,条奏甚悉。转武节大夫。诏诸路勤王兵领所部入卫,会金人退,河北总管司辟选锋军统制。

时胜捷军张师正败,宣抚副使李弥大斩之,大校李复鼓众以乱,淄、青之附者合数万人,山东复扰。弥大檄世忠将所部追击,至临淄河,兵不满千,分为四队,布铁蒺藜自塞归路,令曰:“进则胜,退则死,走者命后队剿杀。”于是莫敢返顾,皆死战,大破之,斩复,余党奔溃。乘胜逐北,追至宿迁,贼尚万人,方拥子女椎牛纵酒。世忠单骑夜造其营,呼曰:“大军至矣,亟束戈卷甲,吾能保全汝,共功名。”贼骇愕请命,因跪进牛酒。世忠下马解鞍,饮啖之尽,于是众悉就降。黎明,见世忠军未至,始大悔失色。以功迁左武大夫、果州团练使。

诏入朝,授正任单州团练使,屯滹沱河。时真定失守,世忠知王渊守赵,遂亟往。金人至,闻世忠在,攻益急,粮尽援绝,人多勉其溃围去,弗听。会大雪,夜半,以死士三百捣敌营。敌惊乱,自相击刺,及旦尽遁。后有自金国来者,始知大酋是日被创死,故众不能支。迁嘉州防御使。

还大名,赵野辟为前军统制。时康王如济州,世忠领所部劝进。金人纵兵逼城,人心恟惧,世忠据西王台力战,金人少却。翌日,酋帅率众数万至,时世忠戏下仅千人,单骑突入,斩其酋长,遂大溃。

康王即皇帝位,授光州观察使、带御器械。世忠请移都长安,下兵收两河,时论不从。初建御营,为左军统制。是岁,命王渊、张俊讨陈州叛兵,刘光世讨黎驿叛兵,乔仲福讨京东贼李昱,世忠讨单州贼鱼台。世忠已破鱼台,又击黎驿叛兵败之,皆斩以献。于是群盗悉平,入备宿卫。而河北贼丁顺、杨进等皆赴招抚司,宗泽收而用之。

建炎二年,升定国军承宣使。帝如扬州,世忠以所部从。时张遇自金山来降,抵城下,不解甲,人心危惧,世忠独入其垒,晓以逆顺,众悉听命。李民众十万亦降,比至,有反覆状。王渊遣世忠谕旨,世忠知其党刘彦异议,即先斩彦,殴李民出,缚小校二十九人,送渊斩之。事定,授京西等路捉杀内外盗贼。

金人再攻河南,翟进合世忠兵夜袭悟室营,不克,反为所败。会丁进失期,陈思恭先遁,世忠被矢如棘,力战得免。还汴,诘一军之先退者皆斩,左右惧。进由是与世忠有隙,寻以叛诛。

召世忠还,授鄜延路副总管,加平寇左将军,屯淮阳,会山东兵拒敌。粘罕闻世忠扼淮阳,乃分兵万人趋扬州,自以大军迎世忠战。世忠不敌,夜引归,敌蹑之,军溃于沭阳,阁门宣赞舍人张遇死之。

三年,帝召诸将议移跸,张俊、辛企宗请往湖南,世忠曰:“淮、浙富饶,今根本地,讵可舍而之他?人心怀疑,一有退避,则不逞者思乱,重湖、闽岭之遥,安保道路无变乎?淮、

江当留兵为守，车驾当分兵为卫，约十万人，分半扈江、淮上下，止余五万，可保防守无患乎？"在阳城收合散亡，得数千人，闻帝如钱塘，即繇海道赴行在。

苗傅、刘正彦反，张浚等在平江议讨乱，知世忠至，更相庆尉，张俊喜跃不自持。世忠得俊书，大恸，举酒酹神曰："誓不与此贼共戴天！"士卒皆奋。见浚曰："今日大事，世忠愿与张俊身任之，公无忧。"欲即进兵。浚曰："投鼠忌器，事不可急，急则恐有不测，已遣冯轓甘言诱贼矣。"

三月戊戌，以所部发平江。张俊虑世忠兵少，以刘宝兵二千借之。舟行载甲士，锦亘三十里。至秀州，称病不行，造云梯，治器械，傅等始惧。初，傅、正彦闻世忠来，檄以其兵屯江阴。世忠以好语报之，且言所部残零，欲赴行在。傅等大喜，许之至，矫制除世忠及张俊为节度使，皆不受。

时世忠妻梁氏及子亮为傅所质，防守严密。朱胜非给傅曰："今白太后，遣二人慰抚世忠，则平江诸人益安矣。"于是召梁氏入，封安国夫人，俾迓世忠，速其勤王。梁氏疾驱出城，一日夜会世忠于秀州。

未几，明受诏至，世忠曰："吾知有建炎，不知有明受。"斩其使，取诏焚之，进兵益急。傅等大惧。次临平，贼将苗翊、马柔吉负山阻河为阵，中流植鹿角，梗行舟。世忠舍舟力战，张俊继之，刘光世又继之。军少却，世忠复舍马操戈而前，令将士曰："今日当以死报国，面不被数矢者皆斩。"于是士皆用命。贼列神臂弩持满以待，世忠瞋目大呼，挺刃突前，贼辟易，矢不及发，遂败。傅、正彦拥精兵二千，开涌金门以遁。

世忠驰入，帝步至宫门，握世忠手恸哭曰："中军吴湛佐逆为最，尚留朕肘腋，能先诛乎？"世忠即谒湛，握手与语，折其中指，戮于市；又执贼谋主王世修以属吏。诏授武胜军节度使、御营左军都统制。请于帝曰："贼拥精兵，距瓯、闽甚迩，傥成巢窟，卒未可灭，臣请讨之。"于是以为江、浙制置使，自衢、信追击，至渔梁驿，与贼遇。世忠步走挺戈而前，贼望见，咋曰："此将军也！"皆惊溃。擒正彦及傅弟翊送行在，傅亡建阳，追禽之，皆伏诛。世忠初陛辞，奏曰："臣誓生获贼，为社稷刷耻，乞殿前二虎贲护俘来献。"至是，卒如其言。帝手书"忠勇"二字，揭旗以赐。授检校少保、武胜昭庆军节度使。

兀术将入侵，帝召诸将问移跸之地，张俊、辛企宗劝自鄂、岳幸长沙，世忠曰："国家已失河北、山东，若又弃江、淮，更有何地？"于是以世忠为浙西制置使，守镇江。既而兀术分道渡江，诸屯皆败，世忠亦自镇江退保江阴。杜充以建康降敌，兀术自广德破临安，帝如浙东。世忠以前军驻青龙镇，中军驻江湾，后军驻海口，俟敌归邀击之。帝召至行在，奏："方留江上截金人归师，尽死一战。"帝谓辅臣曰："比吕颐浩在会稽，尝建此策，世忠不谋而同。"赐亲札，听其留。

会上元节，就秀州张灯高会，忽引兵趋镇江。及金兵至，则世忠军已先屯焦山寺。金将李选降，受之。兀术遣使通问，约日大战，许之。战将十合，梁夫人亲执桴鼓，金兵终不得渡。尽归所掠假道，不听；请以名马献，又不听。挞辣在潍州，遣孛堇太一趋淮东以援兀术，世忠与二酋相持黄天荡者四十八日。太一孛堇军江北，兀术军江南，世忠以海舰进泊金山下，预以铁绠贯大钩授骁健者。明旦，敌舟骤而前，世忠分海舟为两道出其背，每缒一绖，则曳一舟沉之。兀术穷蹙，求会语，祈请甚哀。世忠曰："还我两宫，复我疆土，则可以相全。"兀术语塞。

又数日求再会，言不逊，世忠引弓欲射之，亟驰去，谓诸将曰："南军使船如使马，奈何？"募人献破海舟策。闽人王某者，教其舟中载土，平版铺之，穴船版以櫂桨，风息则出江，有风则勿出。海舟无风，不可动也。又有献谋者曰："凿大渠接江口，则在世忠上流。"兀术一夕潜凿渠三十里，且用方士计，刑白马，剔妇人心，自割其额祭天。次日风止，我军帆弱不能运，金人以小舟纵火，矢下如雨。孙世询、严允皆战死，敌得绝江遁去。世忠收余军还镇江。

初，世忠谓敌至必登金山庙，观我虚实。乃遣兵百人伏庙中，百人伏岸浒，约闻鼓声，岸兵先入，庙兵合击之。金人果五骑闯入，庙兵喜，先鼓而出，仅得二人。逸其三，中有绛袍玉带、既坠而复驰者，诘之，乃兀术也。是役也，兀术兵号十万，世忠仅八千余人。帝凡六赐札，褒奖甚宠。拜检校少师、武成感德军节度使、神武左军都统制。

建安范汝为反，辛企宗等讨捕未克，贼势愈炽。以世忠为福建、江西、荆湖宣抚副使，世忠曰："建居闽岭上流，贼沿流而下，七郡皆血肉矣。"亟领步卒三万，水陆并进。次剑潭，贼焚桥，世忠策马先渡，师遂济。贼尽塞要路拒王师，世忠命诸军偃旗仆鼓，径抵凤凰山，眺瞰城邑，设云梯火楼，连日夜并攻，贼震怖叵测。五日城破，汝为畲身自焚，斩其弟岳、吉以徇，禽其谋主谢向、施逵及裨将陆必强等五百余人。

世忠初欲尽诛建民，李纲自福州驰见世忠曰："建民多无辜。"世忠令军士驰城上毋下，听民自相别，农给牛谷，商贾弛征禁，胁从者汰遣，独取附贼者诛之。民感更生，家为立祠。捷闻，帝曰："虽古名将何以加。"赐黄金器皿。

世忠因奏江西、湖南寇贼尚多，乞乘胜讨平。广西贼曹成拥余众在郴、邵。世忠既平闽寇，旋师永嘉，若将就休息者。忽由处、信径至豫章，连营江滨数十里，群贼不虞其至，大惊。世忠遣人招之，成以其众降，得战士八万，遣诣行在。

遂移师长沙。时刘忠有众数万，据白面山，营栅相望。世忠始至，欲急击，宣抚使孟庾不可，世忠曰："兵家利害，策之审矣，非参政所知，请期半月效捷。"遂与贼对垒，奕棋张饮，坚壁不动，众莫测。一夕，与苏格联骑穿贼营，候者呵问，世忠先得贼军号，随声应之，周览以出，喜曰："此天赐也。"夜伏精兵二千于白面山，与诸将拔营而进。贼兵方迎战，所遣兵已驰入中军，夺望楼，植旗盖，传呼如雷，贼回顾惊溃，麾将士夹击，大破之，斩忠首，湖南遂平。授太尉，赐带、笏，仍敕枢密以功谕示内外诸将。师还建康，置背嵬军，皆能骛绝伦者。九月，为江南东、西路宣抚使，置司建康。

三年三月，进开府仪同三司，充淮南东、西路宣抚使，置司泗州。时闻李横进师讨伪齐，议遣大将，以世忠忠勇，故遣之。仍赐广马七纲，甲千副，银二万两，帛二万匹；又出钱百万缗，米二十八万斛，为半岁之用。命户部侍郎姚舜明诣泗州，总领钱粮；仓部郎官孙逸如平江府、常秀饶州，督发军食。李横兵败还镇，世忠不果渡淮。

四年，以建康、镇江、淮东宣抚使驻镇江。是岁，金人与刘豫合兵，分道入侵。帝手札命世忠饬守备，图进取，辞旨恳切。世忠受诏，感泣曰："主忧如此，臣子何以生为！"遂自镇江济师,俾统制解元守高邮,候金步卒;亲提骑兵驻大仪,当敌骑,伐木为栅,自断归路。

会遣魏良臣使金,世忠撤炊爨,绐良臣有诏移屯守江,良臣疾驰去。世忠度良臣已出境,即上马令军中曰:"眡吾鞭所向。"于是引军次大仪,勒五阵,设伏二十余所,约闻鼓即起击。良臣至金军中,金人问王师动息,具以所见对。聂儿孛堇闻世忠退,喜甚,引兵至江口,距大仪五里;别将挞孛也拥铁骑过五阵东。世忠传小麾鸣鼓,伏兵四起,旗色与金人旗杂出,金军乱,我军迭进。背嵬军各持长斧,上揕人胸,下斫马足。敌被甲陷泥淖,世忠麾劲骑四面蹂躏,人马俱毙,遂擒挞孛也等二百余人。

所遣董旼亦击金人于天长县之鸦口,擒女真四十余人。解元至高邮,遇敌,设水军夹河阵,日合战十三,相拒未决。世忠遣成闵将骑士往援,复大战,俘生女真及千户等。世忠复亲追至淮,金人惊溃,相蹈藉,溺死甚众。

捷闻,群臣入贺,帝曰:"世忠忠勇,朕知其必能成功。"沈与求曰:"自建炎以来,将士未尝与金人迎敌一战,今世忠连捷以挫其锋,厥功不细。"帝曰:"第优赏之。"于是部将董旼、陈桷、解元、呼延通等皆峻擢有差。论者以此举为中兴武功第一。

时挞辣屯泗州,兀术屯竹塾镇,为世忠所扼,以书币约战,世忠许之,且使两伶人以橘、茗报聘。会雨雪,金馈道不通,野无所掠,杀马而食,蕃汉军皆怨。兀术夜引军还,刘麟、刘猊弃辎重遁。

五年,进少保。六年,授武宁安化军节度使、京东淮东路宣抚处置使,置司楚州。世忠披草莱,立军府,与士同力役。夫人梁亲织薄为屋。将士有怯战者,世忠遗以巾帼,设乐大宴,俾妇人妆以耻之,故人人奋厉。抚集流散,通商惠工,山阳遂为重镇。刘豫兵数入寇,辄为世忠所败。

时张浚以右相视师,命世忠自承、楚图淮阳。刘豫方聚兵淮阳,世忠即引军渡淮,旁符离而北,至其城下。为贼所围,奋戈一跃,溃围而出,不遗一镞。呼延通与金将牙合孛堇搏战,扼其吭而禽之,乘锐掩击,金人败去。既而围淮阳,贼坚守不下,约曰:"受围一日,则举一烽。"至是,六烽具举,兀术与刘猊皆至。世忠求援于张俊,俊以世忠有见吞意,不从。世忠勒阵向敌,遣人语之曰:"锦衣骢马立阵前者,相公也。"或危之,世忠曰:"不如是,不足以致敌。"敌果至,杀其导战二人,遂引去。寻诏班师,复归楚州,淮阳之民,从而归者以万计。

三月,除京东、淮东宣抚处置使兼节制镇江府,仍楚州置司。四月,赐号"扬武翊运功臣",加横海、武宁、安化三镇节度使。九月,帝在平江,世忠自楚州来朝。

十月,边报急,刘光世欲弃庐州还太平,张俊亦请益兵。都督张浚曰:"今日之事,有进击,无退保。"于是世忠引兵渡淮,与金将讹里也力战。刘猊将寇淮东,为世忠兵扼,不得进。七年,筑高邮城,民益安之。

初,世忠移屯山阳,遣间结山东豪杰,约以缓急为应,宿州马秦及太行群盗,多愿奉约束者。金人废刘豫,中原震动,世忠谓机不可失,请全师北讨,招纳归附,为恢复计。会秦桧主和议,命世忠徙屯镇江。世忠言:"金人诡诈,恐以计缓我师,乞留此军蔽遮江、淮。"又力陈和议之非,愿效死节,率先迎敌;若不胜,从之未晚。又言王伦、蓝公佐交河南地界,乞令明具无反覆文状为后证。章十数上,皆慷慨激切,且请单骑诣阙面奏,帝率优诏褒答。后金果渝盟,咸如其言。

金使萧哲之来,以诏谕为名,世忠闻之,凡四上疏言:"不可许,愿举兵决战,兵势最重处,臣请当之。"又言:"金人欲以刘豫相待,举国士大夫尽为陪臣,恐人心离散,士气凋沮。"且请驰驿面奏,不许。既而伏兵洪泽镇,将杀金使,不克。

九年,授少师。十年,金人败盟,兀术率撒离曷、李成等破三京,分道深入。八月,世忠围淮阳,金人来救,世忠迎击于泇口镇,败之。又遣解元击金人于潭城,刘宝击于千秋湖,皆捷。亲随将成闵从统制许世安夺淮阳门而入,大战门内。世安中四矢,闵被三十余创,复夺门出。世忠奏其功,擢武德大夫,闵由是知名。世忠进太保,封英国公,兼河南、北诸路招讨使。

十一年,兀术耻顺昌之败,复谋再入,诏大合兵于淮西以待。既而金败于柘皋,复围濠州。世忠受诏救濠,以舟师至招信县,夜以骑兵击金人于闻贤驿,败之。金人攻濠州,五日而破。破三日,世忠至,杨沂中军已南奔。世忠与金人战于淮岸,夜遣刘宝泝流将劫之,金人伐木塞赤龙洲,扼其归路,世忠知之,全师而还。金人自涡口渡淮北去,自是不复入侵。世忠在楚州十余年,兵仅三万,而金人不敢犯。

秦桧收三大将权,四月,拜枢密使,遂以所积军储钱百万贯,米九十万石,酒库十五归于国。世忠既不以和议为然,为桧所抑。及魏良臣使金,世忠又力言:"自此人情消弱,国势委靡,谁复振之?北使之来,乞与面议。"不许,遂抗疏言桧误国。桧讽言者论之,帝格其奏不下。世忠连疏乞解枢密柄,继上表乞骸。十月,罢为醴泉观使、奉朝请,进封福国公,节钺如故。自此杜门谢客,绝口不言兵,时跨驴携酒,从一二奚童,纵游西湖以自乐,平时将佐罕得见其面。

十二年,改潭国公。显仁皇后自金还,世忠诣临平朝谒。后在北方闻其名,慰问者良久。十三年,封咸安郡王。十七年,改镇南、武安、宁国节度使。二十一年八月薨,进拜太师,追封通义郡王。孝宗朝,追封蕲王,谥忠武,配飨高宗庙庭。

世忠初得疾,敕尚医视疗,将吏卧内问疾,世忠曰:"吾以布衣百战,致位王公,赖天之灵,保首领没于家,诸君尚哀其死邪?"及死,赐朝服、貂蝉冠、水银、龙脑以敛。

世忠尝戒家人曰:"吾名世忠,汝曹毋讳'忠'字,讳而不言,是忘忠也。"性戆直,勇敢忠义,事关庙社,必流涕极言。岳飞冤狱,举朝无敢出一语,世忠独撄桧怒,语在《桧传》。又抵排和议,触桧尤多,或劝止之,世忠曰:"今畏祸苟同,他日瞑目,岂可受铁杖于太祖殿下?"时一二大将,多曲狗桧苟全,世忠与桧同在政地,一揖外未尝与谈。

嗜义轻财,锡赉悉分将士,所赐田输租与编户等。持军严重,与士卒同甘苦,器仗规画,精绝过人,今克敌弓、连锁甲、狻猊鍪,及跳涧以习骑,洞贯以习射,皆其遗法也。尝中毒矢入骨,以强弩括取之,十指仅全四,不能动,刀痕箭瘢如刻画。然知人善奖用,成闵、解元、王胜、王权、刘宝、岳超起行伍,秉将旄,皆其部曲云。解兵罢政,卧家凡十年,澹然自如,若未尝有权位者。晚喜释、老,自号清凉居士。

子彦直、彦质、彦古,皆以才见用。彦古户部尚书。

韩世忠字良臣，延安人。身材魁梧，目光如电。少年时代勇猛过人，能驾驭未驯服的烈马。家中贫穷没有任何产业，喜好饮酒使气，无拘无束。有一位算卦先生说他日后能成为三公，韩世忠认为是侮辱自己而勃然大怒，痛打了他一顿。十八岁时，以勇敢无畏而应募于乡州，成为在籍士兵，力挽强弓，驰马射箭，武勇列三军之首。

崇宁四年，西夏叛乱，各郡调兵前去防御，韩世忠也在被派遣的行列。来到银州，西夏人环城固守，韩世忠砍开城门杀死敌将，并把其脑袋扔到城垛外，各部队乘机而上，西夏人大败。随后敌人重兵进至蒿平岭，韩世忠率领精锐士兵与敌激战，敌军溃散退去。一会儿又从小路杀出，韩世忠独自率敢死队员拼死格斗，敌人稍稍退却。这时他看见敌丛中有一个骑士十分强悍，就问俘虏这是谁，俘虏回答："是监军驸马兀嘌。"韩世忠跃马赶上去杀他，敌军大败而逃。经略司上报他的功劳，童贯督察边境战事，怀疑上报中有不实之词，仅仅提升了世忠一级官职，众人为之愤愤不平。

跟随刘延庆修筑天降山营寨，被敌军占据，韩世忠深夜登上城墙杀了两名敌兵，割下敌人护城用的毡子回来呈献。紧接着，在佛口寨与敌人遭遇，又斩首数级，这才被提升为进义副尉。部队进抵藏底河，斩首三级，转任进勇副尉。

宣和二年，方腊造反，震动了江浙一带，朝廷从各地调兵遣将，韩世忠以偏将的身份跟从王渊征讨方腊。部队驻守杭州，贼军突然赶来，声势十分浩大，宋军主将惊慌失措，韩世忠率二千名士兵埋伏在北关堰，贼军路过此地，伏军杀出，贼军自相践踏，乱成一团，韩世忠乘势追击，贼军大败而逃。王渊叹息道："真是力敌万人啊。"把随身带的白金器皿全部赏赐给了他，并与他建立了交情。当时皇帝下诏说取得方腊首级的人，授予其两镇节钺。韩世忠率部下一路穷追不舍赶到睦州清溪峒，贼人依托高峻的房屋在地下挖成纵深连贯的避难洞穴，众将领相继赶到，都不知洞口所在。韩世忠悄悄地穿过小河谷，向一位村姑打听到一条小路，立即挺身端着长矛径直前进，跋涉了数里地，冲入那个洞穴，格杀了数十人，生擒了方腊并把他押出洞来。辛兴宗率部下堵住洞口，把方腊抢走作为自己的功劳，所以朝廷赏赐没有韩世忠的份儿。辅助部队的主帅杨惟忠返回朝廷，直言此事经过，韩世忠调任承节郎。

三年，朝廷商议收复燕山，征调来的各部队刚进至敌境就全被打败。韩世忠前去进见刘延庆，与苏格等人率五十名骑兵一起抵达滹沱河，正遇上金人的二千多名骑兵。苏格惊慌恐怖，束手无策，韩世忠从容不迫的命令苏格等人排列在高岗上，告诫他们千万不要乱动。恰好从燕山方向溃败下来的士兵聚集乘船，立即命令他们把船停靠在岸边，与他们约定到时击鼓呐喊以助声威。韩世忠拍马迫进敌人，驰骋如飞。敌人分成二队占据高陵，韩世忠趁敌不注意，飞马撞倒了两个掌旗的金兵，随即奋勇冲杀，苏格等人见状也出击夹攻敌人，船上的士兵击鼓助威，敌人大乱，韩世忠紧追不舍，斩杀了许多人。当时山东、河北的盗贼蜂起，韩世忠跟从王渊、梁方平征讨围捕，盗贼几乎被消灭干净，因积功甚多，升任武节郎。

宋钦宗即位后,韩世忠跟随梁方平屯守浚州。金兵大举压境,梁方平准备不周密,金兵刚接近就逃走了,数万宋军全部溃散。韩世忠身陷金兵的重重包围之中,挥枪力战,终于杀出重围,烧了桥梁返回来。宋钦宗得知他回来,在便殿里召见韩世忠,询问梁方平违背军令的情况,韩世忠逐条对答,十分详尽。转任武节大夫。皇帝下诏命令各路的勤王军率领所部人马前来京师护卫,这时金兵退走,韩世忠接受河北总管司的征召,担任选锋军统制。

当时,胜捷军的张师正作战失利,宣抚副使李弥大杀了他,大校李复鼓动众人乘机闹事,淄州、青州一带依附他的人有数万人,山东地区再次动荡不安。李弥大急忙传令韩世忠率领所部

宋代服饰

人马追击叛军,进至临淄河,手下士兵不满千人,分成四队,在自己的归路上撒放了铁蒺藜,下令说:"前进就会胜利,后退就是死亡,谁要逃跑我就命令最后一队士兵就地格杀。"于是没有一个人敢回头顾盼,全都拼死力战,大破敌人,杀死李复,其余的同伙溃败逃窜。韩世忠乘胜追赶,追到宿迁,贼军还有一万人,正怀抱着女人,杀牛酾酒作乐。韩世忠一个人骑着马来到他们的营地,高声喊道:"大军已经来了,赶快捆好武器,卷起铠甲,我能保证你们的生命安全,共同建树功名。"贼众惊颤不已,祈求保全性命,并跪在地上进献牛肉和酒。韩世忠跳下战马,解开鞍子,豪饮大嚼,一扫而尽,于是贼众全部归降。黎明时,见韩世忠的部队并没有来到,才开始后悔地变了脸色。因功升任左武大夫、果州团练使。

皇帝诏令韩世忠前来朝廷,授予他正式的单州团练使的职务,屯驻滹沱河。当时真定失守,韩世忠得知王渊守卫赵州,于是火速赴援。金兵来到,所说韩世忠也在城中,攻打越发激烈,宋军粮尽援绝,许多人劝他突围离去,不听。正赶上天降大雪,夜半时分,韩世忠率领敢死队员三百名直捣敌营。敌军突受其惊,乱作一团,自相残杀,等天亮时全部逃去。后来,有人从金国回来,才知道金军的大首领这天被打死,所以敌众无心恋战。韩世忠升任嘉州防御使。

返回大名,赵野征召他担任前军统制。当时康王到济州去,韩世忠率所部上书劝康王进皇帝位。金人发兵攻城,众人恐惧不安,韩世忠依托西王台力战,金兵稍稍退却。第二天,金军主帅率领数万人马赶来,而这时韩世忠部下仅有一千人,韩世忠单枪匹马,冲入敌阵,斩杀敌军主帅,于是金兵大败而逃。

康王即皇帝位,任命韩世忠为光州观察使、带御器械。韩世忠请皇帝迁都到长安,发兵收复两河地区,当时把持朝政的人没有听取这个意见。开始建立御营,韩世忠担任左军统制。这一年,朝廷命令王渊、张俊讨伐陈州的叛军,刘光世进讨黎骅叛军,乔仲福进讨京东贼军李昱,韩世忠征讨单州的贼军鱼台。韩世忠击败了鱼台,又进击黎骅叛军并

打败了他们，都斩首来献。从此各处群盗全部被平定，韩世忠率部担负宿卫皇帝的任务。而河北贼丁顺、杨进等全都归附了招抚司，宗泽收容并起用他们。

建炎二年，升任定国军承宣使。皇帝到扬州去，韩世忠率部随行。当时张遇从金山前来投降，到达城下，却兵不解甲、马不卸鞍，众人心内颇感畏惧。韩世忠独自一个人进入张遇的军营，告诉他叛逆和附顺的道理所在，众人全都表示服从朝廷的命令。李民率十万人也前来归降，来到时却有反复的迹象。王渊派韩世忠前去传达圣旨，韩世忠得知他的同伙刘彦持有异议，就首先杀了刘彦，把李民痛打了一顿并赶出来，捆绑了小校二十九人，押解到王渊处处死。这些事平定之后，韩世忠奉命担任京西等路捉杀内外盗贼。

金人再度进攻河南，翟进与韩世忠合兵夜间偷袭金将悟室的军营，没攻下，反被敌军击败。这时正赶上丁进没有按期到达，陈思恭先逃走了，韩世忠冒着如荆棘的箭雨，竭力拼杀才勉强脱离了险境。回到汴京，追查整个部队中首先后退的人，并全部处死，部下非常害怕。翟进从此和韩世忠产生了矛盾，不久因为谋反被杀。

皇帝召韩世忠回来，任命他为鄜延路副总管，加授平寇左将军，屯守淮阳，会合山东的部队共同抗敌。粘罕得知韩世忠扼守淮阳，就分出一万人直奔扬州，自己亲率大军迎战韩世忠。韩世忠寡不敌众，深夜领兵撤退，敌军跟踪追击，韩世忠的部队在沭阳溃败，阁门宣赞舍人张遇于是役阵亡。三年，皇帝召集诸将商议迁移行宫问题，张俊、辛企宗主张前往湖南，韩世忠说："淮、浙一带富饶，是当下天下的根基之地，怎么可以放弃而去别的地方？人们心怀疑虑，一旦有避退之事，那么心怀叵测的人就会图谋作乱，况且以重湖、闽岭之遥，如何保证道路上没有变乱发生？淮、江一带应当留驻兵力防守，皇帝的车驾也应当分出兵力担任保卫，二者共需十万人。现在要分出一半护卫江、淮上下，只剩下五万人，能保证防守万无一失吗？"在阳城收容散兵游勇，得到数千人，得知皇帝到钱塘去，立即由海路奔赴皇帝所在的地方。

苗傅、刘正彦反叛，张浚等人在平江商议讨伐叛军。得知韩世忠赶来，相互庆慰，张浚欢腾雀跃不能自持。韩世忠收到张俊的来信，十分悲伤，举酒祭神说道："我发誓，绝不与苗、刘二贼同存一个天底下！"士兵们精神为之振奋。见到张浚说："今天的大事，我愿意与张俊共同担当，您不必忧虑。"打算立即进兵。张浚说："投鼠而忌器，此事不可着急，着急就可能有意想不到的事，我已经派遣冯轓前去用好言迷惑贼了。"

三月戊戌，韩世忠率部队从平江出发。张俊担心他的兵力少，就把刘宝的部下二千名士兵借给了韩世忠。装载着全副武装的士兵的船队，绵延三十里。到了秀州，韩世忠声称有病停止前进，建造云梯，整治攻城器械，苗傅等人开始恐惧不安。当初，苗傅、刘正彦得知韩世忠前井，急忙调兵屯守江阴。韩世忠好言相告，并说自己的部队残缺不齐，只是想奔赴皇帝所在的也方。苗傅等人大喜过望，准许他前来，并下伪诏任命韩世忠及张俊为节度使，韩、张二人都没有接受。

当时韩世忠的妻子梁氏及儿子韩亮被苗傅扣为人质，警备森严。朱胜非哄骗苗傅说："现在去向太后说，派遣这二人去抚慰韩世忠，那么平江的各位就更加安心啦。"于是召见梁氏，封她为安国夫人，让她迎接韩世忠，迅速去勤王。梁氏急忙奔出城，走了一昼夜赶到秀州与韩世忠相会。

不一会儿，明受的诏令来到，韩世忠说："我只知道有建炎皇帝，不知道还有什么明受皇帝。"杀了这个使者，烧了诏书，进军更加迅猛。苗傅等人大为恐惧。军抵临平，贼军将领苗翊、马柔吉背靠山谷形成阻击河面之阵势，在河中间布置上鹿角，阻止宋军船队前进。韩世忠跳下船上岸力战，张俊随后跟进，刘光世也跟了上来。贼军稍稍退却，韩世忠又丢开战马提着枪向前冲，命令将士们说："今天要以死报国，脸上不被射中几箭的人全杀。"于是将士们都拼死战斗。贼军摆列了神臂弓弯弓待放，韩世忠瞪着眼睛大声叫喊，挺着兵刃冲到跟前，贼兵惊恐后退，没来得及放箭，就被击败了。苗傅、刘正彦指挥二千名骑兵打开涌金门逃走。

韩世忠急速赶进来，皇帝亲自步行到宫门，握着韩世忠的手痛哭道："中军吴湛助贼最厉害，现在还留在我身旁，你能先杀了他吗？"韩世忠立即请见吴湛，边握手边说话，猛地一下折断了他的中指，在集市上杀了他。又抓获了为贼主谋的王世修交付官吏治罪。皇帝下诏任命韩世忠为武胜军节度使、御营左军都统制。向皇帝请求说："苗傅等贼拥有精兵，距瓯、闽之地十分近，倘若他们形成巢穴，终究不能加以歼灭，我请求征讨他们！"于是任命他为江浙制置使，从衢州、信州追击，进至渔梁驿，与贼军相遇。韩世忠步行挺枪向前，贼兵远远望见他，便大声叫道："这是韩将军啊！"全都惊慌逃窜。生擒刘正彦及苗傅的弟弟苗翊送往皇帝处。苗傅逃到建阳，韩世忠追赶并活捉了他，全部处以死刑。世忠起初向皇帝辞行时说："我发誓生擒此贼，为国家洗刷耻辱，届时请皇上派殿前的两个虎贲壮士前来押送俘虏献给您。"至此，终于实现了他的誓言。皇帝亲笔写了"忠勇"两个大字，贴在旗帜上赐给他。加授检校少保、武胜昭庆军节度使。

兀术将要入侵，皇帝召集诸将商量行都迁移的地方，张俊、辛企宗劝皇帝从鄂州、岳州去长沙，韩世忠说："国家已经失去了河北、山东，假若又放弃江、淮，那样国家还有什么地方？"于是任命韩世忠为浙西制置使，守卫镇江。不久，兀术分途渡过长江，各地屯守的宋军都被打败，韩世忠也从镇江退保江阴。杜充率建康城投降了敌人，兀术从广德攻克临安，皇帝奔赴浙东。韩世忠把前军驻扎在青龙镇，中守驻守江湾，后军驻守海口，等待敌军回师时半路阻击。皇帝把他召到行宫，韩世忠说："我正留在江上阻截金兵回师，同他决一死战。"皇帝对辅佐大臣说："前些天吕颐浩在会稽，曾经建议过这一计策，韩世忠同他真是不谋而合。"赐给他亲笔手谕，听任他留下。

正赶上元宵节，韩世忠在秀州张灯结彩，举行盛大的宴会，暗中却迅速地率部队直驱镇江。等到金兵赶到时，韩世忠的部队已先驻扎在焦山寺。金将李选投降，接纳了他。兀术派使者前来联系，约定日期交战，答应了他。战斗将近十个回合，梁夫人亲自擂响战鼓，金兵终于无法渡过。金人提出归还所有抢掠来的财物，借道而行，韩世忠毫不理睬；金人又请求献给他名贵的战马，又被韩世忠拒绝。挞辣在潍州，派遣孛堇太一直奔淮东增援兀术，韩世忠与敌国这两个首领在黄天荡相持了四十八日。太一孛堇的部队在江北，兀术的部队在江南，韩世忠命令海船进泊于金山之下，预先用铁链穿上大铁钩交给一些骁勇健壮的士兵。第二天早晨，敌船击鼓前进，韩世忠把海船分成两路绕到敌船背后，每扔出一个铁链，上头的铁钩就把一艘敌船拖沉入水。兀术窘极无奈，就请求会面谈话，百般哀告乞求，韩世忠说："送还我国的两位皇帝，归还我国的土地，那样才可以保全你们的生命。"兀术无言以对。

又过了几天，兀术请求再次会面，出言不逊，韩世忠张弓搭箭要射他，兀术急忙驰马离去，对手下众将说："宋军驾船就像骑马一样娴熟，怎么办才好？"于是招募人贡献击破海船的计策。有一个福建人王某，告诉他们在船中放满沙土，用平板铺在上面，然后钻入船板下来划船桨，风停时就出航，有风时就不要动。宋军海船没有风时，就无法开动。又有一个前来献计的人说："开凿一条大水渠连接江口，那样就会跑到韩世忠的上游去了。"兀术一夜之间率兵暗中挖掘了三十里长的水渠，并且使用方士之计，杀了一匹白马，挖出一个妇女的心脏，自己割破前额祭祷上天。第二天风停了，宋军的海船因风弱而无法鼓起风帆启航，金人用小船边放火，边射出如雨般的箭，孙世询、严允都战死，敌军得以横渡长江逃去。韩世忠收集余部返回镇江。

起初，韩世忠断定敌人到来后一定会登上金山庙来观察宋军的虚实。于是派遣一百名士兵埋伏在庙中，另一百人埋伏在岸边，约定听到鼓声，岸边的伏兵先出击，庙里的伏兵再出来合击敌人。果然，五个骑马的金人闯上山来，庙中的伏兵大喜过望，首先击鼓冲出，仅仅抓住了二人。跑了三个，其中有一身穿深红色战袍、腰悬玉带、已经坠下马来却再次驰马飞逃了的人，审问俘虏才知那人就是兀术。这次战役，兀术的部队号称十万，韩世忠仅仅有八千余人。皇帝总共六次写信给他，褒奖十分荣耀。任命他为检校少师、武成、感德军节度使、神武左军都统制。

建安的范汝为反叛，辛企宗等人征讨围剿没有成功，贼军的气势越发嚣张。皇帝命韩世忠担任福建、江西、荆湖宣抚副使。韩世忠说："建安位于闽岭的江水上游，贼人顺水而下，七个郡都要血肉横飞啦。"急忙率领步兵三万人，水陆二路同时进发。进至剑潭，贼军烧毁了桥梁，韩世忠拍马首先渡河，部队于是跟着渡过。贼军阻塞了全部交通要道以抵抗宋军，韩世忠命令各部队偃旗息鼓，直接赶到凤凰山，俯瞰敌城，并设置云梯和火楼，昼夜不停地攻打，贼军惊恐万状不知所措。五天后，城被攻克，范汝为投火自焚，杀了他的弟弟范岳、范吉示众，俘获了他的军师谢向、施逵以及部将陆必强等五百余人。

韩世忠开始时打算进行屠城，李纲从福州火速赶来面见韩世忠说："建安的老百姓多数是无辜的。"于是韩世忠下令士兵巡驰于城上不要下来，听任老百姓自相甄别，发给农民耕牛和谷种，废除对商人的禁令，遣散被贼军胁迫之人，只拘捕了依附贼的人并处以死刑。建安人民对再次获得生命非常感激，家家为韩世忠建立生祠。听到捷报，皇帝说："即使是古代的名将还奎有谁能超过他？"赏赐给韩世忠黄金器皿。

韩世忠于是上奏说江西、湖南的寇贼还有许多，请求乘胜讨平他们。广西贼曹成拥余部活动在郴州、邵州一带，韩世忠已经平定了闽寇，回师到永嘉，好像要就地休整的样子。突然从处、信直接赶到豫章，在江边设立前后相连的营寨达数十里。群贼没料到他会来，非常吃惊。韩世忠派人去招抚他们，曹成率全部人马归降，得到了能打仗的士兵八万人，派遣他们去皇帝所在的地方。

于是把部队转移到长沙。当时刘忠拥兵数万，盘踞在白面山，营寨彼此相望。韩世忠刚赶到，就想马上出击，宣抚使孟庾不准，韩世忠说："兵家的胜败，我谋划得非常周密啦，这不是参政您所能了解的，请给我半个月的期限再向您报捷。"于是与贼军各自筑垒相持，每日下棋饮酒，坚守不出，众人不知他要干什么。一天晚上，韩世忠与苏格两人骑马穿进贼营，哨兵大声喝问，韩世忠事先已得知了贼军的口令，便随声回答了他，详细地观察了一通才出来，高兴地说："这是天赐良机呀！"夜里把精兵两千人埋伏在白面山，然后与诸将离开营地出击。贼军刚刚迎战宋军，韩世忠所派的伏兵已经奔入敌中军，夺占了瞭望楼，插上了宋军的旗帜，高声呼喊像打雷一样。贼军回头看见大惊失色，纷纷溃逃，韩世忠指挥将士夹击，大败贼军，斩下刘忠的脑袋，湖南于是平定。皇帝任命他为太尉，赏赐给他宝带、玉笏，屡次下令让枢密院把他的战绩颁示于各地的将领。部队返回建康，成立了背嵬军，都是一些勇猛超群的人。九月，担任江南东、西路宣抚使，在建康设置官署。

三年三月，进开府仪同三司，担任淮南东、西路宣抚使，在泗州设置官署。当时听说李横进军讨伐伪齐，朝廷议论派遣大将前往助战，都认为韩世忠赤胆忠心、英勇无敌，所以决定派他去。依旧例赐给他广马七纲，铠甲一千副，银二万两，帛二万匹，又拿出钱一百万串，米二十八万斛，作为他半年军需。命令户部侍郎姚舜明去泗州，总管钱粮；仓部郎官孙逸去平江府，常秀去饶州，监督征发军粮。李横兵败返回原镇，韩世忠没有渡过淮河。

四年，担任建康、镇江、淮东宣抚使，驻守镇江。这一年，金人与刘豫联合发兵，分路入侵。皇帝亲自写信命令韩世忠整饬武备，力图进取，文辞十分恳切。世忠接到诏令，感动地哭着说："主人忧虑到这种地步，臣子还有何理由活着？"于是率部队从镇江渡过长江，令统制解元守卫高邮，等候金人的步兵；亲自率领骑兵进驻大仪，阻挡金人的骑兵，砍伐树木建造营栅，自己断绝了归路。

正好皇帝派魏良臣出使金国，韩世忠下令撤去饭灶，哄骗良臣说皇帝有诏，让他们移师屯守长江。魏良臣急忙驰马而去。韩世忠估计他已经走出了边境，立即上马向军中下令说："看我的鞭头指的方向。"于是率领部队进抵大仪，设置五阵，又设伏兵二十余处，约定听到鼓声立即出击。魏良臣来到金军中，金人询问宋军的动态，魏良臣就把自己所见到的告诉了他们。聂儿字董听说韩世忠撤退，非常高兴，率兵来到江口，距大仪五里地；部将挞字也指挥铁骑经过宋军的五阵东边，韩世忠传令小校击鼓，伏兵四起，旗帜同金人的旗帜混杂在一起，金军大乱，宋军节节进逼。背嵬军各自手持长斧，上劈敌人的胸膛，下砍马蹄，敌兵穿着铠甲陷入泥淖之中，韩世忠指挥强壮的骑兵从四面践踏，金兵人马多被踩死，于是活捉了挞字也等二百余人。

派遣的董旼所部也在天长县的鸦口出击金兵，俘获女真四十多人。解元到了高邮，与敌相遇，把水军摆成夹河迎敌的阵势，一天之内打了十三仗，相持不下，没有胜负。韩世忠派成闵率骑兵赶赴增援，与敌再度激战，俘虏了生女真及千户等。韩世忠又亲自率兵追到淮河，金兵惊恐万状，纷纷溃逃，自相践踏，淹死了许多人。

捷报传来，群臣进来祝贺，皇帝说："韩世忠英勇无敌，我就知道他一定能成功。"沈与求说："从建炎以来，我军将士从未主动出击与金人一战。现在韩世忠连战连胜，挫败了金兵的锐气，这个功劳不小。"皇帝说："按功劳大小分别赏赐他们。"于是部将董旼、陈桷、解元、呼延通等人分别被越级提拔。有人说这次战役是朝廷中兴以来的第一武功。

当时挞辣屯驻泗州，兀术屯驻竹塾镇，全被韩世忠所扼制，便使人拿着书信和礼物前来约商战期，韩世忠答应了他，并派两个唱戏的人拿着橘子、茶叶回访。正好雨雷交加，金军的给养运输线不通，野外也没有什么可掳掠的，杀了战马充饥，蕃汉各军都纷纷抱怨。兀术只好夜里率领部队撤退，刘麟、刘猊也丢弃了辎重逃走。

五年，晋封为少保。六年，担任武宁、安化军节度使、京东淮东路宣抚处置使，官署设在楚州。韩世忠披荆斩棘修建帅府，与士兵共同出力干活。他的夫人梁氏亲手编织帘子布置房子。手下将士有害怕打仗的人，韩世忠就送给他女人的衣服，并安排乐队举行宴会，令其打扮成女人加以羞辱，所以，人人奋勇激昂。安抚收容流散的百姓，广为通商并优待工匠，山阳于是成为一座重镇。刘豫的部队几次进犯全被韩世忠所击败。

当时，张浚以右相的身份来视察部队，命令韩世忠从承、楚进攻淮阳。刘豫这时刚把部队聚集到淮阳，韩世忠当即率部队渡过淮河，从符离的旁边北上，来到淮阳城下。被敌人包围起来，韩世忠挺枪跃马杀散敌兵并冲出重围，没丢下一支箭。呼延通与金将牙合孛堇搏斗厮杀，掐住他的喉咙而活捉了他，乘胜突然发起冲击，金人败去。不久包围淮阳，贼军坚守顽抗，久攻不克。原来贼军约定说："被围困一天，就升一个烽火。"到此时，六个烽火同时升空，兀术与刘猊都赶来。韩世忠向张俊求援，张俊认为他有吞并自己部队的意思，就没答应他。韩世忠面向敌军摆好了阵势，派人告诉敌人说："穿着锦衣、骑着青白色战马、立于阵前的那个人就是韩相公。"有人提出这样做危险，韩世忠说："不这样做就不能招引来敌人。"敌兵果然来到，杀了他们在前边引导作战的两个人，敌人于是退去。不久，皇帝诏令班师，又回到楚州，淮阳的百姓，跟随他一起回来的数以万计。

三月，担任京东、淮东宣抚处置使兼节制镇江府，仍旧在楚州设官署。四月，被赐予"扬武翊运功臣"的称号，加任横海、武宁、安化三镇节度使。九月，皇帝在平江，韩世忠从楚州前来朝见皇帝。

十月，边境告急，刘光世打算弃守庐州返回太平，张俊也请求增加兵力，都督张浚说："今天这件事，只有前进出击，不能后退保守。"于是，韩世忠率领部队渡过淮河，与金将讹里也力战。刘猊想进犯淮东，被韩世忠的部队所阻挡，无法前进。七年，修建高邮城墙，老百姓更加安定。

起初，韩世忠移师屯守山阳，派遣间谍联络交结山东的豪杰，约定如有缓急之时互为策应。宿州的马秦和太行山的群盗，都愿意听从他的调遣。金人废了刘豫的帝位，中原为之震动，韩世忠说这个机会不能失去，请全军北上征讨，招纳归附的义军，准备收复失地。正好此时秦桧主张与金人议和，下令韩世忠移师屯守镇江，韩世忠说："金人阴险奸诈，恐怕是设圈套迟滞我军的行动，请留下这支部队保护江、淮。"同时力陈和议的过错，愿意以死报效国家，率先迎击敌人；假若失败，再与敌议和也不晚。又说王伦、蓝公佐在河南交界之地，请朝廷下令让他们明确写来保证不再反复的文状作为证据。奏章上了十几道，都是慷慨激昂，并请求允许他单骑前来面奏皇帝。皇帝一般都是用文辞优美的诏书褒奖答复他。其后，金人果然违背盟约，正如他所预言的一样。

金国的使者萧哲前来，以颁布诏谕为此次来使的正式名义。韩世忠听到这事，一共上了四道奏章说："不能答应他们，愿皇帝发全国之兵去同金人决一死战，敌人兵力最重最厚的地方，我愿承担。"又说："金人想把我朝当作刘豫，全国的士大夫都成为陪臣，如果敌人这一阴谋得逞的话，恐怕人心就会离散，士气倍加沮丧、衰弱。"并请求飞马前来面奏，皇帝没有允许。随后，他在洪泽镇设下伏兵，计划杀掉金国使者，没有成功。

九年，被授予少师。十年，金人破坏盟约，兀术率撒离喝、李成等人攻克三京，分道南下入侵。八月，韩世忠围困淮阳，金人前来援救，韩世忠在鹎口镇迎击敌人，打败了他们。又派解元在潭城进攻金兵，刘宝在千秋湖出击敌人，全都取得了胜利。他的亲信将领成闵跟随统制许世安夺占了淮阳城门，在城门内大战金兵，许世安身中四箭，成闵受了三十余处伤，又夺门而出。韩世忠上报了他的战功，提升其为武德大夫，成闵从此被人们所知道。韩世忠晋升为太保，封为英国公，兼任河南、北诸路诏讨使。

十一年，兀术不甘心于顺昌之败，又阴谋再次入侵。皇帝下诏大规模地聚集兵力在淮西以等待来敌。不久，金兵在柘皋失败，再次包围濠州。韩世忠奉诏援救濠州，用船把部队运到招信县，夜间用骑兵在闻贤驿出击金人，打败了他们。金人攻打濠州，五天后攻克该城。城破三天之后，韩世忠赶到，杨沂中的军队已经南逃。韩世忠与金人在淮河岸边接战，深夜派刘宝溯河而上打算劫击敌人。金人砍伐木头堵塞了赤龙洲，扼制了宋军的归路。韩世忠知道这个情况，就把部队安全地撤回来了。金人从涡口渡过淮河北去，从此不再入侵。韩世忠驻守楚州十余年，兵力仅有三万，而金人不敢进犯。

秦桧收回了三位大将的兵权。四月，韩世忠官拜枢密使，于是把历年积累的军费钱一百万贯，米九十万石、酒库十五座上交国家。韩世忠既然不赞成和议，就被秦桧所抑制。等到魏良臣出使金国，韩世忠义竭力进言："从此以后，人民的情绪消沉衰落，国家的气势萎靡不振，有谁能再次振兴国家？金国的使者再来时，请允许我同他面谈。"没有被允许。于是直言上书指责秦桧误国。秦桧指使人论治此事，皇帝搁置了他们的奏章。韩世忠接连上书请求解除枢密使的职务，继而上表请求退休回家。十月，被降职为醴泉观使、奉朝请，晋封为福国公，节钺同以前一样。从此以后，韩世忠闭门谢客，绝口不提军事，经常骑着毛驴携着酒，随身带着一两个小仆人，悠闲地游玩于西湖之上，怡然自乐，平时，他的部下将佐们很少能见到他。

十二年，改封为潭国公。显仁皇后从金国返回，韩世忠到临平朝见。皇后在金国久闻他的威名，此时好言慰问他良久。十三年，被封为咸安郡王。十七年，改任镇南、武安、宁国节度使。二十一年八月去世，追赠太师，追封为通义郡王。到了宋孝宗时，追封他为蕲王，谥号忠武，灵位安放高宗庙内。

韩世忠开始得病时，皇帝命御医为他看病治疗。他的部下将领官吏们进入卧室探问病情，韩世忠说："我从一个普通百姓开始，身经百战，取得了王公的地位，依赖上天之灵，保全了头颈身躯死于家中,诸位难道对我的死还感到悲哀吗?"死时,皇帝赐予了朝服、貂蝉冠、水银、龙脑入殓。

韩世忠曾经告诫家人说:"我的名字叫韩世忠,你们不要避讳这个忠字,避讳它,就是忘了忠。"生性刚直,勇敢正义,凡是有关国家的大事,一定是痛哭流涕地直言上奏。岳飞的冤案,满朝的文武百官没有敢说一句话的,韩世忠独自触怒了秦桧,这件事记载在《秦桧传》。又抵触排斥和议之说,在许多事上都触犯了秦桧。有人劝他不要这样下去,韩世忠说:"现在害怕灾祸临头就委曲求全,他日瞑目死去,难道不在太祖殿下挨铁杖打吗?"当时有一两个大将,都是奉迎曲从秦桧的意志,姑且保全自己的性命,韩世忠与秦桧同在枢要任职,除见面时拱手作一揖之外,从来不同他谈话。

韩世忠喜好讲义气,对钱财看得很轻淡。领受的赏赐物品全都分送给将士,皇帝赐给他的田地交纳同普通平民一样的赋税。他治军严格,与士兵同甘共苦。自己设计的各种器械,精巧绝妙超过任何人,现在的克敌弓、连锁甲、狻猊鍪,以及跳跃山涧以练习骑术,洞穿盾牌以练习射术,都是他遗留下来的方法。他曾被毒箭射入骨头中,用强弓的弓弦扎住箭尾硬是拔了出来。他的十个手指仅剩下四个且不能动弹,身上的刀痕箭斑宛如人工刻画上去似的。他知人善任,成闵、解元、王胜、王权、刘宝、岳超等人均出身于行伍,后来都成了大将,这些人都是他的部将。被解除兵权罢免职务,呆在家中共十年,淡泊宁静,潇洒自如,如同从来不曾拥有过权位的人。晚年喜好佛家、老子之学,自号为清凉居士。

儿子韩彦直、韩彦质、韩彦古,都以才干被朝廷任用为官。韩彦古官至户部尚书。

韩彦直传

【题解】

历史上的韩彦直乃因他是抗金名将韩世忠的儿子而出名,传记也被附列于韩世忠之后。今天我们还要提到他是因为他写作了一部现存世界上最早的柑橘专著《永嘉桔录》(或简称:《桔录》)。他本人是延安(今陕西延安)人。大约在南守淳熙元年至五年(1174~1178)期间到温州(又名永嘉)做知州。因当地以盛产柑橘出名,写了《桔录》一书,共三卷。自序题于淳熙五年。书中记载了当时的柑橘品种二十七种,其中柑八种,桔十四种,橙子等五种。最末一卷讲种植方法,分种治、始载、培植、去病、浇灌、采摘、收藏、制活、入药等九条,内容翔实。

【原文】

彦直,字子温。生期年,以父住补右承奉郎,寻直秘阁。六岁,从世忠入见高宗,命作大字,即拜命跪书"皇帝万岁"四字。帝喜之,抚其背曰:"他日,令器也。"亲解孝宗总角之缚傅其首，赐金器、笔砚、监书、鞍马。年十二，赐三品服。

绍兴十七年，中两浙转运司试。明年，登进士第，调太社令。二十一年，世忠薨，服除，秦桧素衔世忠不附和议，出彦直为浙东安抚司主管机宜文字。桧死，拜光禄寺丞。二十九年，迁屯田员外郎兼权右曹郎官、工部侍郎。张浚都督江、淮军马，檄友计议军事。督府罢，奉祠。

乾道二年，迁户部郎宫，主管左曹，总领淮东军马钱粮。会大军仓给粮，径乘小舆往察之，给米不如数，捕吏置于理。初，代者以乏兴罢，

韩彦直墓

交承，为缗钱仅二十万，明年奏计乃四倍，且以其赢献诸朝。帝嘉之。拜司农少卿，进直龙图阁、江西转运兼权和江州。

时朝廷还岳飞家赀产多在九江，岁久业数易主，吏缘为奸。彦直搜剔隐匿，尽还岳氏。复为司农少卿，总领湖北、京西军马钱粮，寻兼发运副使。会时相不乐，密启换武，授利州观察使、知襄阳府，充京西南路安抚使。

七年，授鄂州驻劄御前诸军都统制。条奏军中六事，乞备器械、增战马、革滥赏、励奇功、选勇略、充亲随等，朝廷多从之。先是军中骑兵多不能步战，彦直命骑士被甲徒行，日六十里，虽统制官亦令以身帅之，人人习于劳苦，驰骋如飞。事闻，诏令三衙，江上诸军仿行之。

八年，乞归文班，乃授左中奉大夫，充敷文阁待制、知台州。乞祠养亲，提举佑神观，奉朝请。进对言："顷自岳飞为帅，身居鄂渚，遥领荆襄，田师中继之，始分鄂渚为二军，乞复旧。"又乞并京西、湖北转运为一司，分官置司襄阳，可一事体，帝善之。迁刑部侍郎。

明年，兼工部侍郎，同列议：大辟三鞫之弗承，宜令以众证就刑，欲修立为令。彦直持不可，白丞相梁克家，曰："若是，则善类被试，必多冤狱。且笞杖之刑，犹引伏方决，况人命至重乎？"议卒格。以议夺吴名世改正过名，不当，降两官。

会当遣使于金，在廷相顾莫肯先。帝亲择以往，闻命慨然就道。方入境，金使蒲察问接国书事，论难往复数十，蒲察理屈，因笑曰："尚书能力为主。"既至，几罹祸者数，守节不屈，金卒礼遣之，帝嘉叹。迁吏部侍郎，寻权工部尚书，复中大夫，改工部尚书兼知临安府。方控辞，以言罢，提举太平兴国宫，寻提举佑神观，奉朝请。

寻知温州，首捕巨猾王永年，究治之，杖徒他州。奏免民间积逋，以郡余财代输之，然以累欠内帑坊场钱不发，镌一官。海寇出没大洋劫掠，势其张，彦直授将领土豪等方略，不旬日，生禽贼首，海道为清。枢密奏功，进敷文阁学士，以弟彦质为两浙转运判官，引嫌易泉府。乞祠奉亲，差提举佑神观，仍奉朝请，特令佩鱼，示异数也。

入对，乞搜访靖康以来死节之士，以劝忠义。又上荐举乞选人已经关升、实历六考、无赃私罪犯者，杂试以经术法律，限其员额，定其高下，俾孤寒者得以自达，定为改官之

制。又乞令州郡守臣任满日，开具本州实在财赋数目，具公移与交代者，并达台省，庶可核实，以战奸弊,帝悉嘉纳。

淳熙十年夏旱，应诏言，迩者滥刑，为致旱之由。明年，入对，论三衙皆所以拱扈宸居，而司马乃远在数百里外，乞令归司。久之,再为户部尚书。会岁旱,乞广籴为先备。又乞追贬部曲曾经陷岳飞者,以慰忠魂。以言降充敷文阁学士。帝追感世忠元勋,遣使谕彦直,且谓彦直有才力,言者诬之。彦直感泣奏谢、寻提举万寿观,有疾,帝赐之药。进显谟阁学士,提举万寿观。

尝摭宋朝事,分为类目,名《水心镜》,为书百六十七卷。礼部尚书尤袤修国史,白于朝,下取是书以进,光宗览之,称善。进龙图阁学士,提举万寿观,转光禄大夫致仕。卒,特赠开府仪同三司,赐银绢九百,爵至蕲春郡公。

【译文】

韩彦直,字子温。出生一周岁时,他父住补右丞奉郎,不久又进入秘阁。六岁那年,跟随父亲韩世忠入宫拜见高宗皇帝,皇帝命令他写大字,他受君命跪着写了"皇帝万岁"四个字。皇帝很高兴,抚摸着他的背说:"将来定是个优秀人才。"并亲手解下孝宗发角上束发的彩带,系缚在他头上,还赐给他金器、笔砚、监书、鞍马。十二岁时,赐给他三品官服。

绍兴十七年(1147),在两浙转运司的考试中,一举考中。第二年,考中进士,调任太社令。二十一年(1151),父亲韩世忠去世,韩彦直守完孝,因秦桧向来对韩世忠不赞成和议怀恨在心,便把韩彦直派出去担任浙东安抚司主管机要文字方面的工作。秦桧死后,被授予光禄寺丞的职务。二十九年(1159),调任屯田员外郎兼右曹郎官、工部侍郎。张浚总管江淮军马时,被征召授权策划军事。张浚的督府解散后,无职事,但领薪水。

乾道二年(1166),韩彦直调任户部郎官、主管左曹,全面负责淮东军马钱粮。正赶上大军仓供应粮食,他直接乘坐小车前往察看,发现供应的粮食不足分量,便将有关负责人逮捕审理。起初,替代管理人因为缺乏粮食而停止供应。交接以后收到铜钱也仅仅二十万。第二年统计上报是头年的四倍,并且将盈余部分献给了朝廷。受到了皇帝的嘉奖,被授予司农少卿的职位,负责龙图阁、江西转运并暂兼江州知州。

当时朝廷归还给岳飞家的财产多在九江,因年数太久,产业的主人几经变换,官吏也趁机搞鬼。韩彦直将被隐藏起的财产,搜查出来,全部都归还了岳家。又担任司农少卿,全面管理湖北、京西的军马钱粮,不久又兼任发运副使。适逢当时的宰相不高兴,秘密启奏改换继任,韩彦直被授予利州观察使、襄阳知府、担任京西南路安抚使。

七年(1171),韩彦直被授予鄂州驻扎御前诸军都统制。条陈上奏了有关军中的六件事,请求配备武器装备、增加了战马、革除滥发奖赏、奖励有功人员、选拔勇敢有谋略的人才、扩充亲随军等。多被朝廷所采纳。先前军队里的骑兵,大多不能步战,彦直命令骑兵穿上铠甲徒步行走,一天走六十里,虽然是统制官也要求带头以身作则,人人都习惯于劳苦,奔走起来就象飞一样。这件事传出以后,皇帝便命令三衙(殿前司、侍卫亲军马军司、八年(1172),韩彦直乞求重新担任文职官员。被授予左中奉大夫,担任敷文阁待制、台州知州。请求立祠以供奉亲族。掌管佑神观。并担任奉朝请。向皇帝奏对说:"近来自岳飞担任统帅,身居鄂渚(湖北武昌西江中),统领管辖距离遥远的荆襄(湖北江陵、襄阳一带)田师中继任统帅以后才分鄂渚为二军行政区统辖。请求恢复原来的建置。"又请求合并京西、湖北转运合为一司,派出职官在襄阳设司,将各种事务统一管理。受到皇帝的好评。升为刑部侍郎。

第二年,又兼任工部侍郎。同僚中有人议论说:死刑经过再三审问不承认罪行的话,就应当根据许多证据来判刑,并想将此修订立为律令。韩彦直持不同意见,他对丞相梁克家说:"如果这样的话,善良的人被诬告,会产生许多冤假错案。即便是鞭抽棍打之类刑罚的用与不用,还须决定合适,况且是人命关天的大事呢?"议论终于被阻止了。因建议剥夺吴名世改正错名,不妥当,被降官两级。

正在这时候,朝廷要派使者出使金国。朝臣们互相看着,没有人肯自告奋勇。皇帝只好亲自选派人前往,韩彦直接受命令以后,情绪激昂地上路了。刚一进入金国境内,金国使者蒲察问起交接国书的事,前后往复讨论了几十次,故意刁难,最后蒲察自觉理亏,便笑着说:"尚书,有能力为主人。"到了金国,几次遇到祸难,但他总是英勇不屈,保持气节。金国终于以礼相待送他回国。韩彦直受到了皇帝的赞叹。被提升为吏部侍郎,不久又掌工部尚书,恢复中大夫之称,改任工部尚书并临安知府。还要上投书面报告,谈罢免。主管太平兴国官,不久又主管佑神观、并担任奉朝请。

不久担任温州知州。第一件事就逮捕了老奸巨猾的王永年,狠狠地整治了他一顿,并戴上刑具流放到其他州去。上奏请求减免民间拖欠的赋税,用郡里剩余的财政收入来代缴。但是由于累次拖欠内库钱财,坊场钱发不出,结果给降官一级。海盗出没大洋之间劫掠财物,情势十分嚣张,韩彦直授给地主豪强方略谋策,不到十天,就将海盗头目活捉,海路交通得到清理整顿。枢密上报了他的功劳,提升为敷文阁学士,但因为他的弟弟彦质为两浙转运判官,为避嫌而改换为泉(钱)府。请求立祠以奉善亲族。负责主管佑神观,仍然担任奉朝请。皇帝特别批准他服带鱼饰,以表示皇帝给予他特殊的待遇。

有一次,韩彦直入皇宫回答皇帝所提的问题时,请求调查靖康以来为国牺牲的烈士,用来鼓励对国家忠义的人。又向上举荐那些已经通过升迁稽核、实际经历了六次考试、没有牟取私利而犯罪的人,进行经术和法律等多方面的考试,限定名额,评定高下等级,以使那些身世低微的读书人得以通过努力而求得一官半职,并确定为改革官吏任用制度。韩彦直还请求命令州郡各级官吏任职期满时,开列出本州实际的财政收入数目,全部公开移交给下任,并上报到上级有关部门,这样才可以审核属实,以防止徇私舞弊。皇帝都乐意地采纳了。

淳熙十年(1183)夏季发生旱灾,韩彦直应对皇帝诏令说:近来滥施刑罚是导致干旱的原因。第二年,进宫回答皇帝所提出的问题,认为三衙都是为了保护皇帝的,而统帅三衙的司马却远在几百里之外,请求下令将他们召回。过了很久一段时间,再次做户部尚书。正赶上这年干旱。请求大量买进粮食以作为储备。又请求重新追究军队中那些曾经诬陷岳飞的人的责任，以告慰岳飞九泉之下的忠魂，又因说了错话降职担任敷文阁学士。皇帝追思怀念起韩世忠的功绩，派使者开导韩彦直，并且说彦直有才能，是遭人诬陷等等的好话。韩彦直感动得哭了起来，并上书向皇帝表示感谢。不久又主管万寿观。生病了，皇帝赐给他药。提升为显谟阁学士，主管万寿观。

曾经收集过有关宋朝的史事，分门别类，写成《水心镜》一书，共一百六十卷。礼部尚书尤袤在纂修国史的时候，曾将此事上报朝廷，朝廷下令将此书调进宫中，光宗皇帝看过之后，认为不错。提升为龙图阁学士，主管万寿观，调任光禄大夫，退休。死后，特别赠送给他"开府仪同三司"（开府置官，授照三司成例）的名号，赐给银饰和丝绢九百，以及蕲春郡公的爵位。

岳飞传

【题解】

岳飞（1103～1142），南宋杰出的将领。字鹏举，相州汤阴（今属河南）人。少时务农、习武，喜读兵书。宣和四年（1122）从军抗辽。靖康元年（1126）应募抗金，任秉义郎。高宗即位，他上书反对南迁，被革职。后随宗泽保卫汴京，屡立战功，升任统制。建炎三年（1129），金军大举南进，岳飞时任江淮宣抚使司右军统制，率部转战于广德、宜兴，屡败金兵。次年，收复建康，升任通泰镇抚使。绍兴四年，大败刘豫军，收复襄阳等六郡，任清远军节度使。次年，奉命镇压杨么起义军。后屡次上书建议大举北进，收复中原。联络太行义军，共同抗金。绍兴十年，金将兀术进兵河南，岳飞在郾城大破金军主力，进兵朱仙镇，收复郑州、洛阳等地。次年，被高宗、秦桧召回临安，解除兵权，改授枢密副使。十二月，以"莫须有"罪被害。

岳飞塑像

【原文】

岳飞字鹏举，相州汤阴人。世力农。父和，能节食以济饥者。有耕侵其地，割而与之；贳其财者不责偿。飞生时，有大禽若鹄，飞鸣室上，因以为名。未弥月，河决内黄，水暴至，母姚抱飞坐瓮中，冲涛及岸得免，人异之。

少负气节，沈厚寡言，家贫力学，尤好《左氏春秋》、孙吴兵法。生有神力，未冠，挽弓三百斤，弩八石。学射于周同，尽其术，能左右射。同死，朔望设祭于其冢。父义之，曰："汝为时用，其徇国死义乎。"

宣和四年，真定宣抚刘韐募敢战士，飞应募。相有剧贼陶俊、贾进和，飞请百骑灭之。遣卒伪为商人贼境，贼掠以充部伍。飞遣百人伏山下，自领数十骑逼贼垒。贼出战，飞阳北，贼来追之，伏兵起，先所遣卒擒俊及进和以归。

康王至相，飞因刘浩见，命招贼吉倩，倩以众三百八十人降。补承信郎。以铁骑三百往李固渡尝敌，败之。从浩解东京围，与敌相持于滑南，领百骑习兵河上。敌猝至，飞麾其徒曰："敌虽众，未知吾虚实，当及其未定击之。"乃独驰迎敌。有枭将舞刀而前，飞斩之，敌大败。迁秉义郎，隶留守宗泽。战开德、曹州皆有功，泽大奇之，曰："尔勇智才艺，古良将不能过，然好野战，非万全计。"因授以阵图。飞曰："阵而后战，兵法之常，运用之妙，存乎一心。"泽是其言。

康王即位，飞上书数千言，大略谓："陛下已登大宝，社稷有主，已足伐敌之谋，而勤王之师日集，彼方谓吾素弱，宜乘其怠击之。黄潜善、汪伯彦辈不能承圣意恢复，奉车驾日益南，恐不足系中原之望。臣愿陛下乘敌穴未固，亲率六军北渡，则将士作气，中原可复。"书闻，以越职夺官归。

诣河北招讨使张所，所待以国士，借补修武郎，充中军统领。所问曰："汝能敌几何？"飞曰："勇不足恃，用兵在先定谋，栾枝曳柴以败荆，莫敖采樵以致绞，皆谋定也。"所矍然曰："君殆非行伍中人。"飞因说之曰："国家都汴，恃河北以为固。苟冯据要冲，峙列重镇，一城受围，则诸城或挠或救，金人不能窥河南，而京师根本之地固矣。招抚诚能提兵压境，飞唯命是从。"所大喜，借补武经郎。

命从王彦渡河，至新乡，金兵盛，彦不敢进。飞独引所部鏖战，夺其纛而舞，诸军争奋，遂拔新乡。翌日，战侯兆川，身被十余创，士皆死战，又败之。夜屯石门山下，或传金兵复至，一军皆惊，飞坚卧不动，金兵卒不来。食尽，走彦壁乞粮，彦不许。飞引兵益北，战于太行山，擒金将拓跋耶乌。居数日，复遇敌，飞单骑持丈八铁枪，刺杀黑风大王，敌众败走。飞自知与彦有隙，复归宗泽，为留守司统制。泽卒，杜充代之，飞居故职。

二年，战胙城，又战黑龙潭，皆大捷。从间勍保护陵寝，大战汜水关，射殪金将，大破其众。驻军竹芦渡，与敌相持，选精锐三百伏前山下，令各以薪刍交缚两束，夜半，爇四端而举之。金人疑援兵至，惊溃。

三年，贼王善、曹成、孔彦舟等合众五十万，薄南薰门。飞所部仅八百，众惧不敌，飞曰："吾为诸君破之。"左挟弓，右运矛，横冲其阵，贼乱，大败之。又擒贼杜叔五、孙海于东明。借补英州刺史。王善围陈州，飞战于清河，擒其将孙胜、孙清，授真刺史。

杜充将还建康，飞曰："中原地尺寸不可弃，今一举足，此地非我有，他日欲复取之，非数十万众不可。"充不听，遂与俱归。师次铁路步，遇贼张用，至六合遇李成，与战，皆败之。成遣轻骑劫宪臣犒军银帛，飞进兵掩击之，成奔江西。时命充守建康，金人与成合寇乌江，充闭门不出。飞泣谏请视师，充竟不出。金人遂由马家渡渡江，充遣飞等迎战，王会充已降金,诸将多行剽掠,惟飞军秋毫无所犯。兀术趋杭州,飞要击至广德境中,六战皆捷,擒其将王权,俘签军首领四十余。察其可用者,结以恩遣还,令夜斫营纵火,飞乘乱纵击,大败之。驻军钟村,军无见粮,将士忍饥,不敢扰民。金所籍兵相谓曰:"此岳爷爷军。"争来降附。

四年,兀术攻常州,宜兴令迎飞移屯焉。盗郭吉闻飞来,遁入湖,飞遣王贵、傅庆追破之,又遣辩士马皋、林聚尽降其众。有张威武者不从,飞单骑入其营,斩之。避地者赖以免,图飞像祠之。

金人再攻常州,飞四战皆捷;尾袭于镇江东,又捷;战于清水亭,又大捷,横尸十五里。兀术趋建康,飞设伏牛头山待之。夜,令百人黑衣混金营中扰之,金兵惊,自相攻击。兀术次龙湾,飞以骑三百、步兵二千驰至新城,大破之。兀术奔淮西,遂复建康。飞奏:"建康为要害之地,宜选兵固守,仍益兵守淮,拱护腹心。"帝嘉纳。兀术归,飞邀击于静安,败之。

诏讨戚方,飞以三千人营于苦岭。方遁,俄益兵来,飞自领兵千人,战数十合,皆捷。会张俊兵至,方遂降。范宗尹言张俊自浙西来,盛称飞可用,迁通、泰镇抚使兼知泰州。飞辞,乞淮南东路一重难任使,收复本路州郡,乘机渐进,使山东、河北、河东、京畿等路次第而复。

会金攻楚急,诏张俊援之。俊辞,乃遣飞行,而命刘光世出兵援飞。飞屯三墩为楚援,寻抵承州,三战三捷,杀高太保,俘酋长七十余人。光世等皆不敢前,飞师孤力寡,楚遂陷。诏飞还守通、泰,有旨可守即守,如不可,但于沙洲保护百姓,伺便掩击。飞以泰无险可恃,退保柴墟,战于南霸桥,金大败。渡百姓于沙上,飞以精骑二百殿,金兵不敢近,飞以泰州失守待罪。

绍兴元年,张俊请飞同讨李成。时成将马进犯洪州,连营西山。飞曰:"贼贪而不虑后,若以骑兵自上流绝生米渡,出其不意,破之必矣。"飞请自为先锋,俊大喜。飞重铠跃马,潜出贼右,突其阵,所部从之。进大败,走筠州。飞抵城东,贼出城,布阵十五里,飞设伏,以红罗为帜,上刺"岳"字,选骑二百随帜而前。贼易其少,薄之,伏发,贼败走。飞使人呼曰:"不从贼者坐,吾不汝杀。"坐而降者八万余人。进以余卒奔成于南康。飞夜引兵至朱家山,又斩其将赵万。成闻进败,自引兵十余万来,飞与遇于楼子庄,大破成军,追斩进。成走蕲州,降伪齐。

张用寇江西,用亦相人,飞以书谕之曰:"吾与汝同里,南薰门、铁路步之战,皆汝所悉。今吾在此,欲战则出,不战则降。"用得书曰:"果吾父也。"遂降。

江、淮平,俊奏飞功第一,加神武右军副统制,留洪州,弹压盗贼,授亲卫大夫、建州观察使。建寇范汝为陷邵武,江西安抚李回檄飞分兵保建昌军及抚州,飞遣人以"岳"字帜植城门,贼望见,相戒勿犯。贼党姚达、饶青逼建昌,飞遣王万、徐庆讨擒之。升神武副军都统制。

二年,贼曹成拥众十余万,由江西历湖湘,据道、贺二州。命飞权知潭州,兼权荆湖东路安抚都总管,付金字牌,黄旗招成。成闻飞将至,惊曰:"岳家军来矣。"即分道而遁。飞至茶陵,奉诏招之,成不从。飞奏:"比年多命招安,故盗力强则肆暴,力屈则就招,苟不略加剿除,蜂起之众未可遽殄。"许之。

飞入贺州境,得成谍者,缚之帐下。飞出帐调兵食,吏曰:"粮尽矣,奈何?"飞阳曰:"姑反茶陵。"已而顾谍若失意状,顿足而入,阴令逸之。谍归告成,成大喜,期翌日来追。飞命士蓐食,潜趋逶岭,未明,已至太平场,破其砦。成据险拒飞,飞麾兵掩击,贼大溃。成走据北藏岭、上梧关,遣将迎战,飞不阵而鼓,士争奋,夺二隘据之。成又自桂岭置砦至北藏岭,连控隘道,亲以众十余万守蓬头岭。飞部才八千,一鼓登岭,破其众,成奔连州。飞谓张宪等曰:"成党散去,追而杀之,则胁从者可悯,纵之则复聚为盗。今遣若等诛其酋而抚其众,慎勿妄杀,累主上保民之仁。"于是宪自贺、连,徐庆自邵、道,王贵自郴、桂,招降者二万,与飞会连州。进兵追成,成走宣抚司降。时以盛夏行师瘴地,抚循有方,士无一人死疠者,岭表平。授武安军承宣使,屯江州。甫入境,安抚李回檄飞捕剧贼马友、郝通、刘忠、李通、李宗亮、张式,皆平之。

三年春,召赴行在。江西宣谕刘大中奏:"飞兵有纪律,人恃以安,今赴行在,恐盗复起。"不果行。时虔、吉盗连兵寇掠循、梅、广、惠、英、韶、南雄、南安、建昌、汀、邵武诸郡,帝乃专命飞平之。飞至虔州,固石洞贼彭友悉众至雩都迎战,跃马驰突,飞麾兵即马上擒之,余酋退保固石洞。洞高峻环水,止一径可入。飞列骑山下,令皆持满,黎明,遣死士疾驰登山,贼众乱,弃山而下,骑兵围之。贼呼丐命,飞令勿杀,受其降。授徐庆等方略,捕诸郡余贼,皆破降之。初,以隆桔震惊之故,密旨令飞屠虔城。飞请诛首恶而赦胁从,不许;请至三四,帝乃曲赦。人感其德,绘像祠之。余寇高聚、张成犯袁州,飞遣王贵平之。

秋,入见,帝手书"精忠岳飞"字,制旗以赐之。授镇南军承宣使、江南西路沿江制置使,又改神武后军都统制,仍制置使,李山、吴全、吴锡、李横、牛皋皆隶焉。

伪齐遣李成挟金人入侵,破襄阳、唐、邓、随、郢诸州及信阳军,湖寇杨么亦与伪齐通,欲顺流而下,李成又欲自江西陆行,趋两浙与么会。帝命飞为之备。

四年,除兼荆南、鄂岳州制置使。飞奏:"襄阳等六郡为恢复中原基本,今当先取六郡,以除心膂之病。李成远遁,然后加兵湖湘,以殄群盗。"帝以谕赵鼎,鼎曰:"知上流利害,无如飞者。"遂授黄复州、汉阳军、德安府制置使。飞渡江中流,顾幕属曰:"飞不擒贼,不涉此江。"抵郢州城下,伪将京超号"万人敌",乘城拒飞。飞鼓众而登,超投崖死,复郢州,遣张宪、徐庆复随州。飞趣襄阳,李成迎战,左临襄江,飞笑曰:"步兵利险阻,骑兵利平旷。成左列骑江岸,右列步平地,虽众十万何能为。"举鞭指王贵曰:"尔以长枪步卒击其骑兵。"指牛皋曰:"尔以骑兵击其步卒。"合战,马应枪而毙,后骑皆拥入江,步卒死者无数,成夜遁,复襄阳。刘豫益成兵屯新野,飞与王万夹击之,连破其众。

飞奏:"金贼所爱惟子女金帛,志已骄惰;刘豫僭伪,人心终不忘宋。如以精兵二十万,直捣中原,恢复故疆,诚易为力。襄阳、随、郢地皆膏腴,苟行营田,其利为厚。臣候粮足,即过江北剿戮敌兵。"时方重深入之举,而营田之议自是兴矣。

进兵邓州,成与金将刘合孛堇列砦拒飞。飞遣王贵、张宪掩击,贼众大溃,刘合孛堇仅以身免。贼党高仲退保邓城，飞引兵一鼓拔之，擒高仲，复邓州。帝闻之，喜曰："朕素闻岳飞行军有纪律，未知能破敌如此。"又复唐州、信阳军。

襄汉平，飞辞制置使，乞委重臣经画荆襄，不许。赵鼎奏："湖北鄂、岳最为上流要害，乞令飞屯鄂、岳，不惟江西藉其声势，湖、广、江、浙亦获安妥。"乃以随、郢、唐、邓、信阳并为襄阳府路隶飞，飞移屯鄂，授清远军节度使、湖北路、荆、襄、潭州制置使，封武昌县开国子。

兀术、刘豫合兵围庐州，帝手札命飞解围，提兵趋庐，伪齐已驱甲骑五千逼城。飞张"岳"字旗与"精忠"旗，金兵一战而溃，庐州平。飞奏："襄阳等六郡人户阙牛、粮，乞量给官钱，免官私逋负，州县官以招集流亡为殿最。"

五年，入觐，封母国夫人；授飞镇宁、崇信军节度使，湖北路、荆襄潭州制置使，进封武昌郡开国侯；又除荆湖南北、襄阳路制置使，神武后军都统制，命招捕杨么。飞所部皆西北人，不习水战，飞曰："兵何常，顾用之何如耳。"先遣使招谕之。贼党黄佐曰："岳节使号令如山，若与之敌，万无生理，不如往降。节使诚信，必善遇我。"遂降。飞表授佐武义大夫，单骑按其部，拊佐背曰："子知逆顺者。果能立功，封侯岂足道？欲复遣子至湖中，视其可乘者擒之，可劝者招之，如何？"佐感泣，誓以死报。

时张浚以都督军事至潭，参政席益与浚语，疑飞玩寇，欲以闻。浚曰："岳侯，忠孝人也，兵有深机，胡可易言？"益惭而止。黄佐袭周伦砦，杀伦，擒其统制陈贵等。飞上其功，迁武功大夫。统制任士安不禀王璂令，军以此无功。飞鞭士安使饵贼，曰："三日贼不平，斩汝。"士安宣言："岳太尉兵二十万至矣。"贼见止士安军，并力攻之。飞设伏，士安战急，伏四起击贼，贼走。

会召浚还防秋，飞袖小图示浚，浚欲俟来年议之。飞曰："已有定画，都督能少留，不八日可破贼。"浚曰："何言之易？"飞曰："王四厢以王师攻水寇则难，飞以水寇攻水寇则易。水战我短彼长，以所短攻所长，所以难。若因敌将用敌兵，夺其手足之助，离其腹心之托，使孤立，而后以王师乘之，八日之内，当俘诸酋。"浚许之。

飞遂如鼎州。黄佐招杨钦来降，飞喜曰："杨钦骁悍，既降，贼腹心溃矣。"表授钦武义大夫，礼遇甚厚，乃复遣归湖中。两日，钦说余端、刘诜等降，飞诡骂钦曰："贼不尽降，何来也？"杖之，复令入湖。是夜，掩贼营，降其众数万。么负固不服，方泛舟湖中，以轮激水，其行如飞，旁置撞竿，官舟迎之辄碎。飞伐君山木为巨筏，塞诸港汊，又以腐木乱草浮上流而下，择水浅处，遣善骂者挑之，且行且骂。贼怒来追，则草木壅积，舟轮碍不行。飞亟遣兵击之，贼奔港中，为筏所拒。官军乘筏，张牛革以蔽矢石，举巨木撞其舟，尽坏。么投水，牛皋擒斩之。飞入贼垒，余酋惊曰："何神也！"俱降。飞亲行诸砦慰抚之，纵老弱归田，籍少壮为军，果八日而贼平，浚叹曰："岳侯神算也。"初，贼恃其险曰："欲犯我者，除是飞来。"至是，人以其言为谶。获贼舟千余，鄂渚水军为沿江之冠。诏兼蕲、黄制置使，飞以目疾乞辞军事，不许，加检校少保，进封公。还军鄂州，除荆湖南北、襄阳路招讨使。

六年，太行山忠义社梁兴等百余人，慕飞义率众来归。飞入觐，面陈："襄阳自收复后，未置监司，州县无以按察。"帝从之，以李若虚为京西南路提举兼转运、提刑，又令湖北、襄阳府路自知州、通判以下贤否，许飞得自黜陟。

张浚至江上会诸大帅，独称飞与韩世忠可倚大事，命飞屯襄阳，以窥中原，曰："此君素志也。"飞移军京西，改武胜、定国军节度使，除宣抚副使，置司襄阳。命往武昌调军。居母忧，降制起复，飞扶榇还庐山，连表乞终丧，不许，累诏趣起，乃就军。又命宣抚河东，节制河北路。首遣王贵等攻虢州，下之，获粮十五万石，降其众数万。张浚曰："飞措画甚大，令已至伊、洛，则太行一带山砦，必有应者。"飞遣杨再兴进兵至长水县，再战皆捷，中原响应。又遣人焚蔡州粮。

九月，刘豫遣子麟、侄猊分道寇淮西，刘光世欲舍庐州，张俊欲弃盱眙，同奏召飞以兵东下，欲使飞当其锋，而己得退保。张浚谓："岳飞一动，则襄汉何所制？"力沮其议。帝虑俊、光世不足任，命飞东下。飞自破曹成、平杨么，凡六年，皆盛夏行师，致目疾，至是，甚；闻诏即日启行，未至，麟败。飞奏至，帝语赵鼎曰："刘麟败北不足喜，诸将知尊朝廷为可喜。"遂赐札，言："敌兵已去淮，卿不须进发，其或襄、邓、陈、蔡有机可乘，从长措置。"飞乃还军。时伪齐屯兵窥唐州，飞遣王贵、董先等攻破之，焚其营。奏图蔡以取中原，不许。飞召贵等还。

七年，入见，帝从容问曰："卿得良马否？"飞曰："臣有二马，日啖刍豆数斗，饮泉一斛，然非精洁则不受。介而驰，初不甚疾，比行百里始奋迅，自午至酉，犹可二百里。褫鞍甲而不息不汗，若无事然。此其受大而不苟取，力裕而不求逞，致远之材也。不幸相继以死。今所乘者，日不过数升，而秣不择粟，饮不择泉，揽辔未安，踊跃疾驱，甫百里，力竭汗喘，殆欲毙然。此其寡取易盈，好逞易穷，驽纯之材也。"帝称善，曰："卿今议论极进。"拜太尉，继除宣抚使兼营田大使。从幸建康，以王德、郦琼兵隶飞，诏谕德等曰："听飞号令，如朕亲行。"

飞数见帝，论恢复之略。又手疏言："金人所以立刘豫于河南，盖欲荼毒中原，以中国攻中国，粘罕因得休兵观衅。臣欲陛下假臣月日，便则提兵趋京、洛，据河阳、陕府、潼关，以号召五路叛将。叛将既还，遣王师前进，彼必弃汴而走河北，京畿，陕右可以尽复。然后分兵浚、滑，经略两河，如此则刘豫成擒，金人可灭，社稷长久之计，实在此举。"帝答曰："有臣如此，顾复何忧，进止之机，朕不中制。"又召至寝阁命之曰："中兴之事，一以委卿。"命节制光州。

飞方图大举，会秦桧主和，遂不以德、琼兵隶飞。诏诣都督府与张浚议事，浚谓飞曰："王德淮西军所服，浚欲以为都统，而命吕祉以督府参谋领之，如何？"飞曰："德与琼素不相下，一旦扼之在上，则必争。吕尚书不习军旅，恐不足服众。"浚曰："张宣抚如何？"飞曰："暴而寡谋，尤琼所不服。"浚曰："然则杨沂中尔？"飞曰："沂中视德等尔，岂能驭此军？"浚艴然曰："浚固知非太尉不可。"飞曰："都督以正问飞，不敢不尽其愚，岂以得兵为念耶？"即日上章乞解兵柄，终丧服，以张宪摄军事，步归，庐母墓侧。浚怒，奏以张宗元为宣抚判官，监其军。

帝累诏趣飞还职，飞力辞，诏幕属造庐以死请，凡六日，飞趋朝待罪，帝慰遣之。宗元还言："将和士锐，人怀忠孝，皆飞训养所致。"帝大悦。飞奏："比者寝阁之命，咸谓圣断已坚,何至今尚未决？臣愿提兵进讨,顺天道,因人心,以曲直为老壮,以逆顺为强弱,万全之效可必。"又奏:"钱塘僻在海隅,非用武地。愿陛下建都上游,用汉光武故事,亲率六军,往来督战。庶将士知圣意所向,人人用命。"未报而郦琼叛,浚始悔。飞复奏:"愿进屯淮甸,伺便击琼,期于破灭。"不许,诏驻师江州为淮、浙援。

飞知刘豫结粘罕,而兀术恶刘豫,可以间而动。会军中得兀术谍者,飞阳责之曰:"汝非吾军中人张斌耶？吾向遣汝至齐,约诱致四太子,汝往不复来。吾继遣人问,齐已许我,今冬以会合寇江为名,致四太子于清河。汝所持书竟不至,何背我耶？"谍冀缓死,即诡服。乃作蜡书,言与刘豫同谋诛兀术事,因谓谍曰:"吾今贷汝。"复遣至齐,问举兵期,到股纳书,戒勿泄。谍归,以书示兀术,兀术大惊,驰白其主,遂废豫。飞奏:"宜乘废豫之际,捣其不备,长驱以取中原。"不报。

八年,还军鄂州。王庶视师江、淮,飞与庶书:"今岁若不举兵,当纳节请闲。"庶甚壮之。秋,召赴行在,命诣资善堂见皇太子。飞退而喜曰:"社稷得人矣,中兴基业,其在是乎？"会金遣使将归河南地,飞言:"金人不可信,和好不可恃,相臣谋国不臧,恐贻后世讥。"桧衔之。

九年,以复河南,大赦。飞表谢,寓和议不便之意,有"唾手燕云,复雠报国"之语。授开府仪同三司,飞力辞,谓:"今日之事,可危而不可安;可忧而不可贺;可训兵饬士,谨备不虞,而不可论功行赏,取笑敌人。"三诏不受,帝温言奖谕,乃受。会遣士儃谒诸陵,飞请以轻骑从洒埽,实欲观衅以伐谋。又奏:"金人无事请和,此必有肘腋之虞,名以地归我,实寄之也。"桧白帝止其行。

十年,金人攻拱、亳,刘锜告急,命飞驰援,飞遣张宪、姚政赴之。帝赐札曰:"设施之方,一以委卿,朕不遥度。"飞乃遣王贵、牛皋、董先、杨再兴、孟邦杰、李宝等,分布经略西京、汝、郑、颍昌、陈、曹、光、蔡诸郡;又命梁兴渡河,纠合忠义社,取河东、北州县。又遣兵东援刘锜,西援郭浩,自以其军长驱以阚中原。将发,密奏言:"先正国本以安人心,然后不常厥居,以示无忘复雠之意。"帝得奏,大褒其忠,授少保、河南府路、陕西、河东北路招讨使,寻改河南、北诸路招讨使。未几,所遣诸将相继奏捷。大军在颍昌,诸将分道出战,飞自以轻骑驻郾城,兵势甚锐。

兀术大惧,会龙虎大王议,以为诸帅易与,独飞不可当,欲诱致其师,并力一战。中外闻之,大惧,诏飞审处自固。飞曰:"金人伎穷矣。"乃日出挑战,且骂之。兀术怒,合龙虎大王、盖天大王与韩常之兵逼郾城。飞遣子云领骑兵直贯其阵,戒之曰:"不胜,先斩汝!"鏖战数十合,贼尸布野。

初,兀术有劲军,皆重铠,贯以韦索,三人为联,号"拐子马",官军不能当。是役也,以万五千骑来,飞戒步卒以麻札刀入阵,勿仰视,第斫马足。拐子马相连,一马仆,二马不能行,官军奋击,遂大败之。兀术大恸曰:"自海上起兵,皆以此胜,今已矣!"兀术益兵来,部将王刚以五十骑觇敌,遇之,奋斩其将。飞时出视战地,望见黄尘蔽天,自以四十骑突战,败之。

方郾城再捷,飞谓云曰:"贼屡败,必还攻颍昌,汝宜速援王贵。"既而兀术果至,贵将

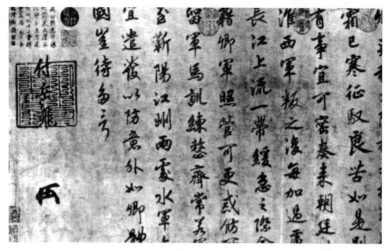

宋高宗赐岳飞手稿

游奕、云将背嵬战于城西。云以骑兵八百挺前决战,步军张左右翼继之,杀兀术婿夏金吾、副统军粘罕索孛堇,兀术遁去。

梁兴会太行忠义及两河豪杰等,累战皆捷,中原大震。飞奏:"兴等过河,人心愿归朝廷。金兵累败,兀术等皆令老少北去,正中兴之机。"飞进军朱仙镇,距汴京四十五里,与兀术对垒而阵,遣骁将以背嵬骑五百奋击,大破之,兀术遁还汴京。飞檄陵台令行视诸陵,葺治之。

先是,绍兴五年,飞遣梁兴等布德意,招结两河豪杰,山砦韦铨、孙谋等敛兵固堡,以待王师,李通、胡清、李宝、李兴、张恩、孙琪等举众来归。金人动息,山川险要,一时皆得其实。尽磁、相、开德、泽、潞、晋、绛、汾、隰之境,皆期日兴兵,与官军会。其所揭旗以"岳"为号,父老百姓争挽车牵牛,载糗粮以馈义军,顶盆焚香迎候者,充满道路。自燕以南,金号令不行,兀术欲签军以抗飞,河北无一人从者。乃叹曰:"自我起北方以来,未有如今日之挫衄。"金帅乌陵思谋素号桀黠,亦不能制其下,但谕之曰:"毋轻动,俟岳家军来即降。"金统制王镇、统领崔庆、将官李觊、崔虎、华旺等皆率所部降,以至禁卫龙虎大王下忔查千户高勇之属,皆密受飞旗牓,自北方来降。金将军韩常欲以五万众内附。飞大喜,语其下曰:"直抵黄龙府,与诸君痛饮尔!"

方指日渡河,而桧欲画淮以北弃之,风台臣请班师。飞奏:"金人锐气沮丧,尽弃辎重,疾走渡河,豪杰向风,士卒用命,时不再来,机难轻失。"桧知飞志锐不可回,乃先请张俊,杨沂中等归,而后言飞孤军不可久留,乞令班师。一日奉十二金字牌,飞愤惋泣下,东向再拜曰:"十年之力,废于一旦。"飞班师,民遮马恸哭,诉曰:"我等戴香盆、运粮草以迎官军,金人悉知之。相公去,我辈无噍类矣。"飞亦悲泣,取诏示之曰:"吾不得擅留。"哭声震野,飞留五日以待其徒,从而南者如市,亟奏以汉上六郡闲田处之。

方兀术弃汴去,有书生叩马曰:"太子毋走,岳少保且退矣。"兀术曰:"岳少保以五百骑破吾十万,京城日夜望其来,何谓可守?"生曰:"自古未有权臣在内,而大将能立功于外者,岳少保且不免,况欲成功乎?"兀术悟,遂留。飞既归,所得州县,旋复失之。飞力请解兵柄,不许,自庐入觐,帝问之,飞拜谢而已。

十一年,谍报金分道渡淮,飞请合诸帅之兵破敌。兀术、韩常与龙虎大王疾驱至庐,帝趣飞应援,凡十七札。飞策金人举国南来,巢穴必虚,若长驱京、洛以捣之,彼必奔命,可坐而敝。时飞方苦寒嗽,力疾而行。又恐帝急于退敌,乃奏:"臣如捣虚,势必得利,若以为敌方在近,未暇远图,欲乞亲至蕲、黄,以议攻却。"帝得奏大喜,赐札曰:"卿苦寒疾,乃为朕行,国尔忘身,谁如卿者?"师至庐州,金兵望风而遁。飞还兵于舒以俟命,帝又赐札,以飞小心恭谨、不专进退为得体。兀术破濠州,张俊驻军黄连镇,不敢进;杨沂中遇伏而败,帝命飞救之。金人闻飞至,又遁。

时和议既决,桧患飞异己,乃密奏召三大将论功行赏。韩世忠、张俊已至,飞独后,桧又用参政王次翁计,侯之六七日。既至,授枢密副使,位参知政事上,飞固请还兵柄。五月,诏同俊往楚州措置边防,总韩世忠军还驻镇江。

初,飞在诸将中年最少,以列校拔起,累立显功,世忠、俊不能平,飞屈己下之,幕中轻锐教飞勿苦降意。金人攻淮西,俊分地也,俊始不敢行,师卒无功。飞闻命即行,遂解庐州围,帝授飞两镇节,俊益耻。杨么平,飞献俊、世忠楼船各一,兵械毕备,世忠大悦,俊反忌之。淮西之役,俊以前途粮乏诚飞,飞不为止,帝赐札褒谕,有曰:"转饷艰阻,卿不复顾。"俊疑飞漏言,还朝,反倡言飞逗遛不进,以乏饷为辞。至视世忠军,俊知世忠忤桧,欲与飞分其背崽军,飞义不肯,俊大不悦。及同行楚州城,俊欲修城为备,飞曰:"当戮力以图恢复,岂可为退保计?"俊变色。

会世忠军吏景著与总领胡纺言:"二枢密若分世忠军,恐至生事。"纺上之朝,桧捕著下大理寺,将以扇摇诬世忠。飞驰书告以桧意,世忠见帝自明。俊于是大憾飞,遂倡言飞议弃山阳,且密以飞报世忠事告桧,桧大怒。

初,桧逐赵鼎,飞每对容叹息,又以恢复为己任,不肯附和议。读桧奏,至"德无常师,主善为师"之语,恶其欺罔,恚曰:"君臣大伦,根于天性,大臣而忍面谩其主耶!"兀术遗桧书曰:"汝朝夕以和请,而岳飞方为河北图,必杀飞,始可和。"桧亦以飞不死,终梗和议,己必及祸,故力谋杀之。以谏议大走万俟卨与飞有怨,风卨劾飞,又风中丞何铸、侍御史罗汝楫交章弹论,大率谓:"今春金人攻淮西,飞略至舒、蕲而不进,比与俊按兵淮上,又欲弃山阳而不守。"飞累章请罢枢柄。寻还两镇节,充万寿观使、奉朝请。桧志未伸也,又谕张俊令劫王贵、诱王俊诬告张宪谋还飞兵。

桧遣使捕飞父子证张宪事,使者至,飞笑曰:"皇天后土,可表此心。"初命何铸鞠之,飞裂裳以背示铸,有"尽忠报国"四大字,深入肤理。既而阅实无左验,铸明其无辜。改命万俟卨。卨诬:飞与宪书,令虚申探报以动朝廷,云与宪书,令措置使飞还军;且言其书已焚。

飞坐系两月,无可证者。或教卨以台章所指淮西事为言,卨喜白桧,簿录飞家,取当时御札藏之以灭迹。又逼孙革等证飞受诏逗遛,命评事元龟年取行军时日杂定之,傅会其狱。岁暮,狱不成,桧手书小纸付狱,即报飞死,时年三十九。云弃市。籍家赀,徙家岭南。幕属于鹏等从坐者六人。

初，飞在狱，大理寺丞李若朴、何彦猷、大理卿薛仁辅并言飞无罪，卨俱劾去。宗正卿士㒟请以百口保飞，卨亦劾之，窜死建州。布衣刘允升上书讼飞冤，下棘寺以死。凡傅成其狱者，皆迁转有差。

狱之将上也，韩世忠不平，诣桧诘其实，桧曰："飞子云与张宪书虽不明，其事体莫须有。"世忠曰："'莫须有'三字，何以服天下？"时洪皓在金国中，蜡书驰奏，以为金人所畏服者惟飞，至以父呼之，诸酋闻其死，酌酒相贺。

岳云

飞至孝，母留河北，遣人求访，迎归。母有痼疾，药饵必亲。母卒，水浆不入口者三日。家无姬侍。吴玠素服飞，愿与交欢，饰名姝遗之。飞曰："主上宵旰，岂大将安乐时？"却不受，玠益敬服。少豪饮，帝戒之曰："卿异时到河朔，乃可饮。"遂绝不饮。帝初为飞营第，飞辞曰："敌未灭，何以家为？"或问天下何时太平，飞曰："文臣不爱钱，武臣不惜死，天下太平矣。"

师每休舍，课将士注坡跳壕，皆重铠习之。子云尝习注坡，马踬，怒而鞭之。卒有取民麻一缕以束刍者，立斩以徇。卒夜宿，民开门愿纳，无敢入者。军号"冻死不拆屋，饿死不卤掠。"卒有疾，躬为调药；诸将远戍，遣妻问劳其家；死事者哭之而育其孤，或以子婚其女。凡有颁犒，均给军吏，秋毫不私。

善以少击众。欲有所举，尽召诸统制与谋，谋定而后战，故有胜无败。猝遇敌不动，故敌为之语曰："撼山易，撼岳家军难。"张俊尝问用兵之术，曰："仁、智、信、勇、严，阙一不可。"调军食，必蹙额曰："东南民力，耗敝极矣。"荆湖平，募民营田，又为屯田，岁省漕运之半。帝手书曹操、诸葛亮、羊祜三事赐之。飞跋其后，独指操为奸贼而鄙之，尤桧所恶也。

张所死，飞感旧恩，鞠其子宗本，奏以官。李宝自楚来归，韩世忠留之，宝痛哭愿归飞，世忠以书来谂，飞复曰："均为国家，何分彼此？"世忠叹服。襄阳之役，诏光世为援，六郡既复，光世始至，飞奏先赏光世军。好贤礼士，览经史，雅歌投壶，恂恂如书生。每辞官，必曰："将士效力，飞何功之有？"然忠愤激烈，议论持正，不挫于人，卒以此得祸。

桧死，议复飞官。万俟卨谓金方愿和，一旦录故将，疑天下心，不可。及绍兴末，金益猖獗，太学生程宏图上书讼飞冤，诏飞家自便。初，桧恶岳州同飞姓，改为纯州，至是仍旧。中丞汪澈宣抚荆、襄，故部曲合辞讼之，哭声雷震。孝宗诏复飞官，以礼改葬，赐钱百万，求其后悉官之。建庙于鄂，号忠烈。淳熙六年，谥武穆。嘉定四年，追封鄂王。

五子：云、雷、霖、震、霆。

　　岳飞字鹏举,相州汤阴人。他的祖先世代务农。父亲岳和,能节省出自家的粮食以接济饥饿的人。有人耕田侵占了他家的土地,他就割让这块田地送给这人;有人赊欠他的钱财也不去索还。岳飞出生时,有一只像天鹅一样的大鸟,飞旋鸣叫于他家房顶之上,因而以此为他取名。没满月,黄河在内黄决口,大水猛烈冲来,母亲姚氏抱着岳飞坐在瓮中,被浪涛冲到岸边得以幸免,人们对此十分惊异。

　　岳飞少年时代以气节自励,敦厚寡言,家中虽贫穷却发愤学习,尤其喜欢阅读《左氏春秋》和孙、吴兵法。天生有神力,不满二十岁,能拉三百斤的硬弓,八石的强弩。跟从周同学习射箭,全部掌握了他的方法,能左右开弓。周同去世,岳飞在每月的初一和十五都要到他的坟前祭奠。他父亲岳和认为他此举很仗义,对他说:"你为当今时代所用,不正是准备为国家殉身、为正义而死吗?"

　　宣和四年,真定宣抚使刘韐招募敢战士,岳飞应募。相州有巨贼陶俊、贾进和,岳飞请求率一百名骑兵消灭这股贼众。他派士兵装扮成商人进入贼人的活动地域,贼人掳掠了这些人以扩充自己的部队。岳飞派遣一百人埋伏在山下,自己率领几十名骑兵逼近贼人营垒,贼人出来交战,岳飞假装败退,贼人赶来追杀,伏兵杀出,先头派遣的士兵活捉了陶俊和贾进和两人归还。

　　康王来到相州,岳飞随刘浩参见,命令他去招安贼人吉倩,吉倩率三百八十人归降。岳飞补任承信郎。带领铁骑三百前往李固渡试探敌军的强弱,打败了敌军。跟从刘浩解东京之围,与敌军相持于滑州南面。岳飞率一百名骑兵在黄河岸边操练,敌军突然赶来,岳飞指挥他的部下说:"敌兵虽然人多,但不知我们的虚实,应当趁他们立足未稳出击。"于是单枪匹马,飞驰迎敌。有一员敌军猛将挥舞大刀前来接战,岳飞斩杀了他,敌军大败。升任秉义郎,隶属东京留守宗泽。转战开德、曹州都立有战功,宗泽对他大感惊奇,说:"你的勇敢智谋和才能武艺,古代的良将也不能超过你,然而你喜欢野战,这不是万全之计。"因此传授给他阵图。岳飞说:"布阵之后作战,是兵法的常规要求,然而把它运用的巧妙精熟,还在于自己的内心体会。"宗泽赞同他的话。

　　康王即位,岳飞呈上数千字的奏书,大意说:"陛下已登皇位,社稷有了主人,已有足够的讨伐敌人的谋略,而且各地勤王之师日益聚集,敌人认为我国一向懦弱怯战,应该乘敌懈怠之时而攻击他们。黄潜善、汪伯彦这些人不能秉承圣上旨意恢复中原,却奉皇上车驾一天天南移,这样恐怕不足以维系中原百姓的敬望。我希望陛下乘敌人巢穴尚未巩固,亲自率领六军北渡黄河,那么就会使将士们士气大振,中原可望收复。"奏书上报后,朝廷以岳飞越职上书罢免了他的官职,令他回家乡。

　　岳飞投奔河北招讨使张所,张所用国士的礼节接待他,借补为修武郎,担任中军统领。张所问道:"你能抵挡多少敌人?"岳飞说:"作战不能只凭恃勇猛,用兵的正确与否在于战前制定谋略,栾枝用拖树枝的计策打败楚国,莫敖用派兵打柴的计策战胜绞国,这都是因为谋略事先就制定了。"张所肃然起敬地说:"你大概不是行伍中的人。"岳飞进一步

岳飞信札

对他说:"国家在汴梁建都,依靠河北作为安全保障。如果凭据交通要冲之地,加强储备一系列重镇,一座城池被围困,其他各城或是阻击或是救援,金人就无法窥伺河南,而京师根本之地就可以巩固了。您如果能亲提大军逼近敌境,我绝对听从您的命令。"张所大喜,借补岳飞为武经郎。

命令岳飞跟随王彦渡过黄河,进至新乡,金兵众多,王彦不敢前进。岳飞独自率领本部人马与金军激战,夺下金军主帅的大旗挥舞,各部队奋勇争先,于是拔下新乡。第二天,在侯兆川与金军交战,身负十余处伤,士兵们都拼力死战,又打败了金军。夜里驻屯在石门山下,有人传说金兵又来了,全军都十分惊慌,岳飞坚持躺着一动不动,金兵最后也没来。军中粮食吃尽,岳飞到王彦营中求借粮食,王彦不答应。岳飞率领部队进至更北的地方,战于太行山,生擒金将拓跋耶乌。过了几天,再次与敌遭遇,岳飞单骑手持丈八铁枪,刺死黑风大王,敌军溃败逃走。岳飞自知与王彦有了矛盾,又重归宗泽辖治,担任留守司统制。宗泽去世后,杜充代替宗泽职务,岳飞仍任原职。

建炎二年,在胙城作战,又在黑龙潭作战,都大捷而返。跟从间勤保卫皇帝陵墓,在汜水关大战,射杀金将,大败敌众。驻军在竹芦渡,与敌军相持,挑选三百名精锐士兵埋伏于前面山下,命令每个人各自用柴草捆扎成两束,半夜,点燃两束柴草的四端并高高举起,金人怀疑宋军的援兵赶到,惊散溃逃。

建炎三年,贼人王善、曹成、孔彦舟等聚合部众五十万,迫近南熏门。岳飞所部仅有八百人,众人畏惧打不过贼军,岳飞说:"我为诸位击败他们。"左手挟弓,右手运枪,横冲敌阵,贼军乱成一团,大败。又在东明活捉了贼人杜叔五、孙海。岳飞借补为英州刺史。王善包围陈州,岳飞在清河与敌交战,俘获贼将孙胜、孙清,被授予正式刺史。

杜充打算回军建康,岳飞说:"中原地区一尺一寸也不可以放弃,今天一撤走,这块土地就不归我们所有了,他日想重新收复它,不动用数十万人马是不可能的。"杜充不听,于是同他一起南归。军抵铁路步,与贼人张用相遇,到六合时又遇到李成,岳飞与他们交战，全打败了他们。李成派遣轻骑兵劫持了御史犒军的银帛，岳飞进兵乘其不备袭击他们，李成逃奔到江西。当时命令杜充守卫建康，金人与李成联兵进犯乌江，杜充闭门不出。岳飞哭谏请他视察部队，杜充到最后也没出来。金人于是从马家渡渡过长江，杜充派岳飞等人迎战，王璨首先逃跑，其他将领也都溃逃，只有岳飞拼死力战。

这时杜充已经向金国投降，众将领大多纵兵掳掠，唯独岳飞的部队秋毫无犯。兀术直趋杭州，岳飞在广德境内拦腰截击，六战全胜，俘获金将王权，活捉金军首领四十余人。岳飞考察出其中可以利用的人，施以恩惠后遣返回去，命令他们夜间在金营中砍杀放火，岳飞乘敌混乱，发兵进击，大败金军。部队进驻钟村，军中没有存粮，将士们忍饥挨饿，也不敢骚扰百姓。金军所强行征来的士兵互相说："这是岳爷爷的部队。"争先恐后地前来投降归附。

四年，兀术进攻常州，宜兴县令迎接岳飞移师屯驻宜兴。强盗郭吉得知岳飞来到，逃入太湖，岳飞派遣王贵、傅庆追击并打败了他，又派说客马皋、林聚劝说他们全部投降。有个叫张威武的人不肯从命，岳飞单骑闯入他的营寨，杀了他。避乱到此地居住的人赖此免受强盗之苦，画岳飞像供奉。

金军再次攻打常州，岳飞四战全胜；尾追袭击金兵于镇江东边，又取得胜利；在清水亭作战，又一次大胜，金兵的尸体横满了十五里。兀术直奔建康，岳飞在牛头山设下伏兵等待他们。夜里，命令一百人身穿黑衣混入金营中进行骚扰，金兵惊乱，自相攻击。兀术进驻龙湾，岳飞率骑兵三百名、步兵二千名火速赶到新城，大败金军。兀术逃往淮西，于是收复建康。岳飞上奏说："建康是要害之地，应挑选兵力固守，同时仍要增加兵力坚守两淮，以拱卫腹心之地。"皇帝赞许并采纳了这个意见。兀术回军，岳飞在静安阻截，打败了他。

皇帝诏令讨伐戚方，岳飞率三千人在苦岭安营。戚方逃去，不久带着援兵回来，岳飞亲自统领一千名士兵，激战数十回合，全都取胜。正好张俊率军来到，戚方于是投降。范宗尹对皇帝说张俊刚从浙西来朝廷，盛赞岳飞将才难得，于是提升岳飞为通、泰镇抚使兼知泰州。岳飞推辞，请求担任淮南东路一个重要而困难的任职，收复本路州郡，乘机逐渐推进，使山东、河北、河东、京畿等路陆续得到收复。

正赶上金军进攻楚州，楚州告急，皇帝诏令张俊前去援救。张俊推辞，于是派岳飞前去，同时命令刘光世出兵增援岳飞。岳飞屯兵于三墪作为楚州的援军，不久进抵承州，三战三捷，杀死高太保，俘获敌军首领七十余人。刘光世等人都不敢靠前，岳飞孤军力弱，楚州于是陷落。诏令岳飞还军守通州、泰州，圣旨说能守住就守，如果守不住，只在沙洲保护百姓，寻机袭敌即可。岳飞因泰州无险可守，退保柴墟，与金兵激战于南霸桥，金兵大败。在沙上护送百姓渡江，岳飞率二百名精锐骑兵殿后，金兵不敢接近。岳飞以泰州失守等候处分。

绍兴元年，张俊请岳飞一同进讨李成。当时李成部将马进进犯洪州，在西山连营扎寨。岳飞说："贼军贪利却不考虑后路，假若派骑兵从上游横渡生米渡，出敌不意，一定能击败他。"岳飞请求自己担任先锋，张俊大喜。岳飞身穿重甲跳上战马，悄悄地绕到贼军右侧，突入他们的阵地。部下跟随他前进。马进大败，逃往筠州。岳飞进抵城东，贼军出城，布下战阵十五里，岳飞设下埋伏，用红罗作旗，上面绣着"岳"字，挑选二百名骑兵跟随旗帜前进。贼军轻视岳飞兵少，紧逼过来，伏兵突然杀出，贼军大败逃走。岳飞派人大声叫道："不愿从贼的人坐下，我不杀你们。"坐下投降的人共有八万余人。马进率残兵败将逃奔在南康的李成。岳飞夜里率领部队赶到朱家山，又杀了李成部将赵万。李成得知马进失败，亲自率兵十余万前来，岳飞同他在楼子庄遭遇，大破李成部队，追杀了马进。李成逃往蕲州，投降了伪齐。

张用进犯江西，张用也是相州人，岳飞写信告谕他说："我与你同乡同里，南薰门、铁路步之役，都是你所知道的。现在我在此地，你要交战就出来，不想打就投降。"张用接到信说："果然是我的父亲啊。"于是投降。

江、淮平定，张俊奏报岳飞战功第一，皇帝加授岳飞为神武右军副统制，留守洪州，镇压盗贼，又任命他为亲卫大夫、建州观察使。建州强盗范汝为攻陷邵武，江西安抚使李回檄告岳飞分兵保卫建昌军及抚州。岳飞派人把"岳"字旗插在城门上，贼军望见，互相告诫不要去进犯。贼军同党姚达、饶青逼近建昌，岳飞派王万、徐庆讨伐并活捉了他们。岳飞升任神武副军都统制。

绍兴二年，贼寇曹成拥兵十余万，由江西经湖湘，占据道、贺二州。朝廷命令岳飞权知潭州，兼权荆湖东路安抚都总管，授予他金字牌、黄旗招讨曹成。曹成听说岳飞将要到了，惊呼："岳家军来了。"立即分道而逃。岳飞进至茶陵，奉诏招安曹成，曹成不肯服从。岳飞上奏说："近年来多次命令招安，因此盗贼势力强盛时就肆意暴虐，势力衰微时就接受招安，如果不略加剿除，蜂拥而起的盗贼就不能速速消灭。"皇帝同意了这个意见。

岳飞进入贺州境内，抓到了一个曹成的探子，捆绑在帐下。岳飞出帐调配军粮，军吏说："粮食已经吃完了，怎么办？"岳飞假装说："暂且返回茶陵。"一会儿回头看见探子，做出一副好像泄露了机密而十分懊悔的样子，跺着脚走入军帐，暗中下令放了他。探子回去告诉曹成，曹成大喜，计划第二天来追击岳飞部队。岳飞命令士兵早早起身吃饭，悄悄地绕岭急行，天还没亮已到太平场，攻克曹成的营寨。曹成占据险要地形抗击岳飞，岳飞指挥部队偷袭，曹成军大败溃散。曹成逃到北藏岭、上梧关据守，派将领迎战，岳飞没等摆开战阵就擂鼓出击，士兵们争先奋勇，夺取了二处关隘据守。曹成又从桂岭设置营寨一直到北藏岭，连结不断地控制了险要通道，亲自率领十余万人马守蓬头岭。岳飞部下只有八千人，一鼓作气登上山岭，击败敌众，曹成逃往连州。岳飞对张宪等人说："曹成的贼党已经溃散，追击并杀了他们，那么胁从者却令人可怜，放跑了他们，就会重新聚集起来成为盗贼。现在派遣你们去诛杀他们的头目而安抚他们的部众，千万不要妄加杀戮，以使皇帝保护人民的仁德受到损害。"于是张宪自贺州、连州，徐庆自邵州、道州，王贵自郴州、桂州，招降曹成部下二万人，与岳飞在连州会合。进军追击曹成，曹成到宣抚司投降。当时在盛夏季节行军于瘴气横行的地区，岳飞安抚部队有方，士兵无一人死于瘟疫，岭表地区平定。岳飞被授任武安军承宣使，屯驻江州。刚刚入境，安抚使李回急令岳飞围捕巨贼马友、郝通、刘忠、李通、李宗亮、张式，全都平定了他们。

绍兴三年春天，岳飞应召赴皇帝所在的地方。江西宣谕刘大中上奏说："岳飞的部队有纪律，百姓依靠他们才得以安定，现在召他前来，恐怕盗贼又会重新起来作乱。"岳飞没有启程。当时，虔州、吉州的盗贼联合兵力进攻抢掠循、梅、广、惠、英、韶、南雄、南安、建昌、汀、邵武等郡，皇帝授岳飞专征讨伐的权力平定这些盗贼。岳飞到达虔州，固石洞贼寇彭友率全体人马到雩都迎战，跃马突击，岳飞指挥士兵在马上生擒了他，其余的贼军头目退保固石洞。固石洞地势高峻且有水环绕，只有一条小路可以进入。岳飞把骑兵列队于山下，命令他们弯弓搭箭，黎明，派敢死队员迅速奔驰登山，贼军大乱，弃守山头逃下来，岳飞的骑兵包围了他们。贼众哭喊饶命，岳飞下令不要杀戮，接受了他们投降。岳飞又教给徐庆等人讨贼方略，围捕各郡的残余贼寇，全都击败并降服了他们。当初，因为隆祐太后受震惊的缘故，高宗密令岳飞对虔州进行屠城。岳飞请求诛杀首恶而赦免胁从，皇帝不许；再三再四地请求，皇帝才特令赦免了虔州城。当地百姓感激岳飞的恩德，绘岳飞像供奉。残余的贼寇高聚、张成进犯袁州，岳飞派遣王贵平定了他们。

秋天，岳飞入朝拜见，皇帝手书"精忠岳飞"四个字，制成旗帜赐给岳飞。任命他为镇南军承宣使、江南西路沿江制置使，又改任神武后军都统制，仍然兼任制置使的职务，李山、吴全、吴锡、李横、牛皋都隶属他节制。

伪齐派遣李成依仗金兵入侵，攻克襄阳、唐、邓、随、郢等州及信阳军，洞庭湖的盗寇杨么也与伪齐通使，打算顺流而下。李成又谋划从江西陆路行军，直趋两浙与杨么会合。皇帝下令岳飞做好准备。

四年，朝廷任命岳飞兼任荆南、鄂州、岳州制置使。岳飞上奏说："襄阳等六郡是恢复中原的根本之地，目前应当先攻取这六郡，以解除心背之患。李成远逃之后，然后在湖湘增加兵力，以消灭群盗。"皇帝把岳飞的意见告诉赵鼎，赵鼎说："深知长江上游的利害，没有像岳飞这样的人。"于是任命岳飞为黄州、复州、汉阳军、德安府制置使。岳飞渡到长江中流，回头对僚属们说："我不生擒贼寇，就不渡江回来。"进抵郢州城下，伪齐将领京超号称"万人敌"，凭城据守，抗拒岳飞。岳飞播鼓催动士兵登城，京超投崖而死。收复了郢州，派遣张宪、徐庆收复随州。岳飞赶赴襄阳，李成迎战，左翼面向襄江，岳飞笑着说："步兵适合在险阻地带作战，骑兵适宜在平旷地区作战。李成把骑兵列于左侧江岸，步兵列于右侧平地，虽拥兵十万又能有什么作为？"他举起马鞭指着王贵说："你率使长枪的步兵进击李成的骑兵。"指着牛皋说："你率骑兵进击他的步兵。"等到开战，李成军的战马应枪倒毙，后面的骑兵都被挤入江中，步兵死亡的不计其数，李成连夜逃走，收复襄阳。刘豫给李成增派兵力屯驻新野，岳飞与王万两边夹击，连连击败他的部队。

岳飞上奏说："金贼所喜欢的只有女人和金帛，斗志已经骄惰；刘豫超越本分建立伪政权，人心终究不忘大宋朝。如果派精兵二十万，直捣中原，恢复原来的疆土，实是容易做到的事。襄阳、随州、郢州土地都十分肥沃，假如实行营田，其利很多。我等到粮秣充足时，立即到江北去剿杀敌兵。"当时正重视深入北上收复中原的各种计划，因而营田的议论从此多了起来。

岳飞进军邓州，李成与金将刘合孛堇列置营寨抗拒岳飞。岳飞派遣王贵、张宪突袭，贼众大败而溃,刘合孛堇仅以身免。李成的同党高仲退保邓城,岳飞率领部队一鼓作气拔除此城,活捉高仲,收复邓州。皇帝听到此讯,高兴地说:"我早就听说过岳飞行军时纪律严明,不知道他能攻城破敌到这种程度。"又收复了唐州、信阳军。

襄汉一带平定,岳飞辞去制置使的职务,请求朝廷委派重臣经营筹治荆襄地区,皇帝不同意。赵鼎上奏说:"湖北鄂州、岳州是长江上流的要害之地,请求命令岳飞屯驻鄂州、岳州,这样不仅江西可以借助他的声势,而且湖、广、江、浙也能获得安定。"于是朝廷将随州、郢州、唐州、邓州、信阳军合并为襄阳府路隶属岳飞,岳飞移驻鄂州,并授任他为清远军节度使、湖北路、荆、襄、潭州制置使,封为武昌县开国子。

兀术、刘豫合兵包围庐州,皇帝亲自写信命令岳飞去解围,岳飞率所部直趋庐州,伪齐已驱使重甲骑兵五千进逼城下。岳飞打起"岳"字旗与"精忠"旗,金兵一接战便溃败,庐州平定。岳飞上奏说:"襄阳等六郡的人家缺乏耕牛、粮种,请求朝廷酌量拨给官线,免除他们的公私债务,州县官员以招集流散的百姓多少作为考核政绩的标准。"

绍兴五年,岳飞入朝觐见,皇帝封岳飞的母亲为国夫人;任命岳飞为镇宁、崇信军节度使,湖北路、荆襄潭州制置使,晋封为武昌郡开国侯;又任命他为荆湖南北、襄阳路制置使,神武后军都统制,命令他招捕杨么。岳飞的部下全是西北人,不习惯水战,岳飞说:"兵家哪有常法,看运用得如何罢了。"他先派遣使者招谕杨么。贼军同党黄佐说:"岳节使号令如山,如果与他为敌,绝没有活着的希望,不如前去投降。岳节使是诚信之人,必定会优待我。"于是投降。岳飞表奏朝廷授予黄佐武义大夫,自己单骑巡视黄佐的部队,用手抚在黄佐的背上说:"你是知道逆顺大义的人。果真能立功,封侯还用说吗?我准备派你再次到洞庭湖中去,看杨么军中有机可乘者就擒获他,可以劝降的就招抚他,怎么样?"黄佐感动得流泪,发誓以死相报。

当时张浚以都督军事的身份来到潭州,参政席益对张浚说,怀疑岳飞对贼寇掉以轻心,打算把这种怀疑报告朝廷。张浚说:"岳侯,是一位忠孝双全的人,用兵自有其精深的道理,怎么可以随便议论呢?"席益深感惭愧就打取了原来的念头。黄佐袭击周伦营寨,杀死周伦,活捉了他的统制陈贵等人。岳飞上报黄佐的战功,升黄佐为武功大夫。统制任士安不服从王瓌的命令,所部因而没有立功。岳飞鞭打任士安并命令他前去引诱贼军,说:"三天之内贼军没有被平定,杀你的头。"任士安到处宣扬:"岳太尉的二十万大军到了。"贼军看到只有任士安一支军队,集中兵力进攻他。岳飞设下埋伏,任士安作战危急之时,伏兵四起攻击贼军,贼军逃走。

正好皇帝召还张浚防备金人秋季进犯,岳飞从袖中取出一幅小图给张浚看,张浚打算能明年再与岳飞商量。岳飞说:"已经有了确定的计划,都督如能稍留几天,不用八天就可以击败贼军。"张浚说:"怎么说得这样容易?"岳飞说:"王四厢率官军攻打水寇就困难,我用水寇进攻水寇就容易。水上作战是我军短处敌军长处,用我之短攻敌所长,所以困难。假若起用敌将使用敌兵,削夺其手足之助,离间其腹心之依托,使贼军首领孤立,而后用官军乘机进攻,八天之内,一定俘获贼军各位首领。"张浚答应了他。

岳飞于是到鼎州。黄佐招杨钦来投降,岳飞高兴地说:"杨钦骁勇强悍,他投降以后,贼军的腹心崩溃了。"上表朝廷授予杨钦武义大夫，礼遇非常隆重，于是又派他回到湖中。两天后，杨钦劝服了余端、刘诜等人投降，岳飞假装骂杨钦道："贼人没有全部投降，你为什么回来？"用军杖打了他一顿，命令他重新入湖中。这天晚上，岳飞部队偷袭贼营，降服了贼众数万人。杨么依恃地势险固不肯屈服，正在湖中行船，他的船用轮子划水，行船如飞，船两旁还设有撞竿，官军的船迎上去就被撞碎。岳飞下令砍伐君山上的树木造成巨筏，堵塞在湖湾港汊，又在湖水上流投下朽木乱草顺流而下，选择水浅之处，派善于骂人的士兵挑逗贼兵，一边走一边骂。贼军大怒来追，因草木淤积，敌船的轮子受阻无法行进。岳飞急忙派兵出击，贼兵逃往港湾中，又被巨筏所拦拒。官军乘巨筏，张开牛皮革遮挡箭和石块，举着大木头撞击贼船，全部撞坏了敌船。杨么跳入湖水，被牛皋捉住并杀死。岳飞进入贼军营垒，剩下的贼军首领惊呼道："太神了！"都投降了。岳飞亲自到各个营寨安抚劝慰已降的贼兵，释放年老体弱的人回乡种田，登记年轻力壮的人编入官军，果然八天之内平定了贼军。张浚叹服道："岳侯真是神机妙算啊。"起初，贼寇依恃其防地险要时说："要想攻打我的人，除非是从天上飞来"。到此时，人们都把这话当成是应验了岳飞来攻的谶语。缴获了一千余艘贼船，鄂渚水军成为沿江水军中最强大的。诏命岳飞兼任蕲、黄制置使，岳飞以眼睛有病请求辞去军职，皇帝没批准，加任岳飞为检校少保，进封为公。部队返回鄂州，岳飞被任命为荆湖南北、襄阳路招讨使。

绍兴六年，太行山忠义社梁兴等一百余人，倾慕岳飞的忠义率众前来归附。岳飞入朝觐见，面奏皇帝："襄阳自从收复以后，未设监司，无法按察州县。"皇帝听取了这个意见，任命李若虚担任京西南路提举兼转运、提刑，又下令湖北、襄阳府路自知州、通判以下官员由岳飞自行任免。

张浚到长江边会见各位大帅，唯独称赞岳飞和韩世忠可以倚重成就大事，命令岳飞屯驻襄阳，以等待时机图取中原，并说："这是你历来所抱有的志向啊。"岳飞把部队移往京西，改任武胜，定国军节度使，担任宣抚副使，在襄阳设置宣抚司。命令岳飞前往武昌调发军队。岳飞因母亲去世在家守丧，皇帝降诏要他守丧未满就应召复职，岳飞护送母亲的棺木回到庐山，连着上表请求守满丧期，皇帝不同意，几次下诏催促他复职，于是岳飞回到军中。又命令他宣抚河东，节制河北路。岳飞首先派遣王贵等人进攻虢州，攻下了它，缴获粮食十五万石，降服敌众数万人。张浚说："岳飞的筹措计划非常庞大，他的命令已达伊水、洛水地区，这样一来，太行山一带的山寨，必然会有响应的人。"岳飞派遣杨再兴进兵至长水县，连战连捷，中原响应。又派人焚烧了蔡州的粮食。

九月，刘豫派遣儿子刘麟、侄子刘猊分道进犯淮西地区，刘光世打算放弃庐州，张俊打算弃守盱眙，一起上奏请求皇帝诏令岳飞率兵东下，想使他来抵挡敌军的兵锋，而自己能够退守自保。张浚说："岳飞的部队一开动，那么襄汉如何来控制？"极力阻止这个建议。皇帝担心张俊、刘光世不能担此重任，便下令岳飞东下。岳飞自从击败曹成、平定杨么，总共六年时间，都是在盛夏季节行军作战，导致眼睛生病，到此时，更加严重。接到诏令便当天启程，没有到，刘麟战败。岳飞的奏书到达，皇帝对赵鼎说："刘麟败北不足以高兴，各位将领知道尊重朝廷是可喜的。"于是赐给岳飞书信，说："敌兵已经离开淮河地区，

岳母刺字

你不必继续前进，或许襄、邓、陈、蔡地区有机可乘，从长计划处置。"岳飞于是回军。当时伪齐屯集兵力窥视唐州，岳飞派遣王贵、董先等人攻破敌军，焚烧敌军营寨。上奏请求图取蔡州以攻取中原，皇帝没批准。岳飞召王贵等人回返。

绍兴七年，入朝觐见，皇帝安详地问他："你得到良马没有？"岳飞回答说："我原有两匹马，一天要吃数斗草料豆子，饮一斛泉水，然而不精细清洁的食物就不吃。披挂上鞍甲奔驰，开始跑得不很快，等到跑了一百里才开始兴奋加速，自午时到酉时，还可以跑二百里。卸下鞍甲既不喘息也不流汗，仿佛无事一样。这是它吃得多却不胡乱凑合吃，力气充裕但不求逞于一时，这是能跑得远的良材。不幸相继死亡。现在我所乘坐的马，一天吃的不过数升，而且吃草料时不管有无粮食，饮水时也不选择泉眼，缰绳还没拿稳，踊跃急驰，才跑了一百里，力竭汗喘，像要倒毙的样子。这是它吃得少却容易满足，好逞能却容易穷尽气力，这是低下蠢笨的庸才。"皇帝称赞说得好，说："你今天的议论很有可取之处。"授予他太尉之职，接着任命岳飞为宣抚使兼营田大使。跟随皇帝巡幸建康，把王德、郦琼的部队隶属岳飞部下，下诏通知王德等人说："听从岳飞的号令，如同我亲自行令。"

岳飞屡次觐见皇帝，都谈论到恢复中原失地的方略。又写奏章说："金人所以在河南立刘豫为帝，是想荼毒中原生灵，用中国人攻打中国人，粘罕因此可以休整部队以坐收渔人之利。我希望陛下给我时间，机会成熟时就带领部队直趋京、洛，占据河阳、陕府、潼关，以此来号召五路的叛将。叛将归降后，再派官军前进，敌人必然放弃汴京而逃向河北、京畿，陕右一带可以全部收复。然后分兵进攻浚州、滑州，经略两河地区，这样一来，

一定可以活捉刘豫，金人可以消灭，国家的长久大计，实在是在于这一行动。"皇帝回答说："有你这样的大臣，还有什么忧虑，你发兵进攻的时机，我不在朝中干预。"又把岳飞召到寝阁中命令他说："中兴大事，全都委托你了。"下令岳飞节制光州。

岳飞刚开始计划大举出征，适逢秦桧主张向金人求和，于是不把王德、郦琼的部队拨归岳飞。诏命岳飞到都督府与张浚议事，张浚对岳飞说："王德为淮西军所钦服，我想任命他为都统，而命令吕祉以都督府参谋的身份统领这支部队，怎么样？"岳飞说："王德与郦琼本来不相上下，一旦提拔王德，位于郦琼之上，那么两人必然会争执。吕尚书不熟悉军旅之事，恐怕不足以服众。"张浚说："张宣抚怎么样？"岳飞说："暴躁而缺乏智谋，尤其为郦琼所不服。"张浚说："那么杨沂中总算可以了吧？"岳飞说："杨沂中看来和王德差不多，怎么能驾驭这支部队？"张浚恼怒地说："我就知道非太尉你不可。"岳飞说："都督以正事问我的意见，不敢不完全献出我的愚见，哪里有想得到兵权的念头呀？"当天岳飞上书请求解除兵权，回家服满守丧期，让张宪代理指挥军队，自己步行返家，在母亲墓旁搭建小屋居住。张浚十分生气，上奏皇帝任命张宗元为宣抚判官，监督岳飞的部队。

皇帝几次下诏催促岳飞还军复职，岳飞极力推辞。皇帝又诏令岳飞的僚属们到岳飞守丧的小屋死力相请，有六天时间，岳飞赶奔入朝等待处分，皇帝安慰一番后把他派回部队。张宗元回来说："将领团结和睦，士兵锐气正足，人人心怀忠孝之心，这都是岳飞训练教育的结果。"皇帝十分高兴。岳飞上奏说："近来在寝阁下达的命令，都说陛下的决心已下，为何至今尚未决定？我愿率领部队进讨，顺应天道，符合人心，我军师出有名则部队威武雄壮，敌军师出无名则部队萎靡沮丧，我军顺应天时则强大无比，敌军逆天行事则不堪一击，必然会收到万全的效果。"又上奏说："钱塘地处僻远的海角，不是用武之地。愿陛下在上游建都，效仿汉光武帝的当年做法，亲自统率六军，往来于各地督战。这样就能使将士们知道圣上的意图所向，人人拼死效力。"皇帝没有答复而郦琼反叛，张浚这才感到后悔。岳飞又上奏："我愿进军屯驻在淮甸，等待有利时机进攻郦琼，按一定期限消灭叛军。"皇帝不同意，诏令岳飞部队进驻江州作为淮、浙地区的援军。

岳飞得知刘豫勾结粘罕，而兀术却厌恶刘豫，可以先施离间之计而后行动。正好军中捉到一个兀术的探子，岳飞佯装认错了人并责备他说："你不是我军中的张斌吗？我以前派你去齐国，约定引诱四太子兀术来，你却去后不再回来。我继续派人去通使，齐国已经答应我，今年冬天以联合进犯长江为名，把四太子诱至清河。你拿着我的书信竟然没有送到，为什么背叛我？"探子希望暂缓处死他，就假装服罪。岳飞又写了一封蜡丸书，写着与刘豫合谋诛杀兀术的事情，然后对探子说："我今天饶恕你。"再次把他派回齐国，询问举兵起事的日期，割开探子的大腿把蜡丸书藏在里面，警告他万勿泄密。探子回去，把蜡书交给兀术，兀术大吃一惊，火速报告了金朝国主，于是废掉了刘豫。岳飞上奏说："应该乘刘豫被废之际，捣其不备，长驱直入以攻取中原。"朝廷没有答复。

绍兴八年，岳飞率部队回到鄂州。王庶在江、淮地区巡视军队，岳飞写信给王庶说："今年如果不举兵北伐，我就交还符节辞职赴闲。"王庶极其赞赏。秋天，奉诏去皇帝驻在的地方，命令他去资善堂参见皇太子。岳飞退下去后高兴地说："国家终于得到主人啦，中兴基业,难道从此有了开端吗?"正好金国派遣使臣来将要归还河南地区,岳飞说:"金人不可信任,和好不可以依恃,宰相谋划国家大事不妥当,恐怕要留给后世人讥笑。"秦桧对此怀恨在心。

绍兴九年,因为河南回归,朝廷大赦天下。岳飞上表致谢,其中寓含了不应该与金国和议的意思,文中有"唾手收复燕云,复仇报答国家"之语。朝廷授予岳飞开府仪同三司,岳飞极力推辞,说:"现在的天下之事,应该感到危急而不可以感到安全;应该感到担忧而不可以庆贺;应该训练军队整饬士大夫,谨慎地防备不测事件发生,而不可以论功行赏,让敌人取笑。"皇帝三次下诏他都不接受,皇帝好言嘉勉,岳飞才接受。正赶上朝廷派遣赵士㒟前往拜谒先皇诸陵,岳飞请求派轻骑兵随从使臣洒扫先皇陵寝,实际上是想观察敌军的虚实以制定讨伐的计划。又上奏说:"金人没事请求议和,此中必有肘腋之患,名义上是把土地归还给我们,实际上是寄放在我们这里罢了。"秦桧对皇帝说制止岳飞的行动。

绍兴十年,金军攻打拱州、亳州,刘锜向朝廷告急,皇帝命令岳飞火速增援,岳飞派遣张宪、姚政率兵前往。皇帝赐给岳飞的亲笔信中说:"同金兵作战的措施及方略,一并委托给你,我不进行遥控"。于是岳飞遣王贵、牛皋、董先、杨再兴、孟邦杰、李宝等人,分别经营攻略西京、汝州、郑州、颍昌、陈州、曹州、光州、蔡州诸郡;又命令梁兴渡过黄河,联络集合忠义社,攻取河东、河北各州县。又派部队去东面援救刘锜,西面援救郭浩,自己率大军准备长驱直入以雄视中原。将要出发时,岳飞秘密上奏说:"先立太子以安定人心,然后请皇上不要经常居住在一地,以此来表示没有忘记复仇的决心。"皇帝得到这个奏章,大力褒奖他的忠心,任命岳飞为少保,河南府路、陕西、河东北路招讨使,不久改任河南、北诸路招讨使。没过多久,岳飞所派遣的诸将相继传来捷报。大部队驻守颍昌,部下众将分路出兵作战,岳飞自己率领轻装骑兵驻扎郾城,兵锋锐气十足。

兀术大为恐惧,会见龙虎大王商议,认为宋军其他各位统帅容易对付,只有岳飞锐不可当,打算引诱岳飞的部队前来,集中兵力决一死战。朝廷内外听说此事,十分恐惧,皇帝诏令岳飞慎重行事保全自己。岳飞说:"金人的伎俩已经穷尽了。"于是天天出兵挑战,并且大骂金军。兀术十分恼怒,联合龙虎大王、盖天大王与韩常的部队直逼郾城。岳飞派遣儿子岳云率领骑兵直冲入敌阵,告诫他说:"打不赢,我先杀你的头!"激战数十个回合,杀得贼尸遍野。

当初,兀术训练了一支精锐部队,都穿着重甲,用牛皮绳贯串起来,三人为一组,号称"拐子马",宋军无法抵挡。这次战役,兀术调动了一万五千名拐子马骑兵前来。岳飞下令步兵手持麻札刀冲入敌阵,不要抬头仰视,只管砍马蹄。拐子马都是连在一起的,只要一匹马倒地,其他两匹马就无法前进,宋军奋力攻击,于是大败金军。兀术大哭道:"自从海上起兵以来,全都是靠它取胜,今天算完了!"兀术增加兵力又来,岳飞部将王刚率五十名骑兵侦察敌情时与敌军相遇,王刚奋力斩杀了敌军将领。岳飞当时正出来视察作战地形,望见黄尘铺天遮地,亲率四十名骑兵突入敌群战斗,打败了这股援军。

正当郾城再次取胜的时候,岳飞对岳云说:"金兵屡战屡败,必然要回军进攻颍昌,你

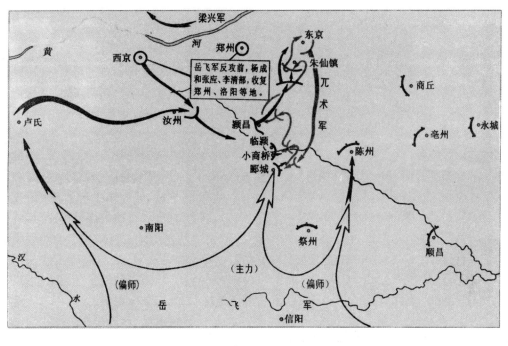

岳飞反攻中原作战经过示意图

应该迅速去支援王贵。"不久兀术果然赶来，王贵率领游奕军，岳云率领背嵬军与金军大战于城西。岳云指挥八百名骑兵冲到阵前与金兵决战，步兵在左右两翼展开队形跟在骑兵后面前进，杀死兀术的女婿夏金吾、副统军粘罕索孛堇，兀术逃去。

　　梁兴会合太行山的忠义民兵及两河地区的豪杰之士等，屡次与金军交战都取得大捷，极大地震动了中原地区。岳飞上奏说："梁兴等人北渡黄河，人心都愿意回归朝廷。金兵屡败，兀术等人都下令军中老少返回北方，眼下正是中兴大宋的好机会。"岳飞进军朱仙镇，距离汴京只有四十五里，与兀术对峙结阵，岳飞派骁将率背嵬骑兵五百人奋勇冲击，大破兀术军，兀术逃回汴京。岳飞通知陵台令巡行察看先帝诸陵，进行修葺整治。

　　在此之前，绍兴五年，岳飞派遣梁兴等人广布朝廷恩德，招抚结纳两河地区的豪杰，山寨寨主韦铨、孙谋等人收拢兵力固守堡垒，等待官军前来，李通、胡清、李宝、李兴、张恩、孙琪等人率部众归附。金人的动态，山川的险要，一时都掌握了确实情报。所有磁、相、开德、泽、潞、晋、绛、汾、隰等地区，都约定日期一同起兵，与官军相会合。他们所打的旗帜以"岳"字为号，父老百姓们争相拉着车牵着牛，载运着干粮送给义军，头上顶着烧香盆子来迎候的人，充满了道路。从燕京以南，金国的号令不能实行，兀术打算强行征兵来抵挡岳飞，河北之地没有一个人听从他。兀术叹息说："自我朝兴起于北方以来，还没有像今天这样的挫败。"金军大帅乌陵思谋一向号称凶狠狡诈，这时也无法控制他的部下，只能劝告说："不要轻举妄动，等岳家军来了就出降。"金军统制王镇、统领崔庆、将官李凯、崔虎、华旺等人都率所部投降，以至于禁卫龙虎大王的属下忔查千户高勇之流，都秘密地接受了岳飞的旗帜和文告，从北方前来归降。金国将军韩常打算率五万部众前来内

岳飞向宋高宗报告河北捷状

地归附。岳飞大喜，对部下们说："一直进抵黄龙府，我和诸位开怀畅饮！"

正当渡河指日可待之时，秦桧却打算划淮河以北地区放弃，示意谏官奏请皇帝下令各部队班师。岳飞上奏说："金军的锐气已经沮丧，全部抛弃了辎重，急忙逃向黄河北渡，豪杰之士闻风响应，我军士兵正待为国效命，这样的时机不会再来，机会万难轻易失去。"秦桧知道岳飞的志向坚定不可使他改变，就先请求皇帝下令张俊、杨沂中等人撤回军队，然后说岳飞孤军深入不能久留，请求皇帝诏令岳飞班师。一天之内连续接到十二道金字牌，岳飞愤慨惋惜地流下眼泪，朝着东方拜了两拜说："十年的努力，废弃于一旦。"岳飞下令班师，百姓们拦住他的马放声大哭，诉说道："我们头顶香盆，运送粮草来迎接官军，金人都知道。相公这一走，我们就没有一个人能活着了。"岳飞也悲哀地流下眼泪，取出皇帝的诏令给大家看并说："我不能擅自留下。"哭声震动了田野，岳飞留了五天以等待百姓们内迁，跟随他一起南迁的百姓如同赶集的人一样众多，岳飞立即奏请皇帝拨汉水上游六郡的空闲农田安置这些百姓。

正当兀术弃守汴京北撤时，有一个书生扣住他的马缰绳说："太子不要走，岳少保即将退兵了。"兀术说："岳少保用五百名骑兵打败我的十万人马，京城上下日夜盼望他到来，怎么说可以守得住呢？"书生说："自古以来没有权臣在内，而大将能在外立功的事，岳少保尚且不免，还想立功吗？"兀木醒悟，于是留驻汴京。岳飞率军撤回后，原来收复的各州县，马上又重新丧失了。岳飞极力请求解除自己的兵权，皇帝不同意，岳飞从庐山入朝晋见皇帝，皇帝慰问他，岳飞只是拜谢而已。

绍兴十一年，探子来报金兵分路渡过淮河，岳飞请求集中各位元帅的部队破敌。兀术、韩常与龙虎大王迅速赶到了庐州，皇帝催促岳飞策应增援，总共写了十七封信。岳飞策算金人倾全国兵力南下进犯，其巢穴必然空虚，如果长驱直入到汴京、洛阳以捣毁敌人巢穴，金军一定是疲于奔命地赶回援救，可以坐待敌军疲惫。当时岳飞正苦于患风寒咳嗽，竭力支撑抱病而行。又担心皇帝急于打退敌人，于是上奏说："我如果领兵直捣敌军的空虚地区，势必能取得胜利，假如因为敌人正在近处而没有时间去考虑长远的计划，那就请求陛下亲自到蕲州、黄州，以商议攻守事宜。"皇帝接到此奏大喜，赐给岳飞书信说："你正苦于风寒之疾，却仍然为我领兵前行，为了国家而忘记了自身，谁能比得上你呢？"岳飞率军进至庐州，金兵望风而逃。岳飞把部队撤回舒州等待命令，皇帝又赐给岳飞书信，认为岳飞小心恭谨、不擅自进退是得体的。兀术攻破濠州，张俊所部驻扎在黄连镇，不敢前进；杨沂中所部中了埋伏而战败，皇帝命令岳飞救援他。金人听说岳飞到了，又逃走了。

当时和议之事已经决定，秦桧担心岳飞反对自己，于是秘密上奏皇帝召还三位大将论功行赏。韩世忠、张俊已经赶到，岳飞一个人后到，秦桧又采用参政王次翁的计策，等待岳飞等了六七天。岳飞来到之后，被任命为枢密副使，位在参知政事之上，岳飞坚决请求交还兵权。五月，皇帝诏令岳飞同张俊前往楚州布置边防，会合韩世忠部队还军驻守镇江。

当初，岳飞在各位大将中年龄最小，从小校提拔起来，屡屡立下赫赫战功，韩世忠、张俊不服气。岳飞委屈自己，凡事均居于他们之下，幕僚中年轻气盛的人劝告岳飞不要过于谦卑退让。金兵进攻淮西，这是张俊分守的防地，张俊始终不敢有所行动，部队终于没有立功。岳飞接到命令立即行动，于是解了庐州之围，皇帝任命岳飞为两镇节度使，张俊越发感到耻辱。杨么被平定后，岳飞赠送给张俊、韩世忠每人一艘楼船，船上各种武器毕备，韩世忠非常高兴，张俊反倒忌恨岳飞。淮西之役，张俊以前方缺粮吓唬岳飞，岳飞并没有因此停止前进，皇帝赐书褒奖，其中有："转运粮饷遇到艰难险阻，你却义无反顾"这样的话，张俊怀疑岳飞对皇上泄漏了自己的话，回到朝廷，反而说岳飞逗留不进，却以缺乏粮饷为借口。去视察韩世忠的部队时，张俊知道韩世忠触犯了秦桧，便打算与岳飞一起瓜分韩世忠的背嵬军，岳飞顾全大义不肯这样做，张俊大为不高兴。等到和岳飞同行至楚州城，张俊想修缮城墙来做御敌准备，岳飞说："应当努力地牟取收复失地，岂可作退保自守的打算？"张俊变了脸色。

正好韩世忠的军吏景著对总领胡纺说："两位枢密使如果瓜分了韩世忠的部队，恐怕要发生事变。"胡纺把他的话上报了朝廷，秦桧逮捕景著投入大理寺，准备以此事煽动谣言诬陷韩世忠。岳飞急忙写信给韩世忠告以秦桧用心所在，韩世忠面见皇帝自己讲明了事情的缘由。张俊从此对岳飞大为不满，于是首次提出岳飞倡议放弃山阳，并且秘密地把岳飞报信给韩世忠这件事告诉了秦桧，秦桧大怒。

当初，秦桧排挤走了赵鼎，岳飞常常为此对宾客叹息，又把收复中原失地当作自己的责任，不肯附和议和的主张。阅读秦桧的奏章，读到"德行没有常师，主张为善就可以为师"的话时，厌恶他欺君罔上，愤愤地说："君臣这个大伦常，根源在于天性，身为大臣能忍心当面欺骗他的皇帝吗？"兀术给秦桧的信中说："你早晚都在请求议和，然而岳飞却正在图谋进取河北，必须杀掉岳飞，才可以议和。"秦桧也认为岳飞不死，终究会阻碍议和，自己也必然受祸，所以极力谋划杀死岳飞。因为谏议大夫万俟卨与岳飞有怨仇，就指使万俟卨弹劾岳飞，又示意中丞何铸、侍御史罗汝楫接连上奏章弹劾岳飞，大概意思是说："今年春天金人进攻淮西，岳飞进军至舒州、蕲州就不再前进，近来他与张俊驻守于淮河岸边，又打算放弃山阳而不去防守。"岳飞几次上奏章请求罢免自己的枢密副使的职务,不久交还两镇节度使的符节,充任万寿观使、奉朝请。秦桧的意图还未全部得逞,又指示张俊威逼王贵、诱使王俊诬告张宪策划把兵权还给岳飞。

秦桧派使者逮捕岳飞父子来证实张宪的事情,使者到时,岳飞笑着说:"皇天后土,可以证明我这颗心。"开始命令何铸审讯岳飞,岳飞撕开衣裳把后背给何铸看,上面有"尽忠报国"四个大字,深深地刺入皮肤的纹理之中。没多久查明实在没有佐证,何铸判岳飞无辜。秦桧改命万俟卨审理。万俟卨诬陷说:岳飞写信给张宪,命令张宪谎报军情以震动朝廷视听,而且岳云写信给张宪,要张宪采取措施使岳飞回到军中;并且说这些信已经焚毁。

岳飞被囚禁两个月,没有可以证明他有罪的证据。有人教万俟卨以御史台奏章所指责的淮西一事为证言,万俟卨高兴地告诉秦桧,查抄登记岳飞的家产,拿走了当时皇帝给岳飞的亲笔信藏起来消除不利于审讯的字迹。又逼迫孙革等人证明岳飞接受诏令后仍然逗留不前,命令评事元龟年将岳飞在淮西的行军日程混杂排定,以附会岳飞之案。年底,此案仍无法成立,秦桧亲手写了一张小纸条交给狱官,立即报告岳飞死亡了,这年他三十九岁。岳云在闹市被斩首示众。登记并没收岳飞的家产,迫令他全家迁往岭南。岳飞的幕僚于鹏等六人也被牵连定罪。

当初,岳飞关在狱中,大理寺丞李若朴、何彦猷、大理卿薛仁辅都说岳飞无罪,万俟卨全把他们弹劾赶走。宗正卿赵士㒟请求用全家一百口人的性命担保岳飞,万俟卨也弹劾他,被放逐到建州而死。平民刘允升上书朝廷申诉岳飞冤枉,被关进大理寺后死去。凡是附会参与并促成岳飞冤狱的人,都不同等级地升了官职。

岳飞一案将要上报了,韩世忠愤愤不平,他来到秦桧处质问有无真实凭据,秦桧说:"岳飞的儿子岳云写信给张宪这件事虽然还不太明确,但这件事或许有。"世忠说:"'或许有'三个字,怎么能使天下人信服?"当时洪皓正在金国,派人把一封蜡丸信飞驰奏报皇帝,信中说金人所畏服者只有岳飞,以至称呼他为岳爷爷,金国的各大首领听说岳飞死讯,饮酒互相庆贺。

岳飞侍奉双亲非常孝顺,母亲留在河北,岳飞派人寻找访求,迎接老人家南归。他母亲有顽症,药物补品等事岳飞必定要亲手调理。母亲去世,岳飞三天滴水未沾。家中没有姬妾服侍。吴玠一向佩服岳飞,愿意与他结为好友,打扮了一位有名的美女送给他。岳飞说:"皇上每天天不亮就起身处理公务,很晚才吃饭,现在哪里是大将享受安乐的时候?"推却不受,吴玠由此更加尊敬佩服他。岳飞年轻时喜欢喝酒,皇帝告诫他说:"你将来打到河朔地区,就可以喝了。"于是戒酒不再喝了。皇帝当初为岳飞建造府宅,岳飞辞谢说:"敌寇没有消灭,要家干什么?"有人问天下何时能太平,岳飞说:"文臣不爱钱,武将不怕死,天下就会太平了。"

岳飞率部队每次驻扎休整,都训练将士们从斜坡上骑马急驰而下跳跃壕沟,并且都穿着重甲练习这些课目。他的儿子岳云曾经练习从斜坡上骑马急驰而下,战马跌倒,岳飞十分生气而鞭打岳云。有一名士兵拿了老百姓的一缕麻用来捆扎喂牲口的草,立即将他斩首示众。士兵夜间宿营，老百姓打开房门愿意让他们进屋休息，没有一个人敢进入房中的。岳飞的部队号称"冻死不拆屋，饿死不掳掠"。士兵有病，岳飞亲自为他调药；诸将远征，岳飞派自己的妻子慰劳他们的家眷；战死的将领，岳飞为之哭泣并养育他们的孤儿，或者让儿子娶阵亡将领的女儿为妻。凡是有朝廷颁发下的犒赏，平均分配给部下军吏，秋毫不据为私有。

岳飞作战善于以少击众，将要有所行动，把各位统制全部召来参与计划，谋略制定以后再出战，所以只有胜利没有失败。突然与敌军遭遇也镇定自若。因此敌军这样评价岳飞的部队："摇撼大山容易，撼动岳家军困难。"张

岳飞簪花图

俊曾经向岳飞询问用兵的方法，岳飞答道："仁义、智谋、信用、勇敢、严格，缺一不可。"每当征调军粮，必定皱着额头说："东南地区的民力，消耗凋敝到极点了。"荆湖一带平定后，岳飞招募百姓营田，又开始发动士兵屯田，每年节省了一半漕运之粮。皇帝亲笔书写了曹操、诸葛亮、羊祜三个人的事迹赐给岳飞。岳飞在皇帝书后写上跋语，特地指出曹操是奸贼而鄙视他，这件事尤其为秦桧所恼恨。

张所死后，岳飞感念旧恩，抚养他的儿子张宗本，举奏为官。李宝从楚州来归附，韩世忠留下他，李宝痛哭流涕地说愿意归属到岳飞部下，韩世忠写信来告诉这件事，岳飞复信说："都是为了国家，何必要分彼此？"韩世忠为此叹服不已。襄阳战役时，皇帝诏令刘光世增援，六郡已经收复，刘光世才率军赶来，岳飞上奏请皇帝先犒赏刘光世的部队。岳飞喜好贤才，礼遇士大夫，遍览经史典籍，歌唱雅诗，投壶为乐，谦虚谨慎地如同一位书生。每次辞官，必然说："将士们为国效力，我有什么功劳？"然而天性忠愤激烈，议论人与事能坚持公道，不屈服于人，最终因此而蒙受灾祸。

秦桧死后，讨论恢复岳飞原来的官职。万俟卨说金国刚愿意讲和，一旦录用以前的将领，会使天下人疑惑不解，不可以这样做。到了绍兴末年，金国日益猖獗，太学生程宏图上书朝廷为岳飞申冤，皇帝下诏允许岳飞家属自行选择居住地。起初，秦桧讨厌岳州与岳飞的姓氏相同，把岳州改名为纯州，到此时仍旧称为岳州。中丞汪澈宣抚荆、襄地区，岳飞过去的老部下联合上书向汪澈申诉岳飞的冤屈，哭声如同雷震一般。孝宗下诏恢复

岳飞官职,用礼仪改葬,赐给岳飞家属钱一百万贯,寻求岳飞的后代全部授予官职。在鄂州建庙,号称忠烈庙。淳熙六年,朝廷为岳飞定谥号为武穆。嘉定四年,追封岳飞为鄂王。

岳飞有五个儿子:岳云、岳雷、岳霖、岳震、岳霆。

吴玠传

【题解】

吴玠(1093~1139),南宋名将。字晋卿,德顺军陇干(今宁夏隆德北)人。北宋末年从军,曾参加镇压方腊起义军,在防御西夏作战中屡立战功。建炎年间,率部迭挫金兵,升权永兴军路经略使。绍兴元年(1131),金军数万企图南下入川,吴玠在和尚原之战中,凭险扼守,以步制骑,大败金军,因功授镇西军节度使。绍兴四年(1134)与其弟吴璘在仙人关,击退十万金军的进攻,一举稳定了川陕战局,因功加授两镇节度使。九年,晋四川宣抚使。不久病逝。

【原文】

吴玠字晋卿,德顺军陇干人。父葬水洛城,因徙焉。少沉毅有志节,知兵善骑射,读书能通大义。未冠,以良家子隶泾原军。政和中,夏人犯边,以功补进义副尉,稍擢队将。从讨方腊,破之;及击河北群盗,累功权泾原第十将。靖康初,夏人攻高怀德军,玠以百余骑追击,斩首百四十级,擢第二副将。

建炎二年春,金人渡河,出大庆关,略秦雍,谋趋泾原。都统制曲端守麻务镇,命玠为前锋,进据青溪岭,逆击大破之,追奔三十里,金人始有惮意。权泾原路兵马都监兼知高怀德军。金人攻延安府,经略使王庶召曲端进兵,端驻邠州不赴,且曰:"不如荡其巢穴,攻其必救。"端遂攻蒲城,命玠攻华州,拔之。

三年冬,剧贼史斌寇汉中,不克,引兵欲取长安,曲端命玠击斩之,迁忠州刺史。宣抚处置使张浚巡关陕,参议军事刘子羽诵玠兄弟才勇,浚与玠语,大悦,既授统制,弟璘掌帐前亲兵。

四年春,升泾原路马步军副总管。金帅娄宿与撒离喝长驱入关,端遣玠拒于彭原店,而拥兵邠州为援。金兵来攻,玠击败之,撒离喝惧而泣,金军中目为"啼哭郎君"。金人整军复战,玠军败绩。端退屯泾原,劾玠违节度,降武显大夫,罢总管,复知高怀德军。张浚惜玠才,寻以为秦凤副总管兼知凤翔府。时兵火之余,玠劳来安集,民赖以生。转忠州防御使。

九月,浚合五路兵,欲与金人决战,玠言宜各守要害,须其弊而乘之。及次富平,都统制又会诸将议战,玠曰:"兵以利动,今地势不利,未见其可。宜择高阜据之,使不可胜。"

诸将皆曰:"我众彼寡,又前阻苇泽,敌有骑不得施,何用他徙?"已而敌骤至,舆柴囊土,藉淖平行,进薄玠营。军遂大溃,五路皆陷,巴蜀大震。

玠收散卒保散关东和尚原,积粟缮兵,列栅为死守计。或谓瑜宜退屯汉中,扼蜀口以安人心。玠曰:"我保此。敌绝不敢越我而进,坚壁临之,彼惧吾蹑其后,是所以保蜀也。"玠在原上,凤翔民感其遗惠,相与夜输刍粟助之。玠偿以银帛,民益喜,输者益多。金人怒,伏兵渭河邀杀之,且令保伍连坐;民冒禁如故,数年然后止。

绍兴元年,金将没立自凤翔,别将乌鲁折合自阶、成出散关,约日会和尚原。乌鲁折合先期至,阵北山索战,玠命诸将坚阵待之,更战迭休。山谷路狭多石,马不能行,金人舍马步战,大败,移砦黄牛,会大风雨雹,遂遁去。没立方攻箭筈关,玠复遣将击退之,两军终不得合。

始,金人之入也,玠与璘以散卒数千驻原上,朝问隔绝,人无固志。有谋劫玠兄弟北去者,玠知之,召诸将歃血盟,勉以忠义。将士皆感泣,愿为用。张浚录其功,承制拜明州观察使。居母丧,起复,兼陕西诸路都统制。

金人自起海角,狃常胜,及与玠战辄北,愤甚,谋必取玠。娄宿死,兀术会诸道兵十余万,造浮梁跨渭,自宝鸡结连珠营,垒石为城,夹涧与官军拒。十月,攻和尚原。玠命诸将选劲弓强弩,分番迭射,号"驻队矢",连发不绝,繁如雨注。敌稍却,则以奇兵旁击,绝其粮道。度其困且走,设伏于神垈以待。金兵至,伏发,众大乱。纵兵夜击,大败之。兀术中流矢,仅以身免。张浚承制以玠为镇西军节度使,璘为泾原路马步军副总管。兀术既败,遂自河东归燕山;复以撒离喝为陕西经略使,屯凤翔,与玠相持。

二年,命玠兼宣抚处置使司都统制,节制兴、文、龙三州。金久窥蜀,以璘驻兵和尚原扼其冲,不得逞,将出奇取之。时玠在河池,金人用叛将李彦琪驻秦州,睨仙人关以缀玠;复令游骑出熙河以缀关师古,撒离喝自商于直捣上津。三年正月,取金州。二月,长驱趋洋、汉,兴元守臣刘子羽急命田晟守饶风关,以驿书招玠入援。

玠自河池日夜驰三百里,以黄柑遗敌曰:"大军远来,聊用止渴。"撒离喝大惊,以杖击地曰:"尔来何速耶!"遂大战饶风岭。金人被重铠,登山仰攻。一人先登则二人拥后;先者既死,后者代攻。玠军弓弩乱发,大石摧压,如是者六昼夜,死者山积而敌不退。募敢死士,人千银,得士五千,将夹攻。会玠小校有得罪奔金者,导以祖溪间路,出关背,乘高以阚饶风。诸军不支,遂溃,玠退保西县。敌入兴元,刘子羽退保三泉,筑潭毒山以自固,玠走三泉会之。

未几,金人北归,玠急遣兵邀于武休关,掩击其后军,堕涧死者以千计,尽弃辎重去。金人始谋,本谓玠在西边,故道险东来,不虞玠驰至。虽入三郡,而失不偿得。进玠检校少保,充利州路、阶、成、凤州制置使。

四年二月,敌复大入,攻仙人关。先是,璘在和尚原,饷馈不继;玠又谓其地去蜀远,命璘弃之,经营仙人关右杀金平,创筑一垒,移原兵守之。至是,兀术、撒离喝及刘夔率十万骑入侵,自铁山凿崖开道,循岭东下。玠以万人当其冲。璘率轻兵由七方关涪道而至,与金兵转战七昼夜,始得与玠合。

敌首攻玠营,价击走之。又以云梯攻垒壁,杨政以撞竿碎其梯,以长矛刺之。璘拔刀画地,谓诸将曰:"死则死此,退者斩!"金分军为二,兀术阵于东,韩常阵于西。璘率锐卒介其间,左萦右绕,随机而发。战久,璘军少惫,急屯第二隘。金生兵踵至,人被重铠,铁钩相连,鱼贯而上。璘以驻队矢迭射,矢下如雨。死者层积,敌践而登。撒离喝驻马四视曰:"吾得之矣。"翌日,命攻西北楼,姚仲登楼酣战,楼倾,以帛为绳,挽之复正。金人用火攻楼,以酒缶扑灭之。玠急遣统领田晟以长刀大斧左右击,明炬四山,震鼓动地。明日,大出兵。统领王喜、王武率锐士,分紫、白旗入金营,金阵乱。奋击,射韩常,中左目,金人始宵遁。玠遣统制官张彦劫横山砦,王俊伏河池扼归路,又败之。以郭震战不力,斩之。是役也,金自元帅以下,皆携孥来。刘夔乃豫之腹心。本谓蜀可图,既不得逞,度玠终不可犯,则还据凤翔,授甲士田,为久留计,自是不妄动。

捷闻,授玠川、陕宣抚副使。四月,复凤、秦、陇三州。七月,录仙人关功,拜检校少师、奉宁保定军节度使,璘自防御使升定国军承宣使,杨政以下迁秩有差。六年,兼营田大使,易保平、静难节。七年,遣裨将马希仲攻熙州,败绩,又失巩州,玠斩之。

玠与敌对垒且十年,常苦远饷劳民,屡汰冗员,节浮费,益治屯田,岁收至十万斛。又调戍兵,命梁、洋守将治褒城废堰,民知灌溉可恃,愿归业者数万家。九年,金人请和。帝以玠功高,授特进、开府仪同三司,迁四川宣抚使,陕西阶、成等州皆听节制。遣内侍奉亲札以赐,至,则玠病已甚,扶掖听命。帝闻而忧之,命守臣就蜀求善医,且饬国工驰视,未至,玠卒于仙人关,年四十七。赠少师,赐钱三十万。

玠善读史,凡往事可师者,录置座右,积久,墙牖皆格言也。用兵本孙、吴,务远略,不求小近利,故能保必胜。御下严而有恩,虚心询受,虽身为大将,卒伍至下者得以情达,故士乐为之死。选用将佐,视劳能为高下先后,不以亲故、权贵挠之。

玠死,胡世将问玠所以制胜者,璘曰:"璘从先兄有事西夏,每战,不过一进却之顷,胜负辄分。至金人,则更进迭退,忍耐坚久,令酷而下必死,每战非累日不决,胜不遽追,败不至乱。盖自昔用兵所未尝见,与之角逐滋久,乃得其情。盖金人弓矢,不若中国之劲利;中国士卒,不及金人之坚耐。吾常以长技洞重甲于数百步外,则其冲突固不能相及。于是选据形便,出锐卒更迭挠之,与之为无穷,使不得休暇,以沮其坚忍之势。至决机于两阵之间,则璘有不能言者。"

晚节颇多嗜欲,使人渔色于成都,喜饵丹石,故得咯血疾以死。方富平之败,秦凤皆陷,金人一意睨蜀,东南之势亦棘,微玠身当其冲,无蜀久矣。故西人至今思之。谥武安,作庙于仙人关,号思烈。淳熙中,追封涪王。子五人:拱、扶、扐、扩、揔。拱亦握兵云。

【译文】

吴玠字晋卿,德顺军陇干人。他的父亲死后安葬在水洛城,因此吴玠也迁到哪里。少年时代沉稳刚毅,胸有大志,熟知兵法,擅长骑马射箭,读书能够领会其要义宏旨。不满二十岁时,以良家子弟的身份隶属泾原军。政和年间,西夏侵犯边境,吴玠因战功补升为进义副尉,不久又提升为队将。跟随部队征讨方腊,打败了他;等到进击河北的群盗时，屡立战功，暂代泾原第十将。靖康初年，西夏进攻高怀德军，吴玠率领一百多名骑兵追击敌人，斩首一百四十级，被提升为第二副将。

建炎二年春天，金兵渡过黄河，穿过大庆关，攻略秦雍，计划直趋泾原。都统制曲端防守麻务镇，命令吴玠担任前锋，出兵占据青溪岭，迎头阻击，大败金军，追杀了三十里地，金人开始心存畏惧之意。代理泾原路兵马都监兼知高怀德军。金人进攻延安府，经略使王庶召令曲端发兵助援，曲端率部队停驻在邠州不再前进，并且说："不如直捣荡平敌人的老巢，攻打他们一定会救援的地方。"曲端于是进攻蒲城，命令吴玠攻打华州，攻克了它。

三年冬，悍匪史斌进犯汉中，没成功，率部下准备攻取长安，曲端命令吴玠出兵击杀了他，升任忠州刺史。宣抚处置使张浚巡视关陕一带，参议军事刘子羽称赞吴玠兄弟智勇双全，张浚与吴玠交谈，十分高兴，当即任命他为统制，弟弟吴璘掌管帐前亲兵。

四年春，升任泾原路马步军副总管。金军大帅娄宿与撒离喝率兵长驱入关，曲端派吴玠在彭原店抵御敌军，自己率部队在邠州为后援。金兵前来进攻，吴玠击败了他们，撒离喝吓得哭泣不已，金军内部把他视为"啼哭郎君"。金人整顿兵马再度出战，吴玠的部队失利。曲端撤退到泾原屯守，上书弹劾吴玠不听指挥，于是吴玠被降级为武显大夫，免除总管，再次知高怀德军。张浚爱惜吴玠的才干，不久又任命他为秦凤副总管兼知凤翔府。当时，在战争间歇期间，吴玠勤勉地安抚民众，百姓们依赖他才保全了生命。后调任忠州防御使。

九月，张浚集合五路兵马，要同金兵决一死战。吴玠提出应当各自守卫要害之处，等金军疲惫松懈时再乘机进攻。等到进抵富平，都统制又召集诸将商议作战问题，吴玠说："军队在有利的情况下才能行动，现在地势对我们不利，没有出现可以行动的条件。应当选择高地据守，使敌人无法取胜。"诸将却说："我军人多而敌军兵少，前面又被沼泽地所阻挡，敌人即使有骑兵也无法施展身手，哪里用得着转移到别处去呢？"一会儿，敌人突然赶到，劈柴背土，垫在泥淖上，然后就像走平地一样迫近吴玠的营地，部队于是大败而溃，五路全被攻陷，极大地震动了巴蜀一带。

吴玠收集散失的军兵保卫散关以东的和尚原，积蓄粮食，整治兵甲，修筑营栅准备死守到底。有人说吴玠应当退到汉中屯守，扼制蜀口以安定人心。吴玠说："我保卫此地，敌人绝对不敢越过我而前进，我坚守营寨面对敌人，他们就会怕我跟踪在他的后面，因此我在此处坚守一定能够保卫四川。"吴玠驻守在和尚原，凤翔的人民感念他过去带给他们的恩惠，在夜里成群结队地运送来粮食帮助他。吴玠按价付给他们银帛，老百姓更加欢喜，运输粮食的人越来越多。金人恼怒不已，便在渭河埋伏下士兵半路截杀这些运粮的人，并且下令在保、伍中施行"连坐"之法。百姓们不顾金人的禁令照常运粮，几年以后才停止。

绍兴元年，金军大将没立从凤翔，别将乌鲁折合从阶、成出散关，约定日期会师和尚原。乌鲁折合先行到达，在北山列阵挑战，吴玠命令诸将严阵以待，交替作战，轮流休息。山谷中道路狭窄而且有许多石头，战马难以行进，金兵弃马步战，被宋军打得大败，把营寨转移到黄牛，正赶上天气风雨大作，夹杂着冰雹，于是逃去。没立刚开始攻打箭筈关，吴玠又派部将率兵击退了他，金人的两路兵马终于无法会合到一处。

起初，金人入侵时，吴玠与吴璘率领各路散失的士兵数千人驻守在和尚原上，与朝廷断绝了音讯，军兵们没有坚持固守的斗志。有人阴谋劫持吴玠兄弟投降金人。吴玠得知了这件事，召集诸将歃血盟誓，以忠义相互勉励。将士们都感动的哭泣，愿意为他效力。张浚记载了他的功劳，秉承皇帝旨意任命他为明州观察使。他为母亲守丧期间，被征召起用，兼任陕西诸路都统制。

金人自从崛起于僻远的海角，每战必胜且习以为常，等到与吴玠作战，屡战屡败，非常愤恨，谋划着一定抓获吴玠。娄宿死后，兀术纠集诸道的兵马十余万，修造浮桥横跨渭河，从宝鸡结下连珠营，用石块垒筑成高墙，夹着山涧与宋军对峙。十月，攻打和尚原。吴玠命令诸将挑选劲弓强弩，轮番交替而射，号称"驻队矢"，接连不断地发射，繁密得像下雨一般。敌军稍稍退却，吴玠就派一支奇兵从旁边发起攻击，阻断了敌军的粮道。估计到敌军困乏并要撤走，事先在神岔设下埋伏等待。金兵赶来，伏兵冲出，敌众大乱。发兵夜间突袭，大败金军，兀术身中流箭，勉强逃脱一死。张浚秉承皇帝旨意任命吴玠为镇西军节度使，吴璘担任泾原路马步军副总管。兀术已经失败，于是把注意力放到河东地区而返回燕山，又任命撒离喝为陕西经略使，屯驻凤翔，与吴玠对峙。

二年，任命吴玠兼任宣抚处置使司都统制，节制兴、文、龙三州。金人久有窥蜀之意，认为吴璘驻兵和尚原扼制住了入川的咽喉之地，因此无法实现入川计划，便打算出奇致胜。当时吴玠在河池，金人任用宋朝叛将李彦琪驻扎在秦州，窥视仙人关以牵制吴玠；又命令游动骑兵部队出熙河以牵制关师古，撒离喝从商于直趋上津。三年正月，金军攻克金州。二月，长驱直入，奔向洋、汉，兴元守将刘子羽火速下令田晟坚守饶风关，同时用驿马传递信件叫吴玠救援。

吴玠自河池出发，一昼夜奔驰了三百里，把黄柑送给敌人说："你们的大部队从远方而来，暂且用它解解渴吧。"撒离喝大吃一惊，用手杖敲击着地说："你怎么会来得这么快！"于是双方大战于饶风岭。金兵身穿重甲，登山向上仰攻，一个人在前头攀登后面有两个人推着他，前头这人死了，后面的人接替他继续进攻。吴玠的部队用弓弩乱射，用大石头砸向敌军，像这样激烈战斗了六昼夜，死的人堆积如山，但敌人丝毫不退。吴玠募集敢死队员，每人给一千两银子，得到五千人，打算分头夹击敌人。这时吴玠手下的一个小校畏罪潜逃投奔了金军，引导金军沿祖溪小路绕出饶风关背后，登高向饶风关在宋军俯冲下来。宋军抵挡不住，于是溃败。吴玠退保西县。敌军攻入兴元，刘子羽退保三泉，在潭毒山修筑营垒固守，吴玠跑到三泉同他会合。

没过多久，金人回军返回北方。吴玠急忙派部队在武休关进行阻击，乘敌不备，猛攻敌人的后军。敌兵掉到涧下摔死了的数以千计，丢弃了全部辎重逃去。金人开始本来以为吴玠在西边，所以不顾道路险峻而从东边赶路，没想到吴玠飞速来到。金军虽然进入三郡，但得不偿失。吴玠进为检校少保，担任利州路、阶成、凤州制置使。

四年二月，敌军再次大举进犯，攻打仙人关。在此之前，吴璘在和尚原，粮饷供援不上，吴玠又说该地离四川较远，命令吴璘放弃它，移往仙人关右方的杀金平创建一座营垒，把原来的部队调来防守。到了此时，兀术、撒离喝及刘夔率领十万骑兵入侵，从铁山劈凿悬崖开修道路，顺着山岭东下。吴玠率一万人挡住敌军去路。吴璘率轻装部队从七方关兼程赶来，同金兵转战了七天七夜，才得以同吴玠会师。

敌军首先攻打吴玠的营垒，吴玠指挥部队打退了他们，敌人又使用云梯进攻垒壁，杨政用撞竿撞碎了金兵的云梯，用长矛猛刺敌兵。吴璘拔出宝刀插在地上，对诸将说："今天死就死在此地，后退者杀！"金人把部队布成两个阵势，兀术在东面这一阵，韩常在西面这一阵。吴璘率精锐的士兵处于敌军二阵之间，左右盘旋，随机而发。激战良久，吴璘的部队稍感疲惫，急忙屯守第二个关隘。金人的生力军接踵而至，人人披挂重甲，铁钩相连，列队向上进攻。吴璘用"驻队矢"交替射击，箭如雨下，被射死的人层层堆积，敌兵踏着尸体终于登上了宋军阵地。撒离喝停马四下巡目说："我总算得到它啦。"第二天，下令攻打西北楼，姚仲登上楼拼死力战，楼倾斜，用丝帛结成绳子，拉着楼使它回复正位。金兵用火烧楼，宋军扔下酒缸把火扑灭。吴玠急忙派统领田晟用长刀大斧左右冲杀，明亮的火把照亮了四山，战鼓的响声震天动地。第二天，宋军大规模出击。统领王喜、王武率领精锐士兵，分别打着紫色和白色旗帜冲入金军营地，金军阵脚大乱。宋军奋勇战斗，韩常被射中左眼，金人开始逃跑。吴玠派统制官张彦劫杀横山寨，王俊埋伏在河池扼守敌军归路，又打败了他们。因为郭震作战不力，杀了他。这次战役，金军自元帅以下，全都携带着家小前来。刘夔是刘豫的心腹。本来以为四川可以攻克，既然没有得逞，估计到吴玠终究不可侵犯，于是就回军据守凤翔，分给将士们田地，做长期驻守的打算，从此不再轻举妄动。

捷报传来，皇帝任命吴玠为川陕宣抚副使。四月，收复凤、秦、陇三州。七月，朝廷登录仙人关之战的功劳，吴玠官拜检校少师、奉宁、保定军节度使。吴璘从防御使升任定国军承宣使，杨政以下将佐分别不等地晋升了官职。六年，兼任营田大使，改任保平、静难军节度使。七年，派部将马希仲进攻熙州，兵败失利，又丢失了巩州，吴玠杀了他。

吴玠与敌军对抗了近十年，经常苦于从远地征收军饷而劳民伤财，屡次裁汰部下冗员，节约不必要的开支，大力治理屯田，一年收成达十万斛。又调派戍兵，命令梁、洋的守将修复褒城的废水堰，老百姓得知农田灌溉有了保证，愿意重返家园从事农业生产的有数万家。九年，金人请求议和。皇帝认为吴玠劳苦功高，授予特进、开府仪同三司，升任四川宣抚使，陕西阶、成等州都归他节制。皇帝还派遣内侍持亲笔信赐予他，内侍来到，吴玠的病情已很严重了，手下搀扶着他听取了皇帝的任命。皇帝得知后十分忧虑，命令守臣在四川寻找良医，并且亲自委派名医驰往四川探视治疗，还没有赶到，吴玠死于仙人关，年仅四十七岁。追赠他为少师，赐钱三十万。

吴玠喜欢阅读史书，凡是过去的事值得学习和效法的，便抄录下来置于座位右方，天长日久，墙壁和窗户上都贴满了格言。他指挥作战遵照孙、吴兵法，追求远大的谋略，不贪求小事和近期的利益，所以能够保证每战必胜。治理部下既严格又施以恩惠，能够虚心征求和请教别人的意见。虽然身为大将，部队中最底层的士兵都能跟他及时沟通感情，所以士兵们都乐意为他去死。他选拔任用将佐，首先看他的功劳和能力再决定他的职务高低和升迁先后，从来不受亲友、故旧和权贵们的干扰。

吴玠死后，胡世将询问吴玠之所以克敌制胜的原因，吴璘说："我跟从先兄原来同西夏作战，每次战斗不过是一进一退的短暂时间，便可分出胜负。等到与金人交战，就不得不交替进攻轮流后退，忍耐坚持好久，命令严厉而部下必死无疑，每次战斗没有几天的时间决不出胜负，即使胜利了也不急忙追赶，而失败了也不至于溃散。这是过去打仗时所不曾见过的事，与金人角逐相争时间久了，才能得知其中的道理。这是因为金人的弓箭，没有中国的强劲锐利；而中国的士兵却赶不上金人那样具有坚韧不拔的耐力。我经常用我的拿手好戏：射箭洞穿数百步以外的厚重铠甲，而当临阵对敌、搏击格斗时就做不到这一点了。于是便选择据守有利的地形，派出精锐的士兵轮番骚扰他们，同他们无穷无尽地周旋，使他们得不到休息的空当，以破坏他们固有的坚强且善于忍耐的势头。至于在两阵之间如何当机立断，那么有些我就说不出来了。"

吴玠晚年有许多嗜好和欲望，曾派人在成都访求美女，喜欢服用丹药，所以得了咯血的毛病终于导致死亡。当宋军在富平失败，秦、凤一带都被敌人攻陷，金人一心一意图谋四川，东南地区的形势也相当危急的情况下，如果没有吴玠亲自在哪里抵御敌人，早就失去四川了。所以西南人民至今还思念着他。朝廷给他的谥号为武安，并在仙人关为他立庙，号思烈。淳熙年中，朝廷又追封他为涪王。他有五个儿子：吴拱、吴扶、吴扐、吴扩、吴揔。吴拱也是统领兵马的将领。

王彦传

【题解】

王彦（1090~1139），南宋抗金名将。字子才，上党（今山西长治）人。早年中武举，戍守西北。建炎元年（1127），在河北招抚使张所部下任都统制，率岳飞等7000将士，北渡黄河，大破金军，收复新乡。后被金军包围，力战突围至共城以北太行山区，部下将士面刺"赤心报国，誓杀金贼"八字，始称"八字军"。二年，应宗泽之召，率军南下保卫东京。因反对议和，被夺兵权。三年，被张浚举荐为前军统制，率部转战川陕，又奉诏入卫临安，后病卒。他建立的"八字军"是南宋抗金战争中的一支重要武装力量。

【原文】

王彦字子才，上党人。性豪纵，喜读韬略。父奇之，使诣京师，隶弓马子弟所。徽宗临轩阅试，补下班祗应，为清河尉。从泾原路经略使种师道两入夏国，有战功。

金人攻汴京，彦慨然弃家赴阙，求自试讨贼。时张所为河北招抚使，异其才，擢为都统制。使率裨将张翼、白安民、岳飞等十一将，部七千人渡河，与金人战。败之，复卫州新乡县,传檄诸郡。

金人以为大军至,率数万众薄彦垒,围之数匝。彦以众寡不敌,溃围出。诸将散归,彦独保共城西山,遣腹心结两河豪杰,图再举。金人购求彦急,彦虑变,夜寝屡迁。其部曲觉之,相率刺面,作"赤心报国,誓杀金贼"八字,以示无他意。彦益感励,抚爱士卒,与同甘苦。未几,两河响应,忠义民兵首领傅选、孟德、刘泽、焦文通等皆附之,众十余万,绵亘数百里,皆受彦约束。金人患之,召其首领,俾以大兵破彦垒。首领跪而泣曰:"王都统砦坚如铁石,未易图也。"金人乃间遣劲骑挠彦粮道,彦勒兵待之,斩获甚众。益治兵,刻日大举,告期于东京留守宗泽。

王彦

泽召彦会议,乃将兵万余渡河,金人以重兵袭其后而不敢击。既至汴京,泽大喜,令彦宿兵近甸,以卫根本。彦即以所部兵马付留守司,量带新兵趋行在。时已遣宇文虚中为祈请使议和。彦见黄潜善、汪伯彦,力陈两河忠义延颈以望王师,愿因人心,大举北伐。言辞愤激,大忤时相意,遂降旨免对,以彦为武翼郎、阁门宣赞舍人,差充御营平寇统领。时范琼为平寇前将军,彦知琼有逆节,称疾不就,乞致仕,许之。

知枢密院事张浚宣抚川、陕,奏彦为前军统制。浚与金酋娄宿相持于富平,欲大举,初至汉中,会诸将议,彦独以为不可,曰:"陕西兵将上下之情,皆未相通,若少不利,则五路俱失。不若且屯利、阆、兴、洋,以固根本,敌入镜,则檄五路兵来援,万一不捷,未大失也。"浚幕府不然其言。彦即请为利路钤辖,俄改金、均、房州安抚使、知金州。

时中原盗贼逢起,加以饥馑,无所资食;惟蜀富饶,巨盗往往窥觊。桑仲既陷淮安、襄阳,乘势西向,均、房失守,直捣金州白土关,众号三十万。仲,彦旧部曲也,以申椟请于彦曰:"仲于公无敢犯,愿假道入蜀就食耳。"彦乃遣统领官门立为先锋击之。贼锐甚,立战死。将士失色,或请避之。彦叱曰:"枢相张公方有事关陕,若仲越金而至梁、洋,则腹背受敌,大事去矣。敢言避者斩!"即勒兵趋长沙平,阻水据山,设伏以待。贼见官军少,蚁附搏战。彦执帜一麾,士殊死斗,贼败走。彦休士进击,追奔至白碛,复房州。

绍兴元年九月,权京西南路副总管李忠反,扰京西,遂攻金州诸关。贼众皆河朔人,骁果善战,彦与战不利,关陷。彦退屯秦郊,令将士尽伏山谷间,焚秦郊积聚,伪若遁者。秦郊距郡城二十里,路坦夷,彦募敢死士易麾帜,设奇以待。阅再宿,贼至秦郊,官军逆战,大败之,追袭至秦岭,遂复乾祐县以归。忠走降刘豫。

初,桑仲既败还襄阳,乃鸠集散亡陷邓州,凶焰复炽。南攻德安,西据均阳,分众三道:一攻住口关,一出马郎岭,一捣洵阳,前军去金州不三十里。彦曰:"仲以我寡彼众,故分三道以离吾势,法当先破其坚,则脆者自走。"遣副将焦文通御住口,自以亲兵营马郎。相持一月,大战六日,贼大败,仲为其下所杀。又有王辟、董贵、祁守中阻兵窥蜀,势虽不及桑仲,然小者犹不减数万,彦悉讨平之。

是冬,伪齐秦凤经略使郭振以数千骑掠白石镇,彦与关师古并兵御之,贼大败,获振,复秦州。张浚承制以彦节制商、虢、陕、华州军马。

三年正月,兀术入侵,浚召彦与吴玠、刘子羽会于兴元。撒离曷自上津疾驰,不一日至洵阳。统制官郭进死之,彦退保石泉县。金人入金、均,彦趋西乡。二月,金人攻饶风关,彦与吴玠御之,不能却,关破,彦收余兵奔达州。五月,彦遣兵至汉阴县,与刘豫将周贵战,大败之,复金州。浚承制进彦保康军承宣使兼宣抚司参议,彦不受。

五年四月,差知荆南府,充归、峡、荆门、公安军安抚使。彦因荆南旷土措置屯田,自蜀买牛千七百头,授官兵耕,营田八百五十顷,分给将士有差。六年二月,知襄阳府、京西南路安抚使,彦以岳飞嫌辞。浚奏彦为行营前护副军都统制、督府参谋军事。

六月,以八字军万人赴行在。至镇江,闻母丧,上疏乞解官,不许。诏免丧服,趣入对,遂以为浙西、淮东沿海制置副使,以所部屯通州之料角。七年正月,彦因遣将捕亡者于解潜军中,军士交斗于市,言者论其军政不肃,贬秩二等。彦不自安,乞终余服。二月,复洪州观察使、知邵州。彦入辞,帝抚劳甚厚,曰:"以卿能牧民,故付卿便郡,行即召矣。"九年,卒于官,年五十。

彦称名将,当建炎初,屡破大敌,威声振河朔。时方挠于和议,遽召之还,又夺其兵柄而使之治郡,士议惜之。彦事亲孝,居官廉,子弟有战功,不与推赏。将死,召其弟侄,以家财均给之。

【译文】

王彦字子才,上党人。性格豪放,喜欢阅读兵法。他父亲认为他很出众,让他去京师,隶属弓马子弟所。宋徽宗在殿前检视,王彦补任下班祗应,担任清河县尉。跟随泾原路经略使种师道两次赴西夏作战,立有战功。

金人进攻汴京,王彦毅然离开家门急奔皇宫,请求皇帝试用自己讨伐贼军。当时张所担任河北招抚使,对他的才干十分惊异,提拔为都统制,让他率领裨将张翼、白安民、岳飞等十一员将领以及部下七千人渡过黄河,同金人作战,打败了敌兵,收复了卫州新乡县,传递檄文于各郡。

金人以为宋军的大部队来到,率领数万人马迫近王彦的军营,包围圈达数层之多。王彦寡不敌众,突围而出。手下诸将也先后失散,王彦独自保守共城的西山。派遣心腹之人交结两河一带的豪杰,图谋再次起兵抗金。金人悬赏捕拿王彦十分急迫,王彦担心发生不测之变,夜里睡觉要换好几个地方。他的部下发现了这事以后,便相率在脸上刺上了"赤心报国,誓杀金贼"八个字,以表示绝无他意。王彦倍加感动,爱抚士兵,与他们同甘共苦。不久，两河一带群起响应，忠义民兵的首领傅选、孟德、刘泽、焦文通等人全都前来依附，人马十余万，营寨绵延数百里，全都接受王彦的调遣。金人视他为极大的祸患，召集首领，让他们率大军攻破王彦的营垒，首领们跪着哭泣道："王都统的营寨坚如铁石，不是轻易所能攻取的。"金人于是就秘密地派骁勇善战的骑兵袭击王彦的运粮道路，王彦率部队等待他们前来，杀死并俘获了许多金兵。此后越发努力地训练部队，限定日期大举起事，并把日期报告了东京留守宗泽。

宗泽召令王彦前来开会商议，于是率领部下一万余人渡过黄河，金人派重兵尾随在他们后面却不敢进击。王彦到了汴京，宗泽大喜过望，命令他率部驻扎近郊以拱卫京城重地。王彦当即把本部兵马交付给留守司，只带领随身的亲兵奔赴皇帝所在的地方。当时朝廷已经派宇文虚中任祈请使前往金国议和。王彦见到黄潜善、汪伯彦，竭力陈说两河忠义民军都伸着脖子盼望着皇帝的军队，愿朝廷顺应人心，大举北伐。言辞非常激烈，充满了义愤之情，与当时宰相的意见背道而驰。于是降旨免于御前应对，任命王彦为武翼郎、阁门宣赞舍人，担任御营平寇统领。当时范琼担任平寇前将军，王彦知道他心怀逆节，就声称有病不去上任，请求退休，准许了他。

知枢密院事张浚奉诏宣抚川、陕一带，保奏王彦担任前军统制。张浚与金军首领娄宿在富平相持不下，准备发动大举进攻，刚进至汉中，召集诸将开会商议行动方案，王彦独自认为不可进兵，说："陕西的士兵与将领之间的上下关系，还都没有完全理顺，假若稍有不利，那么五路就会全部丢掉。莫不如暂且屯守在利、阆、兴、洋等地，以巩固根基之地，一旦敌军入境，就檄告五路兵马前来援救，万一不胜，也不会有大的失败。"张浚的幕僚们不理会王彦的话，王彦就请求担任利路钤辖，稍后，改任金、均、房州安抚使，知金州。

当时，中原地区盗贼蜂起，加上这年是荒年，没有什么可供食用的东西，只有四川土地富饶，大股盗贼纷纷窥视此地。桑仲已经攻陷淮安、襄阳，乘势向西进军，均州、房州失守，长驱直入到金州的白土关，部众号称三十万。桑仲，原来曾是王彦的部下，他用下级对上级的行文格式写了一封信向王彦乞求说："我不敢存心进犯您，只是想借条道儿进入四川找点饭吃罢了。"王彦就派遣统领官门立担任先锋领兵出击，贼军十分厉害，门立阵亡，将士们不少人变了脸色，有人建议躲避开他们。王彦大声呵斥道："枢相张公正在关、陕一带用兵，倘若桑仲越过金州进入梁、洋，那就会腹背受敌，大事就被破坏了。胆敢再说退避的人，杀！"当即率领部队直奔长沙平，依山据水，设下伏兵等待贼军到来。贼军看到官兵人少，便像蚂蚁群聚一样冲上来厮杀。王彦手执令旗一挥，战士们殊死搏斗，贼军败逃。王彦休整部队后再次进击，一路追奔到白碛，收复了房州。

绍兴元年九月，代理京西南路副总管之职的李忠反叛，掳掠京西，于是进攻金州诸关。贼兵都是河朔地区人，骁勇善战，王彦同贼军作战失利，城关失陷。王彦撤退屯守秦郊，命令将士们全部埋伏在山谷中间，焚烧秦郊积聚的物资，假装成打算逃跑的样子。秦郊距离郡城有二十里，道路平坦，王彦募集敢死队员改换旗帜，设下奇兵等候贼军前来。等了两个晚上，贼军赶到秦郊，官军迎战，大败贼军，一直追杀到秦岭，收复乾祐县才返回。李忠逃去投降了刘豫。

起初，桑仲兵败逃回襄阳，又重新纠集散兵逃卒攻陷邓州，凶恶的气焰再次嚣张。南下攻打德安，西征占据均阳，兵分三路：一路进攻住口关，一路出击马郎岭，一路直捣洵阳，其前锋部队离金州不超过三十里。王彦说："桑仲因为我军兵少而他们兵多，所以才兵分三路来分散我军的布势，应敌之法应当是首先击败强硬之敌，这样一来，脆弱之敌就会自行退去。"派副将焦文通防守住口关，自己率领亲兵部队在马郎岭安营驻守，与贼军相持了一个月，激战了六天，贼军大败，桑仲被他的部下杀死。又有王辟、董贵、祁守中等人恃兵窥视四川，势力虽然赶不上桑仲，但兵力小的也不下于数万人，王彦全部讨伐平定了他们。

这年冬天，伪齐的秦凤经略使郭振率领骑兵数千名攻掠白石镇，王彦与关师古合并兵力抵御他，贼军大败，俘获了郭振，收复了秦州。张浚秉承皇帝旨意任命王彦节制商、虢、陕、华州军马。

三年正月，金将兀术入侵，张浚召令王彦与吴玠、刘子羽会师于兴元。金将撤离曷从上津挥师疾驰而来，不到一天的工夫就到了洵阳，统制官郭进战死，王彦退保石泉县。金人攻入金州、均州，王彦奔赴西乡。二月，金人攻打饶风关，王彦与吴玠合力抵抗，未能击退敌军，饶风关失守，王彦收拢余部撤退到达州。五月，王彦派部队到汉阴县，同刘豫部将周贵作战，大败敌军，收复金州。张浚秉承皇帝旨意升任王彦为保康军承宣使兼宣抚司参议，王彦拒绝受任。

五年四月，出知荆南府，担任归、峡、荆门、公安军安抚使。王彦凭借荆南的大片空旷土地进行屯田，从四川购买回一千七百头牛，交给官兵使用耕田，经营农田八百五十顷，分给将士们多少不等。六年二月，知襄阳府、京西南路安抚使，王彦以同岳飞一案有牵连为由拒绝了任命。张浚保奏王彦担任行营前护副军都统制、督府参谋军事。

六月，王彦率八字军一万人赴皇帝所在的地方。部达抵达镇江，王彦得知母亲去世，上疏乞求解除官职，皇帝不许。下诏命他免穿丧服，赶紧入朝应对。于是任命他为浙西、淮东沿海制置副使，率所部兵马屯驻通州的料角。七年正月，王彦由于派将官去解潜军营中捕捉逃兵，士兵们在集市上互相殴斗，有人说他的军纪管理不严，被贬降官秩二等。王彦内心不安，乞求终满母亲的丧期。二月，复官洪州观察使、知邵州。王彦入朝辞行，皇帝百般安抚慰劳他，说："因为你善于治理百姓，所以交付给你一个军务简要的郡，如果有什么行动就立即召你回来。"九年，病逝于任职的地方，终年五十岁。

王彦号称名将，在建炎初年，屡屡击败强大的敌军，威名声望振动河朔一带。当时刚刚参与进有关和议的争论之中，就立即被召还，又夺了他的兵权，而让他去治理州郡，有识之士议论起这事十分惋惜。王彦侍奉双亲非常孝顺，为官清廉，他的子弟们虽立有战功，也不为他们论功行赏。将要去世时，召集他的兄弟和侄儿，把家中的财物平均分给了他们。

胡铨传

【题解】

胡铨(1102~1180年),字邦衡,号澹庵。宋吉州庐陵(今江西吉安)人。建炎年间进士,对策万余言,主张君王不应只质之于天,而不听之于民。高宗大奇,欲取为第一,被权臣所忌,列为第五。在抚州军事判官任上,征募民兵抵抗金军。后为兵部尚书吕祉举荐,被任命为枢密院编修官。绍兴八年(1138),秦桧力主和议,胡铨上书言事,竭力反对和议,认为:"此膝一屈不可复伸,国势陵夷不可复振。"并请求高宗斩秦桧、王伦、孙近三人以谢国人。他的上书深为秦桧所忌,以狂妄凶悖、鼓众劫持的罪名下诏除名,偏管昭州。朝廷内外大臣极力相救,秦桧迫于众议,于是改任为监广州盐仓。此后,由于主和派排斥异己,他又一再被贬谪。宋孝宗即位,召胡铨入朝,以奉议郎知饶州。上书建修德、结民、练兵、观衅四策,受孝宗所赏识。迁秘书少监、擢起居郎,后又兼侍讲、国史院偏修官。请孝宗迁都建康,伺机收复中原。隆兴二年,兼国子祭酒,权珍部侍郎。上书论"赈灾为当务之急,议和为政事阙"。认为议和有十可吊,不议和有十可贺。陈辞慷慨,语言锋利。后又任措置浙西、淮东海道,抵御金兵进犯。曾任宝文阁待制、敷文阁直学士、升龙图阁直学士,进端明殿学士,以资政殿学士致仕。死后谥忠简,著有《易解》《春秋解》《周礼解》《礼记解》,有《澹庵集》一百卷行于世。

【原文】

胡铨字邦衡,庐陵人。建炎二年,高宗策士淮海,铨因御题问"治道本天,天道本民",答云:"汤、武听民而兴,桀、纣听天而亡。今陛下起干戈锋镝间,外乱内讧,而策臣数十条,皆质之天,不听于民。"又谓:"今宰相非晏殊,枢密、参政非韩琦、杜衍、范仲淹。"策万馀言,高宗见而异之,将冠之多士,有忌其直者,移置第五。授抚州军事判官,未上,会隆佑太后避兵赣州,金人蹑之,铨以漕檄摄本州幕,募乡丁助官军捍御,第赏转承直郎。丁父忧,从乡先生萧楚学《春秋》。

绍兴五年,张浚开督府,辟湖北仓属,不赴。有诏赴都堂审察,兵部尚书吕祉以贤良方正荐,赐对,除枢密院编修官。

八年,宰臣秦桧决策主和,金使以"诏谕江南"为名,中外汹汹。铨抗疏言曰:

臣谨案,王伦本一狎邪小人,市井无赖,顷缘宰相无识,遂举以使虏。专务诈诞,欺罔天听,骤得美官,天下之人切齿唾骂。今者无故诱致虏使,以"诏谕江南"为名,是欲臣妾我也,是欲刘豫我也。刘豫臣事丑虏,南面称王,自以为子孙帝王万世不拔之业,一旦豺狼改虑,鉴而缚之,父子为虏。商鉴不远,而伦又欲陛下效之。夫天下者,祖宗之天下也,陛下所居之位,祖宗之位也。奈何以祖宗之天下为金虏之天下,以祖宗之位为金虏藩臣之位！陛下一屈膝则祖宗朝社之灵尽污夷狄，祖宗数百年之赤子尽为左衽，朝廷宰执尽为陪臣，天下士大夫皆当裂冠毁冕，变为胡服。异时豺狼无厌之求，安知不加我以无礼如刘豫也哉？

夫三尺童子至无识也，指犬豕而使之拜，则怫然怒，今丑虏则犬豕也，堂堂大国，相率而拜犬豕，曾童孺之所羞，而陛下忍为之耶？伦之议乃曰："我一屈膝则梓宫可还，太后可复，渊圣可归，中原可得。"呜呼！自变故以来，主和议者谁不以此说啖陛下哉！然而卒无一验，则虏之情伪已可知矣。而陛下尚不觉悟，竭民膏血而不恤，忘国大雠而不报，含垢忍耻，举天下而臣之甘心焉。就令虏决可和，尽如伦议，天下后世谓陛下何如主？况丑虏变诈百出，而伦又以奸邪济之，梓宫决不可还，太后决不可复，渊圣决不可归，中原决不可得，而此膝一屈不可复伸，国势陵夷不可复振，可为痛哭流涕长太息矣！

向者陛下间关海道，危如累卵，当时尚不忍北面臣虏，况今国势稍张，诸将尽锐，士卒思奋！只如顷者丑虏陆梁，伪豫入寇，固当败之于襄阳，败之于淮上，败之于涡口，败之于淮阴，校之往时蹈海之危，固已万万，傥不得已而至于用兵，则我岂遽出虏人下哉？今无故而反臣之，欲屈万乘之尊，下穹庐之拜，三军之士不战而气已索。此鲁仲连所以义不帝秦，非惜夫帝秦之虚名，惜天下大势有所不可也。今内而百官，外而军民，万口一谈，皆欲食伦之肉。谤议汹汹，陛下不闻，正恐一旦变作，祸且不测。臣窃谓不斩王伦，国之存亡未可知也。

虽然，伦不足道也，秦桧以腹心大臣而亦为之。陛下有尧、舜之资，桧不能致君如唐、虞，而欲导陛下为石晋。近者礼部侍郎曾开等引古谊以折之，桧乃厉声责曰："侍郎知故事，我独不知！"则桧之遂非愎谏，已自可见，而乃建白令台谏、侍臣佥议可否，是盖畏天下议己，而令台谏、侍臣共分谤耳。有识之士皆以为朝廷无人，吁，可惜哉！

孔子曰："微管仲，吾其被发左衽矣。"夫管仲，霸者之佐耳，尚能变左衽之区，而为衣裳之会。秦桧，大国之相也，反驱衣冠之俗，而为左衽之乡。则桧也不唯陛下之罪人，实管仲之罪人矣。孙近傅会桧议，遂得参知政事，天下望治有如饥渴，而近伴食中书，漫不敢可否事。桧曰虏可和，近亦曰可和；桧曰天子当拜，近亦曰当拜。臣当至政事堂，三发问而近不答，但曰："已令台谏、侍从议矣。"呜呼！参赞大政，徒取充位如此。有如虏骑长驱，尚能折卫御侮耶？臣窃谓秦桧、孙近亦可斩也。

臣备员枢属，义不与桧等共戴天，区区之心，愿断三人头，竿之藁街，然后羁留虏使，责以无礼，徐兴问罪之师，则三军之士不战而气自倍。不然，臣有赴东海而死尔，宁能处小朝廷求活邪！

书既上，桧以铨狂妄凶悖，鼓众劫持，诏除名，编管昭州，仍降诏播告中外。给、舍、台谏及朝臣多救之者，桧迫于公论，乃以铨监广州盐仓。明年，改签书威武军判官。十二年，谏官罗汝楫劾铨饰非横议，诏除名，编管新州。十八年，新州守臣张棣讦铨与客唱酬，谤讪怨望，移谪吉阳军。

二十六年，桧死，铨量移衡州。铨之初上书也，宜兴进士吴师古锓木传之，金人募其书千金。其谪广州也，朝士陈刚中以启事为贺。其谪新州也，同郡王廷珪以诗赠行。皆为人所讦,师古流袁州,廷珪流辰州,刚中谪知虔州安远县,遂死焉。三十一年,铨得自便。

孝宗即位,复奉议郎、知饶州。召对,言修德、结民、练兵、观衅,上曰:"久闻卿直谅。"除吏部郎官。隆兴元年,迁秘书少监,擢起居郎,论史官失职者四:一谓记住不必进呈,庶人主有不观史之美;二谓唐制二史立螭头之下,今在殿东南隅,言动未当得闻;三谓二史立后殿,而前殿不立,乞于前后殿皆分日侍立;四谓史官欲其直前,而阁门以未当预牒,以今日无班次为辞。乞自今直前言事,不必预牒阁门,及以有无班次为拘。诏从之。兼侍讲、国史院编修官。因讲《礼记》,曰:"君以礼为重,礼以分为重,分以名为重,愿陛下无以名器轻假人。"

又进言乞都建康,谓:"汉高入关中,光武守信都。大抵与人斗,不搤其亢,拊其背,不能全胜。今日大势,自淮以北,天下之亢与背也,建康则搤之拊之之地也。若进据建康,下临中原,此高、光兴王之计也。"

诏议行幸,言者请纾其期,遂以张浚视师图恢复,侍御史王十朋赞之。克复宿州,大将李显忠私其金帛,且与邵宏渊忿急,军大溃。十朋自劾。上怒甚,铨上疏愿毋以小刃自沮。

时旱蝗、星变,诏问政事阙失。铨应诏上书数千言,始终以春秋书灾异之法,言政令之阙有十,而上下之情不合亦有十,且言:"尧、舜明四目,达四聪,虽有共、鲧,不能塞也。秦二世以赵高为腹心,刘、项横行而不得闻。汉成帝杀王章,王氏移鼎而不得闻;灵帝杀窦武、陈蕃,天下横溃而不得闻;梁武信朱异,侯景斩关而不得闻;隋炀帝信虞世基,李密称帝而不闻;唐明皇逐张九龄,安、史胎祸而不得闻。陛下自既位以来,号召逐客,与臣同召者张焘、辛次膺、王大宝、王十朋,今焘去矣,次膺去矣,十朋去矣,大宝又将去,惟臣在尔,以言为讳,而欲塞灾异之源,臣知其必不能也。"

铨又言:"昔周世宗为刘旻所败,斩败将何徽等七十人,军威大震,果败旻,取淮南,定三关。夫一日戮七十将,岂得有将可用?而世宗终能恢复,非庸懦者去,则勇敢者出耶!近宿州之败,士死于敌者满野,而败军之将以所得之金赂权贵以自解,上天见变照然,陛下非信赏必罚以应天不可。"其论纳谏曰:"今廷臣以箝默为贤,容悦为忠。驯至兴元之幸,所谓'一言丧邦'。"上曰:"非卿不闻此。"

金人求成,铨曰:"金人知陛下锐意恢复,故以甘言款我,原绝口勿言'和'字。"上以旁事全倚张浚,而王之望、尹穑专主和排浚,铨廷责之。兼权中书舍人、同修国史。张浚之子杙赐金紫,铨缴奏之,谓不当如此待勋臣子,浚雅与铨厚,不顾也。

十一月,诏以和戎遣使,大询于庭,侍从、台谏预议者凡十有四人,主和者半,可否者半,言不可和者铨一人而已。乃独上一议曰:"京师失守自耿南仲主和,二圣播迁自何栗主和,维扬失守自汪伯彦、黄潜善主和,完颜亮之变自秦桧主和。议者乃曰:'外虽和而内不忘战。'此向来权臣误国之言也。"一溺于和,不能自振,尚能战乎!除宗正少卿,乞补外,不许。

先是,金将蒲察徒穆、大周仁以泗州降,萧琦以军百人降,诏并为节度使。铨言:"受降古所难。六朝七得河南之地，不旋踵而皆失，梁武时候景以河南来奔，未几而陷台城；宣、政间郭乐师自燕云来降，未几为中国患。今金之三大将内附，高其爵禄，优其部曲，以击中原之心，善矣。然处之近地，万一包藏祸心，或为内应，后将噬脐。顾勿任以兵柄，迁其众于湖、广以绝后患。"

二年，兼国子祭酒，寻除权兵部侍郎。八月，上以灾异避殿减膳，诏廷臣言阙政急务。铨以振灾为急务，议和为阙政。其议和之书曰：

自靖康迄今凡四十年，三遭大变，皆在和议，则丑虏之不可与和，彰彰然矣。内食鄙夫，万口一谈，牢不可破。非不知和议之害，而争言为和者，是有三说焉：曰偷懦，曰苟安，曰附会。偷懦则不知立国，苟安则不戒耽毒，附会则觊得美官，小人之情状具于此矣。

今日之议若成，则有可吊者十；若不成，则有可贺者亦十。请为陛下极言之。何谓可吊者十？

真宗皇帝时，宰相李沆谓王旦曰："我死，公必为相，切勿与虏讲和。吾闻出则无敌国外患，如是者国常亡，若与虏和，自此中，国必多事矣。"旦殊不以为然。既而遂和，海内乾耗，旦始悔不用文靖之言。此可吊者一也。

中原讴吟思归之人，日夜引领望陛下拯下溺救焚，不啻赤子之望慈父母。一与虏和，则中原绝望，后悔何及。此可吊者二也。

海、泗今日藩篱咽喉也，彼得海、泗，且决吾藩篱以瞰吾室，扼吾咽喉以制吾命，则两淮决不可保。两淮不保，则大江决不可守；大江不守，则江、浙决不可安。此可吊者三也。

绍兴戊午，和议既成，桧建议遣二三大臣如路允迪等，分往南京等州交割归地。一旦叛盟，劫执允迪等，遂下亲征之诏。虏复请和。其反覆变诈如此，桧犹不悟，奉之如初，事之愈谨，赂之愈厚，卒有逆亮之变，惊动辇毂，太上谋欲入海，行朝居民一空，覆辙不远，忽而不戒，臣恐后车又将覆也。此可吊者四也。

绍兴之和，首议决不与归正人，口血未乾，尽变前议，凡归正之人一切遣还。如程师回、赵良嗣等聚族数百，几为萧墙忧。今必尽索归正之人，与之则反侧生变，不与则虏决不肯但已。夫反侧则肘腋之变深，虏决不肯但已，则必别起衅端，猝有逆亮之谋，不知何以待之。此可吊者五也。

自桧当国二十年间，竭民膏血以饵犬羊，迄今府库无旬月之储，千村万落生理萧然，重以蝗虫水潦。自此复和，则蠹国害民，殆有甚焉者矣。此可吊者六也。

今日之患，兵费已广，养兵之外又外增岁币，且少以十年计之，其费无虑数千亿。而岁币之外，又有私觌之费；私规之外，又有贺正、生辰之使；贺正、生辰之外，又有泛使。一使未去，一使复来，生民疲于奔命，帑廪涸于将迎，瘠中国以肥虏，陛下何惮而为之。此其可吊者七也。

侧闻虏人媪书，欲书御名，欲去，国号"大"字，欲用再拜。议者以为繁文小节不必计较，臣切以为议者可斩也。夫四郊多垒，卿大夫之辱；楚子问鼎，义士之所深耻；"献纳"二字，富弼以死急之。今丑虏横行与多垒孰辱？国号大小与鼎轻重孰多？"献纳"二字与再拜孰重？臣子欲君父屈己以从之，则是多垒不足辱，问鼎不必耻，"献纳"不必争。此其可吊者八也。

臣恐再拜不已必至称臣，称臣不已必至请降，请降不已必至纳土，纳土不已必至衔璧，衔璧不已必至与櫬，与櫬不已必至如晋帝青衣行酒然后为快。此其可吊者九也。

事至于此，求为匹夫尚可得乎？此其可吊者十也。

窃观今日之势，和决不成，傥乾刚独断，追回使者魏杞、康湑等，绝请和之议以鼓战士，下哀痛之诏以收民心，天下庶乎其可为矣。如此则有可贺者亦十：省数千亿之岁币，一也；专意武备，足食足兵，二也；无书名之耻，三也；无去"大"之辱，四也；无再拜之屈，五也；无称臣之忿，六也；无请降之祸，七也；无纳土之悲，八也；无衔璧、舆櫬之酷，九也；无青衣行酒之冤，十也。

去十吊而就十贺，利害较然，虽三尺童稚亦知之，而陛下不悟。《春秋左氏》谓无勇者为妇人，今日举朝之士皆妇人也。如以臣言为不然，乞赐流放窜殛，以为臣子出位犯分之戒。

自符离之败，朝论急于和戎，弃唐、邓、海、泗四州与虏矣。金又欲得商、秦地，邀岁币，留使者魏杞，分兵攻淮。以本职措置浙西、淮东海道。

时金使仆散忠义、纥石烈志宁之兵号八十万，刘宝弃楚州，王彦弃照关，濠、滁皆陷。惟高邮守臣陈敏拒敌射阳湖，而大将李宝预求密诏为自安计，拥兵下救。铨劾奏之。曰："臣受诏令范荣备淮，李宝备江，缓急相援。今宝视敏弗救，若射阳失守，大事去矣。"宝惧，始出师掎角。时大雪，河冰皆合，铨先持铁链锺冰，士皆用命，金人遂退。久之，提举太平兴国宫。

乾道初，以集英殿修撰知漳州，改泉州。趣奏事，留为工部侍郎。入对，言："少康以一旅复禹绩，今陛下富有四海，非特一旅，而既位九年，复禹之效尚未赫然。"又言："四方多水旱，左右不以告，谋国者之过也。宜令有司速为先备。"乞致仕。

七年，除宝文阁待制，留经筵。求去，以敷文阁直学士与外祠。陛辞，犹以归陵寝、复故疆为言，上曰："朕志也。"且问今何归，铨曰："归庐陵。臣向在岭海尝训传诸经，欲成此书。"特赐通天犀带以宠之。

铨归，上所著《易》《春秋》《周礼》《礼记解》，诏藏秘书省。寻复元官，升龙图阁学士、提举太平兴国宫，转提举玉隆万寿宫，进端明殿学士。六年，召归经筵，铨引疾力辞。七年，以资政殿学士致仕。薨，谥忠简，有《澹庵集》一百卷行于世。

【译文】

胡铨，字邦衡，庐陵人。南宋建炎二年，高宗在淮海策问取士，其中有题为："治国之道根本在于天，天之道根本在于民。"胡铨借此答道："商汤、周武王听于民而兴盛，殷纣王听于天而灭亡。如今陛下起于干戈锋镝之间，外乱内讧，而策问臣数十条，都是质之于天，而不听之于民。"又道："如今的宰相不是晏殊，枢密使和参知政事也不是韩琦、杜衍、范仲淹。"对策万余言，高宗见了觉得不比寻常，准备把他取为第一，有忌恨他刚直的，把他改为第五。授官抚州军事判官，不久上任，正值隆佑太后躲避追兵到赣州，金兵在后

面紧追，胡铨用漕运的公文召集本州幕僚，征募民兵，协助官军抗敌，论赏转为承直郎。父亡回乡居丧，随从乡先生萧楚学习《春秋》。

绍兴五年，张浚开设都督府，聘请胡铨为仓属，胡铨没有应聘。有诏命胡铨赴都堂审查，兵部尚书吕祉以贤良方正荐举胡铨，高宗召见对问，任命为枢密院编修官。

绍兴八年，宰相秦桧决策主和，金国使者以"诏谕江南"为名，中外议论汹汹。胡铨上疏言道：

臣谨案，王伦本来是一狭邪小人、市井无赖，此前因为宰相没有识见，便举荐他出使金虏。他专门从事诈骗，欺罔圣听，骤然取得美官，天下之人切齿唾骂。如今无故引诱金国使者，以"诏谕江南"为名，是要想把我朝视为臣妾，是想把我朝当成刘豫。刘豫臣事金虏，南面称王，自以为是子孙帝王万世不拔的基业，可是一旦豺狼改变主意，他们就被捆绑起来，父子成了囚虏。鉴戒不远，而王伦又企图让陛下效仿。天下，是祖宗开创的天下，陛下所居之位，是祖宗传下的位子。为什么要把祖宗的天下变成金虏的天下，把祖宗的皇位变成金虏藩臣的位子！只要陛下一屈膝，则祖宗社稷的神灵就全部被夷狄玷污，祖宗数百年的赤子百姓就全部成了亡国奴，朝廷的宰臣就全成了陪臣，天下的士大夫就都要毁裂冠冕，变为胡人的服装。到那时豺狼的欲望永无厌足，怎么知道不会像对待刘豫一样加无礼于我朝呢！

三尺童子是最没有知识的，指着猪狗让他下拜，他就会艴然而怒。如今的金虏就是猪狗，堂堂大国，却相率着迎拜猪狗，被孺子所感到羞耻的事，难道陛下能忍心去做吗？王伦竟如此说："只要我们一屈膝，则梓宫（已经死于金国的宋徽宗的灵柩）可还，太后（被金兵俘虏的高宗生母韦氏）可复，渊圣（指宋钦宗）可归，中原可得。"呜呼！自从天下变乱以来，主张和议的哪个不以这种论调来引诱陛下呢！然而没有一件得到实现，则金虏的居心真伪已经很明白了。而陛下还不觉悟，竭尽百姓的膏血而不吝惜，忘记国家的深仇而不报复，含垢忍耻，甘心于举天下而为臣妾。即使金虏同意和议，全部照王伦说的做到了，天下后世将说陛下为何等君主？何况金虏变诈百出，而王伦又助之以奸邪，梓宫绝对不会送还，太后绝对不会归复，渊圣绝对不会回来，中原绝对不会得到，而这膝一屈就不可复伸，国势衰而不可复振，真值得为此痛哭流涕而长叹息呀！

此前陛下辗转海道，危如累卵，当时尚且不肯北面为金虏之臣，何况如今国势稍有振兴，诸将锐力，士卒思战！即如不久之前丑虏猖狂，伪齐（刘豫）入寇，我朝本已击败之于襄阳，击败之于淮上，击败之于涡口，击败之于淮阴，比起往日蹈海的危难，已经相差万万，倘若不得已而用兵，则我朝岂能立刻落于金虏之下呢！如今平白无故反倒要为丑虏的臣妾，陛下要屈万乘之尊，向穹庐之虏下拜，三军之士不战而气已萧索。这就是鲁仲连所以不肯奉强秦为帝，不是吝惜帝秦的虚名，而是吝惜天下大势将有所不可。如今内则百官，外则军民，万口一辞，都要生吃王伦之肉。议论汹汹，陛下听不见，正恐怕一旦生变，祸将不测。臣以为不斩王伦，国家的存亡就难于保证。

虽然如此，王伦是不值一提的，秦桧以心腹大臣也做这种事。陛下有尧、舜的资质，而秦桧不能致君如唐、虞之世，而企图导引陛下为石敬瑭的后晋。近日礼部侍郎曾开等人征引古事以驳斥他，秦桧竟然厉声指责说："侍郎知道故事，难道只有我不知道！"则秦桧的拒谏饰非，已由此可见，可是他还建议让台谏、侍臣讨论和议的可否，这是畏惧天下批评自己，而让台谏、侍臣为自己分担罪责而已。有识之士都以为朝廷无人，吁，真是可叹呀！

孔子说："如果没有管仲，我们可能就像夷狄一样披散着头发，穿着夷狄的服装了。"管仲，是霸者的辅佐，尚且能变夷狄之区而为华夏诸侯会盟之地。秦桧，是大国的宰相，反倒驱使华夏的风俗变为夷狄之乡。则秦桧不仅是陛下的罪人，也实为管仲的罪人。孙近附和秦桧的建议，于是得到了参知政事的官职，天下之人望治理有如饥渴，而孙近伴食于中书省，一切事情都不敢置可否。秦桧说金虏可和，孙近也说可和；秦桧说天子应当下拜，孙近也说应该下拜。臣曾经到政事堂，三次发问而孙近不作回答，只说："已经让台谏、侍从讨论了。"呜呼！参赞大政，竟然这样只不过了为了充占其位！假如金虏铁骑长驱直下，他们难道能够折冲御侮么！臣以为秦桧、孙近都应该处斩。

臣备员为枢密院的官属，义不能与秦桧等共戴天日，区区之心，要求斩三人之头，悬挂于街市，然后羁留金人使者，责以无礼，徐兴问罪之师，则三军之士不战而气倍增。不然，臣只有赴东海一死而已，岂能处于小朝廷中求活呢！

此书奏上，秦桧认为胡铨狂妄凶悖，鼓动众人，挟持皇上，降诏除去胡铨的名籍，编管于昭州，同时还降诏公布中外。给事中、舍人、台谏以及朝臣有很多人营救，秦桧为公论所迫，就把胡铨改为监广州盐仓。明年，改官金书威武军判官。绍兴十二年，谏官罗汝楫弹劾胡铨掩饰错误而横发论议，降诏除去名籍，编管新州。绍兴十八年，新州守臣张棣告讦胡铨与宾客唱酬，谤讪朝廷，心怀怨望，迁谪于吉阳军。

绍兴二十六年，秦桧死，胡铨量移到衡州。胡铨开始上书的时候，宜兴进士吴师古把奏章刻板流传，金人以千金购买其书。胡铨改为贬谪广州，朝士陈刚中做启事祝贺。胡铨被谪往新州，同郡的王廷珪写诗送行。他们都被人告讦，吴师古流放袁州，王廷珪流放辰州，陈刚中贬为虔州安远知县，就死在那里。到绍兴三十一年，胡铨才被免除管制。

宋孝宗即位，胡铨复官为奉议郎、饶州知州。召见对问，胡铨上言修德、结民、练兵、观衅四事。孝宗说："我早就听说您的耿直了。"任命为吏部郎官。隆兴元年，迁为秘书少监，擢起居郎，论史官有四处失职：一是记住不必进呈皇帝，使人主有不审阅当代史书的美德；二是唐代制度，设立两名史馆立于螭头之下，如今立于殿的东南角，皇帝的言行举动都不清楚；三是两名史官立于后殿，而前殿不立，乞请在前后殿都分日设立；四是史官想要入宫值勤，而阁门使常以未曾预先申报，当天没有班次为理由拒绝，乞请从今值勤言事，不必预先申报阁门，也不要受有无班次的拘束。降诏同意。兼侍讲、国史院编修官。他借着讲《礼记》，说："君主以礼为重，礼以名分为重，愿陛下不要把名分轻易托借于人。"

胡铨又进言请建都于建康，说："汉高祖入关中，光武帝守信都。大抵与人争斗，不卡住敌人的脖子，不控制敌人的后背，就不能全胜。今日大势，自淮河以北，是天下的脖子和后背，而建康则是卡脖子和控制后背的立足点。如果进据建康，下临中原，这就是汉高祖、光武帝振兴王业的规划。"

降诏让群臣讨论御驾行幸,上言者建议延缓日期,而由于张浚视察军队以图恢复,侍御史王十朋表示力赞。宋军克复宿州,大将李显忠私自吞没犒赏用的金帛,并与邵宏渊忿争,宋军大崩溃。王十朋上书弹劾自己。孝宗大怒,胡铨上疏建议不要因为小挫折而气沮。

当时旱灾、蝗灾加上星象反常,降诏求问政事得失。胡铨应诏上书数千言,始终以《春秋》记录灾异的方法,来谈政令的阙失共十条,上下之情不合也有十条,并说:"尧、舜明四目,达四聪,虽然有共工和鲧这样的邪臣也不能蒙蔽他们。秦二世以赵高为心腹,刘邦、项羽横行天下他也不知道;汉成帝杀死了王章,王氏改换了江山主人他也不知道;汉灵帝杀死了窦武、陈蕃,天下崩溃他也不知道;梁武帝宠信朱异,侯景斩关却不知道;隋炀帝信任虞世基,李密称帝他也不知道;唐明皇放逐了张九龄,安、史酝酿成祸他也不知道。陛下自从即位以来,召回被放逐的臣子,与臣同被召回的有张焘、辛次膺、王大宝、王十朋。如今张焘走了,辛次膺走了,王十朋走了,王大宝也将要离去,唯有臣还在朝。以言语为忌讳,而要想堵塞灾异之源,臣认为是绝对办不到的。"

胡铨又说:"往昔周世宗被刘旻击败,斩败将何徽等七十人,军威大振,果然击败了刘旻,夺取淮南,平定三关。一日斩七十将,哪里还有将领可用?可是世宗终于能恢复失土,岂非除去了平庸怯懦的,则勇敢的就出来了吗!近日宿州之败,士卒死于敌人的尸横遍野,而败军之将却把自己贪污的金钱贿赂权贵以解脱自己,上天示变昭然,陛下非信赏必罚以应天不可。"他论说"纳谏"道:"如今廷臣以箝口沉默为贤能,以逢迎取悦为忠良,终于导致御驾播迁,这就是所谓'一言丧邦'。"(按:这句话原文有缺漏)孝宗说:"除了您我是听不到这种话的。"

金人求和,胡铨说:"金人知道陛下锐意恢复,所以用甘言应付我们,希望陛下绝口不提'和'字。"孝宗把边塞之事全部依赖于张浚,而王之望、尹穑专主和议以排挤张浚,胡铨在朝廷上当面斥责了他们。兼权中书舍人、同修国史。张浚之子张栻被赐予金印紫绶,胡铨缴回上奏,说不应如此对待勋臣之子。张浚与胡铨私交非常好,胡铨也毫不顾及。

十一月,降诏派遣使者讲和,向廷臣征求意见,侍从、台谏参与会议的有十四人。主和的占一半,不置可否的占一半,主张不和的只有胡铨一人而已。于是他独自上一议,说:"京师失守是由于耿南仲的主和,徽、钦二圣的播迁是由于何栗的主和,扬州失守是由于汪伯彦、黄潜善的主和,完颜亮之变是由于秦桧的主和。与议者竟说:'外虽主和而内不忘战。'这是向来权臣误国之言。一旦沉溺于和谈,就不能自振,哪里还能战斗!"任命为宗正少卿,他请求补外官,不被批准。

先是,金将蒲察徒穆、大周仁以泗州投降宋朝,萧琦以军士百人投降,朝廷把他们都封为节度使。胡铨上言:"接受投降,古来所难,六朝时得河南之地,没有多久就全部丧失;梁武帝时候景以河南之地南奔,没有多久自己的都城就陷落了;宣和、政和年间郭药师从燕云来降,没有多久就成了中国的祸患。如今金国三大将内附,赐以高爵,优待他的部曲,以维系中原之心,这是很好的。但把他们处之于近地,万一他们包藏祸心,或为金人内应,那时就噬脐莫及了。希望不要授以兵权,把他的部下迁往湖广,以绝后患。"

隆兴二年，兼国子祭酒，很快又任命为权兵部侍郎。八月，孝宗因灾异避于别殿，减少膳食，诏廷臣言政事之缺陷和当务之急。胡铨以赈灾为当务之急，议和为政事之缺。他论议和的书说：

自靖康年间至今共四十年，三次遭受大变故，都是由于和议，则丑虏的不可议和，是彰然明了的了。可是肉食鄙夫，万口一辞，牢不可破。他们并不是不知道和议的害处，然而争相主张和议者，是有三个缘由：怯懦、苟安、附会。怯懦则不知立国，苟安则不戒鸩毒，附会则希求美官，小人的情状都在这里了。

今日的和议如果成功，则有十条值得哀悼；如若不成，则有十条值得庆贺。请为陛下透彻说明。什么是十条值得哀悼的？

真宗皇帝时，宰相李沆对王旦说："我死后，你必然为宰相，千万不要与北虏讲和。我听说如果没有敌国外患，这样的国家常容易灭亡，如果与北虏讲和，从此中国就多事了。"王旦很不以为然。不久和谈成功，海内虚耗，王旦这才后悔不用李文靖公之言。这是第一条值得哀悼的。

中原讴吟思念回归本朝的人，日夜伸着脖子盼望陛下拯救他们于水火之中，不啻于赤子盼望慈父慈母。一旦与金虏讲和，则中原绝望，后悔何及。这是第二条值得哀悼的。

海州、泗州，是今天的樊篱咽喉之地，他们如果得了海州、泗州，就是冲破了我们的樊篱而要窥探我们的屋室，扼住我们的咽喉而制我们于死地，则两淮决不可保。两淮不保，则长江不可守；长江不守，则江、浙不可安。这是第三条值得哀悼的。

绍兴戊午年，和议既成，秦桧建议派遣二三大臣如路允迪等，分别往南京等州交割归还的土地。可是金人一旦叛盟，劫持路允迪等，于是我朝遂下亲征之诏，金虏又来请和。他们的翻覆变诈就是这样，而秦桧还是不醒悟，奉之如初，奉事的越发恭谨，赠赂的越发厚重，终于发生了完颜亮之变，惊动帝京。太上皇打算逃入海岛，行都的居民为之一空。覆辙不远，轻忽而不知警戒，臣恐怕后车又要颠覆了。这是第四条值得哀悼的。

绍兴的和议，首先议定决不送还归正本朝的金人，可是唾沫未干，前议全部改变，凡是归正之人全都遣还。如程师回、赵良嗣等聚族数百人，几乎成为萧墙之忧。如今金人一定索求归正之人，给予则他们反侧生变，不给则金虏决不肯罢休。反侧则肘腋之患深，金虏决不肯罢休则必然别生衅端，仓促有完颜亮之谋，不知朝廷将何以待之。这是第五条值得哀悼的。

自从秦桧当国以来二十年间，竭尽百姓的膏血以喂犬羊，至今府库没有旬月的储备，千村万落，生理萧然，又加之以蝗虫水涝。自此再议和，则蠹国害民，殆将更甚于往日。这是第六条值得哀悼的。

今日之患，军费已经很多，养兵以外再增加一项交给金人的岁币，先少些按照十年计算，其费用不下数千亿。而岁币之外，还有私觌之费；私觌之外，又有贺正、生辰等使；贺正使、生辰使之外，又有平常之使。一使未去，一使又来，生民疲于奔命，府库尽于送迎，贫瘠中国以养肥金虏，陛下有什么可怕的而要做这种事呢！这是第七条值得哀悼的。

传闻金虏为侮慢之书，想书写皇上的御名，想去掉我国国号的"大"字，想让皇上用

"再拜"字。评议者以为是繁文小节，不必计较，臣以为这个评议者该斩。春秋时四郊多有战垒，卿大夫以为是对自己的侮辱；楚子问鼎，为义士感到羞耻；当年辽国要求我朝用"献纳"二字，富弼以死相争。如今丑虏横行，与往昔的多垒哪个更令人耻辱？国号的大小与问鼎轻重有什么不同？"献纳"二字与"再拜"哪个更重？臣子想让君父委屈自己以相从，则是多垒不足为侮辱，问鼎不必感到羞耻，"献纳"也不必争辩了。这是第八条值得哀悼的。

臣担心"再拜"不已必然导致称臣，称臣不已则必至于请降，请降不已则必至于纳土（割让土地），纳土不已则必至于衔璧（古时国君死，口含玉，所以战败乞降的国君口衔玉璧，表示国亡当死），衔璧不已则必至于舆榇（用车拉着棺材，古代国亡，士舆榇，以示当死），舆榇不已则必至于象西晋皇帝那样青衣行酒，他们才感到痛快。这是第九条值得哀悼的。

事已至此，想当个普通百姓还能做到吗？这是第十条值得哀悼的。

窃观今日之势，和议决不可成，倘若陛下独断，追回使者魏杞、康湑等人，断绝请和之议以鼓舞战士，颁下哀痛之诏以收敛民心，天下就庶乎有所作为了。如此则也有可贺者十条：节省数千亿的岁币，此其一；专心于武备，足食足兵，此其二；没有书写御名之耻，此其三；没有削去"大"字之辱，此其四；没有"再拜"之屈，此其五；没有称臣之忿，此其六；没有请降之祸，此其七；没有纳土之悲，此其八；没有衔璧、舆榇之酷，此其九；没有青衣行酒之冤，此其十。

去掉十条可哀悼的而得到十条可庆贺的，利害分明，就是三尺童子也会明白，而陛下竟然不醒悟。《春秋左氏传》说无勇者为妇人，今天举朝之士已经全是妇人了。如果以为臣说的不对，就请把我流放窜死，以作臣子越位犯分之戒。

自从符离之败（即隆兴元年李显忠兵溃事）以后，朝廷论议急于讲和，已经把唐、邓、海、泗四州给了金人了，金人还想得到商、秦之地，索求岁币，扣留宋使者魏杞，分兵攻打淮南。胡铨以本职措置浙西、淮东海道。

当时金国派仆散忠义、纥石烈志宁出兵，号称八十万，刘宝放弃楚州，王彦放弃昭关，濠州、滁州全都陷落。只有高邮守臣陈敏在射阳湖抗拒敌人，而大将李宝预先求得密诏以求自安，拥兵不救。胡铨弹劾李宝，说："臣受诏命范荣备兵淮河，李宝备兵长江，缓急相援。今李宝坐视陈敏而不救，如果射阳失守，则大事去矣。"李宝害怕了，这才出师为犄角之势以声援。当时天大雪，河上的冰都封合了，胡铨带头持铁锤凿冰，士卒都响应听命，金人便撤退了。久之，提举太平兴国宫。

乾道初年，以集英殿修撰知漳州，改为泉州。催征入朝奏事，便留下为工部侍郎。入对，言："夏时的少康以一旅之师恢复了祖宗大禹的基业，如今陛下富有四海，不仅一旅，可是即位九年，恢复的成效还不赫然明显。"又说："四方多有水旱之灾，左右不汇报，这是治国者的错误。应该命令有司赶快做预先的准备。"请求退休。

乾道七年，任命为宝文阁待制，留讲经筵。他要求去职，就以敷文阁直学士出朝提举宫祠。到殿前辞别时，他还以归还陵寝、收复故土为言，孝宗说："这是我的志向。"并问他现在回到何处,胡铨说:"回庐陵老家。臣过去在岭海曾经注释诸经,想完成这书。"孝宗特意赐给他通天犀带以表示恩宠。

胡铨回庐陵以后,献上所著《易解》《春秋解》《周礼解》《礼记解》,诏命藏于秘书省。不久恢复原官,升为龙图阁学士、提举太平兴国宫,转为提举玉隆万寿宫,进端明殿学士。淳熙六年,召回为经筵讲官,胡铨极力推辞。淳熙七年,以资政殿学士致仕。去世,谥忠简。有《澹庵集》一百卷行于世。

张嵲传

【题解】

张嵲,字柔直,福州人。生卒年不详,约生活在北宋徽宗时代。进士出身,曾为蔡京教育子女,并历任南剑州、福建、处州、虔州等地方官。张嵲为人严峻,有深刻的政治眼光。他是宋代著名造船专家、对数学有较深的了解,并善于运用到实践中。晚年他曾进秘阁任修撰。

【原文】

张嵲,字柔直,福州人。举进士,为小官,不与世诡随。时蔡京当国,求善训子弟者,嵲适到部,京族子应之以嵲荐,嵲再三辞,不获,遂即馆,京亦未暇与之接。嵲严毅耸拔,意度凝然,异于他师,诸生已不能堪,忽谓之曰:"汝曹曾学走乎?"诸生骇而问曰:"尝闻先生教令读书徐行,未闻教以走也。"嵲曰:"天下被尔翁破坏至此,旦夕贼来,先至而家,汝曹唯有善走,庶可逃死尔。"诸子大惊,亟以所闻告京,曰:"先生心恙。"京矍然曰:"此非汝所知也。"即见嵲深语,嵲慷慨言曰:"宗庙社稷,危在旦夕。"京敛容问计,嵲曰:"宜亟引耆德老成置诸左右,以开道上心。罗天下忠义之士,分布内外,为第一义尔。"京因扣其所知,遂以杨时荐,于是召时。

嵲后守南剑州,迁福建咱转运判官。未行,会范汝为陷建州,遣叶彻拥众寇南剑,时统制官任士安驻军城西,不肯力战,嵲独率州兵与之战,分为数队,令城中杀羊牛豕作肉串,仍多具饭。将战,则食进一队人,既饱,遣之入阵,便食第二队人,度所遣兵力将困,即遣第三队人往代,第四至第五六队亦如之。更迭交战,士卒饱而力乏。彻中流矢死,众败走。嵲知士安惧无功,即函彻首与之,州兵皆愤,嵲曰:"贼必再至,非与大军合力不能破也。"士安得之大喜,遂驰报诸司,谓已斩彻。未几,彻二子果引众声言复父仇,缟素来攻。于是士安与州兵夹攻,大败之,城赖以全。

再知处州,尝欲造大舟,幕僚不能计其直,嵲教以造一小舟,量其尺寸,而十倍算之。又有欲筑绍兴园神庙垣,召匠计之,云费八万缗,教之自筑一丈长,约算之可直二万,即以二万与匠者。董役内官无所得,乃奏绍兴空乏难济,太后遂自出钱,费三十二万缗。以直

【译文】

　　张阐字柔直,福州人。进士出身,曾任小官史,而不与世俗同流合污。当时正值蔡京任宰相,寻找善于教育孩子的人,而张阐刚好到京任职,蔡京的侄子便推荐了张阐。张阐再三推辞不过,遂应聘,因蔡京繁忙,当时没有去迎接他。张阐严厉孤傲,不同于其他老师,各位学生已不忍受,忽然他问学生说:"你们曾学过跑吗?"学生们吃惊地问道:"只听说老师教我们读书慢走,没有听说教跑的。"张阐说:"国家已被你们的父亲(祖父)破坏到如此地步,早晚叛军来,必先到你们家,你们只有善于跑,才可以逃生呀!"学生们大惊,很快将这件事告诉给蔡京,说:"老生有异心。"蔡京惊慌地说:"这不是你们所知道的事。"随即找张阐,蔡京严肃地问该怎么办,张阐说:"应赶快招致有威望德义的人安置在你身边,用以广开人心。网罗天下忠勇义士安排在朝廷内外,是第一件义事。"蔡京便问他所了解的情况,张阐便推荐杨时,蔡京于是招用了杨时。

　　张阐后来在南剑州任职,接着又改任福建路转运判官。还未赴任,正值范汝为攻陷建州,派遣叶彻率众兵攻南剑州。当时,统制官任士安正率部队驻扎在城西,却不肯死战,张阐只有率州兵与叶彻部作战,张阐分州兵为几队,让城内杀牛羊猪作成肉串,并多做饭。将要开战,便让第一队人吃饭,吃饱后,即让投入战斗,接着让第二队人吃饭,估计所遣战士将疲劳,便派第三队人替换,第四至第五、六队皆如此轮换,更替交战,战士能吃饱而不困倦。叶彻被飞箭射死,其部撤走。张阐知道任士安害怕自己无功,便将叶彻的首级送给任士安,让他去请功,州兵对此很不满。张阐说:"贼兵肯定还要来,一定要与大部队合作才能消灭贼兵。"。任士安得到叶彻的首级很高兴,遂派人飞报有关部门,说已杀了叶彻。过了不久,叶彻的两个儿子果然率领众贼兵声称要为其父报仇,身穿白色孝服来攻南剑州。当时,任士安与州兵合力夹攻,大败来犯贼兵,保全了州城。

　　张阐在处州任职时,曾想造一条大船,慕僚无法算出得花多少钱,张阐便教他们先造一条小船,量算它的大小尺寸,最后以十倍计算得出大船的实际费用。再有,修建绍光园神庙围墙时,让工匠计算,说得花费八万缗钱,张阐让他们先修建一丈长一段墙,以此费用折算,整个工程约值二万缗,便以二万缗钱付给工匠。任职间,官府无所得,张阐上奏说绍兴贫困无法救济,太后便自己出钱,花费达三十二万缗。张阐以任职龙图阁的身份出任虔州知州,平静了叛军盗贼后,又晋升为秘阁修撰。去世后,葬于邵武。

范成大传

【题解】

　　范成大(1127~1194),南宋诗人。字致能,号遂初居士,无锡(今属江苏)人。绍兴进士,曾任吏部员外郎、起居舍人、礼部尚书等职。晚年隐居石湖达十年。

范成大是南宋重要诗人。其诗以反映农村社会生活图景的作品成就最高,被视为中国古代田园诗的集大成者。诗境开阔,风格多样,但不免染上南宋诗坛注重锻造、务气逞怪的习气。有《石湖居士诗集》。

范成大祠

【原文】

范成大字致能,吴郡人,绍兴二十四年擢进士第,授户曹,监和剂局。隆兴元年,迁正字。累迁著作佐郎,除吏部郎官。言者论其起踬,罢,奉祠。

起知处州。陛对,论力之所及者三,曰日力,曰国力,曰人力。今尽以虚文耗之,上嘉纳。处民以争役嚣讼,成大为创义役,随家贫富输金买田,助当役者,甲乙轮第至二十年。民便之。其后入奏,言及此,诏颁其法于诸路。处多山田,梁天监中,詹、南二司马作通济堰在松阳、遂昌之间,激溪水四十里,溉田二十万亩。堰岁久坏。成大访古迹,叠石筑防,置堤闸四十九所,立水则,上中下溉灌有序。民食其利。

除礼部员外郎兼崇政殿说书。乾道令以绢计赃。估价轻而论罪重。成大奏:“承平时绢匹不及千钱,而估价计倍。绍兴初年递增五分,为钱三千足。今绢实贵,当倍时值。”上惊曰:“是陷民深文。”遂增为四千而刑轻矣。

隆兴再讲和,失定受书之礼。上赏悔之。迁成大起居郎、假资政殿大学士,充金祈靖国信使。国书未求陵寝,盖泛使也。上面谕受书事,成大乞并戴书中,不从。金迎使者慕成大名,至求巾帻效之。至燕山,密草奏,具言受书式,怀之入。初进国书,词气慷慨。金君臣方倾听,成大忽奏曰:“两朝既为叔侄,而受书礼未称,臣有疏。”摺笏出之。金主大骇曰:“此岂献书处耶?”左右以笏标起之,成大屹不动,必欲以书达。既而归馆所,金主遣伴使宣旨取奏,成大之未起也。金庭纷然。太子欲杀成大,越王止之。竟得全节而归。

除中书舍人。初,上书崔寔《政论》赐辅臣。成大奏曰:“御书《政论》,意在饬纲纪、振积敝。而近日大理议刑,递加一等,此非以严致平,乃酷也。”上称为知言,张说除签书枢密院事。成大当制,留词头七日不下,又上疏言之,说命竟寝。

知静江府。广西窘匮,专藉盐利。漕臣尽取之,于是属邑有增价抑配之敝,诏复行钞盐。漕司构钞钗钱给所部,而钱下时至。成大入境,曰:“利害有大于此乎!”奏疏谓:“能裁抑漕司强取之数,以宽郡县,则科抑可禁。”上从之。数年,广州盐商上书,乞复令客贩,宰相可其说,大出银钱助之。人多以为非,下有司议,卒不易成大说。旧法,马以四尺三寸为限,诏加至四寸以上。成大谓互市四十年,不宜骤改。

除敷文阁待制,四川制置使,疏言:“吐蕃、青羌两犯黎州,而奴儿结、蕃列等尤桀黠,轻视中国。臣当教阅将兵,外修堡砦,仍讲明教阅团结之法,使人自为战,三者非财不

吐蕃入寇之路十有八,悉筑栅分戍。奴尔结扰安静砦,发飞山军千人赴之,称其三日必
遁,已而果然。白水砦将王文才私娶蛮女,常导之寇边。成大重赏檄群蛮使相疑贰。俄
擒文才以献,即斩之。蜀北边旧有义士三万,本民兵也,监司,群守杂役之,都统司又俾与
大军更戍,成大力言其不可,诏遵旧法。蜀知名士孙松寿年六十余,樊汉广甫五十九,皆
挂冠不仕,表其节,诏召之,皆不起,蜀士由是归心。凡人才可用者,悉致幕下,用所长,不
拘小节,其杰然者。露章荐之,往往显于朝,位至二府。

召对,除权吏部尚书,拜参知政事。两月,为言者所论,奉祠。起知明州,奏罢海物之
献。除端明殿学士。寻帅金陵。会岁旱,奏移军储米二十万振饥民,减租米五万。水贼
徐五窃发,号"静江大将军"。捕而戮之。以病请闲。进资政殿学士,再领洞霄宫。绍熙
三年,加大学士。四年薨。

成大素有文名,尤工于诗。上尝命陈俊卿择文士掌内制,俊卿以成大及张震对。自
号石湖,有《石湖集》《揽辔录》《桂海虞衡集》,行于世。

【译文】

范成大,字致能,吴郡(今江苏苏州市)人。绍兴二十四年(1154),在进士考试中得到
选拔,任职户曹,监和济局。隆兴元年(1163),调任负责订正典籍讹误的正字。后来又先
后调任著作佐郎、吏部郎官。言官议论、批评范成大超越礼仪。因此他被罢官,只任宫观
使,拿取俸禄,却无职务。

后来,范成大被起用,治理处州(今浙江丽水、缙云、青田、遂昌、龙泉、云和等县地
区)。在应答皇帝的"咨询"的时候,范成大论及国家有三种力量,一是日力(即时间),二
是国力,三是民力。当时,这些力量被虚假的理由、形式主义的手段白白地消耗掉。皇帝
对他的言论十分赞赏并加以采纳。处州民众因承担力役经常发生争吵、诉讼。范成大为
此创立了义役:不管民众家贫家富,都要出一定的金钱买田,以田产的收入资助服力役
者。甲乙轮流次第,可不烦力役达二十年,民众觉得十分方便。范成大在给皇帝上奏时
也谈到了这个方法。政府下诏向各路推广范成大的义役。处州多山田,梁天监中,詹、南
二位司马筑通济堰,在松阳(今浙江遂昌)和遂昌之间。通济堰阻遏水势,使溪水奔流达
四十里,可以灌溉二十万亩土地。堰造了几百年,已经损坏。范成大沿着通济渠的古道,
调查研究,对损坏的地方叠石筑堤,设置闸门四十九所,控制水位的高、中、低,有次序地
对农田灌溉。民众从中得到了很大的好处。

范成大升任礼部员外郎、兼任崇政殿侍讲。乾道时有诏令:"可以拿绢匹计算贪污受
贿、盗窃所得的赃物。"当时估算绢匹的价低,因而论罪就重。范成大上奏:"太平的时候,
绢匹不到千钱,而估价却超过一倍。绍兴初年(1131),递增百分之五十,绢匹价足三千
钱。当今绢匹价倍于时价。"皇上闻奏,大吃一惊,并说:"法律条文苛细严峻,对民众不
利。"遂增加绢匹为四千钱,因而刑罚就减轻了。

隆兴年间,南宋和金国再次议和,宋金在定约之时,规定金使至,捧国书上殿,北面立

榻前跪进,帝降榻接受国书。这样的规定,丧失了国家的面子,皇上十分悔恨。于是,调范成大任起居郎、假资政殿大学士,担任去金国祈请国信使。国书专门提出宋王朝在河南的坟墓、寝庙的问题。这似乎是一般的使命。皇上在接见范成大的时候,还讲了要求改变接受国书的礼节。范成大要求一并写在国书中,皇上没有同意。金国迎接范成大的使者羡慕成大的名气,到处求买包头发的布巾效法范成大。至燕山,范成大秘密起草要求改变受金国国书仪式的奏言,范成大藏在怀中而入,开始,进国书的时候,词气慷慨,金君臣都在认真倾听。成大忽然上奏说:"两朝既然是叔侄关系,而规定的受书的礼仪和叔侄关系不相称,我有奏疏。"插笏而出。金主大惊说:"这哪里是献国书的地方啊!"左右都把朝笏举起,成大屹立不动,一定要把国书送达。后来回归馆所,金主派伴使宣旨拿取奏言,成大没有起来,违抗金主之命。金朝廷哗然,太子准备杀掉成大,被越王阻止,尽管陵寝问题及改变接受国书礼仪两项使命都没完成,范成大竟得全大节而归。

任命范成大为中书舍人。起初,皇上亲笔书写崔寔的《政论》赐给重要的辅佐大臣。成大又上奏说:"皇上亲书《政论》,意在整顿纲纪,消除积敝。而近日大理议论刑律时,都罪加一等,此不是从严治政,而是酷刑。"皇上称赞成大之言有卓见。张说将被任命为签书枢密院事,正好碰到成大应草拟诏书,成大留皇上任命张说的便条七日不发,又上疏表示反对,任命张说之事遂不了了之。

范成大任职静江府(今广西桂林),广西物资匮乏,专门依靠食盐谋利,漕臣完全把它取去。于是所辖县邑有增盐价,抑制配给之弊端。中央政府诏令恢复行使盐钞。但漕臣只考虑钞钱均上交给中央有关部门,而自己不能按时得到钱。成大到广西时议论说:"还有比这更大的利害吗!"遂向中央上疏:"如能抑制漕臣强夺豪取之数,又能对郡县放宽经济,过分的征税就可禁止。"皇上听从了他的意见。几年后,广州盐商上书,请求恢复客商贩盐。宰相赞成这个请求,出了很多钱帮助他们。不少人以为成大做法不当,皇上令有关部门议处,最终不能改变范成大的主张。按旧法,马以四尺三寸为界限,中央诏书令加到四寸以上。成大说,同边境贸易已四十年,不宜突然改变。

任范成大为敷文阁待制,四川制置使。成大上疏说:"吐蕃、青羌两者侵犯黎州(今属四川),而奴儿结、蕃列等特别狡猾、残暴,轻视中国,臣准备训练将官士卒,外修堡砦壁垒,并向将士讲明,在作战中团结之法,能人自为战,要做到这三件事,非钱财不可。"皇上下令,把出卖僧牒所获得的钱四十万缗发给四川。范成大又说:"在西南各边境,黎州最为重要,应增加战士五千人。"并上奏建议设置以路为划分的都监。吐蕃入侵之路有十八处,均筑栅栏分戍。如果奴儿结侵扰安静砦时,发飞山军千人赶往,估计他们三日之内必然逃遁。后来,果然如此。白水砦的将官王文才,私娶蛮女,经常引导他们侵扰边境。范成大发檄文赏赐群蛮,使他们相互猜疑,不久便擒获文才献到京师,随即斩掉。川北边境旧有义士三万,本是民兵,监司、群守随便把他们当杂役使用;都统司又使他们与大军替换戍边。成大力争,认为这样做不妥。中央政府下诏令恢复旧制。四川著名人士孙松寿年六十余,樊汉广刚五十九岁,皆辞职不仕,政府表彰他们的节气,下诏召他们为官,他们又不仕。四川人由此对中央政府归心。凡人才可以使用的,范成大完全把他们招致到幕下,使用他们的长处,不问他们的小节。其中杰出的人士,向中央政府推荐,往往在朝廷显露才能,很显贵,有的位至枢密院或中书门下。

皇上召范成大回京城,向他提出各种问题,让成大应答。又任成大权吏部尚书,拜参知政事。两月后,为言官所非议,又罢免了成大的职务,只任宫观使,拿些俸禄。后来又被任用为明州(今浙江宁波)知府,成大奏言建议取消上献海产。中央任命他为端明殿学士。然后又调他统帅金陵(今江苏南京)。金陵这年正好大旱,范成大奏请把储存的二十万军粮赈救灾民,减租米五万。水贼徐五作乱,号"静江大将军",范成大捕捉他并把他杀了。

后来范成大以疾病请求休闲,皇上升任他为资政殿学士,再管理洞霄宫。绍熙三年(1192)加大学士。四年(1193)去世。

成大素来有文名,尤其擅长写诗。皇上曾命陈俊卿选择、推荐文士负责起草诏令,掌管内制。俊卿回答说,范成大及张震可以。范成大自号"石湖",有《石湖集》《揽辔录》《桂海虞衡集》,都流行于世。

李焘传

【题解】

李焘(1115~1184),字仁甫,眉州丹棱(今四川丹棱县)人。早年就致力于史学,以撰史为己任,博览群书,搜罗百家之言,尤其下全力研究本朝的典故,效法司马光《资治通鉴》的体例,取太祖建隆至钦宗靖康间史事,撰成编年体史书《续资治通鉴长编》,原为九百八十卷。现存的《长编》是清代修《四库全书》时从《永乐大典》中辑出重加厘定的,共五百二十卷。李焘师承司马光表现在很多方面。首先,强调"宁失于繁,无失于略",这本是司马光在给范祖禹的信中说的,李焘在《进书表》中特别提到而且忠实履行;其次他还采用《通鉴考异》的做法,在注文中对各种资料的出处、取舍、异同和真伪,以及一时难以考订清楚的史料等情况,都尽可能加以说明。李焘撰史主张"年近则

《续资治通鉴》书影(宋·李焘撰)

事详,远则略",在《长编》的修撰中即年代愈近,记载愈详。作为《长编》,李焘不仅以实录、国史为主要依据,还参考日历、时政记、会要等官方文书,并尽可能地利用野史、文集、笔记、行状等私家著述,而且注意兼收并蓄不同派别的材料,所以,《长编》保存了大量的丰富资料,这是它在史学上的最大贡献。

李焘字仁甫，眉州丹棱人，唐宗室曹王之后也。父中登第，知仙井监。焘甫冠，愤金雠未报，著《反正议》十四篇，皆救时大务。绍兴八年，擢进士第。调华阳簿，再调雅州推官。改秩，知双流县。仕族张氏子居丧而争产，焘曰："若忍坠先训乎？盍归思之。"三日复来，迄悔艾无讼。又有不白其母而鬻产者，焘置之理，豪强敛迹。于是以余暇力学。

焘耻读王氏书，独博极载籍，搜罗百氏，慨然以史自任，本朝典故尤悉力研核。仿司马光《资治通鉴》例，断自建隆，迄于靖康，为编年一书，名曰《长编》，浩大未毕，仍效光体为《百官公卿表》。史官以闻，诏给札来上。制置王刚中辟干办公事。

知荣州。荣因溪为隍，夏秋率苦水潦，焘筑防捍之。除潼川府路转运判官，入境，劾守令不职者四人。县多聚敛，焘括一路财赋额，通有无，酌三年中数，定为科约，上之朝，颁之州县。

乾道三年，召对，首举艺祖治身、治家、治官、治吏典故，以为恢复之法，乞增置谏官，许六察言事，请练兵，毋增兵，杜诸将私献，核军中虚籍。

除兵部员外郎兼礼部郎中。会庆节上寿，在郊礼散斋内，议权作乐，焘言："汉、唐祀天地，散斋四日，致斋三日，建隆初郊亦然。自崇宁、大观法《周礼》祭天地，故前十日受誓戒。今既合祭，宜复汉、唐及建隆旧制，庶几两得。"诏垂拱上寿止乐，正殿为北使权用。正除礼部郎中，言中兴祭礼未备，请以《开宝通礼》《嘉佑因革礼》《政和新仪》令太常寺参校同异，修成祭法。

四年，上《续通鉴长编》，自建隆至治平，凡一百八卷。时《乾道新历》成，焘言："历不差不改，不验不用。未差无以知其失，未验无以知其是。旧历多差，不容不改，而新历亦未有大验，乞申饬历官讨论。"五年，迁秘书少监兼权起居舍人，寻兼实录院检讨官。

子厚试贤良方正直言极谏科。焘素谓唐三百年不愧此科者惟刘去华，心慕之，尝以所著《通论》五十篇见蜀帅张焘，欲应诏，不偶而止。其友晁公遡以书勉之，焘答以当修此学，必不从此举。既不克躬试，于是命二子厚、塾习焉。至是，吏部尚书汪应辰荐厚文行可应诏，故有是命。

左相陈俊卿出知福州，右相虞允文任恢复事，更张旧典。宰相以焘数言事，不乐，焘遂请去。除直显谟阁、湖北转运副使，陛辞，以欲速变古为戒。

又奏："《禹贡》九州，荆田第八，赋乃在三，人功既修，遂超五等。今田多荒芜，赋亏十八。"上命之条画。既至，奏："京湖之民结茅而庐，筑土而坊，佣牛而犁，籴种而殖，谷苗未立，睥睨已多，有横加科敛者。今宜宽侵冒之禁，依乾德诏书止输旧税，广收募之术，如成平、元丰故事，劝课有劳者推恩。"诏从之。总饷吕游问入奏焘摄其事。岁饥，发鄂州大军仓振之，僚属争执不可，焘曰："吾自任，不以累诸君。"寻如数偿之。游问返，果劾焘专，上止令具析，不之罪也。

八年，直宝文阁，帅潼川兼知泸州，首葺石门堡以扼夷人，奏乞戒茶马司市叙州羁縻马毋溢额，戒官民毋于夷、汉禁山伐木造舟，奏移锁水于开边旧池，皆报可。

淳熙改元，被召，适城中火，上章自劾。提刑何熙志奏焚数不实，且言《长编》记魏王食肥彘，语涉诬谤，上曰："宪臣按奏火数失实，职也，何预国史？"命成都提刑李蘩究火事，诏熙志贬二秩罢，焘止贬一秩。

焘及都门，乞祠，除江西运副。且许临遣。或劝以方被谗，无及时事，焘曰："圣主全度如此，竭忠所以为报。"遂奏："日食、地震皆阴盛，主敌国小人，不可不虑。"且申"无变古、无欲速"两言，又上《快箴》，引太祖罢朝悔乘快决事以谏，上曰："朕当揭之座右。"进秘阁修撰、权同修国史、权实录院同修撰。

焘为左史时，尝乞复行明堂礼，谓"南郊、明堂初无隆杀，合视圜坛，特免出郊浮费。"至是申言之，诏集议。嬖幸沮止。其后周必大为礼部尚书，申其说，始克行。权礼部侍郎。

七月壬戌，雷震太祖庙柱，坏鸱尾，有司旋加修缮。焘奏非所以畏天变，当应以实。上谕大臣："焘爱朕，屡进谠言。"赐金紫。尝请正太祖东向之位。

四年，驾幸太学，以执经特转一官。焘论两学释奠：从祀孔子、当升范仲淹、欧阳修、司马光、苏轼，黜王安石父子；从祀武成王，当黜李责力。众议不和，止黜王雱而已。真拜侍郎，仍兼工部。

《徽宗实录》置院已久，趣上奏篇，焘荐吕祖谦学识之明，召为秘书郎兼检讨官。夜直宣引，奏："近者蒙气蔽日，厥占不肖者禄，股肱耳目宜谨厥与。"赐坐，欲起，又留赐饮、赐茶。寻诏监视太史测验天文。

九月丁酉，日当夜食，焘为社坛祭告官，伐鼓礼废，特举行。厚既中制科，为秘书省正字，寻迁著作郎兼国史实录院编修检讨官。父子同主史事，缙绅荣之。

焘感上知遇，论事益切，每集议，众莫敢发言，独条陈可否无所避。近臣复举其次子塾应制科，以阁试不中程黜。厚偶考上舍试卷，发策问制科，为御史所劾，语连及焘、厚罢，焘亦知常德府。

初，政和末，沣、辰、沅、靖四州置营田刀弩手，募人开边，范世雄等附会扰民，建炎罢之。乾道间，有建请复置者，焘为转运使，尝奏不当复，已而提刑尹机迫郡县行之，田不能给。焘至是又申言之，请度田立额，且约帅臣张栻列奏，诏从之。境多茶园，异时禁切商贾，率至交兵，焘曰："官捕茶贼，岂禁茶商？"听其自如，讫无警。

累表乞闲，提举兴国宫。秋，明堂大礼成，以其首议，复除敷文阁待制。顷之，厚熟继亡。上欲以吏事纾焘忧，起知遂宁府。

七年，《长编》全书成，上之，诏藏秘阁。焘自谓此书宁失之繁，无失之略，故一祖八宗之事凡九百七十八卷，卷第总目五卷。依熙宁修《三经》例，损益修换四千四百余事，上谓其书无愧司马迁。焘尝举汉石渠、白虎故事，请上称制临决，又请冠序，上许之，竟不克就。

又奏："陛下即位二十余年，志在富强，而兵弱财匮，与'教民七年可以即戎者'异矣。"一日，召对延和殿，讲臣方读《陆贽奏议》，焘因言："贽虽相德宗，其实不遇。今遇陛下，可谓千载一时。"遂举贽所言切于今可举而行者数十事，劝上力行之。上有功业不足之叹,焘曰:"功业见乎变通,人事既修,天应乃至。"进敷文阁直学士,提举佑神观兼侍讲、同修国史。荐尤袤、刘清之十人为史官。

十年七月,久旱,进祖宗避殿减膳求言故事,上亟施行。丁丑雨。一日宣对,焘言:"外议陛下多服药,罕御殿,宫嫔无时进见,浮费颇多。"上曰:"卿可谓忠爱,顾朕老矣,安得此声。近惟葬李婕妤用三万缗,他无费也。"遂因转对,乞用祖宗故事召宰执赴经筵。

太史言十一月朔,日当食心八分。焘复条上古今日食是月者三十四事,因奏之曰:"心,天王位,其分为宋。十一月于卦为复,方潜阳时,阴气乘之,故比他食为重,非小人害政,即敌人窥中国。"明日对延和殿,又及晋何曾讥武帝无经国远图。

十一年春,乞致仕,优诏不允。上数问其疾增损,给事中宇文价传上旨,焘曰:"臣子恋阙,非老病,忍乞骸骨。"因叩价时事,勉以忠荩。又闻四川乞减酒课额,犹手扎赞庙堂行之。

病革,除敷文阁学士,致仕。命下,喜曰:"事了矣。"口占遗表云:"臣年七十,死不为夭,所恨报国缺然。愿陛下经远以艺祖为师,用人以昭陵为则。"辞气舒徐,乃卒,年七十。

上闻嗟悼,赠光禄大夫。他日谓宇文价曰:"朕尝许焘大书'续资治通鉴长编'七字,且用神宗赐司马光故事,为序冠篇,不谓其止此。"

焘性刚大,特立独行。早著书,桧伞鹓路,桧死始闻于朝。暨在从列,每正色以订国论。张栻尝曰:"李仁甫如霜松雪柏。"无嗜好,无姬侍,不殖产。平生生死文字间,《长编》一书用力四十年,叶适以为《春秋》以后才有此书。

有《易学》五卷,《春秋学》十卷,《五经传授》《尚书百篇图》《大传杂说》《七十二子名籍》各一卷,《文集》五十卷,《奏议》三十卷,《四朝史稿》五十卷,《通论》十卷,《南北攻守录》三十卷,《七十二候图》《陶潜新传》并《诗谱》各三卷,《历代宰相年表》《唐宰相谱》《江左方镇年表》《晋司马氏本支》《齐梁本支》《王谢世表》《五代将帅年表》合为四十一卷。

谥文简,累赠太师、温国公。

【译文】

李焘字仁甫,眉州丹棱人,唐朝宗室曹王的后裔。父亲李中应试考中,执掌仙井监。李焘成年,愤懑金人之仇未报,著《反正议》十四篇,都讲的是救国的大事。绍兴八年,擢拔为进士,调华阳为主薄,又调雅州为推官。改官品,为双流县知县。官宦之家张氏的儿子在居丧期间争夺家产,李焘说:"你们忍心丧失先人的教诲吗?何不回去想一想。"三天后张氏子再来,竟后悔全不诉讼。又有不告诉母亲就出卖产业的人,李焘立案处理,豪强收敛恶迹。于是李焘有余暇致力于学问。

李焘不屑于阅读王氏之书,自己博览所有的典籍,搜罗百家之言,激昂地以撰史为自任,对于本朝的典故尤其下全力研究考核。效法司马光《资治通鉴》的体例,断取自建隆至靖康间史事,撰编年体一书,名为《长编》,卷帙浩大还未撰完,又按司马光《资治通鉴目录》的体例修《百官公卿表》。史官以此闻于朝廷,朝廷下诏给笔纸抄书呈上。制置王刚中征辟李焘干办公事。

李焘为荣州知州。荣州以小溪为护城壕,夏秋二季都苦于溪水泛滥,李焘筑堤防捍卫城池。升任潼川府路转运判官,进入所辖境内,弹劾四个不称职的守令。县内多聚敛,李焘总括一路的财赋数额,在路内通有无,又参酌三年财赋的平均数,定为赋税的约数,上报于朝廷,然后颁示到州县。

乾道三年,奉命来对策,首先举太祖治身、治家、治官、治吏的典故,以此为恢复的法规,请求增置谏官,允许六察言事,请练兵,不要增兵,杜绝诸将私下向朝廷献财物,核实军队的空额。

李焘任兵部员外郎兼礼部郎中。正值庆节祝寿,在郊礼的散斋期内,议论权且奏乐,李焘说:"汉代、唐代祭祀天地,散斋四天,致斋三天,建隆初年郊祀也如此。自从崇宁、大观年间效法《周礼》祭天地,所以前十天受誓戒,现在已经合祭,应当恢复汉、唐以及建隆的旧制,也许可以两得。"朝廷下诏唐垂拱年间祝寿不奏乐。正殿给北方来使暂且使用。正式任命李焘为礼部郎中,他说中兴祭祀还不完备,请命太常寺以《开宝通礼》《嘉佑因革礼》《政和新仪》相互参考比较异同,修成祭法。

乾道四年,呈上《续资治通鉴长编》,从建隆到治平,共一百零八卷。当时《乾道新历》修成,李焘说:"历法没有误差不改,不经核验不用。没有误差不能知道它的过失,没有核验不能知道它的正确。旧历法误差多,不能不改,而新历法也没有做大规模的核验,请求告诫历官还须讨论。"五年,李焘任秘书少监权起居舍人,不久兼实录院检讨官。

李焘子李厚应试贤良方正直言极谏科。李焘向来认为三百年来不愧为这科的人只有刘去华,心中倾慕他,曾以所撰《通论》五十篇去见蜀帅张焘,想响应朝廷的诏令,没有遇到张焘而作罢。他的朋友晁公遡写信勉励他,李焘以应当进修这门学问,一定不参与此举的意思回答晁公遡。既然不能亲自应试,于是就命令两个儿子李厚、李塾学习此学。至此,吏部尚书汪应辰推荐李厚的言行可以应朝廷之诏,所以有这个命令。

左相陈俊卿出为福州知州,右相虞允文担任收复北方故土的事,重新张扬旧法。宰相因李焘多次议事,不高兴,李焘于是请求离任。改任直显谟阁、湖北转运副使,辞别孝宗,以想速成、变旧法为戒。

李焘又上奏:"《禹贡》九州,荆州田土列为第八,贡赋却列在第三,已经人功修整,于是超过五等。现在土地多数荒芜,赋税方欠十分之八。"朝廷命令李焘条具规划。已到朝廷,又上奏:"京湖的百姓,结茅为草庐,筑土为防,雇牛以耕田,买种以殖谷,而谷苗还未长出来,就已有很多人窥伺着它的收获,有横加摊派赋税的人。现在应该放宽侵冒的禁令,按乾德年间的诏令只交旧税,扩大收募的办法,象咸平、元丰年间的旧例,对劝勉交赋有功劳的人给以恩泽。"诏令同意他的建议。总饷吕游问入朝奏事由李焘代他理政事。这一年有饥荒,开鄂州大军仓赈济灾民,所属官吏与李焘争执以为不行,李焘说:"我自己负责任,不因此连累诸位。"不久如数偿还大军仓。吕游问回来,果然弹劾李焘专断,朝廷只让陈述分析,并不加罪于李焘。

乾道八年,李焘直宝文阁,帅潼川兼泸州知州,首先修葺石门堡用以防范夷人,上奏请求敬告茶马司买卖叙州联络马不要超额，警告官府、百姓不要在夷、汉禁山中伐木造船，奏把锁水的军队移到开边的旧池，朝廷回答都可行。

淳熙改年号，李焘被召，恰巧城中起火，上表章自责。提刑何熙志上奏说李焘所言火烧的数量不真实，而且说《长编》记魏王吃肥肉，其言语涉嫌诬谤，孝宗说："御史审查上奏火烧数失实，是尽本职，为什么干预国史？"命令成都提刑李蘩究查起火的事，诏令何熙志贬二品官秩免官，李焘只贬一品官秩。

李焘到京城，请求为祠官，授江西转运副使，而且准许当时派遣。有人用刚刚蒙受谗毁不要涉及时事来劝他。李焘说："圣主如此大器量，我要竭尽忠诚以为报答。"于是上奏："日食地震都是阴盛所致，以敌国小人为主，不能不忧虑。"并且重申"不变古法，不求速成"两句话，又上《快箴》，援引太祖罢朝追悔乘快决断大事的例子，以此劝谏孝宗，孝宗说："朕应当把它高举存座右"进李焘为秘阁修撰、权同修国史、权实录院同修撰。

李焘作左史的时候，曾经请求恢复举行明堂礼，说："南郊、明堂开始不分尊卑，对于圜坛是一样的，特免去出郊的虚浮费用。"此时申述此事，朝廷下诏召集议论，皇帝宠幸的人阻此事。这以后周必大做礼部尚书，申明这说法，开始能推行。李焘权礼部侍郎。

七月壬戌（初七），雷击太祖庙的立柱，震坏鸱尾，主管部门马上加以修缮。李焘上奏说这不是畏惧上天变化的做法，应当做与其相应的实事。孝宗晓谕大臣："李焘爱护朕，屡次进正直的言论。"赐紫袍及金鱼袋。曾经请求正太祖东向的位置。

淳熙四年，孝宗临幸太学，因李焘授经书特别升一秩官。李焘议论国学、太学的释奠，从祀孔子，应登升范仲淹、欧阳修、司马光、苏轼，黜降王安石父子；从祀武成王，应当降黜李勋，众人议论不统一，只降黜王勇一人而已。正式拜授侍郎，仍然兼任工部之职。

为撰《徽宗实录》设实录院已经很长时间了，朝廷催促上奏《徽宗实录》成篇，李焘推荐吕祖谦，称他学识高明，召为秘书书兼检讨官。夜里当班宣引，李焘上奏说："近来蒙气遮蔽太阳，其占卜说是不肖者为官，应当对身边的重臣、近臣谨慎任用。"孝宗赐座。李焘要起身，孝宗又留他赐酒、赐茶。不久诏令监视太史测验天文。

九月丁酉（二十二日），太阳当夜有食，李焘为社坛祭告官，伐鼓礼已废，此特别举行伐鼓礼。李厚已中制举，任秘书省正字，不久迁为著作郎兼国史实录院编修检讨官。父子一同主管修史之事，缙绅以此为荣耀。

李焘感激孝宗的知遇之恩，议论朝事更加尽心，每逢召集众议，众臣都不敢发言，只有他一人条具陈述政事是非与否无所避讳。近臣又推举李焘的次子李塾应制举，因阁试未达标准而免。李厚辅助考核上舍试卷，发对策制举，被御史所弹劾，内容株连到李焘，李厚免官，李焘亦遭贬为常德府知府。

当初，政和末年，澧、辰、沅、靖四州设营田刀弩手，招募人开拓边疆，范世雄等人附合扰民，建炎时废罢此事。乾道年间，有人建议请朝廷恢复营田刀弩手的设置，李焘为转运使，曾经上奏不应当恢复，不久提刑尹机强迫郡县推行此事，田地不能供给。李焘到这时又申述这件事，请求度量土地而定营田刀弩手的人数，而且相约帅臣张栻同列上奏，朝廷下诏从他们的奏议。境内有很多茶园，以前禁令逼迫商人，竟到了交兵的地步，李焘说：

"官府捉捕茶贼,岂能禁止茶商。"听茶商自行交易,竟然没有危急的情况可报告。

李焘多次上表请求休闲,于是提举兴国宫。秋季,明堂大礼告成,因李焘首先提议,又授敷文阁待制,不久,李厚、李塾相继去世,孝宗想以公事舒缓李焘的忧伤,举他为遂宁府知府。

淳熙七年,《长编》全书完成,进呈朝廷,下诏藏于秘阁。李焘自己说这部书宁可失之于繁,而不可失之略,所以一祖八宗的事迹共九百七十八卷,卷第总目有五卷。按熙宁修《三经》的体例,损益修撰更换四千四百多事,孝宗说这部书无愧于司马迁。李焘曾经举汉代石渠阁、白虎观故事,请求孝宗行使皇权亲临决断,又请求孝宗在书前作序,孝宗答应了这一请求,竟然未能完成。

李焘又上奏:"陛下即位二十多年,立志于国家富强,然而军队赢弱财货匮乏,与'教百姓七年可以攻战,不同。"一天,命李焘入朝对策延和殿,讲臣正在谈《陆贽奏议》,李焘因而说:"陆贽虽然辅佐德宗,其实并无知遇。现在知遇于陛下,可以说是千载难逢之一时啊。"于是举出陆贽所说切合于现在可举行的事有数十项,劝孝宗极力办理。孝宗有功业不足的感叹,李焘说:"功业体现于变通,人事已经做好,天应就会到来。"进仕敷文阁直学士,提举佑神观兼侍讲、同修国史。推举尤袤、刘清之等十人为史官。

淳熙十年七月,长久干旱,李焘进祖宗离开宫殿减少膳食以求上言的故事,孝宗马上施行。丁丑(十五日)下雨。一天宣李焘入对,李焘说:"外边议论陛下经常服药,很少临殿,宫嫔进见没有定时,多余的费用很多。"孝宗说:"爱卿对朕可以说是忠心、爱护,顾念朕老了,怎么能有此名声。最近只为安葬李婕好用了三万缗,没有其他的花费。"于是因此转对,请求用祖宗旧例召宰执前往经筵。

太史说十一月初一,太阳行至心宿而食之八分。李焘又条列呈自上古至今日食在十一月的三十四例,因而奏此事说:"心宿,是天王正位,他的分野是宋。十一月在卦中为复填,正是阳气潜伏的时候,阴气乘此而盛,所以此时日食比其他日食更为严重,不是小人危害朝政,就是敌人窥伺中国。"第二天对策延和殿,又谈及晋代何曾讥讽晋武帝没有治理国家的长远谋略。

十一年春季,乞求退休,朝廷特别下诏不准退休。孝宗多次询问李焘病情的好坏,给事中宇中价传达孝宗的旨意,李焘说:"臣子留恋朝廷,要不是年老有病,也不愿辞官。"因此询问宇文价当时朝事,并以向朝廷进献忠心来勉励他。又听说四川请求减少酒课数额,还手书扎子告皇帝推行此事。

李焘病重,除授敷文阁学士,退休。诏命下达,李焘高兴地说:"事情了了。"口述遗表说:"臣年已七十,死也不算早亡,所遗恨的是未竟报国之志。希望陛下在治国谋略方面以太祖为师,用人方面以仁宗为准则。"说话辞气平缓舒畅,就这样去世,终年七十。

孝宗闻听李焘的死讯悲叹痛悼,赠他光禄大夫。有一天,孝宗对宇文价说:"朕曾经答应李焘写《续资治通鉴长编》七个大字,而且用神宗赐司马光的旧例,作序冠于篇首,不是就止此而已。"

李焘性格刚大,有独立见解而且不随波逐流。早年就开始著书,当时秦桧还掌权当道,秦桧死后李焘才开始闻名于朝廷。及在朝官的行列,经常表情严肃地评议有关国事的论议。张栻曾经说过:"李仁甫有如霜松雪柏。"没有什么嗜好,没有姬妾侍女,不置办产业。平生以文字为生命,《长编》一书倾其四十年的功力,叶适认为《春秋》之后仅有此书。

李焘著有《易学》五卷,《春秋学》十卷,《五经传授》《尚书百篇图》《大传杂说》《七十二子名籍》各一卷,《文集》五十卷,《奏议》三十卷,《四朝史稿》五十卷,《通论》十卷,《南北攻守录》三十卷,《七十二候图》《陶潜新传》并《诗谱》各三卷,《历代宰相年表》《唐宰相谱》《江左方镇年表》《晋司马氏本支》《齐梁本支》《王谢世表》《五代将帅年表》合为四十一卷。

李焘谥号为文简,累赠太师、温国公。

袁枢传

【题解】

袁枢(1131~1205),字机仲,建宁府建安(今福建建瓯市)人,南宋著名史学家。自幼喜欢诵读司马光的《资治通鉴》,但苦其卷帙浩繁,"乃自出新意",便把《资治通鉴》"区别门目,以类排纂。每事各详起迄,自为标题,每篇各编年月,自为首尾",撰成我国第一部纪事本末体史书——《通鉴纪事本末》。《通鉴纪事本末》四十二卷,上起"三家分晋",下迄"周世宗征淮南",包括一千三百六十二年的历史,将《通鉴》之文,总括为三百三十九篇,另附录六十九事,附在有关各篇之后,总计大小事件三百有余。纪事本末体,以事件为中心,将重要的史事分别列目,独立成篇,各篇又按年月顺序编写,这样就弥补了纪传、编年二体的不足。袁枢《通鉴纪事本末》编撰时注意适应当时的政治需要,有补治道,寓道于史,所以颇为孝宗所赏识,称此书"治道尽在是矣"。著名学者朱熹、杨万里、吕祖谦等也盛赞此书,如杨万里说:"有国者不可无此书。"还说:"学者不可以无此书。"后世学者对《通鉴纪事本末》亦颇有好评,章学诚称它"文省于纪传,事豁于编年,决断去取,体圆用神"。但这种体裁孤立地记载某一史事,各题之间缺乏内在联系,只有与纪传、编体互为参酌,才能相得益彰。

【原文】

袁枢字机仲,建之建安人。幼力学,尝以《修身为弓赋》试国子监,周必大、刘珙皆期以远器。试礼部,词赋第一人,调温州判官,教授兴化军。

乾道七年,为礼部试官,就除太学录,轮对三疏,一论开言路以养忠孝之气,二论规恢复当图万全,三论士大夫多虚诞、侥荣利。张说自阁门以节钺签枢密,枢方与学省同僚共论之,上虽容纳而色不怡。枢退诣宰相,示以奏疏,且曰:"公不耻与哙等伍邪?"虞允文愧甚。枢即求外补,出为严州教授。

枢常喜诵司马光《资治通鉴》,苦其浩博,乃区别其事而贯通之,号《通鉴纪事本末》。参知政事龚茂良得其书,奏于上,孝宗读而嘉叹,以赐东宫及分赐江上诸帅,且令熟读,曰:"治道尽在是矣。"

他日,上问袁枢今何官,茂良以实对,上曰:"可与寺监簿。"于是以大宗正簿召登对,即因史书以言曰:"臣窃闻陛下尝读《通鉴》,屡有训词,见诸葛亮论两汉所以兴衰,有'小人不可不去'之戒,大哉王言,垂法万世。"遂历陈往事,自汉武而下至唐文宗偏听奸佞,致于祸乱。且曰:"固有诈伪而似诚实,恺佞而似忠鲠者,苟陛下日与图事于帷幄中,进退天下士,臣恐必为朝廷累。"上顾谓曰:"朕不至与此曹图事帷幄中。"枢谢曰:"陛下之言及此,天下之福也。"

迁太府丞。时士大夫颇有为党与者。枢奏曰:"人主有偏党之心,则臣下有朋党之患。比年或谓陛下宠任武士,有厌薄儒生之心,猜疑大臣,亲信左右,内庭行庙堂之事,近侍参军国之谋。今虽总权纲,专听览,而或壅蔽聪明,潜移威福。愿可否惟听于国人,毁誉不私于左右。"上方锐意北伐,示天下以所向。枢奏:"古之谋人国者,必示之以弱,苟陛下志复金仇,臣愿蓄威养锐,勿示其形。"复陈用宰执、台谏之术。

时议者欲制宗室应举锁试之额,限添差狱祠,减臣僚荐举,定文武任子,严特奏之等,展郊禋之岁,缓科举之期,枢谓:"此皆近来从窄之论,人君惟天是则,不可行也。"遂抗疏劝上推广大以存国体。

兼国史院编修官,分修国史传。章惇家以其同里,宛转请文饰其传,枢曰:"子厚为相,负国欺君。吾为史官,书法不隐,宁负乡人,不可负天下后世公议。"时相赵雄总史事,见之叹曰:"无愧古良史。"

权工部郎官,累迁兼吏部郎官。两淮旱,命廉视真、扬、庐和四郡。归陈两淮形势,谓:"两淮坚固则长江可守,今徒知备江,不知保淮,置重兵于江南,委空城于淮上,非所以戒不虞。瓜洲新城,专为退保,金使过而指议,淮人闻而叹嗟。谁为陛下建此策也?"

迁军器少监,除提举江东常平茶监,改知处州,赴阙奏事。枢之使淮入对也,尝言:"朋党相附则大臣之权重,言路壅塞则人主之势孤。"时宰不悦。至是又言:"威权在下则主势弱,故大臣逐台谏以蔽人主之聪明;威权在上则主势强,故大臣结台谏以遏天下之公议。今朋党之旧尚在,台谏之官未正纪纲,言路将复荆榛矣。"

除吏部员外郎,迁大理少卿。通州民高氏以产业事下大理,殿中侍御史冷世光纳厚赂曲庇之,枢直其事以闻,人为危之。上怒,立罢世光,以朝臣劾御史,寔自枢始。手诏权工部侍郎,仍兼国子祭酒。因论大理狱案请外,有予郡之命,既而贬两秩,寝前旨。光宗受禅,叙复元官,提举太平兴国宫、知常德府。

宁宗登位,擢右文殿修撰、知江陵府。江陵濒大江,岁坏为巨浸,民无所托。楚故城楚观在焉,为室庐,徙民居之,以备不虞。种木数万,以为捍蔽,民德之。寻为台臣劾罢,提举太平兴国宫。自是三奉祠,力上请制,比之疏傅、陶令。开禧元年,卒,年七十五。

自是闲居十载,作《易传解义》及《辨异》《童子问》等书藏于家。

袁枢，字机仲，建宁府建安人。年轻时奋力学习，曾经以《修身为弓赋》应试国子监，周必大、刘珙都认为他日后必成大器。应礼部试，考中辞赋第一，调往温州为判官，兴化军教授。

乾道七年，任礼部试官，接受太学录的任命，轮对时上三疏，一论以开言路培养忠孝的风气，二论法规的恢复应当谋求万全，三论士大夫很多人虚幻荒唐，无休止地追逐名位利禄。张说从阁门知事以节钺签枢密院事。袁枢正与国学的同僚一起议论此事，孝宗虽然接纳了他们的议论但是脸上不高兴。袁枢退朝去拜谒宰相，把奏疏拿给他看，并且说："公不耻与樊哙等人为伍吗？"虞允文非常地惭愧。袁枢就请补外官，出京师为严州教授。

袁枢平常喜欢诵读司马光的《资治通鉴》，但苦于此书浩繁博大，于是区别事件贯通首尾，撰成《通鉴纪事本末》，参知政事龚茂良得到这本书，奏于朝廷，孝宗读了这本书赞叹不已，把这本书赐给东宫以及分赐给长江的众帅，而且让他们熟读这本书，说："治国之道都在这本书里。"

有一天，孝宗问袁枢现在任什么官，龚茂良以实际情况回答孝宗，孝宗说："可以授予寺监主簿的官职。"于是以大宗正薄受召上殿对策，就因史书为题说："臣私下听说陛下曾经阅读《通鉴》，并且屡次加有训诫之言辞，看到诸葛亮论述两汉兴衰的原因，有'小人不能不黜去'的告诫，伟大啊帝王的言论，作为法规留传万世。"于是依次陈述往事，从汉武帝而下到唐文宗偏听奸佞之言，导致天下祸乱。并且说："本来就有奸诈虚伪的人而貌似真诚老实，谄媚奸邪的人而貌似忠诚耿直，如果陛下每天和这样的人在帷幄中谋划国事，决定天下士人的去取，臣恐怕这一定会成为朝廷的忧患。"孝宗环视说："朕不至于和这些人在帷幄中谋划国事。"袁枢感谢说："陛下的话说到此，这是天下的福气啊。"

袁枢迁任太府丞。当时士大夫中很有些结党的人。袁枢上奏说："人主有偏袒一伙人的心意，那么臣下就有勾结朋党的祸患。近年有人说陛下宠幸任用武士，有厌恶鄙薄儒生的意思，猜疑大臣，亲信左右，内庭做该朝廷做的事，近侍参与军国大计。现在陛下虽然统领权纲，专意视听，然而有人会堵塞陛下的聪明，暗中改变赏罚的对象。希望陛下能否只听于国人，毁誉不私取于左右近臣。"孝宗正一心一意要北伐，把这意向颁示给天下。袁枢上奏说："古代的牟取他国的人，一定以弱示人，假如陛下立志报复金国，臣希望养精蓄锐，不要展示出真实情况。"又陈述用宰执、台谏的办法。

当时谏官想控制宗室应举锁试的名额，限制添差狱祠官的数额，减少臣僚举荐的人数，规定文武官员荫子为官的数额，严格特奏的等次，延长郊祀的年限，推迟科举的时间，袁枢说："这都是近来追随狭窄的论调，人君只效法于天，这些都不能做。"于是上书直言劝孝宗推行广大之策以保存国体。

袁枢兼国史院编修官，分管修撰国史传。章惇家因为和袁枢是同乡，就婉转地请袁枢以文辞粉饰章惇传，袁枢说："子厚做宰相，背负国家欺蒙人君。我做史官，书法不隐，宁可辜负同乡人，也不能辜负天下后代的公正议论。"当时宰相赵雄总管撰史之事，见此景感叹地说:"无愧于古代的良史。"

袁枢代理工部郎官,接着改兼吏部郎官。两淮有旱灾,朝廷命袁枢视察真、扬、庐和四郡。回来之后陈述两淮的形势,说:"两淮坚固长江就能守住,现在只知道防备长江,不懂得保卫淮河,在江南布置重兵,在淮上有放弃的空城,这样不能警戒发生不测事件。瓜洲新城,只是为了撤退有保证,金使路过此地指着议论,淮人听了以后感叹不已,谁为陛下设计的这个计策?"

袁枢任军器少监,升提举江东常平茶盐,又改为处州知州,前往朝廷奏事。袁枢出使两淮归来上朝对策时,曾说:"朋党相依附,大臣的权势就强大,言路被堵塞,人主的势力就孤弱。"当时宰相听了不高兴。至此又说:"威势权力在臣下手中,人主的势力就微弱,所以大臣驱逐台谏,从此蒙蔽人主的视听;威势权力在主上手中,人主的威力就强大,所以大臣勾结台谏,以此阻遏天下的公正议论。现在朋党的旧习还在,台谏官没有端正法度,言路前将长满丛生的灌木。"

除授吏部员外郎,改任大理寺少卿。通州平民高氏因产业的事下大理寺受审,殿中侍御史冷世光接收重金贿赂曲意庇护高氏,袁枢直言此事闻于朝廷,人们为他畏惧。孝宗发怒,立即罢免冷世光,以朝臣的身份弹劾御史,是从袁枢开始的。孝宗手诏令袁枢代理工部侍郎,还兼国子祭酒。因为议论大理寺的狱案请求任外官,有给予袁枢州郡官职的命令,不久贬两级官,前旨就搁置起来了。光宗接受帝位,按级恢复原官职,袁枢提举太平兴国宫,常德府知府。

宁宗即位,升为右文殿修撰、江陵府知府,江陵濒临长江,每年堤毁形成水灾,百姓无所依托。楚国故城楚观还保存着,以楚观为住室,把百姓搬到这里居住,以此防备意外的水患。植树几万株,用它作为挡水的屏障,百姓感激他。不久被台谏官弹劾罢官,提举太平兴国宫。从此三次任祠官,极力请求朝廷下诏令,自比于疏傅、陶潜。开禧元年,去世,终年七十五岁。

自此闲居十年,著《易传解义》及《辩异》《童子问》等书藏在家中。

黄裳传

【题解】

黄裳(1146~1195),字文叔,隆庆府普成县人。幼聪颖。乾道五年及进士第,历任巴州通江县尉、国子博士、嘉王府翊善,起居舍人、给事中,博览群书,通晓军事,并精天文、地理。在嘉王府翊善期间,曾作八图以献,其中就有天文图、地理图。为人直言敢谏,朝野敬之。宋宁宗庆元元年病卒。著有《王府春秋讲义》和《兼山集》等。

【原文】

黄裳字文叔,隆庆府普成人。少颖异,能属文。登乾道五年进士第,调巴州通江尉。

益务进学,文辞迥出流辈,人见之曰:"非复前日文叔矣。"

时蜀中饷师,名为和籴,实则取民。裳赋《汉中行》,讽总领李蘩,蘩为罢籴,民便之。改兴元府录事参军。以四川制置使留正荐,召对,论蜀兵民大计。迁国子博士,以母丧去。宰相进拟他官,上问裳安在,赐钱七十万。除丧,复召。

时光宗登极,裳进对,谓:"中兴规模与守成不同,出攻入守,当据利便之势,不可不定行都。富国强兵,当求功利之实,不可不课吏治。捍内御外,当有缓急之备,不可不立重镇。"其论行都,以为就便利之势,莫若建康。其论吏治,谓立品式以课其功,计资考以久其任。其论重镇,谓自吴至蜀,帛互万里,曰汉中,曰襄阳,曰江陵,曰鄂渚,曰京口,当为五镇,以将相大臣守之,五镇强则国体重矣。除太学博士,进秘书郎。

迁嘉王府翊善,读《春秋》"王正月"曰:"周之王,即今之帝也。王不能号令诸侯,则王不足为王;帝不能统御郡镇,则帝不足为帝,今之郡县,即古诸侯也。周之王惟不能号令诸侯,故《春秋》必书'王正月',所以一诸侯之正朔。今天下境土,比祖宗时不能十之四,然犹跨吴、蜀荆、广、闽、越二百州,任吾民者,二百州守也,任吾兵者,九都统也,苟不能统御,则何以服之?"王曰:"何谓九都统?"裳曰:"唐太宗年十八起义兵,平祸乱。今大王年过之,而国家九都统之说犹有未知,其可不汲汲于学乎?"

他日,王擢用东宫旧人吴端,端诣王谢,王接之中节。裳因讲《左氏》"礼有等衰",问王:"比待吴端得重轻之节,有之乎?"王曰:"有之。"裳曰:"王者之学,正当见诸行事。今王临事有区别,是得等衰之义矣。"王意益向学。于是作八图以献:曰太极,曰三才本性,曰皇帝王伯学术,曰九流学术,曰天文,曰地理,曰帝王绍运,以百官终焉,各述大旨陈之。每进言曰:"为学之道,当体之以心。王宜以心为严师,于心有一毫不安者,不可为也。"且引前代危亡之事以为儆戒。王谓人曰:"黄翊善之言,人所难堪,惟我能受之。"他日,王过重华宫,寿皇问所讲书,王举以对,寿皇:"数不太多乎?"王曰:"读官训说明白,忱心乐之,不知其多也。"寿皇曰:"黄翊善至诚,所读须谛听之。"

裳久侍王邸,每岁诞节,则陈诗以寓讽。初尝制浑天仪、舆地图,侑以诗章,欲王观象则知进学,如天运之不息,披图则思祖宗境土半陷于异域而未归。其后又以王所讲三经为诗三章以进。王喜,为置酒,手书其诗以赐之。王尝侍宴宫中,从容为光宗诵《酒诰》,曰:"此黄翊善所教也。"光宗诏劳裳,裳曰:"臣不及朱熹,熹学问四十年,若召置府寮,宜有裨益。"光宗嘉纳。裳每劝讲,必援古证今,即事明理,凡可以开导王心者,无不言也。

绍熙二年,迁起居舍人。奏曰:"自古人君不能从谏者,其蔽有三:一曰私心,二曰胜心,三曰忿心。事苟不出于公,而以己见执之,谓之私心;私心生,则以谏者为病,一而求以胜之;胜心生,则以谏者为仇,而求以逐之。因私而生胜,因胜而生忿,忿心生,则事有不得其理者焉,如潘景珪,常才也,陛下固亦以常人遇之,特以台谏攻之不已,致陛下庇之愈力,事势相激,乃至于此。宜因事静察,使心无所系,则闻台谏之言无不悦,而无欲胜之心,待台谏之心无不诚,而无加忿之意矣。"

三年,试中书舍人。时武备寝驰,裳上疏曰:"寿皇在位三十年,拊循将士,士常恨不得效死以报。陛下诚能留意武事,三军之士孰不感激愿为陛下用乎?"又论:"荆、襄形势居吴、蜀之中,其地四平,若金人擒襄阳,据江陵,按兵以守,则吴、蜀中断,此今日边备之最可忧也。宜分鄂渚兵一二万人屯襄、汉之间,以张形势而壮重地。"时朝廷方宴安,裳所言多不省。

夫几,除给事中。赵汝愚除同知枢密院,监察御史汪义端言祖宗之法,宗室不为执政,再疏丑底汝愚,汝愚乞免官。裳奏:"汝愚事父孝,事君忠,居官廉。忧国爱民,出于天性,如青天白日,奴隶知其清明。义端所见,曾奴隶之不如,不可以居朝列。"于是义端与郡。

裳在琐闼甫一月,封驳无虑十数,韩侂胄落阶官,郑汝谐除吏部侍郎,裳皆缴其命。改兵部侍郎,不拜,遂以显谟阁待制充翊善。先是,光宗以忧疑成疾,不过重华宫,裳入疏请五日一朝,至是复苦言之。上曰:"内侍杨舜卿告朕勿过宫。"裳请斩舜卿,且以八事之目为奏,曰忿恩,释怨,辨谗,去疑,责己,畏天,防乱,改过。不报。

裳尝病疽,及是忧愤,创复作,又奏:

"陛下之于寿皇,未尽孝敬之道,意进必有所疑也。臣窃推致疑之因,陛下毋乃以焚廪、浚井之事为忧乎?"地焚廪、浚井,在当时或有之。寿皇之子惟陛下一人,寿皇之心,托陛下甚重,爱陛下甚至,故忧陛下甚切。违豫之际,烧香祝天,为陛下祈祷。爱子如此,则焚廪、浚井之心,臣有以知其必无也,陛下何疑焉?又无乃以肃宗之事为忧乎?肃宗即位灵武,非明皇意,故不能无疑。寿当未倦勤,亲挈神器授之陛下,揖逊之风,同符尧、舜,与明皇之事不可同日而语明矣,陛下何疑焉?又无乃以卫辄之事为忧乎?辄与蒯聩,父子争国。寿皇老且病,乃颐神北宫,以保康宁,而以天下事付之陛下,非有争心也,陛下何疑焉?又无乃以孟子责善为疑乎?父子责善,本生于爱,为子者能知此理,则何至于相夷。寿皇愿陛下为圣帝,责善之心出于忠爱,非贼恩也,陛下何疑焉?

此四者,或者之所以为疑,臣以理推之,初无一之可疑者。自父子之间,小有猜疑,此心一萌,方寸遂乱。故天变则疑而不知畏,民困则疑而不知恤,疑宰执专权则不礼大臣,疑台谏生事则不受忠谏,疑嗜欲无害则近酒色,疑君子有党则庇小人。事有不须疑者,莫不以为疑。乃若贵为天子,不以孝闻,敌国闻之,将肆轻侮,此可疑也,而陛下则不疑;小人将起为乱,此可疑也,而陛下则不疑;中外官军,岂无他志,此可疑也,而陛下则不疑。事之可疑者,反不以为疑,颠倒错乱,莫甚于此,祸乱之萌,近在旦夕。宜及今幡然改过,整圣驾,谒两宫,以交父子之欢,则四夷向风,天下慕义矣。

会寿皇不预,中外忧危,裳抗声谏。上起入宫,裳挽其裾随之至宫门,挥涕而出。乃连章请外,谓:"臣职有三:曰待制,曰侍讲,曰翊善。今使供待制之职乎?则当日夕求对以捄主失,今不过宫,有亏子道,前后三谏而不加听,是待制之职可废也。将使供侍讲之职乎?则当引经援古,劝君以孝,今不问安,不视关,大义已丧,复讲何书乎?是侍讲之职可废也。将使供翊善之职乎?当究义理,教皇子以孝,陛下不能以孝事寿皇,臣将何说以劝皇子乎?是翊善之职可废也。"因出关待命。及闻寿皇遗诏,乃亟入临。

宁宗即位,裳病不能朝。改礼部尚书,寻兼侍读。力疾入谢,奏曰:

孔子曰:"有始有卒者,其惟圣人乎?"又《诗》曰:"靡不有初,鲜克有终。"所谓"有始有卒"者,由其持心之一也;所谓"鲜克有终"者,由其持心之不一也。陛下今日初政固善矣,能保他日常如此乎?请略举已行之事论之。

陛下初理万机,委任大臣,此正得人君持要之道。使大臣得人,常如今日,则陛下虽终身守之可也。臣恐数年之后,亦欲出意作为,躬亲听断,左右迎合,因谓陛下事决外庭,权不归上,陛下能不怫然于心乎?臣恐是时委任大臣,不能如今日之专矣。夫以万机之众,非一人所能酬酢,苟不委任大臣,则必借助左右,小人得志,阴窃主权,引用邪党,其为祸患,何所不至,臣之所忧者一也。

陛下奖用台谏,言无不听,此正得祖宗设官之意。使台谏得人,常如今日,则陛下终身守之亦可也。然臣恐自今以往,台谏之言日关圣听,或斥小人之过,使陛下欲用之而不能,或暴近习之罪,使陛下欲亲之而不可。逆耳之言,不能无厌,左右迎合,因谓陛下奖用台谏,欲闻说论,而其流弊,致使人主不能自由,陛下能不怫然于心乎?臣恐是时奖用台谏,不能如今日之重矣。夫朝廷所恃以分别善恶者,专在台谏,陛下苟厌其多言,则为台谏者,将咋舌闭口,无所论列。君子日退,小人日进,而天下乱矣,臣之所忧者二也。

二事,朝廷之大者。又以三事之切于陛下之身言之:"曰笃于孝爱,勤于学问,薄于嗜好。陛下今皆行之矣,未知数年之后,能保常如今日乎?"

又引魏徵十渐以为戒,恳恳数千言。又奏言:"陛下近日所为颇异前日,除授之际,大臣多有不知,臣闻之忧甚而病剧。"盖是时韩侂胄已僭弄威柄,而宰相赵汝愚未之觉,故裳先事言之。及疾革,时时独语,曰:"五年之功,无使一日坏之,度吾已不可为,后之君子必有能任其责者。"遂口占遗表而卒,年四十九,上闻之惊悼,赠资政殿学士。

裳为人简易端纯,每讲读,随事纳忠,上援古义,下揆人情,气平而辞切,事该而理尽。笃于孝友,与人言倾尽底蕴。耻一书不读,一物不知。推贤乐善,出乎天性。所为文,明白条达。有《王府春秋讲义》及《兼山集》,论天人之理,性命之源,皆足以发明伊、洛之旨。尝与其乡人陈平父兄弟讲学,平父,张栻之门人也,师友渊源,盖有自来云。嘉定中,谥忠文。子瑾,大宗正丞兼刑部郎官。孙子敏,刑部郎官。

【译文】

黄裳,字文叔,隆庆府普成县人。幼年时便聪明过人,能写文章。宋孝宗乾道五年(1169年)登进士第,调任巴州(今四川重庆)通江县尉。这时,黄裳更加努力读书学习,所做文章诗词比同辈人都高出一筹,人们见了都说:"已经不是以前的黄文叔了。"

当时,蜀中地区供应军队粮饷,名义上是用和籴的办法,实际上却是向百姓索取。黄裳写了一篇赋,名叫《汉中行》,以此劝讽总领此事的长官李蘩,李蘩读后,为此取消了和籴的办法,百姓感到便利。黄裳改任兴元府(今陕西汉中)录事参军。因四川制置使留正的推荐,召黄裳入朝答对,讨论蜀地兵民大计。迁为国子博士,因母亲去世而离职。宰相进拟别的官吏,皇帝问黄裳在什么地方,得知黄裳的母亲去世,赐钱七十万。服丧期满后,又召黄裳入朝。

当时,宋光宗赵惇登皇帝位,黄裳入朝回答皇帝的提问,说:"我朝中兴以来(指宋室南迁)的规模和平日的守成不同,不论是出攻还是入守,都应当依据便利的形势,不可不确定国家的行都,以防万一。富裕国家,增强军队战斗力,应当求实际的功效利益,为此不能不严课吏治。安定国内,防御外面的侵略,应当有充分的准备以应付突发事件,不可不建立经济、军事重镇。"黄裳讨论行都问题,认为就便利的形势而言,没有比建康(今江苏南京)更合适的了。谈到吏治,认为应建立一定的品级格式,以检验官吏的治民功效,计算其资历以使官吏的职务趋向稳定。谈论军事重镇,认为从东南的吴地(今江苏南部)直到西面的蜀地(今四川),东面绵延达万里,重要的城镇有汉中(今陕西汉中)、襄阳(今湖北襄阳)、江陵(今湖北江陵)、鄂渚(今湖北鄂州)、京口(今江苏镇江),为五大军事重镇,应该派将相大臣前去守卫,五镇强,则国家安固。除黄裳为太常博士,进为秘书郎。

后来,黄裳迁任嘉王府翊善(官名),讲解《春秋》经文中的"王正月"三字的意思说:"周代的王,就是现在的皇帝。王不能对诸侯发号施令,便不足以称为王。皇帝如果不能统领地方郡县城镇,则皇帝便不足以称为皇帝。现在的郡县,就是古代的诸侯。周代的王只因为不能号令诸侯,所以《春秋》必定要写'王正月',这是为了统一诸侯所应共同遵守的历法。现在我朝所统辖的国土,和祖宗相比还不到十分之四,然而仍跨有吴、蜀、荆、广、闽、越等二百个州。指挥我们的百姓的,便是二百个州的太守;指挥国家军队的,是九个都统,如果不能统御他们,那怎么能够制驭天下?"嘉王问:"什么是九都统?"黄裳说:"唐太宗十八岁时便兴义兵,平定海内的祸乱。如今大王的年龄已超过了他,却还不知道国家的九都统是怎么讲,你怎么能不加紧学习呢?"

过了些日子,嘉王提拔东宫原来的属吏吴端,吴端找到嘉王表示感谢,嘉王在接待吴端时,行为都合于礼仪法度,黄裳乘机讲授《左传》一书中的"礼有等衰"四字,问嘉王说:"刚才接待吴端深得礼仪之道,是这样吗?"嘉王说:"是的。"黄裳说:"为诸侯王的学习新东西,正应当在实践中加以运用。现在大王在处理事务时能区别对待,这便是懂得了'礼有等衰'的含义。嘉王听了以后,更加想学习了。于是,黄裳画了八幅图进献给嘉王。这八图是:太极图、三才本性图、皇帝王伯学术图、九流学术图、天文图、地理图、帝王绍运图,最后以百官图结束,各自陈述其中要旨。黄裳总是进言说:"学习的办法,是应当用心去体验。大王应当以自己的心为严厉的教师,对自己的心有一丝一毫不安的事情,都不要去做。"而且还征引前代危亡的事情以为借鉴。嘉王对别人说:"黄翊善的话,别人接受不了,只有我可以接受。"他日,嘉王从重华宫经过,宋孝宗问他在读什么书,嘉王一一做了回答。宋孝宗说:"数量不觉得多了一些吗?"嘉王回答说:"讲官讲得非常清楚明白,我学起来很有兴趣,并不觉得多。"宋孝宗说:"黄翊善这个人非常真诚,他所说的话你要认真听取。"

黄裳长期在王府任职,每年到嘉王的生日诞辰,黄裳都要讲诗以讽谏。开始,黄裳曾经制作浑天仪、舆地图,加上有关的诗词文章,想使嘉王看了以后学业进步,懂得学习如同天地自然的运行一样没有停息。展开地图,就知道祖宗的疆土有一大半被异族攻占,至今还未收复。后来,又以嘉王所讲的三部经书写了三首诗,进献给嘉王,嘉王非常高兴,设酒款待,并亲手书写了黄裳的诗,然后赐给黄裳。一次,嘉王在皇宫中侍宴,在宴席上从容地为宋光宗朗诵《酒诰》，最后说："这是黄翊善教给我的。"宋光宗很高兴，下诏慰劳黄裳，黄裳说："臣比不上朱熹，朱熹研究学问达四十年，如果把他招致到宫中，便会对国家政事有所裨益。"宋光宗高兴地接受了黄裳的意见。黄裳每次劝进，必定援引古代以证今天，以事实说明道理，凡是可以开导嘉王之心的，便无所不言。

绍熙二年(1191)，黄裳迁为起居舍人。上奏说："自古以来，皇帝不能听从臣下劝谏的，其原因有三个：一是有私心，二是有胜心，三是有忿心。办事情不出于公道，而固执地以自己的意见去处断，这叫私心。私心一旦产生，就对劝谏的人感到不满，便想办法要胜过他；胜人之心一产生，则劝谏的人便成了仇人，便要想办法驱逐他。因私心而生胜心，因胜心而生忿心，忿心一产生，则处理事情必然有不合于道理的。比如潘景珪这个人，本来是个平常之才，陛下本来也以平常人待他，只是因为台谏之臣不断攻击他，以致陛下更加庇护他，事情与形势相激，遂搞到这种地步。应该按照事情本身做静静地观察，使自己的心没有偏执，那样便听到台谏官吏的谏言，没有不感到高兴的，而没有想胜过对方的心思，待台谏之臣的心没有不诚恳的，这便没有加上忿心的意思了。"

绍熙三年，试用为中书舍人。当时，宋朝的军队和国防逐渐松弛，黄裳上疏说："寿皇(指宋孝宗)在帝位三十年，抚恤国家将士，将士常常因为不能以死报效为恨。陛下如果能留心国防，三军将士哪个会不感激而愿为陛下所用呢？"又认为："刑、襄一带居于吴地和蜀地的中间，地势平坦，如果全国人进攻襄阳，占据江陵，派兵驻守，则吴地和蜀地的联系便会被切断，这是现在边境国防上最让人担忧的。应该分驻扎在鄂渚的军队一到两万人屯驻在襄阳和汉水之间，以强形势而加固该地区的防卫。"当时，南宋朝廷正安于和平，黄裳的建议多半不被采用。

不久，黄裳任给事中。赵汝愚任同知枢密院(宰相)，监察御史汪义端认为按照祖宗制订的法规，宗室不能当执政大臣，并几次上书攻击赵汝愚，赵汝愚乞求离职。黄裳上奏说："赵汝愚对父亲孝顺，对君上忠诚，在官位清廉。忧国忧民，完全是出于他的天性，有如青天白日一样，连下贱的奴隶之人都知道他的清明。汪义端的见解，真连奴隶都比不上，他不应该居于朝中为官。"于是，汪义端被派出为地方官。

黄裳在给事中任上一个月，所封还驳回的奏折不下十条。韩侂胄派任官，郑汝谐当吏部侍郎。黄裳都敢对抗他们的命令。改黄裳任兵部侍郎，不上任，遂即以显谟阁侍制充翊善之职。在此之前，宋光宗因担忧疑心而患了病，不愿意从宋孝宗居住的重华宫经过，黄裳到皇中请求宋光宗每五天到重华宫朝见一次，这时黄裳又反复苦劝。宋光宗说："内侍杨舜卿告诉我不要经过重华宫。"黄裳请求处死杨舜卿，而且以八项事物上奏，有念恩、释怨、辨谗、去疑、责己、畏天、防乱、改过等。宋光宗不予理睬。

黄裳曾生过疥疮，到这时心中忧愤，旧病复发。他又上奏说：

陛下对于寿皇，没有尽孝敬之道，一定是陛下心中有所疑惑。臣暗中推测陛下起疑的原因，陛下难道是担心发生帝舜的父亲瞽叟和弟弟象焚烧仓廪、浚井以图加害于舜那样的事情吗？焚烧仓廪，挖井口，在当时或许真有其事。寿皇的儿子只有陛下一个人，寿皇的心，托于陛下很重，爱护陛下很周到，所以为陛下担忧的心思非常真切。陛下生病，寿皇焚香向上天祈祷。像这样爱护儿子，则焚烧仓廪，挖井的心思，臣以此知道必然不会有，陛下怀疑什么呢？或者，陛下是担心发生唐肃宗那样的事吗？唐肃宗在灵武（今宁夏灵武境）即皇帝之位，并不是唐明皇的意思，所以不能没有疑心。寿皇在还没有对政务感到厌倦时，亲自将皇位传给陛下，揖逊谦让之风，如同尧、舜一样，与唐明皇父子之事本不可同日而语，陛下有什么可疑呢？或者，陛下是担心发生卫辄那样的事吗？卫辄和蒯聩，父子二人争夺国家政权。寿皇年纪已老，而且有病在身，所在才在北宫安心养神，以保健康安宁，而将天下之事交付给陛下，这不是有争夺之心，陛下有什么可疑呢？或者，陛下是担心发生孟子责人为善那样的事情吗？父子之间责之为善，本生于爱心，当儿子的能知道这个道理，怎么能至于互相压迫。寿皇愿陛下成为圣明的皇帝，要求陛下行善之心出于忠爱，而不是破坏恩爱，陛下还怀疑什么呢？

以上四个方面，也许是陛下心中起疑的原因，臣按道理推测，开始并没有一样是可以怀疑的。它来自父子之间，有些小的猜疑。这样的心思一产生，方寸便乱了。所以，天变发生了，则怀疑而不知道畏惧；百姓困顿，则怀疑而不加以抚恤；怀疑宰相执政专权，便不理睬大臣；怀疑台谏无事生非，便不接受忠诚的劝谏；怀疑嗜好和欲望没有害处，便沉溺于酒色；怀疑君子拉帮结派，便庇护小人。事情有不需要怀疑的，却没有不加以怀疑的，以至身为皇帝，不以尽孝闻于天下，敌对国家听说后，将会肆意轻视侮辱，这是可以怀疑的事情，陛下却不加怀疑；小人将要起而为乱，这是应该怀疑的，而陛下却不怀疑；遍布各地的官军，难道换有别的心思？这是该怀疑的，而陛下却不加怀疑。本来应该怀疑的事情，陛下却不加怀疑，颠倒错乱，没有比这更厉害的，祸乱的萌发，也近在旦夕之间。陛下应从现在开始，幡然改悔，整理圣驾，拜谒两宫，与自己的父亲父子之间交相欢爱，那样便四夷向慕风化，而天下爱慕仁义了。

当时，正赶上宋孝宗身体不适，朝中内外忧惧，黄裳在朝堂不顾一切，高声劝谏。宋光宗听不下去，起身回宫，黄裳拉着宋光宗的衣襟一直跟到宫门口，才挥泪而出。黄裳又接连上疏，请光宗到宫外来，说："臣有三个职务：侍制、侍讲和翊善。现在要让臣供侍制的职称吗？则臣应当从早到晚站在陛下对面，以寻找陛下的过失。现在，陛下不从重华宫经过，未尽儿子的责任，臣前后劝谏了三次而陛下不听，这样，侍制的职务可以废掉了。要让臣供侍讲的职称吗？则臣应当引经据典，援古证今，劝陛下行孝顺之道。现在陛下既不向寿皇问安，又不探视寿皇的疾病，已经丧失了大义，臣还有什么可讲的？侍讲的职务也可以废掉了。要让臣供翊善的职务吗？臣应当深究义理，以孝道教育皇子，陛下不能以孝道敬事寿皇，臣将用什么来劝教皇子呢？翊善的职务也可以废除了。"之后，黄裳出宫，听候处理。等听说了寿皇的遗诏，才赶紧进宫供职办事。

宋宁宗即位后，黄裳有病而不能入朝，改任礼部尚书，不久又兼侍读之职。黄裳挣扎着病体，入朝表示感谢，上奏说：

孔子说："有始有终的，大概只有圣人才行吧？"又《诗经》说："靡不有初，鲜克有终"。所谓"有始有终"，是因为从始至终全神贯注专一；所谓"鲜克有终"，却是因为精神不能专一。陛下今天刚刚发布的政令固然有好的，可是，能保持以后常常像这个样子吗？臣请略略举陛下已经办过的事情谈谈自己的看法。

陛下刚开始日理万机，便委任大臣，这正得人君办事持要抓关键之道。如果以后选择大臣都像现在一样选得合适人选，则陛下都是终身任用他们便可以了。臣恐怕几年之后，陛下也想有所作为，非要事事亲自处理，左右的人迎合陛下的心意，说陛下在外庭决断政事，权力不被臣下分去，那样陛下难道心中能不变得乖戾吗？臣恐怕那时陛下委任大臣，不会像现在这样专心一志了。朝中政务每日头绪万端，不是一个人所能理得过来的，如果不委任于大臣，则必定借助左右之人，这样小人容易得志，暗中窃得陛下的权力，引用邪党，他们带来的祸患，简直无处不在，这是臣所担忧的第一点。

宋宁宗赵扩

陛下奖励、采纳台谏的话，他们的建议没有不听的，这正符合祖宗设置这个官的意思。如果台谏选得合适的人选总是像现在这样，则陛下只需终身任用他们便可以了。然而臣恐怕从现在起，台谏的话每天都在陛下耳边响起，或言谈小人的过错，使陛下想任用小人却办不到；或者暴露陛下身边的人的罪恶，使陛下想亲近这些人却办不到，逆耳的言论，听起来不可能没有厌倦，左右的人迎合陛下，乘机说陛下奖励任用台谏，是想听到正确正直的言论，而这样带来的弊病，却让陛下不能自由，陛下难道能不在心中感到不愉快吗？臣恐怕那时陛下奖励任用台谏，不会像现在这样倚重了。朝廷中所以辨别善恶的凭借，全在台谏之官，陛下如果讨厌他们话说多了，则为台谏的人，将会闭紧嘴巴，什么也不谈论。君子逐渐远退，小人却日渐上进，天下便会陷入扰乱之中。这是臣所担忧的第二个问题。

以上两件事，是朝廷所应注意的大事。另外，臣还想讲三个与陛下切身有关的三件事：笃于孝敬友爱，勤于学习知识，少一些个人嗜好。陛下现在都已经实践了，不知几年之后，陛下能否像今天这样保持下去。

黄裳又援引唐代魏征所谈论的十渐以为借鉴，非常诚恳，有几千字之多。又上奏说："陛下近来所做的事和以前颇不相同，任官授人的事情，许多大臣都不知道，臣听说后，十分担忧，病情也加剧了。"大概当时韩侂胄已经暗中滥用权力，而宰相赵汝愚尚未发觉，所以黄裳先提了出来。等病情加重时，黄裳经常喃喃自语，说："五年的功夫，不能在一天里就坏掉。估计我已经做不了什么事了。以后的君子之中，必定有能胜任此任的人。"便口述了一份遗表，然后去世了。时年仅四十九岁。宋宁宗听说后，十分吃惊，非常悼念，诏赠黄裳资政殿学士。

黄裳为人不计小节，正直、纯洁。每次讲读，都随时隧事进纳忠诚之言，上接古人之意，下度当世人情，气平而言语恳切，简练却尽于事理。又笃于孝敬友爱，和别人说话必尽心中之所想，毫无保留。以一书不读，一物不知而感到可耻。推崇贤人，乐于行善是出自天性自然。黄裳写的文章，言语通达，条理清晰。著有《王府春秋讲义》和《兼山集》，论谈天地人伦的道理，人性运命之本源，都是以发扬光大伊、洛学派（指二程的理学）的宗旨。黄裳曾经和他的同乡人陈平父兄弟在一起研讨学问。陈平父是理学家张栻的门人，其师友渊源都有源流可寻。嘉定年间，谥黄裳号的忠文。黄裳的儿子黄瑾，任大宗正丞兼刑部郎官。孙子黄子敏，当过刑部郎官。

陆游传

【题解】

陆游（1125~1210），南宋大诗人，字务观，号放翁，山阴（今浙江绍兴）人。生当北宋灭亡之际，少年时即受家庭爱国主义思想熏陶。曾任镇江、隆兴等地通判，官至宝章阁待制，还曾投身戎幕。政治上主张充实军备，坚决抗战。因此屡受投降集团压制。晚年退居家乡，抱恨而逝。

陆游今存诗九千三百余首，内容极为丰富，多抒发政治抱负，反映人民疾苦，批判当时统治集团的屈辱投降，表现出强烈爱国热情。其诗诸体兼长，风格雄放，思想和艺术上都有很高成就。为"南宋四大家"之一。词与散文也很出色。其词或清丽缠绵，或苍凉旷远，当时颇有影响。著有《剑南诗稿》《渭南文集》。

陆游祠

【原文】

陆游，字务观，越州山阴人。年十二，能诗文，荫补登仕郎。锁所荐送第一，秦桧孙埙适居其次，桧怒，至罪主司。明年，试礼部，主司复置游前列，桧显黜之，由是为所嫉。桧死，始赴福州宁德簿。以荐者除敕令所删定官。

时杨存中久掌禁旅，游力谏非便。上嘉其言，遂罢存中。中贵人有市北方珍玩以进者，游奏："陛下以'俭'名斋，自经籍翰墨外，屏而不御。小臣不体圣意，辄私买珍玩，亏损圣恩。乞严行禁绝。"

应诏言:"非宗室外家,虽实有勋劳,毋得辄加王爵。顷者有以师傅而领殿前都指挥使,复又以太尉而领阁门事,渎乱名器,令加订正。"迁大理寺司直兼宗正簿。

孝宗即位,迁枢密院编修官,兼编类圣政所检讨官。史浩、黄祖舜荐游善辞章,谙典故,召见,上曰:"游力学有闻,言论剀切。"遂赐进士出身。入对,言:"陛下初即位,乃信诏令以示人之时,而官吏将帅一切玩习,宜取其尤沮格者,与众弃之。"

和议将成,游又以书白二府曰:"汉左自吴以来,未有舍建康他都者。驻跸临安出于权宜,形势不固,馈饷不便,海道逼近,凛然意外之忧。一和之后,盟誓已立,动有拘碍。今当与之约,建康、临安皆系驻跸之地。北使朝聘,或就建康,或就临安。如此,则我得以暇时建都立国,彼不我疑。"

时龙大渊、曾觌用事。游为枢密臣张焘言:"觌、大渊招权植党,荧惑圣听,公及今不言,异日将不可去。"焘遽以闻,上诘语所自来,焘以游对。上怒,出通判建康府。寻易隆兴府,言者论游交结台谏,鼓唱是非,力说张浚用兵,复归。久之,通判夔州。

王炎宣抚川、陕,辟为干办公事。游为炎陈进取之策,以为经略中原。必自长安始,取长安必自陇右始。当积粟练兵,有衅则攻,无则守。吴璘子挺代掌兵,颇骄姿,倾财结士,屡以过误杀人,炎莫谁何?游请以玠子拱代挺。炎曰:"拱怯而寡谋,遇敌必败。"游曰:"使挺遇敌,安保其不败。就令有功,愈不可驾驭。"及挺子曦僭叛,游言始验。

范成大帅蜀,游为参议官,以文字交。不拘礼法,人讥其颓放,因自号放翁。后累迁江西常平提举。江西水灾,奏:"拨义仓振济,檄诸郡发粟以予民。"召还,给事中赵汝愚驳之,遂与祠。起知严州,过阙,陛辞,上谕曰:"严陵山水胜处,职事之暇,可以赋咏自适。"再召入见,上曰:"卿笔力回斡,甚善,非他人可及。"除军器少监。

绍熙元年,迁礼部郎中兼实录院检讨官。嘉泰二年,以孝宗、光宗《两朝实录》及《三朝史》未就,诏游权同修国史,实录院同修撰,免奉朝请。寻兼秘书监。三年,书成,遂升宝章阁待制,致仕。

游才气超逸,尤长于诗。晚年再出,为韩侂胄撰《南园阅古泉记》,见讥清议。朱熹尝言"其能太高,迹太近,恐为有力者所牵挽,不得全其晚节。"盖有先见之明焉。嘉定二年卒,年八十五。

【译文】

陆游,字务观,越州山阴(今浙江绍兴)人。十二岁的时候,就能写诗作文,以先代官爵的原因补上了登仕郎。参加进士考试,被荐送为第一。秦桧的孙儿秦埙,恰巧排在他后面,秦桧大怒,并对主持进士试的考官处罪。第二年,进行礼部主事试,又是把陆游排在前列,秦桧贬黜了陆游,陆游由此一直遭到秦桧的嫉妒。秦桧死后,陆游开始赴福建宁德任主簿。后来担任了敕令所的删定官。

当时,杨存中长久掌管戍守京城的正规军,陆游在疏中力陈其不当。皇上赞赏陆游的意见,遂罢免存中。京城中有些显贵人物购买珍宝玉器献给皇帝。陆游奏称:"陛下以

'损'作为斋名,自经籍及文房四宝之外,摒弃而不用;有些屑小,不能体察圣上之意,动辄就私买珍宝玉器以献,亏损圣上之德,请求严行禁绝。"

陆游在应答的时候还说:"非宗室及外祖父母家,虽确有功勋,不能随便封赏王爵。目前有因为师傅而任殿前都指挥使,还有以太尉而主管内阁之事,混乱朝廷体制,清加以改正。"任陆游为大理寺司直兼宗正簿。

孝宗即位,调任陆游为枢密院编修官,兼编类圣政所检讨官。史浩、黄祖舜推荐陆游善辞章,熟悉典故。皇上因此召见陆游。皇上说:"陆游学问功底很深,很有才能,言论切实,合乎情理。"遂赐陆游进士出身。陆游进宫应对时说:"陛下新即位,深信诏令示人的时候是有权威的,而那些官吏将帅玩忽职守,所以要对那些特别败坏规矩的,同大家一起抛弃他。"

南宋与金的和议将成之时,陆游又上书枢密院及中书门下,书上这样写:"长江以南自吴国以来,从来没有舍弃建康(今江苏南京)另立他都的。皇都今设在临安(今浙江杭州),乃是权宜之计。杭州形势、地势不稳固,运送馈饷不便,靠近海路,可能发生突然的忧患。和议之后,与金已立盟词。稍有变动,就会碰到障碍。所以,在和议的时候,应当与金约定,建康、临安都是大宋的都城,金国使臣朝聘,或者到建康,或者到临安。这样,我们就能取得时间建都立国,金对我们也不会产生怀疑。"

那时龙大渊、曾觌当权。陆游对枢臣张焘说:"曾觌、龙大渊招权结党,培植势力,欺骗、迷惑圣上。您现在不揭穿他,将来就不可能除去他。"张焘就以此报告皇上,皇上询问这些话的由来,张焘回答是陆游说的。皇上十分愤怒,降陆游为建康府通判,后来又调任隆兴府(今江西南昌)。谏官议论和污蔑陆游交结台官,鼓吹是非,劝说张浚抗金,反对和议。由此,陆游被免职归家。很久以后,陆游才被任为夔州(今四川奉节)通判。

王炎任川陕宣抚使时,征召陆游入幕为干办公事。陆游为王炎陈述进取之策:"以为经略中原,必定要从长安(今陕西西安)开始,取长安必须从陇右开始。应该广积粮食,教军练兵,有战事则攻,无事则守。"吴璘的儿子吴挺代为掌管军队,吴挺十分骄傲任性,倾财结交士人,经常以过失误杀人,王炎也拿他没有办法。陆游请求王炎以吴玠之子吴拱代吴挺掌兵。王炎说:"吴拱十分懦弱而少谋略,遇敌作战必定要失败。"陆游则说:"假使吴挺碰到敌人,谁能保吴挺必胜不败。即令他得胜有功,愈加不可驾驭。"到了吴挺的儿子吴曦叛变,陆游的言论才得到验证。

范成大统帅四川,陆游是参议官,两人以文字相交。陆游不拘守官场的礼数,人们讥笑他颓放。陆游因自号"放翁"。后陆游调任江西常平提举。江西水灾,陆游奏请拨义仓粮赈灾,又给诸郡檄文要求发放粮食给灾民。陆游被召还京。给事中赵汝愚驳斥陆游的奏议。陆游遂被免职,为宫观使,只拿些俸禄糊口。后来,又起用陆游,让他担任严州府知府(今浙江建德)。陆游上殿辞驾,皇上谕曰:"严陵山水风景十分优美,你公事办完,在余暇的时间里,可以游山、玩水、赋诗,自得其乐。"再召,陆游又入见皇上。皇上说:"卿笔力雄厚,回旋余地很大,甚好,其他人是不及你的。"任陆游为军器少监。

绍熙元年(1190),调任礼部郎中、兼实录院检讨官。嘉泰二年(1202),因为孝宗、光宗《两朝实录》及《三朝史》未修成，诏陆游权同修国史、实录院同修撰，并免去陆游上朝请安的礼节。后来，陆游又兼秘书监。三年书成以后，遂升陆游为宝章阁待制。陆游辞官回乡。

　　陆游才气超人、飘逸，尤善于诗。晚年再出时，为韩侂胄撰《南园阅古泉记》，为清谈派所讥笑。朱熹曾说过："陆游的才能太高，业绩又不大，恐怕会为有权势的人所牵累，他的晚节不十分完善。"朱熹的话可以说是有先见之明啊！

　　嘉定二年（1209），陆游去世，享年八十五岁。

辛弃疾传

【题解】

　　辛弃疾（1140～1207），南宋词人，原字坦夫，改字幼安，别号稼轩居士。历城（今山东济南）人。生逢中原沦丧，金军屡屡南侵。辛弃疾一生以抗击入侵，恢复失地为理想，曾参加抗金义军，不久南归。南归四十余年，他或赋闲家居，或沉沦下僚，始终没有施展才能、实现抱负的机会，终于抱恨而死。

　　辛弃疾是南宋最杰出的词人。其词多抒写恢复失地的宏图，倾诉壮志难酬的悲愤，也有不少歌咏祖国河山的作品，笔力雄健，慷慨悲壮。艺术上，善于驾驭词调，常以赋、诗体入词，在语言的运用，用典、用事等方面，也颇有造诣。其词风格多样，而以豪放为主，与苏轼同为宋词豪放派代表作家，并称"苏辛"。部分作品也流露出消极情绪。有《稼轩长短句》。

辛弃疾

【原文】

　　辛弃疾，字幼安，齐之历城人。少师蔡伯坚，与党怀英同学，号"辛党"。始筮仕，决以蓍，怀英遇"坎"，因留事金；弃疾得"离"，遂决意南归。

　　金主亮死，中原豪杰并起。耿京聚兵山东，称"天平节度使"，节制山东、河北忠义军马。弃疾为掌书记，即劝京决策南向。僧义端者，喜谈兵，弃疾间与之游。及在京军中，义端亦聚众千余，说下之，使隶京。义端一夕窃印以逃。京大怒，欲杀弃疾。弃疾曰："丐我三日期，不获，就死不晚。"揣僧必以虚实奔告金帅，急追获之。义端曰："我识君真相，乃青兕也，力能杀人，幸勿杀我。"弃疾斩其首归报，京益壮之。

　　绍兴三十二年，京令弃疾奉表归宋。高宗劳师建康。召见，嘉纳之。授承务郎天平

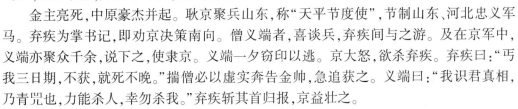

节度掌书记,并以节使印告召京。会张安国、邵进已杀京降金。弃疾还至海州,与众谋曰:"我缘主帅来归朝,不期事变,何以复命?"乃约统制王世隆及忠义人马全福等,径趋金营。安国方与金将酣饮,即众中缚之以归。金将追之不及,献俘行在,斩安国于市。仍授前官,改差江阴签判。弃疾时年二十三。

乾道四年,通判建康府。六年,孝宗召对延和殿。时虞允文当国,帝锐意恢复。弃疾因论南北形势及三国晋汉人才,持论劲直,不为迎合。作《九议》并《应问》三篇、《美芹十论》,献于朝。言逆顺之理、消长之势、技之长短,地之要害,甚备。以讲和方定,议不行。迁司农寺主簿,出知滁州。州罹兵烬,井邑凋残。弃疾宽政薄赋,招流散,教民兵,议屯田,乃创奠枕楼、繁雄馆。辟江东安抚司参议官,留守叶衡雅重之,衡入相,力荐弃疾慷慨有大略。召见。迁仓部郎官,提点江西刑狱,平剧盗赖文政有功,加秘图修撰。调京西转运判官,差知江陵府、兼湖北安抚。

迁知隆兴府,兼江西安抚。以大理寺少卿召。出为湖北转运副使。改湖南,知潭州、兼湖南安抚。盗连起湖湘,弃疾悉讨平之。遂奏疏曰:"今朝廷清明,比年李金、赖文政、陈子明、李峒相继窃发,皆能一呼啸聚千百,杀掠吏民,死且不顾。至烦大兵蕲灭,良由州以趣办财赋为急,吏有残民害物之政,而州不敢问,县以并缘科敛为急,吏有残民害物之状,而县不敢问。田野之民郡以聚敛害之,县以科率害之,吏以乞取害之,豪民以兼并害之,盗贼以剽夺害之,民不为盗,去将安之?夫民为国本,而贪吏迫使为盗。今年剿除,明年塞荡。譬之木焉,日刻月削,不损则折。欲望陛下深思致盗之由,讲求弭盗之术,无徒恃平盗之兵,申饬州杲,以惠养元元为意,有违法贪冒者,使诸司各杨其职,无徒桉举小吏以应故事,自为文过之地。"诏奖谕之。

又以湖南控带二广,与溪洞蛮獠接连,草窃间作。岂惟风俗顽悍;抑武备空虚所致?乃复奏疏曰:"军政之敝,统率不一。差出占破,略无已时;军人则利于悠闲窠坐,奔走公门,苟图衣食,以故教阅废弛,逃亡者不追,冒名者不举。平居则奸尼无所忌惮,缓急则卒伍不堪征行。至调大军,千里讨辅,胜负未决,伤威损重,为害非细。乞依广东摧锋、荆南神劲、福建左翼例,别创一军,以湖南飞虎为名,止拨属三牙、密院,专听帅臣节制调度,庶使夷獠知有军威,望风慑服。"

诏委以规画,乃度马殷营垒故基,起尽砦栅,招步军两千人,马军五百人,傔人在外,战马铁甲皆备。先以缗领五万于广西买马五百匹,诏广西安抚司岁带买三千匹。时枢府有不乐之者,数沮挠之,弃疾行愈力,卒不能夺。经度费钜万计,弃疾善斡旋,事皆立办,议者以聚敛闻,降御前金字牌,俾日下住罢。弃疾受而藏之,出责监办者,期一月飞虎营栅成,违坐军制。如期落成,开陈本末,绘图缴进。上遂释然。时秋霖几月,所司言造瓦不易。问:"须瓦几何?"曰:"二十万。"弃疾曰:"勿忧!"令楼官自官舍,神祠外,应居民家取沟匣瓦二,不二日,皆具,僚属叹伏。军成,雄镇一方,为江上诸军之冠。

加右文殿修撰,差知隆兴府。兼江西安抚。时江右大饥,诏任责荒政。始至,榜通衢曰:"闭粜者配,强粜者斩。"次令尽出公家官钱、银器,召官吏、儒生、商贾、市民。各举有干实者,量借钱物,逮其责领运粜,不取子钱,期终月至城下发粜。于是连樯而至,其值自减。民赖以济。时信守谢源明乞米救助，幕属不从，弃疾曰："均为赤子，皆王民也！"即以米舟十之三予信。帝嘉之，进一秩。以言者落职，久之，主管冲佑观。

绍熙二年，起福建提点刑狱。召见，迁大理少卿、加集英殿修撰，知福州兼福建安抚使。弃疾为宪时，尝摄帅，每叹曰："福州前枕大海，为贼之渊，上四郡民顽犷易乱，帅臣空竭，急缓奈何？"至是务为镇静，未期岁，子税锱至五十万缗，榜曰："备安库"。谓闽中土狭民稠，岁俭则籴于广。今幸连稔，宗室及军人入仓请米，出即籴之。候秋贾贱，以备安钱籴二万石，则有备无事矣。又欲造万铠，招强壮补军额，严训练，则盗贼可以无虞。事未行，台臣王蔺劾其用钱如泥沙，杀人如草芥，且夕望端坐"阎王殿"，遂丐祠归。

庆元元年落职。四年，复主管冲佑观。久之，起知绍兴府兼浙东安抚使。四年，宁宗召见，言盐法，加宝谟阁待制，提举佑神观。奉朝请。寻差知镇江府，赐金带。坐缪举，降朝散大夫、提举冲佑观，差知绍兴府、两浙东路安抚使，辞免。进宝文阁待制，又进龙图阁、知汉陵府。今赴行在奏事，试兵部侍郎，辞免。进枢密都承旨，未受命而卒。赐对衣、金带、守龙图阁待制致仕。特赠四官。

弃疾豪爽尚气节，识拔英俊，所交多海内知名士。尝跋绍兴间诏书曰："使此诏出于绍兴之前，可以无事仇之大耻；使此诏行于隆兴之后，可以卒不世之大功。今此诏与仇敌俱存也，悲夫！"人服其警切。帅长沙时，士人或愬考试官滥取第十七名《春秋》卷，弃疾察之，信然。索亚榜《春秋》卷两易之，启名则赵鼎也。弃疾怒曰："佐国元勋，忠简一人，胡为又一赵鼎！"掷之地。次阅《礼记》卷，弃疾曰："观其议论，必豪杰士也，此不可失。"启之，乃赵方也。尝谓："人生在勤，当以力田为先。北方之人，养生之具不求于人，是以无甚贫甚富之家。南方多末作。以病农，而兼并之患兴，贫富斯不侔矣。"故以"稼"名轩。为大理卿时，同僚吴交如死，无棺敛。弃疾曰："身为列卿，而贫若此，是廉介之士也。"既厚赙之，复言于执政，诏赐银绢。

弃疾尝同朱熹游武夷山，赋《九曲棹歌》。熹书"克己复礼""夙兴夜寐"，题其二斋室。熹殁，伪学禁方严，门生故旧至无送葬者。弃疾为文往哭之。曰："所不朽者！垂万世名。孰谓公死，凛凛犹生。"弃疾雅擅长短句，悲壮激烈。有《稼轩集》行世。绍定六年，赠光禄大夫。咸淳间，史馆校勘谢枋得过弃疾墓旁僧舍，有疾声大呼于堂上，若鸣其不平，自昏暮至三鼓不绝声。枋得秉烛作文，旦且祭之，文成而声始息。德佑初，枋得请于朝，加赠少师，谥忠敏。

【译文】

辛弃疾，字幼安，齐地历城（今山东济南）人。少年时代，辛弃疾拜蔡伯坚为师，与党怀英是同学。号称"辛党"。开始时，他们用筮法来卜算他们的仕途，决定用蓍草作八卦。党怀英得到一个"坎"卦，因此就决定留在山东，出仕金人；辛弃疾卜得一个"离"卦，因此决意南归。

金主亮死去后，中原豪杰纷纷起事反金。耿京聚兵山东，自称天平节度使，节制山东、河北反金的忠义军马。辛弃疾为耿京掌管书记，并劝耿京决策向南，归顺宋朝。和尚义端这个人，喜欢谈兵，弃疾有时也和他商讨学问。弃疾到了耿京军中，义端也聚集千余人抗金。弃疾劝说义端和尚当耿京部下，属耿京指挥。有一个晚上，义端和尚偷窃大印逃跑。耿京大怒，欲杀弃疾。弃疾说："给我三天时间，不抓获和尚义端，杀我还不迟。"弃疾估计义端和尚必定要将耿京军队的情报奔告金帅，他很快去追袭，捕获了义端和尚。义端对辛弃疾说："我认识了你的真相，你乃是年青有力的犀牛，你的力量很大、能杀人，希望你能不杀我。"辛弃疾斩其首而回去报告耿京，耿京更加看重弃疾。

绍兴三十二年（1162），耿京令辛弃疾回到南宋。高宗在建康（今江苏南京）慰劳犒赏军队，召见了辛弃疾，很高兴地接纳了他们归宋，授辛弃疾承平郎官职，为天平节度使掌管文书，并以节度使印及封诰召耿京。不巧这时张安国、邵进已杀掉耿京投降金人，弃疾还至海州（今江苏连云港），与大家商量，辛弃疾说："我因主帅投归宋朝，没想到发生事变，怎样向朝廷复命呢？"于是便约统制王世隆及抗金忠义人马全福等悄悄地直扑金营，张安国正好与金将官庆功饮酒，即在众人中将张安国捕获捆绑而回，金将追来，没有赶上。辛弃疾献俘京城，斩张安国于市。朝廷仍任命辛弃疾担任原来的职务，又改派辛弃疾任江阴佥判。辛弃疾那一年才二十三岁。

乾道四年（1168），弃疾任建康府通判，六年（1170），宋孝宗召辛弃疾在延和殿应对。那时，正好虞允文掌握大权，宋孝宗又决心恢复大宋天下，辛弃疾在应对时，对孝宗论说长江南北形势以及三国晋汉人才，持论直爽坚决，不迎合其他人的观点。辛弃疾作《九议》并《应问》三篇、《美芹十论》，献于朝廷。这些著作谈到了逆顺的道理、宋金消长之形势、敌我技能之长短，地理之要害，十分完备。因为宋、金议和刚确定，朝廷没有采纳辛弃疾的建议。辛弃疾被调任司农寺主簿。后又出任滁州府（今安徽滁县）。滁州遭兵灾，城乡房屋被损，残败不堪。辛弃疾宽征薄赋，招集流散民众，训练民兵，实行屯田，于是创建奠枕楼，繁雄馆。成绩卓然。辛弃疾被征召为江东安抚司参议官。留守叶衡十分看重弃疾。叶衡入京为宰相，大力推荐辛弃疾慷慨有大志。弃疾被召见，调任仓部郎官、提点江西刑狱，平定剧盗赖文政有功，加封秘阁修撰，调任京西转运判官，被派遣知江陵府（今属湖北）、兼湖北安抚。

朝廷又调辛弃疾任职隆兴府（今江西南昌）、兼江西安抚。又以大理寺少卿召，出为湖北转运副使，又改湖南，旋即主持潭州（今湖南长沙）政务，兼湖南安抚。当时，盗贼不断在湖南湖北爆发叛乱，辛弃疾完全把他们平定了。辛弃疾为此上奏朝廷说："当今朝廷政治清明，但连年来李金、赖文政、陈子明、陈峒相继造反，都能一人呼唤，千百人响应聚集，杀掠官吏民众，连死都不怕，导致麻烦，政府派大兵征剿，这是由于州官以横征暴敛，聚敛财赋为要务，因而差役遂有残民害物的状况，而州府不加以过问；县府也像州府一样，以征收税务为急事，对差役残民害物的状况，县府也不加以过问。田野的民众，郡以聚敛财物害他们，县以征收税赋害他们，差役以讨取财物害他们，盗贼以掠夺害他们，在这样的情况下，民众不做强盗，又有什么办法，又将去哪里呢？民众是国家的根本，而贪官污吏迫使民众为盗。今年剿除，明年反而更加动荡。譬如木材，天天去刻，月月去削，不损坏就会折断。恳求陛下深思盗贼形成的根本原因，讲求消除盗贼的根本办法。无须依靠平定盗贼的士兵，只要申饬州县，以恩惠养育老百姓为要义。有违法贪冒之辈，使诸司都执行他们的职权，惩处违法之人，不要仅仅按察检举处理那些差役，以敷衍了事，自己却文过饰非。"诏书勉励并奖励辛弃疾。

皇上又提出，因湖南连接影响广东、广西，与溪洞蛮獠接连，不断发生反叛，难道因为是他们风俗顽强剽悍，抑或是武备空虚所造成的。辛弃疾于是又上奏疏说："军政之弊端，主要是领导不统一，士兵占了名额被派遣出去，无时休止；而军人则坐在家里做些轻松的事。差役奔走公门，仅仅是为了衣食有所着落。所以教化废弛，逃亡者无人追捕，冒名顶替者无人检举，什么事也不管，则奸民无所忌惮，有所缓急则士卒不堪征发，至于调动大军，千里讨捕，胜负还未决定，威望损失惨重，为害不小，请求按照广东摧锋军，荆南神劲军，福建左翼军之例，另创一军，以湖南飞虎军为名。军队只属三牙、密院管辖，专听帅臣节制调度。这样就可使夷獠知道有军威，望风慑服。"

下诏，委任辛弃疾规划创建飞虎军。辛弃疾于是度量马殷营垒原来的地基，盖起栅栏、砦岩，招步军两千人，马军五百人，侍从在外办事，战马铁甲皆完备，先以缗钱五万于广西买马五百匹。中央又下诏广西安抚司每年带买马三千匹。当时枢府有些官员对此不甚赞成，多次阻挠。而弃疾越是认真实行；结果不能取消辛弃疾的计划。经估计费用钜万计，弃疾善于斡旋，每件事都立刻办妥。谏官以经费开支浩大攻击辛弃疾，政府并发下御前金字牌，召弃疾回京，使此事马上停办。弃疾接到金牌，把它藏了起来，并责令监办者限定一月之内建成飞虎军营栅，否则按违反军规处理。结果如期落成。辛弃疾把事件的本末、经费的开支详细开列，绘图送到京城，皇上终于消除了对辛弃疾的不满。当时，秋雨绵绵，下了几个月，有关官员说造瓦不易，弃疾问："需瓦多少？"回答："要二十万。"弃疾说："不要担心。"弃疾令厢宫在官舍、神祠以外，在每个居民家取沟匜瓦二，不几日，二十万瓦皆备，僚属对辛弃疾行事十分叹服。飞虎军成，雄镇一方，为江上诸军之首。

政府加封辛弃疾右文殿修撰，并派遣他知隆兴府（今江西南昌）兼江西安抚。当时，江北大饥，下诏，令弃疾任责荒政。弃疾刚到任，就在交通要道张贴榜文，榜文说："不出卖粮食者发配充军，强买者斩首。"其次，令尽出公家官钱、银器，又召官吏儒生商贾市民，各举有财物者，适当向他们借些钱物，他们的责任是领运买入的粮食，不取利息。限期一个月，到城下出售粮食。于是一艘艘的运粮船不断驶来，粮价自然下降，民众靠它得以生存。当时，信守令谢源明乞求粮食救灾，幕僚不允。弃疾说："均为赤子，皆王民也。"即以米船十分之三给予信守谢源明。帝嘉奖弃疾。职务进一级。因为谏官攻击而落职。好久，才主管冲佑观。

绍熙二年（1192），起用弃疾，任福建提点刑狱。帝召见，调任大理少卿，加集英殿修撰，任福州知府兼福建安抚使。弃疾为官时，曾统帅军队。每次叹息说："福州前靠大海，是造成海盗的渊源；上四郡民顽劣凶悍，容易作乱。帅臣空竭，出了事情怎么办？"碰到这种情况，务必镇静。"还未到岁末，就积钱串五十万缗，匾称"备安库"。弃疾说闽中土地狭小，民众稠密，歉收年则从广东买米。目前幸亏连年丰收，宗室及军人入仓请米，就命出来卖。等到秋天粮价便宜，以备安钱籴米二万石，则有备无患了。弃疾又准备造战士铁甲一万,招强壮民众补军额,严训练,就不怕盗贼了。此事还未实行,台臣王蔺弹劾他用钱如泥沙,杀人如草芥,早晚端坐在"阎王殿"上,于是辛弃疾要求一个宫观使的职务而回归田里。

庆元元年(1195),辛弃疾落职。四年,恢复辛弃疾主管冲佑观。很久又复起用,任绍兴府知府兼浙东安抚史。四年,宁宗召见辛弃疾,议论盐法,加弃疾宝谟阁特制,提举佑神观。奉朝请。又调任镇江知府,赐金带。因牵连到犯错误的案子被举发,降为朝散大夫,提举冲佑观。后又令辛弃疾任绍兴府知府、两浙东路安抚使,由于弃疾推辞而免掉职务。政府又升他任宝文阁待制,又进龙图阁,任江陵府(今属湖北)知府,令赴京都奏事,试兵部侍郎,弃疾又辞去职务。进枢密院都承旨,未受命而去世。赐对衣、金带,守龙图阁待制,为弃疾办理退休手续,待赠四级。

辛弃疾豪爽,气节高尚,知道并提拔英雄俊杰,所交都是海内著名人士。弃疾曾为绍兴年间的诏文写过跋。他写道:"假使这些诏书出于绍兴之前,可以没有侍奉仇人的大耻;假使这些诏书行于隆兴之后,可以完成万世之大业。而今这些诏书与仇敌都同时存在,实在可悲!"人们都很佩服弃疾机警切实。弃疾治理长沙时,士人对主考官滥取第十七名《春秋》卷都很不满,弃疾取来察看,完全相信士子的议论。又索取亚榜《春秋》卷,两次加以更改。打开卷子一看,考生名赵鼎,弃疾怒曰:"佐国元勋,只有思简一人,何来又一赵鼎!?"把卷子掷在地上。接着又阅《礼记》卷。弃疾曰:"看其议论,一定是豪杰之士,一定不可失去。"开启观之,乃赵方也。辛弃疾曾说过人的一生在于勤,当以努力耕种为先,北方人养生之器具不求人,所以没有甚富甚贫之家;南方多经商,所以伤农,因此兼并之患就容易产生,贫富相差十分之大。弃疾因此以"稼轩"为名。弃疾任大理寺卿时,同僚吴交如死后无棺材埋葬。弃疾叹曰:"身为列卿而贫穷到如此情形,吴生确是清廉俭朴的人!"弃疾出钱厚葬之,并把此事告诉当朝执政,皇帝下诏赐给银绢。

辛弃疾曾经同朱熹一起游武夷山,赋《九曲棹歌》。朱熹写"克己复礼""夙兴夜寐"作为其二书斋之名。朱熹去世,禁伪学十分严厉。朱熹的门生故旧都没有去送葬。弃疾写了祭文,并往哭之曰:"所谓不朽者,名可垂万世,谁谓公已死,你凛凛如生。"弃疾喜爱和擅长长短句,其词悲壮激烈。有《稼轩集》行于世。绍定六年(1233),皇上追赠弃疾光禄大夫。咸淳年间,史馆校勘谢枋得经过弃疾墓旁的僧舍,听到堂上有疾声大呼,好像为弃疾鸣不平,自黄昏直到深夜三更,还没有停止呼声。谢枋得独在烛光下作文,准备明晨祭奠辛弃疾。祭文写成,呼声方才停止。德佑(1275)初,谢枋得向朝廷请求,因此给弃疾加赠少师,并按他生前的事迹给以"忠敏"的谥号。

文天祥传

【题解】

文天祥(1236~1283),字宋瑞,一字履善,号文山。宋吉州庐陵(今江西吉安)人。理宗宝祐四年（1256）举进士第一。开庆元年（1259），蒙古军围攻鄂州（今湖北武昌），宦官董宋臣主张迁都避兵，他上书请斩之，提出抗蒙建议。后任军器监兼权直学士院，草制讥讽权贵贾似道，遭劾罢官。后起为湖南提刑。恭帝德祐元年（1275），元军东下，他在江西组织抗元武装，入卫临安。次年，任右丞相兼枢密使，出使元营议和，痛斥元丞相伯颜，被拘至镇江。脱逃，由通州（今江苏南通）入海至温州。端宗即位，复任右相兼枢密使，与左相陈宜中意见不合，率兵在福建、广东一带坚持抗元，收复多处州县。后被元兵袭败，祥兴元年（1278）十二月，在五坡岭（今广东海丰北）被俘。次年，拒绝元将张弘范诱降，作《过零丁洋》诗以明心志，写下了"人生自古谁无死，留取丹心照汗青"的千古绝句。后被送至元大都（今北京），囚禁达三年之久，屡经威胁利诱，誓死不屈，编《指南录》，写《正气歌》，大义凛然。至元十九年十二月（1283年1月）在柴市从容就义。著作经后来辑为《文山先生全集》，多忠愤慷慨之文，诗风至德祐后大变，气势豪放，可称之为"诗史"。

文天祥

【原文】

文天祥，字宋瑞，又字履善，吉之吉水人也。体貌丰伟，美皙如玉，秀眉而长目，顾盼烨然。自为童子时，见学宫所祠乡先生欧阳修、杨邦乂、胡铨像，皆谥"忠"，即欣然慕之。曰："没不俎豆其间，非夫也。"年二十举进士，对策集英殿。时理宗位久，政理浸怠，天祥以法不息为对，其言万余，不为稿，一挥而成。帝亲拔为第一。考官王应麟曰："是卷古谊若龟鉴，忠肝如铁石，臣敢为得人贺。"寻丁父忧，归。

开庆初，大元兵伐宋，宦官董宋臣说上迁都，人莫敢议其非者。天祥时入为宁海军节度判官，上书"乞斩宋臣，以一人心"，不服，即自免归。后稍迁至刑部郎官。宋臣复入为都知，天祥又上书极言其罪，亦不报。出守瑞州，改江西提刑，迁尚书左司郎官，累为台臣论罢。除军器监兼权直学士院。贾似道称病，乞致仕，以要君，有诏不允。天祥当制，语皆讽似道。时内制相承皆呈稿，天祥不呈稿，似道不乐，使台臣张志立劾罢之。天祥既数斥，援钱若水例致仕，时年三十七。

咸淳九年，起为湖南提刑，因见故相江万里。万里素奇天祥志节，语及国事，愀然曰："吾老矣，观天时人事当有变，吾阅人多矣，世道之责，其在君乎？君其勉之。"十年，改知赣州。

德祐初，江上报急，诏天下勤王。天祥捧诏涕泣，使陈继周发郡中豪杰，并结溪峒蛮，使方兴召吉州兵，诸豪杰皆就，有众万人。事闻，以江西提刑安抚使召入卫。其友止之，曰："今大兵三道鼓行，破郊畿薄内地，君以乌合万余赴之，是何异驱群羊而搏猛虎？"天祥曰："吾亦知其然也。第国家养育臣庶三百余年，一旦有急，征天下兵，无一人一骑入关者，吾深恨于此。故不自量力，而以身徇之，庶天下忠臣义士将有闻风而起者。义胜者谋立，人众者功济，如此则社稷犹可保也。"

天祥性豪华，平生自奉甚厚，声伎满前。至是，痛自贬损，尽以家赀为军费。每与宾佐语及时事，辄流涕，抚几言曰："乐人之乐者忧人之忧，食人之食者死人之事。"八月，天祥提兵至临安，除知平江府。时以丞相宜中未还朝，不遣。十月，宜中至，始遣之。朝议方擢吕师孟为兵部尚书，封吕文德和义郡王，欲赖以求好，师孟益偃蹇自肆。

天祥陛辞，上疏言："朝廷姑息牵制之意多，奋发刚断之义少，乞斩师孟衅鼓，以作将士之气。"且言："宋惩五季之乱，削藩镇，建郡邑，一时虽足以矫尾大之弊，然国亦以渐弱。故敌至一州则破一州，至一县则破一县，中原陆沉，痛悔何及。今宜分天下为四镇，建都督统御于其中。以广西益湖南而建阃于长沙；汉广东益江西而建阃于隆兴；以福建益江东而建阃于番阳；以淮西益淮东而建阃于扬州。责长沙取鄂，隆兴取蕲、黄，番阳取江东，扬州取两淮，使其地大力众，足以抗敌。约日齐奋，有进无退，日夜以图之，彼备多力分，疲于奔命，而吾民之豪杰者又间间出于其中，如此则敌不难却也。"时议以天祥论阔远，书奏不报。十月，天祥入平江，大元失已发金陵入常州矣。天祥遣其将朱华、尹玉、麻士龙与张全援常。至虞桥，士龙战死，朱华以广军哉五牧，败绩，玉军亦败。争渡水，挽全军舟，全军断其指，皆溺军，玉以残兵五百人夜战，比旦皆没。全不发一矢，走归。大元兵破常州，入独松关。宜中、梦炎召天祥、弃平江，守余杭。

明年正月，除知临安府。未几，宋降，宜中、世杰皆去。仍除天祥枢密使。寻除右丞相兼枢密使，使如军中请和，与大元丞相伯颜抗论皋亭山。丞相怒拘之，偕左丞相吴坚、右丞相贾余庆、知枢密院事谢堂、签书枢密院事家铉翁、同签书枢密院事刘岊，北至镇江。天祥与其客杜浒十二人，夜亡入真州。苗再成出迎，喜且泣曰："两淮兵足以兴复，特二阃小隙不能合从耳。"天祥问："计将安出？"再成曰："今先约淮西兵趋建康，彼必悉力以捍吾西兵。指挥东诸将，以通、泰兵攻湾头，以高邮、宝应、淮安兵攻杨子桥，以杨兵攻瓜步，吾以舟师直捣镇江，同日大举。湾头、杨子桥皆沿江脆兵，且日夜望我师之至，攻之即下。合攻瓜步之三面，吾自江中一面薄之，虽有智者有能为之谋矣。瓜步既举，以东兵入京口，西兵入金陵，要浙归路，其大帅可坐致也。"天祥大称善，即以书遗二制置，遣使四出约结。

天祥未至时，扬有脱归兵言："密遣一丞相入真州说降矣。"庭芝信之，以为天祥来说降也，使再成亟杀之。再成不忍，绐天祥出相城垒，以制司文示之，闭之门外。久之，复遣二路分觇天祥，果说降者即杀之，二路分与天祥语，见其忠义，亦不忍杀，以兵二十人道之扬，四鼓抵城下，闻候门者谈，制置司下令备文丞相甚急，众相顾吐舌，乃东入海道，遇兵，伏环堵中得免。然亦饥莫能起，从樵者乞得余糁糜。行入板桥，兵又至，众走伏丛篠中，兵入索之，执杜浒、金应而去。虞侯张庆矢中目，身被二创，天祥偶不见获。浒应、解所怀金与卒。获免，募二樵者以蒉荷天祥至高邮，泛海至温州。

闻益王未立，乃上表劝进，以观文殿大士、侍读召至福，拜右丞相。寻与宜中等议不合。七月，乃以同都督出江西，遂行，收兵入汀州。十月，遣参谋赵时赏、谘议赵孟溁将一军取宁都，参赞吴浚将一军取雩都，刘洙、肖明哲、陈子敬皆自江西起兵来会。邹沨以招谕副使聚兵宁都，大元兵攻之，沨兵败，同起事者刘钦、鞠华叔、颜斯立、颜起岩皆死。武冈教授罗开礼，起兵复永丰县，已而兵败被执，死于狱。天祥闻开礼死，制服哭之哀。

至元十四年正月，大元兵入汀州，天祥遂移漳州，乞入卫。时赏、孟溁提兵归，独浚兵不至。未几，浚降，来说天祥。天祥缚浚，缢杀之。四月，入梅州，都统王福、钱汉英跋扈，斩以徇。五月，出江西，入会昌。六月，入兴国县。七月，遣参谋张汴、监军赵时赏、赵孟溁等盛兵薄赣城，邹沨以赣诸县兵捣永丰，其副黎贵达以吉诸县兵攻泰和。吉八县复其半，惟赣不下。临洪诸郡，皆送款。潭赵璠、张虎、张唐、熊桂、刘斗元、吴希奭、陈子全、王梦应起兵邵、永间，复数县，抚州何时等皆起兵应天祥。分宁、武宁、建昌三县豪杰，皆遣人如军中受约束。

江西宣慰使李恒遣兵援赣州，而自将兵攻天祥于兴国。一天祥不意恒兵猝至，乃引兵走，即邹沨于永丰。沨兵先溃，恒穷追天祥方石岭。巩信拒战。箭被体，死之。至空坑，军士皆溃，天祥妻妾子女皆见执。时赏坐肩舆，后兵问谓谁，时赏曰：“我姓文。”众以为天祥，擒之而归，天祥以此得逸去。

孙𡎃、彭震龙、张汴死于兵，缪朝宗自缢死，吴文炳、林栋、刘洙皆被执归隆兴。时赏奋骂不屈，有系累者，辄挥去，云：“小小签厅官耳，执此何为？”由是得脱者甚众。临刑，洙颇自辩，时赏叱曰：“死耻，何必然？”于是栋、文炳、萧敬夫、萧焘夫皆不免。

天祥收残兵奔循州，驻南岭。黎贵达潜谋降，执而杀之。至元十五年三月，进屯丽江浦。六月，入船澳。益王殂，卫王继立。天祥上表自劾，乞入朝，不许。八月，加天祥少保、信国公。军中疫且起，兵士死者数百人。天祥惟一子，与其母皆死。十一月，进屯潮阳县。潮州盗陈懿、刘兴数叛附，为潮人害。天祥攻走懿，执兴诛之。十二月，趋南岭，邹沨、刘子俊又自江西起兵来，再攻懿党，懿乃潜道元帅张弘范兵济潮阳。天祥方饭五坡岭，张弘范兵突至，众不及战，皆顿首伏草莽。天祥仓皇出走，千户王惟义前执之。天祥吞脑子，不死。邹沨自刭，众扶入南岭死。官属士卒得脱走空坑者，至是刘子俊、陈龙复、萧明哲、萧资皆死，杜浒被执，以忧死。惟赵孟溁遁，张唐、熊桂、吴希奭、陈子全，兵败被获，俱死焉。唐，广汉张栻后也。

天祥至潮阳，见弘范，左右命之拜，不拜，弘范遂以客礼见之，与俱入厓山，使为书招张世杰。天祥曰：“吾不能捍父母，乃教人叛父母，可乎？”索之固，乃书所过《零丁洋诗》与之，其末有云：“人生自古谁无死，留取丹心照汗青。”弘范笑而置之。厓山破，军中置酒大会。弘范曰：“国亡，丞相忠孝尽矣，能改心以事宋者事皇上，将不失为宰相也。”天祥泫然出涕，曰：“国亡不能救，为人臣者死有余罪，况敢逃其死而二其心乎？”弘范义之，遣使护送天祥至京师。

天祥在道，不食八日，不死，即复食。至燕，馆人供张甚盛，天祥不寝处，坐达旦。遂移兵马司，设卒以守之。时世祖皇帝多求才南官，王积翁言：“南人无如天祥者。”遂遣积翁谕旨，天祥曰：“国亡，吾分一死矣。傥缘宽假，得以黄冠归故乡，他日以方外备顾问，可也。若遽官之，非直亡国之大夫不可与图存，举其平生而尽弃之，将焉用我？积翁欲合宋官谢昌元等十人请释天祥为道士，留梦炎不可，曰："天祥出，复号召江南，置吾十人于何地！"事遂已。天祥在燕凡三年，上知天祥终不屈也。与宰相议释之，有以天祥起兵江西事为言者，不果释。

至元十九年，有闽僧言土星犯帝坐，疑有变。未几，中山有狂人自称"宋主"，有兵千人，欲取文丞相。京城亦有匿名书，言某日烧蓑城苇，率两翼兵为乱，臣相可无忧者。时盗新杀左丞相阿合马，命撤城苇，迁瀛国公及宋宗室开平，疑丞相者天祥也。召入谕之曰："汝何愿？"天祥对曰："天祥受宋恩，为宰相，安事二姓？愿赐之一死足矣。"然犹不忍，遽麾之退。言者力赞从天祥之请，从之。俄有诏使止之，天祥死矣。天祥临刑殊从容，谓吏卒曰："吾事毕矣。"南向拜而死。数日，其妻欧阳氏收其尸，面如生，年四十七。其衣带中有赞曰："孔曰成仁，孟曰取义，惟其义尽，所以仁至。读圣贤书，所学何事，而今而后，庶几无愧。"

【译文】

文天祥，字宋瑞，又字履善，吉州吉水人。身材丰满伟岸，皮肤白皙如美玉，眉毛秀气，眼睛细长，顾盼生辉。在他还是孩童的时候，看到学校里供奉着同乡前辈欧阳修、杨邦义、胡铨的画像，谥号都是"忠"，就欣然仰慕。说："死后若不能像他们那样受人尊崇祭祀，就不是大丈夫。"二十岁时考中进士，在集英殿对答策论。当时宋理宗在位已久，政事的治理逐渐懈怠，文天洋以取法天道、自强不息为主题进行对答，洋洋一万多言，不打草稿，一挥而就。理宗皇帝亲自选他为第一名。主考官王应麟上奏说："这篇策论文章格调高古醇厚有如历史的明镜，作者的忠肝义胆有如坚硬的钢铁磐石，我为皇上获得这样的奇才而恭贺。"不久，文天祥的父亲去世，他赶回家乡奔丧。

开庆初年，蒙古军队大举侵伐南宋，宦官董宋臣劝说理宗皇帝迁都。没有人敢反对他的错误。文天祥当时入京被任命为宁海军节度判官，他上书皇帝，"请求斩杀董宋臣，以统一人心"。意见没有被采纳，文天祥随即辞职回乡。此后逐渐升任刑部郎官。董宋臣重新入朝做了都知，文天祥又上书皇帝极力指斥他的罪行，但也没有一点回音。文天祥离开临安，出任瑞州知州，改任江西提刑，升至尚书左司郎官，屡次被御史台官员弹劾罢免。此后被任命为军器监兼权直学士院。贾似道谎说有病，请求退休，以要挟皇帝，皇帝下诏挽留。文天祥负责起草诏书，言语都是讽刺贾似道的。当时内制相承，必须先把文稿呈给宰相审阅，唯独文天祥不照办，贾似道很不高兴，让台臣张志立弹劾文天祥，免除了他的职务。文天祥既已多次遭到贬斥，于是援引钱若水的先例退休回乡，当时他三十九岁。

宋度宗咸淳九年，朝廷起用文天祥担任湖南提刑，因而与前宰相江万里会晤。江万里素来叹服文天祥的志向和节气，谈到国家大事时，他悲伤地说道："我老了，看看天时人事必将有大的变故，我观察的人也不少了，国家事务的重任，大概要落在你的肩上了，你要努力啊！"咸淳十年，改任赣州知州。

　　宋恭帝德祐初年，长江边防告急，朝廷下诏命令天下勤王。文天祥捧着诏书泪如雨下，随即派陈继周发动郡中的豪杰义士，并联合起溪峒少数民族，又派方兴召集吉州的军队，各路豪杰义士都纷纷响应，聚集了一万多人。朝廷知道后，任命他为江西提刑安抚使，召他进京保卫。他的朋友劝阻说："如今元朝大军三路挺进，攻破郊县，迫近内地，势不可挡，你以一万多乌合之众开赴前线，这跟驱使群羊与猛虎搏斗有什么两样？"文天祥说："我也知道你说的有道理。但国家养育臣民三百多年，现在遇到危难，征召天下兵马，居然没有一兵一马响应捍卫的，我对此实在是深恶痛绝。所以才不自量力，以身许国，以此来希望天下的忠臣义士闻风响应，保卫朝廷。正义在手才能确定谋略，人多力众才可以取得成功，只有这样国家社稷才有可能保全啊！"

　　文天祥生性喜欢豪华，日常生活起居十分丰厚考究，身前有很多歌女。到了现在，彻底地降低标准、减损开支，把家财全部充作军费。他每次跟宾客部属谈起时事时，就流出眼泪，手抚几案说道："分享别人快乐的也要分担别人的忧愁，吃人家的饭、受人家供养的也要为人家的事情赴汤蹈火。"八月，文天祥带领义军来到临安，被任命为平江府知府。当时因为丞相陈宜中还没有回朝，所以没把文天祥派出去。十月，陈宜中回朝，才派文天祥前去赴任。朝廷议论正要提拔吕师孟为兵部尚书，封吕文德为和义郡王，想依靠他们向元军求和。吕师孟更加消极抗战、麻木迟缓、得意扬扬。

　　文天祥到皇宫辞行，上疏说："朝廷姑息养奸、消极拖延的意图多，奋发有为、刚强决断的意图少，请求斩杀吕师孟，祭祀战鼓，以振作将士们抗击敌寇的志气。"并且说："宋朝鉴于五代时期的战乱，削除藩镇，建立郡县，短时间内虽然足以矫正武夫悍将势力过大、威胁朝廷的弊端，但国力也因此逐渐衰弱。所以敌人到了一州就攻破一州，到了一县就攻破一县，中原沦陷，多么令人痛心悔恨啊！现在应该把全国分为四个重镇，设置都督统率各镇。把广西路合并到湖南路，在长沙设都督府；把广东路合并到江西路，在隆兴设置都督府；将福建路合并到江春路，在番阳设置都督府；将淮西和淮东二路合并，在扬州设置都督府。责成长沙攻取鄂州，隆兴夺取蕲、黄二州，番阳争夺江东地区，扬州收取两淮失地，使我军地域广大、力量增加，足以抗击敌人。确定日期一齐总攻，只许向前不准后退，日夜攻击敌军，元军防线太长、力量分散，疲于奔命，而我国百姓中的豪杰义士又趁机插入敌占区进行袭扰，这样元军就不难打退了。"当时人都认为文天祥的观点疏阔空远、不切实际，他的奏疏也没有得到回音。

　　十月，文天祥进驻平江府，元朝的大军已经从金陵出发攻入常州了。文天祥派他的部将朱华、尹玉、麻士龙和张全支援常州，到了虞桥，麻士龙战死，朱华率领广南的士兵与元军在五牧作战，大败，尹玉的队伍也战败了，争抢着渡河，扒住张全部队的船只，张全的士兵砍断他们的手指，这些人都淹死了。尹玉率领残部五百人与元军展开夜战，到天亮时都阵亡了。张全不放一箭，逃窜而归。元军攻占常州，进至独松关。陈宜中、留梦炎急召文天祥，放弃平江，坚守余杭。

　　第二年正月，文天祥被任命为临安府知府。不久，南宋向元投降，陈宜中逃跑，张世杰也去定海了。文天祥被任命为枢密使。随后又任右丞相兼枢密使，南宋小朝廷派他到元军中请求议和,在皋亭山跟元朝丞相伯颜顶撞争辩。伯颜发怒扣留了他,与南宋左丞相吴坚、右丞相贾余庆、知枢密院事谢堂、签书枢密院事家铉翁、同签书枢密院事刘岊一起,被元军往北押解到镇江。文天祥和他的门客杜浒等十二人,趁夜逃亡到真州。苗再成出城迎接。他万分惊喜,感慨流泪说:"两淮的军队足够用来收复失地,只是淮东统帅李庭芝和淮西统帅夏贵有些矛盾,不能合力进取罢了。"文天祥问道:"该怎么办呢?"苗再成说:"如今先约请淮西兵直趋建康,元军必然会竭力抵御我淮西之兵。同时指挥淮南诸将,以驻扎在通、泰二州的我军攻打湾头,以高邮、宝应、淮安兵攻打扬子桥,以扬州守军攻打瓜步,我率领水军直捣镇江,同一天大举进攻。湾头、杨子桥都是沿江防守脆弱的元军,而且兵卒都心怀怨恨,日夜盼望我军到来,一攻就破。然后三面围攻瓜步,我从长江水面进迫,即使再有智谋的人也想不出办法解救元军了。占领瓜步后,以淮东各军进攻京口,淮西兵则进攻金陵,同时拦截元军在两浙的退路,敌军统帅就可以唾手擒来了。"文天祥连称妙计,随即向淮东、淮西两位制置使传递书信,派遣使者到四处进行联络。

文天祥没到真州时,扬州有一个逃脱回去的士兵说:"元军秘密派遣一位宋朝丞相到真州去劝降了。"李庭芝听信了他的话,认为文天祥是来劝降的。命令苗再成立即把他杀掉。苗再成不忍心下手,于是骗文天祥出去视察城防,将李庭芝的令文给他看,把文天祥关在城门外面。过了一会儿,又派两个路分都监来偷看文天祥他们的动向,果真是劝降者就把他们杀掉。两个路分都监跟文天祥谈话进行试探,见他非常忠义,也不忍心加害,派了二十名兵士引导他们去扬州,四更时分抵达扬州城下,听到在城门口放哨的人讲,制置司正急令防范捉拿文丞相,众人惊吓得相顾吐舌,于是掉头向东,准备从海道南下,途中遇到元兵,躲进土围子里面才得以幸免于难。但是也已经饿得站不起身来,从砍柴人哪里讨到了一点剩下的粗米羹。走到板桥,又碰到元兵,众人急忙躲进竹林,元兵闯进去搜索,把杜浒、金应抓走了。虞候张庆的眼睛被箭射中,身上也挨了两处创伤,文天祥侥幸没有被抓。杜浒、金应解开藏在胸里的黄金给元兵才被放走,又招募了两个樵夫用箩筐背着文天祥到高邮,从海道泛舟来到温州。

文天祥听说益王还没有被立为帝,于是上奏劝进,以观文殿学士、侍读的职务被召到福州,拜为右丞相。随后与陈宜中等人意见不合。七月,文天祥就以同都督的身份去江西,于是出发行进,聚集兵丁进了汀州。十月,派参谋赵时赏、谘议赵孟溁带领一支部队攻取宁都,参赞吴浚率一军夺取零都,刘洙、肖明哲、陈子敬都从江西起兵前来会合。邹㵯以诏谕副使的身份在宁都聚集队伍,元军攻打宁都,邹㵯的队伍战败,跟他一道起兵的刘钦、鞠华叔、颜斯立、颜起岩全部战死。武冈军教授罗开礼起兵收复永丰县,以后兵败被抓,死在狱中。文天祥听到罗开礼的死讯,穿上官服痛哭哀悼。

元世祖至元十四年正月,元军攻入汀州城,文天祥于是转移到漳州,请求入朝保卫。赵时赏、赵孟溁带兵归来,唯独吴浚的队伍没来。不久,吴浚投降元朝,前来劝诱文天祥。文天祥把他绑起来绞死了。四月,文天祥进入梅州,都统王福、钱汉英飞扬跋扈,被斩首示众。五月,又到江西,进入会昌。六月,进驻兴国县。七月,文天祥派遣参谋张汴、监军赵时赏、赵孟溁等率大军逼近赣州城下,邹㵯率领赣州各县义军直捣永丰,他的副手黎贵达率领吉州各县义军攻打泰和。吉州八县被收复了一半,只有赣州没有攻下。临、洪等州,都来响应。潭州的赵璠、张虎、张唐、熊桂、刘斗元、吴希奭、陈子全、王梦应在邵州、永州一带起兵,收复了几个县,抚州何时等人也都起兵响应文天祥。分宁、武宁、建昌三县的豪杰义士,都派人来到文天祥军中,要求接受指挥。

元朝江西宣慰使李恒派兵增援赣州,而自己则亲自率军在兴国进攻文天祥。文天祥没想到李恒的部队突然来到,于是带着部队撤退,打算到永丰跟邹洬会合。邹洬的部队在此以前已被元军击溃,李恒把文天祥穷追到方石岭。南宋老将巩信抵抗元军,浑身中箭,壮烈牺牲。到了空坑,士兵们都溃散了,文天祥的妻妾子女都被元军抓住。赵时赏坐着文天祥的官轿,从后面追来的元兵问他是谁,赵时赏说:"我姓文。"众人以为是文天祥,把他抓走了,文天祥因此才得以逃脱。

孙桌、彭震龙、张汴死于元兵之手,缪朝宗上吊自杀。吴文炳、林栋、刘洙都被元兵抓回隆兴。赵时赏在元朝军营中英勇不屈,痛骂敌人,看到因为受牵连而被抓来的人,就把他们挥赶走,说:"这些人都是小小的签厅官而已,抓他们来有什么用?"因而得以逃脱的人很多。临刑时,刘洙极力为自己辩护,赵时赏斥责道:"不就是死吗?何必这样!"于是林栋、吴文炳、肖敬夫、肖焘夫都遇难了。

文天祥收拾残部逃亡到循州,屯驻在南岭。黎贵达密谋向元人投降,被文天祥抓住杀了。至元十五年三月,文天祥进屯丽江浦。六月,进入船澳。益王死,卫王继位为帝。文天祥上书自责,请求入朝保卫,朝廷不允许。八月,加封文天祥为少保、信国公。军中出现疫病,士兵死了好几百人。文天祥只有一个儿子,跟他的母亲一起死了。十一月,文天祥进屯潮阳县。潮州的盗贼陈懿、刘兴多次叛附,贼性难改,反复无常,成为潮州百姓的祸害。文天祥发兵赶走陈懿,把刘兴抓住杀了。十二月,又趋南岭,邹洬、刘子俊又从江西起兵前来会合,再次攻打陈懿党羽,陈懿于是暗中引导元军统帅张弘范在潮阳登陆。文天祥正在五坡岭吃饭,张弘范的元兵突然来到,众人来不及应战,都伏在草伍里叩头投降。文天祥仓皇出逃,元朝千户王惟义追上去把他抓住。文天祥吞脑自杀,没死。邹洬横刀自杀,士卒把他扶入南岭,终于牺牲了。到现在,文天祥的部属士卒从空坑战斗中逃脱出来的,刘子俊、陈龙复、肖明哲、肖资都战死了,杜浒被捕,忧愁而死。只有赵孟溁逃走了,张唐、熊桂、吴希奭、陈子全战败被捕,都牺牲了。张唐,是广汉张栻的后代。

文天祥被押到潮阳,见张弘范,左右元军命令文天祥叩拜,文天祥拒而不拜,张弘范于是以宾客之礼与他相见,随元军一起进至崖山。张弘范让文天祥写信招降张世杰,文天祥说:"我不能保卫自己的父母,却教唆别人也背叛父母,这可能吗?"张弘范还要强迫他,文天祥于是书写了自己所做的《过零丁洋》诗给他,诗的末尾有句道:"人生自古谁无死,留取丹心照汗青。"张弘范讪笑着作罢。崖山被元兵攻破,元军中举行盛大的庆祝酒宴,张弘范说:"南宋已经灭亡了,你文丞相已经尽了忠孝之道,假如你悔过自新,以侍奉宋朝皇帝的心意侍奉大元皇帝,将不失宰相的官职。"文天祥悲痛地流泪,说道:"国家灭亡而不能挽救,做人臣子的死有余辜,难道还敢逃避死亡而背叛吗?"张弘范认为他是个忠烈义士,派人护送文天祥去元朝首都。

文天祥在途中,连续八天绝食,没能死,于是又开始进食。到了燕京,宾馆的人招待供奉得十分丰厚,文天祥不睡觉,一直坐到天亮。于是把他移押到兵马司,派士兵看守。当时元世祖在南宋官员中大量搜求人才,王积翁说:"南宋人中没有一个比得上文天祥的。"于是元世祖忽必烈派王积翁去传达旨意,文天祥说:"国家灭亡,我只有以死报国了。假如因为元朝皇帝的宽容,使我能够出为道士重归故乡,往后以方外之人备皇帝顾问,那么还说得过去。假如立即就委任官职,不仅亡国的士大夫们不能相容,把自己平生的志向和事业全部抛弃,那么重用我这样的人还有什么用呢?"王积翁想联合南宋旧官谢昌元等十人请求忽必烈释放文天祥,让他当道士,留梦炎认为不可以,说:"文天祥出去后,必定会重新号令江南,这样会把我们十个人置于什么样的境地!"这件事于是作罢。文天祥在燕京共三年,忽必烈知道文天祥最终不会屈服,与宰相讨论释放他,有人把文天祥在江西起兵反元的事情说了出来,终于没有释放他。

至元十九年,有个福建的和尚讲土星冲犯帝座,恐怕有变故。不久,中山有个狂徒自称"宋朝皇帝",拥有一千名兵士,想要营救文丞相。京城里也发现了匿名书信,声称在某一天焚烧城墙上的草苫,率领两翼卫兵作乱,丞相可以不必担心了。当时盗贼刚刚刺杀了元朝左丞相阿合马,忽必烈于是命令除去城墙上的草苫,将瀛国公(原南宗恭帝)和南宋宗室迁移到开平府,怀疑匿名信上所说的丞相就是文天祥。忽必烈把文天祥召入宫中,对他说:"你有什么愿望?"文天祥答道:"我文天祥受宋朝的恩惠,做了宰相,怎能再侍奉别的皇帝? 我的愿望就是赐我一死,这就足够了!"但忽必烈还是有些不忍心,随即让他退下。进言的官员们极力主张成全文天祥的请求,忽必烈同意了。随即又下诏制止,但文天祥已被处死了。文天祥临刑时非常从容镇定,对押解他的吏卒说道:"我的事情完成了。"向南方叩拜而死。几天后,他的妻子欧阳氏前来收尸,文天祥的面容跟生前一样,终年四十七岁。他的衣带中有赞文说道:"孔子教导我们成仁,孟子教导我们取义,只有尽了道义,仁德才会实现。我读圣贤之书,所学的难道是别的什么吗? 从今往后,大概可以无愧于圣贤的教诲了。"

吴遵路传

【题解】

吴遵路(? ～1043),宋润州丹阳(今属江苏)人,字安道。大中祥符进士。仁宗时,知常州,储米备荒,饥民存活者甚众。累迁为淮南转运副使兼发运司事,在真、楚、泰三州和高邮军设置斗门,以利防洪灌溉,增加常平仓储粮,以备灾年。凡所措置规划,后人均以为便。后被召修起居注。西夏兵起,建议朝廷恢复民兵,并在河东路具体施行,被其他各路效仿。调任兵部郎中、权知开封府,驭吏严肃,政治清明。迁龙图阁直学士、知永兴军,死于任上。为人聪敏,博学识大体,平和慎重,不苟言笑,为政简明易行,直谏敢言,无所阿依,自奉甚俭,家无余财,死后竟由他的朋友范仲淹分俸周济其家。

【原文】

吴遵路,字安道。父淑,第进士,累官至殿中丞,为秘阁校理。章献太后称制,政事得失,下莫敢言。遵路条奏十余事,语皆切直,忤太后意,出知常州。曾预市米吴中,以备岁俭,已而果大乏食,民赖以济,自他州流至者亦全十八九。

累迁尚书司封员外郎、权开封府推官,改三司盐铁判官,加直史馆,为淮南转运副使。会罢江、淮发运使,遂兼发运司事。曾于真、楚、泰州、高邮军置斗门十九,以畜泄水利。又广属郡常平仓储畜至二百万,以待凶岁。凡所规划,后皆便之。

迁工部郎中,坐失按蕲州王蒙正故入部吏死罪,降知洪州。徙广州,辞不行。是时发运司既复置使,乃以为发运使,未至,召修起居注。元昊反,建请复民兵。除天章阁待制、河东路计置粮草。受诏料拣河东乡民可为兵者,诸路视以为法。进兵部郎中、权知开封府,驭吏严肃,属县无追逮。

时宋庠、郑戬、叶清臣皆宰相吕夷简所不悦。遵路与三人雅相厚善,夷简忌之,出知宣州。上《御戎要略》《边防杂事》二十篇。徙陕西都转运使,迁龙图阁直学士、知永兴军,被疾犹决事不辍,手自作奏。及卒,仁宗闻而悼之,诏遣官护丧还京师。

遵路幼聪敏,既长,博学识大体。母丧,庐墓蔬食终制。情夷雅慎重,寡言笑,善笔札。其为政简易不为声威,立朝敢言,无所阿倚。平居谦俭无他好,既没,室无长物,其友范仲淹分奉周其家。

子瑛,为尚书比部员外郎,不待老而归。

【译文】

吴遵路,字安道。父亲吴淑,进士及第,积官至殿中丞,任秘阁校理。章献皇太后垂帘听政,政事的是非得失,臣下都不敢议论。吴遵路列举十几件事情上奏朝廷,言语都十分激动刚直,惹得太后不高兴,离京出任常州知州。他曾经预先在吴中地区购买粮米,以防备灾荒之年,不久果然缺粮严重,百姓靠吴遵路预先购买的粮食度过饥荒,从其他州逃荒而来的人也有十之八、九得以保全性命。

积累官资升到尚书司封员外郎,任权开封府推官,改任三司盐铁判官,加直史馆的头衔,出任淮南路转运副使。正逢朝廷废除江、淮发运使,于是兼管发运司的事务。曾经在真、楚、泰三州和高邮军设置十九个斗门,用来储泄洪水、调整水利工程。又使所属州郡常平仓的储粮增加到二百万石,用以防备灾年。凡是他所规划采取的措施,后来的人都感到很方便。

升至工部郎中,因为审理蕲州王蒙正故意判属吏死罪一案有失误,被降为洪州知州。又让他移任广州,他推辞不去。当时发运司已经重新设立使职,于是任命他为发运使。还没有到任,朝廷又召他入京修起居注。元昊反叛,吴遵路建议重新恢复民兵。被任命为天章阁待制、河东路计置粮草。受诏考察和挑选河东乡民中可以当兵的人,各路相继效法。晋升兵部郎中、权知开封府,管理属吏严格认真,所属各县没有要追捕的犯人。

当时宋庠、郑戬和叶清臣都是宰相吕夷简不喜欢的人,吴遵路与他们三人的关系很好,吕夷简对此很忌讳,让他出任宣州知州。上呈《御戎要略》《边防杂事》二十篇。移任陕西都转运使,升龙图阁直学士、知永兴军,身患疾病仍然不停地决断政务,亲手书写奏章。等他去世后,仁宗闻讯表示哀悼,下诏派官员护送他的灵柩回京。

吴遵路从小就十分聪明机智,长大后,学问广博而识大体。母亲去世,他在墓旁筑庐吃素,守完丧期。性格平和高雅、谨慎稳重,不苟言笑,擅长书法。他治理政事简明易行,不虚张声势,在朝廷中正直敢言,不奉承和依附别人。平时廉洁节俭,没有过分的嗜好,去世后,家里没什么贵重的物品,他的朋友范仲淹分出自己的俸禄来接济他的家人。

儿子吴瑛,做过尚书比部员外郎,没到年老就退休回家了。

程师孟传

【题解】

程师孟(1009~1086),宋苏州(今属江苏)人,字公辟。景祐进士,历知南康军、楚州,提点夔州路刑狱,移任河东路。山西地区多土山,依傍谷川,春夏多水,师孟劝民开渠筑堰,淤良田一万八千顷,并作《水利图经》颁之州县。治平年间知洪州,积石以为江堤,疏浚章沟,去除水患。熙宁初自江西转运使改知福州,移任广州,建造广州西城。召为给事中、集贤殿修撰,判都水监。复出知越州、青州,以光禄大夫卒,终年七十八岁。为政简易严明,痛惩地方豪恶,所部肃然听命。善作诗,简明率直,有白乐天之风。

【原文】

程师孟,字公辟,吴人。进士甲科。累知南康军、楚州,提点夔州路刑狱。泸戎数犯渝州边,使者治所在万州,相去远,有警,率浃日乃至。师孟奏徙于渝。夔部无常平粟,建请置仓,适凶岁,振民不足,即矫发他储,不俟报。吏惧,白不可,师孟曰:"必俟报,饿者尽死矣。"竟发之。

徙河东路。晋地多土山,旁接川谷,春夏大雨。水浊如黄河,俗谓之"天河",可溉灌。师孟劝民出钱开渠筑堰,淤良田万八千顷,哀其事为《水利图经》,颁之州县。为度支判官。知洪州,积石为江堤,浚章沟,中揭北闸,以节水升降,后无水患。

判三司都磨勘司,接伴契丹使,肖惟辅曰:"白沟之地当两属,今南朝植柳数里,而以北人渔界河为罪,岂理也哉?"师孟曰:"两朝当守誓约,涿郡有案牍可覆视,君舍文书,腾口说,讵欲生事耶?"惟辅愧谢。

出为江西转运使。盗发袁州,州吏为耳目,久不获,师孟械吏数辈送狱,盗即成擒。加直昭文馆,知福州,筑子城,建学舍,治行最东南。徙广州,州城为侬寇所毁,他日有警,民骇窜,方伯相踵至,皆言土疏恶不可筑。师孟在广六年,作西城。及交趾陷邕管。闻广守备固,不敢东。时师孟已召还,朝廷念前功,以为给事中、集贤殿修撰,判都水监。

贺契丹主生辰,至涿州,契丹命席,迎者正南向,涿州官西向,宋使价东向。师孟曰:"是卑我也。"不就列,自日晨争至暮,从者失色,师孟辞气益厉,叱馆者易之,于是更与迎者东西向。明日,涿人饯于郊,疾驰过不顾,涿人移雄州以为言,坐罢归班。复起知越州、青州,遂致仕,以光禄大夫卒,年七十八。

师孟累领剧镇,为政简而严,罪非死者不以属吏。发隐摘伏如神,得豪恶不逞跌宕者必痛惩艾之,至剿绝乃已,所部肃然。洪、福、广、越为立生祠。

【译文】

程师孟,字公辟,吴(江苏)人。考中进士甲科。历任知南康军、楚州知州、提点夔州路刑狱。泸地的戎人多次侵犯渝州边界,提点刑狱使的治所在万州,与渝州相距遥远,每次边境有警报,往往过了一整天才能传到。程师孟奏请把治所移到渝州。夔州没有常平仓储粮,师孟建议设置常平仓。恰逢灾年,赈济灾民的仓粮不够,师孟立即违制开放其他储粮,而不事先上报。主管的官吏很害怕,告诉他不可如此,师孟说:"假如一定要等到上报后才能开放,饥民们早死光了!"终于将这些储粮分发下去。

移任河东路。山西地区土山很多,旁边连接山谷中的河流,春、夏之际,天下大雨,水流像黄河一样混浊,俗称"天河",可以用来灌溉。程师孟说服当地人民出钱开渠筑堤,用河水中的淤泥改造出一万八千顷良田,并把这些事情聚集起来写了一本《水利图经》,向州县颁发。任度支判官,洪州知州,聚积石块修筑江堤,疏通章沟,揭开北闸,用来控制水位的升降,此后没再发生水灾。

担任判三司磨勘司,负责迎接和陪同契丹使节,契丹使节肖惟辅说:"白沟地区应由两国共管,现在宋朝在哪里种植了几里长的柳树,却认为契丹人在界河里捕鱼有罪,哪有这样的道理?"师孟说:"两国都应当信守誓约,涿郡有档案可供审查,您置双方誓书于不顾,空口乱说,难道是想滋生事端吗?"肖惟辅惭愧道歉。

出任江西转运使。袁州出现盗贼,州中官吏充当内应,所以很长时间抓不到盗贼,程师孟把几名奸吏绑起来送进监狱,盗贼立即被擒。加直昭文馆的头衔,任福州知州,修筑内城,兴建学校,政绩在东南地区堪称第一。移任广州,州城被侬智高的贼寇毁坏,一旦有警报,老百姓们恐怖逃窜,风水先生接踵而至,都说这里土质疏松恶劣,无法筑城。程师孟在广州六年,建造了西城。等到交趾攻陷邕管,听说广州守备十分坚固,不敢再向东。当时程师孟已经被召回,朝廷念他以前的功劳,任命他为给事中、集贤殿修撰,主持都水监事务。

受命前去祝贺契丹皇帝的生日,到了涿州,契丹设宴,迎接的人居正南方向,涿州官向西,宋朝使节面向东。程师孟说:"这是藐视我们宋朝。"不肯就列,从中午争到傍晚,随从的人惊恐失色,师孟说话的口气更加严厉,呵斥契丹迎接的人更改方向,于是改为跟迎接者东西相向。第二天,涿州人在城郊为他饯行,程师孟骑马疾驰而过,不予理睬,涿州人移告到雄州,师孟因此罢守本官。又起任越州、青州的知州,于是退休,以光禄大夫的头衔去世,终年七十八岁。

程师孟多次主管情况复杂的重镇,治理政务简明严肃,处理不够死罪的犯人都不通过属下狱吏。揭露阴谋有如神明,抓到惯于隐藏的首恶必定痛加惩治,直到剿灭干净方才罢休,所辖地区肃然听命。洪、福、广、越四州都为他立了祠堂。

周敦颐传

【题解】

周敦颐(1017~1073),字茂叔,宋道州营道县(今湖南道县)人。曾历任县主簿、县令、州通判、知州、提点刑狱等官。学者称他为濂溪先生。著有《太极图说》《通书》及少量诗文等。从本传看,他在当时是一个比较廉能的中下级官吏。

周敦颐做过程颢、程颐兄弟少年时的老师,而二程是北宋理学(或称道学)的奠基人。南宋时,理学的集大成者朱熹和他的学友张栻等人很尊崇周敦颐,朱熹搜集、整理和注解过他的著作,并确认二程的思想学说源出于他。这一看法后来得到多数人承认。但也有一些学者根据二程的著作、言论中对周氏并未十分推崇之类的理由,提出过不同的看法。但这种看法只是注意到一些表面现象,而没有从思想学说的内部联系上观察问题,因而难以成立。至今大多数学者承认周氏是北宋理学的先驱。

【原文】

周敦颐,字茂叔,道州营道人。元名敦实,避英宗旧讳改焉。以舅龙图阁学士郑向任,为分宁主簿。有狱久不决,敦颐至,一讯立辨。邑人惊曰:"老吏不如也。部使者荐之,调南安军司理参军。有囚法不当死。转运使王逵欲深治之。逵,酷悍吏也,众莫敢争,敦颐独与之辩,不听,乃委手版归,将弃官去,曰:"如此尚可仕乎!杀人以媚人,吾不为也。"逵悟,囚得免。

移郴之桂阳令,治绩尤著。郡守李初平贤之,语之曰:"吾欲读书,何如?"敦颐曰:"公老无及矣,请为公言之。"二年,果有得。徙知南昌,南昌人皆曰:"是能辩分宁狱者,吾属得所诉矣。"富家大姓、黠吏恶少,惴惴焉不独以得罪于令为忧,而又以污秽善政为耻。历合州判官,事不经手,吏不敢决,虽下之,民不肯从。部使者赵抃惑于谮口,临之甚威,敦颐处之超然。通判虔州,抃守虔,熟视其所为,乃大悟,执其手曰:"吾几失君矣,今而后乃知周茂叔也。"。

熙宁初,知郴州,用抃及吕公著荐,为广东转运判官,提点刑狱,以洗冤泽物为己任。行部不惮劳苦,虽瘴疠险远,亦缓视徐按。以疾求知南康军,因家庐山莲花峰下,前有溪,合于湓江,取营道所居濂溪以名之。抃再镇蜀,将奏用之,未及而卒,年五十七。

黄庭坚称其"人品甚高，胸怀洒落，如光风霁月。廉于取名而锐于求志，薄于徼福而厚于得民，菲于奉身而燕及茕嫠，陋于希世而尚友千古。"

博学力行，著《太极图》，明天理之根源，究万物之终始。其说曰：

无极而太极，太极动而生阳。动极而静，静而生阴，静极复动。一动一静，互为其根。分阴分阳，两仪立焉。阳变阴合，而生水、火、木、金、土；五气顺布，四时行焉。五行一阴阳也，阴阳一太极也，太极本无极也。五行之生也，各一其性。无极之真，二五之精，妙合而凝，乾道成男，坤道成女。二气交感，化生万物，万物生生，而变化无穷焉。惟人也得其秀而最灵。形既生矣，神发知矣。五性感动，而善恶分，万事出矣，圣人定之以中正仁义而主静，立人极焉。故圣人与天地合其德，日月合其明，四时合其序，鬼神合其吉凶。君子修之吉，小人悖之凶。故曰："立天之道，曰阴与阳；立地之道，曰柔与刚；立人之道，曰仁与义。"又曰："原始反终，故知死生之说。"大哉《易》也，斯其至矣。

又著《能书》四十篇，发明太极之蕴。序者谓其"言约而道大，文质而义精，得孔、孟之本源，大有功于学者也。"

掾南安时，程珦通判军事，视其气貌非常人，与语，知其为学知道，因与为友，使二子颢、颐往受业焉。敦颐每令寻孔、颜乐处，所乐何事，二程之学源流乎此矣。故颢之言曰："自再见周茂叔后，吟风弄月以归，有'吾与点也'之意。"侯师圣学于程颐，未悟，访敦颐，敦颐曰："吾老矣，说不可不详。"留对榻夜谈，越三日乃还。颐惊异之，曰："非从周茂叔来耶？"其善开发人类此。

嘉定十三年，赐谥曰元公。淳祐元年，封汝南伯，从祀孔子庙庭。

二子：寿、焘。焘官至宝文阁待制。

【译文】

周敦颐，字茂叔，营州营道县人。原名敦实，因英宗皇帝旧名宗实，避讳改名敦颐。由于舅舅龙图阁学士郑向的保举，做了分宁县的主簿。有一件案子拖了好久不能判决，敦颐到任后，审讯一次立即弄清。县里的人吃惊说："老狱吏也比不上啊！"部使者推荐他，调任南安军司理参军。有个囚犯按法律不应当判处死刑，转运使王逵想重判他。王逵，是个残酷凶悍的官僚，大家没人敢和他争，敦颐一个人和他争辩，王逵不听，敦颐就扔下笏板回了家，打算丢官而去，说："这样还能做官吗？以杀人来拍上级的马屁，我不干。"王逵明白过来了，这个囚犯才免于一死。

改任郴州桂阳县县令，政绩尤其显著。知州李初平很尊重他，对他说："我想多读些书，怎么样？"敦颐说："您太老来不及了，请让我给您讲讲学。"两年后，李初平果然有收获。调任南昌知县，南昌人都说："这是能弄清分宁县那件疑案的人，我们有机会申诉了。"那些富家大族，狡黠的衙门小吏和恶少，惴惴不安地不单是担忧被县令判为有罪，而且又以玷污清廉的政治为耻辱。选任合州通判时，事情不经他的手，下面的人不敢做决定，即使交下去办，老百姓也不愿意。部使者赵抃被一些毁谤他的话所迷惑，对他的态度很严厉，敦颐处之泰然。后来当了虔州通判，赵抃是虔州的知州，仔细观察了他的所作所为，才恍然大悟，握着他的手说："我差点失去你这样的人才，从今以后算是了解你了。"

熙宁初，担任郴州的知州。由于赵抃和吕公著的推荐，做了广东转运判官，提点刑狱，以昭雪冤枉、泽及万民为己任。巡视所管辖的地区不怕劳苦，即使是有瘴气和险峻遥远之地，也不慌不忙地视察（而不急于离开）。因为有病请求改任南康军的知军，于是把家安置在庐山的莲化峰下，屋前有条溪水，下游与溢江合渡，就借营道县老家所在的濂溪这个名称来称呼这条溪。赵抃第二次任成都知府时，打算奏请皇帝重用他，还没有来得及敦颐就死了，享年五十七岁。

黄庭坚称赞他"人品很高，胸怀洒脱，像雨后日出时的风，万里晴空中的月，不贪图获取名声而锐意实现理想，淡于追求福禄而重视得到民心，自奉微薄而让孤寡获得安乐，不善于迎合世俗而远与古人为友"。

他博学而努力实践，写了一篇《太极图》，阐明天理的根源，探究万物的终结与起始。他的理论说：

由无极而变为太极（元气），太极运动而产生阳气。运动到了极限而变为静止，静止而产生阴气。静止到了极限又变为运动。一阵儿动一阵儿静，动与静相互成为对方产生的根源。太极分化出阴气和阳气，（由阴阳二气构成的）天和地这两个仪范就形成了。阳气变化而阴气相配合，而产生水、火、木、金、土五行：五行之气按一定的先后顺序布散，春夏秋冬四季就依次出现。五行都是阴阳，阴阳都是太极，太极以无极为本源。五行产生以后，各有一种特性。无极的真实本质，阴阳五行的精粹。奇妙地相互结合而凝聚，禀受阳刚之道的成为男人，禀受阴柔之道的成为女人。阴阳二气交相感应，变化而生成万物，万物生而又生，而变化就无穷无尽了。只有人类得到了阴阳五行的优秀精华而最聪明。肉体已经产生了，精神发出智慧了。仁义礼智信五种本性对外物发生感应而产生情欲的冲动，而善和恶就区分开来了，各种好事坏事都出现了。圣人确定了中正仁义的原则而又主张静心寡欲，建立了人类行为的最高准则。所以圣人与天地的道德相符合，与日月的光明相符合，与四季的次序相符合，与鬼神的吉凶相符合。君子修养圣人之道所以吉，小人违背圣人之道所以凶。所以《周易》说："构成天道的，是阴道和阳道；构成地道的，是柔道和刚道；构成人道的，是仁和义。"又说："推原万物的开始又反观万物的终结，所以知道死和生的道理。"伟大啊《周易》，它是至高无上的真理。

敦颐又著有《通书》四十篇，揭明太极的底蕴。替它作序的人说"它的语言简练而道理博大，文章质朴而义理精深，探求到了孔、孟子学说的本源，是极大地有功于学术的"。

敦颐担任南安军司理参军时，程珦担任通判军事，看到他的气质和相貌不是普通人，与他谈话，知道他研究学术懂得大道，因而和他做了朋友，派两个儿子程颢、程颐去他哪里接受教育。敦颐每每叫他们探寻孔子、颜回快乐的地方。所乐意做的是什么事，二程的学术思想正是从这里发源而变成巨流。所以程颢的话说："自从再次见到周茂叔后，吟风弄月地回来，有孔子'我赞许曾点'的意境。"侯师圣受学于程颐，未能通悟，去拜访敦颐，敦颐说："我老了，讲解不能不详细。"把他留下面对面坐在两张小床上连夜谈论，过了三天才回来。程颐看到他感到十分惊奇，说："莫不是从周茂叔哪里回来吗？"他平时善于启发别人正与此相似。

嘉定十三年，御赐给他谥号叫作"元公"。淳祐元年，封他为汝南伯，在孔子庙里陪从受祭祀。

两个儿子：周寿、周焘。周焘做官做到宝文客待制。

程颢传

【题解】

程颢(1032～1085)，字伯淳，宋河南府(今洛阳市)人。曾历任县主簿、县令、监察御史、提点刑狱、州判官等。因反对王安石推行的新法，曾被贬官，后来主要从事讲学，民称明道先生或大程子。

程颢和他的弟弟程颐是北宋理学(亦称道学)的奠基人。程颢曾说："吾学虽所受，'天理'二字却是自家体贴出来。"程颐也说过类似的话。他们最早明确地把"理"或"天理"作为其哲学体系的最高范畴，所以他们的学说被称为"理学"。他们两人的著作流传到现在的有《遗书》《外书》，各自的《文集》《经说》《易传》《粹言》等六种。前四种在宋代就有合刊本，称《程氏四书》。大约从明代起，又有人将后两种加进去，称为《二程全书》，《遗书》《外书》《粹言》都是弟子们记下的语录，是研究二程思想最重要的材料，其中一部分由于记录者没有明确交代是谁所说，故有些混淆不清。两人的思想倾向相同，但也有小异。

程颢

有人认为这种差异是导致后来朱熹与陆九渊发生争论的原因之一，这有待深入研究。

【原文】

程颢，字伯淳，世居中山，后从开封徙河南。

高祖羽，太宗朝三司使。父珦，仁宗录旧臣后，以为黄陂尉。久之，知龚州。时宜獠区希范既诛，乡人忽传其神降，言"当为我南海立祠"，于是迎其神以往，至龚，珦使诘之，曰："比过浔，浔守以为妖，投祠具江中，逆流而上，守惧，乃更致礼。"珦使复投之，顺流去，其妄乃息。徙知磁州，又徙汉州。尝宴客开元僧舍，酒方行，人谨言佛光见，观者相腾践，不可禁，珦安坐不动，顷之遂定。熙宁法行，为守令者奉命唯恐后，珦独抗议，指其未便。使者李元瑜怒，即移病归，旋致仕。累转太中大夫。元祐五年卒，年八十五。

珦慈恕而刚断，平居与幼贱处，唯恐有伤其意，至于犯义理，则不假也。左右使令之

人，无日不察其饥饱寒燠。前后五得任子，以均诸父之子孙。嫁遣孤女，必尽其力。所得奉禄，分赡亲戚之贫者。伯母寡居，奉养甚至。从女兄既适人而丧其夫。珦迎以归，教养其子，均于子侄。时官小禄薄，克己为义，人以为难。文彦博、苏颂等九人表其清节，诏赐帛二百，官给其葬。

颢举进士，调鄠、上元主簿。鄠民有借兄宅居者，发地得瘞钱，兄之子诉曰："父所藏。"颢问："几何年？"曰："四十年。""彼借居几时？"曰："二十年矣。"遣吏取十千视之，谓诉者曰："今官所铸钱，不五六年即遍天下，此皆未藏前数十年所铸，何也？"其人不能答。茅山有池，产龙如晰蜴而五色。祥符中尝取二龙入都，半涂失其一，中使云飞空而逝。民俗严奉不懈，颢摘而脯之。

为晋城令，富人张氏父死，旦有老叟踵门曰："我，汝父也。"子惊疑莫测，相与诣县。叟曰："身为医，远出治疾，而妻生子，贫不能养，以与张。"颢质其验。取怀中一书进，其所记曰："某年月日，抱儿与张三翁家。"颢问："张是时四十，安得有翁称？"叟骇谢。

民税粟多移近边，载往则道远，就籴则价高。颢择富而可任者，预使贮粟以待，费大省。民以事至县者，必告以孝弟忠信，入所以事其父兄，出所以事其长上。度乡村远近为伍保，使之力役相助，患难相恤，而奸伪无所容。凡孤废者，责之亲戚乡党，使无失所。行旅出于其途者，疾病皆有所养，乡必有校，暇时亲至，召父老与之语。儿童所读书，亲为正句读，教者不善，则为易置。择子弟之秀者，聚而教之。乡民为社会，为立科条，旌别善恶，使有劝有耻。在县三岁，民爱之如父母。

熙宁初，用吕公著荐，为太子中允、监察御史里行。神素知其名，数召见。每退，必曰："频求对，欲常常见卿。"一日，从容咨访，报正午，始趋出，庭中人曰："御史不知上未食乎？"前后进说甚多，大要以正心窒欲、求贤育材为言，务以诚意感悟主上。尝劝帝防未萌之欲，及勿轻天下士，帝俯躬曰："当为卿戒之。"

王安石执政，议更法令，中外皆不以为便。言者攻之甚力。颢被旨赴中堂议事，安石方怒言者，厉色待之。颢徐曰："天下事非一家私议，愿平气以听。"安石为之愧屈。自安石用事，颢未尝一语及于功利。居职八九月，数论时政，最后言曰："智者若禹之行水，行其所无事也；舍而之险阻，不足以言智。自古兴治立事，未有中外人情交谓不可而能有成者，况于排斥忠良，沮废公议，用贱陵贵，以邪干正者乎！正使徼幸有小成，而兴利之臣日进，尚德之风浸衰，尤非朝廷之福。"遂乞去言职。安石本与之善，及是虽不合，犹敬其忠信，不深怒，但出提点京西刑狱。颢固辞，改签书镇宁军判官。司马光在长安，上疏求退，称颢公直，以为己所不如。

程昉治河，取澶卒八百而虐用之，众逃归，群僚畏昉，欲亟纳。颢曰："彼逃死自归，弗纳必乱，若昉怒，吾自任之。"即亲往启门抚劳，约少休三日复役，众欢踊而入。具以事上，得不遣。昉后过州，扬言曰："澶卒之溃，盖程中允诱之，吾且诉于上。"颢闻之，曰："彼方惮我，何能为！"果不敢言。

曹村埽决，颢谓郡守刘涣曰："曹村决，京师可虑，臣子之分，身可塞亦所当为盖尽遣厢卒见付。"涣以镇印付颢，立走决所，激谕士卒。议者以为势不可塞，徒劳人尔。颢命善泅者度决口,引巨索济众,两岸并进,数日而合。

求监洛河竹木务,历年不叙伐阅,特迁太常丞。帝又欲使修《三经义》,执政不可,命知扶沟县。广济、蔡河在县境,濒河恶子无。生理,专胁取行舟财货,岁必焚舟十数以立威。颢捕得一人,使引其类,贳宿恶,分地处之,令以挽缚为业,且察为奸者,自是境无焚剽患。内侍王中正按阅保甲,权焰章震。诸邑竞侈供张悦之,主吏来请,颢曰:"吾邑贫,安能效他邑。取于民,法所禁也,独有令故青帐可用尔。"除判武学,李定劾其新法之初首为异论。罢归故官。又坐狱逸囚,责监汝州盐税。哲宗立,召为宗正丞,未行而卒,年五十四。

颢资性过人,充养有道,和粹之气,盎于面背,门人交友从之数十年,亦未尝见其忿厉之容。遇事优为,虽当仓卒,不动声色。自十五六时,与弟颐闻妆周敦颐论学,遂厌科举之习,慨然有求道之志。泛滥于诸家,出入于老释者几十年,返求诸《六经》而后得之。秦、汉以来,未有臻斯理者。

教人自致知至于知止,诚意至于平天下,洒扫应对至于穷理尽性,循循有序。病学者厌卑近而骛高远,卒无成焉,故其言曰:

道之不明,异端害之也。昔之害近而易知,今之害深而难辨;昔之惑人也乘其迷暗,今之惑人也因其高明。自谓之穷神知化,而不足以开物成务;言为无不周遍,实则外于伦理;穷深极微。而不可以入尧舜之道。天下之学,非浅陋固滞,则必入于此。自道之不明也,是皆正路之蓁芜,圣门之蔽塞,辟之而后可以入道。

颢之死,士大夫识与不识,莫不哀伤焉。文彦博采众论,题其墓曰"明道先生"。其弟颐序之曰:"周公没,圣人之道不行;孟轲死,圣人之学不传。道不行,百世无善治;学不传,千载无真儒。无善治,士犹得以明夫善治之道,以淑诸人,以传诸后;无真儒,则贸贸焉莫知所之,人欲肆而天理灭矣。先生生于千四百年之后,得不传之学于遗经,以兴起斯文为己任,辨异端,辟邪说,使圣人之道焕然复明于世,盖自孟子之后,一人而已。然学者于道不知所向,则孰知斯人之为功;不知所至,则孰知斯名之称情也哉。"

嘉定十三年,赐谥曰纯公。淳祐元年,封河南伯,从祀孔子庙庭。

【译文】

程颢。字伯淳,世代居住在中山府,后来又从开封府迁到河南府。高祖程羽,在太宗朝任三司使。父亲程珦,仁宗时录用旧臣的后代,让他当了黄陂县尉。好久以后,当了龚州知州。当时宜州少数民族首领区希范已经被处死,但乡里人忽然传说他的灵魂从天而降,说"应当替我在南海建立祠堂",于是大家迎了他的神主牌子去南海,经过龚州,程珦派人去盘问,回答说:"不久前经过浔州,浔州知州认为是妖怪,把祭具扔到江里,祭具却逆流而上,知州害怕了,就反而给送了礼。"程珦让人也把祭具投到江里,祭具顺流而去,这桩怪事就平息了。改任磁州知州,又改任汉州知州。曾在开元寺的僧房里宴请客人,刚开始敬酒,许多人闹着说佛光出现,看的人竞相奔跑践踏,无法禁止,程珦安坐不动,秩序顷刻安定下来。熙宁年间新法推行,当知府县令的执行命令唯恐落后,只有程珦表示反对,指斥它不适宜。使者李元瑜大怒,程颢就写信说有病回了家,随即辞官。后来逐步升到太中大夫。元祐五年去世,享年八十五岁。

程珦仁慈宽厚而又刚强果断,平时和年幼或卑贱的人相处,唯恐对他们的心意有所伤害,但如果违犯了义理,则不予宽假。对身边听使唤的人,没一天不注意观察他们的饥寒饱暖。先后五次得到保举儿子做官的名额,都拿来均分给伯父叔父的儿孙。出嫁家族中死了父亲的女儿,必定尽自己的力量。所得到的俸禄,分出一部分赡养亲戚中的穷人。伯母死了丈夫,程珦奉养她很周到。堂姐嫁人后死了丈夫,程珦接她回来,教养她的儿子,和自己的儿子侄子平等对待。那时官小俸禄少,克己做好事,人们认为不容易。文彦博、苏颂等九人上书表彰他清正的节操,皇帝下诏赐给他帛二百匹,由官家供给丧葬费用。

程颢中了进士,先后调任鄠县、上元县主簿。鄠县民间有一个借哥哥的房子居住的,控地时得到一批陪葬的铜钱,哥哥的儿子申诉说:“这是当年我父亲埋藏的。”程颢问:“埋藏多少年了?”说:“四十年。”“你叔叔借住多少年了?”说:“二十年。”程颢派人取来十千钱仔细看过后,对申诉者说:“现在官家所铸的钱,不用五六年就能遍布天下,而这些钱都是没有埋藏之前好几十年所铸的,这是为什么?”那个人不能回答。上元县茅山中有个水池,出产一种龙样子像蜥蜴而五色斑斓。大中祥符年间曾捉了两条送到京城里去,半路上丢失一条,太监们说是飞到空中跑掉了。民间风俗对这种动物一直认真祭祀不敢松懈,程颢叫人捉来杀了做成肉干。

当晋城县令时,财主张某的父亲死了,一天早晨有个老头儿上门对张某说:“我,是你的父亲。”张某又惊又疑弄不明白,一起来到县衙门。老头儿说:“自己当医生,老远出门给人治病,而妻子在家生了孩子,贫穷没法养活,就把孩子送给了张家。”程颢质问他有何证据,老头儿从怀里拿出一张文书,上面所记载的是:“某年某月某日,抱着孩子给了张三翁家。”程颢问:“张某的父亲那时才四十岁,哪能有‘翁’的称呼?”老头儿吓得连声谢罪。

老百姓上税交纳的小米大多要运到边界附近去,用车子运去则道路太远,到边界附近购买则价钱太贵。程颢挑选一些有钱又可信任的人,事先让他们贮存小米等着,费用大大节省。老百姓有事到县衙门来的,必定教给他们忠悌忠信,在家怎样奉养父兄,出门怎样侍候官长。衡量村子距离的远近把老百姓组织成五家为一伍、十伍为一保,让他们有劳务互相帮助,有患难互相救护,而坏人没有容身之地。凡没有父母兄弟或残废的人,责成亲戚或邻居照顾,让他们不致流离失所。出门在外途经本地的,生了病都能得到疗养。每个乡必须有学校,空暇时亲自到校,召集父老和他们谈话。儿童所读的书,亲自替他们纠正断句和理解的错误,教师不称职,就替他们改聘,挑选子弟中最优秀的,集合起来教育培养。乡里老百姓组织会社,替他们制订章程条例,旌别好人坏人,使大家努力做好事耻于做坏事。在这个县三年,老百姓对他爱如父母。

熙宁初年,由于吕公著推荐,做了太子中允、监察御史里行。神宗久已知道他的名字,多次召见。每次退出,必定说:“以后要多争取来答复咨询,朕想要常常见到卿。”一天,神宗从容不迫地提问,报时的人说时间已到正午,程颐才急步退出,内廷太监说:“御史不知道皇上还没吃饭吗?"前后进陈的意见很多,大抵是围绕着端正心术、杜塞私欲、访求贤人和培养人才来说话,务求以诚心来感悟皇上。曾经劝皇帝预防尚未滋生的私欲,以及不要轻视天下的读书人,皇帝俯着身子说:"当会为卿而警惕这些。"

王安石执政,建议更改法令,朝廷内外都不认为适宜,议论的人攻击得很厉害。程颢奉旨到宰相办公的地方去参加讨论,王安石正恼恨议论的人,以严厉的脸色等着大家。程颢从容不迫地说:"讨论天下的大事不是一家子的私下议论,希望平心静气地听意见。"王安石为之惭愧而改变脸色。自从王安石管事,程颢从来没有讲过一句涉及功利的话。在职八九个月,几次议论时政,最后说道:"聪明人做事就像夏禹治水那样(让洪水顺其自然地从低洼的地方流走),做的是无事之事;舍弃这种办法而到险峻的地方去(筑堤防水),说不上是聪明。自古以来为振兴政治而提出的措施,没有朝廷内外的舆论都说不可以而能够有成绩的,何况还排斥忠良之士,阻拦和抹杀公众舆论,使卑贱的人欺侮高贵的人,邪恶的人侵犯正直的人呢!即使侥幸有一点小成绩,然而使追求功利的臣子一天天受重用,崇尚道德的风气一步步被破坏,尤其不是朝廷的福气。"于是请求辞去谏议的职务。王安石本来与他友好,到这时虽然意见不合,还敬重他的忠诚,不深责怪他,只让他出去担任提点京西刑狱。程颢坚决推辞,改任签书镇宁军判官。司马光在长安,上疏请求退职,称赞程颢无私正直,认为是自己所比不上的。

程昉负责治理黄河,调走澶州(镇宁军)的士兵八百人而残暴地役使他们,大家逃路回来。澶州的官吏畏惧程昉,打算不让他们进城。程颢说:"他们为着逃避死亡擅自回来,不让进来必然造反作乱。要是程昉发怒,我自己承当。"就亲自带人去开城门安抚慰劳,约定稍稍休息三天再去服役,士兵们欢喜跳跃着进了城。程颢具体详细地将事实经过报告上去,得到允许不再遣送这些人。程昉后来经过澶州,扬言说:"澶州士兵的溃逃,怕是程中允诱使的,我将向皇上申诉。"程颢听到后,说:"他正怕我,能把我怎样!"程昉果然不敢对皇上说什么。

曹村的堤防决了口,程颢对知军刘涣说:"曹村决口,京师的安全堪忧,做臣子的本分,如果用身子能堵住决口也是应当做的。何不派遣全部厢兵交付给我。"刘涣把镇守的大印交给了程颢,程颢立即带领厢兵跑到决口的地方,并激励和晓喻他们。有人发表意见认为决口的情况不可能堵住,徒然劳累大家。程颢命令善于泅水的人游过决口,拉上大绳帮助其他人渡过去,两岸的人同时并进,几天就合上了口子。

程颢请求担任洛河竹木条监督官,由于多年没有对他的功劳与资历进行考核升级,特地升他为太常丞。皇帝又想让他撰修《三经义》,宰相不赞成,就命他任扶沟县令。广济河、蔡河都流经县境,沿河的恶少没有正当生计,专门以威胁手段夺取过往船只的财物,每年必定要烧掉十来只船以示威。程颢抓到其中一人,让他供出同伙,都宽赦以往的罪恶,分别在不同地方安置,让他们以拉纤为职业。并负责监视干坏事的人,从此境内没有发生烧船抢劫的问题。宦官王中正巡视保甲,权势气焰极令人畏惧,各县争着以奢侈的帷帐和物品来取悦他。手下主事的人来请示,程颢说:"我们县穷,怎能仿效其他县。从老百姓哪里索取,是国法所禁止的,只有县令用的旧青帐可以用罢了。"任命为判武学事,李定弹劾他在刚开始实行新法时首先提出异议,撤销了任命回到原职。又因监狱里有囚犯逃路,罚他去监汝州盐税。哲宗接位,召他当宗正丞,没动身就死了。享年五十四岁。

程颢的资质超过一般人,充实和修养内心又有正确的方法,平和纯粹的气质,充分显露在外表上,学生和朋友跟随他几十年,也未曾见到过他愤怒严厉的面容。遇事善于处理,即使遇到紧急的事,也不动声色。从十五六岁时,与弟弟程颐听到汝南周敦颐议论学术,便厌弃科举的陋习,慨然有追求大道的志向。广泛地浸润于各家的学说,出入于佛家、道家之说好几十年,再回过头来从儒家的《六经》中追求然后得到了大道。从秦汉以来,没有人达到过这样高深的真理。

教导学生,从"扩展知识"到"懂得必须达到至善境界,"从"意念真诚"到"平治天下",从"洒水扫地和有礼貌地回答长者"到"穷尽万物之理和充分发扬善良本性",一步一步地有先后次序。担心学者厌弃低下浅近的东西而追求高明深远的东西,终于无所成就,所以他的言论说:

大道之所以不被人们认识,是因为异端邪说妨害了它。以往的妨害浅而容易觉察,现在的妨害深而难于辨别;以往的迷惑人是乘着对方的糊涂愚昧,现在的迷惑人是利用对方的高才大智。自己说他们能穷究神妙的道理和懂得变化的法则,却不足以启发大众的心智和成就伟大的事业;议论起来像是无所不到,实际是与伦理道德毫不相干;像是把高深微妙的道理都研究透彻了,然而不能够进入尧舜之道。天下的学术,不是浅薄卑陋固执不通,就必然进入到这类学说中去。自从大道不被人们所认识,邪恶荒诞奇怪虚妄的学说竞相兴起,堵塞了百姓的耳目,把整个天下浸泡在污泥浊水之中。即使是高才大智,为耳濡目染的学说所束缚,醉生梦死,自己还觉察不到。这些异端邪说是遍布在正确道路上的荆棘,设立在圣人门户前的障碍,只有痛加驳斥才能进入尧舜之道。

程颢的去世,士大夫不管认识不认识他,没有不悲伤的。文彦博采纳大家的意见,在他的墓碑上题写了"明道先生"的称号。他弟弟程颐叙述这个称号的缘由说:"周公去世,圣人的大道不再实行;孟子死,圣人的学术不再流传。大道不实行,百代没有好的政治;圣人的学术不流传,千年没有真正的儒者。没有好政治,儒士还可阐明走向好政治的途径,以教育好别人,以流传给后代;没有真正的儒者,则懵懵懂懂地没有人知道该走向哪里去,人欲横行而天理灭亡了。先生出生在孟子之后一千四百年,从遗留下来的经典中学到了已经失传的学术,以振兴这一文化传统为自己的责任,识别异端,驳斥邪说,使圣人的大道焕然一新地再次为世人所认识,恐怕从孟子以后,只有这样一个人而已。然而学者对于大道如果不知道有所向往,则谁能知道这个人之所以是有功的呢;不知道如何才能达到大道,则谁能知道这个称号之所以符合实际情况呢!"

嘉定十三年,御赐给他谥号叫作"纯公"。淳祐元年,封他为河南伯,在孔子庙里陪从受祭祀。

程颐传

【题解】

程颐(1033~1107),字正叔,宋河南府(今洛阳市)人。曾历任崇政殿说书、管勾西京国子监、判登闻鼓院等官。后因参与以司马光、吕公著为首的旧党活动,曾被流放,复职后又被罢官,以后主要从事讲学,世称为伊川先生或小程子。

程颐比他的哥哥程颢多活二十余年,活动和讲学的时间更长,培养的弟子也更多,其中有些知名度也很高,因此他在学术思想史上的影响比程颢更大。他的著作也比程颢多,特别是其中《易传》,在当时及后世影响较大。

【原文】

程颐,字正叔。年十八,上书阙下,欲天子黜世俗之论,以王道为心。游太学,见胡瑗问诸生以颜子所好何学,颐因答曰:

学以至圣人之道也。圣人可学而至欤?曰:"然。"学之道如何?曰:"天地储精,得五行之秀者为人,基本也真而静,其未发也,五性具焉,曰仁、义、礼、智、信。形既生矣。外物触其形而动其中矣,其中动而七情出焉,曰喜、怒、哀、乐、爱、恶、欲。情既炽而益荡,其性凿矣。是故觉者约其情,使合于中,正其心,养其性。愚者则不知制之,纵其情而至于邪僻,梏其性而亡之。

然学之道,必先明诸心,知所养,然后力行以求至,所谓"自明而诚"也。诚之之道,在乎信道笃,信道笃则行之果,行之果则守之固,仁义忠信不离乎心,造次必于是,颠沛必于是,出处语默必于是,久而弗失,则居之安,动容周旋中礼,而邪僻之心无自生矣。

故颜子所事,则曰:"非礼勿视,非礼勿听,非礼勿言,非礼勿动。"仲尼称之,则曰:"得一善则拳拳服膺,而弗失之矣。"又曰:"不迁怒,不贰过。""有不善未尝不知,知之未尝复行。"此其好之笃,学之得其道也。然圣人则不思而得,不勉而中;颜子则必思而后得,必勉而后中。其与圣人相去一息,所未至者守之也,非化之也。以其好学之心,假之以年,则不日而化矣。后人不达,以谓圣本生知,非学可至,而为学之道遂失。不求诸己,而求诸外,以博闻强记、巧文丽辞为工。荣华其言,鲜有至于道者,则今之学,与颜子所好异矣。

瑗得其文,大惊异之,即延见,处以学职。吕希哲首以师礼事颐。

治平、元丰间,大臣屡荐,皆不起。哲宗初,司马光、吕公著共疏其行义曰:"伏见河南府处士程颐,力学好古,安贫守节,言必忠信,动遵礼法。年逾五十,不求仕进,真儒者之高蹈,圣世之逸民。望擢以不次,使士类有所矜式。"招以为西京国子监教授,力辞。

寻召为秘书省校书郎。既入见。擢崇政殿说书。即上疏言:"习与智长,化与心成。

今夫人民善教其子弟者,亦必延名德之士,使与之处,以薰陶成性。况陛下春秋之富,虽睿圣得于天资,而辅养之道不可不至。大率一日之中,接贤士大夫之时多,亲寺人宫女之时少,则气质变化,自然而成。愿选名儒入侍劝讲,讲罢留之分直,以备访问,或有小失,随事献规,岁月积久,必能养成圣德。"颐每进讲,色甚庄,继以讽谏。闻帝在宫中盥而避蚁,问:"有是乎?"曰:"然,诚恐伤之尔。"颐曰:"推此心以及四海,帝王之要道也。"

神宗丧未除,冬至,百官表贺,颐言:"节序变迁,时思方切,乞改贺为慰。"既除丧,有司请开乐置宴,颐又言:"除丧而用吉礼,尚当因事张乐,今特设宴,是喜之也。"皆从之。帝尝以疮疹不御迩英累日,颐诣宰相问安否,且曰:"上不御殿,太后不当独坐。且人主有疾,大臣可不知乎?"翌日,宰相以下始奏请问疾。

苏轼不悦于颐,颐门人贾易、朱光庭不能平,合攻轼。胡宗愈、顾临诋颐不宜用,孔文仲极论之,遂出管勾西京国子监。久之,加直秘阁,再上表辞。董敦逸复摭其有怨望语,去官。绍圣中,削籍窜涪州。李清臣尹洛,即日迫遣之,欲入别叔母亦不许,明日赆以银百两,颐不受。徽宗即位,徙峡州,俄复其官,又夺于崇宁。卒年七十五。

颐于书无所不读,其学本于诚,以《大学》《语》《孟》《中庸》为标指,而达于《六经》。动止语默,一以圣人为师,其不至乎圣人不止也。张载称其兄弟从十四五时,便脱然欲学圣人,故卒得孔、孟不传之学,以为诸儒倡。其言之旨,若布帛菽粟然知德者尤尊崇之。尝言:"今农夫祁寒暑雨,深耕易耨,播种五谷,吾得而食之;百工技艺,作为器物,吾得而用之;介胄之士,被坚执锐,以守土宇,吾得而安之。无功泽及人,而浪度岁月,晏然为天地间一蠹,唯缀缉圣人遗书,庶几有补尔。"于是著《易》《春秋传》以传于世。《易传序》曰:

《易》,变易也,随时变易以从道也。其为书也,广大悉备,将以顺性命之理,通幽明之故,尽事物之情,而示开物成务之道也。圣人之忧患后世,可谓至矣。去古虽远,遗经尚存,然而前儒失意以传言,后学诵言而忘味,自秦而下,盖无传矣。予生千载之后,悼斯文之湮晦,将俾后人沿流而求源,此《传》所以作也。

"《易》有圣人之道四焉:以言者尚其辞,以动者尚其变,以制器者尚其象,以卜筮者尚其占。吉凶消长之理,进退存亡之道,备于辞,推辞考卦可以知变,象与占在其中矣。君子居则观其象而玩其辞,动则观其变而玩其占",得于辞不达其意者有矣,未有不得于辞而能通其意者也。至微者理也,至著者象也,体用一源,显微无间,观会通以行其典礼,则辞无所不备。故善学者,求言必自近,易于近乾,非知言者也。予所传者辞也,由辞以得意,则在乎人焉。

《春秋传序》曰:

天之生民,必有出类之才起而君长之,治之而争夺息,导之而生养遂,教之而伦理明,然后人道立,天道成,地道平。二帝而上,圣贤世出,随时有作,顺乎风气之宜,不先天以开人。各因时而立政。暨乎三王迭兴,三重既备,子、丑、寅之建正,忠、质、文之更尚,人道备矣,天运周矣。圣王既不复作,有天下者虽欲仿古之迹,亦私意妄为而已。事之缪,秦至以建亥为正;道之悖,汉专以智力持世;岂复知先王之道也!

夫子当周之末,以圣人不复作也,顺天应时之治不复有也,于是作《春秋》,为百王不易之大法。所谓"考诸三王而不缪,建诸天地而不悖,质诸鬼神而无疑,百世以俟圣人而不惑"者也。先儒之传,"游、夏不能赞一辞"。辞不待赞者也,言不能与于斯尔。斯道也,唯颜子尝闻之矣:"行夏之时,乘殷之辂,服周之冕,乐则《韶舞》",此其准的也。后世以史视《春秋》,谓褒善贬恶而已,至于经世之大法,则不知也。

《春秋》大义数十,其义虽大,炳如日星,乃易见也。惟其微辞隐义、时措从宜者,为难知也。或抑或纵,或予或夺,或进或退,或微或显,而得乎义理之安,文质之中,宽猛之宜,是非之公,乃制事之权衡,揆道之模范也。夫观百物然后识化工之神,聚众材然后知作室之用,于一事一义而欲窥圣人之用心,非上智不能也。故学《春秋》者,必优游涵泳,默识心通,然后能造其微也。后王知《春秋》之义,则虽德非禹、汤,尚可以法三代之治。

自秦而下,其学不传,予悼夫圣人之志不明于后世也,故作《传》以明之,俾、后之人通其文而求其义,得其意而法其用,则三代可复也。是《传》也,虽未能极圣人之蕴奥,庶几学者得其门而入矣。

平生诲人不倦,故学者出其门最多,渊源所渐,皆为名士。涪人祠颐于北岩,世称为伊川先生。嘉定十三年,赐谥曰正公。淳祐元年,封伊阳伯,从祀孔子庙庭。

【译文】

程颐,字正叔。十八岁时,到宫阙之下上书,希望天子摈弃世俗的议论,以实行王道为志向。到太学参观,看到胡瑗正向学生们提出"颜回所喜好的是什么样的学问"这个问题,程颐于是提笔答道:

做学问的目的是为了达到圣人的一套道德学问。圣人可以通过学习而达到吗?回答说:是的。学习的正确方法是什么?回答说:天地储蓄着精气,禀赋了五行之气的优秀精华的是人。人的本性是真诚而安静的,当情欲没有发生时,五种善良本性完整地具备,叫作仁、义、礼、智、信。肉体出生以后,外物接触他的肉体而动摇了他的内心,他的内心动摇而七种情欲就发生了,叫作喜、怒、哀、乐、爱、憎恶、欲望。情欲炽烈,而又越来越放纵,他的善良本性就破坏了。所以觉悟的人约束他的情欲,使之符合中道,端正他的心,修养他的本性。愚昧的人就不知道制约它,放纵他的情欲而变成邪恶,桎梏他的善良本性而使之丧失。

然而学习的方法,必须先使心里有明确的认识,知道所要修养的是什么,然后努力实践以求达到目标,这就是《中庸》所说的"从明确的认识而达到至诚的境界"。达到至诚境界的途径,在于对道的信仰深厚,对道的信仰深厚行动就会果决,行动果决对道的遵守就会牢固,仁义忠信的准则不离开心,匆忙紧急的时候必定在心里,颠沛流离的时候必定在心里,出门、在家、说话、沉默的时候都必定在心里,久久而不丧失它,就能安稳地停留在心里,动作和仪容辗转都符合礼的规范,而邪恶的思想就无从产生了。

所以颜子所从事的。就是所谓:"不合礼的不要看,不合礼的不要听,不合礼的不要说,不合礼的不要做。"孔子称赞他,就说:"学到一条好道理就牢牢记住而不忘记它啊。"

又说:"颜回不把怒气转移到不相干的人身上,不第二次犯同样的过失。""有做得不好的地方从来没有不知道的,知道了以后从来没有再去做的。"这是由于他对道的信仰深厚,学习起来又掌握了正确方法。然而圣人则是不思考就得到真理,不努力就合乎中道;颜子则必须思考以后才得到真理,必须努力以后才合乎中道。他与圣人比还有点儿差距,所未能达到的,是能严格遵守道,而不能把道融化在心里。以他那样的好学之心,老天再让他多活些年,不多久就会融化了。后来的人不通,以为圣人本来是生而知之,不是通过学习可以得到的,因而治学的正确方法便丧失了。不从自身的修养上去追求圣人的道德学问,而到身外去追求,把知识渊博、记忆牢固、文章巧妙、辞藻华丽当作真功夫,讲起道理来天花乱坠,极少有能达到圣人的道德学问的。然则现在的所谓学问,与颜子所喜好的学问根本不同啊!

胡瑗拿到他的文章,大为惊异,立即请他相见替他在太学里安排了职务。吕希哲头一个以尊师之礼侍奉程颐。

治平、元丰年间,大臣屡次推荐他做官,都不去上任。哲宗元年,司马光、吕公著一起上疏表彰他的德行说:"伏见河南府没有出仕的读书人程颐,勤于学习而崇尚古代学术,安于贫贱而严格遵守节操,说话只谈忠信,行动遵循礼法。年龄过了五十,不追求高官厚禄,确实是儒者中德行高尚的人,太平盛世的隐逸之士。希望加快提拔他而不按通常的次序,使读书人有一个效法的榜样。"皇帝下诏让他当西京的国子监教授,程颐极力推辞。

不久后召他当秘书省校书郎。入见皇帝后,提拔为崇政殿说书。程颐随即上疏说:"习惯与智慧一起培养,变化与心性一起形成。现在的老百姓中善于教育子弟的,也必定要聘请以道德著称的儒士,让子弟和他相处,以熏陶成良好的品性。何况陛下年轻,余下的时间还很富裕,虽然从天生资质中获得了聪明圣哲的优点,然而辅导培养的办法不可不极为周到。大体上一天之中,接触贤明士大夫的时间多,亲近宦官宫女的时间少,气质就会变化,自然而形成。希望挑选大儒入宫在身边劝导讲解,讲完后留在宫里分别值班,以供随时咨询,偶或有小过失,随事贡献意见进行规劝,时间长了,必定能培养成圣明的品德。"程颐每次进讲,脸色很庄重,接着便委婉地劝谏。听说皇帝在宫里盥洗时避开蚂蚁,便问:"有这回事吗?"皇帝说:"是,真怕伤害它们。"程颐说:"把这样的爱心推广到四海去,是做帝王最重要的方法。"

神宗的丧事还没有办完,冬至那天,百官上表致贺,程颐说:"节气变换,此时皇上对神宗的思念正深切,请求改祝贺为安慰。"丧事结束以后,主事官员请求开始奏乐设宴,程颐又说:"丧事结束后而举行祭神之礼,尚且应当依据事情的需要来决定奏乐,现在特地为丧事结束而奏乐设宴,这是当喜事来办了。"大家都听从了他的意见。皇帝曾因患疮疹连日不到迩英殿,程颐到宰相哪里问皇帝平安否,而且说:"皇帝不到迩英殿,太后不应当单独坐在哪里。况且主上有病,大臣可以不知道吗?"第二天,宰相以下百官才奏请问候皇上的病。

苏轼不招程颐的喜欢,程颐的门人贾易、朱光庭心里感到不平,联合起来攻击苏轼。胡宗愈、颐临底毁程颐说不宜任用,孔文仲极力弹劾程颐,于是把程颐排挤出朝廷去担任管勾西京国子监。好久以后,加直秘阁一职,程颐两次上表辞谢。董敦逸又收集他说过的一些有怨恨的话,罢了他的官。绍圣年间,革职流放到涪州。李清臣任洛阳(西京)知府,当天就强迫遣送他,想回家告别叔母也不允许,第二天赠送他一百两银子,程颐拒绝接受。徽宗接位,把他迁到峡州,不久后恢复了他的官职,到崇宁年间又剥夺了官职。死时七十五岁。

程颐什么书都读。他的学术以诚为根本,以《大学》《论语》《孟子》《中庸》为宗旨,而通向《六经》。动作、静止、说话、沉默,一切以圣人为师,不修养到圣人的境界不停息。张载称赞他们兄弟从十四五岁时起,就超脱一切只想学圣人,所以终于学到了孔子、孟子那套已经失传了的学术,而成为诸儒的先导。其学说的意义,就像棉布、丝绸、大豆、小米一样(人人都需要它),懂得道德的人尤其尊崇它。程颐曾说:"现在农夫冒着严寒、酷暑和大雨,深耕除草,播种五谷,我可以拿来吃;各行各业的技术工匠,制作器物,我可以拿来用;武装的兵士,身披坚甲手拿利器,以守卫疆土,我能够平安无事。我这种人没有什么功劳恩泽贡献给别人,而虚度光阴,安心做天地间一条蛀虫,唯有整理圣人遗留下来的书,或许对别人有些补益吧。"于是撰写了《易传》《春秋传》以流传于世。《易传》的《序》说:

《易》,变易的意思,随时变易以服从道的意思。它作为一部书,内容广博一切都包含,是要理顺人性与天命的道理,贯通看得见和看不见的事情之间的因果关系,穷尽万事万物的真实情况,而显示开通民众的心志、成就天下事业的方法。圣人的为后世操心,可以说极为周到。现在离开古代虽然久远,圣人遗下的经典还在,但是先前的儒者不理解其本意,而只把其言论传下来,后来的学者只知道背诵这些言论而忘记其深长的意味,从秦朝以后,其本意大概就失传了。我出生在千年之后,为这些人文内容的湮没不彰而悲伤,要使后人溯流而上找到源头,这就是我写作《易传》的原因。

《周易》具有圣人之道的四个方面:用它来发表言论的人重视它的卦爻辞,用它来指导行动的人重视它的卦变,用它来创制器物的人重视它的卦象,用它来预测吉凶的人重视它的占卜方法。吉与凶、消与长的道理,进与退、存与亡的缘故,都具备在卦爻辞中,推敲卦爻辞和考察卦象可以知道未来的变化,卦象与占卜方法就都包括在其中了。"君子平时则观察其卦象而玩味其卦爻辞,有所行动则观察其变化而推究其占卜方法",找到了卦爻辞而不通晓本意的人是有的,但没有不找到卦爻辞而能通晓其本意的,最微妙的是遭理,最显著的是卦象。体和用同出一源,显著与微妙没有不可逾越的界限,观察二者之间的相互汇合和沟通之点以举行其典礼,则可知卦爻辞中无所不备。所以善于学习的人,想要立言必须从浅近的地方开始,把浅近看得很容易做到的人,不是真正懂得立言的人。我所解释的是卦爻辞,由卦爻辞而探究到它的深意,则在乎读者们的努力了。

他的《春秋传》的《序》说:

天之所以生出人类,必定会有出类拔萃的人起来做他们的君长,治理他们而使相互间的争夺停止,引导他们而使生息长养的事情顺遂,教育他们而使伦理道德明确,然后人道才能够确立,天道才能够完成,地道才能够均平。尧、舜二帝以前,圣贤代代出现,随时势的需要而有所创造,都是适应当时风气的需要,而不是在天时成熟之前去人为地开创,是各自顺应时势而建立政治措施。等到夏、商、周三代圣王更迭兴起,议定礼仪、制定法度、考订文献这三项措施已经完备,立子月、丑月、寅月为正月的不同历法,和崇尚忠、崇尚质、崇尚文的不同文化精神更迭产生,于是人道完备了,天运也得到普遍体现。圣王既然不再兴起了,拥有天下的人即使想模仿古代的事迹,也不过是从私心出发胡作非为而已。以至事情的荒谬,秦代竟然立亥月为正月;正道的背叛,汉代竟依靠小聪明和权力去把持天下。哪里又能懂得什么先王之道呢!

孔夫子生当周代的末期,认为圣人不会再兴起,顺从天道适应时势的政治不会再有,于是写作了《春秋》,作为历代王者不可更改的根本法则。也就是《中庸》所谓"拿到三代圣王哪里去考核不会指为谬误,树立在天地之间不会受到反对,拿到鬼神哪里请教不会提出疑问,千年百世地等着圣人出来也不会表示困惑不解"的东西。据先儒的传说"子游、子夏都不能帮着孔子措一句辞"。其实措辞是不需要帮助的,这句话是说子游、子夏没有能力参与此事而已。《春秋》所表述的这个大道,只有颜子曾听孔子说过:"实行夏代的历法,乘坐殷代的大车,佩戴周代的礼帽,音乐则采用《韶乐》和《武乐》。"这是它的目标。后代的人把《春秋》看作史书,说它只是褒扬善的贬斥恶的,至于它包含的治理天下的根本法则,就不知道了。

《春秋》包含的重大义旨有几十个,它的义旨虽然重大,但明白得像太阳星星,是容易见到的。只有其中一些含蓄的辞句和隐晦的义旨、因时而发以适应时宜的部分,是难懂的。有的贬抑有的宽纵,有的肯定有的否定,有的奖励有的排斥,有的含蓄有的明显,而都做到了义理的稳妥、文质的适中,宽严的合宜,是非的公正,是判断事物的尺度,衡量真理的标准。观察了众多事物之后才能知道造化工夫的神妙,收集了许多种材料之后才能知道建造房屋要用哪些东西,想在一件事、一个义旨上去窥察圣人的用意,不是绝顶聪明不能办到。所以学习《春秋》的,必须从容不迫地浸泡在其中,默默记住和用心领会,才能深入到它的最含蓄微妙的地方。后来的王者懂得了《春秋》的含义,则即使不像夏禹、商汤那样的道德高尚,也还能够效法三代的政治。

自从秦代以后,《春秋》的学术不再流传,我为圣人的志向不能被后代的人理解而哀伤,所以写作《春秋传》以阐明它,使后来的人通晓其文字而求得其义旨,懂得其用意而体现其作用,三代的盛况就可以恢复。这部《春秋传》虽然没有能够穷尽圣人蕴藏书中的深奥道理,大体上还能使学习者获得一个入门的途径。

程颐平生教人不知疲倦,所以从他的门下出来的学者最多,他作为学术渊源所培养的人,都成为著名儒士。涪州人在北岩建祠堂祭祀他,世人称他为伊川先生。

嘉定十三年,御赐给他谥号叫正公。淳祐元年,封他为伊阳伯,让他在孔子庙堂里陪着受祭祀。

朱熹传

【题解】

朱熹(1130~1200),字元晦,一字仲晦,宋徽州婺源县(今江西婺源市人),出生在南剑州尤溪县(今福建尤溪市)。十九岁考中进士,历任县主簿、知军、提举浙东常平茶盐公事、知州等,但任期都不长。一生中大部分时间都从事讲学和著述。曾在建阳(今福建建阳区)芦山筑草堂以居,名为晦庵,又曾在建阳考亭乡筑室,故世人多称他为晦庵先生、考亭先生,或称其谥号为朱文公。

朱熹是我国从南宋中期开始到五四新文化运动时止学问最广博、影响也最深的学者,如同称孔子为"孔夫子"一样,也有人尊称他为"朱夫子"。他确是孔子、孟子以后在古代文化、思想、学术史上影响最大的人之一。他所写作或整理编辑的书数量也很惊人,除《文集》一百卷、《续集》十卷,字数近200万字外,本传中还列举了20余种著作,但仍不是全部。此外,他的口头讲学也由90多位门人记录,由后人分类整理成《朱子语类》一百四十卷,约200万字。其中内容涉及古代文化学术的各个方面。

朱熹

朱熹综合北宋周敦颐、张载、二程等人的学说,建立了一个庞大的理学体系,同时与理学内部的某些不同论点和理学以外的不同派别进行了持久不懈的争论,从而确立了理学在思想文化中的主导地位达七百年之久。

【原文】

朱熹,字元晦,一字仲晦,徽州婺源人。父松,字乔年,中进士第。胡世将、谢克家荐之,除秘书省正字。赵鼎都督川陕、荆、襄军马,招松为属,辞。鼎再相,除校书郎,迁著作郎。以御史中丞常同荐。除度支员外郎,兼史馆校勘,历司勋、吏部郎。秦桧决策议和,松与同列上章,极言其不可。桧怒,风御史论松怀异自贤,出知饶州,未上,卒。

熹幼颖悟,甫能言,父指天示之曰:"天也。"熹问曰:"天之上何物?"松异之。就傅,授以《孝经》,一阅,题其上曰:"不若是,非人也。"尝从群儿戏沙上,独端坐以指画沙,视之,八卦也。年十八贡于乡,中绍兴十八年进士第。主泉州同安簿,选邑秀民充弟子员,日与讲说圣贤修己治人之道,禁女妇之为僧道者。罢归请祠,监潭州南狱庙。明年,以辅臣荐,与徐度、吕广问、韩元吉同召,以疾辞。

孝宗即位，诏求直言，熹上封事言：

圣躬虽未有过失，而帝王之学不可以不熟讲。朝政虽未有阙遗，而修攘之计不可以不早定。利害休戚虽不可偏举，而本原之地不可以不加意。陛下毓德之初，亲御简策，不过风诵文辞。吟咏情性，又颇留意于老子、释氏之书。夫记诵辞藻，非所以探渊源而出治道；虚无寂灭，非所以贯本末而立大中。帝王之学，必先格物致知，以极夫事物之变，使义理所存，纤悉毕照，则自然意诚心正，而可以应天下之务。

次言：修攘之计不时定者，讲和之说误之也。夫金人于我有不共戴天之仇，则不可和也明矣。愿断以义理之公，闭关绝约，任贤使能，任贤使能，立纪纲，厉风俗。数年之后，国富兵强，视吾力之强弱，观彼衅之浅深，徐起而图之。

次言：四海利病，系斯民之休戚，斯民休戚，系守令之贤否。监司者守令之纲，朝廷者监司之本也。欲斯民之得其所，本原之地亦在朝廷而已。今之监司，妖赃狼藉、肆虐以病民者，莫非宰执、台谏之亲旧宾客。其已失势者，既按见其交私之状而斥去之；尚在势者，岂无其人，顾陛下无自而知之耳。

隆兴元年，复召。入对，其一言："大学之道在乎格物以致其知。陛下虽有生知之性，高世之行，而未尝随事以观理，即理以应事。是以举措之间动涉疑贰，听纳之际未免蔽欺，平治之效所以未著。"其二言；"君父之仇不与共戴天。今日所当为者，非战无以复仇，非守无以制胜。"且陈古先圣王所以强本折冲、威制远人之道。时相汤思退方倡和议，除熹武学博士，待次。乾道元年，促就职，既至而洪适为相，复主和，论不合，归。三年，陈俊卿、刘珙荐为枢密院编修官，待次。五年，丁内艰。六年，工部侍郎胡铨以诗人荐，与王庭珪同召，以未终丧辞。七年，既免丧，复召，以禄不及养辞。九年，梁克家相，申前命，又辞。克家奏熹屡召不起，宜蒙褒录，执政俱称之，上曰："熹安贫守道，廉退可嘉。"特改合入官，主管台州崇道观。熹以求退得进，于义未安，再辞。淳熙元年，始拜命。

二年，上欲奖用廉退，以厉风俗，龚茂良行丞相事，以熹名进，除秘书郎，力辞，且以手书遗茂良，言一时权倖。群小乘间谗毁，乃因熹再辞，即从其请，主管武夷山冲佑观。五年，史浩再相，除知南康军，降旨便道之官，熹再辞，不许，至郡，兴利除害，值岁不雨，讲求荒政，多所全活。讫事，奏乞依格推赏纳粟人。间诣郡学，引进士子与之讲论。访白鹿洞书院遗址，奏复其旧，为《学规》俾守之。明年夏，大旱，诏监司、郡守条其民间利病，遂上疏言：

天下之务莫大于恤民，而恤民之本，在人君正心术以立纪纲。盖天下之纪纲不能以自立，必人主之心术公平正大，无偏党反侧之私，然后有所系而立。君心不能以自正，必亲贤臣，远小人，讲明义理之归，闭塞私邪之路，然后乃可得而正。今宰相、台省、师傅、宾友、谏净之臣皆失其职，而陛下所与亲密谋议者，不过一二近习之臣。上以蛊惑陛下之心志，使陛下不信先王之大道，而悦于功利之卑说，不乐庄士之谠言，而安于私蛊之鄙能。下则招集天下士大夫之嗜利夫耻者，文武汇分，各入其门。所喜则阴为引援，擢置清显。所恶则密行訾毁，公肆挤排。交通货赂，所盗者皆陛下之财。命卿置将，所穷者皆陛下之柄。陛下所谓宰相、师傅、宾友、谏净之臣，或反出入其门墙，承望其风旨；其幸能自立者，亦不过踧踧自守，而未尝敢一言以斥之；其甚畏公论者，乃能略警逐共徒党之一二，既不能深有所伤，而终亦不敢正言以捣其囊橐窟穴之所在。势成威立，中外靡然向之，使陛下之号令黜陟不复出于朝廷，而出于一二人之门，名为陛下独断，而实此一二人者阴执其柄。

且云："莫大之祸，必至之忧，近在朝夕，而陛下独未之知。"上读之，大怒曰："是以我为亡也。"熹以疾请祠，不报。

陈俊卿以旧相守金陵，过阙入见，荐熹甚力，宰相赵雄言于上曰："士之好名，陛下疾之愈甚，则人之誉之愈众，无乃适所以高之。不若因其长而用之，彼渐当事任，能否自见矣。"上以为然，乃除熹提举江西常平茶盐公事。旋录救荒之劳，除直秘阁，以前所奏纳粟人未推赏，辞。

会浙东大饥，宰相王淮奏改熹提举浙东常平茶盐公事，即日单车就道，复以纳粟人未推赏，辞职名。纳粟赏行，遂受职名。入对，首陈灾异之由与修德任人之说，次言："陛下即政之初，盖尝选建英豪，任以政事，不幸其间不能尽得其人，是以不复广求贤哲，而姑取软熟易制之人以充其位。于是左右私褒使令之贱，始得以奉燕闲，备驱使，而宰相之权日轻。又虑其势有所偏，而因重以壅己也，则时听外廷之论，将以阴察此辈之负犯而操切之。陛下既未能循天理、公圣心，以正朝廷之大体，则固已失其本矣，而又欲兼听士大夫之言，以为驾驭之术，则士大夫之进见有时，而近习之从容无间。士大夫之礼貌既庄而难亲，其议论又苦而难入，近习便辟侧媚之态既足以蛊心志，其胥史狡狯之术又足以眩聪明。是以虽欲微抑此辈，而此辈之势日重，虽欲兼采公论，而士大夫之势日轻，重者既挟其重，以窃陛下之权，轻者又借力于所重，以为穷位固宠之计，日往月来，浸淫耗蚀，使陛下之德业日隳，纲纪日坏，邪佞充塞，货赂公行，兵愁民怨，盗贼间作，灾异数见，饥馑荐臻。群小相挺，人人皆得满其所欲，唯有陛下了无所得，而顾乃独受其弊。"上为动容。所奏凡七中，其一二事手书以防宣泄。

熹始拜命，即移书他郡，募米商，蠲其征，及至，则客舟之米已辐凑。熹日钩访民隐，按行境内，单车屏徒从，所至人不及知。郡县官吏惮其风采，至自引去，所部肃然。凡丁钱、和买、役法榷酤之政，有不便于民者，悉厘而革之，于救荒之余，随事处画，必为经久之计。有短熹者，谓其疏于为政，上谓王淮曰："朱熹政事却有可观。"

熹以前后奏请多所见抑，幸而从者，率稽缓后时，蝗旱相仍，不胜忧愤，复奏言："为今之计，独有断自圣心，沛然发号，责躬求言，然后君臣相戒，痛自省改。其次唯有尽出内库之钱，以供大礼之费为收籴之本，诏户部免征旧负，诏漕臣依条检放租税，诏宰臣沙汰被灾路分州军监司、守臣之无状者，遴选贤能，责以荒政，庶几犹足下结人心，消其乘时作乱之意。不然，臣恐所忧者不止于饥殍，而将在于盗贼；蒙其害者不止于官吏，而上及于国家也。"

知台州唐仲友与王淮同里为姻家，吏部尚书郑丙、侍御史张大经交荐之，迁江西提刑，未行。熹行部至台，讼仲友者纷然，按得其实，章三上，淮匿不以闻。熹论愈力，仲友亦自辩，淮乃以熹章进呈，上令宰属看详，都司陈庸等乞令浙西提刑委清强官究实，仍令熹速往旱伤州郡相视。熹时留台未行，既奉诏，益上章论，前后六上，淮不得已，夺仲友江西新命以授熹，辞不拜。遂归，且乞奉祠。

时郑丙上疏诋程氏之学以沮熹，淮又擢太府圭丞陈贾为监察御史。贾面对，首论近日缙绅有所谓"道学"者，大率假名以济伪，愿考察其人，摈弃勿用。盖指熹也。十年，诏以熹累乞奉祠，可差主管台州崇道观，既而连奉云台、鸿庆之祠者五年。十四年，周必大相，除熹提点江西刑狱公事，以疾辞，不许，遂行。

十五年，淮罢相，遂入奏，首言近年刑狱失当，狱官当择其人。次言经总制钱之病民，及江西诸州科罚之弊。而其末言："陛下即位二十七年，因循荏苒，无尺寸之效可以仰酬圣志。尝反覆思之，无乃燕闲蠖濩之中，虚明应物之地，天理有所未纯，人欲有所未尽，是以为善不能充其量，除恶不能去其根，一念之顷，公私邪正、是非得失之机，交战于其中。故体貌大臣非不厚，而便嬖侧媚得以深被腹心之寄；寤寐英豪非不切，而柔邪庸缪得以久窃廊庙之权。非不乐闻公议正论，而有时不容；非不圣谗说殄行，而未免误听；非不欲报复陵庙仇耻，而未免畏怯苟安；非不爱惜生灵财力，而未免叹息愁怨。愿陛下自今以往，一念之顷必谨而察之：此为天理耶，人欲耶？果天理也，则敬以充之，而不使其少有壅阏；果人欲也，则敬以克之，而不使其少有凝滞。推而至于言语动作之间，用人处事之际，无不以是裁之，则圣心洞然，中外融澈，无一毫之私欲得以介乎其间，而天下之事将惟陛下所欲为，无不如志矣。"是行也，有要之于路，以"正心诚意"之论上所厌闻，戒勿以为言。熹曰："吾平生所学，惟此四字，岂可隐默以欺吾君乎？"及奏，上曰："久不见卿，浙东之事，朕自知之，今当处卿清要，不复以州县为烦也。"

时曾觌已死，王抃亦逐，独内侍甘昪尚在，熹力以为言。上曰："昪乃德寿所荐，谓其有才耳。"熹曰："小人无才，安能动人主。"翌日，除兵部郎官，以足疾丐祠。本部侍郎林栗尝与熹论《易》《西铭》不合，劾熹："本无学术，徒窃张载、程颐绪余，谓之'道学'。所至辄携门生数十人，妄希孔、孟历聘之风，邀索高价，不肯供职，其伪不可掩。"上曰："林栗言似过。"周必大言熹上殿之日，足疾未瘳，勉强登对。上曰："朕亦见其跛曳。"左补阙薛叔似亦奏援熹，乃令依旧职江西提刑。太常博士叶适上疏与栗辨，谓其言无一实者，"谓之道学"一语，无实尤甚，往日王淮表里台谏，阴废正人，盖用此术。诏："熹昨入对，所论皆新任职事，朕谅其诚，复从所请，可疾速之任。"会胡晋臣除侍御史，首论栗执拗不通，喜同恶异，无事而指学者为党，乃黜栗知泉州。熹再辞免，除直宝文阁，主管西京嵩山崇福宫。未逾月再召，熹又辞。

始，熹尝以为口陈之说有所未尽，乞具封事以闻，至是投匦进封事曰：

今天下大势，如人有重病，内自心腹，外达四支，无一毛一发不受病者，且以天下之大本与今日之急务，为陛下言之：大本者，陛下之心；急务则辅翼太子，选任大臣，振举纲纪，变化风俗，爱惜民力，修明军政，六者是也。

古先圣王兢兢业业，持守此心，是以建师保之官，列谏净之职，凡饮食、酒浆、衣服、次舍、器用、财贿与夫宦官、宫妾之政，无一不领于冢宰。使基左右前后，一动一静，无不制以有司之法。而无纤芥之隙、瞬息之顷，得以隐其毫发之私。陛下所以精一克复而持守其心,果有如此之功乎?所以修身齐家而正其左右,果有如此之效乎?宫省事禁,臣固不得而知,然爵赏之滥,货赂之流,闾巷穷言,久已不胜其籍籍,则陛下所以修之家者,恐其未有以及古之圣王也。至于左右使嬖之私,恩遇过当,往者渊、觌、说、抃之徒势焰熏灼,倾动一时,今已无可言矣。独有前日臣所面陈者,虽蒙圣慈委曲开譬,然臣之愚,穷以为此辈但当使之守门传命,供扫除之役,不当假借崇长,使得逞邪媚、作淫巧于内,以荡上心,立门庭、招权势于外以累圣政。臣闻之道路,自王抃既逐之后,诸将差除,多出此人之手,陛下竭生灵膏血以奉军旅,顾乃未尝得一温饱,是皆将帅巧为名色,夺取其粮,肆行货赂于近习,以图进用,出入禁闼腹心之臣,外交将帅,共为欺蔽,以至于此。而陛下不悟,反宠匿之,以是为我之私人,至使宰相不得议其制置之得失,给谏不得论其除授之是非,则陛下所以正其左右者,未能及古之圣王又明矣。

至于辅翼太子。则自王十朋、陈良翰之后,宫僚之选号为得人,而能称其职者,盖已鲜矣。而又时使邪佞儇薄、阘冗庸妄之辈,或得参错于其间,所谓讲读,亦姑以应文备数,而未闻其有箴规之效。至于从容朝夕、陪侍游燕者,又不过使臣宦者数辈而已。师傅、宾客既不复置,而詹事、庶子有名无实,其左右春坊遂直以使臣掌之,既无以发其隆师亲友、尊德乐义之心,又无以防其戏慢媟狎、奇衺杂进之害。宜讨论前典,置师傅、宾客之官,罢去春坊使臣,而使詹事、庶子各复其职。

至于选任大臣,则以陛下之聪明,岂不知天下之事,必得刚明公正之人而后可任哉?其所以常不得如此之人,而反容鄙夫之窃位者,直以一念之间,未能彻其私邪之蔽,而燕私之好,便嬖之流,不能尽由于法度,若用刚明公正之人以为辅相,则恐其有以妨吾之事,害吾之人,而不得肆。是以选择之际,常先排摈此等,而后取凡疲懦软熟、平日不敢直言正色之人而揣摩之,又于其中得其至庸极陋,决可保其不至于有所妨者,然后举而加之于位。是以除书未出,面物色先定,姓名未显,而中外已逆知其绝非天下第一流矣。

至于振肃纪纲,变化风俗,则今日宫省之间,禁密之地,而天下不公之道,不正之人,顾乃得以窟穴盘踞于其间。而陛下目见耳闻,无非不公不正之事,则其所以熏正销铄,使陛下好善之心不著,疾恶之意不深,其害已有不可胜者矣。及其作奸犯法,则陛下又未能深割私爱,而付诸外廷之议,论以有司之法,是以纪纲不正于上,风俗颓弊于下,其为患之日久矣。而浙中为尤甚。大率习为软美之态、依阿之言,以不分是非、不辨曲直为得计,甚者以金珠为脯醢,以契券为诗文,宰相可唉则唉宰相,近习可通则通近习,惟得之求,无复廉耻。一有刚毅正直、守道循理之士出乎其间,则群讥众排,指为“道学”,而加以矫激之罪。十数年来,以此二字禁锢天下之贤人君子,复如昔时所谓元祐学术者,排摈诋辱,必使无所容其身而后已。此岂治世之事哉?

至于爱惜民力,修明军政,则自虞允文之为相也,尽取版曹岁入窠名之必可指拟者,号为岁终羡余之数,而输之内帑。顾以其有名无实、积累挂欠、空载簿籍、不可催理者,拨还版曹,以为内帑之积,将以备他日用兵进取不时之须。然自是以来二十余年,内帑岁入不知几何,而认为私贮,典以私人,宰相不得以式贡均节其出入,版曹不得以簿书勾考其在亡,日销月耗,以奉燕私之费者,盖不知其几何矣,而曷尝闻其能用此钱以易敌人之首,如太祖之言哉。徒使版曹经费阙乏日甚,督促日峻,以至废去祖宗以来破分良法,而必以十分登足为限;以为未足,则又造为比较监司、郡守殿最之法,以诱协之。于是中外承风,竞为苛急,此民力之所以重困也。诸将之求进也,必先掊克士卒,以殖私利,然后以此自结于陛下之私人,而薪以姓名达于陛下之贵将。贵将得其姓名,即以付之军中,使自什伍以上节次保明,称其材武堪任将帅,然后具奏牍而言之陛下之前,陛下但见等级推先,案牍具备,则诚以为公荐而可以得人矣,而岂知其谐价输钱,已若晚唐之债帅哉?夫将者,三军之司命,而其选置之方乖刺如此,则彼智勇材略之人,孰肯抑心下首于宦官、宫妾之门,而陛下之所得以为将帅者,皆庸夫走卒,而犹望其修明军政,激劝士卒,以强国势,岂不误哉!

凡此六事皆不可缓,而本在于陛下之一心。一心正则六事无不正,一有人心私欲以介乎其间,则虽欲愈精劳力,以求正夫六事者,亦将徒为文具,而天下之事愈至于不可为矣。

疏入,夜漏下七刻,上已就寐,亟起秉烛,读之终篇。明日,除主管太一宫,兼崇政殿说书。熹力辞,除秘阁修择,奉外祠。

光宗即位,再辞职名,仍旧直宝文阁,降诏奖谕。居数月,除江东转运副使,以疾辞,改知漳州。奏除属县无名之赋七百万,减经总制钱四百万。以习俗未知礼,采古丧葬嫁娶之仪,揭以示之,命父老解说,以教子弟。土俗崇信释氏,男女聚僧庐为传经会,女不嫁者为庵舍以居,熹悉禁之。常病经界贫弱者以为不便,沮之。宰相留正,泉人也,其里党亦多以为不可行。布衣吴禹圭上书讼其扰人,诏且需后,有旨先行漳州经界。明年,以子丧请祠。

时史浩入见,请收天下人望,乃除熹秘阁修撰,主管南京鸿庆宫。熹再辞,诏:"论撰之职,以宠名儒。"乃拜命。除荆湖南路转运副使,辞。漳州经界竟报罢,以言不用自劾。除知静江府,辞,主管南京鸿庆宫。未几,差知潭州,力辞。黄裳为嘉王府翊善,自以学不及熹,乞召为宫僚,王府直讲彭龟年亦为大臣言之,留正曰:"正非不知熹,但其性刚,恐到此不合,反为累耳。"熹方再辞,有旨:"长沙巨屏,得贤为重。"遂拜命。会洞獠扰属郡,熹遣人谕以祸福,皆降之。申敕令,严武备,戢奸吏,抑豪民。所至兴学校,明教化,四方学者毕至。

宁宗即位,赵汝愚首荐熹及陈傅良,有旨赴行在奏事。熹行且辞,除焕章阁待制、侍讲,辞,不许。入对,首言:"乃者,太皇太后躬定大策,陛下寅绍丕图,可谓处之以权,而庶几不失其正。自顷至今三月矣,或反不能无疑于逆顺名实之际,窃为陛下忧之。犹有可诿者,亦曰陛下之心,前日未尝有求位之计,今日未尝忘思亲之怀,此则所以行权而不失其正之根本也。充未尝求位之心,以尽负罪引慝之诚,充未尝忘亲之心,以致温清定省之礼,而大伦正,大本立矣。"复面辞待制、侍讲,上手札:"卿经术渊源,正资劝讲,次对之职,勿复劳辞,以副朕崇儒重道之意。"遂拜命。

会赵彦逾按视孝宗山陵,以为土肉浅薄,下有水石。孙逢吉覆按,乞别求吉兆。有旨集议,台史惮之,议中辍。熹竟上议状言:"寿皇圣德,衣冠之藏,当博访名山,不宜偏信台史,委之水泉沙砾之中。"不报。时论者以为上未还大内,则名体不正而疑议生;金使且来,或有窥伺。有旨修葺旧东宫,为屋三至百间,欲徙居之。熹奏疏言:

此必左右近习倡为此说以误陛下,而欲因以遂其奸心。臣恐不惟上帝震怒,灾异数出,正当恐惧修省之时,不当兴此大役,以咈谴告警动之意;亦恐畿甸面姓铠饿流离,陷于死亡之际,或能怨望忿切,以生他变。不惟无以感格太上皇帝之心,以致未有进见之期,亦恐寿皇在殡,因山未卜,几筵之奉不容少弛,太皇太后、皇太后皆以尊老之年,茕然在忧苦之中,晨昏之养尤不可阙。而四方之人,但见陛下亟欲大治宫室,速得成就,一旦翩然委而去之,以就安便,六军万民之心将有扼腕不平者矣。前鉴未远,甚可惧也。

又闻太上皇后惧怍太上皇帝圣意,不欲其闻太上之称,又不欲其闻内禅之说,此又虑之过者。殊不知若但如此,而不为宛转方便,则父子之间,上怨怒而下忧恐,将何时而已。父子大伦,三纲所系,久而不图,亦将有借其名以造谤生事者,此又臣之所惧也。愿陛下明诏大臣,首罢修葺东宫之役,而以其工料回就慈福、重华之间,草创寝殿一二十间,使粗可居。若夫过宫之计,则臣又愿陛下下诏自责,减省舆卫,入宫之后,暂变服色,如唐肃宗之改服紫袍、执控马前者,以伸负罪引慝之诚,则太上皇帝虽有忿怒之情,亦且霍然消散,而欢意浃洽矣。

至若朝廷之纪纲,则臣又愿陛下深诏左右,勿预朝政。其实有勋庸而所得褒赏未惬众论者,亦诏大臣公议其事,稽考令典,厚报其劳。而凡号令之弛张,人才之进退,则一委之二三大臣,使之反覆较量,勿循己见,酌取公论,奏而行之。有不当者,缴驳论难,择其善者称制临决,则不惟近习不得干预朝权,大臣不得专任己私,而陛下亦得以益明习天下之事,而无所疑于得失之算矣。

若夫山陵之卜,则愿黜台史之说,别求草泽,以营新宫,使寿皇之遗体得安于内,而宗社生灵皆蒙福于外矣。

疏入不报,然上亦未有怒熹意也。每以所讲编次成帙以进,上亦开怀容纳。

熹又奏勉上进德云:"愿陛下日用之间,以求放心为之本,而于玩经观史,亲近儒学,益用力焉。数召大臣,切劘治道,群臣进对,亦赐温颜,反覆询访,以求政事之得失,民情之休戚,而又因以察其人才之邪正短长,庶于天下之事各得其理。"熹奏:"礼经敕令,子为父,嫡孙承重为祖父,皆斩衰三年,嫡子当为其父后,不能袭位执丧,则嫡孙继统而代之执丧。自汉文短丧,历代因之,天子遂无三年之丧。为父且然,则嫡孙承重可知。人纪废坏,三纲不明,千有余年,莫能厘正。寿皇圣帝至性自天,易月之外,犹执通丧,朝衣朝冠皆用大布,所宜著在方册,为万世法程。间者,遗诰初颁,太上皇帝偶违康豫,不能躬就丧次。陛下以世嫡承大统,则承重之服著在礼律,所宜遵寿皇已行之法。一进仓卒,不及详议,遂用漆纱浅黄之服,不惟上违礼律,且使寿皇已行之礼举而复坠,臣窃痛之。然既往之失不及追改,唯有将来启殡发引,礼当复用初丧之服。"

会孝宗祔庙,议宗庙迭毁之制,孙逢吉、曾三复首请并祧僖、宣二祖,奉太祖居第一室,祫祭则正东向之位。有旨集议:僖、顺、翼、宣四祖祧主,宜有所归。自太祖皇帝首尊四祖之庙,治平间,议者以世数浸远,请迁僖祖于夹室。后王安石等奏,僖祖有庙,与稷、契无异，请复其旧。时相赵汝愚雅不以复祀僖祖为然，侍从多从其说。吏部尚书郑侨欲且祧宣祖而祔孝宗。熹以为藏之夹室，则是以祖宗之主下藏于子孙之夹室，神宗复奉以为始祖，已为得礼之正，而合于人心，所谓有举之而莫敢废者乎。又拟为《庙制》以辨，以为物岂有无本而生者。庙堂不以闻，即毁撤僖、宣庙室，更创别庙以奉四祖。

始，宁宗之立，韩侂胄自谓有定策功，居中用事。熹忧其害政，数以为言，且约吏部侍郎彭龟年共论之。会龟年出护使客，熹乃上疏斥言左右窃柄之失，在讲筵复申言之。御批云："怜卿耆艾，恐难立讲，已除卿宫观。"汝愚袖御笔还上，且谏且拜。同侍王德谦径以御笔付熹，台谏争留，不可。楼钥、陈傅良旋封还录黄，修注官刘光祖、邓驲封章交上。熹行，被命除宝文阁待制，与州郡差遣，辞。寻除知江陵府，辞，仍乞追还新旧职名，诏依旧焕章阁待制，提举南京鸿庆宫。庆元元年初，赵汝愚既相，收召四方知名之士，中外引领望治，熹独惕然以侂胄用事为虑。既屡为上言，又数以手书启汝愚，当用厚赏酬其劳，勿使得预朝政，有"防微杜渐，谨不可忽"之语。汝愚方谓其易制，不以为意。及是，汝愚亦以诬逐，而朝廷大权悉归侂胄矣。

熹始以庙议自劾，不许，以疾再乞休致，诏："辞职谢事，非朕优贤之意，依旧秘阁修撰。"二年，沈继祖为监察御史，诬熹十罪，诏落职罢祠，门人蔡元定亦送道州编管。四年，熹以年近七十，申乞致仕，五年，依所请。明年卒，年七十一。疾且革，手书属其子在及门人范念德、黄干，拳拳以勉学及修正遗书为言。翌日，正坐整衣冠，就枕而逝。

熹登第五十年，仕于外者仅九考，立朝才四十日。家故贫，少依父友刘子羽，寓建之崇安，后徙建阳之考亭，箪瓢屡空，晏如也。诸生之自远而至者，豆饭藜羹，率与之共，往往称贷于人以给用，而非其道义则一介不取也。

自熹去国，侂胄势益张。何澹为中司，首论专门之学，文诈沽名，乞辨真伪。刘德秀仕长沙，不为张栻之徒所礼，及为谏官，首论留正引伪学之罪。《伪学》之称，盖自此始。太常少卿胡纮言："比年伪学猖獗，图为不轨，望宣谕大臣，权住进拟。"遂召陈贾为兵部侍郎。未几，熹有夺职之命，刘三杰以前御史论熹、汝遇、刘光祖、徐谊之徒，前日之伪党，至此又变而为逆党。即日除三杰右正言。右谏议大夫姚愈论道学权臣结为死党，窥伺神器。乃命直学士院高文虎草诏谕天下，于是攻伪日急，选人余吉至上书乞斩熹。

方是时，士之绳趋尺步、稍以儒名者，无所容其身。从游之士，特立不顾者，屏伏丘壑；依阿巽懦者，更名他师，过门不入，甚至变易衣冠，狎游市肆，以自别其非党。而熹日与诸生讲学不休，或劝以谢遣生徒者，笑而不答。有籍田令陈景思者，故相康伯之孙也，与侂胄有姻连，劝侂胄勿为已甚，侂胄意亦渐悔。熹既没，将葬，言者谓：四方伪徒期会，送伪师之葬，会聚之词，非妄谈时人短长，则缪议时政得失，望令守臣约束。从之。

嘉泰初，学禁稍弛。二年，诏："朱熹已致仕，除华文阁待制，与致仕恩泽。"后侂胄死，诏赐熹遗表恩泽，谥曰文。寻赠中大夫，特赠宝谟阁直学士。理宗宝庆三年，赠太师，追封信国公，改徽国公。

始，熹少时，慨然有求道之志。父松病亟，尝属熹曰："籍溪胡原仲、白水刘致中、屏山刘彦冲三人，学有渊源，吾所敬畏，吾即死，汝往事之，而惟其言之听。"三人，谓胡宪、刘勉之、刘子翚也。故熹之学既博求之经传，复遍交当世有识之士。延平李侗老矣，尝学于罗从彦，熹归自同安，不远数百里，徒步往从之。

其为学，大抵穷理以致其知，反躬以践其实，而以居敬为主，尝谓圣贤道统之传散在方册，圣经之旨不明，而道统之传始晦。于是竭其精力，以研穷圣贤之经训。所著书有：《易本义》《启蒙》《蓍卦考误》，《诗集传》，《大学中庸章句》《或问》，《论语》《孟子集注》《太极图》《通书》《西铭解》《楚辞集注》《辨证》《韩文考异》所编次有：《论孟集议》，《孟子指要》《中庸辑略》《孝经刊误》《小学书》《通监纲目》《宋名臣言行录》《家礼》《近思录》《河南程氏遗书》《伊洛渊源录》，皆行于世。熹没，朝廷以其《大学》《语》《孟》《中庸》训说立于学官。又有《仪礼经传通解》未脱稿，亦在学官。平生为文凡一百卷，生徒问答凡八十卷，别十卷。

理宗绍定末，秘书郎李心传乞以司马光、周敦颐、邵雍、张载、程颢、程颐、朱熹七人列于从礼，不报，淳祐元年正月，上视学，手诏以周、张、二程及熹从祀孔子庙。

黄干曰："道之正统待人而后传，自周以来，任传道之责者不过数人，而能使斯道章章较著者，一二人而止耳。由孔子而后，曾子、子思继其微，至孟子而始著。由孟子而后，周、程、张子继其绝，至熹而始著。"识者以为知言。

熹子在，绍定中为吏部侍郎。

【译文】

朱熹，字元晦，又字仲晦，徽州婺源县人。父亲朱松，字乔年，考中进士。胡世将、谢克家推荐他，任命为秘书省正字。赵鼎都督川陕荆襄军马时，招聘朱松作他的下属，朱松推辞。赵鼎再次当宰相，任命他为校书郎，后来又升为著作郎。由于御史中丞常同的推荐，任命为度支员外郎，兼任史馆校勘，后来历任司勋、吏部郎。秦桧决策与金人议和，朱松和同级官员上书，极力争辩说不应当。秦桧大怒，暗示御史弹劾朱松怀有异心而自以为高明，让他离开京师去任饶州的知州。

朱熹小时很聪明，刚会说话，父亲指着天给他看说："这是天。"朱熹问道："天的上边是什么？"朱松极为惊异。从师后，老师给他一本《孝经》，一读，就在上面题字说："不这样，不是人。"曾跟一群小孩在沙上玩，独自端端正正坐着用指头在沙上画，别人一看，画的是八卦。十八岁，成为本地的贡生，绍兴十八年中了进士。任泉州同安县主簿，挑选本县的优秀人才充当县立学校的学生，天天和他们讨论圣贤修养自身治理人民的学问，妇女中当尼姑道士的一律禁止。罢官回来后请求做宫观官，当了潭州南岳庙监。第二年，由于宰辅大臣的推荐，和徐度、吕广问、韩元吉一同被召，以有病为理由推辞。

孝宗接位，下诏征求直言，朱熹上了一份密封的奏章说：

圣上本身虽然没有过错，然而帝王之学不能不精心研究。朝廷政治虽然没有失误，然而治军退敌的谋略不能不早些确定。关系国家的利与害、百姓的乐与忧的事情虽然不可能一一亲自去办，然而属于根源本体的地方（心性修养）不能不加以注意。陛下养德的早期，亲自披览书籍，不过是背诵文学作品，抒发感情，又很留心读道家、佛家的书。背诵华丽的辞藻，不足以探求万事万物的根源而领悟出治国平天下的途径;佛道虚无寂灭的学说，不足以贯通本末而树立起大中至正的胸怀。帝王的学问，必须先研究事物而穷尽知识，以彻底了解事物的变化，使存在于事物中的义理，都能精细详尽地照察到，自然就会意念诚实和心术端正，而能够应付天下的事务了。

其次说:

治军退敌的计谋不能及时确定，是由于讲和的主张耽误了它。金人和我们有不共戴天之仇，然则不能讲和十分明显。希望依照公认的是非标准做出决断，封闭关卡，废除和约，任用贤能，建立法纪，激励风俗。几年之后，国富兵强，衡量我方力量的强弱，观察对方内部裂缝的深浅，慢慢起来设法打败它。

其次又说:

国家的利与害，决定于百姓的乐与忧;百姓的乐与忧，决定于州县官的好与坏。各路监察司法官是决定州县官好坏的主要因素，朝廷又是决定监察司法官好坏的根本关键。想要使老百姓得到安乐，根本的关键也就在朝廷而已。现在的监察司法官员，犯法贪污声名狼藉、放肆作恶以祸害百姓的，没有一个不是宰相执政和御史谏官的亲戚朋友与门客。基本已失去势位的，固然已经觉察到他们私相串通的情状而罢斥掉了;不占据势位的，难道就没有这种人，不过陛下无从知道罢了。

隆兴元年，又召朱熹。入宫答对，第一是说:"古代大学中的教育之道在于研究事物以穷尽知识。陛下虽然有生而知之的天性，高于一般人的品行，然而不曾随所遇到的事情来观察天理，按照天理来处理事情。因而办事之中动不动产生怀疑犹豫，听取意见之时不免受到蒙蔽欺骗，治国平天下的功效因此未能显著。"第二是说:"君父的仇敌是不能与之共同顶着一个天活着的。现在所应当做的，不是进行战争就无法报仇，不是坚决抵抗就无法取胜。"而且陈述了古代圣明的王者用以加强国本、挫败进攻、威胁和制服远方敌人的办法。当时的宰相汤思退正在倡导和平谈判，任命朱熹为武学博士，但要他等着按次序上任。乾道元年，催他就职，刚到任而洪适当了宰相，又主张和谈，意见不合，就回了家。三年，陈俊卿、刘珙推荐他当枢密院编修官，等着按次序上任。五年，遭母亲的丧事。六年，工部侍郎胡铨把他作为诗人推荐，与王庭珪同时被召，以没有服完丧的理由推辞。七年，已经服完丧，又召他，以俸禄不够养家的理由推辞。九年，梁克家当宰相，重申以前的命令，又推辞。梁克家上奏说朱熹屡次召他都不上来，应当受到褒扬录用，执政大臣们也都称赞他，皇上说:"朱熹安于贫贱，遵守正道、廉洁谦退，值得嘉许。"特地将召回待合改为召回当官，主管台州的崇道观。朱熹认为想要谦退却得到了官职，在道义上不大妥当，再次推辞。淳熙元年，才应命上任。

二年，皇上想奖励和任用廉洁谦退的人，来激励风俗，当时袭茂良行丞相事，把朱熹的名字呈上去，任命为秘书郎，朱熹极力推辞，并且将亲笔信送给袭茂良，议论了当时一些权贵宠臣。一群小人乘机进行毁谤，于是乘朱熹再次推辞，就同意了他的请求，让他去主管武夷山的冲佑观。五年，史浩再次当宰相，任命他为南康军知军，降下圣旨让他走便道上任，朱熹再次推辞，不允许。到达后，采取了兴利除害各种措。正值当年气候干旱，注重实行救荒政策,保全救活了许多人,事情办完后,奏请依照规定赏赐捐献过粮食的人。有空就到州立学校去,召见学生们一起讨论学术。考察了白鹿洞书院的遗址,奏请恢复原来的样子,草拟了《学规》让书院的人遵守。第二年夏天,发生大旱,皇帝下诏叫各路监察司法官和州官逐条陈述百姓的福利和痛苦,于是上疏说:

天下的事务没有比关怀百姓更重大的,而关怀百姓的根本,在于君主要端正心术以建立法纪。这是因为天下的法纪不可能自然地建立起来,必须君主的心术公平正大,没有偏袒的不正直的私心,然后才能有所依赖而建立起来。君主的心术也不可能自然端正起来,必须亲近贤臣,疏远小人,研究清楚义理的归宿所在,堵塞住通向邪恶的道路,然后才有可能端正起来。现在宰相、三省长官、师傅、宾友、谏议官都丧失了他们的职权,而陛下与之亲密商议的,不过是一两个近身侍候的臣子。这种人对上则迷惑陛下的心意,使陛下不相信先王治国的大道,而喜爱急功近利的卑下论调,不爱听正派人士的好话,而习惯于私相亲匿逢迎的丑态;对下则招集天下士大夫中贪图私利、卑鄙无耻的人,文的和武的区分开来,各自投奔他们的门下。所喜欢的就暗下拉拢,提拔到显要的位置上;所讨厌的人就暗地进行毁谤,公开放肆地排挤。相互进行贿赂,所盗窃的都是陛下的财富;任命高官、安排大将,所盗窃的都是陛下的权柄。陛下的所谓宰相、师傅、宾友和谏议官等臣子,有的反而在他们的门墙下进出,看他们的脸色和意图办事;其中幸而自己还能站稳脚跟的人,也不过是谨小慎微地约束自己,而从没有敢说一句话指斥他们;其中特别畏惧公众舆论的人,才能够对他们的一两个爪牙略加警告或驱逐,既不能够深深伤害他们,而且始终也不敢义正词严地讲话,以捣毁他们借以藏身的巢穴。势力已经形成,威风已经树立,朝廷内外都顺风倒向他们,使陛下的号令和官员升降的决定不再是从朝廷发出,而是出于这一两个人的门下,名义上是陛下独自决断,而实际是这一两个人暗中操纵了权柄。

并且说:"莫大的灾祸,必然到来的忧患,已经近在早晚,而只有陛下一个人不知道。"皇上读了,大怒说:"这是把我看作亡国之君了!"朱熹以有病为由请求做宫观官,不予答复。

陈俊卿以前以宰相的身份担任金陵府知府,经过皇宫入见皇上,极力推荐朱熹。宰相赵雄对皇上说:"由于读书人的喜欢出名,陛下越是讨厌他们,人家夸奖他的就越多,岂不是正好抬高了他们。不如依照他们的长处任用他们,他们逐渐担当了实际责任,能干不能干自然暴露出来了。"皇上觉得对,就任命朱熹为提举江西常平茶盐公事。随即又记录他救灾的功劳,任命为直秘阁。朱熹以前次上奏的捐纳粮食的人没有论功行赏为理由,推辞。

正值浙东发生大饥荒,宰相王淮上奏改任朱熹为提举浙东常平茶盐公事,当天就乘一辆车子上路,又以捐纳粮食的人未给予赏赐为理由,辞掉职名。对捐纳粮食者的赏赐实行以后,就接受了职名。入宫答对,首先陈述发生灾异的缘由和修养道德、任用贤人的主张,其次说:"陛下亲政的初期,大概曾选立一些英豪之士,让他们负责政事,不幸当时所能得到的并不都是合适的人才,因此不再广泛访求贤能之士,而是姑且择取一些软弱、熟悉、容易控制的人来充当这些职务。于是身边私相亲近的供使唤的贱人,才能借侍奉陛下过安乐空闲生活的机会,供陛下驱使去参与国家大事,而宰相的权力便日益削弱。又担心造成偏听偏信的局面,而使这些人依赖其重要地位来蒙蔽自己,有时就听听外廷官员的议论,想借以暗中监视这伙人违犯法纪的行为而加以严格控制。陛下自己既已不能遵循天理,使圣心公平,以端正朝廷的大纲大法,然则固然已经丧失了根本的东西;而又想兼听士大夫的话,拿来作为驾驭这些人的办法,然而士大夫进见陛下有一定的时间,而这些近侍可以从容不迫从不间断地守在陛下身边。士大夫的礼貌既是端庄而难以亲近,其议论又苦涩而难以听进去;身边亲近的受宠爱者谄媚的姿态既足以蛊惑陛下的心志,他们那种衙门小吏式的狡猾又足以眩惑陛下的视听。所以虽然想要压抑一下这类人,而这类人的权势却一天比一天重大;虽然想要兼采士大夫的公论,而士大夫的权势一天比一天轻微。权势重的既挟持其重大权势,来盗取陛下的权柄;权势轻的又借重于陛下所重用的人的力量,作为窃取禄位、保持宠爱的办法。天长日久,逐步亏耗腐蚀,使陛下的道德功业一天天被摧毁,纲常法纪一天天被破坏,邪恶谄媚的人充斥朝廷,贿赂公开地进行,士兵愁苦而百姓怨恨,盗贼接连兴起,灾害怪异频频出现,饥荒重复到来。大群小人互相勾结,人人都能满足其私欲,只有陛下什么也没有得到,却独自承受了它的恶果。”皇上看后为之变了脸色。所奏上的七件事,其中一两件亲手书写以防泄漏出去。

朱熹刚刚接受任命,立即写信到其他州郡,招募米商,减免他们的赋税,等他到任时,外地船只运来的米已经从四面八方来到。朱熹每天访察百姓的疾苦,巡行自己管辖的境内,只坐一辆车而不要手下的人跟随,所到之处人们都来不及知道。州县的官吏畏惧他严肃的风范,有的甚至引咎辞职而去,所统辖的地区很快变得法纪严明。凡丁钱、和买、役法、酒类专卖等措施,对有对百姓不便利的地方,都考察而加以改革。在救荒之外,随时对各种事情都加以研究谋划,一定要规定出经得起长时间考验的办法。有讲朱熹坏话的人,说他不善于处理政务,皇上对王淮说:“朱熹的政务倒是有可观的成绩。”

朱熹因为前后奏请皇帝实行的主张有很多都被压抑,幸而听从了的,也大都延缓不办而失去了时机,而蝗灾旱灾又相继发生,心中不胜忧愁愤恨,便又奏道:“对付当前局势的办法,只有由圣上内心做出决断,迅速地发出号令,批评自己和征求意见,然后君臣互相告诫,各自反省和改正。其次只有把宫中大库里的钱全都拿出来,用供应重大祭礼的费用作为收购粮食的本钱,命令户部免征以往拖欠的赋税,命令漕运官员依照条例验放租税,命令宰执大臣清除受灾各路、各州军的监察司法官、地方官中不像样子的人,慎重选择贤能的人,把救荒的事委付给他们,或许还能维系下面的人心,消除他们乘机作乱的意图。不然,臣担心值得忧虑地将不单是饿死人,而将是出现反贼;受其祸害的将不只是官吏,而且还会向上危及国家。”

台州的知州唐仲友和宰相王淮同乡又是亲戚,吏部尚书郑丙、侍御史张大经都推荐他,升他为江西提刑,但还没有动身赴任。朱熹巡察到台州,台州人纷纷控告唐仲友,朱熹查到了他做坏事的事实,连上三封章奏,王淮都隐瞒起来不让皇上知道。朱熹弹劾他愈来愈急切有务,唐仲友也做了自我辩护,王淮只好把朱熹的奏章呈上,皇上命令宰相等详细调查,都司陈庸等人请求命令浙西提刑委派清廉能干的官员查实,仍旧命令朱熹赶快到受旱灾伤害的州郡视察。朱熹当时留在台州没有离开，接到诏书后，益发坚决上章弹劾，前后上了六份奏章，王淮不得已，收回派唐仲友到江西做提刑的新任命，转授给朱熹，朱熹推辞不接受，就回了家，而且请求做宫观官。

当时郑丙上疏诋毁程颢、程颐的学术来打击朱熹，王淮又提拔太府寺丞陈贾当了监察御史。陈贾面见皇帝回答咨询时，首先攻击说近来士大夫中有标榜所谓"道学"的，大抵都是假借这个名义来掩饰其虚伪，希望认真考察这类人，摒弃不用。这大概是指朱熹而言。十年，下诏说由于朱熹屡次请求做宫观官，可差他去主管台州的崇道观。然后又接连主管云台观、鸿庆宫共五年。十四年，周必大当宰相，任命朱熹为提点江西刑狱公事，朱熹以有病推辞，不允许，就上任。

十五年，王淮的宰相职务被罢免，朱熹就入宫奏事，首先说近年来许多案件判决不当，今后应当选择合适的人做狱官。其次讲经总制钱的祸害百姓，以及江西各州科罚的流弊。而末尾说："陛下登位二十七年了，因循苟且使光阴白白流逝，没有一点功绩可以称得上实现了自己的理想。臣曾反复地想过，莫非是安乐悠闲地生活在深宫大院之中，在那虚静昭明而能感应万物的心地里，天理还有不够纯粹之处，人欲还有没彻底清除的地方，因此行善时不能够充其量地去做，除恶时不能够彻底去掉根，每个念头出现的一刹那，公与私、邪与正、是与非、得与失两方面的动机，在心里互相打架。所以礼遇大臣并非不优厚，然而身边宠幸谄媚的人能够深深受到心腹的寄托；思念英雄豪杰并不大急切，然而柔媚、邪恶、平庸、荒谬的人能够长久地窃取朝廷的权力。不是不乐意听公正的议论，然而有时不能容忍；不是不憎恨谗言暴行，然而未免错误地相信；不是不想为祖宗报仇雪耻，然而未免畏惧怯懦而苟且求安；不是不爱惜和培植百姓的财力，然而未免使他们悲伤叹息愁苦埋怨。希望陛下从今以后，每一个念头产生的时候一定要慎重地考察；这是出于天理呢，还出于人欲呢？要真是天理，就恭恭敬敬地去扩充它，而不使它稍微有一点儿堵塞不畅；果真是人欲，就认认真真去克服它，而不使它稍微有一点儿凝固停留。推广到日常的言语行动中间，用人处事中间，无不用这种办法去处理，圣上的心就会洞然明白，表里一致，没有一丝一毫的私欲掺杂在其中，而天下的事情就将会完全依照陛下的意愿去办，没有什么不如心意的了。"这次进京，有在半路上拦阻朱熹的，认为"正心诚意"的论调是皇上所讨厌听的，劝他不要拿到皇上面前去讲。朱熹说："我平生所学的，就是这四个字，难道可以隐瞒沉默来欺骗我们的君主吗？"等到奏完以后，皇上说："好久没见到卿，浙东的事，朕自己知道，现在将给卿安排清闲而重要的职务，不再拿地方上的事情来麻烦卿了。"

当时曾觌已经死了，王抃也驱逐走了，只有内侍甘昪还在，朱熹极力拿这个人做话题。皇上说："甘昪是德寿宫皇太后所推荐，说他有才罢了。"朱熹说："小人没有才，怎能够耸动君主。"第二天，任命朱熹为兵部郎官，因脚有病请求做宫观官。兵部侍郎林栗曾经和朱熹讨论《周易》《西铭》意见不合，弹劾朱熹说："本来没有什么学术，只不过是窃取张载、程颐留下的那点东西，称之为'道'。所到之处总是带着几十个门生，妄图攀比孔子、孟子周游列国的做法，以索取高价，不肯担任实际职务，其虚伪简直无法掩饰。"皇上说:"林栗的话似乎过分了。"周必大说:"朱熹上殿的那天,脚病还未好,勉强登上大殿去答对。"皇上说:"朕也看见他跛着脚走路。"左补阙薛叔似也上书声援朱熹,于是命令朱熹依然任江西的提刑的职务。"太常博士叶适上疏与林栗辩论,说他的话没一句是实的,"称之为道学"这句话,尤其没有事实根据,以前王淮操纵御史谏官,阴谋排斥正派的人,就是用的这种手法。皇上下诏说:"朱熹昨天入宫答对,所谈论的都是有关新任职务的事,朕体谅他的心诚,又同意他的请求,可以赶快上任。"正值胡晋臣新任侍御史,首先弹劾林栗执拗不通事理,喜欢臭味相投的人而排斥异己,无端地攻击学者们营私结党,于是把林栗贬为泉州知州。朱熹再次推辞,就任命他直宝文阁,主管西京崇福宫。没超过一个月再次召他,朱熹又推辞。

起初,朱熹认为口头陈述的意见还有些没有讲完,曾请求写一份密封的奏章让皇上知道,到这时,把密封的奏章投进登闻瓯院的铜匣里,其中说:

现在天下的大势,就像有人有重病,从里边的心腹,到外面的四肢,没有一根毛一根头发不感染病痛的。姑且拿天下重大的本源性的东西和今天最紧要的事务,给陛下说说。重大的本源性的东西,就是陛下的心;最紧要的事务,就是辅助太子、选任大臣、振兴法纪、移风易俗、爱惜和培殖百姓的财力、办理好军务这六项。

古代的圣明王者兢兢业业,要保持和修养这善良的心,所以设立太师、太保等官员,安排谏官的职务,一切有关饮食、酒水、衣服、住宅、器物用具、财货以及有关宦官、宫女的事务,没有一项不由宰相来统管。使在他的前后左右侍候的人,一动一静,没有一样不由官家制定的章程来加以制约,而没有一点小小的缝隙、一眨眼一呼吸的时间,能够隐藏住一丝一毫的私心。陛下所用以使自己精诚专一、克己复礼从而保持和修养身心的措施,果真有这样的功效吗?所用以修身治家而使身边的人都能端正的措施,果真有这样的效果吗?宫廷是禁密之地,臣固然无法知道其中情形,然而封官赏财的太滥,贿赂的流行,大街小巷私下议论,好久以来就不胜其纷纷扬扬了,然则陛下用以在家里进行修养的一套,恐怕没有一点可以赶得上古代的圣明王者了。至于身边宠幸的私人,对他们的恩遇超过了适当限度。以往龙大渊、曾觌、张说、王抃之类人,权势气焰十分嚣张,惊动了一时,现在已经没什么可说的了。唯有前些日子臣所当面讲到的那个甘界,虽然承蒙皇太后委婉的开导解释,然而以臣的愚见,私下认为这类人只应当让他们看门传令,承担洒扫的工作,不应当给他们面子抬高他们,使他们在宫内能够肆行邪恶谄媚、做各种败坏道德的事,来动摇和引诱皇上的心;在宫外能树立门庭、招纳权势,来破坏圣明的政治。臣在外面听说,自从王抃放逐以后,列位将军的差遣任命,大多出自这个人的手。陛下用尽百姓的脂膏血汗来蓄养军队,士兵们反而未曾得到一点温饱,这都由于将帅们巧立名目,夺取他们的口粮,放肆地对陛下身边的人进行贿赂,以谋求晋升任用。出入宫门的心腹之臣,在外面勾结将帅,一起进行欺骗蒙蔽,因而造成这样的后果。然而陛下不觉悟,反而宠爱和亲近他们,把这些人当作属于自己的人,以致使宰相不能议论他们处置事情的得与失,谏议官不能议论他们差遣任命的是与非。然则陛下所用以端正身边的人的手段,未能赶得上古代圣明的王者又很明显了。

至于辅助太子，则自从王十朋、陈良翰之后，东宫官僚的选用，号称是得到了合适人选，然而真能够称职的人，恐怕已经很少了。而且又时常使得一些邪恶伪善、卑下闲散、平庸虚妄的人掺杂在其中，所谓讲读，也只是姑且拿来应付条文规定充个数而已，而从未听说它有什么告诫规劝的功效。至于从早到晚和颜悦色、陪从游乐的，又不过是几个使唤人，宦官而已。师傅、宾客等官既不再设置，而詹事、庶子等官又有名无实，左春坊和右春坊就直接让使唤人去掌管，既无法启发太子尊敬老师、亲近朋友、重视道德、喜好仁义的心，又无法防止他好开玩笑、怠慢无礼、亲近小人和沾染各种不良习性的缺点。应当参考以前的规定，设置师傅、宾客等官，罢掉春坊中使唤人的职务，而使詹事、庶子各自恢复原有的职权。

至于选任大臣的事，则以陛下那样的聪明，难道不知道天下的事，必须物色到刚直贤明、公平正派的人之后才可以任用吗？其所以经常不能找这样的人，却反而容许卑鄙的人窃取权位，仅仅由于一闪念之间，没能够洞察私心邪念的害处，而安乐的私生活中所喜好做的事，所宠爱的人，不可能都是符合和遵循规章制度的，如果任用刚直贤明、公平正派的人担任宰辅，就会怕他妨碍自己做所喜好的事，危害自己所宠爱的人，而不能肆情任意。因此在选择的时候，常常先把这种人排除在外，然后把所有无能怯懦、软弱熟悉、平时从不敢正色直言的人都拿来掂量考虑，又从其中挑出最平庸、极卑陋、绝对可以保证他对自己不至于有妨碍的人，然后提拔起来放到那个位子上。所以任命书还没有写出，而挑选什么货色已经事先决定，姓名没有公布，而朝廷内外早已料知他们绝不是天下第一流的人物了。

至于振兴和严肃法纪，移风易俗，则现在宫廷中中书、门下省办事之处，本该戒严保密的地方，然而天下最不公平的做法，最不正派的人，却反而能够窝藏盘踞在其中。因而陛下所耳闻目见的，无非都是不公平不正派的事，那么在这些东西的熏陶腐蚀之下，使陛下好善的心思不显著，疾恶的意念不深切，它的害处已经是无法说得完的了。等到这些人做坏事犯了法，陛下就又不能够痛下决心割舍这些私自宠爱的人，而交给外廷去讨论，依官府的法吏论处，因此上面的法纪不严正，下面的风俗败坏，它为害的时间已经很长了。而浙江一带尤其严重。多数人习惯于采取软弱卖好的姿态，讲些顺从阿谀的话，把不分是非、不分曲直看作上策，严重的甚至用黄金珍珠代替通常赠人的肉干肉酱，用债券代替通常送人的诗歌文章，实相可以引诱就引诱实相，近侍可以买通就买通近侍，只求得到利益，不再顾及廉耻。一旦有个刚毅正直、遵守道理的儒士出现在他们中间，就群起而讽刺排挤，指斥他们是"道学"，而加上虚伪偏激的罪名。十几年来，用"道学"这两个字来阻挡天下的贤人君子仕进的道路，又如同以往对待所谓"元祐学术"一样，排斥诋毁，一定要使他们没处容身才罢手，这难道是政治清明时代应有的事吗？

至于爱惜和培殖百姓的财力，办理好军务，自从虞允文当宰相时起，全部抽走户部每年收入中立有名目的必定可以指望拿到手的部分，号称是年终盈余的数字，而输送到内廷大库里，却把其中有名目无实际、历年累积挂账拖欠、空自记载在账本上、无法催索清理的部分，拨回给户部，说是内廷大库里的积蓄，将用来应付今后用兵进攻全说不清具体时间的那种需要。然而从此以来二十多年，内廷大库每年的收入不知道有多少，却看作是陛下私人的积蓄，由陛下自己的人来掌管，宰相不能够依贡纳的规定制度调节它的收支，户部不能够按账簿考查它的存亡，积日累月地消耗着，用来供奉陛下安乐生活的费用的，恐怕不知道有多少了，而又何尝听说过能够用这些钱换来敌人的首级，像太祖听说的那样呢？白白使户部的经费一天比一天缺乏，督促下面一天比一天严峻，以至废除了太祖太宗以来分成的好办法，而一定要以十分交足为限；还觉得不够，就又创立比较各路监察司法官、州郡官聚敛钱财的多寡而排定名次的办法，以利诱和威胁他们。于是朝廷内外望风承意，争着实行苛政，这正是百姓财力加倍困乏的原因。将官们的追求升官，必然先要剥削士兵，以培殖私利，然后用这些钱财为自己结交陛下身边的人，以求把自己的姓名通报到陛下的大将哪里。大将知道了他们的姓名，就交代到军队里去，让他们从基层起向上面逐级保举。

称赞他们的军事才能可以担任将领，然后写好奏章到陛下面前为他们说情。陛下只看到他们是逐级优先推举，档案材料完备，就真以为是公平推荐从而能够得到人才，而怎能知道他们是按价交钱，已经和唐末的"欠账元由"相似了呢！将领，是决定三军命运的人，而其选立的办法如此荒谬，那么那些智勇双全、雄才大略的人！谁肯甘心低头拜倒在宦官、宫女的门下，而陛下所得到的担任将帅的人，都是凡夫俗子，却还希望他们能够办理好军务，激励士兵，来增强国势，岂能不误事呢！

所有这六件事，都不能拖延，而根本的东西就在于陛下的这一颗心。这颗心端正了这六件大事就没有一件不能办好。只要有一点心中的私欲掺杂在其中，就即使想要费尽精力，以求办好这六件事，也将不过是徒然做表面文章，而天下的事情会愈来愈发展到毫无办法了。

奏疏送进宫里，夜里的漏壶已漏下七刻，皇上已经就寝，急忙起来命人举着蜡烛，一口气读完全篇。第二天，任命朱熹主管太一宫，兼任崇政殿说书。朱熹极力推辞，改任为秘阁修撰，到京外去任宫观官。

光宗接位，再次辞去职名，依旧任直宝文阁，皇上下诏奖励。住了几个月，任命为江东转运副使，以有病推辞，改任漳州知州。奏请免除所属各县无正当名义的赋税七百万，减少经总制钱四百万。由于当地习俗不懂得礼仪，采取古代丧葬嫁娶的礼仪，公开张贴出来告诉大家，命令年纪大的人进行解说，以教会青年人。当地风俗信奉佛教，男男女女在和尚庙里聚集举行传经会，女儿不出嫁的就给她建造尼姑庵来住，朱熹都加以禁止。常常忧虑不实行划定田界造成的弊害，正值朝廷议论想在泉州、汀州、漳州实行划定田界，朱熹就调查有关事宜，选择了适当的人才及大量的方法报告上去。然而久居当地的豪强大族一向侵吞穷人土地的人认为对自己不利，加以阻拦。宰相留正，是泉州人，他的同乡、族人也多数认为不宜实行，读书人吴禹圭上书控诉说这件事烦扰大家，皇上下诏泉州暂且推迟以后，有命令先在漳州实行划界。第二年，朱熹以儿子死了为理由请求奉祠。

当时史浩入见皇上，请求延揽天才有声望的人，于是任命朱熹为秘阁修撰，主管南京鸣庆宫。朱熹再次推辞，下诏说："论撰的职务，是用来表示对名儒的尊敬的。"就接受了任命。任命为荆湖南路副使，推辞。漳州划定田界的事终于宣告停止实行，朱熹以自己的意见不被采用弹劾自己。没有多久，差遣为潭州的知州，极力推辞。黄裳当了嘉王府翊善，自认为学问不及朱熹，请求召朱熹为东宫官，王府直讲彭龟年也在大臣面前说了话。留正说："我留正不是不了解朱熹的才德，但他的性格刚强，恐怕到这里意见不合，反而害了他。"朱熹再次推辞，有圣旨说："长沙是国家的重要屏障，选择贤才去镇守是很重要的。"于是接受了任命。正值一些少数民族的人骚扰所辖地区，朱熹派人去讲清利害，使他们都降服。反复交代法令，做好军事准备，约束不良官吏，抑制土豪劣绅，所到之处都兴办学校，修明教化，各地的学者都聚集到这里来。

宁宗接位，赵汝愚首先推荐朱熹和陈傅良，有圣旨命朱熹到行宫奏事，朱熹一面上路一面推辞。任命为焕章阁待制、侍讲，推辞，不允许。入宫答对，首先说："近来，太皇太后亲自确定重大决策，让陛下恭敬地继承洪图大业，可说是既能灵活处理，而又不丧失正确原则。自那时到现在三个月了，有时反而不能在逆与顺、名与实之间无所怀疑犹豫，臣私自为陛下担忧。还有可以推诿的，也就是说陛下的心，以前本不曾有过求取帝位的打算，现在也不曾失去挂念父亲的情感，这正就是所以能够实行灵活办法而又不失去正确原则的根本了。扩充这种不曾追求帝位的心，来竭尽承担罪过、引咎自责的诚意，扩充这种不曾忘记父亲的心，来达致冬送温暖、夏送清凉、晚铺被褥、早问平安的礼节，而重大的伦理便端正，重大的根本就树立起来了。"又当面辞去待制、侍讲的职务，皇上亲手写条子说："卿的经学根底深厚，正适合担任劝讲、待制的职务，不要再劳卿推辞，以满足朕尊儒重道的心意。"于是接受了任命。

正值赵彦逾巡视准备埋葬的陵墓，认为上面的土层太浅薄，下面又有流水沙石。孙逢吉复查，也请求另行物色好的葬地。有旨集会讨论，负责此事的台史害怕有麻烦，讨论中途停止。朱熹便呈上议状说："寿皇（孝宗）具有圣德，他的衣冠所藏之地，应当博访名山，不宜偏信台史的意见，委弃在泉水沙砾之中。"不予答复。当时议论的人认为皇上没有回到皇宫里去，就会因为名义身份不正而产生怀疑的论调；金人的使者将要来，或许会观察到一些内情。而皇上却下旨修理旧的太子宫，造成几百间房屋，想搬到哪里去住。朱熹便上疏说：

这必定是身边近侍首先提出这种意见来误导陛下，从而想趁此来实现他们奸诈的用心。臣担心不单是上帝会大怒，灾害怪异将频频出现，正当陛下诚惶诚恐修养反省的时候，不应当兴起这样的大劳役，而违背老天谴责的警告的用意；也担心近郊的老百姓在饥饿流离、濒于死亡的时候，有人可能怨恨愤怒，而发生意外事变。不单没什么可以用来感动太上皇帝（光宗）的心，以致没有进见他的机会；也担心寿皇的灵柩还在停放着，因为墓地没有选择好，祭席的供奉不容许有少许的松弛，太皇太后、皇太后都以很高的年纪，孤独地处在愁苦之中，早晚的奉养尤其不可缺少。而四面八方的人，只看到陛下急着要大修宫室，想尽快能够完工，一朝轻快地放弃一切责任而离去，以图自己的舒适方便，六军和万民的心将必然会有扼住手腕愤愤不平的了。以往的教训并不遥远，极为可怕啊！

又听说太上皇后惧怕违背太上皇帝的心意，不想让他听到"太上"的称呼，又不想让他听到"内禅"的说法，这又是过分的顾虑了。殊不知如果只是这样做，而不做婉转调和的工作，父子之间就会一个在上面怨恨恼怒，而一个在下面忧愁恐惧，到什么时候才能了结呢。父子关系是重大的伦常关系，是三纲的关键，迟迟不去想办法理顺，也将会有人借此名义造谣生事的，这又是臣所极害怕的。希望陛下公开传令大臣，首先停止修理东宫的工程，而把那些工料运回到慈福宫、重华宫一带，草草修盖一二十间寝殿，使之大体还能居住。至于过宫的办法，则臣又希望陛下下诏责备自己，减少车辆随从，入宫以后，暂时改变衣服颜色，就像唐肃宗不穿黄袍而改穿紫袍，站在玄宗的马前替他牵马那样，来表明承担罪过、引咎自责的诚意，则太上皇帝即使有恼怒之意，也将一下子消散，而感情也融洽了。

至于朝廷的法纪，则臣又希望陛下深切告诫身边侍候的人，不要干预朝政。对其中确有功勋而所得的奖赏未能使舆论惬意的，也传令大臣公平讨论这件事，参考以前的好做法，对其功劳给予丰厚报偿。而一切命令的实施或取消，人才的进用或黜退，则完全委托给两三个大臣，叫他们反复比较衡量，不要只按自己的意见，而要酌情采纳公论，奏请陛下批准实行。有不恰当的，批驳下去再讨论，选择其中好的意见以陛下名义做出决断，这样不但近侍不能干预朝廷大权，大臣不能专按自己私意办事，而陛下也能借以更加明白与熟练地处理天下的事，而在得失的衡量上没有什么怀疑犹豫了。

至于寿皇葬地的选择，则希望否定台史的意见，另找好的地方，来营造新的地宫，使寿皇的遗体能好好安息在里面，而宗庙社稷与百姓都能在外面蒙受福佑了。

奏疏送进去后不给答复，但皇上也没有什么恼恨朱熹的意思。朱熹每每把自己给皇帝讲课的内容编辑成册进呈皇上，皇上也开心地接受。

朱熹又上奏勉励皇上增进道德说："希望陛下在平日的修养当中，把寻求丢失了的善心作为根本的课题，而对于研玩经典、借鉴历史，亲近儒学，更加地用力。多把大臣召来，切磋琢磨治理天下的办法，其他臣子进宫答对，也赐给他们温和的脸色，反复地询问，由此以知道政事的得失，民情的苦乐，而且又可趁此机会来观察他们人品的邪正和才能的长短，或许对于天下的事情能分别懂得它的道理了。"朱熹又奏道："按照礼经和朝廷的敕令，儿子为父亲，嫡孙中继承了重大权力的人为祖父，都要穿用最粗的麻布制成的丧服三年之久；嫡子应当作为他父亲的后继人，如因故不能就位执行丧礼，就由嫡孙继承祖统而代替他执行丧礼。自从汉文帝缩短丧期，历代都因袭了这种做法，天子就没有服三年丧服的事了。儿子为父亲尚且如此，嫡孙中继承重大权力者该会怎样就不难知道了。人伦被废弃破坏，三纲的道理不明确，一千多年了，没有人能够纠正。孝宗皇帝天生有好的德性，除了执行把月数变成日数的丧事外，还执行天下通行的三年之丧，朝衣朝帽都改用布做，这应当明确写在书上，作为千秋万世的典范。最近，孝宗的遗命刚刚颁布，太上皇帝身体偶尔不很舒服，不能亲自参加丧礼。陛下是以世袭嫡子的身份继承天子的大位，那么继承重大权利者的丧服是已明确写在礼律上的，应当遵照寿皇已经实行的办法。一时匆忙，没等详细讨论，就用了漆纱浅黄的丧服，不仅违反了以前的礼律，而且使寿皇已经实行过的礼仪刚刚兴起就又废除了，臣私下很为之痛心。然而以往的过失来不及追改，唯有将来灵柩启行时,按礼应当再用初丧时该穿的丧服。"

正值孝宗的神主要送到宗庙里去与祖先的神主一起安置,讨论起宗庙中远祖的神主逐次撤走的制度,孙逢吉、曾三复率先请求把僖祖(赵匡胤的高祖父)、宣祖(赵匡胤的父亲)一并迁出去,把太祖赵匡胤供奉在第一庙室,在不分亲疏远近对所有的先祖举行大合祭时则安置在朝向东方的位置。皇上有旨让大家集会讨论:僖祖、顺祖(赵匡胤的曾祖父)、翼祖(赵匡胤的祖父)、宣祖四位远祖撤下去的神主,放在什么地方适宜。自从太祖皇帝赵匡胤头一个尊崇四位远祖的庙,到治平年间,发议论的人认为世数相隔逐渐遥远,请求把僖祖的神主迁到庙堂东西两头的夹室里去。后来王安石等人上奏说,僖祖有庙,和周代的后稷、商代的契没有什么区别,请求恢复原先的样子。当时的宰相赵汝愚素来不认为再祭祀僖祖是对的,侍从们大多服从他的意见。吏部尚书郑侨想要暂且撤掉宣祖而把孝宗安放进去。朱熹认为藏到夹室里去,就是把祖宗的神主下藏到子孙的夹室里;神宗仍旧奉他们为始祖,已经是符合礼的正确做法,因而符合人心,正是所谓有人创立就没有人敢去废除的做法。又起草了一篇《庙制》来进行辨析,认为任何事物都不是没有本源而产生的。朝堂的大臣不告诉皇上,就撤销了僖祖、宣祖的庙室,另外创立一所庙来供奉四位远祖。

起初,宁宗的接位,韩侂胄自称有参与决策的功劳,于是在宫中揽权管事。朱熹担心他危害朝政,多次就此发表议论,而且约同吏部侍郎彭龟年一起弹劾他。正值彭龟年奉命外出陪伴外国的使者,朱熹就上疏指陈皇上身边的人窃取权柄的过失,在给皇上授课的讲席上又重复讲起。皇上批遭:"怜悯卿的年纪老了,恐怕难以站着讲授,已经任命卿去做宫观官。"赵汝愚把御笔放在袖子里还给皇上,一面劝一面拜。内侍王德谦径直把御笔交给朱熹画押,御史谏官们争相挽留,皇上不允许。楼钥、陈傅良随即封还诏书,修注官刘光祖、邓驲也交替上章劝皇上。朱熹上路后,受命担任宝文阁待制,给予州郡官的差遣,推辞。随即任命为江陵府知府,推辞,又请求追还新旧职名,下诏仍旧为焕章阁待制,提举南京鸿庆官。庆元元年初,赵汝愚当了宰相,收揽四方的知名之士,朝廷内外伸长脖子盼望大治,朱熹却独自警惕地把韩侂胄专权看作可忧虑的事。不但屡次向皇上说,又多次亲自写信告白赵汝愚,应当用重赏酬谢他的功劳,不要让他得以干预朝政,其中有"防止和杜绝细微的、渐进的趋势,谨慎而不可疏忽"的话。赵汝愚正认为他容易制服,心里不当一回事。到这时,赵汝愚也因被诬告而驱逐出去,而朝廷的大权都归韩侂胄了。

朱熹起初以自己有关宗庙制度的议论弹劾自己,不允许。以有病请求退休,下诏说:"辞谢职事,不合朕优待贤者的本意,仍旧当秘阁修撰。"二年,沈继祖当监察御史,诬告朱熹有十条罪,下诏撤职、罢掉宫观官,门下蔡元定也送到道州编制和管束。四年,朱熹因年近七十,申请退休。五年,同意了他的请求。第二年去世,享年七十一岁。病将危急起,亲笔嘱咐他儿子朱在和门人范念德、黄干,谆谆地告诫他们勉力做学问和修订自己的遗著。第二天,端正地坐起来整理衣冠,睡到枕头上就去世了。

朱熹考上进士后五十年中,在外地做官每年一次的考核仅仅经历了九次,立身朝廷才四十天。家里一向贫穷,少年时投靠父亲的朋友刘子羽,住在建州的崇安县,后来行到建阳县的考亭，经常缺吃少喝，安然处之。学生中自远方来的，豆饭和野菜汤，总是一起吃。常常向人借钱补足用度，然而不符合道义的钱财则一文也不取。

自从朱熹离开朝廷，韩侂胄的权势愈来愈嚣张。何澹当了御史中丞，首先攻击所谓自称别为一家的"专门之学"，说他们文饰奸诈的用心来沽名钓誉，请求辨别真假。刘德秀在长沙做官，不被张栻的门人所礼敬，等到当了谏官，首先弹劾留正有重用伪学之罪。"伪学"的名称，大概从这里开始。太常少卿胡纮说："近年来伪学猖獗，图谋做不正当的事，希望明确告诉大臣们，暂时停止提拔这类人的考虑。"于是召唤陈贾来当兵部侍郎，不久，朱熹就收到撤销职务的命令。刘三杰以前以御史身份弹劾朱熹、赵汝愚、刘光祖、徐谊等人，以前的所谓"伪党"，到这时又变成为所谓"逆党"了。当天就任命刘三杰为右正言。右谏议大夫姚愈攻击说道学和权臣勾结成为死党，觊觎皇帝的权位。就命令直学士院高文虎起草诏书告白天下，于是攻击所谓伪学一天比一天加紧，候选官余吉甚至上书要求砍朱熹的头。

当这个时候，儒者中规行矩步、因其儒学修养而稍有名气的人，简直没有什么地方可以容身。跟从他们学习的士人，特立独行无所顾忌的，退隐到山沟里去；随顺怯懦的，改换名字去拜他人做老师，经过原来的老师门前也不敢进去；还有的甚至改变穿戴，结伙游逛市场，以表明自己不是同党。而朱熹却天天与学生们讲学不倦，有人劝他把学生遣送回去，只是笑而不予回答。有个当籍田令名叫陈景思的，是以往的宰相康伯的孙子，和韩侂胄有点姻亲关系，劝韩侂胄不要做过分的事，韩侂胄心里也渐渐有点后悔。朱熹死后，快要埋葬了，谏官说："各地伪学的徒子徒孙都约定日期来聚会，给伪学老师送葬，聚会期间，不是对现在当权的人随意说长论短，就是对当前朝政的好坏说三道四，希望命令地方官加以管束。"皇上同意了这个建议。

嘉泰初年，对学者的禁锢稍稍放松。二年，下诏说："朱熹已经退休，赏给他一个华文阁待制的职名，给予他退休的福利待遇。"后来韩侂胄死了，下诏对朱熹临终写遗表一事给予赏赐，给他一个谥号叫作"文"。不久又赠给他中大夫的官阶，特赠宝谟学士职名。理宗宝庆三年，赠太师职名，追封为信国公，又改为徽国公。

起初，朱熹少年时，有追求大道的慷慨志向。父亲朱松病得很危急的时候，曾嘱咐朱熹说："籍溪的胡原仲，白水的刘致中、屏山的刘彦冲这三个人，学术上有深厚根底，是我所敬畏的人，我若死了，你就去师事他们，而且只听他们的话。"这三人，指的是胡宪、刘勉之、刘子翚。所以朱熹的学问既是广博地从经典传注中寻求，又是从广泛结交当代有识之士中得来。延平的李侗老了，曾随罗从彦学习，朱熹从同安县主簿任上回来，不惧数百里之远，步行去跟他学习。

他的治学，大抵是穷究事物之理以推广其知识，回到自己身上以践履其实在内容，而以内心始终处于庄敬专一状态为主要修养方法。曾经说圣人贤人道统的流传分散在古代典籍中，圣经中的义理不明白，因而道统的流传才晦暗起来。于是耗尽他的精力，来彻底研究圣贤的经典和对经典的训释。所著的书有：《周易本义》《易学启蒙》《周易蓍卦考误》《诗集传》《大学中庸章句》《大学中庸或问》《论语集注》《孟子集注》《太极图说》《通书解》《西铭解》《楚辞集注》《楚辞辨证》《韩文考异》；所编辑的书有：《论孟集议》《孟子指要》《中庸辑略》《孝经刊误》《小学书》《资治通鉴纲目》《宋名臣言行录》《家礼》《近思录》《河南程氏遗书》《伊洛渊源录》；这些书都流行在世上。朱熹死后，朝廷把他为《大学》《论语》《孟子》《中庸》所做的注解规定为学校里必修的课程。又有《仪礼经传通解》一书没有完全定稿，亦放在学校里当课本。平生写的诗文共一百卷，口头解答学生疑问记录整理出来共八十卷，另外搜集整理出十卷。

理宗绍定末年，秘书郎李心传请求把司马光、周敦颐、邵雍、张载、程颢、程颐、朱熹七人列入陪从孔子受祭礼之列，不予答复。淳祐元年正月，皇上视察学校，亲手写诏把周、张、二程及朱熹的神主放在孔子庙里陪从受祭祀。

黄干说："道的正统必须等待有合适的人才能够传下来，从周代以来，可以承担传道责任的不过几个人罢了，而能使这个正道光大昭著的，只有一两个人而已。从孔子以后，曾子、子思在道统沦于微弱的时候继承了它，到孟子才开始显著。从孟子以后，周子、程子、张子在道统濒于断绝的时候继承了它，到朱熹才开始显著。"有见识的认为他很懂得立言。

朱熹的儿子朱在，绍定年间当吏部侍郎。

张栻传

【题解】

张栻（1133～1180），字敬夫，南宋宰相张浚之子。幼年聪颖过人，慕颜渊之为人而撰《希颜录》。以父荫入仕，除直秘阁。张浚为相，栻内参密谋，外理民政。汤思退秉政与金议和，栻极力反对。出任严州知府，后为吏部侍郎、任侍讲、左司员外郎。又出任静江知府，荆湖北路转运副使，改江陵知府，后因己志不行，辞官而去。有公辅之望，死时年四十八。他又是当时著名道学家。著有《论语孟子说》《太极图说》《经世纪年》等书，并流于世。

【原文】

张栻字敬夫，丞相浚子也。颖悟夙成，浚爱之，自幼学，所教莫非仁义忠孝之实。长师胡宏，宏一见，即以孔门论仁亲切之旨告之。栻退而思，若有得焉，宏称之曰："圣门有人矣。"栻益自奋厉，以古圣贤自期，作《希彦录》。

以荫补官，辟宣抚司都督府书写机宜文字，除直秘阁。时孝宗新即位，浚起谪籍，开府治戎，参佐皆极一时之选。栻时以少年，内赞密谋，外参庶务，其所综画，幕府诸人皆自以为不及也。间以军事入奏，因进言曰："陛下上念宗社之仇耻，下闵中原之涂炭，恻然于中，而思有以振之。臣谓此心之发，即天理之所存也。愿益加省察，而稽古亲贤以自辅，无使其或少息，则今日之功可以必成，而因循之弊可革矣。"孝宗异其言，于是遂定君臣之契。

浚去位，汤思退用事，遂罢兵讲和，金人乘间纵兵入淮甸，中外大震，庙堂犹主和议，至敕诸将无得辄称兵。时浚已没，栻营葬甫毕，即拜疏言："吾与金人有不共戴天之仇，异时朝廷虽尝兴缟素之师，然旋遣玉帛之使，是以讲和之念未忘于胸中，而至忧恻怛之心无以感格于天人之际，此所以事屡败而功不成也。今虽重为群邪所误，以蹙国而召寇，然亦安知非天欲以是开圣心哉。谓宜深察此理，使吾胸中了然无纤芥之惑，然后明诏中外，公行赏罚，以快军民之愤，则人心悦，士气充，而敌不难却矣。继今以往，益坚此志，誓不言和，专务自强，虽折不挠，使此心纯一，贯彻上下，则迟以岁月，亦何功之不济哉？"疏入，不报。

久之，刘珙荐于上，除知抚州，未上，改严州。时宰相虞允文以恢复自任，然所以求者类非其道，意栻素论当与己合，数遣人致殷勤，栻不答。入奏，首言："先王所以建事立功无不如志者，以其胸中之诚有以感格天人之心，而与之无意在也。今规画虽劳，而事功不立，陛下诚深察之日用之间，念虑云为之际，亦有私意之发以害吾之诚者乎？有则克而去之，使吾中扃洞然无所闻杂，则见义必精，守义必固，而天人之应将不待求而得矣。夫欲复中原之地，先有以得中原之心，欲得中原之心，先有以得吾民之心，求所以得吾民之心者，岂有他哉？不尽其力，不伤其财而已矣。今日之事，固当以明大义、正人心为本。然其所施有先后，则其缓急不可以不详；所务有名实，则其取舍不可不审，此又明主所宜深察也。"

明年，召为吏部侍郎，兼权起居郎侍立官。时宰方谓敌势衰弱可图，建议遣泛使往责陵寝之故，士大夫有忧其无备而召兵者，辄斥去之。栻见上，上曰："卿知敌国事乎？"栻以曰："不知也。"上曰："何也？"栻曰："臣切见比年诸道多水旱，民贫日甚，而国家兵弱财匮，官吏诞谩，不足倚赖。正使彼实可图，臣惧我之未足以图彼也。"上为默然久之。栻因出所奏疏读之曰："臣窃谓陵寝隔绝，诚臣子不忍言之至痛，然今未能奉辞以讨之，又不能正名以绝之，乃欲卑词厚礼以求于彼，则于大义已为未尽。而异论者犹以为忧，则其浅陋畏怯，固益甚矣。然臣窃揆其心意，或者亦有以见我未有必胜之形，而不能不忧也欤。盖必胜之形，当在于早正素定之时，而不在于两阵决机之日。"上为竦听改容。栻复读曰："今日但当下哀痛之诏，明复仇之义，显绝金人，不与通使。然后修德立政，用贤养民，选将帅，练甲兵，通内修外攘、进战退守以为一事，且必治其实而不为虚文，则必胜之形隐然可见，虽有浅陋畏怯之人，亦且奋跃而争先矣。"上为叹息褒谕，以为前始未闻此论也。其后因赐对反复前说，上益嘉欢，面谕："当以卿为讲官，冀时得晤语也。"

会史正志为发运使，名为均输，实尽夺州县财赋，远近骚然，士大夫争言其害，栻亦以为言。上曰："正志谓但取之诸郡，非取之于民也。"栻曰："今日州郡财赋大抵无余，若取之不已，而经用有阙，不过巧为名色以取之于民耳。"上矍然曰："如卿之言，是朕假手于发运使以病吾也。"旋阅其实，果如栻言，即诏罢之。

兼侍讲，除左司员外郎。讲《诗葛覃》，进说："治生于敬畏，乱起于骄淫。使为国者每念稼墙之劳,而其后妃不忘织纴之事,则心不存者寡矣。"因上陈祖宗自家刑国之懿,下斥今日兴利扰民之害。上叹曰:"此王安石所谓'人言不足恤'者,所以为误国也。"

知阁门事张说除签书枢密院事,栻夜草疏极谏其不可,且诣朝堂,质责宰相虞允文曰:"宦官执政,自京、黼始,近习执政,自相公始。"允文惭愤不堪。栻复奏:"文武诚不可偏,然今欲右武以均二柄,而所用乃得如此之人,非惟不足以服文吏之心,正恐反激武臣之怒。"孝宗感悟,命得中寝。然宰相实阴附说,明年出栻知袁州,申说前命,中外渲哗,说竟以谪死。

栻在朝未期岁,而召对至六七,所言大抵皆修身务学,畏天恤民,抑侥倖,屏谗谀,于是宰相益惮之,而近习尤不悦。退而家居累年,孝宗念之,诏除旧职,知静江府,经略安换广南西路。所部荒残多盗,栻至,简州兵,汰冗补阙,籍诸州黥卒伉健者为效用,日习月按,申严保伍法。谕溪峒酋豪弭怨睦邻,毋相杀掠,于是群蛮帖服。朝廷买马横山,岁久弊滋,边氓告病,而马不时至。栻究其利病六十余条,奏革之,诸蛮感悦,争以善马至。

孝宗闻栻治行,诏特进秩,南宝文阁,因任。寻除秘阁修撰、荆湖北路转运副使。改知江陵府,安抚本路。一日去贪吏十四人。湖北多盗,府县往往纵释以病良民,栻首劾大吏之纵贼者,捕斩奸民之舍贼者,令工其党得相捕告以除罪,群盗皆遁去。郡濒边屯,主将与帅守每不相下,栻以礼遇诸将,得其欢心,又加恤士伍,勉以忠义,队长有功辄补官,士碱感奋。并淮奸民出塞为盗者,捕得数人,有北方亡奴亦在盗中。栻曰:"朝廷未能正名讨敌,无使疆场之事其曲在我。"命斩之以徇于境,而缚其亡奴归之。北人叹曰:"南朝有人。"

信阳守刘大辩怙势希赏,广招流民,而夺见户熟田以与之。栻劾大辩诈谖,所招流民不满百,而虚增其数十倍。请论其罪,不报。章累上,大辩易他郡,栻自以不得其职求去,诏以右文殿修撰提举武夷山冲佑观。病且死,犹手疏劝上亲君子远小人,信任防一己之偏,好恶公天下之理。天下传诵之。栻有公辅之望,卒时年四十有八。孝宗闻之,深为嗟悼,四方贤士大夫往往出涕相吊,而江陵、静江之民尤哭之衰。嘉定间,赐谥曰宣。淳祐初,诏从祀孔子庙。

栻为人表里洞然,勇于从义,无毫发滞吝。每进对,必自盟于心,不可以人主意悦辄有所随顺。孝宗尝言伏节死义之臣难得,栻对:"当于犯彦敢谏中求之。若平时不能犯彦敢谏,他日何望其伏节死义?"孝宗又言难得办事之臣,栻对:"陛下当求晓事之臣,不当求办事之臣。若但求办事之臣,则他日败陛下事者,未必非此人也。"栻自言:"前后奏对忤上旨虽多,而上每念之,未尝加怒者,所谓可以理夺云尔。

其远小人尤严。为都司日,肩舆出,遇曾觌,觌举手欲揖,栻急掩其窗棂,觌惭,手不得下。所至郡,暇日召诸生告语。民以事至庭,必随事开晓。具为条教,大抵以正礼俗、明伦纪为先。斥异端,毁淫祠,而崇社稷山川古先圣贤之礼,旧典所遗,亦以义起也。

栻闻道甚早,朱熹尝言:"己之学乃铢积寸累而成,如敬夫,则于大本卓然先有见者也。"所著《论语孟子说》《太极图说》《洙泗言仁》《诸葛忠武侯传》《经世纪年》,皆行于世。栻之言曰:"学莫先于义利之辨。义者,本心之当为,非有为而为也。有为而为,则皆人欲,非天理。"此栻讲学之要也。

【译文】

张栻,字敬夫,是丞相张浚的儿子。从小聪明过人,老成持重,张浚非常喜爱他,从他开始读书的时候起,所教授给他的都不外是有关忠孝仁义的事情。张栻长大后,拜胡宏为师,胡宏一见到他,就把孔子和门人之间谈论仁义如何亲切热烈的事情告诉了他。张栻回家后,思考胡宏告诉他的话,似乎从中悟出了道理,胡宏称赞他说:"圣人的门徒中又有新秀了。"张栻因此更加奋发向上,以古代的圣贤作为自己的榜样,撰写了《希颜录》一书。

张栻因为其父亲是大臣,而走上仕途,被任为宣抚司都督府书写机宜文字,除直秘阁。当时,宋孝宗刚刚即位,张浚得到平反,除掉谪遣之罪籍,开辟官府整顿军队和国防,其参谋辅助人员都是当时最有才干的人。张栻当时还是个少年,在内参与密谋,在外处理民政事务,所规划办理的事情,张浚幕府之中的人都认为自己比不上。一有机会,张栻便入皇宫上奏军事和国防的事情,并进言说:"陛下念国家的耻辱,下怜中原人在惨遭蹂躏,积愤于胸中,而想找办法拯救他们。臣认为,这样的心思一产生,天理便存于其中了。愿陛下更加发扬光大,效法古人,亲近贤能以为自己的辅佐,而不要有任何停顿休息,那样,今天的功业便必然可以建立,而以往因循守旧的弊病便可以革除。"宋孝宗对张栻的话感到惊异,于是,君臣之间从此便有了投合默契。

张浚辞去职务后,汤思退执掌朝政,随即撤回军队,与金朝议和。金朝寻找时机,突然发兵攻入淮河流域,南宋朝廷内外大为震动,朝廷此时仍然主张与金人讲和,以至敕令前线各路将领不得随意发兵抗击。当时,张浚已经去世,张栻刚办完父亲的丧事,便上书宋孝宗说:"我朝和金朝有不共戴天之仇,过去朝廷虽然派出过身穿缟素的复仇之师,然而随后却是携带金玉丝绸的讲和使者。所以,讲和的念头从没有在胸中忘掉过,而发自内心的至诚恻怛之心无法感动上天和百姓的心,这就是为什么朝廷屡次失败而不能成功的原因。如今,朝廷虽然又被一群邪恶小人所误,导致国土日蹙,敌寇入侵,然而谁知道这是不是上天想借这个机会开启圣上的心呢?陛下应该深刻省察其中的道理,使自己的胸中没有一丁点儿的疑惑,然后明确诏令朝廷内外,公开实行赏罚制度,以此快慰将士和百姓的积愤,那样人心喜悦,士气高涨,而敌人便不难击退了。从现在起,更加坚定这种志向,发誓再不谈讲和的事,专心致力于自强,虽然遇到挫折也毫不动摇,使这颗心精纯专一,上下贯彻,再加上一些必要的时间,还有什么功业不能建立呢?"张栻的奏疏递上去以后,没有得到什么回答。

过了很久,刘珙把张栻向皇帝推荐,宋孝宗任张栻的抚州知府,还未上任,又改为严州知府。当时,宰相虞允文以作复中原作为自己的目标,但所采取的达到目的的方法却不太正确。虞允文觉得张栻平素的言论和自己相同,几次派人去向张栻表示慰问,张栻都不理睬。入朝奏事,首先说:"运动的帝王之所以能建功立业、随心所欲而没有任何障碍,是因为他们胸中的至诚之心可以感动上天和百姓的心,并且没有丝毫间断保留。如今，朝廷各种规划虽然劳心费力，却未见有什么功效。陛下诚然应深深有察平日的思想和行为，看看其中是否有发自私心而损害陛下心中之诚意的私意呢？若有便把它去除掉，使自己胸中洞然而没有一丝杂念，那样见大义必定精审，守大义必然坚固，而天和人互相的感应，不待去寻求便可以得到。想要收得中原失地，就先要得中原百姓之心；要想得中原百姓之心，就要先得天下百姓之心。要得到天下百姓之心，难道有其他办法吗？只有不把百姓的力量用尽，不损伤百姓的生活来源而已。今天的事情，本来就应当以讲明大义、端正民心为根本。但事情总有先有后，办此事便不能不清楚什么应当先办，什么应当缓办。所办的事情有的徒有虚名，有的切实实在，取舍之时便不能不准确无误，这又是圣明的君主所应当加以深刻省察的。"

　　第二年，召张栻为吏部侍郎，兼任权起居郎侍立官。当时，宰相正认为金朝势力衰弱，可以图谋进取，向皇帝建议派使者泛海去金朝责问徽、钦二帝去世的事情。士大夫中谁担心朝廷军队没有防备而招来战争的便斥去谁。张栻见了皇帝，皇帝问他说："你知道敌人国家里的事情吗？"张栻回答说："不知道。"皇帝说："金国国内连年发生饥馑，到处出现盗贼。"张栻说："金人的事情，臣虽然不知道，但我国境内的事情臣却知道。"皇帝问："什么事情？"张栻说："臣切实看到几年来各州道多发生水旱之灾，百姓越来越贫困，而国家军队战斗力弱，财物又匮乏，官吏散漫不负责任，不足以依赖。就是敌人的情况确实可以图谋进取，臣也恐怕我们没有足够的力量去图谋。"皇帝听了张栻的话，深默了很久。张栻乘此机会拿出自己写的奏疏读道："臣窃认为先祖的陵寝流落异乡，与朝廷隔绝（指宋徽宗和宋钦宗被金人俘虏后死于北方），确实是臣子不忍言说的最伤心的事情，然而现在不能奉辞对敌人加以讨伐，又不能端正名义，和敌人断绝来往，而想用卑下的言辞和丰厚的礼物向敌人请求，这已经有些不合于大义了。而持不同意见的人仍然为此担忧，则他们的浅陋怯懦本来已经很过分了。然而臣暗中推测他们的心意，或许也有因为他们不具备必胜的把握，而不能不为此担忧的意思。大概必胜的把握，应当存在于早早地端正和平素的确定之中，而不存在于两军对垒，立决胜负的那一刻。"皇帝听了张栻的话，为之改变脸色。张栻又继续读道："现在只应当下哀痛的诏令，明确报仇雪耻的大义，公开和金人断绝关系，不与金朝互通使者。然后修养品德，整顿政治，任用贤能，养育百姓，选择将帅，训练甲兵，合对内修养，对外攘敌、进而攻战、退而防守为一事，而且必定追求实效而不做虚假的表面文章，则必然的把握便隐然可以看见，虽然有浅陋畏怯的人，也将会奋勇而争先。"皇帝听了，为之叹息赞扬，认为以前从未听到过这样的议论。以后，张栻在觐见皇帝时反复重申自己的观点，皇上更加赞扬叹息，当面对张栻说："应当让你当讲官，那样我们可以经常交谈。"

　　正赶上史正志当发运使，名义上均输，实际上是将各州县的财富都夺了去，使国中远近，骚动，士大夫争着谈论实行均输的害处，张栻也发表同样的看法。皇帝说："史正志说只是从各州县取来，而并未向百姓索取。"张栻说："现在各州郡的财赋大致上已没有剩余，如果还索取不已，而国家用度又不够，只不过是巧立名目，向百姓索取而已。"皇帝猛然醒悟过来，说："照你说的，那便是朕通过发运使之手而让百姓痛苦。"不久调查这件事的实际情况,果然像张栻所说,皇帝便下诏停止此事。

张栻兼任侍讲,又任左司员外郎。讲到《诗经·葛覃》这首诗时,向皇帝进言说:"天下治理,是因为有敬畏之心;天下动乱则是因为有骄傲淫殆之心。如果当皇帝的经常想到百姓耕田种地的艰难,他们的皇后妃嫔不忘记纺线织布的事情,那样不放在心上的事情就少了。"并乘此机会陈述先祖列宗齐家以至治理国家的懿范,又斥责今日为兴利益而扰害百姓的害处。皇帝叹息说:"这就是王安石说'别人的言论用不着听取',这句话为什么是误国之言。"

知阁门事张说被任为签书枢密院事,张栻连夜写奏疏,极力劝谏不可这样做;早晨上朝时,当堂质问虞允文宰相说:"宦官执掌国家政权,是从蔡京、王黼当政的时候开始的;皇帝的近侍习武之人执掌国政,便是从你这里开始。"说得虞允文惭愧不堪。张栻又上奏说:"文和武二者诚然不可偏重,但现在想崇尚武将以使二者平均,而所任用的人是这样的人,这不但不足以让文官心服。反而恐怕会激起武将的怒气。"宋孝宗听后醒悟过来,这个任命便作罢了。然而,宰相虞允文实际上暗中依附张说,第二年让张栻出京当袁州知府,并重新恢复以前对张说的任命。任命一出,朝廷内外喧哗,张说也最终落得被贬谪而死的结果。

张栻在朝中任职不满一年,而皇帝召他谈话达到六、七次,所说的大抵都是修养品德、努力学习、畏惧上天、抚恤百姓、抑制侥幸之臣、斥逐逸谀之人等。于是,宰相对张栻更加感到忌惮,而皇帝身边的近习之人尤其感到不高兴。张栻辞官归家闲居,多年没有当官。宋孝宗想起他,下诏恢复他原来的职务,出任静江知府,负责经略安抚广南西路。张栻所负责管辖的地区荒凉残破,盗贼众多,张栻到达后,简选州听军队,废掉冗官,补上缺员,调集各州黥面的士卒中强壮有力者听候指挥,平时加紧检查训练,又申明严格执行保伍法。张栻又告谕各溪洞的少数民族酋长豪领们相互消除怨恨和睦友邻,不要互相杀掠。于是,各蛮夷少数民族都贴心服从,宋朝廷在横山州设官购买马匹,年岁一久,弊病丛生,边疆百姓深感病苦,而马匹不能准时买来。张栻仔细研究其中的利病,得出六十多条,上奏朝廷,请求革除其弊,各少数民族感动而喜悦,争着来卖好马。

宋孝宗听说张栻在任中治理民政卓有成效,下诏特别增加张栻的秩级,命他直宝文阁,连续任职。不久,除秘阁修撰,荆湖北路转运副使。又改为江陵知府,安抚本路辖境。张栻上任后,一天之内便罢免贪官污吏四十多人。湖北地区盗贼很多,各府县往往纵容释放他们,使他们祸害百姓良民。张栻首先弹劾那些放纵盗贼的地方大吏的罪行,逮捕斩杀窝藏盗贼的奸民,让盗贼们互相抓捕告发以减其罪,盗贼们都因此逃跑。湖北地近边境,官军主将地方官吏民帅总是互相不服,张栻对各个将领以礼相待,取得各将领的欢心,又努力抚恤士卒,以忠义勉励他们,军中的队长(基层军官)立下功劳的,都给他们补官升职,将士们都为之感动奋发。淮河地区有些奸民超过关塞国界进入金国境内劫掠,被官军抓获,其中还有从北方逃亡的奴隶。张栻说:"朝廷不能以正义的名义讨伐敌人,不要让边界争端之理屈在我们这一边"。下令将这些人斩首,并在边境巡示,又将从北方逃亡的奴隶缚着送回北方。金朝的人叹息说:"南朝有人才。"

　　信阳太守刘大辩依仗权势,希求得到奖赏,广泛招集流亡的百姓,而夺取现管民产的熟地分配给流民。张栻弹劾刘大辩作伪,所招抚的流民不到百人,却虚增十倍的数量,请求朝廷处理刘大辩的罪行,没有得到朝廷的回答。张栻为此事几次上疏,刘大辩却并未被治罪,转到别的州郡任职。张栻认为自己没有尽到责任,请求离职,皇帝下诏张栻以右文殿修撰提举武夷山冲佑观。张栻得病,快要死去时,还亲笔写奏疏,劝皇帝亲近君子,远离小人,信任大臣要防止一己的偏差,个人的好恶要合于天下的公理。天下的人都传诵着张栻的话。张栻有当公辅大臣的声望,死的时候四十八岁。宋孝宗听说后,深深为之叹息悼念,天下四方的贤士大夫往往流着眼泪相互表达哀伤之情,而江陵、静江二郡的百姓尤其哭的哀切。嘉定年间,赐张栻谥号叫宣。淳祐初年,皇帝诏令将张栻的牌位附于孔子庙中。

　　张栻为人表里如一,勇于按照大义行事,而没有丝毫的迟疑。每次进宫答皇帝问,必定要自己在心中发誓,不能因为皇帝心中喜欢而去顺从皇帝的意思。宋孝宗曾经说仗节死义的臣子很难得,张栻回答说:"应当在不看陛下脸色行事而敢于直谏的人当中去寻找。如果平时不能冒犯陛下的颜色敢于直谏,他日怎么能指望他仗节死义呢?"宋孝宗又说能干的大臣很难得,张回答说:"陛下应当寻求通晓事理的大臣,而不应当寻求能办事的大臣。如果只寻求能办事的大臣,则他日败坏陛下事情的,未必不是这样的人。"张栻自己说:"前后上奏问对虽然多次违背皇上的意旨,但皇上总是想着他,从未恼怒过,这是因为自己以理服人。

　　张栻诛远小人尤为严厉。当都司的时候,一次坐着轿子出门,路上遇到曾觌,曾觌抬起手来想向张栻作揖,张栻急忙关上轿子上的窗棂,弄得曾觌十分羞惭,双手举也不是,放也不是。到达任官的州郡,空闲的日子便召集郡中儒生聊天。百姓因事告发到庭中来,张栻必定按各个事情随示开示晓喻。具体列出教令条规,大体上以端正礼俗,申明伦理纲纪为先。排斥异端,拆毁滥建的庙祠,而重视对社稷山川和古代圣人先贤的祭祀。即使过去典礼中漏掉的,也必定按义而予以补上。

　　张栻很早就开始学习道学。朱熹曾经说:"我的学问是铢积寸累而成,非一日之功。而张敬夫却是对大义的根本卓然而先有见识在胸中。"张栻所撰著的《论语孟子说》《太极图说》《洙泗言仁》《诸葛忠武侯传》《经世纪年》等著作都在世上流行。张栻的话说:"学习没有比先辨明义和利更重要的。义,是人之本心所应当作为,并不是为有为而为之。为有为而作为,便都是人的欲望,不是天理。"这是张栻讲求学问的要领所在。

黄榦传

【题解】

黄榦，字直卿，福建闽县人。少投朱熹门下，刻苦攻读，朱熹甚爱之，并嫁以女。历任临川县令，安庆知府、知汉阳军等，在任多有政绩，得士人百姓称颂。晚年见朝政日非，便辞官隐居，讲学于庐山白鹿书院，从之者甚众，后去世。黄榦为朱熹之后的著名理学家之一，有《经解》一书与文集流行于世。

【原文】

黄榦字直卿，福州闽县人，父瑀，在高宗时为监察御史，以笃行直道著闻。瑀没，榦往见清江刘清之，清之奇之，曰："子乃远器，时学非所以处子也。"因命受业朱熹。榦家法严重，乃以白母，即日行。时大雪，既至而熹它出，榦因留客邸，卧起一榻，不解衣者二月，而熹始归。自见熹，夜不设榻，不解带，少倦则微坐，一倚或至达曙，熹语人曰："直卿志坚思苦，与之处甚有益。"尝诣东莱吕祖谦，以所闻于熹者相质正，及广汉张栻亡，熹与榦书曰："吾道益孤矣，所望于贤者不轻。"后遂以其子妻榦。

宁宗即位，熹命榦奉表，补将仕郎，铨中，授迪功郎，监台州酒务。丁母忧，学者从之讲学于墓庐甚众。熹作竹林精舍成，遗榦书，有"它时便可请直卿代即讲席"之语。及编《礼书》，独以《丧》《祭》二编属榦，稿成，熹见而喜曰："所立规模次第，缜密有条理，它日当取所编家乡、邦国、王朝礼，悉仿此更定之。"病革，以深衣及所著书授榦，手书与诀曰："吾道之托在此，吾无憾矣。"讣闻，榦持心丧三年毕，调监嘉兴府石门酒库。

时韩侂胄方谋用兵，吴猎帅湖北，将赴镇，访以兵事。榦曰："闻议者谓今天下欲为大举深入之谋，果尔，必败。此何时而可进取哉？"猎雅敬榦名德，辟为荆湖北路安抚司激赏酒库兼准备差遣，事有未当，必输忠款力争。

江西提举常平赵希怿、知抚州高商老辟为临川令，岁旱，劝粜捕蝗极其力，改知新淦县，吏民习知临川之政，皆喜，不令而政行，以提举常平、郡太守荐，擢监尚书六部门，未上，改差通判安丰军。淮西帅司檄榦鞫和州狱，狱故以疑未决，榦释囚桎梏饮食之，委曲审问无所得。一夜，梦井中有人，明日呼囚诘之曰："汝杀人，投之于井，我审知之矣，胡得欺我。"囚遂惊服，果于废井得尸。

寻知汉阳军。值岁饥，籴客米、发常平以振。制置司下令，欲移本军之杰而禁其籴，榦报以乞候榦罢然后施行，及援鄂州例，十之一告籴于制司。荒政具举。旁郡饥民辐凑，惠抚均一，春暖愿归者给之粮，不愿者结庐居之，民大感悦。所至以重庠序，先教养。其在汉阳，即郡治后凤栖山为屋，馆四方士，立周、程、游、朱四先生祠。以病乞祠，主管武夷冲祐观。

寻起知安庆府，至则金人破光山，而沿边多警。安庆去光山不远，民情震恐。乃请于朝，城安庆以备战守，不俟报，即日兴工。城分十二料，先自筑一料，计其工费若干，然后委官吏、寓公、士人分料主之。役民兵五千人，人役九十日，而计人户产钱起丁夫，通役二万夫，人十日而罢。役者更番，暑月月休六日，日午休一时，至秋渐杀其半。干日以五鼓坐于堂，濠砦官入听命，以一日成算授之；役某乡民兵若干，某乡人夫若干；分布于某人料分，或搬运某处土木，应副某料使用；某料民兵人夫合当更代，合散几日钱米。俱受命毕，乃治府事。理民讼，接宾客，阅士卒，会僚佐讲究边防利病，次则巡城视役，晚入书院讲论经史。筑城之杵，用钱监未铸之铁，事毕还之。城成，会上元日张灯，士民扶老携幼，往来不绝。有老妪百岁，二子与之，诸孙从，至府致谢。干礼之，命具酒炙，且劳以金帛。妪曰："老妪之来，为一郡生灵谢耳，太守之赐非所冀也。"不受而去。是岁大旱，干祈辄雨，或未出，晨兴登郡阁，望潜山再拜，雨即至。后二年，金人破黄州沙窝诸关，淮东、西皆震，独安庆安堵如故。继而霖潦余月，巨浸暴至，城屹然无虞。舒人德之，相谓曰："不残于寇，不蹈于水，生汝者黄父也。"

制置李珏辟为参议官，再辞不受。既而朝命与徐侨两易和州，且令先赴制府禀议，干即日解印趋制府。和州人日望其来，曰："是尝檄至吾郡鞫死囚、感梦于井中者，庶能直吾屈乎。"先是，干移书珏曰："丞相诛韩之后，徼意外之变，专用左右亲信之人，往往得罪于天下公议。世之君子遂从而归咎于丞相，丞相不堪其咎，断然逐去之，而左右亲信者其用愈专矣。平居无事，纪纲紊乱，不过州县之间，百姓受祸。至于军政不修，边备废驰，皆此曹为之，若今大敌在境，更不改图，大事去矣。今日之急，莫大于此。"又曰："今日之计，莫若用两淮之人，食两淮之粟，守两淮之地。然其策当先明保伍，保伍既明，则为之立堡砦，蓄马、制军器以资其用，不过累月，军政可成。且淮民遭丙寅之厄，今闻金人迁汴，莫不狼顾胁息，有弃田庐、挈妻子渡江之意，其间勇悍者，且将伺变窃发。向日胡海、第军之变，为害甚于金，今若不早为图，则两淮日见荒墟，卒有警急，攘臂而起矣。"珏皆不能用。

及至制府，珏往惟扬视师，与偕行，干言："敌既退，当思所以赏功罚罪者。崔惟扬能于清平山豫立义砦，断金人右臂，方仪真能措置捍御，不使军民仓皇奔轶，此二人者当荐之。泗上之败，刘倬可斩也。某州官吏三人携家奔窜，追而治之，然后具奏可也。"其时幕府书馆皆轻儇浮靡之士，僚吏士民有献谋画，多为毁抹疏驳。将帅偏裨，人心不附，所向无功。流移满道，而诸司长吏张宴无虚日。干知不足与共事，归自惟扬，再辞知州之命，仍乞祠，闭门谢客，宴乐不与。乃复告珏曰：

浮光敌退已两月，安丰已一月，盱眙亦将两旬，不知吾所措置者何事，所施行者何策。边备之驰，又甚于前，日复一日，恬不知惧，恐其祸又不止今春矣。

向者轻信人言，不泗上之役，丧师万人。良将劲卒、精兵利器，不战而沦于泗水，黄团老幼，俘虏杀戮五六千人，盱眙东西数百里，莽为丘墟。安丰、浮光之事大率类此。切意千乘言旋，必痛自咎责，出宿于外，大戒于国，曰："此吾之罪也，有能箴吾失者，疾入谏。"日与僚属及四方贤士讨论条画，以为后图。今归已五日矣，但闻请总领、运使至玉麟堂赏牡丹，用妓乐，又闻总领、运使请宴赏亦然，又闻宴僚属亦然，邦人诸军闻之，岂不痛愤。

且视牡丹之红艳,岂不思边庭之流血;视管弦之啁啾,岂不思老幼之哀号;视栋宇之宏丽,岂不思士卒之暴露;视饮馔之丰美,岂不思流民之冻馁。敌国深侵,宇内骚动,主上食不甘味,听朝不怡;大臣忧惧,不知所出。尚书当得不朝夕忧惧,而乃如是之迁缓暇逸耶!

今浮光之报又至矣,金欲以十六县之众,四月攻浮光,侵五关,且以一县五千人为率,则当有八万人攻浮光,以万人刘吾麦,以五万人攻吾关。吾之守关不过五六百人岂能当万人之众哉?则关之不可守决矣。五关失守,则蕲、黄决不可保;蕲、黄不保,则江南危。尚书闻此亦已数日乃不闻有所施行,何耶?

其他言皆激切,同幕忌之尤甚,共诋排之。厥后光、黄、蕲继失,果如其言。遂力辞去,请祠不已。俄再命知安庆,不就,入庐山访其友李燔、陈密,相与盘旋玉渊、三峡间,免仰其师旧迹,讲《乾》《坤》二卦于白鹿书院,山南北之士皆来集。未几,召赴行在所奏事,除大理丞,不拜,为御史李楠所劾。

初榦入荆湖幕府,奔走诸关,与江、淮豪杰游,而豪杰往往愿依榦。及倅安丰、武定,诸将皆归心焉。后倅建康,守汉阳,声闻益著。诸豪又深知榦倜傥有谋,及来安庆,且兼制幕,长淮军民之心,翕然相向,此声既出,在位者益忌,且虑榦入见必直言边事,以悟上意,至是群起挤之。

榦遂归里,弟子日盛,巴蜀、江、湖之士皆来,编礼著书,日不暇给,夜与之讲论经理,亹亹不倦,借邻寺以处之,朝夕往来,质疑请益如熹时。俄命知潮州,辞不行,差主管亳州明道宫,逾月遂乞致仕,诏许之,特授承议郎。既没后数年,以门人请谥,又特赠朝奉郎,与一子下州文学,谥文肃。有《经解》、文集行于世。

【译文】

黄榦,字直卿,福州闽县人。父亲黄瑀,在宋高宗时任监察御史,以笃行耿直闻名于世。黄瑀去世后,黄榦去见清江人刘清之,刘清之认为黄榦是个奇才,说:"你将来能成大器,现在社会上所流行的学问,都不是应该拿来教育你的。"并让黄榦去向朱熹拜师学习。黄榦的家家法很严,黄榦将此事禀告了母亲之后,当天便出发了。当时天下大雪,黄榦到达朱熹家,正赶上朱熹外出,黄榦因此在客店留宿,睡在一张床上,整整两个月没解衣带,而朱熹才回来。黄榦自从见了朱熹之后,夜里不用床,不脱衣服,实在困了才稍微坐下休息一会儿,有时一靠墙便睡着了,直到天亮。朱熹对别人说:"黄直卿意志坚强,苦苦思索,和他相处很有好处。"黄榦曾经到东莱人吕祖谦哪里去,将从朱熹哪里学来的学问去和吕祖谦相对照比较。等广汉人张栻去世,朱熹在给黄榦的信中说:"我的道学更加孤立了,你肩上所负的重担不轻。"后来,便把女儿嫁给黄榦为妻。

宋宁宗即位后,朱熹让黄榦奉表致贺,补为将仕郎、铨中、授迪功郎、监台州酒务。为母亲去世服丧期间,有许多学者跟随黄榦在他母亲墓前的草庐中讲论道学。朱熹建成竹林精舍后,给黄榦送信,信中有"以后便可以请你代我讲课"的话。等朱熹编纂《礼书》时,特地将《丧》《祭》两篇交给黄榦负责。稿子写成后,朱熹读了非常高兴,说:"你所建立的规模次第,缜密而有条理,以后应当将以前编的家乡、邦国、王朝礼仪,都仿照你的这种格式重新编定。"朱熹病重，把自己的深衣（古代诸侯、士大夫家居所穿衣服）和撰写的著作交给黄榦，亲笔写信与黄榦诀别，说："我的道学寄托在你身上，我没有什么遗憾的了。"朱熹去世的消息传来，黄榦为朱熹守心丧三年。完毕后，调监嘉兴府石门酒库。

当时，韩侂胄正策划发兵攻打金朝，收得失地，吴猎为湖北方面宋军的统帅，在即将赴任时，找到黄榦征求他对这次军事行动的意见。黄榦说："我听说倡议此举的人说现在天下的人想做大举深入北方的谋划，果然这样，必定失败。这是什么时候而可以进取中原？"吴猎敬重黄榦的名声和品德，辟黄榦为荆湖北路安抚司激赏酒库兼准备差遣。举事若有不当，黄榦必定会据理力争。

江西提举常平赵希怿、抚州太守高商老辟黄榦为临川县令。这年发生旱灾，黄榦竭尽全力用官府收购的办法鼓励百姓捕蝗虫。改任新淦县令，该县的吏民知道黄榦在临川县的政令事迹，得知他要来本县为令，都非常高兴，黄榦不用下令，一切便都畅行无阻。因提举常平、郡太守的推荐，黄榦被擢升监尚书六部门，还未入朝赴任，又改为安丰军通判。淮西帅司传令请黄榦到和州审决狱中隶犯，有一个案件因为证据不足而久未结案。黄榦到后，打开囚犯的脚镣手铐，以饮食招待，委婉地审问，但一无所获。一天夜里，黄榦梦见井中有人。第二天，黄榦命人把囚犯押来，责问说："你杀了人，把他投到井中，我都已经知道了，你哪里骗得了我。"这个囚犯大吃一惊，承认了他的罪行，果然在废井中找到了该犯杀死的人的尸体。

不久，黄榦改知汉阳军。正赶上发生饥荒，黄榦下令从别的州郡买来粮米，又打开常平仓以救济灾民。制置司下令，准备调运本军储备的粮食而禁止黄榦买，黄榦回报乞求等自己罢职之后再实行，又援引鄂州的例子，向制置司请求购买储粮的十分之一。由于黄榦在灾荒之年实行了各种有益的政令，四周郡县的饥民都拥到汉阳军来，黄榦对他们与本军百姓一样安抚。来年春暖之时，愿意回家的发给一定的粮食，不愿回去的就盖草庐使他们安居下来。百姓非常高兴和感动。不论到哪里任职，黄榦都重视建设学校，把教育放在优先地位。在汉阳军时，黄榦便在郡治后面的凤栖山盖起房子，使四方的士人到这里居住学习，又建立周敦颐、程颢、游酢、朱熹四个先生的祠堂。因为生病，请求祭祀，主管武夷册冲佑观。

不久，起为安庆府知府。黄榦刚到府任，正遇金朝军队攻破光山，沿边境一线警备告急。安庆离光山不远，百姓闻讯而震惊恐惧。黄榦向朝廷请求，在安庆府治建立城池，以备战守，并不等回报，立即开工。城墙总共分十二料，先修筑一料，计算出一料所花费的工时和钱数，然后委派官吏、德高望重的人和士人分料主持。征调民兵五千人，每人服役九十天，而按人口、户数和家产状况调集役夫，通共使用役夫二万人，每人服役十日而罢。服役的人更番工作，署月每月休工六天，每天午休一个时辰，到秋天凉爽时逐渐减半。黄榦每天早上五鼓时分便升坐于堂上，负责筑城的官吏入堂听令，黄榦将一天之内应做的工作分派给他们：某乡民兵应服役的是多少人，某乡人夫应服役是多少人；把某些运料分交与某人，或应搬运某处的土石木材，应该交付某一料工程使用；在某料工作的民兵人夫应当更番休息了，应当分发几天的钱和米粮。将这些安排妥当后，黄榦开始治理民事，处理民间诉讼,接待宾客,简阅士兵,召集僚佐研究边防的利病,接着便巡视筑城工地,检查进展情况,晚上又到书院中去讲论经史。筑城需要用的杵,使用钱监没有铸用的铁而铸造,完工后再交还。城墙修筑完毕后,正赶上上元日张灯节,士民百姓扶老携幼,往来不绝。有一个老婆婆年过百岁,两个儿子用车拉着她,孙子们都在后面跟着,到府中向黄榦表示感谢。黄榦以礼接待,命摆酒款待,并用金帛慰劳他们。老婆婆说:"我老太婆来,是为了一郡的百姓生灵向大人致谢,大人的赏赐不是我们想要的。"不接受这些东西而离去了。这一年,发生大旱,黄榦只要一祈祷便会下雨,有时还没出城,早起时登上郡城的阁楼,望着灊山拜两拜,便会下雨。两年后,金朝军队攻破黄州、沙窝等各个关口,淮东和淮西地区大为震动,只有安庆府安堵如故。紧接着下了一个多月的大雨,洪水暴涨,安庆城却安然屹立。这一带的人民非常感谢黄榦,互相说:"不被敌寇摧残,不被洪水淹没,让我们活下来的是黄老父。"

　　制置李珏辟黄榦为参议官,黄榦再三辞让,不肯接受。不久,朝廷命黄榦与和州知州徐桥对调,并且令黄榦先到制置府去禀报,黄榦当天便解职而到制置府去。和州人日夜盼望黄榦到来,说:"他是曾经奉命到我们郡里来审讯死囚,感梦井中之冤死者的那个人,他大概能理清我们的冤屈。"

　　在此之前,黄榦给李珏写信说:"丞相在诛杀韩侂胄之后,为防发生意外变故,专门任用左右亲信的人,往往被天下之公议所指责。世上的君子便会跟着把罪过推到丞相身上,丞相不堪忍受,断断拒绝接受,而左右亲信的人会因此而更加专权。平常安居无事,国家纲纪混乱,其结果不过是州县的百姓遭受一些祸害。至于军政不修,边防备战之事废驰,都是这些人所为,如果现在大敌压境,而我们又不改统更张,那就全完了。今日的当务之急,没有比这更为重要的了。"又说:"依现在的情况看,最好的办法,都不如任用两淮的人,食用两淮地区的粮草,以坚守两淮地区。然而实现这一点的办法应当先明确实行保伍制度,保伍制度推行之后,再在此基础上建立堡砦,蓄养马匹,制造军器以供使用,不过用几个月的时间,军事方面的政务就可以充实完成。而且,淮河地区的人民遭遇到丙寅年的劫难,现在听说金朝迁都于汴京,没有不惶恐喘息,想抛弃田地家园,携带妻子儿女渡江避难的。他们当中的勇悍的人,也将会等待时机,借机发难,过去胡海、张军的那次变乱,为害比金人进攻还厉害。现在如果不早点加以防备,则两淮地区越来越荒废空虚,一旦遇到紧急情况,将无法加以控制。"而李珏都不能听用黄榦的话。

　　等黄榦到达制置府之后,李珏前去惟扬(即扬州)视察军队,带黄榦一同前往。黄榦说:"敌人既然已经退走,便应当考虑采取措施奖赏有功的人,惩罚有罪的人。崔淮扬(淮扬太守)能预先在清平山建筑砦堡,以切断入侵金军的右臂;方仪真(仪真县令)能采取适当的措施捍御家园,使军民在情况危急时不致仓皇奔逃,这两个人应当向朝廷推荐重用。我军在泗上战败,刘倬应当被斩首。某州的三个官吏在急难之时携带家属首先奔逃,应追究而予以惩治,然后再一一向皇上陈奏即可。"当时,李珏幕府中掌管机要文书的都是一些轻薄无能之人。同僚属下和士民百姓有向李珏献计划策的,大多被他们诋毁、抹杀,或反驳拒绝。将帅和一般的将领们也各持一心,人心不附,所以不论有什么行动都没有结果。百姓颠沛流离于道路，而官府各级长吏腐败堕落，每日都摆酒设宴，不顾百姓死活。黄榦知道这些人根本不足以与之在一起共事，便从惟扬离开，再辞掉任他为和州太守的官职，回家闭门谢客，不参与任何酒宴乐事。黄榦又给李珏写信说：

敌人从浮光退走已有两个月，从安丰退走已有一个月，从盱眙退走也已将近两旬，不知我们布置了什么措施，采取了什么样的对策。边防的松弛，比以前更加厉害，日复一日，苟且偷安而不知恐惧，恐怕将来的祸害不止于像今年春天的这个样子了。

过去轻易相信别人的话，在泗上和金人交战，结果伤亡上万人。优良的将领、精锐的士卒，精良的兵器装备，未及与敌人作战而沉沦于泗水之中；黄团的老幼百姓，被敌人俘房杀害五六千人，盱眙东西数百里之间，因兵火而变为丘墟。安丰、浮光两地也大致与盱眙相同。我本料想大人从前线归来后，必定沉痛地责备自己，在城外宿营，并向全国申明借鉴，说："这是我的罪过。谁能指出我的错误和过失，赶快请进来讲。"每天和同僚部下以及天下四方的贤才们研究讨论，以为今后做规划和打算。如今，大人回来已经五天了，只听说您邀请总领和运使到玉麟堂观赏牡丹，使用妓乐；又听说总领和运使请大人饮宴赏花也是这个样子；又听说大人府中及各级臣僚也是这个样子。全国百姓和各军的将士们听说了此事，难道不愤怒吗？而且看到牡丹的鲜红娇艳，为什么不想想边疆之上在流血？听管弦之声嘲啾悦耳，为何不想到百姓老幼的哀号之声？看到雕梁画栋的宏大壮丽，为何不想到士卒们暴露于野外？见到饮食的丰盛完美，为何不想到流离颠沛的百姓在忍饥挨饿；敌人侵入我国纵深之境，全国为之骚动，皇上连饭都吃不出味道，每次上朝都忧恐不已，大臣们担忧恐惧，不知道该怎么办。大人怎能不朝夕为之担忧，却像这样的纤缓安闲暇适呢？

现在，浮光县的报告又到了，金人想调集十六个县的人马，于四月进攻浮光，入侵五关，而且一个县以五千人为准，则敌人的兵力便有八万人进攻浮光，一万人抢割我们的麦子，以五万人进攻我们的关隘。我方把守关口的不过五六百人，怎能抵挡上万的敌人？则关隘是绝对要丢失的。五关失守，则蕲州、黄州绝对保不住；蕲州、黄州保不住，则江南必陷于危机之中。大人听说此事已经有几天，却未曾听说采取过什么措施，这是为什么呢？

黄榦别的言论也都非常激切，幕府中的同僚尤其忌惮他，共同在李珏面前诋毁黄榦。之后，光州、黄州、蕲州等地相继被金军攻占，果然应了黄榦的预言。黄榦随即极力要辞去官职，并再三请求不已。

不久，朝廷再次任命黄榦为安庆知府，黄榦不去赴任，而进入庐山，寻访自己的朋友李燔、陈宓等，结伴在玉渊、三峡之间来往，踏着他的老师在这里生活过的旧迹，在白鹿书院讲解《易经》中的乾、坤二卦，庐山南北的文士闻讯后，都来汇集于白鹿书院。不久，朝廷召命黄榦赴皇帝的临时驻地奏事并听候调遣，任黄榦为大理丞。黄榦不答应，御史李楠弹劾了黄榦。

当初，黄榦进入荆湖幕府，奔走在各关隘之间，与江、淮之间的豪杰交往，而豪杰们大都愿意依从黄榦。等黄榦在安丰、武定任职，军中诸位将领对黄榦都衷心佩服。后来任职于建康,守卫汉阳,黄榦的声名更加远扬。各地豪杰又深深知道黄榦倜傥大度而有谋略,等黄榦到安庆任职,而且在制置使幕府兼职,淮河流域一带的军人和百姓都心向往之,愿睹其风采。黄榦声名日益远扬,而在位掌权的人对黄榦更加忌惮,而且想到黄榦入朝见了皇帝之后,必定毫无顾忌地直接向皇帝讲边防之事,以暴露自己的无能和腐败,而让皇帝醒悟过来,便对黄榦群起而攻之,将他排挤出朝。

黄榦便回到了乡里,跟从他学习的弟子越来越多,巴蜀、江、湖等地的文士都来投到黄榦的门下,编著礼仪书籍,黄榦白天忙得不可开交,晚上又和弟子们研究讨论经书的道理,不知疲倦。因为人多,只好借相邻的寺院让远来的人暂住,朝夕往来,相互教学切磋就像朱熹在世的时候一样。不久,朝廷又任命黄榦为潮州知府,黄榦推辞不去,又派黄榦主管亳州的明道宫,一个多月后,黄榦便请求辞职。皇帝下诏答应了他,并特别授黄榦为承议郎。在黄榦去世几年以后,因为黄榦门人请求赐给黄榦谥号,朝廷又特赠黄榦朝奉郎,与一子下州文学,谥号为文肃。黄榦著有《经解》一书和文集流行于世。

程大昌传

【题解】

程大昌(1123～1195),字泰之,宋代徽州休宁人。绍兴二十一年(1151)进士,曾任吴县主簿、著作佐郎、国子司业兼礼部侍郎、浙东提点刑狱、江西转运副使、秘阁修撰、国子祭酒、权吏部尚书、泉州知府、明州知府等职,卒谥文简。程大昌笃好学问,对于古今之事都要考察研究。《演繁露》是他的一部笔记杂著,其内容广泛,涉及不少自然科学内容,其中对度量衡的考证,对色散现象的认识,对太阳和月亮的认识,对浑仪和浑象的区分,考证印书的起源,考证水车、玻璃的源流,及对龙门的解释等在中国科学史上都是较早和较重要的发现和认识。他的《禹贡论》是部地理学著作。

【原文】

程大昌字泰之,徽州休宁人。十岁能属文,登绍兴二十一年进士第。主吴县簿,未上,丁父忧。服除,著《十论》言当世事,献于朝,宰相汤思退奇之,擢太平州教授。明年,召为太学正,试馆职,为秘书省正字。

孝宗即位,迁著作佐郎。当是时,帝初政,锐意事功,命令四出,贵近或预密议。会诏百官言事,大昌奏曰:"汉石显知元帝信己,先请夜开宫门之诏。他日,故夜还,称诏启关,或言矫制,帝笑以前诏示之。自是显真矫制,人不复言。国朝命令必由三省,防此弊也。请自今被御前直降文书,皆申省省奏乃得行,以合祖宗之规,以防石显之奸。"又言:"去岁完颜亮入寇,无一士死守,而兵将至今策勋未已。惟李宝捷胶西,虞允文战采石,实屠亮之阶。今宝罢兵,允文守夔,此公论所谓不平也。"帝称善,选为恭王府赞读。迁国子司业兼权礼部侍郎、直学士院。帝问大昌曰："朕治道不讲,奈何?"大昌对曰："陛下勤俭过古帝王,自女真通和,知尊中国,不可谓无效。但当求贤纳谏,修政事,则大有为之业在其中,不必他求奇策,以幸速成。"又言:"淮上筑城太多,缓急何人可守。设险莫如练卒,练卒莫如择将。"帝称善。

除浙东提点刑狱。会岁丰,酒税逾额,有挟朝命请增额者,大昌力拒之,曰:"大昌宁罪去,不可增也。"徙江西转运副使,大昌曰:"可以兴利去害,行吾志矣。"会岁歉,出钱十余万缗,代输吉、赣、临江、南安夏税折帛。清江县旧有破坑、桐塘二堰,以捍江护田及民居,地几二千顷,后堰坏,岁罹水患且四十年,大昌力复其旧。

进秘阁修撰,召为秘书少监,帝劳之曰:"卿,朕所简记。监司若人人如卿,朕何忧?"兼中书舍人。六和塔寺僧以镇潮为功,求内降人赐所置田产仍免科徭,大昌奏:"僧寺既违法置田,又移科徭于民,奈何许之!况自修塔之后,潮果不齿岸乎?"寝其命。权刑部侍郎,升侍讲兼国子祭酒。大昌言:"辟以止辟,未闻纵有罪为仁也。今四方谳狱例拟贷死,臣谓有司当守法,人主察其可贷则贷之。如此,则法伸乎下,仁归乎上矣。"帝以为然。兼给事中。江陵都统制率逢原纵部曲殴百姓,守帅辛弃疾以言状徙帅江西。大昌因极论"自此屯戍州郡,不可为矣!"逢缘由是坐削两官,降本军副将。累迁权吏部尚书。言:"今日诸军,西北旧人少,其子孙伉健者,当教之战阵,不宜轻听离军。且禁卫之士,祖宗非独以备宿卫而已,南征北伐,是尝为先锋。今率三年辄补外,用违其长,即有征行,无人在选。奈何始以材武择之,而终以庸常弃之乎?愿留三衙勿遣。"

会行中外更迭之制,力请郡,遂出知泉州。汀州贼沈师作乱,戍将萧统领与战死,闽部大震。漕檄统制裴师武讨之。师武以未得帅符不行,大昌手书趣之曰:"事急矣,有如帅责君,可持吾书自解。"当是时,贼谋攻城,而先使谍衷甲纵火为内应。会师武军至,复得谍者,贼遂散去。迁知建宁府。光宗嗣位,徙知明州,寻奉祠。绍熙五年,请老,以龙图阁学士致仕。庆元元年,卒,年七十三,谥文简。

大昌笃学,于古今靡不考究。有《禹贡论》《易原》《雍录》《易老通言》《考古编》《演繁露》《北边备对》行于世。

【译文】

程大昌,字泰之,是徽州休宁人。他十岁就能撰写成篇文辞,绍兴二十一年登进士第。授吴县主簿,适逢他父亲故去,而未去上任,丧服除去后,他撰写了《十论》来讨论当时的国家大事,并把它奏献给朝廷,宰相汤思退看后称奇,提拔程大昌为太平州教授。第二年,调至京师任太学正,继而参与选用馆职官的策试,因论述得当改任秘书省正字。

宋孝宗即皇帝位,程大昌迁升为著作佐郎。当时,孝宗皇帝刚刚临政,急于拓广功业,广向四方发布命令,贵臣和亲近们往往参与机密和决策。有一次,恰逢孝宗命令大小众官针对朝政得失和社会状况,提出意见,程大昌奏说:"汉代的石显知道汉元帝信任自己,就事先请求获得了夜间能开启皇宫之门的诏书。后来有一天,石显故意在夜晚归还,口称有诏书命令开启宫门,有人据此弹劾石显假托君命,汉元帝不但不重视这问题,还笑着拿出以前的诏书给人来看。自这以后，石显真的假托君命发布诏敕，人们也就不再说什么了。我朝颁布命令例行均由三省发出，就是为了防止此类弊病的。请求从今起凡是直接得到皇帝交办的诏令，都要送交三省审议，重行奏准，方可施行，这样才合乎祖宗的规章，才能防止像石显那样的奸诈。"此外，他还奏道："去年，完颜亮入侵，没有一个将士拼死守卫，但是对将帅的册封授勋到现在也没有停止。应该重视的是，只有李宝在胶西的告捷，虞允文在采石的战胜，这两战才是打败完颜亮并最终促成其被杀的基础，可是现今李宝被免去兵权，虞允文也调知夔州，对比之下，前后这两种截然不同的待遇，就是公论所说的不平啊。"皇帝称是，将程大昌选拔为恭王府赞读，并升迁为国子司业兼权代理部侍郎、直学士院。皇帝询问程大昌道："我掌握不好治国的原则，成效不大，怎么好？"程大昌对答道："陛下治国的勤奋节俭超过了往古的帝王，自从女真与中原通和以后，已经知道尊敬中原了，不轻易南侵，这不能说没有成效。只要广求贤才，采纳忠谏，修明政事，那么陛下大有作为的功业必在其中了，没有必要去另外求寻什么奇计异策，来侥幸迅速取得成功。"他又说道："沿淮河上建筑的城池已经不少，更应考虑情势急迫的时候派什么人去守卫。设立险要还不如训练好兵卒，训练好兵卒还不如选择好将帅。"皇帝称是。

程大昌受任为浙东提点刑狱。遇到这年丰收，酒税超过了原来的额定总数，有人挟持朝廷的命令要求增加额定总数，程大昌坚决加以拒绝，说："大昌宁可获罪免职，也不能增加酒税总额。"他又迁徙为江西转运副使，大昌说："这可以直接去做有益的事，去除有弊的事，来实现我的志向了。"正遇这年歉收，程大昌从其原财政结余中，提出十多万缗钱，代吉、赣、临江、南安等地的百姓交纳夏税折帛。清江县原有破坑、桐塘两个堰坝，用来阻挡江水保护农田和人民的住房，面积几乎达到二千顷大，后来堰坝损坏，每年都要遭受水灾，已有四十年了，程大昌尽力主持领导，使之修复如初。

程大昌进为秘阁修撰，被召任为秘书少监，皇帝慰劳他说："你是亲自选拔的。监司之内如果人人都像你一样，我还有什么忧愁呢？"接着又兼职中书舍人。六和塔寺的僧人自认为镇服潮水有功，请求皇帝给予奖赐，而且因而免除他们私买田地的课税和徭役的征调。大昌奏道："寺庙买田业已违法，又要把他们应该提供的课税徭役转嫁给百姓，这怎么能允许它呢！况且自从修建六和塔以后，潮水果真不再侵蚀岸边了吗？"终于停止颁给这样的命令。程大昌暂代刑部侍郎之职，升侍讲兼国子祭酒。程大昌说道："行使刑法是为了防止出现触犯刑法的事，没听说把放纵有罪的人当作施行仁政的。现今四方各地审判定案都打算宽免死罪，我认为司法官吏应当遵守法律规定，皇帝认为可以宽免的再宽免。如果是这么做，那么法律在下面就能得到伸张实行，而爱人之德的仁都可归属于皇上了。"皇帝认为是这样的。又让他兼任给事中。江陵都统制率逢原纵容部下无理殴打百姓，湖北守帅辛弃疾据实向朝廷上书参劾，不但没有获准，反因此而被调任江西守帅。大昌为此上奏，极力论述处置不当，还指出："如此下去，今后所有驻有屯田戍守将的州郡，都将无法管治了。"由于大昌之言深切合理，率逢原终于被削掉两级官阶，而降为本军的副将。程大昌接连升迁，升至权吏部尚书。他说："现在的军队里，原来西北的老人越来越少了，他们的子孙中刚正健壮的，应当训教他们战阵打仗，不要轻易听任这些人离开军队。况且禁卫的将士,祖先不是只用他们来做宿卫的,南北征战,都曾用他们作为前锋。现今大约三年就要抽调补充外任,所用违背他们的长处,有了征战,就没有人可以挑选了。开始作为有武略的人才来选择的人怎能后来作为庸才常人使用呢?希望还是留住他们在三衙而不要派遣他们做他用吧。"

正值中央地方更迭官制,程大昌极力请求去外任,做州郡地方官,于是他出任泉州。汀州人沈师作乱反叛,有个城池的镇守军官姓萧的统领与之交战中阵亡,整个福建地区都为之惊恐震动,泉州告警,大昌急发军书,通过海道,约请距泉州较近之军队统制裴师武率兵讨伐增援,裴师武因为没有得到地区统帅军符而没有行动,程大昌亲笔写书信催促裴师武说:"事势急迫,如果守帅责问你,你可拿我的书信来解脱自己。"当时,贼寇谋划攻城,先派间谍穿甲衣准备放火作为攻城的内应。正赶上裴师武的军队赶到,又捕捉到间谍,贼寇遂即溃散而去。程大昌迁为建宁知府。宋光宗继立嗣位,又徙调为明州知府,不久,又被任命为奉祠宫观之官,绍熙五年,程大昌告老辞官,作为龙图阁学士退休。庆元元年,程大昌亡故,终年七十三岁,被谥为文简。

程大昌笃好学问,对于古今事情没有不考察研究的。他有《禹贡论》《易原》《雍录》《易老通言》《考古编》《演繁露》和《北边备对》等著作被刊行于世上。

杨万里传

【题解】

杨万里(1127~1206),南宋诗人。字廷秀,吉州吉水(今属江西)人。绍兴进士,曾任秘书监。任永州零陵(今属湖南)县丞时,南宋名将张浚勉励杨万里以"正心诚意"立学,因此取室名为"诚斋",世称诚斋先生。

其诗与陆游、范成大、尤袤齐名,称"南宋四家"。初学江西诗派,后转变风格,以王安石和晚唐诗为借鉴,自成一体,世称"诚斋体"。其诗幽默诙谐,善于写景,语言平易浅近,常熔炼俗谚口语入诗。能辞赋。有《诚斋集》。

杨万里

【原文】

杨万里字廷秀,吉州吉水人。中绍兴二十四年进士第,为赣州司户,调永州零陵丞。时张浚谪永,杜门谢客,万里三往不得见,以书力请始见之。浚勉以正心诚意之学,万里服其教终身,乃名读书之室曰诚斋。

浚入相，荐之朝。除临安府教授，未赴，丁父忧。改知隆兴府奉新县，戢追胥不入乡，民逋赋者揭其名市中，民谨趋之，赋不扰而足，县以大治。会陈俊卿、虞允文为相，交荐之，召为国子博士。侍讲张栻以论张说出守袁，万里抗疏留栻，又遗允文书，以和同之说规之，栻虽不果留，而公论伟之，迁太常博士，寻升丞兼吏部侍右郎官，转将作少监，出知漳州，改常州，寻提举广东常平茶盐。盗沈师犯南粤，帅师往平之。孝宗称之曰"仁者之勇"，遂有大用意，就除提点刑狱。请于潮、惠二州筑外砦，潮以镇贼之巢，惠以扼贼之路。俄以忧去。免丧，召为尚左郎官。

淳熙十二年五月，以地震应诏上书曰：

臣闻言有可于无事之时，不害其为忠；言无事于有事之时，其为奸也大矣。南北和好逾二十年，一旦绝使，敌情不测。而或者曰彼有五单于争立之祸，又曰彼有匈奴困于东胡之祸，既而皆不验。道涂相传，缮汴京城池，开海州漕渠，又于河南、北签民兵，增驿骑，制马枥，籍井泉，而吾之间谍不得以入，此何为者耶？臣所谓言有事于无事之时者一也。

或谓金主北归，可为中国之贺。臣以中国之忧，正在乎此。此人北归，盖惩创于逆亮之空国击南侵也。将欲南之，必固北之；或者以身填抚其北，而以其子与胥经营其南也。臣所谓言有事于无事之时者二也。

臣窃闻论者或谓缓急淮不可守，则弃淮而守江，是大不然。昔者吴与魏力争而得合肥，然后吴始安；李煜失滁、扬二州，自此南唐始蹙。今曰弃淮而保江，既无淮矣，江可得而保乎？臣所谓言有事于无事之时者三也。

今淮东、西凡十五郡，所谓守帅，不知陛下使宰相择之乎，使枢廷择之乎？使宰相择之，宰相未必为枢廷虑也。使枢廷择之，则除授不自己出也。一则不为之虑，一则不自己出，缓急败事，则皆曰非我也。陛下将责之谁乎？臣所谓言有事于无事之时者四也。

且南北各有长技，若骑若射，北之长技也；若舟若步，南之长技也。今为北之计者，日缮治其海舟，而南之海舟则不闻缮治焉。或曰吾舟素具也，或曰舟虽未具而惮于扰也。绍兴辛巳之战，山东、采石之功，不以骑也，不以射也，不以步也，舟焉而已。当时之舟，今可复用乎？且夫斯民一日之扰，与社稷百世之安危，孰轻孰重？事固有大于扰者也。臣所谓言有事于无事之时者五也。

陛下以今日为何等时耶？金人日逼，疆场日扰，而未闻防金人者何策，保疆场者何道；但闻某日修某礼文也，某日进某书史也，是以乡饮理军，以干羽解围也。臣所谓言有事于无事之时者六也。

臣闻古者人君，人不能悟之，则天地能悟之。今也国家之事，敌情不测如此，而君臣上下处之如太平无事之时，是人不能悟之矣。故上天见灾异，异时荧惑犯南斗，迄日镇星犯端门，荧惑守羽林。臣书生，不晓天文，未敢以为必然也。至于春正月日青无光，若有两日相摩者，兹不曰大异乎？然天犹恐陛下不信也，至于春日载阳，复有雨雪杀物，兹不曰大异乎？然天犹恐陛下又不信也，乃五月庚寅，又有地震，兹又不曰大异乎？且夫天变在远，臣子不敢奏也，不信可也；地震在外，州郡不敢闻也，不信可也。今也天变频仍，地震荐殽，而君臣不闻警惧，朝廷不闻咨访，人不能悟之，则天地能悟之，臣不知陛下于此悟

乎,否乎？臣所谓言有事于无事之时者七也。

自频年以来,两浙最近则先旱,江淮则又旱,湖广则又旱,流徙者相续,道殣相枕。而常平之积,名存而实亡;入粟之令,上行而下慢。静而无事,未知所以振救之;动而有事,将何以仰以为资耶？臣所谓言有事于无事之时者八也。

古者足国裕民,惟食与货。今之所谓钱者,富商、巨贾、阉臣、权贵皆盈室以藏之,至于百姓三军之用,惟破楮券尔。万一如唐泾原之师,因怒粝食,蹴而覆之,出不逊语,遂起朱泚之乱,可不为寒心哉！臣所谓言有事于无事之时者九也。

古者立国必有可畏,非畏其国也,畏其人也。故苻坚欲图晋,而王猛以为不可,谓谢安、桓冲江左之望,是存晋在二人而已。异时名相如赵鼎、张浚,名将如岳飞、韩世忠,此金人所惮也。近时刘珙可用则早死,张栻可用则沮死,万一有缓急,不知可以督诸军者何人,可以当一面者何人,而金人之所素惮者又何人？而或者谓人之有才,用而后见。臣闻之《记》曰:"苟有车必见其式,苟有言必闻其声。"今曰有其人而未闻其可将可相,是有车而无式,有言而无声也。且夫用而后见,非临之以大安危,试之以大胜负,则莫见其用也。平居无以知其人,必待大安危、大胜负而后见焉。成事幸矣,万一败事,悔何及耶？昔者谢玄之北御苻坚,而郗超知其必胜;桓温之西伐李势,而刘惔知其必取。盖玄于履屐之间无不当其任,温于博不必得则不为,二子于平居无事之日,盖必有以察其小而后信其大也,岂必大用而后见哉？臣所谓言有事于无事之时者十也。

愿陛下超然远览,昭然远寤。勿矜圣德之崇高,而增其所未能;勿恃中国之生聚,而严其所未备。勿以天地之变异为适然,而法宣王之惧灾;勿以臣下之苦言为逆耳,而体太宗之导谏。勿以女谒近习之害政为细故,而监汉、唐季世致乱之由;勿以仇雠之包藏为无他,而惩宣、政晚年受祸之酷。责大臣以通知边事军务如富弼之请,勿以东西二府异其心;委大臣以荐进谋臣良将如有何所奇,勿以文武两途而殊其辙。勿使赂宦者而得旄节如唐大历之弊,勿使货近幸而得招讨如梁段凝之败。以重蜀之心而重荆、襄,使东西形势之相接;以保江之心而保两淮,使表里唇齿之相依。勿以海道为无虞,勿以大江为可恃。增屯聚粮,治舰扼险。君臣之所咨访,朝夕之所讲求,姑置不急之务,精专备敌之策。庶几上可消于天变,下不堕于敌奸。

然天下之事有本根,有枝叶。臣前所陈,枝叶而已。所谓本根,则人主不可以自用。人主自用,则人臣不任责,然犹未害也。至于军事,而犹曰"谁当忧此,吾当自忧"。今日之事,将无类此？《传》曰:"木水有本原。"圣学高明,愿益思其所以本原者。

东宫讲官阙,帝亲擢万里为侍读,宫僚以得端人相贺。他日读《陆宣公奏议》等书,皆随事规警,太子深敬之。王淮为相,一日问曰:"宰相先务者何事？"曰:"人才。"又问:"孰为才？"即疏朱熹、袁枢以下六十人为献,淮次第擢用之。历枢密院检详,守右司郎中,迁左司郎中。

十四年夏旱,万里复应诏,言:"旱及两月,然后求言,不曰迟乎？上自侍从,下止馆职,不曰隘乎？今之所以旱者,以上泽不下流,下情不上达,故天地之气隔绝而不通。"因疏四事以献,言皆恳切。迁秘书少监。会高宗崩,孝宗欲行三年丧,创议事堂,命皇太子参决庶务。万里上疏力谏，且上太子书，言："天无二日，民无二王。一履危机，悔之何及？与其悔之而无及，孰若辞之而不居。愿殿下三辞五辞，而必不居也。"太子悚然。高宗未葬，翰林学士洪迈不俟集议，配飨独以吕颐浩等姓名上。万里上疏诋之，力言张浚当预，且谓迈无异指鹿为马。孝宗览疏不悦，曰："万里以朕为何如主！"由是以直秘阁出知筠州。

光宗即位，召为秘书监。入对，言："天下有无形之祸，僭非权臣而僭于权臣，扰非盗贼而扰于盗贼，其惟朋党之论乎！盖欲激人主之怒莫如朋党，空天下人才莫如朋党。党论一兴，其端发于士大夫，其祸及于天下。前事已然，愿陛下建皇极于圣心，公听并观，坏植散群，曰君子从而用之，曰小人从而废之，皆勿问其某党某党也。"又论："古之帝王，固有以知一己揽其权，不知臣下窃其权。大臣窃之则权在大臣，大将窃之则权在大将，外戚窃之则权在外戚，近习窃之则权在近习。窃权之最难防者，其惟近习乎！非敢公窃也，私窃之也。始于私窃，其终必至于公窃而后已。可不惧哉！"

绍熙元年，借焕章阁学士为接伴全国贺正旦使兼实录院检讨官。会《孝宗日历》成，参知政事王蔺以故事俾万里序之，而宰臣属之礼部郎官傅伯寿。万里以失职力丐去，帝宣谕勉留。会进《孝宗圣政》，万里当奉进，孝宗犹不悦，遂出为江东转运副使，权总领淮西、江东军马钱粮。朝议欲行铁钱于江南诸郡，万里疏其不便，不奉诏，忤宰相意，改知赣州，不赴。乞祠，除秘阁修撰、提举万寿宫，自是不复出矣。

宁宗嗣位，召赴行在，辞。升焕章阁待制、提举兴国宫。引年乞休致。进宝文阁待制，致仕。嘉泰三年，诏进宝谟阁直学士，给赐衣带。开禧元年召，复辞。明年，升宝谟阁学士。卒，年八十三。赠光禄大夫。

万里为人刚而褊。孝宗始爱其才，以问周必大，必大无善语，由此不见用。韩侂胄用事，欲网罗四方知名士相羽翼，尝筑南园，属万里为之记，许以掖垣。万里曰："官可弃，记不可作也。"侂胄恚，改命他人。卧家十五年，皆其柄国之日也。侂胄专僭日益甚，万里忧愤，快快成疾。家人知其忧国也，凡邸史之报时政者皆不以告。忽族子自外至，遽言侂胄用兵事。万里恸哭失声，亟呼纸书曰："韩侂胄奸臣，专权无上，动兵贱民，谋危社稷。吾头颅如许，报国无路，唯有孤愤！"又书十四言别妻子，笔落而逝。

万里精于诗，尝著《易传》行于世。光宗尝为书"诚斋"二字，学者称诚斋先生，赐谥文节。子长孺。

【译文】

杨万里，字廷秀，吉州吉水（今江西吉水）人。绍兴二十四年（1154）中进士，为赣州（今江西赣州）司户，后又调永州零陵（今湖南零陵）丞。当时张浚被贬谪在永州，闭门谢客，杨万里去了三次都无法见到他，后来写信竭力请求才被接见了。张浚勉励他要认真进行内心道德修养，研究真心诚意的学问，杨万里一生都按照张浚的这个教导去做，还把自己的书房命名为"诚斋"。

后来张浚入朝做了宰相，把杨万里推荐给朝廷。任临安府（今浙江杭州）教授，还没有赴任,父亲去世了。后来改知隆兴府奉新县(今江西奉新),在主持奉新县政事的时候,杨万里做了这样的规定:禁止差役到百姓家里去催逼赋税,老百姓偷逃赋税的就把名字张榜公布在市中心,因此百姓们闹闹嚷嚷地赶着来缴赋税,这样一来,不扰民但赋税却收足了,奉新县以此得到大治。当时正值陈俊卿、虞允文做宰相,他们都推荐了杨万里,杨万里就被召为国子博士。侍讲张栻因为评论张说而出守袁州(今江西宜春),杨万里上书直言要求留下张栻,又写信给宰相虞允文,用《论语》中君子和而不同,小人同而不和的道理相规劝,结果张栻虽然并没有留下来,而舆论都赞美杨万里的了不起。迁太常博士,不久升丞兼吏部侍右郎官,转将作少监,出知漳州(今属福建),改常州(今属江苏),不久又提举广东常平茶监。盗贼沈师进犯南粤,杨万里率领军队把他们剿平了。孝宗皇帝称赞杨万里有"仁者之勇",因此有重用杨万里的意思,就任命他为提点刑狱。杨万里要求在潮(今广东潮州)惠(今广东惠州)二州筑外寨,驻扎军队,潮州的军队用来镇压盗贼的老巢,惠州的军队用来切断贼军的去路和归路。不久,杨万里因为有亲丧而去职。服丧期满,召为尚左郎官。

淳熙十二年(1185)五月,由于地震而应皇帝的命令给朝廷上书说:

臣听说在事情还没有发生的时候就议论将会发生一些什么事情,这并不影响他的一片忠心;而如果事情已经发生,还在粉饰太平说是没有发生什么事情,那么他可以说是一个大大的奸臣。南北相安无事已经二十年了,一旦断绝使者的往来,对敌方的情况就一点也不了解。而有人却说他们有五个领袖争位的祸乱,有人又说他们有匈奴被困于东胡的灾祸,不久事实证明都不是那样。现在小道传闻很多,有人说敌方在修理汴京(今河南开封)的城墙和护城河,在开掘海州(今江苏连云港)的漕河,又在河南、河北签发人民当兵,增加驿骑,制造马槽,登记井泉,而我们的情报人员又进不到这些地方去,怎么会弄到这步田地呢? 这就是我所说的事情还没有正式发生而先进行议论的第一件事情。

有人说金人的头领回到北面去了,这对中国来说是一件可喜可贺的事情。我认为中国的忧患,正是在这里。金人头领所以回到北面去,正是记取了当年完颜亮倾巢南侵因而造成后方空虚这个教训啊! 侵略南方,就必须巩固北方;或者自己亲自镇守北方,而让他的儿子和女婿领兵侵略南方。这就是我所说的事情还没有正式发生而先进行议论的第二件事情。

我私下听到那些议论政事的人们中有人说,在紧急的时候淮河是无法固守的,因此打算放弃淮河而退守长江,这完全是一个错误的主意啊! 从前三国时吴和魏竭力进行争夺,终于得到了合肥(今属安徽),然后东吴才得以稳定;李煜失掉了滁州(今安徽滁县)、扬州(今属江苏)两个州,从此以后,南唐就开始局促不安。现在有人却说放弃淮河保持长江,既然已经没有淮河了,长江还可以保吗? 这就是我所说的事情还没有正式发生而先进行议论的第三件事情。

现在淮河以东、淮河以西一共十五个州郡,这些州郡的守军负责人,不知道皇上是命令宰相去挑选的呢? 还是命令枢密院去挑选的? 如果命令宰相去挑选,宰相未必为枢密院考虑;如果由枢密院去选择,那么任命这些官员的手续不是自己部门办的。一边是不为对方考虑,一边是任命官员的手续不出于自己部门,等到事情紧急、发生了问题的时候,便都说责任不在我这方面,皇上准备去责备谁呢?这就是我所说的在事情还没有发生的时候而先进行议论的第四件事情。

而让南方和北方都有自己特别的本领,比如骑马射箭,是北方的特别本领,比如操船、步兵战,是南方的特别本领。现在替北方打算的人,每天在修理整治他们的海船,而南方的海船却没有听说在修理整治。有人说我们的船是一直准备在哪里的,有的又说我们的船虽然还没有准备这只是因为害怕打扰百姓啊!绍兴辛巳(1161)的那场战争,山东、采石地区的胜利,不是靠的骑兵,不是靠的弓箭,不是靠的步兵,而恰恰是靠战船的功劳。但是当时的战船,现在还能够再使用吗?再说对百姓一日的打扰和国家长期的安危相比较,又是谁轻谁重呢?可见万事中本来就有着比打扰百姓更重要的事情啊!这就是我所说的事情还没有真的发生而先进行议论的第五件事情。

圣上认为现在是什么时候啊!现在是金人一天一天进逼,边境一天一天受到骚扰,但是却没有听到对防备金人有什么对策,对保卫边疆有什么办法;而耳中听到的只是哪一天研究学习哪一条礼法条文,哪一天进呈哪一种书册史籍,这是用乡饮的礼节去治理军务,用跳干羽的舞蹈去解救敌人的包围啊。这就是我听说的事情还没有真的发生而先进行议论的第六件事情。

我听说古代的国君,百姓不能使他醒悟,那么天地能使他醒悟。今天国家所发生的情况又怎么样呢?敌情是如此的不可捉摸,而君臣上下都处之泰然,就像太平无事的时候一样,这说明百姓是无法使国君醒悟的了。所以上天就显示灾变,前些时候荧惑星侵犯南斗星,近日镇星又侵犯端门,荧惑守着羽林。我只是个书生,不通晓天文,不敢以为我的观察就一定是对的。至于今春正月太阳颜色发青而无光,好像有两个太阳在互相摩擦,这不是一件极大的怪事吗?然而上天还恐怕皇上不相信,所以在开始暖和的时候,又下了雨雪来杀害农作物,这不是一件极大的怪事吗?然而上天还是怕皇上不相信,所以在五月庚寅那一天,又发生了地震,这不又是一件大怪事吗?再说,上天显示的灾异发生在远方的,臣子不敢上奏,不信也就算了;地震发生在外州的,州郡长官不敢上达,不信也就算了,现在是灾变不断地发生,地震竟震到京师来了,而仍旧听不到君臣中有什么惊恐,也听不到朝廷中有人征询、查问。百姓不能使国君醒悟,那么天地能醒悟人君。我不知道皇上经过天地的这些警告,是醒悟了呢,还是没有醒悟呢?这就是我所说的在事情还没有真的发生之时而先进行议论的第七件事情。

自近年以来,两浙最先发生旱灾,接下来江淮又发生旱灾,以后湖广又是旱灾,逃荒的人接连不断,道路上饿死的人相枕藉。而常平仓中备荒的粮食,有名而无实;上面下了储备粮食的命令,下面却并不立即执行。在太平年代没有事情的时候,不知道有救灾这样的事情;当发生灾荒有事的时候,将仰仗什么作为救济灾民的粮源呢?这就是我所说的事情还没有真的发生而先进行议论的第八件事情。

古时候,要使国家充足,百姓富裕,只有粮食和货币。现在所谓钱这东西,富商、大贾、太监、权贵藏得满屋都是,至于百姓,军队士兵所用的,只是破纸币而已。万一像唐代泾原(今甘肃泾川)的军队那样,因为不满意吃粗粮,就把它一脚踢翻,嘴里还说了很多难听的话,于是引起了朱泚的叛乱,这能不令人寒心吗?这就是我所说的在事情还没有真的发生而先进行议论的第九件事情。

古时候,一个国家建立,必然有可以敬畏的地方,不是敬畏它的国家,而是敬畏他的人啊。所以苻坚想图取东晋,而王猛认为不可,认为谢安、桓冲是江左有威望的人,可见能保存东晋王朝的,就是这两个人啊。前些时候有名望的宰相比如赵鼎、张浚,著名的将军像岳飞、韩世忠,这些人都是金人所害怕的啊!近来刘琦是可用的人,可惜早死了,张栻也是可用的人,但是他给小人们中伤诋毁而死了,万一发生了急事,不知可以率领各路军队打仗的是哪个人,可以担当一个方面的又是哪个人,而金人一向所害怕的又是哪个人?或许有人会说,一个人是否有才能,要在用了以后方能看到。我听说《礼记》上面有这样的话:"如果有车就一定能看到它车前的轼,如果一个人说话就一定能听到他的声音。"现在却说有这样的人才,但是却没有听说他能否做将军、做宰相,这是有车而没有轼,有言而没有声啊!而且所谓只有使用后才能看到他的才能,这就是说不是用大的安危、大的胜负考验他,就无法了解他是可用还是不可用。平时一点也不了解这个人,一定要等到国家碰上大的安危、大的胜负的时候才能看到他的才能,这样,事情成功了固然是万幸,万一事情失败了呢,岂不是悔之莫及?从前谢玄打败北方的苻坚,郗超是早就知道他必胜无疑的;桓温西伐李势,刘惔也是早就知道他必然会取得胜利的。这是因为谢玄在做木屐这样的小事上也是非常认真对待的;桓温在赌博时如果不能得手他就不干,这两个人在平素没有发生大事的日常生活里,观察他们对待小事情的态度上就可以相信他们在大事情上必然能获得成功,何必一定要到在大用的时候才能看到他们的表现呢?这就是我所说的在事情还没有真的发生就先进行议论的第十件事情。

希望圣上能站得高一点,这样就能看得远一点,对问题也就会看得明朗一点,领悟得深刻一点。不要骄矜自负,以为自己有崇高的圣德,结果恰恰是增加了自己的无能;不要自以为中国人口多、积蓄的物资丰富,而应该严肃地看到我们还有很多没有具备的东西。不要把天地发生的灾变看成是偶然的现象,而应该效法宣王在灾变面前深表恐惧;不要对我的这些苦口婆心的忠告感到刺耳,而应该善于体会唐太宗对待净谏的正确态度;不要以为女人、宦官之类左右小人的影响政事只是小事,而应该把汉、唐末世造成祸乱的那些根由作为借鉴;不要以为仇敌所包藏的祸心没有什么了不起,而应该把宣、政晚年所受的严重灾害作为警戒。要督责大臣们像富弼那样把边境的军事情况互相通报,不要让东西二府相互之间产生异心;要责成大臣们像萧何那样向朝廷推荐有奇才的谋臣良将,不要以为文和武是两条道路而车辙就不一样。不要让唐代大历那样某些人因为贿赂了宦官就可以成为镇守一方的军政长官的弊端重新发生,也不要像后梁段凝那样因为某些人买通了他的宠幸小人而得到招讨要职以致造成惨败的事情重新发生。要用重视四川那样的态度去重视荆州、襄州,这样可以使东、西两州的形势相接,连成一片;要用保卫长江的决心去保卫两淮,使长江和两淮就像衣服的表里,嘴巴的唇齿那样互为依靠。不要以为海路没有问题,不要以为长江就一定可以依靠,增加仓库积聚粮食,修造战舰扼守险要。君臣之间的答问,早晚之间的讨论,暂时把那些不是当务之急的事情搁置起来,专门讨论如何防备敌人的对策。这样,才上可消除皇天的灾变,下不致落入敌人所设的奸计。

然而天下的事情有主要的有次要的,就像树木的有本根,有枝叶一样。我前面所说的那些道理,不过是一棵树的枝叶而已,什么是本根呢? 就是国君不可以自以为是,把一切事情都包揽在自己身上。国君把一切事情都包揽在自己身上,那么百官就没有事情可做,就不会主动承担什么责任了,然而这样还不至于危害到国家的根本。如果在军事方面,还是这样说:"谁当承担这份忧患呢? 我应当自己来承担这样的忧患。"今天的情况难道就没有类似这样的情形吗?《左传》中说:"树木和水都有本原。"皇上的学问是十分渊博和高明的,希望能够认真思考什么才是皇上真正的本原。

东宫讲官缺职,皇帝亲自提升杨万里为侍读,宫中的官吏们因为得到一个正人而相庆贺。过了些日子,在读到《陆宣公奏议》等书的时候,杨万里都根据原意加以发挥,进行规劝,提出警戒,太子深深地敬重他。王淮做宰相,一天问杨万里:"宰相首先应该做的是什么事情?"杨万里回答说:"人才。"又问:"谁是人才?"杨万里立即开列出朱熹、袁枢等六十人的一份名单送给王淮,王淮先后提升任用了这些人。杨万里历任枢密院检详,守右司郎中,迁左司郎中。

淳熙十四年(1187)夏,发生了大旱灾,杨万里又应皇帝的命令上书朝廷,书中说:"大旱已经两个月了,然后再要求大家发表意见,不是太迟了吗? 可是又只要求上自侍从,下到馆职这阶层的人员发表意见,范围不是太小了吗? 这次之所以会发生旱灾,是因为上面的恩泽没有流到下面去,下面的情况没有通达到上面来,所以天地之气相隔绝而不通。"因此他分条罗列了四件大事献给皇帝,言词都非常恳切。后来迁秘书少监。这时正值高宗驾崩,孝宗想守三年丧,因此创立了一个议事堂,命令皇太子参预管理政务。杨万里上书孝宗,竭力规谏,而且又上书皇太子,说:"天无二日,民无二王。一踏上危险的境地,懊悔还来得及吗? 与其连懊悔都来不及,还不如推辞而不让自己处于这个境地。希望殿下三番五次地推辞,而一定不要答应去管理政务。"太子听了,毛骨悚然。高宗还未下葬,翰林学士洪迈不等集体商议,就独自决定把吕颐浩等人列入配飨的名单送给孝宗。杨万里上疏批评反对,竭力主张让张浚参预,而且指责洪迈这样做无疑是指鹿为马。孝宗看了杨万里的奏疏很不高兴,说:"杨万里把我看成怎样的皇帝了!"因此把杨万里以直秘阁的身份外放为筠州(今江西高安)知州。

光宗即位后,召杨万里为秘书监,杨万里进宫回答皇帝的问话时说:"天下有看不见的祸害,僭越的人并非权臣,而比权臣的僭越还厉害,扰乱国家的并不是盗贼,可是比盗贼的扰乱还厉害,这不就是说的朋党吗! 因为希望激怒人主的没有比朋党更迫切了,想把天下人才搞光的也没有比朋党更厉害了。朋党争论的产生,其始发生于士大夫中,而它的祸害却遍及于天下。前面发生的事情已清楚地说明了这一点,希望皇上能在您圣明的心中树立一个君主的统治标准,客观地、公正地听取多方面的意见,并且能多看看周围的实际情况,不让他们培植私党,一旦发现,就打散他们,是君子,就任用;是小人,就放废,都不要去过问他是属于哪一个党哪一个派。"又说:"古代的帝王,固然也有人知道把大权独揽在自己手里,但是却不知道臣下在窃夺他的权柄。大臣窃取了权柄,那么权力就落到大臣手中去了;大将窃取了权柄,那么权力就落到大将手里去了;外戚窃取了权柄,那么权力就落到了外戚手里;近臣窃取了权柄,那么权力就落到了近臣手里。窃权这件事,最难防范的,不就是近臣吗?!因为他们并不是公开盗窃的,而是在私下偷偷地干的,开始是私下偷偷地窃取,到最后必至于公然窃夺才肯罢休。这样的事不是很可怕吗!"

绍熙元年(1190),杨万里借为焕章阁学士去接待陪同金国贺正旦的使者并兼任实录院检讨官。当时正值《孝宗日历》编成,参知政事王蔺依旧例请杨万里为此书作序,而宰相却去请礼部郎傅伯寿作序。杨万里以失职为由竭力要求去职,皇帝派官向杨万里进行解释,勉励他继续留任,恰巧要把《孝宗圣政》这本书送进宫去,杨万里就担当了这个责任,他恭敬地捧着这本书进献给皇帝,但是皇帝还是不高兴,于是外放杨万里为江东转运副使,权总领淮西、江东军马钱粮。朝中议论打算在江南各郡使用铁钱,杨万里上疏陈述使用铁钱的不方便,又不按诏书的命令执行,违背了宰相的意见,因此改调为赣州(今属江西)知州,杨万里不赴任。后来他要求去礼部,结果授秘阁修撰,提举万寿宫,从此以后就不再出来了。

宁宗即位,召杨万里去临安行宫,杨万里辞谢不去。不久升为焕章阁待制,提举兴国宫。杨万里以年老为理由要求告退,结果是进杨万里为宝文阁待制后退休了。嘉泰三年(1203),诏进宝谟阁直学士,并赐给他衣带。开禧元年(1205)又下召,杨万里又辞谢不去。第二年,升宝谟阁学士。去世的时候八十三岁,赐光禄大夫。

杨万里为人刚直而急躁褊狭。孝宗开始时爱他的才,以此问周必大,周必大没有说杨万里的好话,因此没有得到重用。韩侂胄掌权,想网罗天下知名人士作为他的羽翼,曾建立了一个南园,请杨万里为这个南园写一篇记,许诺让他到中书省、门下省去做官。杨万里说:"官我可以不做,文章是不写的。"韩侂胄很恼火,改命别人写了文章。杨万里在家里赋闲了十五年,都是韩侂胄掌握国家大权的时候。韩侂胄专权僭越日甚一日,杨万里十分忧愤,快快成疾。家里的人知道他是忧虑国家的原因,所以凡是从京中来的邸报中关于政局的信息都不告诉他。忽然有一个族中的子侄从外面来,讲到韩侂胄用兵的事情,杨万里痛哭失声,大呼拿纸来,他在纸上写道:"韩侂胄是奸臣,专权误国,目无君上,玩弄兵权残害人民,阴谋危害社稷,我空有这颗脑袋,却是报国无门,唯有一腔孤愤!"又写了十四个字和妻室、子女告别,放下笔就去世了。

杨万里精于诗歌,曾著《易传》流行于世,光宗皇帝曾为杨万里写过"诚斋"二字,因此学者称杨万里为"诚斋先生",谥号"文节"。儿子名长孺。

陆九龄传

【题解】

陆九龄(1132～1180),南宋学者,字子寿,抚州金溪(今属江西)人。陆九龄从小聪颖持重,敏而好学。少年时代因不满郡里所办学校的讲授内容,辞学回家,师从其父兄的教导。此后陆九龄读书更加勤奋,不仅博览诸子百家经典,而且钻研阴阳五行之道,对星象历术、占筮卜卦之说无不通晓。可惜他在天文历算方面似乎没有留下什么著述,因此,在清代阮元等编著的《畴人传》中未见对他的事迹的记载。陆九龄乾道五年(1169年)中进士,后曾任兴国军教授。当时的学者称其为复斋先生,著有《复斋文集》,与其弟陆九渊并称为"二陆"。淳熙七年(1180年),在家中去世,享年四十九岁。宝庆二年(1226年)受赐封号"文达"。

【原文】

陆九龄,字子寿。八世祖希声,相唐昭宗。孙德迁,五代末避乱居抚州之金溪。父贺,以学行为里人所宗,尝采司马氏冠昏丧祭仪行于家。生六子,九龄其第五子也。幼颖悟端重,十岁丧母,哀毁如成人。稍长,补郡学弟子员。

时秦桧当国,无道程氏学者,九龄独尊其说。久之,闻新博士学黄、老,不事礼法,慨然叹曰:"此非吾所愿学也。"遂归家,从父兄讲学益力。是时,吏部员外郎许忻有名中朝,退居临川,少年宾接,一见九龄,与语大说,尽以当代文献告之。自是九龄益大肆力于学,翻阅百家,昼夜不倦,悉通阴阳、星历、五行、卜筮之说。

性周谨,不肯苟简涉猎。入太学,司业汪应辰举为学录。登乾道五年进士第。调桂阳军教授,以亲老道远,改兴国军。未上,会湖南茶寇剽庐陵,声摇旁郡,人心震摄。旧有义社以备寇,郡从众请以九龄主之,门人多不悦,九龄曰:"文事武备,一也。古者有征讨,公卿即为将帅,比闾之长,则五两之率也。士而耻此,则豪侠武断者专之矣。"遂领其事,调度屯御皆有法。寇虽不至,而郡县倚以为重。暇则与乡之子弟习

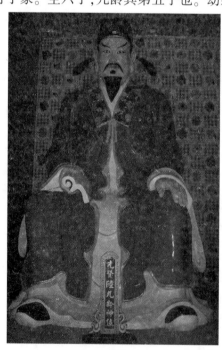

陆九龄雕像

射,曰:"是固男子之事也。"岁恶,有剽劫者过其门,必相戒曰:"是家射多命中,无自取死。"

及至兴国,地滨大江,俗俭啬而鲜知学。九龄不以职闲自佚,益严规矩,肃衣冠,如临大众,劝绥引翼,士类兴起。不满岁,以继母忧去。服除,调全州教授。未上,得疾。一日晨兴,坐床上与客语,犹以天下学术人才为念。至夕,整襟正卧而卒,年四十九。宝庆二年,特赠朝奉郎、直秘阁,赐谥文达。

九龄尝继其父志,益修礼学,治家有法。阖门百口,男女以班各供其职,闺门之内严若朝廷。而忠敬乐易,乡人化之,皆逊弟焉。与弟九渊相为师友,和而不同,学者号"二陆"。有来问学者,九龄从容启告,人人自得。或未可与语,则不发。尝曰:"人之惑有难以口舌争者,言之激,适固其意;少需,未必不自悟也。"

【译文】

陆九龄,字子寿。他的八代先祖父陆希声曾任唐朝昭宗时期的丞相,陆希声的孙子陆德迁因躲避战乱,于五代末年迁居杭州的金溪。陆九龄的父亲叫陆贺,他以自己学识和品行的高尚而受到乡里人的尊敬和推崇,曾经在自己家族中采用司马光《家范》中所宣扬的冠礼、婚礼、丧礼、祭礼等仪式,共生下六个儿子,陆九龄排行第五。陆九龄自幼聪颖,领悟力强且举止稳重,十岁时生母去世,他表现的悲痛之情犹如成人一般。年龄稍大一些时,被递补为郡里所办学堂的学员。

当时正逢秦桧当朝,学堂内外很少有宣传程氏理学的学者,而陆九龄却独尊程氏之学。时间长了,听说新博士学习黄老的道家学说,不传授儒家的礼教,很是感慨地叹息道:"这并不是我希望学习的东西。"于是辍学回家,跟随其父兄读书,更加勤勉努力。就在此时,朝廷中颇有名气的吏部员外郎许忻退职回乡定居临川,许忻很少引接宾客,初次接见陆九龄,与之交谈,非常高兴,于是便将他所了解的当时的书籍文献尽数告知陆九龄。从此之后,陆九龄愈加刻苦钻研学问,常常翻阅诸子百家经典,昼夜不倦,终于精通阴阳五行、星象卜筮、天文历术等各种学说。

陆九龄的性格比较稳重踏实,做事读书不肯浅尝辄止、浮光掠影。进入太学之后,司业汪应辰推举他为协助博士教学、执行学规的学录。乾道五年中进士。此后,调陆九龄任桂阳军教授,他因离父母太远之故而改任兴国军教授,未及上任,正逢湖南的茶寇抢劫庐陵,风声传来,各周围郡县人心惶惶。过去地方上有义社这样的团体,用来防备盗匪的骚扰,郡里的百姓请求陆九龄出面主持当地的义社,他的家人与随从多数不希望他承担此事。陆九龄对他们说:"文事武备,其实是相辅相成的,古代如遇有征战对伐之事,王公大臣便是领军的将帅,乡里数十户人家的统领,不过是一个非常小的长官,如果仁人志士耻于担当此任,那么这样的位置就要被那些专横霸道的人占据了。"于是欣然接受组织义社的事情,指挥调度各屯防御颇有章法。盗匪虽然未来,但郡县上下仍对此非常重视。闲暇之时,陆九龄便与乡里的子弟练习射箭,他说:"这才是男人要做的事。"年成不好时,有打家劫舍的路过陆家时,旁人都告诫说:"这一家主人箭术高超,你们不要自取灭亡。"

待到兴国军赴任，这里濒临大江，民风俭朴节约但很少讲求学问。陆九龄没有因为公务累闲而自我放纵，而是更加行止严谨、衣着整洁，仿佛置身正式的公众场合一般。他规劝大家互相鼓励学习知识，于是读书之风气逐渐兴起。在兴国军任职不足一年，因继母去世而离职。服丧期满之后，调至全州任教授。未及赴任，身患疾病。一日早起，坐在床上同来访客人交谈，言事间仍然关心天底下人才与学术之事。待到晚上，衣装整齐安然仰卧而逝，享年四十九岁。宝庆二年，朝廷特别追任朝奉郎、直秘阁，并赐封号"文达"。

陆九龄曾继承其父的志向，勤奋学习礼教，治理家事有条有理。全家上下近百口人，领班家佣各司其职，有条不紊；家室内部女眷的章法，宛若朝廷内宫一样严谨规矩。而陆九龄为人之忠敬、和乐、平易，成为大家效仿之楷模，乡里人都恭顺谦让尊敬兄长。九龄与九渊互相为师友，和好但却不同，当时学者称其为"二陆"。凡是有来请教学问的人，陆九龄通常淳淳启发、从容相告，使求学者人人有所得而归。对有些人如果不便讲授，则对其所问一言不发。陆九龄曾说："人们的疑惑有些是难以言传所能争辩得清楚的，话说得鲜明，固然能表达其意；但少说一点，点到即止，听话的人未必不能够从其中自己揣悟明白。"

陆九渊传

【题解】

陆九渊（1139～1192），字子静，宋江西抚州金溪县人。三十四岁考中进士，历任县主簿、国子正、敕令所删定官、荆门军知军等。曾一度夺贵溪县的象山居住讲学，自号象山居士，后世称象山先生。著有《象山先生全集》。

陆九渊是理学内部与主流派即程朱学派相对立的陆王学派（又称"心学"派）的创始人。他曾提出"心即理"的著名命题，认为"理"不必到心外去寻求，朱熹的"格物穷理"是支离破碎的办法，而自己的"存心""养心""发明本心"的方法才是"简易直截"的工夫。1175年（淳熙二年）他应吕祖谦之约到信州鹅湖寺与朱熹会讲时曾作诗说："易简工夫终久大，支离事业竟浮沉。"这就是历史上有名的"鹅湖之会"。

陆九渊著作不多，对其论旨的阐述也不够周密详细，在很长一段时间内远远敌不过程朱学派的影响。直到明代王阳明才进一步阐发和推进他的学说，加上他在当时的地位与名声等条件，才使陆王之学一度成为与朱学相颉颃的"显学"。

【原文】

陆九渊，字子静。生三四岁，问其父天地何所穷际，父笑而不答，遂深思，至忘寝食。及总角，举止异凡儿，见者敬之。谓人曰："闻人诵伊川语，自觉若伤我者。"又曰："伊川之言，奚为与孔子、孟子之言不类？近见其间多有不是处。"初读《论语》，即疑有子之言支离。他日读古书，至"宇宙"二字，解者曰"四方上下曰宇，往古来今曰宙"，忽大省曰："宇宙内事乃己分内事，己分内事乃宇宙内事。"又尝曰："东海有圣人出焉，此心同也，此理同也。至西海、南海、北海有圣人出，亦莫不然。千百世之上有圣人出焉，此心同也，此理同也。至于千百世之下有圣人出，此心此理，亦无不同也。"

后登乾道八年进士第。至行在，士争从之游。言论感发，闻而兴起者甚众。教人不用学规，有小过，言中其情，或至流汗，有怀于中而不能自晓者，为之条析其故，悉如其心。亦有相去千里，闻其大概，而得其为人。尝曰："念虑之不正者，顷刻而知之，即可以正。念虑之正者，顷刻而失之，即为不正。有可以形迹观者，有不可。以形迹观人，则不足以知人。必以形迹绳人，则不足以救之。"初调隆兴靖安县主簿。丁母忧。服阕，改建宁崇安县。以少师史浩荐，召审察，不赴。侍从复荐，除国子正，教诸生无异在家时。除敕令所删定官。

九渊少闻靖康间事，慨然有感于复仇之义。至是，访知勇士，与议恢复大略。因轮对，遂陈五论：一论仇耻未复，愿博求天下之俊杰，相与举论道经邦之职；二论愿致尊德乐道之诚；三论知人之难；四论事当驯致而不可骤；五论人主不当亲细事。帝称善。未几，除将作监丞，为给事中王信所驳，诏主管台州崇道观。还乡，学者辐凑，每天讲席，户外屦满，耆老扶杖观听。自号象山翁，学者称象山先生。尝谓学者曰："汝耳自聪，目自明，事父自能孝，事兄自能弟，本无欠阙，不必它求，在乎自立而已。"又曰："此道与溺于利欲之人言犹易，与溺于意见之人言却难。"或劝九渊著书，曰："《六经》注我，我注《六经》。"又曰："学苟知道，《六经》皆我注脚。"

光宗即位，差知荆门军。民有诉者，无早暮皆得造于庭，复令其自持状以追，为立期，皆如约而至，即为酌情决之，而多所劝释。其有涉人伦者，使自毁其状，以厚风俗。唯不可训者，始置之法。其境内官吏之贪廉，民俗之习尚善恶，皆素知之。有诉人杀其子者，九渊曰："不至是。"及追究，其子果无恙。有诉窃取而不知其人，九渊出二人姓名，使捕至，讯之伏辜，尽得所窃物还诉者，且有其罪使自新。因语吏以某所某人为暴，翌日有诉遇夺掠者，即其人也，乃加追治，吏大惊，郡人以为神。申严保伍之法，盗贼或发，擒之不逸一人，群盗屏息。

荆门为次边而无城。九渊以为："郡居江、汉之间，为四集之地，南捍江陵，北援襄阳，东护随、郢之胁，西当光化、夷陵之冲，荆门固则四邻有所恃，否则有背胁腹心之虞。由唐之湖阳以趋山，则其涉汉之处已在荆门之胁；由邓之邓城以涉汉，则其趋山之处已在荆门之腹。自此以外，间道之可驰，汉津之可涉，坡陀不能以限马，滩濑不能以濡轨者，所在尚多。自我出奇制胜，徽敌兵之腹胁者，亦正在此。虽四山环合，易于备御，而城池阙然，将谁与守？"乃请于朝而城之，自是民无边忧。罢关市吏讥察而减民税，商贾毕集，税入日增。旧用铜钱，以其近边，以铁钱易之，而铜有禁，复令贴纳。九渊曰："既禁之矣，又使之输邪？"尽蠲之。故事，平时教军伍射，郡民得与，中者均赏；荐其属不限流品。尝曰："古者无流品之分，而贤不肖之辨严；后世有流品之分，而贤不肖之辨略。"每旱，祷即雨，郡人异之。逾年，政行令修，民俗为变，诸司交荐。丞相周必大尝称荆门之政，以为躬行之效。

一日,语所亲曰:"先教授兄有志天下,竟不得施以没。"又谓家人曰:"吾将死矣。"又告僚属曰:"某将告终。"会祷雪,明日,雪。乃沐浴更衣端坐,后二日日中而卒。会葬者以千数,谥文安。

初,九渊尝与朱熹会鹅湖,论辩所学多不合。及熹守南康,九渊访之,熹与至白鹿洞,九渊为讲君子小人喻义利一章,听者至有泣下。熹以为切中学者隐微深痼之病。至于"无极而太极"之辨,则贻书往来论难不置焉。门下杨简、袁燮、舒璘、沈焕能传其学云。

【译文】

陆九渊,字子静。生下来才三四岁,问他父亲天地的边际在哪里,父亲只是笑而不答复,便深深思索,到了忘记睡觉吃饭的地步。到把头发梳成两个抓髻的年纪,举止不同于一般小孩,见到他的人都尊敬他。对人说:"听到人复述伊川(程颐)的话,自己感觉像是伤害我。"又说:"伊川的话,为什么和孔子、孟子的话不相似?近来看到其中有许多不对的地方。"初次读《论语》,就怀疑有子的话支离破碎抓不住根本。后来读古书,到"宇宙"两个字,解释的人说"四方上下叫作宇,古往今来叫作宙",忽然大有省悟说:"宇宙内的事是自己分内的事,自己分内的事是宇宙内的事。"又曾说:"东海有圣人出来,这颗心是相同的,这个理是相同的。到西海、南海、北海都有圣人出来,也无不如此。千百世之前有圣人出来,这颗心是相同的,这个理是相同的。到了千百世之后有圣人出来,这颗心这个理,也没有什么不同。"

后来考上乾道八年的进士名次。到了行都,士子们争着跟随他游学。言谈议论都感动和启发人,听到的人因而能振奋起来的很多。教育学生时不设立烦琐的学规,有小过失的,批评时能说中他的真实动机,有的人甚至惭愧得流汗;有动机藏在心里而自己不能意识到的,替他逐条分析其原因,都能符合他的本心。也有相隔千里的人,只听到过他的大致情况,却能晓得他的为人如何。曾经说:"意念不端正的,顷刻之间意识到了,便可以端正。意念端正的,顷刻之间丧失掉了,就成为不端正。有的人可以从外在表现去观察,有的人则不可。专从外在表现去观察人,就不足以了解人。一定要从外在表现去要求别人,就不足以救正别人的缺点错误。"起初被调任隆兴府靖安县主簿,遭母亲的丧事回了家。服完丧,改任建宁府崇安县主簿。由于少师史浩的推荐,召去接受审查,不去。侍从大臣又推荐,任命为国子正,教育国子监学生和在家时教育学生没什么两样。任命为敕令所删定官。

陈九渊少年时就听说过靖康年间的事,深深受到复仇思想的感染。到这时,访求和结识了勇士,与他们商议恢复故土的宏图大略。因参与轮流答对,就向皇帝陈述了五点议论:第一论述仇恨与耻辱还没有报复和洗刷,希望广泛访求天下的豪杰之士,一起来振兴研究道术、治理国家的事业;第二论述希望皇帝竭尽崇尚德性、喜爱道义的诚意;第三论述知人善任的不容易;第四论述事情应当逐步办到而不能要求一步办好;第五论述君主不应当亲自去做琐细的事。皇帝称赞他说得好。没多久,任命为将作监丞,被给事中王信所驳回,就下诏让他主管台州的崇道观。回到家乡,学生从四面八方聚集,每次开办讲席,门外堆满了鞋子,老年人也扶着拐杖来看和听。自称是象山翁,而学生称他象山先生。曾对学生说:"你的耳朵自然尖,眼睛自然亮,侍奉父亲自然能孝,侍奉兄长自然能悌,本来没什么欠缺,不必到其他地方去寻求,在于能够自立罢了。"又说:"这个道理跟沉溺在利益欲望中的人讲还容易,跟沉溺在先人之见中的人讲却困难。"有人劝陆九渊著书,回答说:"《六经》注解我,我注解《六经》。"又说:"学问上如果懂得了道,《六经》都是我的注解。"

光宗就皇帝位,差遣他当荆门军的知军。百姓有控告的,不论早晚都可以到他衙门的大庭上去,又让他们自己拿着状纸去催促被告,给他们订立期限,双方都按照期限到庭,就替他们酌情判决,而对双方多加规劝调解。案情有涉及亲属关系的,让控方自己烧掉控告状,以使人情风俗变得淳厚。只有不堪教育的人,才绳之以法。其所辖区域内官吏的贪污廉洁,百姓风俗的习尚好坏,都事先知道。有控告某人杀了自己儿子的,陆九渊说:"此人不会坏到这样。"等到追查清楚,这人的儿子果然安然无恙。有人控告被盗窃却不知是谁干的,陆九渊点出两个人的姓名,派人抓来,一审讯便承认有罪,全部追回所盗窃的东西还给控告人,而且赦免这两人的罪过让他们改过自新。顺便对手下人说起某地某人常做恶事,第二天有控告遇到抢劫的,正是那个人,便加以追究,手下人大为吃惊,当地人把他看作神仙。反复讲明和严格实行把居民按五户为伍、十伍为保组织起来的办法,盗贼如有发生,抓起来一个也跑不掉,盗贼们便不敢活动。

荆门是接近边界的地方而没有城墙。陆九渊认为:"荆门处在长江、汉水的中间,是四面集中的地方,南面捍卫着江陵,北面可以支援襄阳,东面保护着随州、郢州的侧翼,西面正当光化、夷陵的要冲,荆门巩固四邻就有所依靠,否则就有后翼、侧翼和中心不可靠的忧虑。敌人由唐州的湖阳而走向大山,他们渡过汉水的地方就已经到了荆门的侧翼;由邓州的邓城而渡过汉水,他们走向大山的地方已经到了荆门的腹地。除此之外,小道可以跑马的,汉水的渡口可以涉过的,缓山坡不足以限制马队的,沙石淤积的浅滩不足以渍湿车轴的,到处还很多。但如从我方主动出奇制胜,以求威胁敌军的腹心与侧翼的,也正在这里。这里虽然四面有大山环绕合抱,容易防御,然而城墙与护城河都没有,又将依靠什么固守?"于是请求到朝廷的允许而修筑了城池,从此百姓消除了对边界的忧虑。取消关卡和市场上官吏的盘问检查而减低百姓的赋税,商人都汇集到本地,税收一天天增加。当地旧时使用铜钱,因它接近边界,就用铁钱来代替,而对铜钱的流通有禁令,但又让百姓交纳铜钱。陆九渊说:"既然禁止用它了,又叫百姓交纳吗?"于是全部免除。老规矩,平时训练士兵射箭,当地百姓可以参加,射中的都有奖赏;推荐自己的下级可以不限定资格的高低。陆九渊曾说:"古代没有资格高低的区分,然而贤与不贤的区别很严格;后世有资格高低的区分,然而贤与不贤的区别很马虎。"每逢旱灾,祷告就下雨,当地人很惊奇。过了一年,政策贯彻法令清明,百姓风俗为之变好,各方面的长官交相推荐。丞相周必大曾称赞荆门的政绩,认为这是陆九渊亲自带头修养德行的效果。

一天,对所亲近的人说:"担任过教授的先兄(陆九龄)有志参与天下大事,终于未能施展才能就去世了。"又对家里人说:"我快死了。"又告诉僚属说:"陆某将会告终。"正逢祈祷下雪,第二天,下了雪。于是洗澡换衣服端正地坐着,两天后的正午便死了。参加会葬的人以千计,谥号叫文安。

起初,陆九渊曾和朱熹在鹅湖相会,就各自所持的学术见解进行辩论,意见大多不合。到朱熹担任南康军知军时,陆九渊去拜访他,朱熹同他一起到白鹿洞书院,陆九渊给大家讲解了《论语》中"君子只懂得利,小人只懂得义"这一章,听的人甚至有流下眼泪的。朱熹认为他的话准确说中了学者们身上不明显但深重顽固的毛病。至于关于"无极而太极"的辩论,就彼此书信往来辩论个不停了。门人杨简、袁燮、舒璘、沈焕都能够传播他的学说。

叶适传

【题解】

叶适(1150~1223),字正则,宋温州永嘉县人。二十九岁考中进士第二名,历任节度判官、提刑司干办公事、太学博士兼实录院检讨官、知州、尚书左选郎官、国子司业、总率淮东军马钱粮、转运判官、权兵部侍郎、权吏部侍郎兼直学士院、江淮制置使等。后因被劾附和韩侂胄轻率用兵,被夺职。此后回家究心学问。因居永嘉城外水心村,故世称水心先生。著有《水心文集》《水心别集》《习学记言序目》等。

叶适学术思想的突出特点是注重功利,反对空谈心性,主张"务实不务虚",故被称为"事功之学"。为此,他不仅对程朱理学的论点提出了尖锐的批评,而且针对理学家的"道统"(道的传承系统)之说,对曾子、子思尤其是孟子的学术思想和在"道统"中的学术地位提出了批评与怀疑。这些看法较集中地反映在他后期所著的《习学记言序目》中。

【原文】

叶适,字正则,温州永嘉人。为文藻思英发。擢淳熙五年进士第二人,授平江节度推官,丁母忧,改武昌军节度判官。少保史浩荐于朝,召之不至,改浙西提刑司干办公事,士多从之游。参知政事龚茂良复荐之,召为太学正。

迁博士。因轮对,奏曰:"人臣之义,当为陛下建明者,一大事而已。二陵之仇未报,故疆之半未复,而言者以为当乘其机,当待其时。然机自我发,何彼之乘?时自我为,何彼之待?非真难真不可也,正以我自为难,自为不可耳。于是力屈气索,甘为退伏者于此二十六年,积今之所谓难者阴沮之,所谓不可者默制之也。盖其难有四,其不可有五。置不共戴天之仇而广兼爱之,自为虚弱,此国是之难,一也。国之所是既然,士大夫论亦然,为奇谋秘画者止于乘机时,忠义决策者止于亲征迁都,深沉虑远者止于固本自治,此议论之难,二也。环视诸臣,迭进迭退,其知此事本而可以反覆论议者谁乎?抱此志意而可以策励期望者谁乎?此人才之难,三也。论者徒鉴五代之致乱,而不思靖康之得祸,今循守旧模，而欲驱一世之人以报君仇，则形势乖阻，诚无展足之地，若顺时增损，则其所更张动摇，关系至重，此法度之难，四也。又有甚不可者：兵以多而至于弱，财以多而至于乏，不信官而人吏，不任人而任法，不用贤能而用资格。此五者，举天下以为不可动，岂非今之实患欤！沿习牵制，非一时矣。讲利害，明虚实，断是非，决废置，在陛下所为耳。"读未竟，帝蹙额曰："朕比苦目疾，此志已泯，谁克任此，惟与卿言之耳。"及再读，帝惨然久之。

除太常博士兼实录院检讨官。尝荐陈傅良等三十四人于丞相，后皆召用，时称得人。会朱熹除兵部郎官，未就职，为侍郎林栗所劾。适上疏争曰："栗劾熹罪无一实者，特发其私意而遂忘其欺矣！至于其中'谓之道学'一语，利害所系不独熹，盖自昔小人残害忠良，率有指名，或以为好名，或以为立异，或以为植党。近创为'道学'之目，郑丙倡之，陈贾和之，居要津者密相付授，见士大夫有稍慕洁修者，辄以道学之名归之，以为善为钻阙，以好学为己愆，相与指目，使不得进。于是贤士惴栗，中材解体，销声灭影，秽德垢行，以避此名。栗为侍从，无以达陛下之德意志虑，而更袭用郑丙、陈贾密相付授之说，以道学为大罪，文致语言，逐去一熹，自此善良受祸，何所不有！伏望摧折暴横，以扶善类。"疏入，不报。

光宗嗣位，由秘书郎出知蕲州。入为尚书左选郎官。是时，帝以疾不朝重华宫者七月，事无钜细皆废不行。适见上力言："父子亲爱出于自然。浮疑私圜，似是而非，岂有事实？若因是而定省废于上，号令愆于下，人情离阻，其能久乎！"既而帝两诣重华宫，都人欢悦。适复奏："自今宜于过宫之日，令宰执、侍从先诣起居。异时两宫圣意有难言者，自可因此传致，则责任有归。不可复使近习小人增损语言，以生疑惑。"不报。而事复浸异，中外恟恟。

及孝宗不豫，群臣至号泣攀裾以请，帝竟不往。适责宰相留正曰："上有疾明甚。父子相见，当俟疾瘳。公不播告，使臣下轻议君父，可乎？"和，孝宗崩，光宗不能执丧。军士科籍籍有语，变且不测。适又告正曰："上疾而不执丧，将何辞以谢天下？今嘉王长，若预建参决，则疑谤释矣。"宰执用其言，同入奏立嘉王为皇太子，帝许之。俄得御批，有"历事岁久，念欲退闲"之语，正惧而去，人心愈摇。知枢密院赵汝愚忧危不知所出，适告知阁门事蔡必胜曰："国事至此，子为近臣，庸坐视乎？"蔡许诺，与宣赞舍人傅昌朝、知内侍省关礼、知阁门事韩侂胄三人定计。侂胄，太皇太后甥也。会慈福宫提点张宗尹过侂胄，侂胄觇其意以告必胜。适得之，即亟白汝愚。汝愚请必胜议事，遂遣侂胄因张宗尹、关礼以内禅议奏太皇太后，且请垂帘，许之，计遂定。翌日禫祭，太皇太后临朝，嘉王即皇帝位，亲行祭礼，百官班贺，中外晏然。凡表奏皆汝愚与适裁定，临期取以授仪曹郎，人始知其预议焉。迁国子司业。

汝愚既相，赏功将及适，适曰："国危效忠，职也。适何功之有！"而侂胄恃功，以迁秩不满望怨汝愚。适以告汝愚曰："侂胄所望不过节钺，宜与之。"汝愚不从。适叹曰："祸自此始矣！"遂力求补外。除太府卿，总领淮东军马钱粮。及汝愚贬衡阳，而适亦为御史胡紘所劾，降两官轻，主管冲佑观。差知衢州，辞。

起为湖南转运判官，迁知泉州。召入对，言于宁宗曰："陛下初嗣大宝，臣曾申绎《卷阿》之义为献。天启圣明，销磨党偏，人才庶几复合。然治国以和为体，处事以平为极。臣欲人臣忘己体国，息心既往，图报方来可也。"帝嘉纳之。初，韩侂胄用事，患人不附，一时小人在言路者，创为"伪学"之名，举海内知名士贬窜殆尽。其后侂胄亦悔，故适奏及之，且荐楼钥、丘崈、黄度三人，悉与郡。自是禁网渐解矣。

除权兵部侍郎，以父忧去。服除，召至。时有劝侂胄立盖世功以固位者，侂胄然之，将启兵端。适因奏曰："甘弱而幸安者衰，改弱而就强者兴。陛下申命大臣，先虑预算，思报积耻，规忧祖业，盖欲改弱以就强矣。窃谓必先审知强弱之势而定其论，论定然后修实政，行实德，弱可变而为强，非有难也。今欲改弱以就强，为问罪骤兴之举，此至大至重事也，故必备成而后劝，守定而后战。今或谓金已衰弱，姑开先衅，不惧后艰，求宣和之所不能，为绍兴之所不敢，此至险至危事也。且所谓实政者，当经营濒淮沿汉诸郡，各为处所，牢实自守，敌兵至则阻于坚城，彼此策应，而后进取之计可言。至于四处御前大军，练之使足以制敌，小大之臣，试之使足以立事，皆实政也。所谓实德者，当今赋税虽重而国愈贫，如和买、折帛之类，民间至有用田租一半以上输纳者。况欲规恢，宜有恩泽，乞诏有司，审度何名之赋害民最甚，何等横费裁节宜先。减所入之额，定所出之费。既修实政于上，又行实德于下，此其所以能屡战而不屈，必胜而无败也。"

除权工部侍郎。侂胄欲籍其草诏以动中外，改权吏部侍郎兼直学士院，以疾力辞兼积。会诏诸将四路出师，适又告侂胄宜先防江，不听。未几，诸军皆败，侂胄惧，以丘崈为江、淮宣抚使；除适宝谟阁待制、知建康府兼沿江制置使。适谓三国孙氏尝以江北守江，自南唐以来始失之，建炎、绍兴未暇寻绎。乃请于朝，乞节制江北诸州。

及金兵大入，一日，有二骑举旗若将渡者，淮民仓皇争斫舟缆，覆溺者众，建康震动。适谓人心一摇，不可复制，惟劫砦南人所长，乃募市井悍少并账下愿行者，得二百人，使采石将徐纬统以往。夜过半，遇金人，蔽茅苇中射之，应弦而倒；矢尽，挥刀以前，金人皆错愕不进。黎明，知我军寡来追，则已在舟中矣。复命石跋、定山之人劫敌营，得其俘馘以归。金解和州围，退屯瓜步，城中始安。又遣石斌贤渡宣化，夏侯成等分道而往，所向皆捷，金自滁州遁去。时羽檄旁午，而适治事如平时，军须皆从官给，民以不扰。淮民渡江有舟，次止有寺，给钱饷米，其来如归。兵退，进宝文阁待制，兼江、淮制置使，措置屯田，遂上堡坞之议。

初，淮民被兵惊散，日不自保。适遂于墟落数十里内，依山水险要为堡坞，使复业以守，春夏散耕，秋冬入堡，凡四十七处。又度沿江地创三大堡：石跋则屏蔽采石，定山则屏蔽靖安，瓜步则屏蔽东阳、下蜀。西护历阳，东连仪真，缓急应援，首尾联络，东西三晨里，南北三四十里。每堡以二千家为率，教之习射，无事则戍，以五百人一将；有警则增募新兵及抽摘诸州禁军两千人，并堡坞内居民，通为四千五百人，共相守戍。而制司于每岁防秋，别募死士千人，以为劫砦焚粮之用。因言堡坞之成有四利，大要谓："敌在北岸，共长江之险，而我有堡坞以为声援，则敌不敢窥江，而士气自倍，战舰亦可以策勋。和、滁、真、六合等城或有退遁，我以堡坞全力助其袭逐，或邀其前，或尾其后，制胜必矣。此所谓用力寡而收功博也。"三堡就，流民渐归。而侂胄适诛，中丞雷孝友劾适附侂胄用兵，遂夺职。自后奉祠者凡十三年。至宝文阁学士、通议大夫。嘉定十六年,卒,年七十四,赠光禄大夫,谥文定。

适志意慷慨,雅以经济自负。方侂胄之欲开兵端也,以适每有大仇未复之言重之,而适自召还,每奏疏必言当审而后发,且力辞草诏。第出师之时,适能极力谏止,晓以利害祸福,则侂胄必不妄为,可免南北生灵之祸。议者不能不为之叹息焉。

【译文】

叶适,字正则,温州永嘉县人。写文章辞藻丰富才思敏捷。考上淳熙五年进士第二名,授予平江府节度推官的职务,遇母亲的丧事,服完丧改任武昌军节度判官。少保史浩把他推荐给朝廷,召他不去,改任浙西提刑司干办公事,士子们多跟随他学习。参知政事龚茂良又推荐他,召他当太学的学正。

升为太学博士。由于参与轮流答对,奏道:"做臣子的大义,应当向陛下建议和讲明的,只有一件大事罢了。徽宗、钦宗二位先帝的大仇还没有报,故土的一半还没有收复,而议论的人认为应当乘适当的机会,应当等待适当的时间。然而机会由我们创造,有何对方造成的机会可乘?时间由我们安排,有何对方安排的时间可等?事情并不是真难办真不可以办,正是由于我们自己认为难,自己认为不可以办罢了。于是乎力量穷尽士气消亡,甘心后退躲藏到现在已经二十六年了,这正是现在所谓难办的看法积累起来暗暗阻止了我们,所谓不可以办的看法积累起来默默地制约了我们。大概真正难办的事有四件,真正不可以办的事有五件。把不共戴天的大仇搁置一边却去推广兼爱的主张,自己给自己造成虚弱不振,这是确定国策上的难办,是第一件。国家所定的策略既已是这样,士大夫的议论也是这样,考虑奇谋秘计的仅限于乘适当机会和等待适当时间,怀忠义之心决定行动策略的仅限于御驾亲征和迁移国都,深谋远虑的仅限于巩固国本和办好自己的事,这是议论上的难办,是第二件。环顾众多大臣,一批批升上来又一批批退下去,其中能懂得这件事的根本而可以与之反复讨论的又是谁呢?抱着报仇和恢复故土的志向而可以鼓励他期望他的人又是谁呢?这是人才上的难办,是第三件。议论的人只知道借鉴五代引起动乱的教训,而不思考靖康年间遭受大祸的原因,现在一切都遵守旧的模式,却想要驱使世上所有的人去为君主报仇,势必就会遇到各种阻力,确实是毫无伸手展足的余地,但如果顺应时势对旧的模式有所损益,则变更法度所引起的人心动摇,关系极为重大,这是法度上的难办,是第四件。又有极不可以办的:军队由于太多反而造成了战斗力弱,财富由于太多反而造成了不够用,不信任官长而信任下面的办事人,不依靠人而依靠刑法、不用贤能的人而用有资格的人。这五件事,全天下的人都认为不可以变动,这难道不正是现在的真实祸患吗?沿袭和习惯于老一套模式牵制住手脚,不是一段短时间了。分清利与害,弄明虚与实,判断对与错,决定废除什么设立什么,就在陛下去做了。"没有读完,皇帝就皱起眉头说:"朕近来苦于眼睛有病,这个志向早已泯灭,谁能担当起这件大事,只能和卿说说罢了。"等到再次阅读,皇帝悲伤了好久。

任命为太常寺的博士兼实录院的检讨官。曾推荐陈傅良等三十四人给丞相,后来都召来任用,当时号称得到了人才。正值朱熹被任命为兵部郎官,没有上任,就被兵部侍郎林栗所弹劾。叶适上疏争辩说:"林栗所弹劾的朱熹的罪过没有一件是有真凭实据的,只是发泄他的私恨因而便忘记自己在进行欺骗了!至于其中'称之为道学'这句话,利害相关的不只是朱熹一个人。大概自古以来小人残害忠良,都要有个指责的名目,或认为是好名,或认为是标新立异,或认为是培植私党。近来创立'道学'的名目,郑丙带的头,陈贾附和他,占据重要地位的人秘密地教唆,看到士大夫中有稍许爱好洁身修德的人,就把'道学'的名目归到他头上,把行善当成污点,把好学当成过错,合伙儿指责议论,使之不能够进用。于是贤士惴惧不安,中等材料的则纷纷离散,销声匿迹,做败坏道德的事,来逃避这个名目。林栗作为侍从大臣,不能贯彻陛下的善良意向,而反袭用郑丙、陈贾秘密教唆的说法,把道学当成大罪,用将别人言论断章取义罗织成罪的办法,赶走了一个朱熹,从此好人遭祸,什么坏事不会有!伏望陛下打击横暴,以扶助好人。"奏疏送进去,不予答复。

光宗接位,由秘书郎外出担任蕲州的右州。又入都担任尚书左选郎官。这时,光宗皇帝以有病为理由不去重华宫朝见太上皇(孝宗)已经七个月了,朝廷的事儿无论大小都拖着不能办。叶适朝见皇上时极力劝谏说:"父子相亲相爱是出于自然天性。各种不切实际的怀疑和私下的顾虑,都是似是而非,哪里有事实根据?如果因此而对上废除了早晚向太上皇问安的礼节,对下错过了发号施令的时机,人心都离散阻隔,这个局面能维持得久吗?"不久后皇帝两次到了重华宫,都城里的人很高兴。叶适又奏道:"从现在起应当在到重华宫去的那天,叫宰执和侍从大臣先去问候起居。以后皇上与太上皇两边的心意有难以当面讲的,自然可以借此传达,传话的责任也有了适当归宿。不可以再让让身边侍候的小人传话时加油减醋,而产生彼此的怀疑误解。"不予答复。而事态又逐渐变得不正常,朝廷内外议论纷纷。

到孝宗身体很不舒适时,群臣甚至哭喊着拉住皇帝的衣襟请求他去看望,皇帝始终不去。叶适责备宰相留正说:"皇上有病很明显。父子的相见,应当等到皇上病好的时候。您老不把情况公开告诉大家,使得臣下轻易地议论皇上,可能吗?"不多久,孝宗去世,光宗不能执行丧事。军士们高声地发泄不满,将可能发生难以预测的事变。叶适又告诉留正说:"皇上有病就不执行丧事,将拿什么理由来答复天下?现在嘉王长大了,如果预先立为太子参与决断大事,怀疑和流言蜚语就消除了。"宰相执政们采纳了他的建议,一起入宫奏请立嘉王为皇太子,皇帝准许了。随即又得到皇上的批语,其中有"经历的管事年月已经很长久了,想着要退位过闲适日子"的话,留正十分疑惧而辞职走了,人心愈加动摇。知枢密院赵汝愚担忧害怕不知怎么办,叶适告诉知阁门事蔡必胜说:"国事到了这个地步,您作为皇上身边的臣子,难道坐着看而不管吗?"蔡必胜答应了,和宣赞舍人傅昌朝、知内侍省关礼、知阁门事韩侂胄三人定下计策。韩侂胄,是太皇太后的外甥。正值太皇太后所住的慈福宫的主管张宗尹来拜访韩侂胄,韩侂胄试探到他的心意后告诉了蔡必胜。叶适从蔡必胜哪里得到讯息,就急忙报告赵汝愚。赵汝愚请蔡必胜来商议事情,就派韩侂胄通过张宗尹、关礼把皇家内部禅让的建议上奏太皇太后,并且请求她垂帘决事,准许了,大计于是确定。第二天对孝宗举行除丧的祭礼,太皇太后亲临朝廷,嘉王就皇帝位,亲自举行祭礼,百官排班祝贺,朝廷内外安然无事。所有的奏章都由赵汝愚和叶适最后定稿,临近用时拿去交给仪曹郎,人们才知道他参与了谋议。升烟子监司业。

赵汝愚做了宰相,奖赏有功的人将轮到叶适,叶适说:"国家危难时效忠,臣子的职责,我叶适有什么功劳?"然而韩侂胄自恃有功,因为升的官不能满足欲望而怨恨赵汝愚。叶适把这事告诉赵汝愚说:"韩侂胄所希望的不过是大将之职,应当授给他。"赵汝愚不同意。叶适叹道:"大祸从现在开始了!"于是极力要求去外地补缺。被任命为太府卿、总领淮东军马钱粮。到赵汝愚被贬到衡阳时,而叶适也被御史胡纮所弹劾,降两级免职,主管冲佑观。差遣他任衢州的知州,推辞。

起用为湖南转运判官,升为泉州知州。召他入朝答对,对宁宗建议说:"陛下刚继承大位的时候,臣曾把《诗经》里《卷阿》篇的含义加以引申发挥作为献礼。上天启发了陛下的聪明,消除了党派之争,人才有希望再聚集起来。然而治理国家以和为根本,处理事情以公平为准则。臣希望臣子们都忘记自己体恤国家,对以往的事心里不再计较,只考虑将来如何报效国家便可以了。"皇帝嘉许地采纳了他的意见。起初,韩侂胄专权管事,担心人们不归附他,一个时候担任言职的小人,捏造出一个"伪学"的名目,整个海内的著名儒士被贬斥放逐得差不多光了。后来韩侂胄也感到后悔,所以叶适上奏时涉及步事,而且推荐了楼钥、丘寰、黄度三位儒士,都把州郡交给他们治理。从此对儒学的禁锢逐渐解除了。

任命为试用兵部侍郎,因父亲的丧事去职。服丧完毕,召到朝廷。这时有劝韩侂胄建立盖世功勋来巩固权位的,韩侂胄认为对,将要开启战端。叶适便奏道:"甘心虚弱而想有幸获得平安的必然衰落,摆脱虚弱走向强盛的必然兴起。陛下一再命令大臣,要预先周密考虑和算计,想报雪积累多年的仇耻,设法恢复祖宗的伟业,大概是想摆脱虚弱而走向强盛,而实行兴师问罪骤然兴起的办法,这是极为重大的事情,所以必须准备工作做好然后行动,防守办法确定然后开战。现在有人说金人已经衰弱,姑且先发动战事,而不惧怕以后的艰难,想做宣和年间所不能做的,绍兴年间所不敢做的,这是最危险的事情。而且所谓实在的准备,是应当在淮河、汉水沿岸各州进行规划和修建,各自设立一些据点,可以牢固地自卫,使敌兵来了被坚固的城墙所阻挡,据点之间可以互相策应,然后进攻的计划才可以谈得上。至于四个地方的御前大军,训练他们使之足以对付敌人,大大小小的臣子,考验他们使之足以办好事情,也都是实在的准备。至于所谓实在的恩德,现在赋税虽然很重而国家愈加贫穷,如用低价向百姓预订绢帛、将绢帛折成高价收钮之类,民间甚至有用所得田租的一半以上来交纳的,况且想要设法恢复祖宗的伟业,应当对百姓有恩惠,请求命令官府,详细研究什么名目的赋税祸害百姓最严重,什么样的浪费应当首先裁减,减少征收的数额,限定支出的费用。既在上面做好实在的准备,又对下面施予实在的恩德,这正是所以能够屡战而不屈服,必胜而无失败的保证。"

任命为试用工部侍。韩侂胄想靠他起草诏书来鼓动朝廷内外,改任他为吏部侍郎兼直学士院,以有病为由极力辞掉了兼职。正值下令诸将分四路出师,叶适又告诉韩侂胄应当先守住长江,不听。不久,各路军队都失败,韩侂胄害怕了,让丘崈担任江淮宣抚使;任命叶适为宝谟阁待制、建康府知府兼沿江制置使。叶适说三国时孙吴曾依靠长江以北地区来防守长江,自南唐以后放弃这种办法,建炎、绍兴间来不及详细研讨这种办法,于是向朝廷请示,请求有权指挥长江以北各州。

等到金兵大规模侵入,一天,有两个骑兵举着旗子像是将要渡河的,淮南百姓仓皇之中争着砍断系船的绳索坐船逃跑,翻船淹死的很多,建康也惊动不安。叶适说人心一旦动摇,再也无法控制,只有袭击敌人营寨是南方人的长处,就招募城市的凶悍少年以及帐下愿意去的,得到两百人,派采石的守将徐纬统领而去。半夜以后,遇到金人,掩蔽在茅苇中间用箭射他们,金人应弦而倒;箭用完了,挥刀冲上去,金人都惊惧不敢前进。黎明时,知道我军人数不多便前来追击,我军却已回到船上了。又命令石跋、定山两地的人袭击敌营,抓了一些俘虏回来。金人解除了对和州的包围,退兵驻扎在瓜步,建康城中才安定下来。又派石斌贤渡江到宣化,夏侯成等人分路进兵,所到之处都打了胜仗,金人从滁州逃走。当时征兵书满天飞舞,叶适从容办事像平常一样,军队的给养都由官府供应,百姓因此不受骚扰。淮南百姓渡长江有船,住宿有寺庙,官府给钱送米,他们来逃难就像回老家一样。金兵退走后,晋升宝文阁待制,兼江淮制置使,指办军队在驻地开荒种田的事,于是奏上修筑堡坞(碉堡围墙)的建议。

起初,淮南百姓被战争惊散,天天不能自保。叶适就在村落周围几十里内,紧靠山丘河流形势险要的地方修筑堡坞,让百姓一面恢复生产一面防守,春夏分散出去耕种,秋冬进入堡内,总共四十七处。又视察各地创设三大堡坞:其中石跋则可以作为采石的屏障,定山则可以作为靖安的屏障,瓜步则可以作为东阳、下蜀的屏障。西面可以保护历阳,东面连接仪真,有紧急情况互相策应援助,从头到尾联盛开片,东西长约三百里,南北宽约三十四里。每个堡坞以两千户人家为准,教他们练习射箭,没有事情就去守卫。每五百人设立一员将领,有敌情就增募新兵以及抽调各州的禁军共两千人,连同堡坞内的居民,总共为四千五百人,一起进行防守。而制置使司在每年保卫秋收时,另外招募敢死队一千人,作为袭击敌人营垒和焚烧粮食之用。于是阐明堡坞的建成有四大好处,大致是说:"敌兵在北岸,与我方共同拥有长江的险要形势,但我方有堡坞作为声援力量,敌人就不敢轻易窥伺长江,因而士气自然倍增,战舰也可以立功。和州、滁州、真州、六合等城市的守军如有败退的,我方用堡坞全力帮助他们袭击驱逐敌军,有的在前面拦击,有的在后面尾追,夺取胜利是必然的。这就是所谓用力少而收效大。"三大堡坞建成后,流离的百姓逐渐回来。而韩侂胄正好被诛,中丞雷孝友弹劾叶适附和韩侂胄发动战争,于是剥夺了他的职务,从此之后当宫观官共十三年。最后升到宝文阁学士、通议大夫。嘉定十六年,去世,享年七十四岁,赠予光禄大夫的官阶,谥号叫文定。

叶适意气激昂,颇以经邦济世自负。当韩侂胄开启战端时,因为叶适常常有"大仇未报"之类的话而看重他,然而叶适自从被召回朝廷,每次上疏必定说应当详细研究然后发动,而且极力推辞起草诏书。但在出师的时候,叶适如果能极力劝阻,给他讲清利害祸福,韩侂胄就必然不敢胆大妄为,可以使南北双方民众免受战争之祸。议论的人不能不替叶适感到惋惜。

胡安国传

【题解】

　　胡安国(1074~1138)宋代著名经学家,他所撰《春秋传》称于后代,被定为元、明两朝科举取士的定本,对后世影响很大。胡安国在宋朝凡历官四十年,实际在位不及六年,他为人正直,讲求道德、学问、不趋炎附势,敢于直谏,是典型的儒学家。他学术上与二程相近,在《春秋传》中阐发了他的理学思想,尤其是封建纲常道德学说。本篇内容较为翔实。《宋元学案》等史传大都尊此。

【原文】

　　胡安国字康侯,建宁崇安人。入太学,以程颐之友朱长文及颖川靳裁之为师。裁之与论经史大义,深奇重之。三试于礼部。中绍圣四年进士第。初,廷试考官定其策第一,宰职以无诋元祐语,遂以何昌言冠,方天若次之,又欲以宰相章惇子次天若。时发策大要崇复熙宁、元丰之制,安国推明《大学》,以渐复三代为封。哲宗命再读之,注听称善者数四,亲擢为第三。为太学博士,足不蹑权门。

　　提举湖南学事,有诏举遗逸,安国以永州布衣王绘、邓璋应诏。二人老不行,安国请命之官,以劝为学者。零陵簿称二人党人范纯仁客,而流人邹浩所请托也。蔡京素恶安国与己异,得簿言大喜,命湖南提刑置狱推治;又称湖北再鞫,卒无验,安国竟除名。未几,簿以他罪抵法,台臣直前事,复安国元官。

　　政和元年,张商英相,除提举成都学事。二年,丁内艰,移江东。父没终丧,谓子弟曰:“吾昔为亲而仕,今虽有禄万钟将何所施?”遂称疾不仕,筑室墓傍,耕种取给,盖将终身焉。宣和末,李弥大、吴敏、谭世勣合荐,除屯田郎,辞。

　　靖康元年,除太常少卿,辞;除起居郎,又辞。朝旨履趣行,至京师,以疾在告。一日方午,钦宗亟召见,安国奏曰:“明君以务学为急,圣学以正心为要。心者万事之宗,正心者揆事宰物之权。愿擢名儒明于治国平天下之本者,虚怀访问,深发独智。”又言:“为天下国家必有一定不可易之计,谋议既定,君臣固守,故有志必成,治功可立。今南向视之奸作;用人失当,而名器愈轻;出令数更,而士民不信。若不扫除旧迹,乘势更张,窃恐大势一倾,不可复正。乞访大臣,各令展尽底蕴,画一具进。先宣示台谏,使随事疏驳。若大臣议绌,则参用台谏之言;若疏驳不当,则专守大臣之策。仍集议于朝,断自宸衷,按为国论,以次施行。敢有动摇,必罚无赦。庶几新政有经,可冀中兴。”钦宗曰:“比留词掖相待,已命召卿试矣。”语未竟,日昃暑甚,汗洽上衣,遂退。

　　时门下侍郎耿南仲倚攀附恩,凡与己不合者,即指为朋党。见安国论奏,愠曰:“中兴

如此，而曰绩效未见，是谤圣德也。"乃言安国意窥经筵，不宜召试。钦宗不答。安国屡辞，南仲又言安国不臣，钦宗问其状，南仲曰："往不事上皇，今又不事陛下。"钦宗曰："渠自以病辞，初非有向背也。"每臣僚登封，钦宗即问识胡安国否，中丞许翰曰："自蔡京得政，士大夫无不受其笼络，超然远迹不为所汙如安国者实鲜。"钦宗叹息，遣中书舍人晁说之宣旨，令勉受命，且曰："他日欲去，即不疆留。"即试，除中书舍人，赐三品服。南仲讽台谏论其稽命不恭，宜从黜削。疏奏不下，安国乃就职。

南仲既倾宰相吴敏、枢密使李纲，又谓许景衡、晁说之视大臣升黜办去就，怀奸徇私，并黜之。安国言："二人为去就，必有陈论；怀奸徇私，必有实迹。乞降付本省，载诸词命。"不报。

叶梦得知应天府，坐为蔡京所知，落职奉祠。安国言："京罪已正，子孙编置，家财没入，已无蔡氏矣。则向为京所引者，今皆朝廷之人，若更指为京党，则人才见弃者众，党论何时而弭！"乃除梦得小郡。

中书侍郎何栗建议分天下为四道，置四都总管，各付一面，以卫王室、捍强敌。安国言："内外之势，适平则安，偏重则危。今州郡太轻，理宜通变。一旦以二十三路之广，分为四道，事得专决，财得专用，官得避置，兵得诛赏，权恐太重；万一抗衡跋扈，何以待之？乞据见今二十三路帅府，选择重臣，付以都总管之权，专治军旅。或有警急，即各率所属守将应援，则一举两得矣。"寻以赵野总北道，安国言魏都地重，野必误委寄。是冬，金人大入，野遁，为群盗所杀，西道王襄拥众不复北顾，如安国言。

李纲罢，中书舍人刘珏行词，谓纲勇于报国，数至败衄。吏部侍郎冯澥言珏为纲游说，珏坐贬。安国封还词头，以为"侍从虽当献纳，至于弹击官邪必归风宪。今台谏未有缄默不言之咎，而澥越职，此路若开，臣恐立于朝者各以好恶胁持倾陷，非所经靖朝著。"南仲大怒，何栗从而挤之，诏与郡。栗以安国素苦足疾，而海门地卑湿，乃除安国右文殿修撰、知通州。

安国在省一月，多在告之日，及出必有所论列。或曰："事之小者，盍姑置之。"安国曰："事之大者，无不起于细微，今以小事为不必言，至于大事又不敢言，是无时而可言也。"

安国既去，逾旬，金人薄都城。子寅为郎在城中，客或忧之，安国愀然曰："主上在重围中，号令不出，卿大夫恨效忠无路，敢念子乎！"敌国益急，钦宗亟召安国及许景衡，诏竟不达。

高宗即位，以给事中召，安国言："咋因缴奏，遍触权贵，今陛下将建中兴，而政事弛张，人才升黜，尚未合宜，臣若一一行其职守，必以妄发，干犯典刑。"黄潜善讽给事中康执权论其托疾，罢之。三年，枢密张浚荐安国可大用，再除给事中。赐其子起居郎寅手札，令以上意催促。既次池州，闻驾幸吴、越，引疾还。

绍兴元年，除中书舍人兼侍讲，遣使趣召，安国以《时政论》二十一篇先献之。论入，复除给事中。二年七月入封，高宗曰："闻卿大名，渴于相见，何为累诏不至？"安国辞谢，乞以所进二十一篇者施行。其论之目，曰《定计》《建都》《设险》《制国》《峙民》《立政》

《核实》《尚志》《正心》《养气》《宏度》《宽隐》。论《定计》略曰："陛下履极六年,以建都,则未有必守不移之居;以讨贼,则未有必操不变之术;以立政,则未有必行不反之令;以任官,则未有必信不疑之臣。舍今不图,后悔何及!"论《建都》谓:"宜定都建康以比关中、河内,为与复之基。"论《设险》谓:"欲固上流,必保汉、沔;欲固下流,必守淮、泗;欲固中流,必以重兵镇安陆。"论《尚志》谓:"当必志于恢复中原,诋奉陵寝;必志于扫平仇敌,迎复两宫。"论《正心》谓:"戡定祸乱,虽急于戎务,而裁决戎务,必本于方寸。愿选正臣多闻识、有志虑、敢直言者,置诸左右,日夕讨论,以宅厥心。"论《养气》谓:"用兵之胜负,军旅之强弱,将帅之勇怯,系人君所养之气曲直何如。愿疆于为善,益新厥德,使信于诸夏、闻于夷狄者,无曲可议,则至刚可以塞两间,一怒可以发天下矣。"安国尝谓:"虽诸葛复生,为今日计,不能易此论也。"

居旬日,再见,以疾恳求去。高宗曰:"闻卿深于春秋,方欲讲论。"遂以《左氏传》付安国点句正音。安国奏:"《春秋》经世大典,见诸行事,非空言比。今方思济艰难,《左氏》繁碎,不宜虚费光阴,耽玩文采,莫若潜心圣经。"高宗称善,寻除安国兼侍读,专讲《春秋》。时讲官四人,援例乞各专一经。高宗曰:"他人通经,岂胡安国比。"不许。

会除故相朱胜非同都督江、淮、荆、浙诸军事,安国奏:"胜非与黄潜善、汪伯彦同在政府,缄默附会,循政渡江;尊用张邦昌结好金国,沦灭三纲,天下愤郁;及正位冢司,苗、刘肆逆,贪生苟容,辱逮君父。今强敌凭陵,叛臣不忌,用人得失,系国安危,深恐胜非上误大计。"胜非改除侍读,安国持录黄不一,左相吕颐浩特命检正黄龟年书行。安国言:"有官守者,不得其职则去"。臣今待罪无补,既失其职,当去甚明。况胜非系臣论列之人,今朝廷乃称胜非外苗、刘之变,能调护圣躬。昔公羊氏言祭仲废君为行权,先儒力排其说。盖权宜发置百所施于君父,《春秋》大法,尤谨于此。建炎之失节者,今虽特释而不问,又加选择擢,习俗既成,大非君父之利,臣以《春秋》入侍,而与胜非为列,有违经训。"遂卧家不出。

初,颐浩都督江上还朝,欲去异己者,未得其策,或教之指为朋党,且曰:"党魁在琐闱,当先去之。"颐浩大喜,即引胜非为助,而降旨曰:"胡安国屡召偃蹇不至,今始造朝,又数有请。初言胜非不可同都督,及改命经筵,又以为非,岂不以时艰不肯尽瘁,乃欲求微罪而去,其自为谋则善,如国计何?"落职提举仙都观。是夕,彗出东南,右相秦桧三上章乞留之,不报,即解相印去。侍御史江跻上疏,极言胜非不可用,安国不当责。右司谏吴表臣亦言安国扶病见君,欲行所学,今无故罪去,恐非所以示天下。不报。颐浩即黜给事中程瑀、起居舍人张焘及跻等二十余人,云应天变除旧布新之象,台省一空。胜非遂相,安国竟归。

五年,除徽猷阁待制、知永州,安国辞。诏以经筵旧臣,重闵劳之,特从其请,提举江州太平观,令纂修所著《春秋》传。

书成,高宗谓深得圣人之旨,除提举万寿观兼侍读。未行,谏官陈公辅上疏诋假托程颐之学者,安国奏曰:"孔、孟之道不传久矣,自颐兄弟始发明之,然后知其可学而至,今使学者师孔、孟,而禁不得从颐学,是入室而不由户。本朝自嘉佑以来,西都有邵雍、程颢及其弟颐,关中有张载,皆以道德名世,公卿大夫所钦慕而师尊之。会王安石、蔡京等曲加排抑,故其道不行。望下礼官讨论故事,加之封爵,载在祀典,比于荀、杨、韩氏,仍诏馆阁褒其遗书,校正颁行。使邪说者不得作。"奏入,公辅与中丞周秘、侍御史石公揆承望宰相风旨,交章论安国学术颇僻。除知永州,辞,复提举太平观,进宝文阁直学士。卒,年六十五。诏赠四官,又降诏加赙,赐田十顷恤其孤,谥曰文定,盖非常格也。

安国强学力行,圣人为标的,志于康济时艰。见中原沦没,遗黎涂炭,常若痛切于其身。虽数以罪去,其爱君忧国之心远而弥笃,每有君命,即置家事不问,然风度凝远,萧然尘表,视天下万物无一足以婴其心。自登第迄谢事,四十年在官,实历不及六载。

朱震被召,问出处之宜,安国曰:"子发学《易》二十年,此事当素定矣。世间惟讲学论政,不可不切切询究,至于行己大致,去就语默之几,如人饮食,其饥饱寒温,必自斟酌,不可决诸人,亦非人所决也。吾平生出处皆内断于心,浮世利名如螨蠓过前,何足道哉!"故渡江以来,儒者进退合义,以安国、尹焞为称首。侯仲良言必称二程先生,他无所许可,后见安国,叹曰:"吾以为志在天下,视不义富贵真如浮云者,二程先生而已,不意复有斯人也。"

安国所与游者,游酢、谢良佐、杨时皆程门高弟。良佐尝语人曰:"胡康侯如大冬严雪,百草萎死,而松柏挺然独秀者也。"安国之使湖北也,时方为府教授,良佐为应城宰,安国质疑访道,礼之甚恭,每来谒而去,必端笏正立目送之。

自王安石废《春秋》不列于学宫,安国谓:"先圣手所笔削之书,乃使人主不得闻讲说,学士不得相传习,乱伦灭理,用夏变夷,殆由此也。"故潜心是书二十余年,以为天下事物无不备于此。每叹曰:"此传心要典也。"

安国少欲以文章名世,既学道,乃不复措意。有文集十五卷,《资治通鉴举要补遗》一百卷。三子,寅,宏、宁。

【译文】

胡安国字康侯,建宁崇安人。进入大学,拜程颐的朋友朱长文以及颍川靳裁之为老师。裁之和他讨论经史大意,非常惊奇并器重,三次参加礼部考试,中了绍圣四年进士。开始,朝廷考试官确定他的对策为第一,主持者因为他没有诋毁元祐的话,就把何昌言排为第一,方天若第二,又想让宰相章惇儿子排在天若后面,当时打开对策大要是恢复熙宁、元丰的体制,安国推明《大学》,并因慢慢恢复至上古三代作为回答。哲宗让他再读,注意听并几次说好,亲自提升为第三,做太学博士,足不踏进当权者之门。

提举湖南学事,有诏书举荐遗逸之人,安国推荐永州布衣王绘、邓璋应诏。二人年老不出行,安国请求封官,用来劝勉做学问的人。零陵主簿说两人的同党范纯仁客居,于是流人邹浩所请求依托。蔡京平常厌恶胡安国和自己相异,得到主簿的话很高兴,命令湖南提刑设置监狱追查此事,又移送湖北再次审查,最终无法验证,而安国却被除名。没过多久,主簿因为其他罪过犯法,御史台官员论述以前的事,恢复安国原官。

政和元年,张商英为宰相,担任提举成都学校之事。二年,碰上父亲丧故,迁到江东,父亲死后除去丧服,对学生们说:"我过去为父母亲而做官,现在虽然有俸禄万钟又有什么用?"于是称病不为官,在坟墓边筑房,耕田种地自己供给,大概想终其一生了。宣和末年,李弥大、吴敏、谭世勣一起推荐,封屯田郎、辞职。

靖康元年,拜太常少卿,辞职;又拜起居郎,又辞职,朝廷命令赶快赴任,到京师,以疾病为告。一天正中午,钦宗急忙召见,安国上奏说:"圣明君王应当以求学问为当务之急,圣学则以端正心性为首要。心是万物的根本,端正心性是揣测事物主宰万事的根本。希望选拔知名儒生懂得治理天下根本的,虚心咨询访问,真正发表他们的独到智慧。"又说:"治理天下国家一定要有一定不可变易的计策,计谋商议既然确定,君王和臣子固守,所以有志向的一定会成功,治世之功可以建立。现在登位称皇已经半年了,但纲纪还很混乱,风俗更加衰坏,办事处置更加失措,大臣互相争斗,那么结朋为党的祸乱就萌芽了;众官互相窥探,那么苟且偷安的奸事就会发作;使用人失当,那么国家名器更加轻、发布的命令多次变更,人民就不相信。假若不扫除旧的痕迹,乘势更换,我担心大势一倒,不可能再正了,请求咨访大臣,都让他们各自展开自己的底细、计谋一块呈上。首先张示御史台谏官,让他们根据事情上疏驳斥。假若大臣们的议论笨拙,那就参考使用御史台谏官的言论;假若上疏驳斥不恰当,那么就专门信守大臣的计策,仍然集合在朝廷议论,决断则由皇上内心做出。作为国家之论,按次实施奉行。敢有动摇的,一定惩罚不赦免。这样差不多新的政局有了依靠,可以希望中兴了。"钦宗说:"近日留下来用话相接待,已经下命召你试行了。"语没说完,下午很热,汗沾满了上衣,于是退下。

当时门下侍郎耿南仲依靠攀附恩幸,凡是和自己不相合的,就指责为朋党之人,见安国上奏,发怒说:"中兴这样了,却说成绩没有体现,这是诽谤圣上之德。"于是说安国窥视讲经之席,不适宜于下召应试。钦宗不回答。安国多次辞退,南仲又说安国不臣服,钦宗问具体情况,南仲说:"从前不侍奉上皇,现在不侍奉陛下。"钦宗说:"他自己是以病辞职,开始并没有不臣的意思。"每次群臣对答,钦宗就询问认识胡安国不,中丞许翰说:"自从蔡京得到政权,士大夫没有不受他笼络的,超然处世、远远离开不被他所污染的象胡安国一样的很少。"钦宗叹息,派中书舍人晁说之宣布圣旨,让他勉强接受赐命,并且说:"以后想离开,就不勉强挽留。"既试,拜官中书舍人,赏赐三品服,南仲暗地里让御史台谏官评论他不尊敬皇命,应该削职免官,上疏没有发下,安国于是到任为官。

南仲既然倾倒了宰相,枢密使李纲,又说许景衡、晁说之对待大臣的升降为去职离职!心怀奸诈,都一起废黜。安国说:"二人为去职离职,一定有所陈述表达,怀抱奸私之心,一定有可靠事迹。请降旨交给本省,登载他们的文辞。"没有回答。

叶梦得为应天府知府,因为被蔡京所赏识了解。丢官奉祠。安国说:"蔡京的罪已反正了,子孙被编户处置、家产被没收,已经没有蔡氏了。那么一起为蔡京引荐的,现在都是朝廷中人,假若指为蔡京之党,那么人才被抛弃的很多了,结党之论什么时候可以平息。"于是拜梦得为小郡官。

中书侍郎何栗建议分天下做四道,设置四人都总督,各交给一方,用来保卫王室,捍卫强敌。安国说:"内外的形势,平衡就安定,偏重就危险。现在州郡大轻,按理应该变化。一旦因为二十三路的广阔,分为四道,事情都要专门处置,财产都要专门使用,官吏都要征行安排,士兵都要奖赏处罚,权力担心太重,万人互相对抗争气,用什么去对付?请根据现在二十三路帅府,选择重臣,交给都总管的权力,专门治理军队。即使有紧急情况,就各自率领所率守将响应支援,那么一举两得了。"不久用赵野领北道。安国说魏都地势重要,赵野一定有误重任。这年冬天,金人大举入侵,赵野逃走,被盗贼所杀,西道王襄拥有众兵不再照应北方,象安国所说一样。

李纲罢职,中书舍人刘珏写文告,称李纲勇敢报国,多次失败。吏部侍郎冯澥说刘珏替李纲游说,刘珏因此被贬。安国封上退还文告认为"侍从虽然应当献言纳谏,而至于弹劾官吏一定要归顺风俗。现在御史台谏议没有闭口不说的错误,而冯澥超越职权,这条路一开我担心在朝廷中的人各自根据自己的爱憎来进行诬陷倾轧,不是用来安靖朝廷之法。"耿南仲大怒,何栗跟着排挤他,下诏交给郡县。何栗认为安国平常患有脚病,而海门地方低下潮湿,于是拜安国为左文殿修撰,主管通州。

安国在省一个月,大多为告讼之日,等到出巡一定有所判断裁决。有的说:"事情中小的,为何不放下?"安国说:"事情中的大事没有不是起于小事的,现在借口小事不必讲,成了大事又不敢说,是没有时间可以讲了。"

安国已经离开,过了十天,金人逼近都城,儿子胡寅在城中做郎官,客人有的担心,安国凄惨地说:"皇帝在重围之中,号令不发布,卿大夫痛恨,效忠没有路子,怎么敢想念儿子?"敌人围城更急,钦宗急召安国和许景衡,诏书竟然没送到。

高宗即位,用给事中的名义召见,安国说:"过去因为收缴奏折,独独触坏了当权贵臣,现在陛下想要建设中兴之世,但政事废弛,人才升降,都没有安排合理,我假若一一地奉行职守,一定会有胡妄的做法,再触犯典制刑法。"黄潜善讽喻给事中康执权论述他以前的旧过,罢免了他。三年,枢密张浚推荐安国可以大用,再次拜为给事中,赏赐他的儿子起居郎胡寅手札,让他根据意思催促,既然停在池州,听到皇帝到了吴、越,称病而回。

绍兴元年,拜官中书舍人兼侍讲,派使者急忙召见,安国拿《对政论》二十一篇首先献上。政论献入,再拜官给事中。二年七月再进入对,高宗说:"听到你的大名,渴望着见你,为什么多次下诏书却不来?"安国推辞道歉:"请按所进的二十一篇具体实施。他论述的是:《定计》《建都》《设险》《制国》《峄民》《立政》《核实》《尚志》《正心》《养气》《宏度》《宽隐》。论述《定计》大致说:陛下登位六年,用来建立都城,却没有一定守住不移动的地方;用来讨伐敌人,却没有一定胜利不变的办法;用来建立政制,却没有一定实行不改变的命令;用来任命官吏,却没有很可信不怀疑的臣子。舍弃今天不考虑,后悔来不及了。"论述《建都》说:"应该定都建康来与关中、河内相比,作为复兴的基地。"论述《设险》说:"想固守上游,一定要保全汉水、沔水。想要巩固下游,一定要守住淮河、泗水,想要巩固中游,一定要用重兵守住安陆。"论述《尚志》说:"一定要立志恢复中原,敬奉祖先陵园;一定要首先扫平敌人,迎回两宫。"论《正心》说:"平定祸害叛乱,虽急于战事,却裁定战争,一定要有一定方寸,希望选拔正直的臣子又多见识,有志向谋虑、敢于直言不讳,安排在身边,从早到晚讨论,用来安定心神。"论《养气》说:"用兵的胜和负,军队的强和弱,将帅的勇敢与胆怯,关系在于君王所养之气曲直如何。希望强于为善的,增益他的品德,让他尊信于华夏,闻名于春秋之地,没有曲事可以平议,那么最为刚直的可以堵住两边,一发怒可以安定天下了。"安国曾经说:"即使诸葛亮复生,为今天计谋,不能改变这个论述。"

过了十多天,再次拜见皇上,因为疾病恳切地请求离去。高宗说:"听说你对《春秋》有很深的研究,正想要讲述。"于是把《左氏传》交给胡安国断句正音,安国上奏说:"《春秋》是经世大典,见诸具体事情,不是空说可以相比的。现在正想救世济难,《左氏》很繁杂,不太适宜空费时光,耽玩文辞丽采,不如深入用心圣经。"高宗说很好,不久拜安国兼侍读,专门讲《春秋》,当时讲官四个人,按惯例请求各守一经。高宗说:"他人通经术,怎能和胡安国相比?"不同意。

赶上拜前宰相朱胜非一起都督江、淮、荆几州军事,安国上奏说:"胜非和黄潜善、汪伯彦一起在朝廷,沉默附和牵合,招致了渡江;尊用张邦昌结交金国,大失三纲,天下愤恨忧郁;等到冢司正位,苗、刘大肆为逆,贪生怕死,苟且偷安,不幸君王被捕。现在强大的敌人压境,叛乱之臣无所顾忌,用人的得与失,关系到国家的安危,深深地担忧胜非会有误国家大计。"胜非改任侍读,安国拿着录黄不下,左相吕颐浩特别命令检正黄龟年书写。安国说:"有官位的人,不能尽职就离开。我现在待罪没有什么作用,既然已经失职,离开是比较开明之举。更何况胜非是我所论列过的人,现在朝廷仍然赞称胜非处理苗、刘的变故,能调养护理皇上身体。从前公羊氏说祭仲废除君王代替行权,先代儒士极力议其不对。大概随时废置并不能用在君王身上。《春秋》大法,仍然如此严谨。建炎之所以有失节之事,现在虽然特赦但仍有不同,又加以选拔提升,习俗既已养成,大大的不利于君王。我用《春秋》进入侍讲,而非议胜非所列官位,与经典训成义有违。"于是躺在家里不出。

开始,颐浩都督江上回朝,想排斥与自己相异的,没有想出办法,有人教他指斥为朋党,并且说:"朋党之斗在宫中,应当首先赶走。"颐浩很高兴,就拿胜非作为助手,并降旨说:"胡安国多次下召闭门不出,现在才来朝廷,又有几次请求。开始说胜非不可一块都督,等到改任为经学讲师,又认为错了,难道不是因为时世艰难而不肯出力,是求一点小错而离开?他这样自己打算尚好,但对国家怎样?"削职提举仙都观。这一年,彗星出现在东南,右相秦桧三次上书请求留下来,不上报,就解除相印回去。侍御史江齐上书,多次说胜非不可用,安国不应受责。右司谏吴表臣也说安国带着病拜见君王,想实施他听学的,现在无缘无故获罪而去,恐怕不是昭示天下之举。不上报,颐浩就废黜给事中程瑀、起居舍人张焘以及跻等二十多人,说响应上天除旧变新的气象,御史台督省一下变空了,胜非于是为宰相,安国竟然归老。

五年,拜徽猷阁待制、永州知州,安国推辞。下诏用讲经席的旧官,重又照顾慰劳,特意听从他的请求,提举江州太平观,让他编纂所写的《春秋传》。

书写成以后,高宗说深得圣人的意旨,署官万寿观提举兼侍读,没有赴任,谏官陈公辅上书诋毁假托程颐之学的学者,安国上奏说:"孔孟的道义没有传布很久了,自从程颐兄弟开始阐发昌明它,然后才知道孔孟之道可以通过学习达到。现在让学者师法孔孟,却禁止不应该跟从程颐学习。这是要进入房间都不从门进。本朝自从嘉祐以来,西都有邵雍、程颢和他的弟弟程颐,关中有张载,都以道德之著称于世,公卿大夫很钦敬仰慕并师从尊重他们。赶上王安石、蔡京等人弯曲并加以排斥,所以他们之道不能实行。希望交给礼官讨论旧事,加给他们封典爵位,和荀卿、杨雄、韩愈相同,并下诏馆阁表彰他们的遗书,校正刊行;让邪说不能兴起。"奏疏呈上,公辅和中丞周秘、侍御史石公揆揣度宰相的学术风向,著文论说胡安国的学术很偏僻。拜官永州知州,辞职,再为太平观提举、晋升为宝文阁直学士,逝世,享年六十五。下诏赠追回官称,又下诏加以抚恤,赏赐田四十顷抚恤他的儿女,谥号为文定,大概是很特别的事。

安国勤奋学习切实奉行,把圣人作为目标,立志于救济时代艰难。看到中原沦陷,沦陷的民众被迫害,经常像自己身经痛苦一样,虽然多次因为落罪离职,他爱君忧国的心越远越坚。每次有君王之令,就把家事放开不管。而且风度超迈,越出尘俗,对天下万事万物没有一件能挂在心上。从中了科举到辞职退休,当官四十多年,实际经历不到六年。

朱震被召唤,询问出处的办法,安国说:"子发学习《周易》二十年,这件事应当早已定下了。世间只有讲学与从政两件事,不可以不实实咨明究明。至于奉行的大概,离开或赴任开口或不言的时机,就像人吃饭饮食一样,饥饱温寒,一定要自我斟酌,不应该由别人决断,也不是别人所能决断的。我平生是进是退都在心中做出决定,浮世名利就像蚂蚁经过眼前。有什么值得说的?"所以渡江以来,儒学家进退符合节义的,指胡安国、尹惇为最佳者。侯仲良说话致称赞二程先生,对其他人没有什么称道的,后来见到安国,感叹说:"我认为志在天下,把不义和富贵看得像浮云一样的,只有二程先生,没想到还有这个人。"

安国一起从游的,游酢、谢良佐、杨时都是程氏的高足,良佐曾经对人说:"胡康侯像冬天的大雪,百草都枯萎而死,而松柏却独独挺拔秀美。"安国出使湖北,杨时正为府学教授,良佐为应城宰,安国发问请教,对他们很礼貌恭敬,每次来拜见之后离去,一定端正地拿着手笏站着目送。

自从王安石废除《春秋》不立学官,安国说:"先代圣人亲手删定的书,却让君王不能听其讲述评说,学士不能互相传布讲习,乱伦天理,使中原变为蛮夷,大概从此开始吧。"所以潜心于这本书二十多年,认为天下的事和物都在其中。经常叹息说:"这是传心的要典。"

安国少年时想以文章传名于世,既然学习道义,于是不再留意,有文集十五卷,《资治通鉴举要补遗》一百卷。胡安国有三个儿子:胡寅、胡宏、胡宁。

郑樵传

【题解】

郑樵(1103~1161),字渔仲,兴化军莆田(今福建莆田县)人,宋朝著名史学家。他一生的主要活动是在夹漈山著书、讲学,著作多达五十余种,其中著名的当推《通志》。《通志》二百卷,包括本纪十八卷、世家三卷、列传一百零八卷、载记八卷、四夷传七卷、谱四卷、二十略五十二卷。所叙时间断限,各类稍有参差,本纪从三皇至隋,列传自周到隋,而二十略则由远古迄唐。《通志》的纪传部分,大抵是汇集前史,袭用旧文,稍加增删,新意不多,《二十略》是《通志》的精华,它们是氏族、六书、七音、天文、地理、都邑、礼、谥、器服、乐、职官、选举、刑法、食货、艺文、校雠、图谱、金石、灾祥和昆虫草木略。郑樵把历代典章制度、学术文化分门别类地加以记载,并逐一追溯其源流演变,有的还有不少新见解。都邑、氏族、六书、七音、校雠、金石、图谱、昆虫草木八略是郑樵开辟的新的专史领域,反映郑樵对人类社会生活的全面认识以及对社会发展的敏锐看法。郑樵主张会通,他把历史作为一个整体去考察,认为只有通史才能展现历史的延续性,才能避免"晋史党晋,而不有魏","齐史党齐,而不有宋"的弊病。为贯彻会通的思想,郑樵修《通志》,不仅依靠古代文献典籍,而且重视亲身实践,注意吸收劳动者的经验,搜集金石、图谱等实际资料。这些主张和做法,对于今天研究历史仍有一定的参考价值。郑樵的《通志》还富有批判精神,他反对五行灾异说,称之为"妖学",认为这是用来歪曲自然现象的;他反对史家随意褒贬,称之为"妄学",认为这是专用以歪曲历史事实的。郑樵追求客观地反映史实,在以主观好恶歪曲历史之风盛行的时候,更显得可贵。

【原文】

郑樵字渔仲,兴化军莆田人。好著书,不为文章,自负不下刘向、杨雄。居夹漈山,谢绝人事。久之,乃游名山大川,搜奇访古,遇藏书家,必借留读尽乃去。赵鼎、张浚而下皆器之。初为经旨,礼乐、文字、天文、地理、虫鱼、草木、方书之学,皆有论辩,绍兴十九年上之,诏藏秘府。樵归益厉所学,从者二百余人。

以侍讲王纶、贺允中荐,得召封,因言班固以来历代为史之非。帝曰:"闻卿名久矣,敷陈古学,自成一家,何相见之晚耶?"授右迪功郎、礼兵部架阁。以御史叶义问劾之,改监潭州南狱庙,给札归抄所著《通志》。书成,入为枢密院编修官,寻兼摄检详诸房文字。请修金正隆官制,比附中国秩序,因求入秘书省翻阅书籍。未几,又坐言者寝其事。金人之犯边也,樵言岁星分在宋,金主将自毙,后果然。高宗幸建康,命以《通志》进,会病卒,年五十九,学者称夹漈先生。

樵好为考证伦类之学,成书虽多,大抵博学而寡要。平生甘枯淡,乐施与,独切切于仕进,识者以是少之。

【译文】

郑樵,字渔仲,兴化军莆田人。喜好著书立说,不做应试的文章,自以为他的才华不在刘向、扬雄之下。隐居夹漈山,谢绝人事往来。在夹漈山住了很长时间,就去游历名山大川,搜访奇闻古迹,遇到藏书家,一定留下来借读藏书,直到将所要读的书都读完才离去。赵鼎、张浚以下的人都器重他。开始研究经书要旨,后探讨礼乐、文字、天文、地理、虫鱼、草木、地方志诸种学问,都有论说,绍兴十九年将这些论说奏上朝廷,诏令藏于秘府。郑樵回归故里进一步锤炼他的学说,从师于他的人有二百多人。

因侍讲王纶、贺允中举荐,郑樵得以应召对策朝廷,就谈论自班固以来历代著史的过失。高宗说:"久闻爱卿大名,铺叙古代学问,自成一家,为什么相见的这样晚呢?"授郑樵右迪功郎、礼兵部架阁。因御史叶义问弹劾郑樵,郑樵改监潭州南狱庙,朝廷给他纸笔让他回家抄写他所著的《通志》。完成《通志》,入朝廷为枢密院编修官,不久兼摄检详诸房文学。请求准他修撰金国正隆官制,与中国制度加以比较,因此请求进秘书省翻阅书籍。不久,又因谏官的议论此事中止了。金人进犯边境,郑樵说岁星分在宋境内,金太宗将自行死亡,后来果真如此。高宗临幸建康府,命令以《通志》进呈,正巧郑樵病逝,享年五十九岁,学者都称他夹漈先生。

郑樵喜欢作考证类似的学问,著成的书虽然多,但大抵内容广博而不得要领。郑樵平生甘于枯燥淡薄,乐于施舍,唯独热衷于做官,有见识的人因此轻视之。

真德秀传

【题解】

真德秀(1178~1235),字景元,后更名景希,建宁浦城(今属福建)人,为朱熹再传弟子,庆历五年进士。历知泉州、福州、户部尚书,后改为翰林学士,拜参知政事,后卒,谥文忠。学者称为西山先生,著有《西山真文忠公文集》和《西山读书记》等。

真德秀是继朱熹以后在当时以道德、文章声名著称之人,尤其是对理学走向正统、权威产生了关键的作用,并对宋明以下理学有很大影响。他在文学方面,以《文章正宗》为代表作,在理学方面以《大学衍义补》为代表。

【原文】

真德秀字景元,后更景为希,建之浦城人。四岁受书,过目成诵。十五而孤,母吴氏力贫教之。同郡杨圭见而异之,使归共诸子学,卒妻以女。

登庆元五年进士第,授南剑州判官。继试中博学宏词科,入闽帅幕,召为太学正,嘉定元年迁博士。时韩侂胄已诛,入封,首言:"权臣开边,南北涂炭,今兹继好,岂非天下之福。然日者以行人之遣,金人欲多岁弊之数,而吾亦曰可增;金人欲得奸臣之首,而吾亦曰可与;往来之称谓,犒军之金帛,根括归明流徙之民,皆承之唯谨,得无滋嫚我乎?抑善谋国者不观敌情,观吾政事。今号为更化,而无以使敌情之畏服,正恐彼资吾岁赂以厚其力,乘吾不备以长其谋,一旦挑争端而吾无以应,此有识所为寒心。"又言:"侂胄自知不为清议所贷,至诚忧国之士则名以好异,于是忠良之士斥,而正论不闻;正心诚意之学则诬以好名,于是伪学之论兴,而正道不行。今日改弦更张,正当褒崇名节,明示好尚。"

召试学士院，改秘书省正字兼检讨玉牒。二年，迁校书郎。又对，言暴风、雨雹、荧惑、蝻蝗之变，皆赃吏所致。寻兼沂王府教授、学士院权直。三年迁秘书郎。入对，乞开公道，窒旁蹊，以抑小人道长之渐；选良牧，励战士，以扰群盗方张之锐。四年，选著作佐郎。同列相甚期之，德秀恬不与较。宰相将用德秀，会言官觝之，德秀力辞。兼礼部郎官，上疏言："金有必亡之势，亦可为中国忧。盖金亡则上恬下嬉，忧不在敌而在我，多事之端恐自此始。"五年，迁军器少监，升权直。

六年，迁起居舍人，奏："权奸擅政十有四年，朱熹、彭龟年以抗论逐，吕祖俭、周端朝以上书斥，当时近臣犹有争之者。其后吕祖泰之贬，非惟近臣莫敢言，而台谏且出力以挤之，则嘉泰之失已深于庆元矣。更化之初，群贤皆得自奋。未几，傅伯成以谏官论事去，蔡幼学以词臣论事去，邹应龙、许奕又继以封驳论事去。是数人者，非能大有所矫拂，已皆不容于朝。故人务自全，一辞不措。设有大安危、大利害，群臣暗嘿如此，岂不殆哉！今欲与陛下言，勤访问、广谋议、明黜陟三者而已。"时钞法楮令行，告讦繁兴，抵罪者众，莫敢以上闻。德秀奏："或一夫坐罪，而并籍昆弟之财；或亏陌四钱，而没入百万之赏；至于科富室之钱，拘盐商之舟，视产高下，配民藏楮，鬻田宅以收券者，虽大家不能免，尚得名便民之策？"自此籍没之产以渐给还。

兼太常少卿。又言金人必亡，君臣上下皆当以祈天永命为心。充金国贺登位使，及盱眙，闻金人内变而返。言于上曰："臣自扬之楚，自楚之盱眙，沃壤无际，陂湖相连，民皆坚悍强忍，此天赐吾国以屏障大江，使强兵足食为进取资。顾田畴不辟，沟恤不治，险要不扼，丁壮不练，豪杰武勇不收拾，一旦有警，则徒以长江为恃；岂如及今大修垦田之政，专为一司以领之，数年之后，积储充实，边民父子争欲自保，因其什伍，勒以兵法，不待粮饟，皆为精兵。"又言边防要事。

时史弥远方以爵禄縻天下士，德秀慨然谓刘爚曰："吾徒须急引去，使庙堂知世亦有不肯为从官之人。"遂力请去，出为秘阁修撰、江东转运副使。山东盗起，朝廷犹与金通聘，德秀朝辞，奏："国耻不可忘，邻盗不可轻，幸安之谋不可恃，导谀之言不可听，至公之论不可忽。"宁宗曰："卿力有余，到江东日为朕搏节财计，以助边用。"

江东旱蝗，广德、太平为甚，德秀遂与留守、宪司分所部九郡大讲荒政，而自领广德、太平。亲至广德，与太守魏岘同以便宜发廪，使教授林庠振给，竣事而还。百姓数千人送之郊外，指道旁业冢泣曰："此皆往岁饿死者。微公，我辈已相随入此矣。"索毁太平州私创之大斛。新徽州守林琰无廉声，宁国守张忠恕规匿振济米，皆劾之，而以李道传摄徽。先是，都司胡榘、薛拯每诮德秀迂儒，试以事必败，至是政誉日闻，因倡言旱伤本轻，监司好名，振赡太过，使岘劾庠以撼德秀。德秀上章自明，朝廷悟，与岘祠，授庠干官，而道传寻亦召还。

德秀以右文殿修撰知泉州。番舶畏苛征，至者岁不三四，德秀首宽之，至者骤增至三十六艘。输租令民自概，听讼惟揭示姓名，人自诣州。泉多大家，为闾里患，痛绳之。有讼田者，至焚其券不敢争。海贼作乱，将逼城，官军败衄，德秀祭兵死者，乃亲授方略，禽之。复徧行海滨，审视形势，增屯要害处，以备不虞。

十二年,以集英殿修撰知隆兴府。承宽弛之后,乃稍济以严。尤留意军政,欲分鄂州军屯武昌,及通广盐于赣与南安,以弭汀、赣盐寇。未及行,以母丧归。明年,蕲、黄失守,盗起南安,讨之数载始平,人服德秀先见。

十五年以宝谟阁待制、湖南安抚使知潭。以"廉仁公勤"四字励僚属,以周敦颐、胡安国、朱熹、张栻学术源流勉其士。罢榷酤,除斛面米,申免和籴,以苏其民。民艰食,既极力振赡之,复立惠民仓五万石,使岁出籴。又易谷九万五千石,分十二县置社仓,以徧及乡落。别立慈幼仓,立义阡。惠政毕举。月试诸军射,损其回易之利及官田租。凡营中病者、死未葬者、孕者、嫁娶者,赡给有差。朝廷从寿昌朱橐请,以飞虎军戍寿昌,并致其家口,力争止之。江华县贼苏师入境杀劫,檄广西共讨平之。司马遵守武冈,激军变。劾遵而诛其乱者。

理宗即位,召为中书舍人,寻擢礼部侍郎、直学士院。入见,奏:"三纲五常,扶持宇宙之栋干,奠安生民之柱石。晋废三纲而刘、石之变兴,唐废三纲而安禄山之难作。我朝立国,先正名分。陛下不幸处人伦之变,流闻四方,所损非浅。雪川之变,非济王本志,前有避匿之迹,后闻讨捕之谋,情状本末,灼然可考。愿讨论雍熙追封秦王舍罪恤孤故事,济王未有子息,亦惟陛下兴灭继绝。"上曰:"朝廷待济王亦至矣。"德秀曰:"若谓此事处置尽善,臣未敢以为然。观舜所以处象,则陛下不及舜明甚。人主但当以二帝、三王为师。"上曰:"一时仓猝耳。"德秀曰:"此已往之咎,惟愿陛下

宋理宗赵昀

知有此失而益讲学进德。"次言:"雪川之狱未闻参听于公朝,淮、蜀二阃乃出于佥论所期之外。天下之事非一家之私,何惜不与众共之。"且言:"乾道、淳熙间,有位于朝者以馈及间为耻,受任于外者以包苴入都为羞。今馈赂公行,薰染成风,恬不知怪。"

又疏言:"朝廷之上,敏锐之士多于老成,难嘗以耆艾褒傅伯成、杨简,以儒学褒柴中行,以恬退用赵蕃、刘宰;至忠亮敢言如陈宓、徐侨,皆未蒙录用。"上问廉吏,德秀以知霄州赵蒇夫封,亲擢蒇夫直秘阁为监司。具手剳入谢,因言崔与之帅蜀,杨长儒师闽,皆有廉声,乞广加咨访。

上初御清署殿,德秀因经筵侍上,进曰:"此高、孝二祖储神燕闲之地,仰瞻楹桷,当如二祖实临其上,陛下所居处密迩东朝,未敢遽当人主之奉。今宫阁之义浸备,以一心而受众攻,未有不浸淫而蠹蚀者,惟学可以明此心,惟敬可以存此心,惟亲君子可以维持此心。"因极陈古者居丧之法,与先帝视朝之勤。

宁宗小祥,诏群臣服纯吉,德秀争之曰:"自汉文帝率情变古,惟我孝宗方衰服三年,朝衣朝冠皆以大布,惜当时不并定臣下执丧之礼,此千载无穷之憾。孝宗崩,从臣罗点待

议,令群臣易月之后,未释衰服,惟朝会治事权用黑带公服,时序仍临慰,至大祥始除。侂胄枋政,始以小祥从吉。且带不以金,鞓不以红,佩不以鱼,鞍鞯不以文绣。此于群臣何损?朝仪何伤?"议遂格。

德秀屡进鲠言,上皆虚心开纳,而弥远益严惮之,乃谋所以相撼,畏公议未敢发。给事中王概、盛章始驳德秀所主济王赠典,继而殿中侍御史莫泽劾之,遂以焕章阁待制提举玉隆宫。谏议大夫朱端常又劾之,落职罢祠。监察御史梁成大又劾之,请加窜殛。上曰:"仲尼不为已甚。"乃止。

既归,修《读书记》,语门人曰:"此人君为治之门,如有用我者,执此以往。"汀寇起,德秀荐陈韡有文武才于常平使者史弥忠,言于朝,遂起韡讨平之。绍定四年,改职与祠。

五年,进徽猷阁知泉州。迎者塞路,深村百岁老人亦扶杖而出,城中欢声动地。诸邑二税尝预借至六七年,德秀入境,首禁预借。诸邑有累月不解一钱者,郡计赤立不可为。或咎宽恤太骤,德秀谓民困如此,宁身代其苦。决讼自卯至申未已,或劝啬养精神,德秀谓郡弊无力惠民,仅有政平、讼理事当勉。建炎初置南宗政司于泉,公族仅三百人,漕司与本州给之,而朝廷岁助度牒。已而不复给,而增至二千三百余人,郡坐是愈不可为。德秀请于朝,诏给度牒百道。

弥远薨,上亲政,以显谟阁待制知福州。戒所部无滥刑横敛,无徇私黩货,罢市令司,曰:"物同则价同,宁有公私之异?"闽县里正苦督赋,革之。属县苦贵籴,便宜发常平振之。海寇纵横,次第禽殄之。未几,闻金灭,京、湖帅奉露布图上八陵,而江、淮有进取潼关、黄河之议,德秀以为忧。上封事曰:"移江、淮甲兵以守无用之空城,运江、淮金谷以治不耕之废壤,富庶之效未期,根本之弊立见。惟陛下审之重之。"

召为户部尚书,入见,上迎谓曰:"卿去国十年,每切思贤。"乃以《大学衍义》进,复陈祈天永命之说,谓"敬者德之聚。仪狄之酒,南威之色,盘游弋射之娱,禽兽狗马之玩,有一于兹,皆足害敬。"上欣然嘉纳,改翰林学士、知制诰,时政多所论建。逾年,知贡举,已得疾,拜参加政事、同编修敕令、经武要略。三乞祠禄,上不得已,进资政殿学士、提举万寿观兼侍读,辞。疾亟,冠带起坐,迄谢事,犹神爽不乱。遗表闻,上震悼,辍视朝,赠银青光禄大夫。

德秀长身广额,容貌如玉,望之者无不以公辅期之。立朝不满十年,奏疏无虑数十万言,皆切当世要务,直声震朝廷。四方人士诵其文,想见其风采。及宦游所至,惠政深洽,不愧其言,由是中外交颂。都城人时惊传倾洞,奔拥出关曰:"真直院至矣!"果至,则又填塞聚观不置。时相益以此忌之,辄摈不用,而声愈彰。及归朝,治郑清之挑敌,兵民死者数十万,中外大耗,尤世道升降治乱之机,而德秀则既衰矣。杜范方攻清之误国,且谓其贪黩更甚于前,而德秀乃奏言:"此皆前权臣玩愒之罪,今日措置之失,譬如和、扁继庸医之后,一药之误,代为庸医受责,其议论与范不同如此。自侂胄立伪学之名,以锢善类,凡迈世大儒之书,皆显禁以绝之。德秀晚出,独慨然以斯文自任,讲习而服行之。党禁既开,而正学遂明于天下后世,多其力也。

所著《西山甲乙藁》《对越甲乙集》《经筵讲义》《端平庙议》《翰林词草四六》《献忠

集》《江东救荒录》《清源杂志》《星沙集志》。既薨，上思之不置，谥曰文忠。

【译文】

真德秀，字景元，后来换为景希，福建浦城人。四岁读书，过目成诵。十五岁成了孤儿，母亲吴氏贫困但极力教育他，同郡杨圭见后感到奇异，让他回去和几个儿子一块学习，最后把女儿嫁给他。

中了庆历五年进士，授予南剑州叛官，接着试中博学宏词科，加入闽地帅府幕僚，征召为大学长官。嘉定元年迁为博士。当任时韩侂胄已被杀，进宫应对，首先说："权臣开拓边疆，南北生灵涂炭，现在恢复了，不是天下的大福吗？然而以前因为行人的派遣，金人想增加岁币的数量，而我也说可以增加，金人想得到奸臣的脑袋，而我说也可以给，来往之间的称谓，犒牢军士的金帛，搜求归顺流民，都可以承受答应，那样不是在欺侮我们吗？还是善于考虑国事的人不观察敌情，只考虑政情？现在号称更纪，却无法使敌情畏服，正是担心他们借取我们每年的贿赂来增加他们自己的力量，我的不准备来增长自己的智谋，一旦挑起争端而我方没有办法响应，这是有识之士感到寒心的事。"又说："侂胄自己知道不被清议所用，真诚忧国的人就认为是好名，因此忠良之士被斥退，正直公正的言论听不到。真正忠心诚意的学问也诬为好名，因此伪学的论调兴起了，却正道不行，现在改弦易张，应该褒扬尊崇名节，明确表示喜好追求。"

召试学士院，改任秘书省正字兼检讨玉牒，第二年，迁校书郎，又应对，讲风暴、下雨、冰雹、荧惑、蝻蝗等变化，都是污秽小吏所致，不久兼沂王府教授、学士院权直。三年，迁秘书郎，再入对，请开公道，杜绝别的道路，用来控制小人之道之增长，选择好的官吏，鼓励战士，用来扼杀盗贼兴盛的气势。四年，选为著作佐郎。一起的人乘机讽刺他，德秀忍受不和他计较。宰相将任用德秀，赶上言官诋毁他，德秀坚决拒绝。兼礼部郎官，上书说："金朝具有一定灭亡的形势，但也足构成中国的担忧。大概金朝灭亡是因为上面高兴，臣下嬉松，可担忧的不在敌方而在自我，多事的开端恐怕从此开始了。"五年，迁为军器少监，升权直。

六年，迁为起居舍人，上奏说："权臣奸吏把持政治十四年，朱熹、彭龟年因为抗旨而遭放逐，吕祖俭、周端朝因上书而被放斥，当时亲近之臣还有抗争的。从那以后吕祖泰遭贬，不仅亲近之臣不敢说，而且御史台进谏也极力排挤他，那么嘉泰的失落比庆元更深了。更化初年，群贤都自我奋进，没有多久，傅伯成因为谏官论事而离职，蔡幼学因为以词臣论事离职，邹应龙、许奕又接着因为秘密驳奏之事而去职。这几个人，不能太大的有所矫正，却已经都不能容于朝廷。所以人人追求的是自我保全，一句话也不讲。假若有大的危险，大的祸害，群臣都这样闭口不说，难道不很危险吧？现在想和陛下讲，勤快地咨访，广泛地计谋，明白地升降这三件事而已。当时钞法楮令实行，告奸兴讼之事很多，抵罪之人很多，没有谁敢让皇帝知道。"德秀上奏说："有时一个人犯了罪，却一块没收兄弟的财产；有时仅亏陌四钱，却误收百万的资产；至于收取富家的钱，约取盐商的船，根据财产的多少，分配民众藏纳货币，买田土房屋用来收取契券，即使大户人家也不能幸免，竟将此名之为便民的计策?"从此没收的财产因此渐渐得以归还。

兼太常少卿。又说金人一定灭亡,君臣上下都以求天永远长命为心。充当金国庆贺登位的使节,到盱眙,听到金人内部生变故而返回,对皇上说:"我自扬到楚,再从楚到盱眙,肥沃的土地没有边际,大小湖泊相连,人民都强劲坚韧忍耐,这是上天赐给我国用来作为大江的屏障,让强兵足食作为进取之资。顾视却田土没有得到开辟,沟洫没有疏浚,险要没有扼守,丁壮没有操练,豪杰武勇之士没有得以招附收聚,一旦有警情,那只有以长江为险守,哪里比得上现在大修垦田之政,专门设一个官吏去主管,数年之后,积累储藏充实,边民父子争着自我保卫,根据队伍,用兵法进行训练,用不着带粮食,都是精兵。"讲述边防要事。

当时史弥远正用爵禄官位收聚天下人才,德秀感慨地对刘爚说:"我们应该快快隐居去,让朝廷也知道世上还有不肯服从官吏的人。"于是极力请求离职,外放为秘阁修撰、江东转运副使。山东盗贼发生,朝廷还与金朝通聘问,德秀上朝辞职,说:"国耻不可以忘记,邻盗不可以轻视,侥幸之谋不可以依靠,阿谀奉承之言不可以听,最公正的言论不可以忽视。"宁宗说:"你的力量有限,到江东每天为我筹财聚粮,以便防边之用。"

江东闹旱灾、蝗灾,广德、太平最厉害,德秀就和留守、宪司分所部九郡大讲穷荒之状,而自己统领广德、太平。亲自到广德,和太守魏岘一块根据情况发放粮食,派教授林庠赈灾补给,事情完成以后才返回,百姓数千人送他们到郊外,指着路边一丛丛冢墓说:"这都是以前年岁饿死的,没有先生,我们这些人都跟着到这里去了。"追索并毁掉了太平州私创的大斛,新来的徽州太守林琰没有廉洁的名誉,宁国守张忠恕计划藏匿救济粮,都被弹劾,而用李道传代管徽州政务。以前,都司胡榘、薛拯总是讥笑德秀迂腐懦弱,用事情试验一定失败,到这时政事声誉一天天广,因此大肆说旱情本来很轻,监司喜欢名声,赈灾太过分,让魏岘弹劾林庠以动摇德秀,德秀上书自己表明,朝廷明白,让魏岘祭祠,授予庠干官,而道传不久也召还。

德秀以右文殿修撰名义出守泉州,外国船舶害怕苛刻的征税,来的人每年没有三四只,德秀首先放宽政策,来的人突然增加到三十六艘,送租时让民众自己装斗,打官司只告示姓名,当事人就自动来到州府。泉地多大家之人,是乡里的祸患,痛恨并绳法他们,有诉讼田土的,乃至焚烧了田土券而不敢抗争,海盗作乱,快要攻城,官军败逃,德秀祭奠战死的,于是亲自传授战略,捕获海盗。再全面搜索海滨,审察形势,增加要害防守,用来防备不测。

十二年,用集英殿修撰之名为隆兴府知府,赶上宽松之政之后,于是稍微管束严格。尤其留意于军政,想分鄂州军民驻守武昌,以及通达广盐到赣和南安,用来削平汀、赣的盐贼。没有实行,因为母亲丧故而归,第二年,蕲、黄失守,盗贼起于南安,征讨多年才平息,人们佩服德秀高见。

十五年,以宝谟阁侍制、湖南安抚使为潭州知州,用"廉仁公勤"四个字勉励官僚属从,用周敦颐、胡安国、朱熹、张栻之学术源流勉励官吏,废除官府专买酒品,解除斛面米,申请免除平价卖出,用来恢复民力,民众难于生活的,就尽力去救济他们,又建立惠民仓五万石,让每年出放。又换谷七万五千石,分别在十二县设立社仓,用来遍及每个乡村。再建立慈幼仓,立义阡、嘉惠之政都实施了,每月试验各军的射击,捐献他的四万之利以及官方的田租。凡是苦中生病,死而没有安葬的、怀孕的、结婚娶亲的,给予一定补给救济。朝廷听从寿昌朱橐之请,用飞虎军戍守寿昌,并且把家人安排在一起。极力谏争废止。江华县贼师进入境内烧杀抢劫,发檄广西一起讨伐征平。司马遵镇守武冈,激发军变,弹劾司马遵并杀了为乱的人。

理宗继位,召为中书舍人,不久升迁为礼部侍郎,直学士院。进入拜见,上奏说:"三纲五常,这是维持宇宙的主干,奠定民生安全的基石。晋代废除三纲而刘、石之变兴起,唐代废止三纲而安禄山之灾难发作。我朝建立国家,首先正名分。陛下不幸经历人伦变故,传流闻播四方、遭到损害不浅,雪川之变,不是济王的本意,以前有回避藏匿的踪迹,后来听说追讨捕捉的计谋,情状本末,明白可以考明。愿意讨论雍熙追封秦王放下罪过抚恤孤儿的故事,济王没有儿子后代,也希望陛下使其有传。"皇帝说:"朝廷对济王也尽意了。"德秀说:"假如说这事安排处置得很好,臣下不敢认为是这样的。观察舜所以处置象,那么陛下知道有这样的失当而要进一步讲修德政。"又说:"雪川之狱没有听说在朝廷公审,淮、蜀二将乃出于众论所期之外,天下的事不是一家的私事,为什么爱惜不和众人共享?"并且说:"乾道、淳熙年间,在位于朝廷的以送礼到门为耻辱,在外为官的为送礼人感到羞愧,现在贿赂公然施行,薰染成风俗,竟不感到奇怪。"

又上疏说:"朝廷之中,敏锐的人大多很老成,虽然曾经用元老宿艾襃傅伯成、杨简,以儒学名义襃扬柴中行,用淡泊隐退名义使用过赵蕃、刘宰;至于忠心正直敢于说话的像陈宓,徐侨,都没有得到录用。"皇上询问廉明的官吏,德秀用袁州知州赵菣夫相回答,亲自提拔赵菣夫为直秘阁司监,准备手札感谢。又说,崔与之守蜀,杨长儒守闽,都有廉洁之声,请求广加咨询寻访。

皇上开始到清署殿,德秀以经筵侍候皇上,进言说:"这是高、孝两祖保留神位休息的地方,抬头看着栋楹,就像二位祖宗实际登临其中。陛下所住的地方很近东朝,不敢就当人主之奉祀,现在宫阁的意义逐渐废除,因而一心而受到很多攻击,没有不因此而慢慢蚀坏的,只有学习可以明白这种用心,只有尊敬可以保存这种用心,只有亲近君子可以保持这种用心。"因此大力陈述古代守丧的法制以及先代帝王视理朝政的勤劳。

宁宗死后一周年纪念祭,下诏群臣穿纯白之服。德秀争论说:"自从汉文帝根据自己的感情变更古制以来,只有我孝宗正好守丧服三年,上朝衣冠帽都用大布,可惜当时不一起确定臣下守丧的礼节,这是千年无穷无尽的遗憾。孝宗去世,侍从罗点等议论,让群臣过了一个月之后,不要放下粗制丧服,只有朝廷集会议事代用黑带公服,时序仍然临慰,至二周年纪念时才去掉。侂胄干政,开始从一周年后穿吉服,并且带子不用金,鞓靴不用红,佩不用鱼,马鞍坐轿不用文饰,这对众臣又有什么伤损?对朝廷之义又有什么伤害?"议论于是放下。

德秀多次进呈忠直之言,皇上都虚心采纳,但弥远更加害怕他。于是计谋怎么动摇他,因害怕普遍舆论而没有发作。给事中王圣、盛章开始驳斥德秀所主持的济王追赠典礼,不久殿中御史莫泽弹劾他,于是以焕章阁待制提举玉隆宫,谏议大夫朱端常又弹劾他,失落职务免除祭祠,监察御史梁成大又弹劾他,请求加以放逐。"皇上说:"仲尼不做过分的事情。"于是才停止。

归官后,修《读书记》,告诉学生们说:"这是君王治国的方法道路,如果有使用我的,拿着这个去做。"汀地寇贼发生,德秀推荐陈耕有文武全才,常平使者史弥忠讲给朝廷,于是就起用陈耕讨伐平乱。绍定四年,改任职务参马祭祠。

五年,晋升为徽猷阁,为泉州知州,欢迎者堵塞了道路,深山老村中百岁老人也扶着拐杖出来,城中欢呼声震天动地。各个县邑二税曾经提前借到六七年以后,德秀来了以后,首先禁止提前借用,各县邑有几个月没有一点钱开销,郡县预算也空空的,做不了什么事,有的认为过错在于宽谅体恤太突然,德秀说人民这样贫困,宁可自身代替受苦。判断诉讼从卯至申时都不断,有的劝诫好好休养精神,德秀说郡中弊病没有力量施惠于民,只有政事公平、诉讼合理应当努力。建炎初年设南外宗政司于泉,公族只有三百人,漕司和本州供给他们,而朝廷每年辅助度牒,不久就不再供给,却增加到二千三百多人。郡里因此更加无法做事,德秀向朝廷请求,下诏供给度牒百道。

史弥远逝世,皇上亲自理政,以显谟阁待制为福州知州,禁戒他的部属不要随意用刑横征暴敛,不要徇私收贿,废除市令司,说:"物相同那么价相同,难道有公和私的差别吗?"闽县的里正苦于督赋,革除掉,所属县苦于粮食买卖太贵,根据情况发放平价粮赈济他们,海盗纵横,按次序拿捕消灭他们。没有多久,听到金朝灭亡,京、湖守帅献上露布画上八陵,而江、淮有进取潼关、黄河的议论,德秀感到担忧,上秘密奏章说:"迁移江、淮精兵去守住没有用途的空城,运送江、淮金币粮食去治理无法耕种的废地,富裕的结果无法等待,根本性的弊病却马上见到了,希望陛下慎重思考。"

召为户部尚书,进入拜见,皇上迎上去说:"先生离开国家十年,总是急切的思得贤才。"于是用《大学衍义》进上,再陈述祈天永命的学说,说:"尊敬是道德的相聚,仪狄的酒、南威的女色,优游射猎的快乐,禽兽狗马的喜好,有一件事在这上面,都能够危害尊敬之心。"皇上高兴地接纳,改任为翰林学士、制诰主管,对时事政策多有建议议论。第二年为贡举之管,不久得病,拜为参知政事,一起编修敕令,《经武要略》,三次请求去祠禄,皇上不得已,晋升为资政殿学士,提举万寿观兼侍读,辞职,病很重了,仍穿着朝服、帽子起身安坐,等到事情完了,仍然精神不乱遗下书信,皇帝知道了很震惊,中止处理朝政,追赠银青光禄大夫。

德秀身材修长颈头宽广,容貌洁白,看见的人没有不认为是相公辅佐之才。处朝没满十年,上奏的章疏不止十万字,都切中当时世务,正直的声誉震惊了朝廷。四方的人读他的文章,想见到他的风采。等到宦游所至,政治开明,深入实际,无愧于他自己之言,因此中外更加显著。都城里的人当时惊讶地相传,都拥着出关说:"真直院到了。"果然来到,却又去填塞聚观不处理,当时宰相因此很忌恨他,往往屏退不用,但声誉更加显要。等回朝,正赶上郑清之迎敌,兵士民众死去的数十万,朝廷民间大为消耗,仍然是世道升降治乱的关键,而德秀已经衰老了。杜范正攻击郑清之误国,并说他贪心渎职比以前更为严重,而德秀上奏说:"这都是以前权臣玩火失职的罪责,现在处事的人,就象和、扁在庸医之后看病,一次用药失误,代替庸医受责。"他的议论与杜范如此不相同,然而自从韩侂胄立伪学这个名目来禁锢好人,凡是近代大儒的书,都明显禁止弃绝。德秀出现较晚,独独以斯文自任,讲诵研习并亲自实行,党禁一开,于是正学就大明于天下后世,他的功劳很大了。

所写下的《西山甲乙稿》《对越甲乙集》《经筵讲义》《端平庙议》《翰林词章四六》《献忠集》《江东救荒录》《清源杂志》《星沙集志》。逝世后,皇上思念不止,谥称文忠。

魏了翁传

【题解】

魏了翁(1178~1237)字华父,邛州蒲江(今属四川人)、庆历五年进士,历知汉放、眉州、泸州,在蜀十七年,宰相史弥远去世,与真德秀一道召入朝廷,充礼部尚书兼直学士院,兼同修国史兼侍读,不久迁吏部尚书,官至金书枢密院事,资政殿大学士。学者称为鹤山先生。著有《九经要义》《鹤山先生大全文集》。

在思想史上,"从来西山(真德秀)、鹤山并称,如鸟之双翼,车之两花,不独举也。"(《宋元学案》卷八一)他主张"正心""养性",力斥时弊、崇尚正统,上接濂洛一派,有开正道,在确立理学正统方面,世居其功。

【原文】

魏了翁字华父,邛州浦江人。年数岁从诸兄入学,俨如成人。少长,英悟绝出,日诵千余言,过目不再览,乡里称为神童。年十五,著韩愈论,抑扬顿挫,有作者风。

庆元五年,登进士第。时方讳言道学,了翁策及之。授金书剑南西川节度判官厅公事,尽心职业。嘉泰二年,召为国子正。明年,改武学博士。开禧元年,召试学士院。韩侂胄用事,谋开边以自固,遍国中忧骇而不敢言。了翁乃言:"国家纪纲不立,国是不定,风俗苟偷,边备废发,财用凋耗,人才衰弱,而道路籍籍,皆谓将有北伐之举,人情惴惴,忧疑错出。金地广势强,未可卒图,求其在我,未见可以胜人之实。盖亦急于内修,姑谊外攘。不然,举天下而试于一掷,宗社存亡系焉,不可忽也。"策出,众大惊。改秘书省正字。御史徐柟即劾了翁对策狂妄,独侂胄持不可而止。

明年,迁校书郎,以亲老乞补外,乃知嘉定府。行次江陵,蜀大将吴曦以四川叛,了翁策其必败。又明年曦诛,蜀平,了翁奉亲还里。侂胄亦以误国诛。朝廷收召诸贤,了翁预焉。会史弥远入相专国事,了翁察其所为,力辞召命。丁生父忧,解官心丧,筑室白鹤山下,以所闻于辅广、李燔者开门授徒,士争负笈从之。由是蜀人尽知义理之学。

差知汉州。汉号为繁剧,了翁以化善俗为治。首蠲积逋二十余万,除科抑卖酒之弊,

严户婚交讦之禁;复为文谕以厚伦止讼,其民敬奉条教不敢犯。会境内桥坏,民有压死者,部使者以闻,诏降官一秩,主管建宁府武夷山冲佑观。未数月,复元官知眉州。眉虽为文物之邦,然其俗习法令,持吏部长,故号难治。闻了翁至,争试以事。乃尊礼耆老,简拔俊秀,朔望诣学官,亲为讲说,诱掖指授,行乡饮酒礼以示教化,增贡士员以振文风。复墓颐堰,筑江乡馆,利民之事,知无不为。士论大服,俗为之变,治行彰闻。

嘉定四年,擢潼川路提点刑狱公事。八年,兼提举常平等事,迁转运判官。戢吏奸,询民瘼,举刺不避权右,风采肃然。上疏乞与周敦颐、张载、程颐锡爵定谥,示学者趣向,朝论韪之,如其请。遂宁阙守,了翁行郡事。即具奏乞修城郭备不虞,延议靳其费,了翁增埤浚隍,如待敌至者。后一年,溃卒攻掠郡县,知其有备不敢逞,人始服豫防之意。十年,迁直秘阁,知泸州,主管潼川路安抚司公事。丁母忧,免丧,差知潼川府。约己裕民,厥绩大著。若游侣、吴泳、牟子才,皆蜀名士,造门受业。

十五年,被召入对,疏二千余言。首论人与天地一本,必与天地相似而后可以无旷天位,并及人才、风俗五事,明白切畅。又论郡邑强干弱枝之弊,所宜变通。盖自了翁去国十有七年矣,至是上迎劳优渥,嘉纳其言,进兵部郎中,俄改司封郎中兼国史院编修官。转对,论江、淮、襄、蜀当分为四重镇,择人以任,虚心以听,假之事权,资以才用,为联络守御之计。次论蜀边垦田及实录阙文等事,皆下其章中书。十六年,为省试参详官,迁太常少卿兼侍立修注官。

十七年,迁秘书监,寻以起居舍人,再辞而后就列。入奏,极言事变倚伏、人心向背、疆场安危、邻寇动静,其几有五,谓:"宜察时几而共天命,尊道揆而严法守,集思广益,汲汲图之,不犹愈于坐观事会,而听其势之所趋乎?"又论士大夫风俗之弊,谓:"君臣上下同心一德,而后平居有所补益,缓急有所倚仗。如人自为谋,则天下之患有不可终穷者。今则面从而腹诽,习谀而踦陋,臣实惧焉。盍亦察人心之邪正,推世变之倚伏,开拓规模,收拾人物,庶几临事无乏人之叹。"其言剀切,无所忌避,而时相始不乐矣。

宁宗崩,理宗自宗室入即位,时事忽异,了翁积忧成疾,三疏求闲不得请,迁起居郎。明年,改元宝庆,雷发非时,上有"朕心终夕不安"之语。了翁入对,即论:"人主之心义理所安,是之谓天,非此心之外别有所谓天地神明也。陛下盍即不安而求之,对天地,事太母,见群臣,亲讲读,皆随事反求,则大本立而无事不可为矣。"又论:"讲学不明,风俗浮浅,立朝无犯颜敢谏之忠,临难无仗节死义之勇。愿敷求硕儒,丕阐正学,图为久安长治之计。"又请申命大臣,于除授之际,公听并观,然后实意所孚,善类皆出矣。

属济王黜削以死,有司顾望,治葬弗虔。了翁每见上,请厚伦纪,以弭人言。应诏言事者十余人,朝士惟了翁与洪咨夔、胡梦昱、张忠恕所言能引义剀上,最为切至。而了翁亦以疾求去。右正言李知孝劾梦昱窜岭南,了翁出关饯别,遂指了翁首倡异论,将击之,弥远犹外示优容。俄权尚书工部侍郎,了翁力以疾辞,乃以集英殿修撰知常德府。越二日,谏议大夫朱端常逐劾了翁欺世盗名,了翁正色不挠,未曾私谒。故三年之间,循格序迁,未尝处以要地。了翁至靖、湖、湘、江、浙之士,不远千里负书从学。乃著《九经要义》百卷,订定精密,先儒所未有。

绍定四年复职，主管建宁府武夷山冲佑观。五年，改差提举江州太平兴国宫，寻知遂宁府，辞不拜。进宝章阁待制、潼川路安抚使、知泸州。泸大藩，控制边面二千里，而武备不修，城郭不治，了翁乃奏葺其城楼橹雉堞，增置器械，教习牌手，申严军律，兴学校，蠲宿负，复社仓，创义塚，建养济院。居数月，百废具举。弥远薨，上亲庶政，进华文阁待制，赐金带，因其任。

了翁念国家权臣相继，内擅国柄，外变风俗，纲常沦致，法度坠弛，贪浊在位，举事弊蠹，不可涤濯。遂应诏上章论十弊，乞复旧典以彰新化：一曰复三省之典以重六卿，二曰复二府之典以集众议，三曰复都堂之典以重省府，四曰复侍从之典以来忠告，五曰复经筵之典以熙圣学，六曰复台谏之典以公黜陟，七曰复制诰之典以谨命令，八曰复听言之典以通下情，九曰复三衙之典以疆主威，十曰复制阃之典黜私意。疏列万言，先引做实，次陈时弊，分别利害，粲若白黑。上读之感动，即于经筵举之成诵。其后，旧典皆复其初。

臣庶封章多乞召还了翁及真德秀，上因民望而并招之，用了翁权礼部尚书兼直学士院。入对，首乞明君小人之辨，以为进退人物之本，以杜奸邪窥伺之端。次论故相十失犹存，又及修身、齐家、选宗贤、建内小学等，皆切于上躬者，他如和议不可信，北军不可保，军实财用不可恃，凡十余端。复口奏利害，昼漏下四十刻而退。兼同修国史兼侍读，俄兼吏部尚书。经帏进读，上必改容以听，询察政事，访求人才。复条十事以献，皆苦心空臆，直述事情，言人所难。上悉嘉纳，且手诏奖谕。又奏乞收还保全弥远家御笔，乞定赵汝愚配享宁庙，乞趣崔与之参预政事，乞定履亩之令以宽民力，乞诏从臣集议以救楮弊，乞储阃才以备缓急。又因进故事：如储人才、凝国论，如力图自治之策，如下罪己之诏，如分别襄、黄二帅是非，如究见黄陂叛卒利害，如分任诸帅区处降附。

还朝六阅月，前后二十余奏，皆当时急务。上将引以共政，而忌者相与合谋排摈，而不能安于朝矣。执政遂谓近臣惟了翁知兵体国，乃以端明殿学士、同金书枢密院事督视京湖军马。会江、淮督府会曾从龙以忧畏卒，并以江、淮付了翁。朝论大骇，以为不可，三学亦上书争之。适边警沓至，上心焦劳，了翁嫌于避事，既五辞弗获，遂受命开府，宣押同二府奏事，上勉劳尤至。寻兼提举编修《武经要略》，恩数同执政，进封临邛郡开国侯，又赐便宜诏书如张浚故事。朝辞，面赐御书唐人严武诗及鹤山书院四大字，仍赐金带鞍马，诏宰臣饮饯于关外。乃酌上下流之中，开幕府江州，申儆将帅，调遣援师，褒死事之臣，黜退懦之将，奏边防十事。甫二旬，召为金书枢密院事，赴阙奏事，时以疾力辞不拜。盖在朝诸人始谋假此命以出了翁，既出则复以建督为非，虽恩礼赫奕，而督府奏陈动相牵制，故遽召还，前后皆非上意也。

寻改资政殿学士、湖南安抚使、知潭州，复力辞，诏提举临安府洞霄宫。未几，改知绍兴府、浙东安抚使。嘉熙元年，改知福州、福建安抚使。累章乞骸骨，诏不允。疾革，复上疏，门人问疾者，犹衣冠相与酬答，且曰："吾平生处己，澹然无营。"复语蜀兵乱事，蹙额久之，口授遗奏，少焉拱手而逝。后十日，诏以资政殿大学士、通奉大夫致仕。

遗表闻，上震悼，辍视朝，叹惜有用才不尽之恨。诏赠太师，谥文靖，赐第宅苏州，累赠秦国公。

所著有《鹤山集》《九经要义》《周易集义》《易举隅》《周礼井田图说》《古今考》《经史杂抄》《师友雅言》。

【译文】

魏了翁，字华父，邛州蒲江人，年仅数几岁就跟从几位兄弟学习，很像大人的样子。稍为长大，英杰特悟，非常突出，每天背诵一千多字，过目不用再看，乡里人称为神童，十五岁写下了《韩愈论》，抑扬挫，有作家风格。

庆元五年，中了进士，当时避讳讲道学，了翁试第提及，授予金书剑南西川节度判官厅公事，对公事尽心尽责。嘉泰二年，召为国子主管，第二年，改为武学博士。开禧元年，召试学士院。韩侂胄主持政务，计划开发边疆用来自我稳固，考虑到国家多忧患而不敢说。了翁于是说："国家纪纲没有建立，国家政策没有确定、风俗苟且偷安，边防废除松弛，财产物用凋谢省耗，人才衰弱，但是道路上窃窃私语，而都说快要有北伐之事了，人情狒狒，担忧怀疑不断产生。金国土地广阔力量强大，不能突然成功，反过来寻求自我，没有看到可以战胜别人的法宝，为什么不赶快自己内部修炼，姑且逃出外患。不然的话，全天下去一试，都关系着宗庙社稷的存亡，不应该忽略啊！"对策一出台，大家很惊讶。改任为秘书省正字。御史徐柟立即弹劾了翁对策狂妄，独韩侂胄坚持认为不应该而停止。

第二年，迁校书郎，因双亲年老而请求外补，于是为嘉定府知府。走到江陵，蜀大将吴曦在四川反叛，了翁认为他一定失败，第二年吴曦被诛灭，蜀平定，了翁奉持亲人回到故里。侂胄也因为误国而诛杀了。朝廷收罗人才贤士，了翁在其中。赶上史弥远为相主持国事，了翁看到他的作为，极力辞职，赶上生父丧故去官守丧，在白鹤山建房，用所听说的在辅广、李燔等地开门教授学生，人们争着去学习，从此蜀人都知道义理之学。

补差为汉州主管，汉州号称为繁杂地方，了翁用变善作为治理的办法，首先免除了积累的二十多万逃债，省除控制卖酒专利的弊端，严禁家户婚姻互相攻击，又再发文告晓谕民众要讲求人伦来停止斗讼，人民尊敬信奉没有再敢进犯。赶上境内桥坏了，百姓有压死的，管理者把此事告诉了朝廷，下诏降官一级，主管建宁府武夷山冲佑观。没有几个月，恢复原来的官为眉州的主管，眉州虽然是文物之邦，但哪里的习俗法令，依持官吏的好坏，所以也很难治理。听说了翁来了，争着去试办事情，于是尊敬礼全长老，选择英俊年轻之人，每月初一、十五到学校，亲自进行讲论，劝诱奖掖后学实行乡饮酒礼以示教化，增加贡士人数用来振兴文风，恢复墓颐堰，建造江乡馆，有利于人们的事情，只要知道没有不做的，士人的议论大为佩服，世俗为之一变，治事之行显得于天下。

嘉定四年，提升为潼州路提点刑狱公事，八年，兼任提举常平等事，迁运转判官。收捕奸吏，访问民情，举荐降职不回避权臣，风采严明，上书请与周敦颐、张载、程颢、程颐封爵定谥号，指示学者的趋向，朝论议论赞成他，同意了他的请求。遂宁没有守备，了翁巡行郡中之事，就上书请求修葺城池以备不虞之需，朝廷议事减少他所提费用，了翁于是增高城墙，疏通护城河，如同敌人将至一样。后一年，溃败的敌人攻城掠县，知道他有所准备而不敢放肆，人们才开始叹服他预防的想法。十年，迁直秘阁，为泸州知州，主管潼川路安抚司公事。母亲去世服丧，除丧后，任潼州川府知府，约束自己富裕百姓，功绩大为显著，象游侣、吴泳、牟子才，都是蜀中名士，来到他的门下学习。

十五年，被应召入对，上疏两千多言，首先论述人和天地是一个根本，一定要和天地相似而后可以不会使天空旷，兼论及人才、风俗五件事情，明白切实畅达，又论述郡邑强干弱枝的弊病，应该有所变通。大概自了翁离开朝廷十七年后，到这时皇上亲自慰劳体恤，赞叹接受他的话，晋升为兵部郎中，不久，改司封郎中兼国史院编修官。转换入对，论述江、淮、荆、蜀应当分为四个重镇，选择人员任用，虚心地接受，授予他权力，依靠他的才干，作为联络守备的计策。再论述蜀地边疆开垦以及实灵缺文等事，都把他的奏章下至中书。十六年，做省试参详官，升迁为太常少卿兼侍立修注官。

十七年，迁秘书监，不久以起居舍人，再次推辞而后赴任。入朝上奏，尽力讲事变的隐患，人心的背离，边疆的安危，邻国敌人的动静，大概机会有五类。说："应该根据时机而共享天命，尊重道德而严守法度，集思广益，急急地考虑，不比坐着观看事情发展要好处多吗？却去听任事情的发展？"又论述士大夫风俗的弊病，说："君臣上下同心一德，然后一起才有所补益，危急才有所依靠，如果各人自己考虑自己，那么天下忧患就无穷无尽了。现在是脸上听从而肚子里非议，学习阿谀而顺从陋误，我实在感到害怕，为什么不考察人心的邪和正，推断世界变化的情状，开拓规模，收聚人物，这样差不多碰到事情不会有缺人的感叹了。"他所说的干脆，没有什么避讳，但是当时的宰相感到不快了。

宁宗去世，理宗从宗室进入即帝位，时事忽然变化，了翁积忧成疾，三次上书请求休闲而没有获准，升为起居郎。第二年，改元宝庆、打雷不按季节，皇上有"我心中从早到晚不安"的话，了翁进入对答，就论述说："人主的心义理所安，因此叫作天，不是这个心之外另有所谓天地神明。陛下何不从不安中寻求。尊对天地，侍奉太母，用引见群臣，亲临讲读，都跟事情反过来寻求，那么大本立确就没有什么事情不可以做了。"又论述说："讲初学不明白，风俗浮浅，立于朝廷没有冒死敢谏的忠心，临难没有仗节死义的勇气。但愿广求大儒，大力阐明正学，考虑长治久安的计策。"又请求申明命令大臣，在除职授官之时，公开观看，然后实在之意才相信，真正好人才会都出现了。

赶上济王的被废黜而死，管理者观望，治理丧事不虔诚。了翁每次见到皇上，请求敦厚人伦，用来弥合别人的言论。响应诏书讲此事的十多人，朝廷官员只有了翁和洪咨夔、胡梦昱、张忠恕所讲的能引述旧义说服皇上，最为贴切。而了翁也因为疾病而请求离职，右正言李知孝弹劾梦昱流窜岭南，了翁出关送别，就指责了翁首先提倡不同的言论，将排斥他，弥远仍然外表上显得很宽容。不久代替尚书工部侍郎，了翁极力借口疾病辞谢，于是用集英殿修撰为常德府知府，第二天，谏议大夫朱端常就弹劾了翁欺世盗名，朋党为邪、诽谤国家，下诏降职之官，到靖州居住。开始，了翁再次入朝，弥远想依靠他来自我帮助，了翁正色不屈，从没有私自拜访过。所以三年之中，按规矩一步一步地升官，从没有处在要位上。了翁到靖州，湖南、湘、江、浙的贤士，不远千里背着书囊求学。于是著《九经要义》一百卷，订正审定精密，先代儒生所没有过。

绍定四年恢复职务，主管建宁府武夷山冲佑观。五年，改任为江州太平兴国宫提举，不知为遂宁府知府,辞官不赴任。晋封为宝章阁待制、潼川路安抚使、泸州知州。泸州是一个大的边郡、控制着边疆线两千里,但是武装修备不够,城墙楼阁不修。了翁于是上奏修葺城楼女墙及箭垛,增加置办器械,教授训练牌手,申明严肃军事法律,兴建学校,免除以前债务,恢复仓库,创立义冢,建立养老救济院。过了几个月,百废都重新恢复了。弥远去世,皇上亲理政务,进他为华文阁待制,赐给金带,恢复他的职务。

了翁考虑到国家权臣一个接着一个,在内擅持国家权柄,对外变易风俗,伦理纲常变坏,法律制度废弃破坏,贪污者在官位,办事者是弊端,不能洗涤干净。于是应诏上章论述十大弊病,请求恢复旧典用来表彰新的教化:一是恢复三省的典制用来敬重六卿;二是恢复二府的典制来集合大家的议论,三是恢复都堂典制来重视省府,四是恢复侍从典制以招徕忠告,五是恢复经筵的典制用来推行圣学,六是恢复台谏之制来公开表明官位的升降,七是恢复制诰的命令用来严肃诏令,八是恢复听从别人之言的制度用来通达下情,九是恢复三衙之制用来加强皇上之威,十是恢复有关内宫的制度来减省私心。上疏达万字,首先引用典故,再次陈述时代弊病,分别利害,明白得像白和黑一样。皇上读了很感动,于是推荐给经学讲坛上朗诵。从此以后,旧有典制都恢复到原来的样子。

大臣庶民密奏都请求召回了翁及真德秀,皇上根据人民的愿望都一块召回,使用魏了翁代替理礼部尚书兼直学士院。进宫对答,首先请明白小人君子的区别,又讲及修身、整齐家道、选择宗族贤士、建立小学等建议,都切合于皇上之意。其他象和议不可相信、北军不可保、军事物质及财产不可以依靠,总共十多件事,再重新口头上奏利害,昼漏四十刻才退下来,兼任同修国史兼侍读,不久兼吏部尚书。在皇宫中讲经说义,皇上一定端正态度去听讲,咨询考察政事,寻访人才。又条举十件事献上,都是苦心设计,直述事情,讲人所难讲,皇上都赞扬接纳,并且亲手下诏奖谕。又上奏请求收还并保全史弥远家的御笔,请求确定赵汝愚配享宁庙,请求催促崔与之参与政事,请求界定田土的命令用来放宽民众的力量,请求下诏听从臣子一块议论用来拯救失弊,请求在内收罗人才用来应付危急。还根据情况进呈故事:象究明黄陂叛军的利害,象分别任用众帅等级及投降依附等事。

回到朝廷过了六个月,前前后后上奏二十多次,都是当时的紧急时务,皇上想要引用一块议政,而忌恨的人共同合谋排挤,因此不能安身于朝廷了。执政者就说亲近之臣中只有魏了翁懂得用兵治国,于是用端明殿学士,同金书枢密院事督管京湖的军队人马,赶上江、淮督府曾从龙因为害怕忧郁而去世,都把江淮交给了魏了翁,朝廷议论大为震惊,认为不可,三学也上书争论。正赶上边防警情不断传来,皇上心里担忧,了翁嫌避回事,既然五次辞职没有同意,于是受命升府,宣押同二府奏事,皇上特别加以勤劳勉励。不久兼任提举编修《武要略》,恩侍同执政一样,进封临邛郡开国侯,又赏赐随便下诏上书象张浚的事例一样。朝拜辞谢,当面赐御书唐人严武侍和鹤山书院四个大字,仍赐给金带和鞍马,下诏宰臣饮酒在关外,于是酌杯上下流之中,开江州幕府,向将帅申明尊卑警戒,调遣派援军队,奖励为战事而死的臣属,斥退懦弱的将领,上奏边防事十件。刚二十天,召为金书枢密院事,到朝廷上奏事情,当时因为生病坚决不拜。大概在朝廷的众人开始计谋借此事把了翁赶出朝廷,既放出朝廷却又认为建督错了,虽然皇恩礼敬很大,但督府上奏陈情动辄相牵制,所以马上召回,前前后后都不是皇上之意。

不久改为资政殿学士,湖南安抚使、潭州知州,又极力推辞,下诏提举临安府洞霄宫,没有多久,改绍兴知府、浙东安抚使。嘉熙元年,改为福州知府,福建安抚使。多次上章请求退休,下诏不允许。疾病很严重,再次上书,学生弟子询问疾病的,仍然衣冠整齐和他们一起应酬对答,并且说:"我平生处世,淡泊没有什么经营。"再讲西蜀中兵乱之事,皱着眉头很久,口头授传上奏遗书,不久拱手去世。以后十天,下诏以资政殿大学士、通奉大夫退休。

皇上见了遗书,很震惊,中止了朝事,感叹有用才不尽的遗憾。下诏赠为太师,谥称文靖,赏赐房屋住宅在苏州,多次封赠为秦国公。

所著有《鹤山集》《九经要义》《周易集义》《易举隅》《周礼井田图说》《古今考》《经史杂抄》《师友雅言》。

徐梦莘传

【题解】

徐梦莘(1126～1207),字商老,临江(今江西清江县)人。历任湘阴知县、宾州知州。"因伤时感事,忠愤所激",专收徽宗、钦宗、高宗三朝与金朝关系的有关记载,编成《三朝北盟会编》二百五十卷。此书编辑了上起徽宗政和七年七月宋与金海上通好之日,下讫高宗绍兴三十二年完颜亮侵淮败亡之时,前后三朝四十五年间宋金战和的史事。它取材十分广泛,主要有各家有关靖康事件的专录、政府公文和臣僚奏疏、有关重要人物的传记、行状、碑志等等,都有一定的参考价值。除此之外,徐梦莘也注意引用专记辽、金情况的专书,如《辽亡录》《金虏图经》等。总计引书一百三十八种,是一部丰富的史料汇编,提供了研究宋、辽、金之间各方面关系以及有关金人制度、风俗的资料,对研究宋、辽、金历史都具有重要价值。

【原文】

徐梦莘字商老,临江人。幼慧,耽嗜经史,下至稗官小说,寓目成诵。绍兴二十四年举进士。历官为南安军教授。改知湘阴县。会湖南帅括田,号增耕税,他邑奉令惟谨。梦莘独谓邑无新田,租税无从出。帅恚其私于民,欲从簿书间捃摭其过,终莫能得,由是反器重之。

寻主管广西转运司文字。时朝廷议易二广盐法,遣广西安抚司干官胡廷直与东西漕臣集议于境。梦莘从行,谓:"广西阻山,止当仍官般法,则害不及民;广东诸郡并江,或可容客贩,未宜遽以二广概行。"议与廷直不合。廷直竟遂其说,以客贩变法得为转运使。

梦梓既知宾州,犹以前议为梗法,罢去。不三年,二广商贾毁业,民苦无盐,复从官般法矣。

梦莘恬于荣进,每念生于靖康之乱,四岁而江西阻讧,母襁负亡去,得免。思究见颠末,乃网罗旧闻,会粹同异,为《三朝北盟会编》二百五十卷,自政和七年海上之盟,讫绍兴三十一年完颜亮之毙,上下四十五年,凡曰敕、曰制、诰、诏、国书、书疏、奏议、记序、碑志,登载靡遗。帝闻而嘉之,擢直秘阁。

梦莘平生多所著,有《集补》,有《会录》,有《读书记志》,有《集医录》,有《集仙录》,皆以"儒荣"冠之。其嗜学博文,盖孜孜焉死而后已者。开禧元年秋八月,卒,年八十二。梦莘弟得之,从子天麟。

得之字思叔,淳熙十年举进士。部使者以廉吏荐,以通直郎致仕。安贫乐分,不贪不躁。著《左氏国纪》《史记年纪》,作《具敝箧笔略》《鼓吹词》《郴江志》。

天麟字仲祥,开禧元年进士。调抚州教授,历湖广总领所干办公事、临安府教授、浙西提举常平司干官、主管礼兵部架阁、宗学谕、武学博士。轮对,言人主当持心以敬。奉祠仙都观,通判惠、潭二州,权英德府,权发遣广西转运判官。所至兴学明教,有惠政。

著《西汉会要》七十卷、《东汉会要》四十卷、《汉兵本末》一卷、《西汉地理疏》六卷、《山经》三十卷。既谢官,作亭萧滩之上,画严子陵像而事之。

【译文】

徐梦莘,字商老,临江人。小时候就很聪慧,特别嗜好经史,下到野史小说,都过目成诵。绍兴二十四年举为进士。历官为南安军教授。后改任湘阴县知县。恰逢湖南帅检括土田,命令增加耕田赋税,别的邑县对帅臣的命令很恭谨。只有徐梦莘说他的县没有新的耕田,租税无从出起。帅臣怨恨他对百姓徇私,想从账簿中搜寻到徐梦莘的过失,终究也没有得到,因此反倒器重他。

不久,主管广西转运司文件。当时朝廷议论改变二广的盐法,派广西安抚司干官胡廷直在境内和东西漕臣集议此事。徐梦莘随从前往,说:"广西有山阻隔,只应继续沿用官般法,才不致伤害到百姓;广东诸郡靠江,或许可以容纳客贩,不宜仓促地在二广一律施行。"他的议论和胡廷直的主张不合。胡廷直竟然顺从徐梦莘关于客贩的说法,以客贩为主要内容变法而得任转运使。徐梦莘既已担任宾州知州,还以先前的议论抵制新盐法,罢官而去。不到三年,二广的商贾破产,百姓苦于无盐,又按官般法施行。

徐梦莘安于加官晋爵,每每想到自己出生在靖康之乱的时候,而四岁时江西阻难争乱,母亲用襁褓背着他逃走,才得以免祸。想深入了解靖康事件的始末,就网罗佚闻旧事,荟萃异同,编成《三朝北盟会编》二百五十卷,记载从政和七年海上之盟始,到绍兴三十一年完颜亮死止,上下四十五年,凡是敕、为制、诰、诏、国书、书疏、奏议、记序、碑志。都记载无遗漏。皇帝听说此书编成,称赞他,升任直秘阁。

徐梦莘平生著作颇丰,有《集补》,有《会录》,有《读书记志》,有《集医录》,有《集仙录》,这些书的书名前都冠有"儒荣"二字。徐梦莘好学博文,孜孜不倦,死而后已。开禧元年秋季八月，去世，享年八十二。徐梦莘的弟弟徐得之，侄子徐天麟。

徐得之，字思叔，淳熙十年举为进士。部使者以廉吏推荐他，以通直郎退休。徐得之安居贫贱乐守名分，不贪婪不急进取。著有《左氏国纪》《史记年纪》，作有《具敝箧笔略》《鼓吹词》《郴江志》。

徐天麟，字仲祥，开禧元年中进士。调任抚州教授，历任湖广总领所干办公事，临安府教授、浙西提举常平司干官、主管礼兵部架阁、宗学谕、武学博士。轮他上殿面奏时政时，说人主应持以敬心。后奉祠仙都观，通判惠、潭二州，代理英德府，代发遣广西转运判官。他所到之处兴举学政，彰明教化，有惠民的政绩。

徐天麟著有《西汉会要》七十卷、《东汉会要》四十卷、《汉兵本末》一卷、《西汉地理疏》六卷、《山经》三十卷。谢任官职后，在萧滩上筑亭，画严子陵像而侍奉他。

李心传传

【题解】

李心传（1164~1234），字微之，井研（今四川井研县）人。参加乡试落第后，不再应试，一心著述，后经推荐为史馆校勘，后官至工部侍郎。李心传，一生史著颇多，保存至今者，尚有《建炎以来系年要录》二百卷、《建炎以来朝野杂记》四十卷、《旧闻证误》四卷、《道命录》十卷。《建炎以来系年要录》记载高宗建炎元年至绍兴三十二年间三十六年的史事，是继李焘《续资治通鉴长编》而作。《要录》是编年体史书，以年、月、日为经，以事迹为纬，在同一时间内，诸事罗列并陈，一目了然。《要录》多用高宗朝的国史、日历，兼取私家著作，又加以认真考订，使此书有很高的史料价值。《建炎以来朝野杂记》取南渡以来事迹，分门编类记载南宋前期的典章制度，也兼涉部分北宋的典章制度，可与《要录》互为经纬，都是研究宋史的重要典籍。《旧闻证误》是将宋朝一代史事随得、随录、随考，辑录成卷的。此书内容广泛，考订精审。《道命录》是李心传用编年体体裁，记录程颐、朱熹等道学家的事迹始末，是研究宋代道学状况的宝贵资料。李心传多用编年体撰写当代史，涉及当代史的方方面面，如在《要录》中有每年的各路、州、户口、人口数的记载，《杂记》记载乾道年间内外大军的总人数，并推算出养兵所需开支等等。其选择运用的史料，都经过缜密的考订，有相当的可靠性，表现出他严谨的治史态度。

【原文】

李心传字微之，宗正寺簿舜臣之子也。庆元元年荐于乡，既下第，绝意不复应举，闭户著书。晚因崔与之、许奕、魏了翁等合前后二十三人之荐，自制置司敦遣至阙下。为史馆校勘，赐进士出身，专修《中兴四朝帝纪》。甫成其三，因言者罢，添差通判成都府。寻迁著作佐郎，兼四川制置司参议官。诏无入议幕，许辟官置局，踵修《十三朝会要》。端平三年成书。召赴阙，为工部侍郎，言：

臣闻"大兵之后，必有凶年"。盖其杀戮之多，赋敛之重，使斯民怨怒之气，上干阴阳之和，至于此极也。陛下所宜与诸大臣扫除乱政，与民更始，以为消恶运、迎善祥之计。而法弊未尝更张，民劳不加振德，既无能改于其旧，而殆有甚焉。故帝德未至于罔愆，朝纲或苦于多紊，廉平之吏，所在鲜见，而贪利无耻，敢于为恶之人，挟敌兴兵，四面而起，以求逞其所欲。如此而望五福来备，百谷用成，是缘木而求鱼也。

臣考致旱之由：曰和籴增多而民怨，曰流散无所归而民怨，曰检税不尽实而民怨，曰籍赀不以罪而民怨。凡此皆起于大兵之后，而势未有以消之，故愈积而愈极也。成汤圣主也，而桑林之祷，犹以六事自责。陛下愿治，七年于此，灾祥饥馑，史不绝书，其故何哉？朝令夕改，靡有常规，则政不节矣；行赍送，略无罢日，则使民疾矣；陪都园庙，工作甚殷，则土木营矣；潜邸女冠，声焰兹炽，则女谒盛矣；珍玩之献，罕闻却绝，则包苴行矣；鲠切之言，类多厌弃，则谀夫昌矣。此六事者一或有焉，犹足以致旱。愿亟降罪己之诏，修六事以回天心。群臣之中有献聚敛剽窃之论以求进者，必重黜之，俾不得以上诬圣德，则旱虽烈，犹可弭也。然民怨于内，敌逼于外，事穷势迫，何所不至！陛下虽谋臣如云，猛将如雨，亦不知所以为策矣。

帝从之。未几，复以言去，奉祠居潮州。淳祐元年罢祠，复予，又罢。三年，致仕。卒，年七十有八。

心传有史才，通故实，然其作《吴猎》《项安世传》褒贬有愧秉笔之旨。盖其志常重川蜀，而薄东南之士云。所著成书，有《高宗系年录》二百卷、《学易编》五卷、《诵诗训》五卷、《春秋考》十三卷、《礼辨》二十三卷、《读史考》十二卷、《旧闻证误》十五卷、《朝野杂记》四十卷、《道命录》五卷、《西陲泰定录》九十卷、《辨南迁录》一卷、诗文一百卷。

【译文】

李心传，字微之，宗正寺簿李舜臣的儿子。庆元元年参加乡试，落第以后，绝意不再应举，闭门著书。后来因为崔与之、许奕、魏了翁等共前后二十三人的荐举，由制置司催促派遣到朝廷。作史馆校勘，赐进士出身，专门修撰《中兴四朝帝纪》，才完成其中三纪，因有人议论停罢，加派为通判成都府。不久改任著作佐郎，兼四川制置司参议官。朝廷下诏让他不要做参议官，允许征召官吏开设史局，继修《十三朝会要》。端平三月，编撰成书。朝廷召李心传前往朝廷，任工部侍郎，他说：

臣听说："大战之后，一定有荒年。"大概战争杀戮太多，赋敛太重，使这些百姓的怨恨愤怒的气息，向上干犯阴阳的协和，以至于如此厉害。陛下所应当做的就是和各位大臣荡除乱政，与百姓重新开始，以此作为消除厄运、迎接吉祥的计谋。然而法制的弊端尚未重新改过，百姓劳苦而不给予赈济的恩德，既然不能改变那旧况，而且几乎有所加重。所以帝德还未达到能无过失的程度，朝纲或许苦于繁多紊乱，廉洁平实的官吏，但在现有官吏中罕见，而牟利无耻敢于作恶的人，倚仗敌人举兵由四方而起，以此寻求他的私欲得逞。如此情况而希望五福降临齐备，百谷因此成熟，这是缘木而求鱼。

臣考察导致大旱的根由，一是和籴增加百姓怨恨，一是流离失所无归宿百姓怨恨，一是考查税赋不完全属实百姓怨恨，一是不因罪也籍没财物百姓怨恨。凡此四项都起于大战之后，而又没用权力消灭这些弊端，所以愈积累愈严重了。成汤是圣明的君主，而在桑林祈神降福时，还以六件事自责。陛下希望政治清明天下安定，但七年以来，祸福饥馑，史书不绝记载，那是为什么呢？早上颁布的法令晚上就改了，没有通常的规范，这样政事就不节制；行者自带行装居者送与财物，民力没有停歇的日子，这样就使百姓憎恶；陪都园囿庙祀，修建甚多，这样就会大兴土木；潜邸的女道士，声威气焰越来越猛烈，这样通过宫廷女宠干政请托的事就盛；贡献珍玩，很少听说推辞拒绝的，这样用财物贿赂的事就会流行；耿直恳切的言论，多归于憎恶而丢弃，这样进谗言的人猖獗。这六件事中或许有一件，就足以导致旱灾。希望尽快颁降罪己的诏书，修饬这六件事，以此挽回天意。群臣当中有进献聚敛剥窃的议论以求晋升的人，一定予以从重贬黜，使他们不能从此向上诬毁圣德，则旱情虽严重，还可以止息。然而内部百姓怨恨，外部敌人逼迫，事势紧迫，什么灾难都能降临！陛下虽然拥有如云繁的谋臣，如雨众的猛将，也不知道什么是救世的良策。

皇帝听从他的意见。不久，又因议论而罢官，奉祠而居住在潮州。淳祐元年罢奉祠职，又给予他官职，又罢官。淳祐三年，退休。去世，享年七十八岁。

李心传有史家的才华，通晓史实典故，然而他作的《吴猎》《项安世传》，其中的褒贬有愧于史家秉笔直书的宗旨。大概他记事常常是看重川蜀，而轻视东南的士人。李心传所著成的书，有《高宗系年录》二百卷、《学易编》五卷、《诵诗训》五卷、《春秋考》十三卷、《礼辨》二十三卷、《读史考》十二卷、《旧闻证误》十五卷、《朝野杂记》四十卷、《道命录》五卷、《西陲泰定录》九十卷、《辨南迁录》一卷、诗文一百卷。

柳开传

【题解】

柳开(947～1000)，宋代散文家，原名肩愈，字绍先(一作绍元)；后改名开，字仲涂，意为"将开古圣贤之道于时也"(《补亡先生传》)。大名(今属河北)人。开宝进士，宫殿中侍御史，又知全州、桂州等地。

柳开是宋代古文运动的先驱，提倡复古，反对五代颓靡的文风。他曾学习韩愈文章，后来以"六经"为榜样，倡导古文，主张文章应有助于教化。其理论开欧阳修诗文革新运动的先声。但其创作成就不高，大多不免辞涩言苦之弊。有《河东先生集》。

【原文】

柳开字仲涂，大名人。父承翰，乾德初监察御史。开幼颖异，有胆勇。周显德末，侍父任南乐，夜与家人立庭中，有盗入室，众恐不敢动，开裁十三，亟取剑逐之，盗逾垣出，开挥刃断二足指。

既而学，喜讨论经义。五代文格浅弱，慕韩愈、柳宗元为文，因名肩愈，字绍先。既而改名字，以为能开圣道之涂也。著书自号东郊野夫，又号补亡先生，作二传以见意。尚气自任，不顾小节，所交皆一时豪俊。范杲好古学，尤重开文，世称为"柳、范"。王祐知大名，开以文贽，大蒙赏激。杨昭俭、卢多逊并加延奖。开宝六年举进士，补宋州司寇参军，以治狱称职，迁本州录事参军。太平兴国中，擢右赞善大夫。会征太原，督楚、泗八州运粮。选知常州、迁殿中丞，徙润州，拜监察御史。召还，知贝州，转殿中侍御史。雍熙二年，坐与监军忿争，贬上蔡令。

会大举北征，开部送军粮，将至涿州，有契丹酋长领万骑与米信战，相持不解，俄遣使绐言求降，开谓信曰："兵法云：'无约而请和，谋也。'彼将有谋，急攻之必胜。"信迟疑不决。逾二日，贼复引兵挑战，后侦知果以矢尽，俟取于幽州也。师还，诣阙上书，愿从边军效死，太宗怜之，复授殿中侍御史。

雍熙中，使河北，因抗疏曰："臣受非常恩，未有以报，年裁四十，胆力方壮。今契丹未灭，愿陛下赐臣步骑数千，任以河北用兵之地，必能出生入死，为陛下复幽蓟，虽身没战场，臣之愿也。"上以五代战争以来，自节镇至刺史皆用武臣，多不晓政事，人受其弊。欲兼用文士，乃以侍御史郑宣、户部员外郎赵载、司门员外郎刘墀并为如京使，左拾遗刘庆为西京作坊使，开为崇仪使、知宁边军。

徙全州。全西溪洞有粟氏，聚族五百余人，常钞劫民口粮畜，开为作衣带巾帽，选牙吏勇辩者得三辈，使入谕之曰："尔能归我，即有厚赏，给田为屋处之；不然，发兵深入，灭尔类矣。"粟氏惧，留二吏为质，率其酋四人与一吏皆来。开厚其犒赐，吏民争以鼓吹饮之。居数日遣还，如期携老幼悉至。开即赋其居业，作《时鉴》一篇，刻石戒之。遣其酋入朝，援本州上佐。赐开钱三十万。

淳化初，移知桂州。初，开在全州，有卒讼开，开即杖背黥面送阙下。有司言卒罪不及徒，召开下御史狱劾系，削二官，黜为复州团练副使，移滁州。复旧官，知环州。三年，移邠州。时调民辇送趣环、庆，已再运，民皆荡折产业，转运使复督没运，民数千人入州署号诉。开贻书转运使曰："开近离环州，知刍粮之数不增，大兵可支四年。今蚕农方作，再运半发，老幼疲弊，畜乘困竭，奈何又苦之？不罢，开即驰诣阙下，白于上前矣。"卒罢之。又知曹、邢二州。

真宗即位，加如京使，归朝，命知代州。上言曰：

国家创业将四十年，陛下绍二圣之祚，精求至治。若守旧规，斯未尽善；能立新法，乃显神机。

臣以益州稍静，望陛下选贤能以镇之，必须望重有威，即群小畏服。又西鄙今虽归明，他日未可必保，苟有翻复，须得人制御，若以契丹比议，为患更深。何者？契丹则君臣久定，蕃汉久分，纵萌南顾之心，亦须自有思虑。西鄙积恨未泯，贪心不悛，其下猖狂，谋凶恶，侵渔未必知足，姑息未能感恩，望常预备之。以良将守其要害，以厚赐足其贪婪，以抚慰来其情，以宽假息其念。多命人使西入甘、凉，厚结其心，为我声援，如有动静，使其掩袭，令彼有后顾之忧，乃可制其轻动。今甲虽众，不及太祖之时人人练习，谋臣猛将则又悬殊，是以比年西北屡遭侵扰，养育则月费甚广，征战则军捷未闻。诚愿训练禁戢，使如往日，行伍必求于勇敢，指顾无纵于后先，失律者悉诛，获功者必赏，偏裨主将不威严者去之。听断之暇，亲临殿庭，更召貔虎，使其击刺驰骤，以彰神武之盛。

臣又以宰相、枢密、朝廷大臣，委之必无疑，用之必至当。铨总僚属，评品职官，内则主管百司，外则分治四海。今京朝官则别置审官，供奉、殿直则别立三班，刑部不令详断，别立审刑，宣徽一司全同散地。大臣不获亲信，小臣乃谓至公。至如银台一司，旧属枢密，近年改制，职掌甚多，加倍置人，事则依旧，别无利害，虚有变更。臣欲望停审官、三班，复委中书、枢密、宣徽院，银台司复归枢密，审刑院复归刑部，去其繁细，省其头目。

又京府大都，万方轨则，望仍旧贯，选委亲贤。今皇族宗子悉多成长，但令优逸，无以试材，宜委之外藩，择文武忠直之士，为左右赞弼之任。

又天下州县官吏不均，或冗长至多，或岁年久阙。欲望县少千户已上选朝官知，三千户已上选京官知。省去主簿，令县尉兼领其事。自余通判、监军、巡检，监临使臣并酌量省减，免虚费于利禄，仍均济于职官。

又人情贪竞，时态轻浮，虽骨肉之至亲，临势利而多变。同僚之内，多或不和，伺隙则致于倾危，患难则全无相救，仁义之风荡然不复。欲望明颁告谕，各使改更，庶厚化原，永敦政本。

恭惟太祖神武，太宗圣文，光掩百王，威加万国，无贤不用，无事不知。望陛下开豁圣怀，如天如海，可断即断，合行则行，爱惜忠直之臣，体察奸谀之党。臣久尘著位，寝荷恩宠，辞狂理拙，唯圣明恕之。

开至州，葺城垒战具，诸将多沮议不协。开谓其从子曰："吾观昴宿有光，云多从北来犯境上，寇将至矣。吾闻师克在和，今诸将怨我，一旦寇至，必危我矣。"即求换郡，徙忻州刺史。及契丹犯边，开上书，又请车驾观兵河朔。四年，徙沧州，道病首疡卒，年五十四。录其子涉为三班奉职。

开善射，喜弈棋。有集十五卷。作《家戒》千余言，刻石以训诸子。性倜傥重义。在大名，尝过酒肆饮，有士人在旁，辞貌稍异，开询其名，则至自京师，以贫不克葬其亲，闻王佑笃义，将丐之。问所费，曰："二十万足矣。"开即罄所有，得白金百余两，益钱数万遗之。

【译文】

柳开，字仲涂，大名（今属河北）人。父亲柳承翰，在乾德初年任监察御史。柳开小时候异常聪敏，有胆气，又勇敢。后周显德末年，柳开的父亲到南乐（今属河南）去做官，柳开跟随父亲到任上。有一天晚上，柳开和家里的人一起闲立庭中，突然有强盗冲进来，其他人都吓得不敢动，这时的柳开，仅仅十三岁，但却智勇过人，他急忙拔剑追逐盗贼，盗贼跳墙逃去，柳开紧追不舍，挥剑斩断了盗贼的两个脚趾。

柳开开始读书以后，就喜欢研讨经书的精义。五代时候，文风浮靡，格调卑弱，柳开仰慕韩愈和柳宗元的文章，因此把自己的名改成肩愈，字改为绍先。后来又改了名字为开,就认为自己能沿着先圣指引的方向,开出一条宽阔的坦途来。著书时自号"东郊野夫",又号"补亡先生",他还写了两篇文章来说明为什么要给自己起这两个号。柳开以崇尚气节自任,不拘小节,他所交往的都是当时的一些豪放不羁、才能出众的人物。范杲爱好古学,所以他尤其推崇柳开的文章,社会上称之为"柳、范"。王祐是大名这个地方的长官,柳开把自己的文章送给他,受到王祐极大的赞赏。杨昭俭、卢多逊也是大名这个地方的名人,他们都接待和称赞柳开。宋太祖开宝六年(973),柳开中了进士,补宋州(今河南商丘)司寇参军,因为案件办得好,所以被提升为本州的录事参军。太平兴国年间,柳开被提升为右赞善大夫,适逢进征太原(今属山西),柳开被派去监督楚、泗八州的运粮事宜。后被选派去管理常州政事,又提升为殿中丞,以后又迁移到润州(今江苏镇江),任命为监察御史。后被皇帝召回,让他去管理贝州(今河北南宫)政务,以后又转调为殿中御史。雍熙二年(185),因为与监军愤怒相争,贬谪为上蔡(今属河南)县令。

恰巧又碰到朝廷大举北征契丹,柳开押送军粮,将到涿州(今河北涿县),正好遇上契丹酋长率领了一万骑兵与米信交战,双方打得难分难解,不久,契丹忽然派了使者来向米信谎言求降,柳开对米信说:"兵法上说:'没有相约而来要求讲和,是一种阴谋。'契丹人一定有阴谋,你马上向他们进攻,必然全取得胜利。"米信却迟疑不决,按兵不动。过了两天,契丹又率领军队向米信挑战,后来经过侦察,知道契丹军队果然是箭已用完,正等待从幽州(今北京)把箭运来。当北征军队回到首都时,柳开上书太宗,表示自己愿意在边疆为报效祖国而死的决心,宋太宗很爱惜柳开,所以又任命柳开为殿中侍御史。

雍熙年间,柳开被派遣出使河北,因此他向太宗皇帝上书直言说:"臣下受到皇上的非常之恩,还没有来得及报答,臣下年才四十,胆力方壮,正是可以效力国家的时候。现在契丹尚未消灭,愿皇上能给臣下几千名步兵和骑兵,让我在河北有一个用兵之地,臣下一定会出生入死,为皇上收复蓟州(今天津蓟州区),虽然战死沙场,也是臣下的愿望。"太宗以为,自五代以来,战争连绵,因此从节度使到刺史,都由武将担任,他们大都不懂政事,因此弊端很大,所以想兼用一些文人来担任这些职务,于是就让侍御使郑宣、户部员外郎赵载、司门员外郎刘墀皆任如京使,左拾遗刘庆任西京作坊使,柳开任崇仪使,管理宁边军事。

后来柳开被徙到全州(今属广西)。全州西面的溪洞中住着粟氏族人,他们聚族而居,有五百余人,这些人经常侵扰附近的百姓,掠夺人口、粮食和牲畜,柳开在衙役中挑选了三个勇敢而且善辩的人,为他们制作了衣带巾帽,让他们入溪洞去晓谕粟氏人:"你们如果能够归附我们,即有重赏。给你们土地种,为你们造房屋住。不然,就派兵打进溪洞,把你们彻底消灭掉。"粟氏很害怕,他们留下两个衙役为人质,带着四个酋长和一个衙役一起来见柳开。柳开给了他们丰厚的犒劳和赏赐,当地的官吏和百姓们都争相请粟氏人到家中做客,一面饮酒,一面奏乐。柳开让这些粟氏人住了几天,然后把他们又送回溪洞,到了约定的日期,粟氏人扶老携幼,全部来到柳开这里。柳开立即给他们房屋和土地,并写了一篇题为《时鉴》的文章,把它刻在石上作为鉴戒。柳开又派遣粟氏的首领入朝,朝廷授任他为全州的上佐,并赏赐柳开钱三十万。

淳化初年,柳开调到桂州(今广西桂林)主管政务。起初,柳开在全州的时候,有一个士兵和柳开争论起来,柳开立即对他用了杖刑和墨刑,并且把他送到朝廷。有关方面认为这个士兵所犯的罪行不够判徒刑,于是就把柳开传到京师,关进御史狱进行审问,结果是官阶削了二级,降为复州(今湖北沔阳)团练副使,移置滁州(今安徽滁县)。后来又恢复了柳开原来的官阶,让他去管理环州(今甘肃环县),柳开在环州三年,后调到邠州(今陕西彬县)。当时,邠州转运使正调集百姓拉着车辆把粮草急送到环(今甘肃环县)、庆(今甘肃庆阳),百姓连续送了几次,都已经倾家荡产了,而转运使还催逼百姓要再送,于是,几千个百姓到州府呼叫申诉。柳开给转运使写了一封信,信中说:“我最近才离开环州,知道环州的粮草即使不再增加,军队也可以吃四年。现在农村正是蚕忙季节,如果再要征调一半的人力去运粮草,那么,百姓们无论老的小的都一定会贫病交加,牲畜和车辆也会破败不堪,您又何必一定要让他们遭受这样的痛苦呢? 如果您再不停止督运,我就立即赶到京城去,向皇上申诉。”督运粮草的事终于停止了。后来,柳开又先后被任命管理曹(今山东曹县)、邢(今河北邢台)二州的政务。

真宗即位,给柳开加了一个如京使的官职,回到朝廷,真宗任命柳开去管理代州(今山西代县)政务。柳开上书真宗说:

国家创业将近四十年了,陛下继承两位圣明天子的皇位,应该精细地研究最佳的治理方法。如果是遵守旧的一套规章制度,还没有达到完善的地步,那么改用新法,就可以得到神奇的效果。

臣以为益州(今四川成都)已稍稍安定,希望陛下能够选择一位贤明能干的大臣去镇守,这个人必须既有很高的名望又有很高的威信,能够让那班小人畏服。另外,西部边境那些民族现在虽然已归附了我们大宋王朝,以后未必能保证一直这样,如果有反复,必须选择能干的人去制服和统治他们,假如拿契丹来作比较,西部边境的后患更加严重,为什么呢? 契丹是君臣关系早就定下来了,外族和汉族也早有分别,即使又产生向南面侵略的野心,他们自己也必须考虑考虑。而西部边境那些少数民族对汉族人所积的仇恨还没有消灭,贪婪之心没有改变,他们下面的那些人都是桀骜不驯,爱出坏主意的人,侵占到我们那么一点好处未必能满足,我们对他们的姑息也未能使他感恩,希望对他们能经常防备着点。用优秀的将领镇守要害之地,用丰厚的赏赐满足他们的贪婪之心,用抚慰的办法培养他们的归顺之心,用宽容的态度消除他们的邪念。多派遣使者深入甘州(今甘肃张掖)、凉州(今甘肃武威)一带,厚结他们的心,为我们作声援,如果西部边境的少数民族对我们有侵略活动,就让他们从背后对这些侵略者突然袭击,使西部边境的那些民族有后顾之忧,这样,就可以控制他们的轻举妄动。现在我们的军队虽然数量很多,但是不及太祖时候人人练武,谋臣猛将也远不及太祖时候多,所以这些年来西北地区不断受到侵扰,养兵的军费每月开支很大,打起仗来却没有听到他们有胜利的消息。我诚恳希望军队能经常训练,禁止怠惰懒散,使他们能够像从前一样,军队必须要求将士勇敢,在指挥作战的时候,一指一瞥之间都不允许放纵不受先后次序的拘束,违反纪律者都要杀,建立功劳的一定要赏,除去偏将、裨将、主将中那些没有威严的人,皇上应该在听朝的空余时间,亲自到殿庭中去,召集勇猛的将士,让他们练习击刺、骑马、奔驰,以显扬我们大宋王朝武力的强盛。

臣又以为,宰相、枢密、朝廷大臣,既然委任了他们,就一定不能猜疑他们,使用他们的时候一定要很得当,让他们总的负责官吏的选拔、品评,对内主管各个部门;对外分别管理全国。现在,京朝官却又另外设置了审官,供奉、殿值又另外立了三班,刑部不让他们断狱,而另设审刑,宣徽司更是若存若亡,就像没有这个机构一样。大臣得不到信任,小臣又被认为特别的公正。至于像银台这一个司,原来是属于枢密院的,近年经过制度改革以后,名义上主管的事务很多,人员由此加倍,但实际上它所管的事情还是和从前一样,既然没有利害之别,那么这样的变更就是徒有虚名。臣希望撤销审官、三班这些机构,仍旧委派中书、枢密、宣徽院接管这些机构的职务,银台司仍归枢密院,审刑院仍归刑部,去掉这些繁琐苛细的设施,省掉它们的头目。

再有,京城是首府,是全国的榜样,希望能够按照旧制,选择委派可信任的贤明官员去担任长官。现在皇族的宗子大多已经长大成人,只是让他们过着优裕的生活而没有考核他们的才能,应该委派他们到外地去做藩王,在文武百官中选择那些忠诚坦直的人,在他们左右担负起引导、辅佐的责任。

还有,现在全国的州、县、官吏的配置很不均匀,或者是过多,或者是成年累月长期缺任。希望四千户以上的县由朝廷选择朝官去管理政事,三千户以上的县由朝廷选择京官去管理政事。省去县主簿的职务,让县尉兼管主簿的工作。其他自通判、监军、巡检、监临使臣这一类职官,臣以为可以酌情缩减,以免白白浪费俸禄,而把这笔经费分摊给在职的官员。

还有,人心贪婪,相互竞争,世风浇薄,虽然是骨肉至亲,但一旦发生利害冲突,情况就会发生很多的变化。同一个部门的官员,多有不和睦的,有隙可乘的时候就落井下石,发生患难的时候完全没有相互救济,古人那种仁义之风已是荡然无存。希望能够明白地颁发告谕,使大家都能改变这种风气,这样才可以使社会风化重新淳厚起来,这是使我们国家得以长治久安的根本。

我们的太祖皇帝在武功方面威名赫赫,我们的太宗皇帝在文治方面大有成就,他们的光辉被盖百王,他们的威望遍及万国,没有一个贤才不被重用,没有一件事情他们不知道。伏望皇上开阔胸怀,让心胸像青天、大海那样宽阔开朗,可以做决断的立即做出决断,能够做的事情立即就做,爱护那些忠诚正直的臣下,辨察那些奸邪误国阿谀奉迎的党人,臣长期处在重要的地位,受到皇上深厚的恩宠,但我的这个奏疏却是言辞狂勃情理粗劣,唯望圣明的天子能宽恕我。

柳开到了代州,修理城墙,积聚武器,准备打仗,但将官们却大多破坏他的主张,不同他合作。柳开对自己的侄儿说:"我最近观看天象,发现昴宿很亮,而且云气也从北方来侵犯我们代州,这些都说明了敌寇将要来侵犯我们了。我听说军队要打胜仗,重要的是内部要团结,现在将官们都怨我,一旦敌寇来犯,必然会危害于我。"于是立即要求调换一个州郡,结果调去做忻州(今山西忻县)刺史。及至契丹侵犯边境的时候,柳开向真宗上书，请求真宗亲临河朔(泛指黄河以北)检阅军队以显示军威。真宗四年(1001)，柳开被迁徙到沧州(今河北沧县)，在去沧州的路上，因为头上生疮而死了，终年五十四岁。朝廷任用柳开的儿子柳涉为三班奉职。

柳开善于射箭，喜欢弈棋，有文集十五卷。他写了一千多字的《家戒》，刻在碑上以教训儿子们。柳开的性格豪爽重义气。他在大名的时候，有一次在酒店饮酒，旁边有一个读书人，柳开发现这个读书人说话的神态和别人不同，于是就询问他的姓名，才知这个读书人是从京城里来的，亲人死了，因家贫而无法殡葬，听说大名地方的王佑非常讲义气，所以特地来大名求王佑帮助。柳开问读书人所需费用要多少，读书人说："二十万足够了。"柳开倾其所有，得到白金百余两，再加上钱几万，都送给了这个读书人，打发他回去了。

李建中传

【题解】

李建中(945~1013)，字得中，号岩夫民伯。祖籍京兆(今陕西西安市)，后迁居四川。中进士后，历任大理评事，著作佐郎、殿中丞、州通判、知州、太常博士等官。因他曾任西京留司御史台任职，人们称他为"李西台"。李建中生值五代宋初，饱受战乱之苦。他自幼好学，刻苦自励，少年丧父，以游学奉养母亲。为人性格娴雅，淡于荣利。

李建中是宋初著名书法家。他的书法，得欧阳询笔意，书风遒劲凝重，有唐人神韵，人称他的书法"能风轨魏晋，扫却尘俗"，书法名家黄庭坚对李建中也很推重。存世书迹有《同年帖》《土母帖》等。

【原文】

李建中字得中，其先京兆人。曾祖逢，唐左卫兵曹参军。祖稠，梁商州刺史，避地入蜀。会王建僭据，稠预佐命功臣，左卫将军。建中幼好学，十四丁外艰。会蜀平，侍母居洛阳，聚学以自给。携文游京师，为王祐所延誉，馆于石熙载之第，熙载厚待之。

太平兴国八年进士甲科，解褐大理评事，知岳州录事参军。转运使李惟清荐其能，再迁著作佐郎，监潭州茶场，改殿中丞，历通判道、郢二州。柴成务领漕运，再表称荐，转太常博士。时言事者多以擅利进。建中表陈时政利害，序王霸之略，太宗嘉赏，因引对便殿，赐以绯鱼。会考课京朝官。建中旧坐公累罚金，漏其事，坐降授殿中丞，监在京榷易院。苏易简方被恩顾，多得对，尝言蜀中文士，因及建中，太宗亦素知之，命宜昭文馆。建中父名昭文，恳辞，改集贤院。数月，出为两浙转运副使，再迁主客员外郎，历通判河南府，知曹、解、颖、蔡四州。景德中，以久攻进金部员外郎。

建中性简静，风神雅秀，恬于荣利，前后三求掌西京留司御史台，尤爱洛中风土，就构园池，号曰"静居"。好吟咏。每游山水，多留题，自称岩夫民伯。加司封员外郎、工部郎中。建中善修养之术。会命官校定《道藏》，建中预焉。又判太府寺。大中祥符五年冬，命使泗州，奉御制《汴水发愿文》，就致设醮。使还得疾，明年卒，年六十九。

建中善书札，行笔尤工，多构新体，草、隶、篆、籀，八分亦妙，人多摹习，争取以为楷法。尝于写郭忠恕《汗简集》以献，皆蝌蚪文字，有诏嘉奖。好古勤学，多藏古器名画。有集三十卷。

子周道、周士并进士及第。周士历侍御史、江苏陕西转运、三司盐铁判官，赐金紫，终工部郎中。周道，太子中舍。

【译文】

李建中，字得中，他的祖先是京兆人。他的曾祖父李逢，在唐代任左卫兵曹参军。祖父李稠，五代时任梁朝商州刺史，因躲避战乱，搬家至四川。王建在四川称帝，李稠是开国功臣，任为左卫将军。李建中从小就好学，十四岁时父亲去世。四川平定后，他居住在洛阳，奉养母亲，凭讲学的收入维持生活。他携带自己的文章去京师汴梁，被王佑赏识，

李建中《贵宅帖》(局部)

替他广造声誉，在石熙载家中教家馆，石熙载给他的待遇很丰厚。

太平兴国八年中进士甲等，起初投官任大理评事，又任岳州录事参军。转运使李惟清推荐他才能出众，又升为著作佐郎，又任监潭州茶场官，改任殿中丞，历任道、郢二州通判。柴成务任漕运使，一再上书推荐他，因而转任太常博士。当时有些官员，因向朝廷建议如何能多收财物而得以升官，李建中向朝廷上书，则陈述政事的得失，献上强国的策略，宋太宗对他的建议很赏识，召他在便殿问话，赏给他绯鱼袋。当时正逢考察在京的官员，李建中过去曾为公务被罚款，这件事泄露出来，因此降他为殿中丞之官，监在京榷易院。苏易简被皇帝重用，经常召他问话，曾说起四川的文人学士，谈到李建中，宋太宗平时也了解李建中其人，于是任命他为昭文馆直学士。李建中的父亲名叫昭文，为避父讳，他诚恳辞去昭文馆职务，改为集贤院学士。任职几个月，外任为两浙转运副使，再升任主客员外郎，历任河南府通判，曹、解、颖、蔡四州知州。景德年间，因他在外任官时间长久，晋升为金部员外郎。

李建中性格恬静，神情儒雅清秀，不热心功名利禄，他前后三次请求去西京洛阳留司御史台任职，他非常喜爱洛阳的风土人情，他在洛阳建造起园林池塘，起名叫"静居"。他喜爱作诗，每次出外游山玩水，都题诗留念，自称为岩夫民伯。朝廷给他加衔为司封员外

郎、工部郎中。李建中擅长道家的修身养性之术,当时朝廷派官校定《道藏》,李建中就参与其事。又任太府寺判。大中祥符五年冬天,朝廷任命他为使臣,去泗州致祭,他携带皇帝所做的《汴水发愿文》,在泗州设立道场,祭祀汴水之神。奉使回京,便生了病,第二年去世,时年六十九岁。

李建中擅长书法,行书造诣最深,他创出多种多样的行书体势,草书、隶书、篆书、籀书,八分书也称妙一时,很多人临摹他的字体,以他的书法作品为习书的范本。他曾亲笔抄写郭忠恕的《汗简集》,呈送给皇帝,都是蝌蚪古文,受到皇帝的嘉奖。他好古勤学,收藏了大量的古器物和名画。著作文集三十卷。

他的儿子李周道、李周士都考中进士。李周士历任侍御史、江苏陕西转运使、三司盐铁判官,得到皇帝金鱼袋、紫衣的赏赐,最后任工部郎中。李周道,官至太子中舍。

苏舜钦传

【题解】

苏舜钦(1008～1048),北宋诗人。字子美,祖籍梓州铜山(今四川中江),迁居开封。曾任大理评事、集贤殿校理,监进奏院。后退隐苏州,建沧浪亭。

苏舜钦是北宋诗文革新运动的重要作家,工散文,多政论之作,文笔犀利。其诗热情奔放,笔力豪隽超迈,与梅尧臣齐名,深受欧阳修推许。有《苏学士文集》。

【原文】

苏舜钦字子美,参知政事易简之孙。父耆,有才名,尝为工部郎中,直集贤院。舜钦少慷慨有大志,状貌怪伟。当天圣中,学者为文多病偶对,独舜钦与河南穆修好为古文、诗歌,一时豪俊多从之游。

初以父任补太庙斋郎,调荥阳县尉。玉清昭应宫灾,舜钦年二十一,诣登闻鼓院上疏曰:

烈士不避铁钺而进谏,明君不讳过失而纳忠,是以怀策者必吐上前,蓄冤者无至腹腓。然言之难不如容之难,容之难不如行之难,有言之必容之行之,则三代之主也,幸陛下留听焉。

臣观今岁自春徂夏,霖雨阴晦未尝少止,农田被灾者几于十九。臣以谓任用失人、政令多过、赏罚弗中之所召也。天之降灾,欲悟陛下,而大臣归咎于刑狱之滥,陛下听之,故肆赦天下以为禳救。如此则是杀人者不死,伤人者不抵罪,而欲以合天意也。古者断决滞讼以平水旱,不闻用赦,故赦下之后,阴霾及今。

前志曰:"积阴生阳,阳生则火灾见焉。"乘夏之气发泄于玉清宫,震雨杂下,烈焰四起,楼观万叠,数刻而尽,非慢于火备,乃天之垂戒也。陛下当降服、减膳、避正寝,责躬罪已,下哀痛之诏,罢非业之作,拯失职之民,察辅弼及左右无裨国体者罢之,窃弄权威者去之;念政刑之失,收刍荛之论,庶几所以变灾为佑。

浃日之间,未闻为此,而将计工役以图修复,都下之人闻者骇惑,聚首横议,咸谓非宜。皆曰章圣皇帝勤俭十余年,天下富庶,帑府流衍,乃作斯宫,及其毕功,海内虚竭。陛下即位未及十年,数遭水旱,虽征赋咸入,而百姓困乏。若大兴土木,则费用不知纪极,财力耗于内,百姓劳于下,内耗下劳,何以为国!况天灾之,已违之,是欲竞天,无省己之意。逆天不祥,安己难任,欲祈厚贶,其可得乎!今为陛下计,莫若来吉士,去佞人,修德以勤至治,使百姓足给而征税宽减,则可以谢天意而安民情矣。

夫贤君见变,修道除凶,乱世无象,天不谴告。今幸天见之变,是陛下修己之日,岂可忽哉!昔汉元帝三年,茂陵白鹤馆灾,诏曰:"乃者火灾降于孝武园馆,朕战慄恐惧,不烛变异,罪在朕躬。群有司又不肯极言朕过,以至于斯,将何寤焉!"夫茂陵不及上都,白鹤馆大不及此宫,彼尚降诏四方,以求己过,是知帝王忧危念治,汲汲如此。

臣又按《五行志》:贤佞分别,官人有叙,率由旧章,礼重功勋,则火得其性。若信道不笃,或耀虚伪,谗夫昌,邪胜正,则火失其性,自上而降。及滥炎妄起,燔宗庙,烧宫室,虽兴师徒而不能救。鲁成公三年,新宫灾,刘向谓成公信三桓子孙之谗、逐父臣之应。襄公九年春,宋火,刘向谓宋公听谗、逐其大夫华弱奔鲁之应。今宫灾岂亦有是乎?愿陛下拱默内省而追革之,罢再造之劳,述前世之法,天下之幸也。

又上书曰:

历观前代圣神之君,将闻谠议,盖以四海至远,民有隐匿,不可以遍照,故无间愚贱之言而择用之。然后朝无遗政,物无遁情,虽有佞臣,邪谋莫得而进也。

臣睹乙亥诏书,戒越职言事,播告四方,无不惊惑,往往窃议,恐非出陛下之意。盖陛下即位以来,屡诏群下勤求直言,使百僚转对,置匦函,设直言极谏科。今诏书顿异前事,岂非大臣壅蔽陛下聪明,杜塞忠良之口,不惟亏损朝政,实亦自取覆亡之道。夫纳善进贤,宰相之事,蔽君自任,未或不亡。今谏管、御史悉出其门,但希旨意,即获美官,多士盈庭,噤不得语。陛下拱默,何由尽闻天下之事乎?

前孔道辅、范仲淹刚直不挠,致位台谏,后虽改他官,不忘献纳。二臣者非不知缄口数年,坐得卿辅,盖不敢负陛下委注之意。而皆罹中伤,窜谪而去,使正臣夺气,鲠士咋舌,目见时弊,口不敢论。

昔晋侯问叔向曰:"国家之患孰为大?"对曰:"大臣持禄而不极谏,小臣畏罪而不敢言,下情不得上通,此患之大者。"故汉文感女子之说而肉刑是除,武帝听三老之议而江充以族。肉刑古法,江充近臣,女子三老,愚氓疏隔之至也。盖以义之所在,贱不可忽,二君从之,后世称圣。况国家班设爵位,列陈豪英,故当责其公忠,安可教之循默?赏之使谏,尚恐不言;罪其敢言,孰肯献纳?物情闭塞,上位孤危,轸念于兹,可为惊怛!岂望陛下发德音,寝前诏,勤于采纳,下及刍荛,可以常守隆平,保全近辅。

寻举进士,改光禄寺主簿,知长垣县,迁大理评事,监在京店宅务。康定中,河东地震,舜钦诣匦通疏曰:

臣闻河东地大震裂，涌水坏屋庐城堞，杀民畜几十万，历旬不止。始闻惶骇疑惑。窃思自编策所纪前代衰微丧乱之世，亦未曾有此大变。今四圣接统，内外平宁，戎夷交欢，兵革偃息，固与夫衰微丧乱之世异，何灾变之作反过之耶？且妖祥之兴，神实尸之，各以类告，未尝妄也。天人之应，古今之鉴，大可恐惧。岂王者安于逸豫、信任近臣而不省政事乎？庙堂之上，有非才冒禄、窃弄威福而侵上事者乎？又岂施设之政有不便民者乎？深宫之中，有阴教不谨以媚道进者乎？西北羌夷有背盟犯顺之心乎？臣从远方来，不知近可，心疑而口不敢道也。所怪者，朝廷见此大异，不修阙政，以厌天戒、安民心，默然不恤，如无事之时；谏官、御史不闻进牍铺白灾害之端，以开上心。然民情汹汹，聚首横议，咸有忧悸之色。

臣以世受君禄，身齿国命，涵濡惠泽，以长此躯，目睹心思，惊恒流汗，欲尽吐肝胆，以拜封奏。又见范仲淹以刚直忤奸臣，言不用而身窜谪，降诏天下，不许越职言事。臣不避权右，必恐横罹中伤，无补于国，因自悲嗟，不知所措。

既而孟春之初，雷震暴作，臣以谓国家阙失，众臣莫敢为陛下言者，唯天丁宁以告陛下。陛下果能沛发明诏，许群臣皆得献言，臣初闻之踊跃欣抃。旬日间颇有言事者，其间岂无切中时病，而未闻朝廷举而行之，是亦收虚言而不根实效也。臣闻唯诚可以应天，唯实可以安民，今应天不以诚，安民不以实，徒有空文，增人太息耳。将何以谢神灵而救弊乱也！岂大臣蒙塞天听，不为陛下行之？岂言事迂阔无所取，不足行也？臣窃见纲纪隳败，政化阙失，其事甚众，不可概举，谨条大者二事以闻：

一曰正心。夫治国如治家，治家者先修己，修己者先正心，心正则神明集而万务理。今民间传陛下比年稍迩俳优贱人，燕乐逾节，赐予过度。燕乐逾节则荡，赐予过度则侈。荡则政事不亲，侈则用度不足。臣窃观国史，见祖宗日视朝，盱昃方罢，犹坐于后苑，门有白事者，立得召对，委曲询访，小善必纳。真宗末年不豫，始间日视事。今陛下春秋鼎盛，实宵衣盱食求治之秋，而乃隔日御殿，此政事不亲也。又府库匮竭，民鲜盖藏，诛敛科率，殆无虚日。计度经费，二十倍于祖宗时，此用度不足也。政事不亲，用度不足，诚国大忧。臣望陛下修己以御人，洗心以鉴物，勤听断，舍燕安，放弃优谐近习之纤人，亲近刚明耿直之良士。因此灾变，以思永图，则天下幸甚。

其二曰择贤。夫明主劳于求贤而逸于任使，然盈庭之士不须尽择，在择一二辅臣及御史、谏官而已。陛下用人尚未慎择。昨王随自吏部侍郎迁门下侍郎平章事，超越十资，复为上相。此乃非常之恩，必待非常之才，而随虚庸邪谄，非辅相之器，降麻之后，物论沸腾。故疾缠其身，灾仍于国，此亦天意爱惜我朝，陛下鉴之哉！且石中立顷在朝行，以诙谐自任，士人或有宴集，必置席间，听其语言，以资笑噱。今处之近辅，不闻嘉谋，物望甚轻，人情所忽，使灾害屡降而朝廷不尊，盖近臣多非才者。陛下左右尚如此，天下官吏可知也。实恐远人轻笑中国，宜即行罢免，别选贤才。又张观为御史中丞，高若讷为司谏，二人者皆登高第，颇以文词进，而温和软懦，无刚鲠敢言之气。斯皆执政引拔建置，欲其慎默，不敢举扬其私，时有所言，则必暗相关说，旁人窥之，甚可笑也。故御史、谏官之任，臣欲陛下亲择之。不令出执政门下。台谏官既得其人，则近臣不敢为过，乃驭下之策也。

臣以谓陛下身既勤俭，辅弼、台谏又皆得人，则天下何忧不治，灾异何由而生，惟陛下少留意焉。

范仲淹荐其才，召试，为集贤校理，监进奏院。舜钦娶宰相杜衍女，衍时与仲淹、富弼在政府，多引用一时闻人，欲更张庶事。御史中丞王拱宸等不便其所为。会进奏院祠神，舜钦与右班殿直刘巽辄用鬻故纸公钱召妓乐，间夕会宾客。拱宸廉得之，讽其属鱼周询等劾奏，因欲摇动衍。事下开封府劾治，于是舜钦与巽俱坐自盗除名，同时会者皆知名士，因缘得罪逐出四方者十余人。世以为过薄，而拱宸等方自喜曰："吾一举网尽矣。"

舜钦既放废，寓于吴中，其友人韩维责以世居京师而去离都下，隔绝亲交。舜钦报书曰：

蒙闻责以兄弟在京师，不以为相就，独羁外数千里，自取愁苦。予岂无亲戚之情，岂不知会合之乐也？安肯舍安逸而甘愁苦哉！

昨在京师，不敢犯人颜色，不敢议论时事，随众上下，心志蟠屈不开，固亦极矣。不幸适在疑嫌之地，不解决然早自引去，致不测之祸，摔去下吏，人无敢言，友仇一波，共起谤议。被废之后，喧然未已，更欲置之死地然后为快。来者往往钩颐言语，欲以传播，好意相恤者几希矣。故闭户不敢与相见，如避兵寇。偷俗如此，安可久居其间！遂超然远举，羁泊于江湖之上，不唯衣食之累，实亦少避机罕也。

况血属之多，资入之薄，持国见之矣。常相团聚，可乏衣食乎？不可也。可闭关常不与人接乎？不可也。与人接必与之言，与之言必与之还往，使人人皆如持国则可，不迨持国者必加酿恶言，喧布上下，使仆不能自明，则前日之事未为重也。

都无此事，亦终日劳苦，应接之不暇，寒暑奔走尘土泥淖中，不能了人事，羸马饿仆，日栖栖取辱于都城，使人指背讥笑哀闵，亦何颜面，安得不谓之愁苦哉！

此虽与兄弟亲戚相远，而伏腊稍足，居室稍宽，无终日应接奔走之劳，耳目清旷，不设机关以待人，心安闲而体舒放。三商而眠，高春而起，静院明窗之下，罗列图史琴樽以自愉悦，有兴则泛小舟出盘、间二门，吟啸览古于江山之间。渚茶、野酿足以销忧，莼鲈、私蟹足以适口。又多高僧隐君子，佛庙胜绝，家有园林，珍花奇石，曲池高台，鱼鸟留连，不觉日暮。

昔孔子作《春秋》而夷吴，又曰："吾欲居九夷。"观今之风俗，乐善好事，知予守道好学，皆欣然愿来过从，不以罪人相遇，虽孔子复生，是亦必欲居此也。以彼此较之，孰为然哉！人生内有自得，外有所适，固亦乐矣，何必高位厚禄，役人以自奉养，然后为乐。今虽侨此，亦如仕宦南北，安可与亲戚常相守耶！予窘迫，势不得如持国意，必使我尸转沟洫，肉馁豺虎，而后以为安所义，何其忍耶！《诗》曰："凡今之人，莫如兄弟。"谓兄弟以恩，急难必相拯救。后章曰："丧乱既平，既安且宁。虽有兄弟，不如友生。"谓友朋尚义，安宁之时，以礼义相琢磨。予于持国，外兄弟也。急难不相救，又于未安宁之际，欲以义相琢刻，虽古人所不能受，予欲不报，虑浅吾持国也。

二年，得湖州长史，卒。舜钦数上书论朝廷事，在苏州买水石作沧浪亭，益读书，时发愤懑于歌诗，其体豪放，往往惊人。善草书，每酣酒落笔，争为人所传。及谪死，世尤惜之。妻杜氏有贤行。

兄舜元字才翁，为人精悍任气节，为歌诗亦豪健，尤善草书，舜钦不能及。官至尚书度支员外郎、三司度支判官。

【译文】

苏舜钦，字子美，参知政事苏易简的孙儿。父亲苏耆，有才名，曾为工部郎中，当直集贤院。苏舜钦少年时代就慷慨任气，具有远大的志向，他的外貌奇特壮伟，很不平常。在天圣年间，文人们写文章多有喜欢偶对的毛病，唯独苏舜钦和河南（今河南洛阳）的穆修喜欢古文和诗歌，一时之间，那些豪放不羁，才能出众的人们都喜欢和他们交游。

开始，苏舜钦因为父亲的关系而补授为太庙斋郎，调荥阳县（今河南荥阳）尉。玉清昭应宫发生火灾，当时二十一岁的苏舜钦就到登闻鼓院向皇帝上了一道奏疏，奏疏中说：

坚贞不屈的刚强之士不躲开铁钺之刑而进谏，英明的君主不隐讳过失而接纳忠言，所以怀抱谋略的人一定能在君主面前倾吐，积怨的人也不至于会达到嘴巴中虽然不说但心内却十分怨诽的程度。然而忠言直谏之难不如容纳意见难，容纳意见之难又不如付之实行难，如果能做到凡是直谏的话一定接受，而且一定付诸实施的话，那就是三代的英主了啊，希望皇上能留心听取这些话。

臣观察今年从春天到夏天，一直是阴雨连绵从未间断，农田受灾的面积几乎达到十分之九。臣以为这是由于皇上用人不当，政策法令中的失误太多，以及赏罚失当而招来的灾祸。上天之所以要降下这场灾祸，是想借此让皇上醒悟，而大臣们却把天降灾祸的责任归到刑罚的失实和过度，皇上就相信了这种说法，所以用大赦天下的办法祈禳消灾。这样，就是杀人的人可以不死，伤人的人可以不用抵罪，希望用这种办法去迎合天意。古时候用从速处理历年积案的办法以平息水灾和旱灾，而没有听说用赦免囚犯的办法，所以自从皇上实行大赦以后，天空仍旧是黄尘弥漫、昏暗不明，一直到现在。

以前有记载说："阴积得多了就生阳，阳产生以后就要发生火灾。"大火趁着夏天炎热之气肆虐于玉清昭应宫，雷雨大作，烈焰四起，玉清昭应宫原来那些重重叠叠难以数清的楼台亭榭，顷刻之间就化为灰烬，不是人们对火灾没有防备，而是上天要以此来警诫皇上啊！所以皇上应该穿素服，减御膳，避正寝，作自我批评加罪于自己，并且发一道哀痛的诏书，停止不急之事，拯救失业之民，考察宰相以及左右侍从，把那些无益于国体的人加以罢免，革除那些喜欢玩弄权柄的人；反思在政治和刑狱方面的失误，听取割草打柴的普通百姓的意见，这样，也许可以变灾祸为福佑。

十天以来，没有听说皇上为消灾而做过什么重要事情。而现在却在计算工役准备修复玉清宫了。京都的百姓听到这件事后都感到惊骇和困惑，所以都聚在一起纷纷议论，都说这样做法是不对的。人们都说章圣皇帝勤俭治国十多年，天下富足，国库中的钱都堆不了，然后才建造这座玉清昭应宫，但是等到工程结束，国内的财政已经空虚衰竭。皇上即位还不到十年，而且多次遭受水旱灾害，虽然所征赋税都进了国库，而百姓却已经弄得非常困难和疲乏了。如果还要大兴土木，则费用不知要消耗多少，财力消耗在里面，百姓疲劳在下面,里面消耗,下面疲劳,何以为国！况且上天降灾给我们,是因为我们自己违背了天意,现在这种做法,是想去和上天竞争,没有丝毫反省责备自己的意思。违背天意是不祥的,要想使自己安定是很难的,想祈求上天赐给我们厚福,能得到吗！现在为皇上考虑,还不如进用一批贤人,去掉那些奸佞之徒,勤于修德而达到最好的治理境界,使百姓富足而又能减少他们的赋税,这样,就可以上谢天意下安民情了。

贤明的君主看到天地的灾变,便修明治道去消除凶象。乱世看不到灾变现象,因为上天不来警告你。现在幸而上天现出灾变,这正是皇上修明自己的好机会,怎么可以忽视它呢！从前汉元帝三年(前46)茂陵白鹤馆发生火灾,元帝就下了一道诏书,其中说:"这次火灾发生在孝武帝的园陵馆舍,我感到战慄恐惧,这次所以没有点火而发生了火灾,是由于我的过错我的罪孽,各个部门又不肯认真指出我的过错,以至于发展到这样严重的地步,将怎样才能使我醒悟呢?"茂陵比不上我们现在的京都,白鹤馆也大不及我们的玉清宫,汉元帝尚且把罪己诏下到全国,以求大家能指出自己的过失,从这里就可以知道,做帝王的忧虑国家的患难和关心国家的治理,其心情的急切竟到了如此的地步！

臣又研究《五行志》,其中说:"贤臣和佞臣应该加以区别,官吏的进用和升迁应该有次序,做一切事情都应该按照原有的章程,一切礼法、礼仪都应该体现对功勋的推重,这样,火就得其性。如果对大道的相信不真诚,或者夸耀虚伪,谗佞之徒得势,邪气胜过正气,那么,火就会失去它的本性,从天上来到地下。及至火灾乱起,焚宗庙,烧宫室,虽然动用了军队也不能相救。"鲁成公三年,新造的宫殿发生火灾,刘向说这是因为鲁成公相信三桓子孙的谗言,而驱逐父亲所选用的大臣所得到的报应。襄公九年春天,宋国发生大火,刘向说这是因为宋公听信谗言、驱逐他的大夫华弱让他流浪鲁国的报应。今天玉清宫发生火灾,难道不也是这样的原因吗?愿皇上拱手沉默深刻反省以后改变原来的决定,停止重建玉清宫这种劳民伤财的做法,推行前世的成法,这就是天下的大幸了。

接着苏舜钦又向皇帝上书,其中说:我历观前代神圣贤明的君王,都喜欢正直的言论,这是因为国家很大,四境极远,老百姓中也有藏匿着的隐情,而我们却无法都看到都知道,所以不论是愚笨和卑贱人的话也都应该选择和采用。这样就可以做到国家没有遗弃的政事,百姓中不再有藏匿着的隐情,即使朝中还有专事拍马逢迎的奸刁小人,但他们的阴谋诡计也难以实现。

臣看到乙亥(1035)那年皇上下的诏书,里面有禁止朝臣越职议论政事的规定,诏书传到全国,无不感到震惊和惶惑,很多人在私下议论,猜测这样的规定恐怕不是皇上的圣意。因为皇上即位以来,一次又一次地下诏书殷切地希望群臣直率地议论政事,使百官能轮流地依次奏事,议论朝政的缺失,设置了意见箱,还设立了直言极谏科这样的专门机构。现在的诏书突然和从前的规定完全相反,这难道不是有大臣在蒙蔽圣上的视听,企图堵住忠良的嘴巴吗?这样做不仅使朝政受到损失,实在也是一条自取灭亡的道路啊！因为采纳正确的意见,进用贤明的官吏,本是宰相应该做的事情,如果不好好去做这些事情,而把蒙蔽圣上作为自己的专务,就没有不败亡的。现在的谏官、御史,都出于他的门下,只盼望听他的话,就可以得到好的官职,现在官员多得充满朝廷,但都吓得不敢说话。

皇上如果拱手沉默,怎能全部听到天下的事情呢?

以前孔道辅、范仲淹刚直不屈,竭尽监察和诤谏的职责,后来虽然改任了其他官职,但还是不忘向圣上进谏。这二位贤臣并不是不知道闭口几年,可以稳稳地得到宰相的职位,但是他们不敢辜负皇上委托关注的一番心意。因而都受到中伤,被贬谪而远离朝廷,使正直的贤臣泄气,耿直的人士惊讶、害怕、说不出话来,眼睁睁地看着朝政中的种种弊端,嘴里却再也不敢发表议论。

从前晋侯问叔向道:"国家的祸害什么是最厉害?"叔向回答说:"大臣拿了国家的俸禄而不向君上极力进谏,小臣畏罪而不敢说话,下情不得上达,这是国家最大的祸患。"所以汉文帝听了女孩子缇萦的陈说而废除了肉刑,汉武帝听了三老的意见而江充就此受到了族刑。肉刑是古旧的刑法,江充是皇帝身边的宠臣,女子、三老,愚昧昏花疏远间隔到了极点。只因为他们的陈说中都关系到"义"这样的大问题,所以他们的地位虽然卑贱,但却不可忽视,二位国君听从了他们的意见,被后世称为圣明。况且国家规定设置爵位的等级,表彰英雄事迹,其目的就在于引导和责成官吏们为国家尽忠,怎么可以教导他们因循和沉默不语?国家赏赐他们,鼓励他们进谏,犹恐他们不肯进谏,现在却规定谁如果要进谏就要给谁办罪,那么还有谁肯来进谏呢?下面群众的情况闭塞而无法上达,朝廷就孤立而危险,每当悲痛地想到这些,实在是感到惊恐!伏望皇上发出仁德的声音,而停止实行前面诏书的规定,勤于采纳群臣的忠言,一直到听取割草打柴人的意见,这样可以保持国家兴隆、天下太平,保全您皇上左右的辅政大臣们。

不久,苏舜钦中了进士,改任光禄寺主簿,知长垣县(今属河南),迁大理评事,督察在京都的店宅事务。康定年间,河东(今山西)发生地震,苏舜钦给朝廷写了一道奏疏,投到朝廷专设的意见箱中去,疏中说:

臣听说河东发生了大地震,大水冲坏了房屋和城墙,百姓和牲畜死亡的有几十万,十天中地震都没有停止。我开始听到这个消息的时候,感到惶恐惊骇和疑惑。我私下想自从有历史记载以来,即使是衰微丧乱之世,也没有发生这样的大灾变。大宋王朝建立以来,四个圣明天子接连继位,内外平定安宁,四周的戎夷也和我们和睦相处,没有战争,这些都和那衰微丧乱之世完全不同,为什么灾变却比那乱世更为严重呢?况且凶兆和吉兆的发生,实际上是由神明在主宰着,各以类别相示告,从来就没有发生过错误啊!这些天人的感应,古今的借鉴,确实是很可怕的。是不是因为皇上安于逸乐,过于宠信近臣而不省察政事的结果呢?是不是在朝廷之中,有无才而享受着高俸,甚至作威作福而僭越犯上的人呢?或者是在现行政策中有不利于百姓的地方?在后妃之中,有没有人在暗中教唆圣上不谨于国事而用她的美貌媚惑圣上的人呢?或者是西北的姜夷有违背盟约犯上作乱的心思呢?臣刚从外地到京城,不了解最近的情况,心中有怀疑而嘴里不敢说啊,我感到奇怪的是,朝廷看到这样的大灾变,不认真改正政事中的过失,以满足上天的警诫,以安定百姓的恐惧之心,而是默不作声,也不对灾区百姓表示同情,进行救济,就像什么事情都没有发生一样;谏官、御史没有听到他们为此上疏分析发生这次灾变的原因,以开启圣上之心。然而百姓们的心情却是极不稳定,他们聚集在一起议论纷纷,都有忧虑恐惧的神色。

臣因为世代受到国君的俸禄,我自身又受命于朝廷,这无比的恩泽养育了我,才有我今天的生命,今天发生的事情我看在眼里想在心里,感到心惊胆战,汗流浃背,想彻底地一吐我的肺腑之言,以感谢陛下的知遇之恩。可是看到范仲淹因刚毅正直触犯了奸臣,他的忠言不仅不被采纳,朝廷反而把他流放到外地,还向全国下达诏书,不许人们超越自己的职权议论政事。臣这样不避权臣,恐怕一定要横遭中伤,这样,对国家没有什么补益,因此暗自悲伤嗟叹,不知该怎么办。

不久又在正月开初,忽然雷电交加,臣以为这是因为国家政事中有很多缺点和失误,朝中群臣都不敢向皇上说明,只有上天一再嘱咐陛下。陛下果然发布了一个圣明的诏书,允许群众都可以向陛下进谏,臣开始听到这个信息真是欢欣鼓舞。十多天中,群臣中不少人上书言事,其中不会没有切中时弊的议论,但却没有听到朝廷提出来加以实行,这也是徒有虚言而不追求实效啊。臣听说只有用诚可以感动上天,只有靠实可以安定百姓,现在对上天不用诚,安民不靠实,徒然发布一纸空文,这只能增加人们的叹息而已,拿什么去感谢神灵和补救社会的弊乱呢?是不是有大臣在蒙蔽圣上的视听,不肯为陛下推行正确的措施?是不是群臣的进言都是不着边际无法实行的空论?臣私下看到现在朝廷的纲纪败坏,政事和教化方面有很多缺点和失误,这方面的例子很多,我不一一列举,仅从大的方面提出两件事情以奏闻皇上:

第一件是正人心。治理一个国家就像治理一个家庭,要治家的人首先要修养自己,要修养自己首先得正心,心正以后精神就集中,因而能有条理地处理好各种事务。现在百姓中传说陛下近年来稍近俳优和贱人,娱乐超过了节制,给人们的赏赐也过度了。娱乐超过节制就是放荡,赏赐过度就是奢侈。放荡就不会专心于政事,奢侈就会财用不足。臣私下看过本朝国史,看到祖宗上朝,太阳已往西斜,已是傍晚时分,还仍旧坐在后苑,门外有人要进见奏事的,立即召见问对,而且委婉地询问人家,即使是一条小小的意见也都认真采纳。真宗晚年身体不安适,才两天上朝一次,现在陛下正是年富力盛,实在是应该在天不亮就穿衣服,天晚了才吃饭,励精图治,而居然也是两天才上一次朝,这是对政事不认真啊。另外是国库空虚,百姓没有积蓄,苛捐杂税,诛求无已,几乎是没有一天不向百姓抽捐。国家开支的经费,比开国时增加了二十倍,这就是国家财用不足的原因啊。处理政事不尽心,国家财用不足,实在是国家的大忧患啊。臣服望陛下能加强自我修养,正确使用群臣,端正思想,正确鉴定事物,勤于听政,不图安逸,远离俳优和身边的小人,亲近那些刚毅耿直的忠良之士,借着这次灾变,以考虑长远的大计,这样,就是天下的大幸了。

第二件是说选择贤才的事情。英明的君主把主要的努力放在求取贤才方面而不太注意派遣、命令一类事情,满朝那么多官员,不必全由国君去选择,需要国君亲自选择的,只是一两个宰相和御史谏官而已。现在看来,陛下的用人还没有经过慎重的选择。前些日子,王随从吏部侍郎一下子提升到门下侍郎平章事,跳跃了十级,做了宰相。这是特殊的恩泽,必须给有特殊才能的人,而王虽没有真才实学,庸庸碌碌,而且还喜欢谄媚逢迎并不是一个可做宰相的人才,在宣布了对他的任命以后,人们议论纷纷。所以疾病缠上了王随的身体,灾祸降到了我们的国家,这亦是无意在爱惜我们的国家,皇上要引以为戒啊!还有石中立突然出现在朝中百官的行列中,石中立是说话诙谐自任的人,因此官员们或有宴请集会,总是让他参加,听他插科打诨,作为笑料。现在忽然成了皇上的重臣,但是听不到他出了什么好主意,所以在人们中威望很低,大家都不重视他,因此灾变连续发生而朝廷也不被尊重,这是因为皇上左右的人都不是有才能之人。陛下的左右尚且如此,天下官吏的情况也就可想而知了。实在是为了担心外人看不起而笑话我们中国,所以皇上应该立即罢免这些不称职的人,而另选贤才。另外,张观作为御史中丞,高若讷作为司谏,这两个人都在科举考试中得到了好成绩,他们都是以擅长文辞而得到进身的,而他们的性情却温和软弱,没有刚正耿直敢说话的气概。都是因为宰相看中了他们才被选拔到现在的位置上去的,目的是想让他们谨慎而沉默不语,不敢去揭发他们的隐私,有时他们也发些议论,那么一定在暗中相互打招呼,被旁边的人看见了,真是非常可笑啊。所以,御史、谏官这样重要的官员,臣希望陛下能亲自选择,不让他们出自宰相的门下。台谏官既找到了合适的人选,那么皇上左右的近臣也就不敢为所欲为了,这是皇上控制下面的策略啊。

臣以为皇上如果自身很勤俭了,宰相、御史、谏官又都选到了贤才,那么天下怎么还担忧治理不好,灾变还怎么会发生呢?望陛下留意这些事情啊!

范仲淹向朝廷推荐苏舜钦的才能,经过皇帝面试,任命为集贤院校理,监进奏院。苏舜钦娶宰相杜衍的女儿为妻,杜衍和范仲淹、富弼都是当时的执政大臣,他们在朝廷中起用很多社会上的著名人物,准备改革各种事务。御史中丞王拱辰等人不满意他们的所作所为。恰巧碰到进奏院举行祀神典礼,苏舜钦和右班殿值刘巽动用了卖废纸的公款请乐队,隔了一天又用这笔钱招待宾客。王拱辰了解了这些情况后,暗示他的下属鱼周询等人向上劾奏此事,企图由此打击杜衍。此事发往开封府处理,因此,苏舜钦和刘巽都由于监守自盗的罪名而被撤职。那天参加集会的宾客都是社会名流,因牵连而获罪被放逐到全国各地的有十多人。社会舆论认为是太过分了。而王拱辰他们却沾沾自喜地说:"这一下,被我一网打尽了。"

苏舜钦被撤职后,寄寓于吴中(今江苏苏州),他的朋友韩维责备他过去世代居住帝都现在为什么要远离京师与亲友隔绝?苏舜钦为此写了一封回信,信中说:

听说您责备我把兄弟丢在京师,不顾兄弟情义,自己独自羁旅在几千里外,自取愁闷和苦恼。我岂会没有亲戚情谊,怎么会不懂得兄弟手足生活在一起的欢乐!怎么会抛开安逸而甘心愁苦呢?

我从前在京师,不敢冒犯人家的脸色,不敢议论国家的政事,随波逐流,心情抑郁不展,可以说到了极点,更不幸的是我恰巧又处于一个容易引起是非的地位,但我却没有下决心早一点自动离开,以致给自己招来了不测之祸,揪着我的头发把我交给法官审问,没有人为我说一句话,朋友仇敌一个样,一起来诽谤我。我被撤职以后,喧闹没有结束,更想把我置之死地而后快。到我家里来的人往往是为了搜集我的言论,加以传播,好心同情我的人几乎没有了。所以我紧闭门户不敢和这些人相见，就像逃避乱兵和强盗一样。我逃避世俗到了这样的地步，怎么还可以长久居住在那样的地方呢？于是我就离世脱俗，高举远游，漂泊在江湖之上，这样做，不仅是为了解决吃饭穿衣的困难，实在也是为了稍稍避开机关和陷阱啊！

况且我的兄弟亲属很多，而经济收入却很少，持国您是看到的。兄弟亲属经常相互团聚，可以缺少衣食吗？不可以啊！可以经常关起大门不和别人接触吗？不可以啊！和人家接触必须和人家说话，和人家说话必须要和人家往来，假如人人都像您持国那样就好了，不如持国的人必然会加油添醋地制造流言，传布四方，使我不能为自己辩白，那么从前发生的事情可能还会重新发生的啊！

即使不发生那样的事情，也是终日劳苦，应接不暇，冬天夏天一年四季都要奔走在风尘泥淖之中，没完没了的人事交往，瘦马、饿仆，每天在都城里忙忙碌碌地看人家面孔，让人家指着自己的背讥笑或者说些可怜之类的话，这样，我在别人面前还有什么面孔，怎么能不愁苦呢？

我在这里虽然和兄弟亲属离得很远，但一年到头生活还比较丰足，住的房子也比较宽敞，没有一天到晚应接奔走的辛劳，耳目清静，不设机关以待人，心情安闲而身体舒展，漏壶到三刻的时候才睡觉，傍晚时分才起床，在安静的院落明净的窗子下面，摆开图画、史书、古琴、酒杯自娱自乐，有兴趣就驾起小船到盘门、阊门外而去泛舟，在秀美的江山之间吟诗、长啸、眺览、怀古。河洲上产的茶，民间酿的酒，足以消除万古的忧愁，莼菜、鲈鱼、稻米、河蟹，完全可以适合口味，这里又有很多高僧和隐士，寺庙的景色美到极点，我家里还造了一个园林，中间有奇花怪石，曲池回廊，亭台楼阁，鱼鸟在这里流连，不知不觉已经红日西沉暮色降临。

从前孔子作《春秋》而把吴国称为夷，又说："我想住在九夷。"看现今吴地的风俗，可以说是十分纯朴，人们都乐善好施，他们知道我这个人守正道好读书，都高高兴兴地愿意和我往来，不把我看成是一个犯罪的人，虽然孔子再生，我想他也一定想住在这里的。拿京师和这里相比较，哪个好呢？一个人的生活中，如果内心能够自得其乐，外部的条件也很舒适，那就应该说是很快乐了，何必一定要高官厚禄，役使别人以供养自己然后才算是快乐。我虽然侨居在这里，也好像在外地做官一样，怎么可以和亲属常常相守在一起呢？我所处的形势对我很不利，所以不能像持国所希望的那样，何必一定要让我尸填沟壑，肉饲豺虎，才算尽了兄弟的情义呢？怎么能残忍到这样呢！《诗经》中说："凡今之人，莫如兄弟。"说的是兄弟以恩亲相处，在紧急患难的时候必定会互相拯救，后面一章说："丧乱平定以后，既平安又宁静。这个时候虽然有兄弟，还不如朋友呢！"它说的是朋友尚义，在安宁的时候，用礼义相互琢磨。我和持国，是表兄弟，在我急难的时候，持国并没有来相救，又在我还没有安定的时候，想用义来相琢磨、砥砺，即使是古人恐怕也是不能接受的，我本来不想写回信了，考虑到如果不回信就有点亏待我的持国了。

二年，苏舜钦得到湖州（今属浙江）长史的官职，便去世了。苏舜钦人曾多次给朝廷上书议论国家大事，在苏州买太湖石建造了沧浪亭，就更加发愤读书，常常将愤懑的感情表现在诗歌中,他的诗风格豪放,常常有惊人之语。苏舜钦又善于写草书,每酒酣,便落笔,世人争相传观,及至迁谪而死,世人感到特别痛惜。妻子杜氏有贤行。

苏舜钦的哥哥苏舜元,字才翁,为人精明强悍而且讲气节,所写的诗歌也很豪放劲健,特别工于草书,苏舜钦比不上他。官做到尚书度支员外郎、三司度支判官。

梅尧臣传

【题解】

梅尧臣(1002~1060),北宋诗人。字圣俞,宣州宣城(今属安徽)人。宣城古名宛陵,世称宛陵先生。少时进士不第,历任州县官属,后授国子监直讲,官至尚书都官员外郎。

在北宋诗文革新运动中,梅尧臣与欧阳修、苏舜钦齐名,并称"梅欧"或"苏梅"。论诗注重政治内容,对宋初靡丽文风进行了批判,其诗富于现实内容,风格平淡,意境含蓄,对北宋诗风转变有很大影响。有《宛陵先生集》。

梅尧臣

【原文】

梅尧臣字圣俞,宣州宣城人,侍读学士询从子也。工为诗,以深远古淡为意,间出奇巧,初未为人所知。用询荫为河南主簿,钱惟演留守西京,特嗟赏之,为忘年交,引与酬倡,一府尽倾。欧阳修与为诗友,自以为不及。尧臣益刻厉,精思苦学,由是知名于时。宋兴,以诗名家为世所传如尧臣者,盖少也。尝语人曰:"凡诗,意新语工,得前人所未道者,斯为善矣;必能状难写之景如在目前,含不尽之意见于言外,然后为至也。"也以为知言。历德兴县令,知建德、襄城县,监湖州税,签书忠武、镇安判官,监永丰仓。大臣屡荐宜在馆阁,召试,赐进士出身,为国子监直讲,累迁尚书都官员外郎。预修《唐书》,成,未奏而卒,录其子一人。

宝元、嘉祐中,仁宗有事郊庙,尧臣预祭,辄献歌诗,又尝上书言兵。注《孙子十三篇》,撰《唐载记》二十六卷、《毛诗小传》二十卷、《宛陵集》四十卷。

尧臣家贫,喜饮酒,贤士大夫多从之游,时载酒过门。善谈笑,与物无忤,诙嘲刺讥托于诗,晚益工。有人得西南夷布弓衣,其织文乃尧臣诗也,名重于时如此。

【译文】

梅尧臣,字圣俞,宣州宣城(今属安徽)人,侍读学士梅询的侄儿。梅尧臣的诗写得很好,意境深远古淡,有时候也表现得很奇巧,但开始并没有被人们所了解。因为伯父梅询的恩荫,梅尧臣出任河南(今河南洛阳)主簿。当时钱惟演为西京(今河南洛阳)留守,他特别赞赏梅尧臣的诗歌,于是两人成了忘年之交,他们互相唱和,一府的人尽皆倾慕。欧阳修也和梅尧臣成了诗友,认为自己的诗都不如梅尧臣。梅尧臣受了欧阳修的赞誉,愈加刻苦自励,精思苦学,由此诗名骤增,成了当时文坛的知名人物。宋代开国以来,像梅尧臣那样以诗歌创作成名并为社会所传颂的人,是非常少的。梅尧臣曾对人说:"凡写诗,意境要新,语言要工,要写出前人没有说过的话,这样才算得上是好诗。必须把难以表现的景物描绘得就像在你的眼前,在诗的语言之外蕴藏着无穷的意境,这才是最上等的诗。"世人认为这是深刻精辟的意见。梅尧臣历任德兴(今属江西)县令,主管过建德(今属浙江)、襄城县(今属河南)政务,又监湖州(今属浙江)税务,签书忠武、镇安判官,监永丰仓。朝廷中不少大臣多次推荐梅尧臣,认为他适宜在馆阁供职,因此皇帝召他进行面试,赏赐了他一个进士出身,任命为国子监直讲,以后一直升迁到尚书都官员外郎。参与编撰《唐书》,书写完以后,还没有来得及上奏朝廷,梅尧臣就去世了,朝廷录用了他的一个儿子。

宝元、嘉祐之间,仁宗皇帝举行郊庙典礼,梅尧臣参与了祭典,在祭典过程中总是献诗,又曾经向皇帝上书议论军事,还为《孙子十三篇》作注,又撰了《唐载记》二十六卷、《毛诗小传》二十卷、《宛陵集》四十卷。

梅尧臣家境贫困,喜欢饮酒,当时一些品德贤良的官员们都喜欢和他交游,他们经常带着酒到梅尧臣家里来。梅尧臣性格诙谐,善于谈笑,不触犯人,他对社会的嘲讽讥刺都寄托在诗歌中,到了晚年,他的诗写得更有功力。有人得到从西南夷带来的一件布弓衣,它上面的织纹是梅尧臣的诗歌,可见梅尧臣在当时文坛上的名声竟大到何等地步。

文同传

【题解】

文同(1018~1079),字与可,自号笑笑先生,锦江道人,人称他为石室先生,梓州永泰县(今四川省监亭东)人。中进士后,历任太常博士、集贤院校理,知陵州、洋州,后任湖州太守,赴任途中去世。

文同是北宋著名文人画家。他擅长诗文书画,尤以画知名。他画的墨竹,叶面深墨,叶背淡墨,自成一格,后世学他画法的人很多,形成"湖州竹派"。他画竹,主张先"胸有成竹"。另外,也善于画山水。传世《墨竹图》,据说是他的作品。诗文有《丹渊集》传世。

【原文】

文同字与可，梓州梓潼人，汉文翁之后，蜀人犹以"石室"名其家。同方口秀眉，以学名世，操韵高洁，自号笑笑先生。善诗、文、篆、隶、行、草、飞白。文彦博守成都，奇之，致书同曰："与可襟韵洒落，如晴云秋月，尘埃不到。"司马光、苏轼尤敬重之。轼，同之从表北也。同又善画竹，初不自贵重，四方之人持缣素请者，足相蹑于门。同厌之，投缣于地，骂曰："吾将以为袜。"好事者传之以为口实。初举进士，稍迁太常博士、集贤校理、知陵州、又知洋州。元丰初，知湖州，明年，至陈州宛丘驿，忽留不行，沐浴衣冠，正坐而卒。

崔公度尝与文同为馆职，见同京南，殊无言，及将别，但云："明日复来乎？与子话。"公度意以"话"为"画"，明日再往，同曰："与公话。"则左右顾，恐有听者。公度方知同将有方，非画也。同曰："吾闻人不妄语者，舌可过鼻。"即吐其舌，三叠之如饼状，引之至眉间，公度大惊。及京中传同死，公度乃悟所见非生者。有《丹渊集》四十卷行于世。

【译文】

文同，字与可，是梓州梓潼人，汉代人文翁的后裔，四川人至今称他家为"石室"。文同的嘴呈方形，眉毛清秀，以学问渊博著名，品操高雅，自号为笑笑先生。他善于做诗文，又长于篆书、隶书、行书、草书、飞白书。文彦博任成都太守时，认为文同是个奇才，给他写信说："文与可胸襟磊落潇洒，好比晴空中的片云，秋天的明月，不沾一点俗尘。"司马光、苏轼尤其敬重他。苏轼是文同的堂表弟。文同又擅长画竹，起初他自己对他的作品也并不怎么看重，但是四面八方拿着丝绢来请他画画的人，踏破了门槛。文同非常厌烦，把丝绢扔在地上，骂道："我将用这些丝绢做袜子。"有些好事之徒把他这话传出去，成为人们的话柄。中进士以后，升任太常博士、集贤院校理、陵州知州、洋州知州。元丰初年，任湖州知州，第二年，他赴任来到陈州宛丘驿这个地方，忽然停下来不往前走，洗了澡，穿戴得衣帽整齐，正襟危坐而死。

崔公度曾经和文同一起在集贤院任职，在京城南效看到文同，文同没有说什么说，将离别的时候，文同对他说："明天还来吗？我给你话。"崔公度把"话"听成"画"，第二天再去，文同对他说："我要和你说话。"说罢左看右瞧，好像怕有人听见。这时崔公度才明白文同要和他说话，并不是送给他画。文同说："我听人讲，不肯胡说八道的人，他的舌头可以长过鼻子。"说罢，伸出舌头，又把舌头垒成三层，像千层饼那样，又把舌头伸开向上，舌尖黏到双眉中间，崔公度看了，大为吃惊。崔公度听到京城人传说文同已死，他才明白，他看到的文同，并不是生人，而是死鬼。文同著有《丹渊集》四十卷，流传于世。

贺铸传

【题解】

贺铸（1052～1125），北宋词人。字方回，号庆湖遗老，卫州（今河南汲县）人，任侠好武，博学强记，曾任泗州、太平州通判。晚年退居苏州，以校雠书籍终老。

贺铸诗、词、文皆善，词名最著。其词刚柔兼济，风格多样。好以旧谱填新词而改易其调名，善锤炼字句，常用古乐府及唐人诗句入词。有《东山寓声乐府》。

【原文】

贺铸字方回，卫州人，孝卫皇后之族孙。长七尺，面铁色，眉目耸拔。喜谈当世事，可否不少假借，虽贵族权倾一时，小不中意，极口诋之无遗辞，人以为近侠。博学强记，工语言，深婉丽密，如次组绣。尤长于度曲，掇拾人所遗弃，少加隐括，皆出新奇。尝言："吾笔端驱使李商隐、温庭筠常奔命不暇。"诸公贵人多客致之，铸或从或不从，其所不欲见，终不贬也。

初，娶宗女，隶籍右选，监太原工作，有贵人子同事，骄倨不相下。铸廉得盗工作物，屏侍吏，闭之密室，以杖数曰："来，若某时盗某物为某用，某时盗某物入于家，然乎？"贵人子惶骇谢"有之。"铸曰："能从吾治，免白发。"即起自袒其肤，杖之数下，贵人子叩头祈哀，即大笑释去。自是诸挟气力颉顽者，皆侧目不敢仰视。是时，江、淮间有米芾以魁岸奇谲知名，铸以气侠雄爽适相先后，二人每相遇，瞋目抵掌，论辩锋起，终日各不能屈，谈者争传为口实。

元祐中，李清臣执政，奏换通直郎，通判泗州，又倅太平州。竟以尚酒使气，不得美官，悒悒不得志，食宫祠禄，退居吴下，稍务引远世故，亦无复轩轾如平日。家藏书万余卷，手自校雠，无一字误，以是杜门将遂其老。家贫，贷子钱自给，有负者，辄折卷与之，秋毫不以丐人。

铸所为词章，往往传播在人口。建中靖国时，黄庭坚自黔中还，得其"江南梅子"之句，以为似谢玄晖。其所与交，终始厚者，惟信安程俱。铸自哀歌词，名《东山乐府》，俱为序之，尝自言唐谏议大夫知章之后，且推本其初，出王子庆忌，以庆为姓，居越之湖泽所谓镜湖者，本庆湖也。避汉安帝父清河王讳，改为贺氏，庆湖亦转为镜。当时不知何所据。故铸自号庆湖遗老，有《庆湖遗老集》二十卷。

【译文】

贺铸，字方回，卫州（今河南汲县）人，孝卫皇后的族孙。身长七尺，面色青黑，眉毛直竖。喜欢议论当代国家大事，批评不留情面，虽然是权倾一时的豪门权贵，只要贺铸少不中意,他便会毫无保留地进行辱骂,人们认为他的行为很像侠客。贺铸学识广博,记忆力特强,善于言辞,他的语言精深、婉丽、细致、严密,就像是按次序排比编织而成的五彩俱备的图画。贺铸尤其擅长作曲,常常把别人丢掉的曲子搜集起来,稍加剪裁、组织,便都成了新奇的曲子。他曾经说:"我在笔光底下驱使着李商隐、温庭筠,常常使他们不停地奔命。"一些达官贵人都想请贺铸到家中做客,贺铸或者去或者不去,他所不愿意见的人,也始终没有说他们的坏话。

起初,贺铸娶了同一个宗族的女子为妻。贺铸隶属右选,监太原工作。有一个贵族子弟和贺铸是同事,这个人骄纵傲慢,目中无人,贺铸经过察访,了解他偷盗公物,于是把仆役和公务员们打发开,把这个贵族子弟关在密室里,贺铸手里拿着刑杖对贵族子弟说:"走过来,你在某时盗窃了某物去做某用,某时又盗窃某物拿到你自己家里去,是这样吗?"贵族子弟十分惊恐地叩头说:"有这些事。"贺铸说:"宁可让我来处理你,免得我公开告发。"于是立即站起来,亲自把贵族子弟的衣服脱去露出身体,在他屁股上打了几棍子,贵族子弟叩头祈求哀告,贺铸便大笑着释放了贵族子弟。从此以后,那些凭着权势而傲慢的人,都只能斜着眼睛而不敢抬起头来看人。这时,江、淮之间有一个名叫米芾的人,他以身材魁梧和思想怪异而闻名于时,贺铸则以见义勇为的义侠行为和豪爽的性格同米芾不相上下,两人每次见面,就两眼圆睁,拍着手掌,激烈地争辩起来,甚至争辩了一整天,也是谁都无法把对方辩输,文人中争相把他们辩论的情况作为谈话的资料。

元祐年间,李清臣做宰相,上奏更换通直郎,让贺铸通判泗州(今江苏泗洪),又去做太平州的副职。贺铸每次都因为喜欢喝酒和意气用事而得不到理想的官职,所以郁郁不得志,吃的是宫祠的俸禄,他退居到吴下(今江苏苏州),稍稍离开一点那个纷扰的社会现实,所以心情倒也平静,不像从前那样起伏不平。家中藏书一万多卷,贺铸手里拿着书进行校对,没有一个字会发生错误,他想用闭门读书的办法度过自己的晚年。贺铸家境贫困,经常靠借高利贷维持生活,有亏欠人家的,便拿地契房券等给人家抵押,丝毫不向别人乞讨。

贺铸所写的诗文,有不少传播在人们的口头上,建中靖国(1101)那一年,黄庭坚从贵州回来,看到贺铸"江南梅子"的诗句,说他的诗风像谢朓。在与贺铸交往的人们中,关系始终很亲密的,只有信安(今河北霸县)的程俱。贺铸把自己的词编成集子,名为《东山乐府》,程俱为这个词集写了序。贺铸曾经说他自己是唐代谏议大夫贺知章的后代,而且推算到最远的始祖是出于王子庆忌,用庆作为姓,在越地有一个湖泊叫镜湖的,本来的名字叫庆湖,为了避汉安帝父亲清河王的讳,改为贺氏,庆湖亦改为镜湖。贺铸当时的这些说法,不知是从哪里来的根据。所以贺铸自号"庆湖遗老",有《庆湖遗老集》二十卷。

黄庭坚传

【题解】

黄庭坚(1045~1105),北宋诗人、书法家。字鲁直,号山谷道人、涪翁,洪州分宁(今江西修水)人。治平四年进士,曾编修《神宗实录》,迁起居舍人。后以修实录不实的罪名,遭到贬谪。

黄庭坚为"苏门四学士"之一,诗与苏轼齐名,并称"苏黄"。其诗立意深曲,章法细密,讲究句法,注重字词的锤炼,风格上追求奇拗硬涩。论诗标榜杜甫,提倡"无一字无来处"和"夺胎换骨,点铁成金"之说,开创"江西诗派",影响整个宋代诗坛。又能词,部分作品受苏轼影响,以流宕洒脱见长,时有豪迈气象。

黄庭坚工书法,兼善行、草,以侧险取势。纵横奇倔,自成风格。为"宋四家"之一。有《山谷集》。

黄庭坚

【原文】

黄庭坚字鲁直,洪州分宁人。幼警悟,读书数过辄成诵。舅李常过其家,取架上书问之,无不通,常惊,以为一日千里。举进士,调叶县尉。熙宁初,举四京学官,第文为优,教授北京国子监,留守文彦博才之,留再任。苏轼尝见其诗文,以为超轶绝尘,独立万物之表,世久无此作,由是声名始震。知太和县,以平易为治。时课颁盐策,诸县争占多数,太和独否,吏不悦,而民安之。

哲宗立,召为校书郎。《神宗实录》检讨官。逾年,迁著作佐郎,加集贤校理。《实录》成,擢起居舍人。丁母艰。庭坚性笃孝,母病弥年,昼夜视颜色,衣不解带,及亡,庐墓下,哀毁得疾几殆。服除,为秘书丞,提点明道宫,兼国史编修官。绍圣初,出知宣州,改鄂州。章惇、蔡卞与其党论《实录》多诬,俾前史官分居畿邑以待问,摘千余条示之,谓为无验证。既而院吏考阅,悉有依据,所余才三十二事。庭坚书"用铁龙爪治河,有同儿戏"。至是首问焉。对曰:"庭坚时官北都,尝亲见之,真儿戏耳。"凡有问,皆直辞以对,闻者壮之。贬涪州别驾,黔州安置,言者犹以处善地为骫法。以亲嫌,遂移戎州。庭坚泊然,不以迁谪介意。蜀士慕之从游,讲学不倦,凡经指授,下笔皆可观。

徽宗即位,起监鄂州税,签书宁国军判官,知舒州,以吏部员外郎召,皆辞不行。亏郡,得知太平州,至之九日罢,主管玉隆观。庭坚在河北与赵挺之有微隙,挺之执政,转运判官陈举承风旨,上其所作《荆南承天院记》,指为幸灾,复除名,羁管宜州。三年,徙永州,未闻命而卒,年六十一。

庭坚学问文章,天成性得,陈师道谓其诗得法杜甫,学甫而不为者。善行、草书,楷法亦自成一家。与张来、晁补之、秦观俱游苏轼门,天下称为四学士,而庭坚于文章尤长于诗,蜀、江西君子以庭坚配轼,故称"苏、黄",轼为侍从时,举以自代,其词有"瑰伟之文,妙绝当世,孝友之行,追配古人"之语,其重之也如此。初,游潜皖山谷寺、石牛洞,乐其林泉之胜,因自号山谷道人云。

【译文】

黄庭坚,字鲁直,洪州分宁(今江西修水)人。小时候就十分机警聪敏,读书只几遍就能背诵。舅父李常经过他家,取下书架上的书问他,无不通晓,李常非常吃惊,认为他读书能一日千里。中进士,调叶县(今属河南)尉。熙宁初年,举四京学官,科举考试中文章等第为优,教授北京(今河北大名)国子监,北京留守文彦博非常赏识黄庭坚的才华,留他在国子监继续任职。苏轼曾见到过黄庭坚的诗文,认为这些作品已达到了超越寻常,造诣卓特,飘然脱俗的境界,世上已经很久没有见到这样的作品了。由于苏轼的赞誉,黄庭坚的名声开始大了起来。知太和县(今属安徽),黄庭坚以平和简易作为他的治理方针。当时正颁布征收盐税的法令,各县都争着要多收盐税,唯独太和县不这样,为此,县里那些办事人员很不高兴,而百姓却因此得到了平安。

哲宗即位,召黄庭坚为校书郎、《神宗实录》检讨官。过了一年,迁著作佐郎,加集贤院校理。《神宗实录》完成后,黄庭坚被提升为起居舍人。因母亲去世,回家守丧。黄庭坚对父母特别孝顺,母亲生病经年,黄庭坚昼夜都观察母亲的神色,衣不解带,及至母亲亡故,黄庭坚庐墓守孝,由于过度悲哀,因而瘦弱成疾,几乎丧命。守丧期满,黄庭坚被任命为秘书丞,提点明道宫,兼国史编修官。绍圣初年,黄庭坚出知宣州(今安徽宣城)、改鄂州(今湖北武昌)。章淳、蔡卞和他们的同党说《神宗实录》多诬蔑不实之词,便把原来参加编修《神宗实录》的史官们分别集中于京邑以待查问,章淳他们在《神宗实录》中摘出了一千多条拿出来给人们看,说这些都是没有证据的东西。后经院吏作了考核,认为大部分还是有根据的,没有依据的只留下三十二条。其中一条是黄庭坚编写的:"用铁龙爪治河,有同儿戏。"因此首先就查问到黄庭坚。黄庭坚回答说:"我当时在北京大名府做官,曾经亲自看到过这种事情,真是一桩儿戏。"凡有所问,黄庭坚都直截了当地按事实做了回答,听的人都中伤他。因此黄庭坚被贬为涪州(今四川涪陵)别驾,发往黔州(今四川彭水)安置,谏官们还以为安置黄庭坚的地方太好而没有严格执法。为了回避亲嫌,黄庭坚被移置去戎州(今四川宜宾),对于所发生的这一切,黄庭坚都淡然处之,而不以迁谪事耿耿于怀。蜀中的文人学者们因倾慕黄庭坚而和他交往向他学习,黄庭坚讲学不倦,凡经过黄庭坚亲自指点过的读书人,文章都写得很好。

徽宗即位后,又起用黄庭坚监鄂州(今湖北武昌)税务,签书宁国军判官,知舒州(今安徽潜山),以吏部员外郎召,黄庭坚都推辞不去,而要求到州郡去做官,得到一个太平州(今安徽当涂)知州的职务,但赴任只九天,就被罢官了,而让他去主管玉隆观。黄庭坚在河北时和赵挺之稍有不和,赵挺之做了执政大臣后,转运判官陈举根据赵挺之的暗示,把黄庭坚写的一篇文章《荆南承天院记》送给朝廷,指责黄庭坚在文章中幸灾乐祸,于是黄庭坚又被除名,发往宜州(今湖北宜昌)拘管。三年,徙永州(今湖南零陵),还没有听到这个命令,黄庭坚就去世了。终年六十一岁。

黄庭坚在学问文章方面,可以说是个天才,陈师道说他的诗深得杜甫的三昧,学杜诗而又不为杜诗所拘。黄庭坚又善于行书和草书,楷书也自成一家。黄庭坚和张来、晁补之、秦观都游学于苏轼的门下,天下人称他们为"苏门四学士",而黄庭坚的文章比他的诗歌写得更好,四川、江西的学者文人把黄庭坚和苏轼比配,称之为"苏、黄"。苏轼当侍从的时候,推举黄庭坚代替自己,在荐文中有"奇伟卓异的文章,妙绝尘寰,举世无双;孝顺父母友爱兄弟的行为,可与古人媲美"这样的话,可见他对黄庭坚的推重到了多么高的地步!起初,黄庭坚游潜皖(今安徽潜山)山谷寺、石牛洞,因爱好这些山水胜景,所以自号山谷道人。

秦观传

【题解】

秦观(1049~1100),北宋词人。字少游、太虚,号淮海居士,高邮(今属江苏)人。元丰进士,曾任秘书省正字,兼国史院编修官等职。因政治上倾向旧党,后累遭贬谪。

秦观为"苏门四学士"之一,颇为苏轼所重,诗、文、词皆工,而以词著称。其词属婉约一派,语言淡雅、手法含蓄,情韵兼胜,回味无穷,在当时负有盛名。其诗风略似其词,秀丽有余,气魄较弱。有《淮海集》。

【原文】

秦观字少游,一字太虚,扬州高邮人。少豪隽,慷慨溢于文词,举进士不中。强志盛气,好大而见奇,读兵家书与己意合。见苏轼于徐,为赋《黄楼》,轼以为有屈、宋才。又介其诗于王安石,安石亦谓清新似鲍、谢,轼勉以应举为亲养,始登第,调定海主簿、蔡州教授。元祐初,轼以贤良方正荐于朝,除太学博士,校正秘书省书籍。迁正字,而复为兼国史院编修官,上日有砚墨器币之赐。

绍圣初,坐党籍,出通判杭州。以御史刘拯论其增损《实录》,贬监处州酒税。使者承风望指,候伺过失,既而无所得,则以谒告写佛书为罪,削秩徙郴州,继编管横州,又徙雷州。徽宗立,复宣德郎,放还,至滕州,出游华光亭,为客道梦中长短句,索水欲饮,水至,

秦观

笑视之而卒。先自作挽词，其语哀甚，读者悲伤之，年五十三，有文集四十卷。

观长于议论，文丽而思深。及死，轼闻之叹曰："少游不幸死道路，哀哉！世岂复有斯人乎！"弟觌字少章，觏字少仪，皆能文。

【译文】

秦观，字少游，又字太虚，扬州高邮（今江苏高邮）人。年轻时性格豪放，人才出众，慷慨之气溢于言表，参加进士考试没有考中。秦观志高气盛，一心想创立一番大功业，他的表现常常出人意料，读兵书，感到能与自己的意见相合。在徐州（今属江苏）见到了苏轼，写了一篇《黄楼赋》，苏轼以为秦观有屈原、宋玉之才。苏轼又把秦观的诗介绍给王安石，王安石也说秦观的诗非常清新，很像鲍明远和谢朓。苏轼勉励秦观通过科举考试以赡养父母。秦观刚中举就选调为定海主簿、蔡州教授。元祐初年，苏轼以贤良方正的名义把秦观荐举到了朝廷，因此秦观被任命为太学博士，校正秘书省书籍。后又迁正字，而复为兼国史院编修官，皇上经常有砚、墨、器、币之类赏赐给秦观。

绍圣初年，因为秦观是旧党，所以外放为杭州通判。又因为御史刘拯说他擅自增减《仁宗实录》，所以贬为监处州（今浙江丽水）酒税。当地的官员们根据政治风向对秦观进行监视，等待他的过失，但是却什么也没有得到，于是只能用告发秦观写佛书的罪名，削减了他的俸禄，并徙郴州（今属湖南），继而编管横州（今广西横县），再徙雷州（今属广东）。徽宗即位后，秦观复为宣德郎，他从雷州回来的路上，经过滕州（今广西藤县），去游玩华光亭，对游客讲述自己在梦中所写的词，向左右的人讨水喝，等到左右的人将水取来时，他看着水含笑地死去了。在这之前，他曾经先为自己写过一首挽词，词语十分哀痛，读过这些挽词的人，都很为他悲伤，秦观终年五十三岁，有文集四十卷。

秦观擅长议论，文辞秀丽而思想深刻。及秦观死，苏轼听到这个消息后悲叹道："少游不幸死在旅途，可哀痛啊！世界上难道还能再有少游这样的人吗？"秦观有两个弟弟，一个名觌，字少章；一个名觏，字少仪，都能写文章。

刘恕传

【题解】

刘恕(1032~1078),字道原,筠州(今江西高安县)人。司马光受诏修《资治通鉴》,请他加入史局,成为司马光修《资治通鉴》的主要助手之一,司马光对他颇为欣赏。在修《资治通鉴》过程中,刘恕主要负责魏晋南北朝史,而且对五代史部分也有所涉及,只是未完成而死,余下的是范祖禹完成的。刘恕除参与《资治通鉴》的部分工作外,还撰有《通鉴外纪》,包括伏羲以来一卷、夏纪商纪共一卷、周纪八卷,还有目录五卷,仿《通鉴目录》体例,年经事纬,上列朔闰天象,下列外纪的卷数。它上溯远古,往往是传奇怪诞之说,加之刘恕以全为务,故遭人讥评。但是此书本是草稿长编,须待司马光笔削定稿。即便如此,仍可窥见杰出史家的严谨作风。

【原文】

刘恕字道原,筠州人。父涣字凝之,为颍上令,以刚直不能事上官,弃去。家于庐山之阳,时年五十。欧阳修与涣,同年进士也,高其节,作《庐山高》诗以美之。涣居庐山三十余年,环堵萧然,饘粥以为食,而游心尘垢之外,超然无戚戚意,以寿终。

恕少颖悟,书过目即成诵。八岁时,坐客有言孔子无兄弟者,恕应声曰:"以其兄之子妻之。"一坐惊异。年十三欲应制科,从人假《汉》《唐书》,阅月皆归之。谒丞相晏殊,问以事,反覆诘难,殊不能对。恕在钜鹿时,召至府,重礼之,使讲《春秋》,殊亲帅官属往听。未冠,举进士,时有诏,能讲经义者别奏名,应诏者才数十人,恕以《春秋》《礼记》对,先列注疏,次引先儒异说,末乃断以己意,凡二十问,所对皆然,主司异之,擢为第一。他文亦入高等,而廷试不中格,更下国子试讲经,复第一,遂赐第。调钜鹿主簿、和川令,发强擿伏,一时能吏自以为不及。恕为人重意义,急然诺。郡守得罪被劾,属吏皆连坐下狱,恕独恤其妻子,如己骨肉,又面数转运使深文峻诋。

笃好史学,自太史公所记,下至周显德末,纪传之外至私记杂说,无所不览,上下数千载间,钜微之事,如指诸掌。司马光编次《资治通鉴》,英宗命自择馆阁英才共修之。光对曰:"馆阁文学之士诚多,至于专精史学,臣得而知者,唯刘恕耳。"即召为局僚,遇史事纷错难治者,辄以诿恕。恕于魏、晋以后事,考证差缪,最为精详。

王安石与之有旧,欲引置三司条例。恕以不习金谷为辞,因言天子方属公大政,宜恢张尧、舜之道以佐明主,不应以利为先。又条陈所更法令不合众心者,劝使复旧,至面刺其过。安石怒,变色如铁。恕不少屈;或稠人广坐,抗言其失无所避,遂与之绝。方安石用事,呼吸成祸福,高论之士,始异而终附之,面誉而背毁之,口顺而心非者,皆是也。恕奋厉不顾,直指其事,得失无所隐。

光出知永兴军，恕亦以亲老，求监南康军酒以就养，许即官修书。光判西京御史台，恕请诣光，留数月而归。道得风挛疾，右手足废，然苦学如故，少间，辄修书，病亟乃止。官至秘书丞，卒，年四十七。

恕为学，自历数、地理、官职、族姓至前代公府案牍，皆取以审证，求书不远数百里，身就之读且抄，殆忘寝食。偕司马光游万安山，道旁有碑，读之，乃五代列将，人所不知名者，恕能言其行事始终，归验旧史，信然。宋次道知亳州，家多书，恕枉道借览。次道日具馔为主人礼，恕曰："此非吾所为来也，殊废吾事。"悉去之。独闭阁，昼夜口诵手抄，留旬日，尽其书而去，目为之翳。著《五代十国纪年》以拟《十六国春秋》，又采太古以来至周威烈王时事，《史记》《左氏传》所不载者，为《通鉴外纪》。

家素贫，无以给旨甘，一毫不妄取于人。自洛南归，时方冬，无寒具。司马光遗以衣袜及故茵褥，辞不获，强受而别，行及颍，悉封还之。尤不信浮屠说，以为必无是事，曰："人如居逆旅，一物不可乏，去则尽弃之矣，岂得赍以自随哉？"好攻人之恶，每自讼平生有二十失、十八蔽，作文以自警，亦终不能改也。

死后七年，《通鉴》成，追录其劳，官其子羲仲为郊社斋郎。次子和仲，有超轶材，作诗清奥，刻厉欲自成家，为文慕石介，有侠气，亦早死。

【译文】

刘恕，字道原，筠州人。父亲刘涣，字凝之，作颍上令，因刚直不能侍奉应合上司，弃官而去。家住庐山南面，当时五十岁。欧阳修和刘涣是同年的进士，认为他气节高尚，作《庐山高》诗予以赞美。刘涣在庐山居住三十余年，家居四周萧条冷落，以稠粥为食，然而心意游离于尘垢之外，对尘世之事超然处之毫无动心之意，以高寿而逝。

刘恕小时候聪慧过人，看书过目即可成诵。八岁的时候，座上的客人中有人说孔子无兄弟，刘恕立即接言说："以孔子哥哥的女儿做他的妻子。"满座都很惊异。十三岁那年，刘恕想参加皇帝在宫廷举行的诏试，从别人那里借来《汉书》《唐书》，看了一个月就归还了。拜访丞相晏殊，以时事问晏殊，并且反复提出质问，晏殊不能答对。刘恕在钜鹿的时候，晏殊把他召到府中，以厚礼待他，让他讲述《春秋》，晏殊亲自率领官属前往听讲。未及二十岁，举为进士，当时朝廷有诏令，能讲解经书义理的人另外奏上名字，应诏的人才几十人，刘恕用《春秋》《礼记》应对，先列二经的注疏，其次援引先儒对经理解的异同，最后以自己的看法下结论，一共二十问，都是这样应对，主考官对他的才能表示惊异，选他为第一名。其他的文章也列入高等，然而廷试没达到标准，再下参加国子试讲经，又举为第一，于是赐及第。调任钜鹿主簿、和川县令，揭露举发强悍隐恶的人或事，一时间号称能吏的人自以为不如刘恕。刘恕为人着重思想，急于许诺。郡守获罪被人揭发，手下官吏都因株连而入狱，只有刘恕抚恤郡守的妻子儿女，对待他们像自己的亲骨肉，还当面数落转运使引法苛刻使人入罪、大肆诋毁他人。

刘恕特别热爱史学，从太史公所著《史记》，下至周显德末年的纪事，除纪传史书之外，直至私记杂说，无所不读，上下几千年间，大小事件，了如指掌。司马光编撰《资治通鉴》，英宗命令司马光自己挑选馆阁英才一起修撰此书。司马光回答说："馆阁中的文学之士确实多，至于专门精通史学，臣能够了解的人，只有刘恕。"马上召刘恕为史局僚属，遇到纷乱错综难以条理的史学，就把这些推给刘恕。刘恕对于魏、晋以后的史事，考证其错谬，最为精到翔实。

王安石和刘恕有旧交情，想推荐他置三司条例。刘恕以不熟悉钱财谷物为推辞的理由，而且借此机会说天子现在把国家大政交给王安石，应当恢宏张扬尧舜之道以此辅佐圣明君主，不该把牟利放在首位。又逐条陈述所变更的法令不符合众人的心意，劝使王安石恢复旧法，直到当面指责他的过失。王安石发怒，脸变得铁青，刘恕一点不屈服；有时在大庭广众之下，大声讲王安石的过失无所回避，于是刘恕和王安石断绝往来。正当王安石掌权，在其呼吸之间或成福或成祸，有高尚议论的人，开始不同意王安石然而最终还得依附他，当面称赞他而背后诋毁他，嘴上顺从而心里不以为然，都是如此。刘恕更加猛烈批评无所顾忌，直接指责王安石所做之事，对得失没什么隐蔽。

司马光出京师知永兴军，刘恕也以亲老为由，请求监南康军酒，就近赡养老人，朝廷允许他在任上修书。司马光判西京御史台，刘恕请求拜诣司马光，在司马光哪里居留了几个月才回来。在路上得了中风抽搐的病，右手右脚残废了，然而刻苦学习依然如故，稍觉病情好些，就修书，病得厉害才停止。官做到秘书丞，去世，时年四十七岁。

刘恕做学问，从历数、地理、官职、氏族到前朝的公府文书档案，全部加以精审的考证。搜求书籍不远数百里，亲自前往阅读并且抄写，几乎忘了睡觉吃饭。偕同司马光游万安山，道旁有一块碑，读后得知是五代列将，人们所不知名的人，刘恕能说出此人行事的始末，回去查验旧史，确实不错。宋次道为亳州知州，家里有很多藏书，刘恕绕道来借阅。宋次道天天准备肴馔尽主人的礼节，刘恕说："这不是我到这里来的目的，太耽误我的事了，请全部取消。"一个人关上门，昼夜不停地口念手抄，住了十日，读完宋次道的藏书而离去，由于这样苦读，眼睛上生了障膜。刘恕著《五代十国纪年》以此拟类《十六国春秋》，又采摭上古以来到周威烈王时的史事，而又是《史记》《左氏传》所不记载的事，撰成《通鉴外纪》。

刘恕家素来贫穷，不能给亲人甘美的食物，也不从他人处妄取一毫。从洛阳回南方，正值冬天，没有御寒的衣物。司马光把衣袜和旧褥垫送给他，推辞不掉，勉强接受了离别而去，走到颖地，就将司马光的馈赠都包好奉还。刘恕尤其不信佛教的信条，认为一定没有这样的事，说："人生就像住旅舍，一件东西不能少，离去时全部丢弃，哪能给自己随身携带呢！"刘恕喜欢攻击他人的过失或短处，每每自责平生有二十失、十八蔽，写文章以警告自己，也终于未能改正。

刘恕死后七年，《通鉴》完成，追记刘恕的功劳，以他的儿子刘羲仲为官，做郊社斋郎。第二个儿子仲和，才能异常出众，作的诗高洁深奥，刻意磨炼自己想自成一家，做文章仰慕石介，有豪侠之气，也早逝。

米芾传

【题解】

米芾(1051~1107),初名黻,字元章,号襄阳漫士、海岳外史。据说他的祖先是西域人,后世代居住在太原,义迁居襄阳,最后定居在江苏镇江,因此称他是吴郡人。米芾的一生,官运不通,只作到州县级的小官。

米芾是北宋著名的书画家。他的书法,师承王献之,书风清逸俊放,不拘一格,自成一家,与苏轼、黄庭坚、蔡襄并称北宋四大家。他的画,以山水人物见长,特别善于画山,被称为"米家山"。同时,他还精于鉴赏,曾为内府鉴别字画文物。传世书做多种,如《苕溪诗》《虹县诗》《蜀素》《向太后挽词》等,著有《书史》《画史》《宝章待诗录》《山林集》等。

他的儿子米友仁,字元晖,能继承父业,善书画,精于鉴赏,曾长期在内府鉴别书画。

【原文】

米芾字元章,吴人也。以母侍宣仁后藩邸旧恩,补浛光尉。历知雍丘县、涟水军,太常博士,知无为军。召为书画学博士赐对便殿,上其子友仁所作《楚山清晓图》,擢礼部员外郎,出知淮阳军。卒,年四十九。

芾为文奇险,不蹈袭前人轨辙。特妙于翰墨,沉着飞翥,得王献之笔意。画山水人物,自名一家,尤工临移,至乱真不可辨。精于鉴裁,遇古器物书画则极力求取,必得乃已。王安石尝摘其诗句书扇上,苏轼亦喜誉之。冠服效唐人,风神萧散,音吐清畅,所至人聚观之。而好洁成癖,至不与人同巾器。所为谲异,时有可传笑者。无为州治有臣石,状奇丑,芾见大喜曰:"此足以当吾拜!"具衣冠拜之,呼之为兄。又不能与世俯仰,故从仕数困。尝奉诏仿《黄庭坚》小楷作周兴嗣《千字韵语》。又入宣和殿观禁内所藏,人以为宠。

子友仁字元晖,力学嗜古,亦善书画,世号"小米",仕至兵部侍郎、敷文阁直学士。

【译文】

米芾字元章,吴郡人。因他母亲曾在王府中侍候过宣仁皇后的关系,米芾补官为浛光县尉。后历任雍丘县、涟水军的行政长官,太常博士,无为军行政长官。奉召进京,任为书画学博士,曾进宫被皇帝召问。他献上他儿子米友仁所画《楚山清晓图》,升任礼部员外郎,外任为淮阳军行政长官。死时四十九岁。

米芾的文风,以奇险制胜,不因循前人的文章路数。他的书法,独妙一时,书风沉着飞动,颇得王献之用笔的奥妙。他的画山水人物,也自成一家。他尤其擅长临摹,达到真假难辨的程度。他还精于书画文物的鉴别,看到古代的器物书画,千方百计追求,得到后才罢手。王安石曾经摘他的诗句书写在扇面上，苏轼也出于喜爱他的书画而加以赞扬。他的服装模仿唐朝人式样，举止风流潇洒，说话声音清亮，他无论走到哪里，都会招来人围观。但他有爱干净的嗜好，甚至不和别人共用脸盆毛巾。他的所作所为，神秘怪异，经常被人们传为笑话。无为州衙门里有一块巨大的石头，形状极为难看，米芾看到，却喜出望外，说道："这块石头真值得我参拜！"于是穿得衣帽整齐，向石头行礼，并称石头为兄。他的为人，不能随波逐流，所以官运不通，学沦下僚。曾奉皇帝的圣旨模仿《黄庭坚》的笔法书写周兴嗣的《千字文》。又曾获准进入宣和殿内观摩内府收藏的书画作品，人们认为这是皇帝对他的恩宠。

他的儿子米友仁，字元晖，刻苦学问，嗜好古文物，也擅长书法绘画，世人称他为"小米"，官至兵部侍郎、敷文阁学士。

李公麟传

【题解】

李公麟(1049～1106)，字伯时，舒城县(今安徽属县)人。熙宁三年进士，官至朝奉郎。晚年因病回乡，居龙眠山，因号龙眠居士。为人情致高雅，不涉俗务，为当时名人所称道。

李公麟是北宋著名画家，他擅长画山水人物、鞍马，他的山水似李思训，人物似韩滉，鞍马似韩干。他继承了顾恺之、吴道子的绘画技法，善于白描，能用线条准确地描绘出人物的风貌。兼工书法，行、楷书有晋人几致。他的作品，传世的有《临韦偃放牧图》《五马图》《维摩演教》等图卷。

【原文】

李公麟字伯时，舒州人。第进士，历南康、长垣尉、泗州录事参军，用陆佃荐为中书门下后省删定官、御史检法。好古博学，长于诗，多识奇字，自夏、商以来钟、鼎、尊、彝，皆能考写世次，辨测款识，闻一妙品，虽捐千金不惜。绍圣末，朝廷得玉玺，下礼官诸儒议，言人人殊。公麟曰："秦玺用蓝田玉，今玉色正青，以龙蚓鸟鱼为文，著'帝王受命之符'，玉质坚甚，非昆吾刀、蟾肪不可治，雕法中绝，此真秦李斯所为不疑。"议由是定。

元符三年，病痹，遂致仕。既归老，肆意于龙眠山岩壑间。雅善画，自作《山庄图》，为世宝。传写人物尤精，识者以为顾恺之、张僧繇之亚。襟度超轶，名士交誉之，黄庭坚谓其风流不减古人，然因画为累，故世但以艺传云。

【译文】

李公麟字伯时，是舒州人。中进士后，历任南康县、长垣县尉，泗州录事参军，因陆佃的推荐,被任为中书门下后省删定官、御史检法。他博学好古,长于作诗,又能认识很多古文奇字,从夏、商以来传世的铜器、如钟、鼎、尊、彝等器物,他都能考定出它们的年代,解读铜器上的铭文,他听说有一件精美铜器,不吝千金,收购到手。绍圣末年,朝廷得到一方古代玉印,皇帝让礼官和儒臣们考定印玺的年代,结果是每人一种说法。李公麟说:"秦朝的印玺的石料用的是蓝田玉石,现在这枚印玺,颜色纯青,雕刻龙鸟虫鱼等花纹,上面刻写'帝王受命之符'文字,玉石的质地坚硬,若不是昆吾产的刀、涂上蟾油,就刻不动,这种雕刻方法也失传了,这枚印玺出于秦朝李斯的制作,毫无疑义。"这样才确定了这枚印玺的年代。

元符三年,他得了风湿病,于是病休。他病老回家以后,在家乡龙眠山中随心所欲地游玩。他以长于绘画著称,曾画了一幅《山庄图》,被世人所珍爱。他尤其长于画人物,行家认为,可以和顾恺之、张僧繇并驾齐驱。他为人胸襟高雅豪迈,当世名人都交口推崇他,黄庭坚认为,他的风神气韵可以和古人比美,但因他的画名太重,品操被画名所掩,世人只知道他是有名的画家罢了。

林逋传

【题解】

林逋(967~1028),北宋诗人。字君复,钱塘(今浙江杭州)人。布衣终生,四十岁后隐居杭州西湖小孤山。喜欢梅、鹤,自称"以梅为妻,以鹤为子"。卒谥和靖先生。

林逋的诗多写西湖美景,表现隐居的情趣,风格清冷幽静。咏梅的诗如"疏影横斜水清浅,暗香浮动月黄昏"(《山园小梅》)等,是为人传颂的名句。有《林和靖诗集》四卷,《补遗》一卷。

【原文】

林逋字君复,杭州钱塘人。少孤,力学,不为章句。性恬淡好古,弗趋荣利,家贫衣食不足,晏如也。初放游江、淮间,久之归杭州,结庐西湖之孤山,二十年足不及城市。真宗闻其名,赐粟帛,诏长吏岁时劳问。薛映、李及在杭州,每造其庐,清谈终日而去。尝自为墓于其庐侧。临终为诗,有"茂陵他日求遗稿,犹喜曾无《封禅书》"之句。既卒,州为上闻,仁宗嗟悼,赐谥和靖先生,赙粟帛。

逋善行书,喜为诗,其词澄浃峭特,多奇句。既就稿,随辄弃之。或谓:"何不录以示后世?"逋曰:"吾方晦迹林壑,且不欲以诗名一时,况后世乎!"然好事者往往窃记之,今所传尚三百余篇。

逋尝客临江,时李谘方举进士,未有知者,逋谓人曰:"此公辅器也。"及逋卒,谘适罢三司使为州守,为素服,与其门人临七日,葬之,刻遗句内圹中。

逋不娶,无子,教兄子宥,登进士甲科。宥子大年,颇介洁自喜,英宗时,为侍御史,连被台移出治狱,拒不肯行,为中丞唐介所奏,降知蕲州,卒于官。

【译文】

林逋,字君复,杭州钱塘(今浙江杭州)人。年少丧父,学习勤奋,不搞章句之学。性情恬淡,喜尚古风,不求功名利禄,家境贫困,衣食不足,却表现得十分安然。早年,在江、淮之间漫游,很久以后,才回到杭州,在西湖边的孤山上搭了一间茅屋,二十年中足迹不到城市。真宗听到他的名声、赏赐给他粮食和布匹,命令地方长官逢年过节的时候去慰问他。薛映、李及在杭州,每次去林逋的茅庐,总是要清淡终日才离去。他曾经在庐舍旁边替自己造了一个坟墓,临死的时候写了一首诗,其中有这样的句意:"来日如果象求取司马相如的遗稿,那样值得高兴的是我不象相如那样留下《封禅书》。"死后,州里把林逋的情况报告了朝廷,仁宗为他感叹和哀悼,给林逋赐了一个"和靖先生"的谥号,同时还赠送了粮食和布匹,帮助办理丧事。

林逋善写行书,喜欢作诗,他的文辞清澈峭拔,多奇文。写好以后,又总是随手把它们抛掉。有人问他说:"为什么不把它们誊录下来,传到后世去呢?"林逋说:"我正隐迹山林,尚且不领意用诗赢得一时的名声,何况是后世呢!"然而那些爱管闲事的人们常常把它们偷偷地记下来,今天传下来的尚有三百多篇。

林逋曾客游临江(今江西清江),当时李谘刚刚中进士,还没有人知道他,林逋对人说:"此公是宰相的材料啊!"等到林逋去世,李谘恰巧被罢斥相位而出为州官,李谘为林逋穿了白衣服,和他的弟子们一起守了七天丧,然后才为林逋下葬,他又把林逋的遗诗刻在石碑上放入墓中。

林逋没有娶妻,没有儿子,教育哥哥的儿子林宥,登上了进士甲科。林宥的儿子林大年,为人相当高洁自喜,英宗时,为侍御史,接连被御史台派出去治理刑狱,林大年总是拒绝不肯出发,被中丞唐介所劾奏,降为蕲州知州,死在任所。

郭雍传

【题解】

郭雍(？~1187),字子和,号白云先生,南宋时期人,祖籍洛阳。他与其父郭忠孝都精通易学,他的言论收入《大易粹言》。郭雍终生隐居不仕。对医学有所研究,著有《伤寒补亡论》。

【原文】

郭雍,字子和,其先洛阳人。父忠孝,官至太中大夫,师事程颐,著《易说》,号兼山先生。雍传其父学,通世务,隐居峡州,放浪长杨山谷间,号白云先生。

乾道中,以峡守任清臣、湖北帅张孝祥荐于朝,旌召不起,赐号冲晦处士。孝宗稔知其贤,每对辅臣称道之,命所在州郡岁时致礼存问。后更封颐正先生,令部使者遣官就问雍所欲言,备录缴进。于是,雍年八十有三矣。

淳熙初,学者裒集程颢、程颐、张载、游酢、杨时及忠孝、雍凡七家,为《大易粹言》行于世。其述雍之说曰:

易贯通三才,包括万理。伏羲氏之画,得于天而明天。文王之重,得于人而明人。羲画为天,天,君道也,故五之在人为君。文重为地,地,臣道也,故二之在人为臣。以下下二卦别而言之如此。合六爻而言之,则三四皆人道也,故谓之中爻。

乾,元亨利贞,初曰四德。后又曰乾元,始而亨者也。利牝马贞,利君子贞。是以四德为二义亦可矣。乾,阳物也。坤,阴物也。由乾一卦论之,则元与亨阳之类,利与贞阴之类也。是犹春夏秋冬虽为四时,由阴阳观之,则春夏为阳,秋冬为阴也。天之所谓元亨利贞者,如立天之道,阴与阳之类也。地之所谓元亨利贞者,如立地之道,柔与刚之类也。人之所谓元亨利贞者,如立人之道,仁与义之类也。

又坤之六五,坤虽臣道,五实君位,虽以柔德,不害其为君,犹乾之九二,虽有君德,不害其为臣。故乾有两君,德无两君;坤有两臣,德元两臣。六五以柔居尊,下下之君也。江海所以能为百谷王者,以其善下下也。下下本坤德也。黄,中色也,色之至美也;裳,不服也,是以至美之德而下人也。其发明精到如此。淳熙十四年。卒。

【译文】

郭雍,字子和,祖上为洛阳人。父亲郭忠孝,官至太中大夫,师承于程颐,著有《易说》,号兼山先生。郭雍继承他父亲的学问,通达世务,隐居于峡州,自由自在地生活在长杨山谷间,号白云先生。

乾道中,被峡州太守任清臣、湖北帅张孝祥推荐给朝廷,征召不尖,皇帝赐号冲晦处士。宋孝宗深知他的贤德,常常对大臣们称赞他,命令郭雍所在的州郡每年都要备礼慰问。后来,又改封为颐正先生,让部使者派遣官员询问郭雍的想法,全都记下来上报。这时,郭雍已经八十三岁了。

淳熙初年,学者汇集程颢、程颐、张载、游酢、杨时及郭忠孝、郭雍共七家的言论,编成《大易粹言》,刊行于世,其中叙述郭雍的学术观点:

"周易贯通天地人三才,包括万物的道理。伏羲画八卦,得之于天而阐明天道;文王重八卦,得之于人而阐明人道,伏羲画八卦是为天,天是为君之道,所以五对人来说是君的;文王重八卦是为地,地是为臣之道,所以二对人来说是臣。以上下二卦分别而言是如此。就六爻而言,那么三、四都是为人之道,所以称它们为中爻。

乾,元亨利贞,最初称为四德。后又改称乾元,万物创始,无所不利。对走远路的柔顺的母马有利,对品行端正的君子有利。因此四德也可说具有两种含义,乾,阳的象征;坤,阴的象征。由乾这一卦而论,则元与亨为阳,利与贞为阴,犹如春夏秋冬,虽然是四季,从阴阳来看,则春夏为阳,秋冬为阴。就天而论元亨利贞,就像确立天象之道,分成阴与阳两类;就地来说元亨利贞,就像确立地理之道,分成柔与刚两类;就人来说元亨利贞就像做人的道理,分成仁与义两类。

又有坤卦的六五爻,坤卦虽为臣道,五实际上是君位,虽然有柔韧之德,不妨害其为君;就像乾卦的九二爻,虽然有为君的德行,不妨害其为臣。所以乾卦有两个君位,德却无两上君位;坤卦有两个臣位,德却无两个臣位。六五爻以柔居尊位,下下之君。江海能成为百川之王的原因,是它善于包含、容纳。下下本来就是坤德。黄色,中正之色,是诸色中最美的;裳,下身的衣服,这是以最好的备行而甘居人之下。"其阐述发挥精辟到如此。淳熙十四年,去世。

列女传

【题解】

《宋史·列女传》所记载的也多是烈女,她们为了保全气节凛然就死,有的死于金兵侵犯时,有的死于发起暴乱的贼寇人里,也有的死在一般坏人的手里的。

【原文】

朱娥者,越州上虞朱回女也。母早亡,养于祖媪。娥十岁,里中朱彦与媪竞,持刀欲杀媪,一家惊溃,独娥号呼突前,拥蔽其媪,手挽颜衣,以身下坠颜刀,曰:"宁杀我,毋杀媪也。"媪以娥故得脱。娥连被数十刀,犹手挽颜衣不释,颜忿恚,断其喉以死。事闻,赐其家粟帛。其后,会稽令董皆为娥立像于曹娥庙,岁时配享焉。

张长,鄂州江夏民妇。里恶少谢师乞过其家,持刀逼欲与为乱,曰:"从我则全,不从则死。"张大骂曰:"庸奴!可死,不可它也。"至以刃断其喉,犹能走,擒师乞,以告邻人。既死,朝廷闻之,诏封旌德县君,表坟曰"列女之墓",赐酒帛,令郡县致奠。

彭列女,生洪州分宁农家。从父泰入山伐薪,父遇虎,将不脱,女拔刀斫虎,夺其父而还。事闻,诏赐粟帛,敕州县岁时存问。

郝节娥,嘉州娼家女。生五岁,母娼苦贫,卖于洪雅良家为养女。始笄,母夺而归,欲令世其娼,娥不乐娼,日逼之,娥曰:"少育良家,习织作组纴之事,又辄精巧,粗可以给母朝夕,欲求此身使终为良,可乎?"母益怒,且棰且骂。

洪雅春时为蚕丛祠,娼与邑少年期,因蚕丛具酒邀娥。娼与娥徐往,娥见少年,仓皇惊走,母挽捽不使去。不得已留坐中,时时顾酒食辄唾,强饮之,则呕哕满地,少年辄不得侵凌。暮归。过鸡鸣渡,娥度他日必不可脱,阳渴求饮,自投于江以死。乡人谓之"节娥"云。

崔氏,合淝包缋妻。缋,枢密副使拯之于,早亡,惟一稚儿。拯夫妇意崔不能守也,使左右尝其心。崔蓬垢涕泣出堂下，见拯曰："翁，天下名公也。妇得齿贱获，执瀚涤之事幸矣，况敢污家乎！生为包妇，死为包鬼，誓无它也。"

其后，稚儿亦卒。母吕自荆州来，诱崔欲嫁其族人，因谓曰："丧夫守子，子死孰守？"崔曰："昔之留也，非以子也，舅姑故也。今舅殁，姑老矣，将舍而去乎？"吕怒，诅骂曰："我宁死此，决不独归，须尔同往也。"崔泣曰："母远来，义不当使母独还。然到荆州倘以不义见迫，必绝于尺组之下，愿以尸还包氏。"遂偕去。母见其誓必死，卒还包氏。

赵氏，贝州人。父尝举学究。王则反，闻赵氏有殊色，使人劫致之，欲纳为妻。赵日号哭慢骂求死，贼爱其色不杀，多使人守之。赵知不脱，乃绐曰："必欲妻我，宜择日以礼聘。"贼信之，使归其家。家人惧其自殒，得祸于贼，益使人守视。贼具聘帛，盛舆从来迎。赵与家人诀曰："吾不复归此矣。"问其故，答曰："岂有为贼污辱至此，而尚有生理乎！"家人曰："汝忍不为家族计？"赵曰："第亡患。"遂涕泣登舆而去。至州廨，举帘视之，已自缢于中死矣。尚书屯田员外郎张寅有《赵女诗》。

徐氏，和州人。闺中女也，适同郡张弼。建炎三年春，金人犯惟扬，官军望风奔溃，多肆房掠，执徐欲污之。徐瞋目大骂曰："朝廷蓄汝辈以备缓急，今敌犯行在，既不能赴难，又乘时为盗，我恨一女子不能引剑断汝头，以快众愤，肯为汝辱以苟活耶！第速杀我。"贼惭恚，以刃刺杀之，投江中而去。

荣氏，蕲女弟也。自幼如成人，读《论语》《孝经》，能通大义，事父母孝。归将作监主簿马元颖。建炎二年，贼张遇寇仪真，荣与其姑及二女走惟扬，姑素嬴，荣扶掖不忍舍。俄贼至，胁之不从，贼杀其女，胁之益急，荣厉声诟骂，遂遇害。

何氏，吴人。吴永年之妻也。建炎四年春，金兵道三吴，官兵遁去，城中人死者五十余万。永年与其姊及其妻何奉母而逃。母老，待挟持而行，卒为贼所得，将絷其姊及何，何绐谓贼曰："诸君何不武耶！妇人东西惟命尔。"贼信之。行次水滨，谓其夫曰："我不负君。"遂投于河，其姊继之。

董氏，沂州滕县人，许适刘氏子。建炎元年，盗李昱攻剽滕县，悦其色，欲乱之，诱谕再三，曰："汝不我从，当剉汝万段。"女终不屈，遂断其首。刘氏子闻女死状，大恸曰："列女也。"葬之，为立祠。

三年春，盗马进掠临淮县，王宣要其妻曹氏避之，曹曰："我闻妇人死不出闺房。"贼至，宣避之，曹坚卧不起。众贼劫持之，大骂不屈，为所害。

四年，盗祝友聚众于滁州龚家城，掠人为粮。东安县民丁国兵者及其妻为友所掠，妻泣曰："丁氏族流亡已尽，乞存夫以续其祀。"贼遂释夫而害之。

同时，叛卒杨勃寇南剑州，道出小常村，掠一民妇，欲与乱，妇毅然誓死不受污，遂遇害，弃尸道傍。贼退，人为收瘗。尸所枕藉处，迹宛然不灭。每雨则干，晴则湿，或削去即复见。覆以他土，其迹愈明。

谭氏，英州真阳县人，曲江村士人吴琪妻也。绍兴五年，英州饥，观音山盗起，攻剽乡落。琪窜去，谭不能俱，与其女被执。谭有姿色，盗欲妻之，谭怒骂曰："尔辈贼也。我良家女，岂若偶耶？"贼度无可奈何，害之。

同时，有南雄李科妻谢氏，保昌故村人，因于虏盗中，数日，有欲犯之，谢唾其面曰："宁万段我，不汝徇也。"盗怒，剐之而去。

刘氏，海州朐山人，适同里陈公绪。绍兴末，金人犯山东，郡县震响，公绪倡义来归，偶刘归宁，仓卒不得与偕，惟挈其子庚以行，宋授以八品官，后累功至正使。刘留北方，音问不通。或语之曰："人言'贵易交，富易妻'。今陈已贵，必他娶矣，盍改适？"曰："吾知守吾志而已，皇恤乎他？"公绪亦不他娶。子庚浸长，辄思念涕泣，倾家赀，结任侠，奔走淮甸，险阻备尝。如是者十余年，遂得迎母以归。刘在北二十五年，尝纬萧以自给。

张氏，罗江士人女。其母杨氏寡居。一日，亲党有婚会，母女偕往，其典库雍乙者从行。既就坐，乙先归。会罢，杨氏归，则乙死于库，莫知杀者主名。提点成都府路刑狱张文饶疑杨有私，惧为人知，杀乙以灭口，遂命石泉军劾治。杨言与女同榻，实无他。遂逮其女，考掠无实。吏乃掘地为坑，缚母于其内，旁则列炽火，间以水沃之，绝而复苏者屡，辞终不服。一日，女谓狱吏曰："我不胜苦毒，将死矣，愿一见母而绝。"吏怜而许之。既见，谓母曰："母以清洁闻，奈何受此污辱。宁死笞楚，不可自诬。女今死，死将讼冤于天。"言终而绝。于是石泉连三日地大震，有声如雷，天雨雪，屋瓦皆落，邦人震恐。

勘官李志宁疑其狱，夕具衣冠祷于天。俄假寐坐厅事，恍有猿坠前，惊寐，呼吏卒索之，不见。志宁自念梦兆："非杀人者袁姓乎？"有门卒忽言张氏馈食之夫曰袁大，明日袁至，使吏执之，曰："杀人者汝也。"袁色动，遽曰："吾怜之久矣，愿就死。"问之，云："适盗库金，会雍归，遂杀之。杨乃得免。时女死才数日也。狱上，郡榜其所居曰孝感坊。

师氏，彭州永丰人。父骥，政和二年省试第一。宣和中，为右正言十余日，凡七八疏，论权幸及廉访使者之害而去。女适范世雍子孝纯。建炎初，还蜀，至唐州方城县，会贼朱显终掠方城，孝纯先被害，贼执师氏欲强之，许以不死。师骂曰："我中朝言官女，岂可受贼辱！吾夫已死，宜速杀我。"贼知不可屈，遂害之。

陈堂前，汉州雒县王氏女。节操行义，为乡人所敬，但呼曰"堂前"，犹私家尊其母也。堂前年十八，归同郡陈安节，岁余夫卒，仅有一子。舅姑无生事，堂前敛泣告曰："人之有子，在奉亲克家尔。今已无可奈何，妇愿干蛊，如子在日。"舅姑曰："若然，吾子不亡矣。"既葬其夫，事亲治家有法，舅姑安之。子曰新，年稍长，延名儒训导，既冠，入太学，年三十卒。二孙曰纲曰绂，咸笃学有闻。

初，堂前归陈，夫之妹尚幼，堂前教育之，及垂，以厚礼嫁遣。舅姑亡，妹求分财产，堂前尽遣室中所有，无靳色。不五年，妹所得财为夫所专制，乃归悔。堂前为买田置屋，抚育诸甥无异己子。亲属有贫穷不能自存者，收养婚嫁至三四十人，自后宗族无虑百数。里有故家甘氏，贫而质其季女于酒家，堂前出金赎之，俾有所归。子孙遵其遗训，五世同居，并以孝友儒业著闻。乾道九年，诏旌表其门闾云。

廖氏，临江军贡士欧阳希文之妻也。绍兴三年春，盗起建昌，号"白毡笠"，过临江，希文与妻共挟其母傅走山中，为贼所追。廖以身蔽姑，使希文负之逃。贼执廖氏，廖氏正色叱之。贼知不可屈，挥刃断其耳与臂，廖犹谓贼曰："尔辈叛逆至此，我即死，尔辈亦不久屠戮。"语绝而仆。乡人义而葬之，号"节妇墓"。

是年，盗彭友犯吉州龙泉，李生妻梁氏义不受辱，赴水而死。

王氏，利州路提举常平司干办公事刘当可之母也。绍定三年，就养兴元。大元兵破蜀，提刑庞授檄当可诣行司议事。当可捧檄白母，王氏毅然勉之曰："汝食君禄，岂可辞难。"当可行，大元军屠兴元，王氏义不辱，大骂投江而死。其妇杜氏及婢仆五人，咸及于难当可闻变，奔赴江浒，得母丧以归。诏赠和义郡太夫人。

曾氏妇晏，汀州宁化人。夫死，守幼子不嫁。绍定间，寇破宁化县，令佐俱逃；将乐县审黄垧令土豪王万全、王伦结约诸砦以拒贼，晏首助兵给粮，多所杀获。贼忿其败，结集愈众，诸砦不能御，晏乃依黄牛山傍，自为一砦。

一日，贼遣数十人来索妇女金帛，晏召其田丁谕曰："汝曹衣食我家，贼求妇女，意实在我。汝念主母，各当用命，不胜即杀我。"因解首饰悉与田丁，田丁感激思奋。晏自抾鼓，使诸婢鸣金，以作其勇。贼复退败。邻乡知其可依，挈家依黄牛山避难者甚众。有不能自给者，晏悉以家粮助之。于是聚众日广，复与伦、万全共措置，析黄牛山为五砦，选少壮为义丁，有急则互相应援以为掎角，贼屡攻弗克。所活老幼数万人。

知南剑州陈粲遣人遗以金帛，晏悉散给其下；又遗楮币以劳五砦之义丁，且借补其子，名其砦曰万安。事闻，诏特封晏为恭人，仍赐冠帔，其子特与补承信郎。

王衷妻赵氏，饶州乐平人。建炎中，衷监上高酒税，金兵犯筠，衷弃官逃去，赵从之行。遇金人，缚以去，系衷夫妇于刘氏门，而入剽掠刘室。赵宛转解缚，并解衷，谓衷曰："君速去。"俄而金人出，问衷安往，赵他指以误之。金人追之不得，怒赵期己，杀之。衷言伏丛薄间，望之悲痛，归刻赵像以葬。衷后仕至孝顺监镇。

涂端友妻陈氏，抚州临川人。绍兴九年，盗起，被驱入黄山寺，贼逼之不从，以刃加其颈，叱曰："汝辈鼠窃，命若蜉蝣，我良家子，义岂尔辱！纵杀我，官兵即至，尔其免乎？"贼知不可屈，乃幽之屋壁。居数日，族党有得释者，威赍金帛以赎其挈。贼引端友妻令归，曰："吾闻贞女不出闺阁，今吾被驱至此，何面目登涂氏堂！"复骂贼不绝，竟死之。

詹氏女，芜湖人。绍兴初，年十七，淮寇号"一窠蜂"候破县，女叹曰："父子无俱生理，我计决矣。"顷之贼至，欲杀其父兄，女趋而前拜曰："妾虽窭陋，愿执巾帚以事将军，赎父兄命。不然，父子并命，无益也。"贼释父兄缚，女摩手使亟去："无顾我，我得侍将军，何所憾哉。"遂随贼。行数里，过市东桥，跃身入水死。贼相顾骇叹而去。

谢泌妻侯氏，南丰人。始笄，家贫，事姑孝谨。盗起，焚里舍杀人，远近逃避。姑疾笃不能也，侯号泣姑侧。盗逼之，侯曰："宁死不从。"盗刃之，仆沟中。贼退，渐苏，见一箧在侧，发之皆金珠，族妇以为己物，侯悉归之，妇分其一以谢，侯辞曰："非我有，不愿也。"后夫与姑俱亡，子幼，父母欲更嫁之，侯曰："儿以贱妇人，得归隐居贤者之门已幸矣，忍去而使谢氏无后乎？宁贫以养其子，虽饿死亦命也。"

同县有乐氏女，父以鬻果为业。绍定二年，盗入境，其父买舟挈家走建昌。盗掠其舟，将逼二女，俱不从，一赴水死，一见杀。

谢枋得妻李氏，饶州安仁人也。色美而慧，通女训诸书。嫁枋得，事舅姑、奉祭、待宾皆有礼。枋得起兵守安仁，兵败逃入闽中。武万户以枋得豪杰，恐其扇变，购捕之，根及其家人。李氏携二子匿贵溪山荆棘中，采草木而食。至元十四年冬，信兵足迹至山中，令曰："苟不获李氏，屠尔墟！"李闻之，曰："岂可以我故累人，吾出，事塞矣。"遂就俘。明年，徒囚建康。或指李言曰："明当没入矣。"李闻之，抚二子，凄然而泣。左右曰："虽没入，将不失为官人妻，何泣也？"李曰："吾岂可嫁二夫耶！"顾谓二子曰："若幸生还，善事吾姑，吾不得终养矣。"是夕，解裙带自经狱中死。

枋得母桂氏尤贤达，自枋得通播，妇与孙幽远方，处之泰然，无一怨语。人问之，曰："义所当然也。"人称为贤母云。

王贞妇，夫家临海人也。德佑二年冬，大元兵入浙东，妇与其舅、姑、夫皆被执。既而舅、姑与夫皆死，主将见妇晳美，欲内之，妇号恸欲自杀，为夺挽不得死。夜令俘囚妇人杂守之。妇乃阳谓主将曰："若以吾为妻妾者，欲令终身善事主君也。吾舅、姑与夫死，而我不为之衰，是不天也。不天之人，若将焉用之！愿请为服期，即惟命。苟不听我，我终死耳，不能为若妻也。"主将恐其诚死，许之，然防守益严。

明年春，师还，挈行至嵊青枫岭，下临绝壑，妇待守者少懈，啮指出血，书字山石上，南望恸哭，自投崖下而死。后其血皆渍入石间，尽化为石，天且阴雨，即坟起如始书时。至治中，朝廷旌之曰："贞妇"，郡守立石祠岭，易名曰清风岭。

赵淮妾，长沙人也，逸其姓名。德佑中，从淮戍银树坝。淮兵败，俱执至瓜州。元帅阿术使淮招李庭芝，淮阳诺，至扬城下，乃大呼曰："李庭芝，男子死耳，毋降也。"元帅怒，杀之，弃其尸江滨。妾俘一军校帐中，乃解衣中金遗其左右，且告之曰："妾凤事赵运使，今其死不葬，妾诚不能忘情。愿因公言使掩埋之，当终身事相公无憾矣。"军校怜其言，使数兵舆如江上。妾聚薪焚淮骨置瓦缶中，自抱持，操小舟至急流，仰天恸哭，跃水而死。

谭氏归赵，吉州永新人。至元十四年，江南既内附，永新复婴城自守。天兵破城，赵氏抱婴儿随其舅、姑同匿邑校中，为悍卒所获，杀其舅、姑，执赵欲污之，不可，临之以刃曰："从我则生，不从则死。"赵骂曰："吾舅死于汝，吾姑又死一汝，吾与其不义而生，宁从吾舅、姑以死耳。"遂与婴儿同遇害。血渍于礼殿两楹之间，入砖为妇人与婴儿状，久而宛然如新。或讶之，磨以沙石不灭，又假以炽炭，其状益显。

吕仲洙女，名良子，泉州晋江人。父得疾濒殆，女焚香祝天，请以身代，刲股为粥以进，时夜中，群鹊绕屋飞噪，仰视空中，大星烨煜如月者三。越翼日，父瘳。女弟细良亦相从拜祷，良子却之，细良恚曰："岂姊能之，儿不能耶！"守真德秀嘉之，表其居曰"懿孝"。

韩氏女，字希孟，巴陵人，或曰丞相琦之裔。少明慧，知读书。开庆元年，大元兵至岳阳，女年十有八，为卒所掠，将挟以献其主将。女知必不免，竟赴水死，越三日得其尸，于练裙带有诗曰："我质本瑚琏，宗庙供苹蘩。一朝婴祸难，失身戎马间。宁当血刃死，不做席完。汉上有王猛，江南无谢安。长号赴洪流，激烈摧心肝。"

王氏妇梁，临川人。归夫家才数月，会大元后至，一夕，与夫约曰："吾遇兵必死，义不受污辱。若后娶，当告我。"顷之，夫妇被掠。有军千户强使从己，妇绐曰："夫在，伉俪之情有所不忍，乞归之而后可。"千户以所得金帛与其夫而归之，并与一矢，以却后兵。约行十余里，千户即之，妇拒且骂曰："斫头奴！吾与夫誓，天地鬼神实临之，此身宁死不可得也。"因奋搏之,乃被杀。有同掠脱归者道其事。越数年,夫以无嗣谋更娶,议辄不谐,因告其故妻,夜梦妻曰:"我后生某氏家,今十岁矣。后七年,当复为君妇。"明日遣人聘之,一言而合。询其生,与妇死年月同云。

毛惜惜者,高邮妓女也。端平二年,别将荣全率众据城以畔,制置使遣人以武翼郎招之。全伪降,欲杀使者,方与同党王安等宴饮,惜惜耻于供给,安斥责之,惜惜曰:"初谓太尉降,为太尉更生贺。今乃闭门不纳使者,纵酒不法,乃畔逆耳。妾虽贱妓,不能事畔臣。"全怒,遂杀之。越三日,李虎破关,禽全斩之,并其妻子及王安以下预畔者百有余人悉傅以法。

【译文】

朱娥,越州上虞朱回的女儿。母亲死得早,由她祖母抚养。朱娥十岁时,同乡朱颜跟祖母吵架,拿着刀子想杀祖母,全家人都怕得躲开了,只有朱娥喊叫着向前冲,掩护着祖母,手拉住朱颜的衣服,用身子碰掉朱颜的刀子,说:"宁可杀了我,不准杀我祖母。"祖母因为朱娥掩护得以脱身。朱娥接连被刺了数十刀,还手抓着朱颜的衣服不放,朱颜愤怒了,砍断了她的喉咙才死去。这事皇帝知道后,赏赐给他家粟米布帛。后来,会稽县令董皆为朱娥在曹娥庙树立塑像,每年按时受祭祀。

张氏,鄂州江夏普通妇女。同乡恶少谢师乞到她家里,拿着刀子威逼她想跟她通奸,说:"顺从我就没事,不顺以我就死。"张氏大骂说:"庸奴!宁可死,也不愿做别的事情。"用刀子砍断她的喉咙时,她还能跑,抓住谢师乞,并告诉邻居们。死后,朝廷听说了这件事,下令追封德县君,旌表她的坟墓为"列女之墓",赏赐酒帛,命令郡县祭奠。

彭列女,出生在洪州分宁一户农民家里。跟着父亲上山砍柴,父亲碰到了老虎,正危急间,彭列女拔出刀子砍斫老虎,救出她父亲一起回家。这事朝廷知道后,下令赏赐粟米布帛,责成州县每年按时问候。

郝节娥,嘉州娼妓人家的女儿。她五岁时,母亲做娼妓生活贫困,把她卖给洪雅一户好人家做养女。刚刚成年,母亲强迫她回家,想让她继承她做妓女。郝节娥不愿意做妓女,天天逼迫她,郝节娥说:"我从小在良家生活,学习过纺织一类事情,又都很熟练精巧,差不多可以供养母亲每天吃喝,想让我这身子一辈子做个好人,可以吗?"母亲更加愤怒,边打边骂。

洪雅春天有祭祀蚕丛的活动,她母亲跟同乡少年约好,借蚕丛准备酒席邀请郝节娥。娼妓与郝节娥慢步过去,郝节娥见到男子,仓皇逃走,母亲拉住她不让走。没有办法只有留坐下来。常常一见酒食就吐,勉强她喝下去,就呕吐得满地都是,少年男子终于没有办法侮辱她。晚上回家,过鸡鸣渡口时,郝节娥想想将来一定逃脱不了,假装口渴要喝水,跳入江中自杀了。同乡人称她为"节娥"。

崔氏,合肥人包绶的妻子。包绶是枢密副使包拯的儿子,早年死亡,只留下一小儿。包拯夫妇以为崔氏不能守节操,命令佣人探测她的思想。崔氏蓬头垢面地走出房子,见到拯时说:"父亲是天下名人。我能有幸做个下等佣人,做些洗涮的活,怎么胆敢玷污家门呢！活着是包家的女人，死了也是包家的鬼魂，我发誓不会改变。"

后来，小儿也死了。她母亲吕氏从荆州来，劝说崔氏想让她嫁给同族的人，并对她说："死了丈夫就守护儿子，儿子也死了还守着谁？"崔氏说："从前留下来，不是因为有儿子，是因为有公婆。现在公公死了，婆婆年纪又大了，能舍下她离开吗？"吕氏生气了，咒骂她说："我宁可死在这里，决不一人回去，必须你跟我一同回去。"崔氏哭着说："母亲远道而来，依道不应当让母亲独自回去。但是到了荆州，如果拿不道义的事情逼迫我，一定拿尺线吊死，宁愿把尸体归还包家。"于是一同回去。母亲见她发誓必定会死，最后送还包家。

赵氏，贝州人。她父亲曾经经过考试做过学究。王则造反，听说赵氏相貌出众，派人劫持了她，想娶她做妻子。赵氏每天呼喊哭泣谩骂，希望死掉，贼人喜爱她的相貌，也不杀死她。多派些人守卫她。赵氏知道免不了，于是哄骗说："一定想娶我做你妻子，应该选个日子按礼节来聘我。"贼人相信了她，就让她回了家。家里人害怕她自杀，得罪贼人，更是派人看守住她。贼人准备了聘礼用的布帛，用彩车来迎娶。赵氏跟家里人诀别时说："我不会再回到这里来了。"问她什么原因，回答说："难道遭到贼人这样的污辱，还能有活下去的道理吗！"家里人说："你忍心不替自己家族考虑考虑吗？"赵氏说："家里不会有事。"于是，哭着上车去了。到了州官署，揭开帘子一看，她已经在车中吊死了。尚书屯田员外郎张寅写过《赵女诗》。

徐氏，和州人。徐闶中的女儿，嫁给同郡人张弼。建炎三年春天，金人侵犯惟扬，官军望风逃命，溃不成军，肆意掠夺，抓住徐氏要污辱她。徐氏睁着眼睛大骂说："朝廷养着你们这些人是为了防备危急，现在敌人即将到来，不但不去救国难，反而趁着乱世做强盗，我遗憾的是我是一个女子不能拿剑来砍断你们的头，来发泄大众的愤怒，怎么能被你们污辱以获得苟且偷生呢！只希望你们赶快杀了我。"贼人又惭愧又恼怒，用刀子刺杀了她，并把她扔到江中，然后离开。

荣氏，荣薿的妹妹。小时候就像成年人一样，读《论语》《孝经》，能够深明大道理，侍奉父母能做到孝。嫁给将作监主簿马元颖。建炎二年，贼人张遇占领了仪真，荣氏跟她的婆婆及两个女儿逃到惟扬去，婆婆一向病弱，荣氏扶持着她不忍心舍下。不久贼人来到，威胁她，她不答应，贼人杀死了她的女儿，逼得越紧，荣氏就越高声咒骂，最后被杀害了。

何氏，吴地人。吴永年的妻子，建炎四年春天，金兵经过三吴，官兵都逃走了，城里的人被杀死的有五十多万。永年与他的姐姐及妻子何氏保护着母亲逃难。母亲年老，需要挟持着才能走路，终于被贼人抓获，正要捆他的姐姐与何氏，何氏哄骗贼人说："你们各位太没有男子气了！妇女往东往西还不是一句话的事。"贼人相信了她。走到水边时，她对丈夫说："我不会辜负你的。"于是跳进河里，她的姐姐也跟着跳了下去。

董氏，沂州滕县人，已经决定嫁给一户姓刘人家的儿子。建炎元年，强盗李昱抢略滕县，喜欢她的相貌，想要跟她私通，多次劝诱，说："你不答应我，就要把你砍成万段。"这女子始终不屈服，于是就砍掉了她的头。刘家那儿子听说女子死的状况，十分悲痛地说：

"真是刚烈的女子。"埋葬了她，为她建了祠。

三年春天，强盗马进侵掠临淮县，王宣让他的妻子曹氏躲避一下，曹氏说："我听说妇女到死都不出闺房。"贼人来到，王宣逃避了，曹氏坚持躲着不起来。众贼人劫持了她，她大骂，并不屈服，结果被杀害了。

四年，强盗祝友在滁州龚家城聚集众人，抢掠人当作粮食。东安县百姓丁国兵和妻子被祝友抢到，他妻子说："丁氏家族流散死亡已经完了，乞求保存我丈夫来继续他家的祭祀。"贼人于是释放了她丈夫却杀了她。

同时，叛兵杨勍在南剑州做强盗，经过小常村时抢了一个民妇，想与她私通，那妇女毅然誓死不受污辱，于是被杀害，尸首扔在路边。贼人去后，有人将她埋葬了。尸首躺过的地方，痕迹清清楚楚不能磨灭。每当下雨时就干燥，晴天时就潮湿，有人把痕迹削去，又会重新出现。用别处的泥土覆盖，痕迹反倒更加明显。

谭氏，英州真阳县人，是曲江村读书人吴琪的妻子。绍兴五年，英州饥荒，观音山出现了强盗，他们进攻抢掠各乡村。吴琪逃走了，谭氏没能跟他一起逃走，跟她女儿一块被抓住。谭氏长得有姿色，强盗想娶她做妻子，谭氏愤怒地骂道："你们是贼，我是良家妇女，难道能做你的配偶吗？"贼人估计奈何不了她，杀害了她。

同时，南雄李科的妻子谢氏，保昌故村人，被囚禁在杀人的强盗那儿，几天后，有强盗想要侵犯她，谢氏把口水吐在他脸上说："宁可把我砍成万段，也不会顺从你的。"那强盗愤怒了，砍了她离开。

刘氏，海州朐山人，嫁给同里人陈公绪。绍兴末年，金人进犯山东，郡县都震动了，陈公绪从倡义回家；碰巧刘氏回娘家去了，仓促间没法跟她一起，只是带了他的儿子陈庚上路，宋朝廷任命他八品官，后来积累功绩做到正使。刘氏留在北方，音讯不通。有人跟她说："人说'权高了更换朋友，富有了更换妻子'。现在陈公绪已经地位很高了，一定已另娶妻子了，为什么不改嫁呢？"她回答说："我只知道坚持我的志向罢了，哪里能考虑其他呢？"陈公绪也没有另娶妻子。儿子陈庚渐渐长大，常常因思念母亲而痛哭流涕，拿出全家资产，结交朋友行侠仗义，在淮甸一带奔走，历尽艰难险阻。这样过了十多年，终于把母亲接回了家。刘氏在北方二十五年，曾经靠编织一种叫萧的香草来养活自己。

张氏，罗江读书人家的女儿。她母亲杨氏在家守寡。一天，亲戚中有人结婚，母女俩一同去参加，她们的管仓库人雍乙一起去的。入席坐下后，雍乙先回了家。散席后，杨氏回家，见雍乙死在仓库里，不知道是谁杀死的。提点成都府路刑狱张文饶怀疑杨氏跟人有私情，怕被人知道，杀了雍乙来灭口，于是命令石泉的军卒审理。杨氏说自己跟女儿睡在一张床上，实在没有做别的事情。于是，抓了她的女儿，拷打审问没有结果。官吏就在地上掘了坑，把母亲捆起放到里边，旁边烧起烈火，不时还用水浇她，昏迷后又苏醒，这样有好几次，她的话一直没有承认。一天，女儿对监狱看守官说："我受不了痛苦，快要死了，希望见一见母亲再死。"看守官同情她就同意了。见的时候，她对母亲说："母亲以清静贞洁出名，怎么能受到这样的污辱。宁可被打死，也不能说自己的假话。女儿现在要死了，死后要向老天爷诉冤屈。"说完就死了。于是，石泉地方接连三天地震动得很厉害，有打雷一样的声音，天下起雪来，房屋上的瓦片都掉到地上，当地人都震惊恐惧。

勘查官李志宁怀疑这件案子，傍晚穿戴整齐了向上天祷告。不久坐在厅上打起盹来，恍惚中有猿坠在面前，被惊醒了，叫官吏士卒去搜索，没见着。志宁自己念叨着梦的兆头："杀人的难道不是姓袁的吗？"有位守门的士兵忽然说给杨氏送吃的东西的男子叫袁大。第二天，袁大来时，让官吏抓住他，说："杀人的就是你。"袁大脸色都变了，忙说："我早就可怜她了，愿意去死。"审问他，答道："正在偷仓库里的金钱时，雍乙回来了，于是杀了他。"杨氏得以释放。到这时女儿死去才几天时间。案子上报后，郡里在她的住所挂了一块牌匾叫孝感坊。

师氏，彭州永丰人。父亲师骥，政和二年省试第一名。宣和年间，做了十多天的右正言，一共上了七八次奏疏，议论权幸及廉访使者的危害，然后罢官。女儿嫁给范世雍的儿子孝纯。建炎初年，回蜀地，到唐州方城县时，正赶上贼人朱显终抢劫方城，孝纯先被杀害了，贼人抓住师氏想要强迫她，并许诺不杀死她。师氏骂道："我是中朝言官的女儿，岂能受贼人污辱！我丈夫已经死了，最好赶快杀了我。"贼人明白不能让她屈服，就杀了她。

陈堂前，汉州雒县王氏的女儿。气节操守行为品德，得到同乡人的尊敬，只叫她"堂前"好像在家里私下尊称自己的母亲。堂前十八岁时，嫁给同郡人陈安节，一年多后丈夫死去，只有一个儿子。公公婆婆没有谋生的办法，堂前止住哭泣跟他们说："人有儿子，不过是为了侍奉亲人养活家人。现在已经无可奈何，我愿意越俎代庖，好像你们儿子在时一样。"公公婆婆说："如果这样，我的儿子就等于没死啊。"埋葬完她的丈夫，侍候双亲治理家庭有条有理，公婆都很放心。她儿子日新，年纪稍大些，就聘请有名的读书人来教导，成年后，进太学读书，三十岁时死去。两个孙子叫纲叫绂，都在笃行学问方面有些名气。

当初，堂前嫁给陈家时，丈夫的妹妹还年幼，堂前教导养育她，成年时，用厚礼把她嫁出去。公婆死后，这妹妹要求分财产，堂前把屋里所有东西都给了她，没有一点吝惜的样子。没过五年，妹妹所得到的财产都被她丈夫花完，于是后悔地回到老家。堂前替她买田置房，把外甥们当作自己孩子一样抚养教育。亲戚族人中有穷得没法活下去的，她收养并替他们娶亲嫁女，多达三四十人，后来亲戚族人总数超过了一百。同里有旧交情的人家姓甘，因为穷把他小女儿作人质抵押在酒店，堂前出钱赎还了她，使她有了出路。她的子孙遵循她遗训，五代人住在一起，都以孝道重友情有学问著名。乾道九年，朝廷下令表扬她的家庭。

廖氏，临江军贡士欧阳希文的妻子。绍兴三年春天，建昌地方出现了强盗，号称"白毡笠"，经过临江，欧阳希文跟他妻子一起扶着他母亲傅逃到山中，被贼寇追赶着。廖氏用身体掩蔽婆婆，使欧阳希文背着她逃走。贼寇抓住廖氏，廖氏言正色严地叱责他们。贼寇明白她不会屈服，挥刀砍断了她的耳朵与手臂，廖氏还对贼寇说："你们叛逆到了这种地步，我虽然要死，你们不久也会被杀死。"说完倒地而死。乡亲认为她的道德合乎规范因此埋葬了她，起名叫"廖节妇墓"。

这年，强盗彭友抢掠吉州龙泉，李生的妻子梁氏守义不受污辱，赴水自杀。

王氏，利州路提举常平司干办公事刘当可的母亲。绍定三年，住在兴元。大元朝军队攻破蜀地，提刑庞送公文给刘当可让他去行司商议事情。刘当可拿着公文告诉母亲，王氏毅然决然地勉励他说:"你吃着皇帝的俸禄,怎么能逃避困难。"刘当可走后,大元军队在兴元屠杀,王氏守义不受污辱,大骂着跳江自杀。她的媳妇杜氏和奴婢仆人五个都遭了难。刘当可听说这变故,奔赴江边,找到母亲尸体回去埋葬。朝廷封赠王氏为和义郡太夫人。

一姓曾的女人叫晏,汀州宁化人。丈夫死后,守着年幼的儿子不嫁人。绍定年间,贼寇攻破宁化县,县令及辅助官员都逃走了,将乐县县宰黄垹命令土豪王万全、王伦相约各寨联合抵抗贼寇,晏率先赞助士兵的粮食,杀了许多贼寇。贼寇为他们的失败非常恼怒,结集了更多的人,各寨抵挡不住,晏就靠着黄牛山脚,自己立了一座寨子。

一天,贼寇派数十人来索取女人、钱和布帛,晏召集她的田丁告诉说:"你们在我家生活,贼寇要妇女,实际上冲我来的。你们感谢我,就应当听我命令,打不过就杀了我。"于是解下首饰都给了田丁们,田丁感激振奋。晏亲自擂鼓,让各婢女敲锣,来鼓舞勇气。贼寇又败退了。邻近乡村知道她可以依靠,很多人拖家带口到黄牛山避难。有人生活不能自给,晏都用自家的粮食去帮助他们。于是聚集的民众日益增多,再与王伦、王万全一起筹措布置,把黄牛山分为五寨,挑选年轻力壮的作为义丁,有危急时互相照应支援作为掎角,贼寇多次进攻都攻不下,救活了老少数万人。

南剑州知州陈韡派人赠送金银布帛,晏都分给了她的属下;又赠送纸币犒劳五个寨子的义丁,并且把她的儿子也送去当义丁,把寨子取名做万安。这事朝廷知道后,下令特封晏为恭人,并且赏赐凤冠霞帔,她的儿子破格补为承信郎。

王衷的妻子赵氏,饶州乐平人。建炎年间,王衷去做上高酒税的监官,金兵进犯筠,王衷弃官逃跑,赵氏跟他一起走。遇到金人,被捆绑了带走,他们被系在刘氏门口,金人进屋抢劫。赵氏想法解开绑绳,并替王衷解开绳子,对王衷说:"你快走。"一会儿金人出来,问王衷在哪儿,赵氏指了相反方向来迷惑他们。金人没有追到王衷,恼怒赵氏欺骗自己,杀了她。王衷正潜伏在草丛中,看到情景十分悲痛,回去刻了赵氏的人像下葬。王衷后来官做到孝顺监镇。

涂端友的妻子陈氏,抚州临川人。绍兴九年,出现了强盗,被追到黄山寺,贼人逼迫她都不顺从,把刀子架在她脖子上,她责骂说:"你们这些人像老鼠一样偷窃,命如蚂蚁,我是好人家女子,岂有让你们污辱的道理!即使杀了我,官兵马上就到,你们逃得了吗?"贼人明白不能屈服,就把她关在屋里。过了几日,亲族中有被释放的,都拿金银财帛赎出他们的妻妾。贼人放端友妻子叫她回家去,她说:"我听说贞洁的女人不走出闺阁,现在我被驱赶到了这里,有什么脸面进涂家的门!"又不停地骂贼,终于被杀死。

姓詹氏的女子,芜湖人。绍兴初年,十七岁,淮河一带有叫作"一窠蜂"的强盗突然攻破了县城,女子叹息说:"父母与子女不可能都活着,我下了决心了。"一会儿贼人到来,想杀了她的父亲和兄长,女子跑前去磕着头说:"我虽然贫穷丑陋,但愿意手拿毛巾笤帚侍候将军,来赎还父亲和兄长性命。不然,父子跟你们拼命,是没有好处的。"贼人解了她的父亲兄长的捆绳,女子挥手让他们赶快走:"不要管我,我能够侍候将军,有什么遗憾的。"于是跟贼人一起走。走了几里路,经过市东桥,纵身跳进水里死了。贼人面面相觑惊叹着走了。

谢泌的妻子侯氏，南丰人。刚成年时，家里穷，侍奉婆婆孝顺谨慎。强盗来后，杀人放火，远近的人都逃避了，婆婆病重不能逃走，侯氏在婆婆身旁哭泣。强盗逼迫她，侯氏说："宁愿死也不同意。"强盗用刀砍她，倒在水沟中。盗贼走后，渐渐苏醒，看见一个箱子在身边，打开一看都是金银珠宝。亲族中有一女人说是她的东西，侯氏就全部还给她，女人分出一部分给她表示感谢，侯氏推辞说："不是我的东西，我不想要。"后来丈夫跟婆婆都死了，儿子年幼，她父母想让她改嫁，侯氏说："我只是一个低贱的女人，能够嫁到隐居的贤人家里已经很幸运了，忍心离开使谢家绝了后代吗？宁愿穷一点抚养他家儿子，即使饿死也是命中注定的。"

同县有姓乐的女子，她父亲以卖水果为业。绍定二年，强盗到了当地，她父亲买了一只船全家逃往建昌。强盗抢了他们的船，并逼近两个女儿，都不顺从，一个跳水死了，一个被杀。

谢枋得的妻子李氏，饶州安仁人。长得漂亮，人又聪慧，通晓《女训》一类的书。嫁给谢枋得后，侍奉公婆、祭祀、接待宾客都有礼节。谢枋得带领军队驻守安仁，战败后逃到闽中。武万户因为谢枋得是豪杰，怕他煽动叛变，悬赏捉拿他，连累到他的家里人。李氏带着两个儿子躲到贵溪山荆棘丝中，采摘草木作粮食。至元十四年冬天，传令兵跑到山上，下令说："如果抓不到李氏，就杀光你们墟上的人！"李氏听到这话，说："难道可以因为我连累别人，我出去，事情就算过去了。"于是被俘。第二年，转移关到建康。有人指着李氏说："明天就要没收进去了。"李氏听到这话，抚摸着两个儿子，凄惨地哭了。旁边的人说："虽然没收进去了仍可以做官员的妻子，哭什么？"李氏说："我怎么可以嫁两个丈夫！"回头对两个儿子说："如果侥幸活着回去，好好侍候我婆婆，我没法继续赡养她了。"当天晚上，解下裙带在监狱中上吊死了。

枋得母亲桂氏更加贤明达观，自从枋得被搜捕，儿媳妇与孙子被幽禁在远方，泰然处之，没有一句怨言。别人问她，就说："按理就应当这样的。"人们称她为贤母。

王姓贞妇，丈夫家是临海人。德佑二年冬，大元进入浙东，王贞妇与她的公公、婆婆、丈夫都被抓获。不久，公公、婆婆与丈夫都死了，主将见她白皙漂亮，想纳她为妾，这女人哀号悲恸想自杀，因为有人拉住没死成。夜里命令俘虏囚犯中的女人轮流看守着她。王贞妇就佯装对主将说："你让我做妻妾，目的是想让我一辈子好好服侍您。我公公、婆婆与丈夫都死了，而我不为他们披麻戴孝，是蔑视天道。蔑视天道的人，你怎么使用她！希望给我服丧的时间，就唯命是从。如果不同意我，我终究是要死的，不可能做你的妻子的。"主将怕她真的要死，同意了她，但防守也更加严了。

第二年春天，部队北还，带着她走到嵊县青枫岭，下边是深谷，王贞妇等看守的人有些松懈，把手指咬出血，在山石上写字，望着南边痛哭，跳下悬崖死了。后来她的血都渗透到石头里面去，都变成石头。天气阴雨时，就隆起像刚写上的时候。至治年间，朝廷表扬她为"贞妇"，郡的长官在岭上建造石祠，改名为清风岭。

赵淮的妾，长沙人，她的姓名已经忘记了。德佑年间，跟赵淮一起驻守银树坝。赵淮兵败，两人都被押到瓜州。元帅阿术让赵淮劝李庭芝投降，赵淮假装同意，到了扬州城下，就大叫说："李庭芝，男子要死得痛快，不要投降。"元帅恼怒，杀了他，把他的尸首抛弃在江边。赵淮妾被关押在一个军校的营帐中，她解下衣服里的金子送给身边的人，并跟他们说："我一向服侍赵运使，现在他死了没有埋葬，我实在于心不忍。希望借您一句话让我掩埋了他，我会终身侍候相公都没有怨恨的。"军校同情她的话，让几个士兵用车把她送到江边。赵淮妾捡了柴禾烧了赵淮的骨头，把它放在瓦罐中，自己抱着，驾小船到急流中，仰天痛哭，跳水而死。

一姓潭人的妻子赵氏，吉州永新人。至元十四年，江南已经归附内地，永新又孤城自守。天兵攻破城墙，赵氏抱着婴儿跟着她的公公、婆婆一起藏在邑的学校里，被剽悍的士兵抓获，杀了她的公公、婆婆，抓住赵氏想要污辱她，她不答应，拿刀子逼着她说："顺从我就让你活，不顺从我就让你死。"赵氏骂道："我公公死在你们手里，我婆婆又死在你们手里，我与其不义地活着，还不如跟着我公公、婆婆去死。"于是与婴儿一道遇害。血溅到礼殿的两楹之间，渗在砖上成了妇女与婴儿的形状，过了很长时间样子仍然很清楚。有人感到奇怪，用沙石去磨也磨不去，又用炽热的炭火去烘，痕迹更加清楚。

吕仲洙的女儿，名叫良子，泉州晋江人。父亲得病快要死去，他女儿焚香向天祈祷，请求用自身替代，割下大腿肉做成粥给他吃。当时正值夜里，成群的鸟鹊绕着房屋边飞边叫，仰看天空，像月亮一样闪光的大星有三颗。过了第二天，父亲病好了。妹妹细良也跟着她磕头祈祷，良子拒绝了她，细良不高兴说："难道姐姐可以这样做，我就不能呢？"太守真德秀嘉奖了她，表扬她的房屋叫"懿孝"。

姓韩的一个女子，字希孟，巴陵人，有的说是丞相韩琦的后代。从小精明聪慧，懂得读书。开庆元年，大元兵到岳阳，女子十八岁，被士兵抓获，准备押去献给主将。女子明白一定逃不脱，竟赴水而死。过了三天，找到她的尸体，在白练织成的裙带上诗说："我质本瑚琏，宗庙供苹蘩。一朝婴祸难，失身戎马间。宁当血刃死，不作席完。汉上有王猛，江南无谢安。长号赴洪流，激烈摧心肝。"

姓王氏的女人梁，临川人。嫁到丈夫家才几个月，正好大元兵杀到，一天晚上跟丈夫说好："我遇到兵卒必定去死，为了道义不受污辱。你如果再娶媳妇，应该告诉我。"不久，夫妇都被抓获。有一个军千户强迫她顺从自己，女人哄骗说："丈夫在这里，伉俪的情分有些于心不忍，求你放了他，然后才可以。"千户把自己得来的金帛给了她丈夫并放了他，而且给他一支箭，用来让后边的士兵放行。大约走出十余里地，千户凑近女人，女人边拒绝边骂道："砍头奴！我跟丈夫发过誓，天地鬼神都降临了可以作证，我这身子宁可死掉，你也得不到。"有一起被抓却逃出来的人说了这件事。过了数年，她丈夫因为没有子嗣后代，想再娶媳妇，商议了几次都没办成，就告诉了他死去的妻子，夜里做梦，妻子告诉他说："我死后投生在某姓人家，现在十岁了。七年以后，可以再做你媳妇了。"第二天派人去下聘礼，一说就成了。问她的出生日期，跟女人死时的年月相同。

毛惜惜是高邮的一名妓女。端平二年，别将荣全率众占据城池背叛朝廷，制置使派人用让荣全做武翼郎的条件劝他投降。荣全假装投降，准备杀掉使者，正跟同谋王安等人宴饮，惜惜不愿意服侍他们，王安责怪他，惜惜说："当初以为太尉投降，替太尉得到新生庆贺。现在却闭门不接待使者，纵酒痛饮图谋不法，这是叛逆啊。我虽然是个低贱的妓女，却不能侍候叛臣。"荣全发怒，就杀了她。过了三天，李虎攻破城关，捉住荣全并杀了他,他的妻子及王安以下参与叛反的一百多人都依法处置了。

苗训、苗守信传

【题解】

苗训,生卒年不详,卒年七十余岁。由于掌握天文知识,擅长占星术,宋太祖赵匡胤即帝位后受到重用。历任翰林天文、光禄大夫、工部尚书等官职。据《畴人传四编》说,其著作有《太平乾元历》共九卷、太平兴国七年(982)著《新修历经》共三卷。

苗守信(954~1000),苗训之子,少年时代跟随其父学习天文知识和占星术,先被补充做历书推算工作,也任过江安县主簿,不久又改任天文主簿,后来升为冬官正、太子洗马、殿中丞、少监等官职。苗守信在天文科学上的主要贡献,是参与由吴昭素主持的《乾元历》的制定工作,公元981年完成,行用于公元983~1000年。

【原文】

苗训,河中人,善天文占候之术,仕周为殿前散员右第一直散指挥使。显德末,从太祖北征,训视日上复有一日,久相摩荡,指谓楚昭辅曰:“此天命也。”夕次陈桥,太祖为六师推戴,训皆预白其事。既受禅,擢为翰林天文,寻加银青光禄大夫、检校工部尚书。年七十余卒。字守信。

守信,少习父业,补司天历算。寻授江安县主簿,改司天台主簿,知算造。太平兴国中,以《应天历》小差,诏与冬官正吴昭素、主簿刘内真造新历。及成,太宗命卫尉少卿元象宗,与明律历者同校定,赐号《乾元历》,颇为精密,皆优赐束帛。雍熙中,迁冬官正。端拱初,改太子洗马、判司天监。淳化二年,守信上言:“正月一日为一岁之首。每月八日,天帝下巡人世,察善恶。太岁日,为岁星之精,人君之象。三元日,上元天官、中元地官、下元水官,各主录人之善恶。又,春戊寅、夏甲午、秋戊申、冬甲子,为天赦日。及上庆诞日,皆不可以断极刑事。”下有司议行。未几,转殿中丞、权少监事,立本品之下,俄赐金紫。

至道二年,上以梁、雍宿兵,弥岁凶歉,心忧之,令宰相召守信问以天道咎证所在。守信奏曰:“臣仰瞻玄象,及推验太一经历宫分,其荆楚、吴越、交广并皆安宁。自来,五纬陵犯,彗星见及水神太一临井鬼之间,属秦、雍分及梁、益之地,民罹其灾。水神太一来岁入燕分,岁在房心,正当京都之地,自兹朝野有庆。”诏付史馆。明年,真授少监。咸平三年卒,年四十六。子舜卿,为国子博士。

【译文】

苗训,河中人,善于以天象变化进行占卜的占星术。先是在后周任殿前散员右第一直散指挥使的官职。显德末年(959),跟随宋太祖赵匡胤征伐北方,苗训看到太阳上还有另一个太阳(按:实为影像)长时间在晃动,好像是在争斗的样子,就指着对楚昭辅说:"这是上天意志的反映。"傍晚抵达陈桥驿,出征的军队拥护宋太祖做皇帝,苗训都已经事先预告这些事要发生。宋太祖接受后周皇帝让给的帝位后,提拔苗训为翰林天文,不久又加封为银青光禄大夫、检校工部尚书。活到七十余岁而死。他的儿子名叫守信。

苗守信,少年时代跟随父亲学习天文知识和占星术等,补在历法机构做历书推算工作,不久被授予江安县主簿,又改任司天台主簿,主持历书编纂工作。太平兴国年间,由于发现《应天历》出现了误差,宋太宗下诏书要苗守信与冬官正吴昭素、主簿刘内真一起制定新的历法。新历完成后,太宗命令卫尉少卿元象宗,与懂得历法的其他人一起进行校对审定,赐给新历法《乾元历》的称号,因《乾元历》精确度高,太宗对参与制定新历的人都赏赐给丰厚的绸缎。雍熙年间升任冬官正,端拱初年改任太子洗马、司天监判官。淳化二年,守信向太宗上书说:"正月一日为一岁的开始。每月八日,是天帝下到人间巡视、察看善与恶。干支日名和干支年名相同的日子归木星主管,是君主的形象。正月十五日、七月十五日和十月十五日,是上元天官、中元地官、下元水官,各自分别主持记录人的善与恶的日子。另外,春季的戊寅日、夏季的甲午日、秋季的戊申日、冬季的甲子日,分别为上天大赦的日子。还有皇上的生日诞辰,都不要处理判处死刑的事务。"这份报告被下达给官吏们讨论执行。过了不长时间,转任殿中丞,暂时代理少监之职的事务,品级在少监之下,不久就赏赐给紫衣金鱼袋表示器重。

至道二年,皇帝因为梁州、雍州一带地方屯有重兵,连年由于农业灾害严重歉收,忧心忡忡,命令宰相把守信召来,问他是否有证据说明这是上天的责备。对此守信上奏折说:"我仰观特殊玄奥的天象,推算和验证到天龙星座内的太一星所经过的位置,所对应于地面上的荆楚、吴越、交广等地都是安宁的。长期以来,水、金、火、土五大行星互相侵犯彗星出现在水神太一星和临近井宿鬼宿之间时,对应于地面上的分野属秦、雍和梁、益等地,老百姓会遭到灾害的忧患。水神太一星明年进入燕地分野的位置,明年又是主房心星之年,正是对应于京城这地方,从此以后全国上下都有值得祝贺的事。"这份奏折被批示交给史馆。明年(公元997年),正式授予少监的官衔。咸平三年去世,终年四十六岁。他的儿子是苗舜卿,担任国子博士的官职。

韩显符传

【题解】

韩显符(939～1013),少年时代学习过天文仪器制作、天象观测和历法推算等知识,进入天文机构工作后,历任监生、灵台郎、冬官正、春官正、太子洗马、殿中丞兼翰林天文等官职。韩显符在天文科学上的主要贡献,是研究浑天仪的原理及其制作。公元990年,他开始主持制造铜铸浑天仪,历经五年时间,由九大部件组成的浑天仪才得以完成。晚年,受命收学生传授浑天仪制作等天文知识。撰写有浑天仪制作方面的专著——《铜浑天仪法要》,十卷,他在该书的序言中指出,历法基本数据要以实测进行修正。这种观点确是继承了前人的真知灼见。

【原文】

韩显符,不知何方人。少习三式,善察辰象,补司天监生,迁灵台郎,累加司天冬官正。显符专浑天之学,淳化初,表请造铜浑天仪,候仪。诏给用度,俾显答规度,择匠铸之。至道元年,浑天仪成,于司天监筑台置之,赐显符杂彩五十匹。显符上其《法要》十卷,序之云:

伏羲氏立浑天仪,测北极高下,量日影短长,定南北东西,观星间广狭。帝尧即位,羲氏、和氏立浑天仪,定历象日月星辰,钦授民时,使之缓急。降及虞舜,则璇玑玉衡以齐七政。《通占》又云:"抚浑天仪,观天道,万象不足以为多。"是知浑天仪者,实天地造化之准,阴阳历数之元。自古圣帝明王莫不用是精详天象,预知差忒。或铸以铜,或饰以玉,置之内庭,遣日官近臣同窥测焉。

自伏羲甲寅年至皇朝大中祥符三年庚戌岁,积三千八百九十七年。五帝之后讫今,明历象之玄,知浑天之奥者,近十余朝,考而论之,臻至妙者不过四五,自余徒夸重于一日,不深图于久要,致使天象无准,历算渐差,占候不同,盈虚难定。陛下讲求废坠,爰造浑天仪,漏刻星躔,晓然易辨,若人目窥于下,则铜管运于上,七曜之进退盈缩,众星之次舍远近,占逆顺,明吉凶,然后修福俾顺其度,省事以退其灾,悉由斯器验之。

铜铸浑天仪图

昔汉洛下闳修浑天仪,测《太初历》。云:"后五百年必当重制。"至唐李淳风,果合前契。贞观初,淳风又言前代浑天仪得失之差,因令铜铸。七年,太宗起凝晖阁于禁中,俾侍臣占验。既在宫掖,人莫得见,后失其处所。玄宗命沙门一行修《大衍历》,盖以浑天仪为证。又有梁令瓒造浑天仪木式,一行谓其精密,思出古人,遂以铜铸。今文德殿鼓楼下有古本铜浑天仪一,制极疏略,不可施用。且历象之作,非浑天仪无以考真伪。算造之士,非占验不能究得失。浑天仪之成,则司天岁上细行历,益可致其详密。其制有九。自是显符专测验浑天仪,累加春官正,又转太子洗马。

大中祥符三年,诏显符择监官或子孙可以授浑天仪法者。显符言:"长子监生承矩,善察躔度,次子保章正承规,见知算造,又,主簿杜贻范、保章正杨惟德,皆可传其学。"诏显符与贻范等参验之。显符后改殿中丞兼翰林天文。六年卒,年七十四。又诏监丞丁文泰嗣其事焉。

【译文】

韩显符，其家世不知是什么样的人。少年时代学习天文仪器制作、天象观测和历法推算等，擅长于观测日月星辰，被补在天文历法机构明任监生，后升任灵台郎，直至升任冬官正。显符专门研究浑天仪的学问，淳化初（990），上表请求制造铜质的浑天仪、候风地动仪。皇帝指示给予所需要的费用，以便于显符进行策划，选择工匠铸造。至道元年（995），浑天仪的制造完成，在司天监内建筑平台置放，显符为此得到各种彩色的绸缎五十匹的赏赐。显符向皇上呈递了他著的《法要》共十卷，他在这部书的序言中说道：伏羲氏建立浑天仪，测量北极星距离地平线的高度，测量太阳照射杆子的影子的长短变化，定出南北东西方向，观测星星之间的相对距离。帝尧继位后，羲氏、和氏建立浑天仪，观测确定历法中所需的日、月和星星的位置数据，编出历书让老百姓掌握时日季节变化，使他们知道生产中的事要按轻重缓急进行计划安排。到了虞舜时代，则是用璇玑玉衡观测日、月和五大行星的运行变化。《通占》对此解释说："使用浑天仪观测天象，宇宙间万千的变化现象都算不得多了。"由此可知浑天仪这种仪器，实在是天地间一切自然创造的准则，阴阳变化和历法所用数据都要从这里开始。自古以来，圣明的帝王都毫不例外地用它来精确详尽地观测天象，预先得知差错。浑天仪的制作或是用铜铸成，或者还用玉石装饰，放置在房子的庭院中，派遣负责观测的日官和皇上身边的大臣一同进行观测。

从伏羲时代的甲寅年至本朝大中祥符三年即庚戌年（1010），积累共有三千八百九十七年。从古代的黄帝、炎帝、尧、舜、禹等五个帝王开始直至今天，能明白天象变化的玄妙、知道浑天学说的奥秘的人，大约先后分布在十余个朝代，若再进一步考察讨论，能达到神奇精通程度的只不过四五个人，其余的仅只注重于眼前的夸夸其谈，并不考虑长远的实际观测计划，才造成了推算天象的数据不准，历法逐渐出现误差，与季节变化不同步，太阳月亮和五大行星视运动速度的快慢难以确定。皇上说到要求废弃像装饰品一样无用的仪器，于是才制造浑天仪。用漏刻定时间来观测天体的运行周期，自然是很容易辨别判断，如果人的眼睛在下面看，测量的铜管在上面运转，太阳月亮和五大行星运行的快慢程度，从它们距离其他恒星位置的远近，就可以测出它们是在逆行还是在顺行，明了是吉还是凶，然后修福而使之顺其自然，反省所做的事而避开天象所诉灾难，这一切都可用浑天仪来进行观测验证。

过去汉朝的洛下闳制作浑天仪，测定《太初历》所用的基本数据，就曾经说："五百年后必须重新进行实测来制定历法。"到了唐朝的李淳风时，果然符合前面的说法。贞观初年（627），李淳风总结了以前各朝代所造浑天仪的优缺点及其误差，考虑到精确度的要求而提出用铜铸造。贞观七年（633），唐太宗在皇宫之中修建起凝晕阁，使身边的大臣用造好的浑天仪进行检验。但浑天仪既是放置在宫中，一般人见不到，后来便不知到什么地方去了。唐玄宗命一行和尚制定《大衍历》，都是以浑天仪实测的数据作为依据。对浑天仪的制造，先是由梁令瓒设计（黄道游仪）并制成木模，一行说它做得精密，其构思超过了古人，便以铜铸造。今天在文德殿鼓楼下面还有一架按古人方法用铜铸的浑天仪，制作极为粗糙简陋，不能使用。况且为了编订历法而用来观测的仪器，不用浑天仪就不能考察数据的真伪。编算历书的人,不以实测检验就不知道数据是否准确。浑天仪制成用来观测,则历法机构可以推算编定出包括各项内容的年历使用,其好处是可以使历书详细而又精密。浑天仪共有九大部件组成(按:双规、游规、直规两个、窥管、平准轮、黄道、赤道、龙柱四个、水臬),从此显符专门从事浑天仪的实测试验研究,多次升官至春官正,又转任太子洗马。

大中祥符三年(1010),皇帝命显符从在职官吏或子孙中选择可传授浑天仪制造和使用方法的人。显符说:"大儿子监生承矩,善于观测天体运行周期,二儿子保章正承规,已懂得历法的推算,还有主簿杜贻范、保章正杨惟德,都是可以传授这门学问的人。"皇帝又命显符和贻范等人参加进行考察验证。显符后来改任殿中丞兼翰林天文的官职。六年(1013)去世,终年七十四岁。皇帝又命监丞丁文泰继承他的事业。

史序传

【题解】

史序(934～1010),字正伦,宋代京兆人。因懂得历法的推算而进入国家天文机构工作。历任司天主簿、监丞、太子洗马、殿中丞、少监等官职。

史序在天文科学上的主要成绩,是主持制定了《仪天历》。宋真宗继承帝位,指示史序考查研究前代历法的基本数据,准备制定新的历法。史序在前代历法的基础上,主持制定出《仪天历》,公元1000年完成,即开始行用,至公元1023年为止。在制定新历法的任务完成后,又编辑《天文历书》,共完成了十二卷。

【原文】

史序,字正伦,京兆人。善推步历算,太平兴国中,补司天学生。太宗亲较试,擢为主簿。稍迁监丞,赐绯鱼,隶翰林天文院。雍熙二年,廷试中选者二十六人,而序为之首,命知算造,又知监事。

淳化三年,司天郑昭宴言:"臣测金、火行度须有相犯,今验之天,而火行渐南,金度渐北,有若相避,遂不相犯。"序又言:"木、火、金三星初夜在午,木礴,火在中,金最西,渐北行去火尺余,此国家钦崇在道,圣德所感也。"

序后累迁夏官正,河西、环庆二路随国转运,太子洗马。修《仪天历》上之,又尝纂《天文历书》为十二卷以献,改殿中丞,赐金紫,俄权监事。景德二年,迁权知少监,大中祥初即真。三年卒,年七十六。序慎密勤职,在监三十年,未尝有过,众颇称之。

【译文】

史序,字正伦,京兆(今陕西西安)人。因他擅长于天文历法的计算,太平兴国年间,被补为司天学生。宋太宗亲自对考卷进行比较,提升他为主簿,稍后又升为监丞,赏给绯鱼袋,隶属翰林天文院领导。雍熙二年(985),朝廷进行考试后入选者二十六人,而史序在入选的人中是第一名,被任命为主持历书的推算工作,并负责监督其事。

淳化三年(992),司天郑昭晏说:"我推算金星和火星运行的度次位置必定会很靠近在一起,今天进行观测验证,实际情况是火星逐渐往南运行,金星逐渐向北移动,好像在互相回避,于是没有相遇在一起。"对此史序进一步解释说:"木、火、金三大行星天刚黑时在天顶的子午圈附近,木星在东侧,火星在中间,金星的位置最西,金星逐渐向北运行而与火星相距一尺多远的视距离,这是因为我们国家敬仰尊重天道,被皇上的贤明德行感动所致。"

史序后来多次升官,相继任夏官正、河西和环庆二路的随军转运使、太子洗马等。他主持制定的《仪天历》上报朝廷,又把曾经编辑成的《天文历书》共有十二卷贡献出来,从而任殿中丞的官职,得到紫色官服和金鱼袋的赏赐,不久又暂时代理监事。景德二年(1005),又暂时主持少监的职务,大中祥符初(1008)正式担任少监。三年(公元1010年)去世,终年七十六岁。史序在任职期间谨慎而又尽责,做官三十年,不曾有过过失,颇受众人的称赞。

刘翰传

【题解】

刘翰(919~990),沧州临津(今河北临津)人,世代医学家出身。后周显德(954~959)初年,以高明的医术和因献《经用方书》等医药书籍而被授予翰林医官。宋太祖北征,曾命刘翰从行,后任命为朝散大夫等职。公元963年,皇帝令太常寺考核翰林医官的医学水平,以刘翰为优,被淘汰者达26人。刘翰由于和马志一起为宋太宗诊病有功升任尚药奉御。开宝六年(973),宋太祖诏刘翰、马志、翟煦、张素、吴复珪、王光佑、陈昭遇等详定《新修本草》,编成《开宝新详定本草》20卷,书成后又经李昉、王佑、扈蒙等勘定,由国子监印行。不久,宋王朝又命李昉等重加校订,增加新药,并改进药物分类方法,书成后定名为《开宝重订本草》,有二十一卷,共收药983种,较唐本草增加新药139种。此书由政府"广颁天下,传而行焉"。刘翰由于领衔修订本草有功,于太平兴国四年(979)被任命为当时的医学最高学府——翰林医官院使,相当院长。

【原文】

刘翰,沧州临津人。出习医业,初摄护国军节度巡官。周显德初,诣阙献《经用方书》三十卷、《论候》十卷、《今体治世集》二十卷。世宗嘉之,命为翰林医官,其书付史馆,再加卫寺主簿。

太祖北征,命翰从行。建隆初,加朝散大夫、鸿胪寺丞。时太祖求治,事皆核实,故方技之士必精练。乾德初,令太常寺考较翰林医官艺术,以翰为优,绌其业为精者二十六人。自后，又诏诸州访医术优长者籍其名，仍量赐装钱，所在厨传给食，遣诣阙。开宝五年，太宗在藩邸有疾，命翰与马志视之。及愈，转尚药奉御，赐银器、缗钱、鞍勒马。

尝被诏详定《唐本草》，翰与道士马志、医官翟煦、张素、吴复珪、王光佑、陈昭遇同议，凡《神农本经》三百六十种，《名医录》一百八十二种，《唐本草》一百一十四种，有名无用一百九十四种，翰等又参定新附一百三十三种。既成，诏翰林学士中书舍人李昉、户部员外郎知制诰王佑、左司员外郎知制诰扈蒙详覆毕上之。昉等序之曰：

《三坟》之书，神农预其一。百药既辨，《本草》序其录。旧经三卷，世所流传。《名医别录》，互为编纂。至梁陶弘景乃以《别录》参其《本经》，朱墨杂书，时谓明白。而又考彼功用，为之注释，列为七卷，南国行焉。逮乎有唐，别加参校，增药余八百味，添注为二十卷。《本经》漏缺则补之，陶氏误说则证之。然而载历年祀，又逾四百，朱字墨字，无本得同；旧注新注，其文互阙。非圣主抚大同之运，永无疆之休，其何以改而正之哉！

乃命尽考传误，刊为定本。类例非允，从而革焉。至如笔头灰，兔毫也，而在草部，今移附兔头骨之下；半天河、地浆，皆水也，亦在草部，今移附土石类之间；败鼓皮，移附于兽名；胡桐泪，改从于木类；紫矿，亦木也，自玉石品而改焉；伏翼，实禽也，由虫鱼部而移焉；橘柚，附于果实；食盐，附于光盐；生姜、干姜，南归一类；至于鸡肠、蘩蒌、陆英、蒴藋，以类相似，从而附之。仍采陈藏器《拾遗》、李含光《音义》，或穷源于别本，或传效于医家，参而较之，辨其臧否。至如突屈白，旧说灰类，今是木根；天麻根，解似赤箭，今又全异。去非取是，特立新条。自余刊正，不可悉数。

下采众议，定为印板。乃以白字为神农所说，墨字为名医所传，"唐附"、"今附"，各加显注，详其解释，审其形性。证谬误而辨之者，署为"今注"；考文意而述之者，又为"今按"。义既判定，理亦详明。今以新旧药合九百八十三种，并目录二十一卷，广颁天下，传而行焉。

翰后加检校工部员外郎。太平兴国四年，命为翰林医官使，再加检校户部郎中。雍熙二年，滑州刘遇疾，诏翰驰往视之。翰还，言遇必瘳，既而即死，坐责授和州团练副使。端拱初，起为尚药奉御。淳化元年，复为医官使。卒，年七十二。

【译文】

刘翰，沧州临津人，世代以行医为业。刘翰起初在护国军节度使下代理巡官。周显德初年，刘翰赴朝廷献上《经用方书》三十卷、《论候》十卷、《今体治世集》二十卷。此举获世宗嘉奖，他被任命为翰林医官，所献书籍交付史馆收藏，又加官卫尉寺主簿。

宋太祖向北出兵征讨，指派刘翰随从行军。建隆初年，刘翰加官散大夫、鸿胪寺丞。其时太祖力求政治清明安定，事事都要审核属实，因此要求有医药养生等技能的人必须精强干练。乾德（公元963～967年）初年，宋太祖命太常寺考核评比翰林医官的学术技艺，以刘翰为最优，淘汰医术不精者二十六人。此后，朝廷又诏告各州访求医术高超有专长的人，将他们的姓进行登记，并依常规酌量发给置装费，所经驿站负责供应饮食，派遣他们赴朝廷。开宝五年（公元972年），宋太宗在王府生病，指派刘翰和马志为其诊治。太宗病愈后，刘翰升为尚药奉御，赏赐银器、贯钱和鞍辔俱全的马。

刘翰曾奉诏详细校定《唐本草》,在刘翰和道士马志、医官翟煦、张素、吴复珪、王光佑、陈昭遇的共同主持下,校定药物总起来有《神农本经》三百六十种,《名医录》一百八十二种,《唐本草》原先增加的一百一十四种,有名称而无用法的一百九十四种,刘翰等人又检验确定新增加一百三十三种。工作完成后,宋太祖诏命翰林学士中书舍人李昉、户部员外郎知制诰王佑、左司员外郎知制诰扈蒙详细校勘后献上。李昉等人为此书作序说:

撰写《三坟》之书,神农是作者之一。神农辨别各种药物的性味之后,写《神农本草经》加以著录,故此有古经书三卷在世间流传。后来的《名医别录》,是与《神农本草经》相对独立地编辑成书。直至梁时的陶弘景才用《名医别录》补充《神农本草经》,他将两书内容用红字和黑字相间书写,在当时可称得上清楚准确了。陶弘景还考证了各种药物的性味功效,为《神农本草经》做注解说。此书编成七卷,在南方流传。到了唐代,又一次对《神农本草经》进行补充校正,新增药物八百多种,并添加注释,编为二十卷。《唐本草》对《神农本草经》中的遗漏和缺失做了补充,对陶弘景的错误说法进行了检查纠正。虽然如此,但随年岁的交替,又过了四百年,到现在红字和黑字,没有刊本予以统一;新旧注释,文字上各自存在着错误。如果不是圣明君主把握天下大同的国运,拥有永久无边的喜庆,怎么能对此加以改正呢!

于是太祖就下令全面校勘流传下来的错误,刻印成标准的版本。分类标准不恰当的现象,从此得到了改正。至于像笔头灰,原是兔毫,却分在了草部,现改放在兔头骨的下面;半天河、地浆都是水,也分在了草部,现改放在土石类中,败鼓皮改放在兽类,胡桐泪移归木类;紫矿,也是属于木类,被从玉石类中改正过来;伏翼,其实是禽类,由虫鱼部移至其下;橘柚归在果实下面;食盐放在光盐之后;生姜、干姜全都划归一类;至于鸡肠、蘩蒌、陆英、蒟蒻,就根据相近的种类,将它们随附其后。本书编纂过程中,大量摘录陈藏器的《本草拾遗》、李含光的《本草音义》,有的问题从其他典籍中穷根究源,有的问题则广泛征求于医学名家,将各种意见参照比较,辨别其中的对错得失。至于像突屈白,过去说是灰类,现在定为木根;天麻根,以前解释说像赤箭,如今更全然不同。本书还剔去错误,选择正确的单独设立新条目。此外,其他的校勘纠正,不可胜数。

本书广泛征求下面各家意见,审核无误后刻版印刷。于是用白字表示《神农本草经》的内容,用黑字表示《名医别录》的内容,唐代和宋代修订所加内容,分别用"今附"加以明确标注,使药物的解释更加详尽,形态性味更加明确。书中凡为证明内容错误而加以讨论的文字,题名为"今注",凡为考察文句意义而加以阐述的文字,又题名为"今按",将内容意义辨别清楚后,道理也就审察明白了。现在将新旧药物共九百八十三种,加上目录为二十一卷,向天下广为颁布,使它传布流行。

刘翰后来加官检校工部员外郎。太平兴国四年(979),任命刘翰为翰林医官使,又加官检校户部郎中。雍熙二年(985),滑州刘遇生病,诏命刘翰疾驱前往诊视。刘翰回来说刘遇一定会一愈,但不久刘遇便死了。刘翰因负有责任而获罪,降职为和州团练副使。端拱初年,刘翰被起用为尚药奉御。淳化元年(990),刘翰恢复为医官使。刘翰去世时享年七十二岁。

王怀隐传

【题解】

王怀隐,宋代学家。北宋睢阳(今河南在县)人。初为道士,居住京城建隆观,精通医药,以医术知名。太平兴国初授尚药奉御,又经多次提升至翰林医官使。宋太宗为藩王时,平日闲暇,雅爱医药,收藏名方千余首。登基后,下令翰林医官院征集名医家传经验方达万余首,乃命王怀隐与副使王佑、郑奇,医官陈昭遇四人,负责审核,分类编辑,历时十四年,于公元922年撰成《太平圣惠方》。宋太宗亲自作序,颁行天下。全书100卷,分为1670门,共载方16834首,全面、系统地总结了我国十世纪以前的临床经验。录方之繁富,为宋代医方名著中的巨作。对后世影响甚大,迄今翻印不衰,仍有临床参考价值。书中保存了大量珍贵医药资料,不少古典医籍佚文赖此得以保存。王怀隐主持其事,贡献之大,自不待言。

【原文】

王怀隐,宋州睢阳人。初为道士,住京城建隆观,善医诊。太宗尹京,怀隐以汤剂祗事。太平兴国初,诏归俗,命为尚药奉御,三迁至翰林医官使。三年,吴越遣子惟浚入朝,惟浚被疾,诏怀隐视之。

初,太宗在藩邸,暇日多留意医术,藏名方千余首,皆尝有验者。至是,诏翰林医官院各具家传经验方以献,又万余首,命怀隐与副使王佑、郑奇,医官陈昭遇参对编类。每部以隋太医令巢元方《(诸)病源候论》冠其首,而方药次之,成一百卷。太宗御制序,赐名曰《太平圣惠方》,仍令镂板颁行天下,诸州各置医博士掌之。怀隐后数年卒。

【译文】

王怀隐,宋州睢阳人。原是一名道士,住在京城建隆观,擅长医术。宋太宗当初在京城开封任府尹时,怀隐以医术恭敬地侍奉他。太平兴国初年,皇帝下令怀隐还俗,任命他为尚药奉御,后经多次提升官至翰林医官使。太平兴国三年(978),吴越王派遣其子钱惟浚入朝,惟浚患病,皇帝下令王怀隐治疗。

当初太宗尚未登基,还在藩邸时,闲暇多留心医术,收藏有名方千余首,都是曾经有效验的。这时,遂下令翰林医官院官员将各家所传验方献出,又有万余首。乃下令王怀隐和副使王佑、郑奇,医官陈昭遇审核,分类编辑。该书每部都把隋朝太医令巢元方所著《诸病源候论》有关条文列在前面,下面罗列方药,共为一百卷。宋太宗亲自作序,赐名《太平圣惠方》,并下令刻板发行天下,各州设置医博士掌管此事。数年后王怀隐去世。

赵自化传

【题解】

赵自化(949~1005),北宋名医。祖籍德州平原(今属山东),后避乱寓居洛阳。父知岩,兄自正,均以医术闻名。自化长期任宫廷太医,为帝王贵胄诊治疾病。曾治愈秦国长公主之病而获提升。自化诊断技术高超,尤精于望诊。陈州隐士万适,素称"强力无疾",自化从色诊看出万适实已病入膏肓,预言万适"将死",果然言中。他对养生、食疗之学也深有研究,撰有《四时养颐录》,宋真宗改名为《调膳摄生图》。又撰有《名医显秩传》,这是我国早期医史人物传记著作之一。

【原文】

赵自化,本德州平原人。高祖常,为景州刺史,后举家陷契丹。父知岩脱身南归,寓居洛阳,习经方名药之术,又以授二子自正、自化。周显德中,偕来京师,悉以医术称。知岩卒,自正试方技,补翰林医学。

会秦国长公主疾,有荐自化诊候者,疾愈,表为医学,再加尚药奉御。淳化五年,授医官副使。时召陈州隐士万适至,馆于自化家。会以适补慎县主簿,适素强力无疾,诏下日,自化怪其色变,为切脉曰:"君将死矣。"不数日,适果卒。

至道中,有布衣郑元辅者,尝依自化之姻吏部令史张崇敏家。元辅时从自化丐索,无所得,心衔之,乃诣检上书,告自化漏泄禁中语,乃指斥非所宜言等事。太宗初甚骇,命王继恩就御史府鞫之,皆无状,斩元辅于都市。自化坐交游非类,黜为郓州团练副使。未几,复旧职。咸三年,加正使。

景德初,雍王元份及晋国长公主并上言:自化药饵有功,请加使秩,领遥郡。上以自化居太医之长,不当复为请求,令枢密院召自化戒之。雍王死,坐诊治无状,降为副使。二年,复旧官,是冬卒,年五十七。遗表以所撰《四时养颐录》为献,真宗改名《调膳摄生图》,仍为制序。

自化颇喜为篇什其贬郓也,有《汉沔诗集》一卷,宋白、李若拙为之序。又尝缵自古以方技至贵仕者,为《名医显秩传》三卷。

【译文】

赵自化,原籍德州平原人。其高祖赵常,为景州刺史。后全家身陷契丹占领区。其父知岩脱身来到南方,居住在洛阳,学习经方名药等医术,又将医术传授给两个儿子自正、自化。后周显德年间,全家来到京城,都以医术高明著称。赵知岩去世后,赵自正通过方技考试,补授翰林医学。

正值秦国公主患病,有人推荐赵自化诊治,结果治愈,被表著为翰林医学,又加授尚药奉御官职。淳化五年(994),授职为翰林医官副使。当时皇帝召陈州隐士万适到京,住在赵自化家。正值万适补授慎县主簿,万适平素身体强壮无病,皇帝下诏书之日,赵自化觉得万适气色异常,给他诊脉,说:"您将要死了!"不几天,万适果然死去。

至道年间,有平民郑元辅,依附赵自化的姻亲吏部令史张崇敏家。郑元辅经常向赵自化求索钱物,得不到满足,便心中怀恨。于是去监察机关上书,告赵自化走漏宫廷机密,及发泄怨言等事。宋太宗开始十分惊讶,命王继恩在御史府审问,结果都无事实依据,于是将郑元辅在法场斩首。赵自化因结交行为不轨的人,被贬为郓州团练副使。不久,恢复原职。咸平三年(1000),升为正使。

景德初年,雍王赵元份及晋国长公主共同上书:赵自化医疗有功,请求给予增加俸禄,提升官职。皇帝以赵自化位太医之首,不应当再为请求增加官爵,命令枢密院召赵自化予以训诫。雍王死后,自化以诊治不当,降为副使。第二年,又恢复旧职。这一年冬,赵自化去世,享年五十七岁。遗漏以撰《四时养颐录》献,宋真宗改名为《调膳摄生图》,为之撰写序言。

赵自化颇为喜欢诗文写作,他在被贬到郓州时,撰有《汉沔诗集》五卷,宋白、李若拙为此书作序。又曾汇集自古以来以方技医术而至高官显贵者,撰为《名医显秩传》三卷。

沙门洪蕴传

【题解】

沙门洪蕴(936~1004),潭州长沙(今属湖南)人。宋代医僧,俗姓蓝。十三岁时,从开福寺僧智岊出家,学习医术。后来去京城游历,以医术高明知名。宋太祖召见他,赐给三品官服紫方袍,并赐号"广利大师"。太平兴国年间,皇帝下诏购求医方,洪蕴献出数十首古方。宋真宗未登基前在蜀邸时,洪蕴也曾以方药拜见。曾侨右街首座,左街副僧录。洪蕴医术以诊断切脉最为精通,能预言人的生死。他临床经验丰富,疗效甚高。洪蕴作为一名僧人,一生主要从事医疗活动,并取得突出成绩,是难能可贵的。

【原文】

沙门洪蕴,本姓蓝,潭州长沙人。母翁,初以无子,专诵佛经,既而有娠,生洪蕴。年十三,诣郡之开福寺沙门智岊,求出家,习方技之书。后游京师,以医术知名。太祖召见,赐紫方袍,号广利大师。太平兴国中,诏购医方,洪蕴录古方数十以献。真宗在蜀邸,洪蕴尝以方药谒见。咸平初,补右街首座,累转左街副僧录。洪蕴尤工诊切,每先岁时言人生死,无不应。汤剂精至,贵戚大臣有疾者,多诏遣诊疗。景德元年卒,年六十八。

【译文】

沙门洪蕴,俗姓蓝,潭州长沙人,母亲姓翁,早年无子,专心诵念佛经,后来怀孕,生子洪蕴。洪蕴十三岁那年,拜见本地开福寺僧智品,请求出家,学习医术,后来到京城游历,以医术闻名于时。宋太祖召见他,赐给三品官服紫方袍,赐号"广利大师"。太平兴国年间,皇帝下诏书购求医方,洪蕴辑录古方数十首献出。真宗皇帝在蜀邸时,洪蕴曾经以方药拜见。咸平初年,补授右街首座,多次提升后转任左街副僧录。洪蕴尤其精通诊断切脉,往往能提前预言人的生死,没有不应验的。他处方精审,贵族大臣们有病,皇帝多下令派他去诊治。洪蕴于景德元年(1004)去世,享年六十八岁。

许希传

【题解】

许希,河南开封人。宋代医家,以医为业,补医学翰林。北宋景佑元年(1034),宋仁宗患病,屡经御医进药治疗无效,冀国大长公主推荐许希诊治。面对帝王之尊,许希大胆而果断地提出,应针刺心下包络之间。果然治愈,显示了许希的高超医术和胆识。因此被任命为翰林医官,并获得皇帝丰厚的赏赐。还撰有《神应针经要诀》一书,未传。

许希

【原文】

许希,开封人。以医为业,补翰林医学。景佑元年,仁宗不豫,侍医数进药,不效,人心忧恐。冀国大长公主荐希,希诊曰:"针心下包络之间,可亟愈。"左右争以为不可,诸黄门祈以身试,试之,无所害。遂以针进,而帝疾愈。命为翰林医官,赐绯衣、银鱼及器币。希拜谢已,又西向拜,帝问其故,对曰:"扁鹊,臣师也。今者非臣之功,殆臣师之赐,安敢忘师乎?"乃请以所得金兴扁鹊庙。帝为筑庙于城西隅,封灵应侯。其后庙益完,学医者归趋之,因立太医局于其旁。

希至殿中省尚药奉御,卒。著《神应针经要诀》行于世。录其子宗道至内殿崇班。

【译文】

许希,开封人,以医为业,补授翰林医学。景佑元年(1034),宋仁宗患病,御医多方医治无效,人心忧虑恐慌。冀国大长公主推荐许希诊治,许希诊后说:"针刺心下包络之间,可很快治愈。"皇帝左右的大臣争言认为不能这样做,宫中宦官请求以身试针,试后安然无害。于是给皇帝扎针,皇帝的病痊愈了。皇帝任命许希为翰林医官,赐给绯衣、银鱼、器物、金钱。许希拜谢之后,又向西方拜谢,皇帝问他是什么缘故,回答说:"扁鹊,是臣下的老师。今日之事不是臣下的功劳,实是臣下老师的赐予,怎么敢忘记老师呢?"于是请求把获赐的金钱用来兴修扁鹊庙。皇帝为之在城西修建了扁鹊庙,册封扁鹊为灵应侯。其后扁鹊庙日益完备,学医者聚集庙内,于是在庙旁设立太医局。

许希后来官至殿中省尚药奉御而卒。著有《神应针经要诀》行于世。其子许宗道被录用为内殿崇班。

庞安时传

【题解】

庞安时(1043~1100),字安常。蕲州蕲水(今湖北浠水)人。宋代医学家。世代医家出身,其父授以脉诀,以为浅近不足取。复钻研黄帝、扁鹊脉书,及《太素》《甲乙经》诸书,通贯百家之说,尤推崇《难经》。重视向具有实践经验者求教。后耳聋,与人交谈须助以纸笔。诊脉重视人迎、寸口并用。以《内经》诸书理论指导临床,擅治伤寒,认为治伤寒是从病因、发病着手,强调体质因素在发病中的重要作用。提出温病与伤寒分治,疗效卓著。著述甚多,有《难经解义》《主对集》(论药性配伍)一卷及《本草拾遗》《庞氏家藏秘宝方》《验方书》等,均佚。唯存《伤寒总病论》六卷。此书经三十余年广寻诸家之说,结合实际经验加以编次而成。书中提出温病治法不能全以伤寒汗下法等新见解,是一部研究《伤寒论》较早的专著,对后世影响很大。

【原文】

庞安时,字安常,蕲州蕲水人。儿时能读书,过目辄记。父,世医也,授以《脉诀》。安时曰:"是不足为也。"独取黄帝、扁鹊之脉书治之,未久,已能通其说,时出新意,辨诘不可屈,父大惊,时年犹未冠。已而病聩,乃益读《灵枢》《太素》《甲乙经》诸秘书,凡经传百家之涉其道者,靡不通贯。尝曰:"世所谓医书,予皆见之,惟扁鹊之言深矣。盖所谓《难经》者,扁鹊寓术于其书,而言之不详,意者使后人自求之欤!予之术盖出于此。以之视浅深,决死生,若合符节。且察脉之要,莫急于人迎、寸口。是二脉阴阳相应,如两引绳,阴阳均,则绳之大小等。故定阴阳于喉、手,配覆溢于尺、寸,寓九候于浮沉,分四温于伤寒。此皆扁鹊略开其端,而予参以《内经》诸书,考究而得其说。审而用之,顺而治之,病不得逃矣。"又欲以术告后世,故著《难经辨》数万言。观草木之性与五脏之宜,秩其职任,官其寒热,班其奇偶,以疗百疾,著《主对集》一卷。古今异宜,方术脱遗,备阴阳之变,补仲景《论》。药有后出,古所未知,今不能辨,尝试有功,不可遗也,作《本草补遗》。

为人治病,率十愈八九。踵门求诊者,为辟邸舍居之,亲视饘粥药物,必愈而后遣;其不可为者,必实告之,不复为治。活人无数。病家持金帛来谢,不尽取也。

尝诣舒之桐城,有民家妇孕将产,七日而子不下,百术无所效。安时之弟子李百全适在傍舍,邀安时往视之。才见,即连呼不死,令其家人以汤温其腰腹,自为上下拊摩。孕者觉肠胃微痛,呻吟间生一男子。其家惊喜,而不知所以然。安时曰:"儿已出胞,而一手误执母肠不复能脱,故非符药所能为。吾隔腹扪儿手所在,针其虎口,既痛即缩手,所以遽生,无他术也。"取儿视之,右手虎口针痕存焉。其妙如此。

有问以华佗之事者,曰:"术若是,非人所能为也。其史之妄乎!"年五十八而疾作,门人请自视脉,笑曰:"吾察之审矣。且出入息亦脉也,今胃气已绝,死矣。"遂屏却药饵。后数日,与客坐语而卒。

【译文】

庞安时,字安常,蕲州蕲水人。少年时很聪明,爱读书,看过书能记住而不忘。父亲是位世医,教他学脉诀,安时学后认为:"单学《脉诀》是不够的"所以,他就自己钻研《黄帝内经》和扁鹊《难经》中有关脉学理论,读了不久,他已能掌握书中全部内容,而且常有自己的体会和新见解,和同行辩论时,讲得有条有理,说得别人哑口无言。他父亲对他这样小小年纪就能理解这么深的经典医书,感到十分惊奇,当时庞安时还不到二十岁。后来,因患病而耳聋,于是他更加刻苦研究《灵枢》《太素》《甲乙经》等书,凡是经史百家涉及医学内容的,都加以融会贯通。庞安时曾说:"世上的许多医书,我基本上都看过,唯有扁鹊的《难经》一书比较深奥。《难经》特点是扁鹊将其医学要旨隐藏在书中,讲述得并不详细,意思是让后人自己从书中去学习领会,我的医术就是来自扁鹊的《难经》之中。按照该书所言来诊断病患的深浅,诊断生与死,就像符节一样的切合。观察脉象的变化,最紧要的是人迎脉和寸口脉。这两外脉象阴阳相应,有如两条引绳,阴阳平衡,则引绳大小相等。所以,从喉部呼吸,手部左右寸口,可知阴阳盛衰,从脉上鱼际和脉八尺部知覆(内关外格)溢(外关内格)。通过手指举按轻重,以辨别寸关尺三部的浮中沉脉象。将中风、热病、湿温、温病四种从伤寒中分出,所有这些论述都是从扁鹊《难经》开始,并经我参考《内经》等书,从中考索研究书中内容和理论而得出的。经过检查以后才应用,顺阴阳而治之,所有疾病都逃不出这一范围。"他愿意将他的医术告知后世,所以编著《难经辨》数万言。通过察看药换性味与五脏之宜忌,按药物的性能排列次序,分清药性主治寒病;还是主治热病,是用奇方还是偶方,以治疗各种疾病,著成《主对集》一卷。由于古今的区别,相宜的不同,方术脱落遗漏失传较多,为了完备阴阳的变化,他补充张仲景《伤寒论》而成《伤寒总病论》。本草药物有后来增加的,古书又未见记载,今人又难辨别的,经过尝试,确有功效的不应该遗漏,故写了《本草补遗》一书。

庞安时为人治病,往往是十有八九痊愈,登门求医的病人很多,庞安时主动腾出房间,让他们居住,并且亲自给患者煮粥熬药,一定要等平凡人治好后,才让回家,对于已经无法救治的病人,也将病情如实告知病人,不再为他治疗。这样,被他治好的病人无其数,患者持金钱、布帛来感谢,他都拒绝不收。

有一次,庞安时去舒州的桐城,听说有位妇女生产,已七天还没有生下来,用了许多办法都无效。正巧庞安时的学生李百全在附近,于是邀请庞安时往前治疗。刚刚看见产妇,就连声说不会死的,并告诉产妇家人用热水温敷产妇的腰腹部,并亲自为产妇上下按摩,产妇感到骨肠部一阵微痛,呻吟间,一个男孩子就出生了。其家人既惊且喜,不知为什么会这样。庞安时说:"婴儿已出了胎胞,而一手误抓着母肠不能脱出来,故不是符药所能治疗的,我隔腹抚摸胎儿手所在的位置,然后针刺其合谷穴,胎儿觉痛就会缩手,所以马上就生了下来,并没有别的技术。"取来孩子观察,右手合谷穴针眼痕迹还在。其治疗奇妙都类似与此。

有人问他有关华佗的事,他说:"华佗医术如此高明,不是人人所能达到的,其医术是史书出于常规记载!"五十八岁时,庞安时疾病发作,他的学生请他给自己诊脉,他笑着说:"我已仔细的切过自己的脉,而且呼吸出入也是脉,我的胃气已绝,该死了。"于是,他不再服用药饵。几天后,他正坐着与客人谈话时死去。

钱乙传

【题解】

钱乙(1032~1113),宋代儿科学家。父亲钱颖为针灸医生,幼随姑父学医,后以善用《颅囟方》,闻名于山东。钱乙为方不偏执一家,不拘泥古法,时出新意,又与古法相合。尤精通《本草》诸书,辩证阙误。能言异药之生本末、名称、形态。以擅治儿科病闻名。元丰(公元1078~1085年)年间至京师治愈长公主之女疾,授翰林医学。又以黄土汤治愈皇子瘛疭,擢为太医丞,赐金紫。《小儿药证直诀》三卷。该书以脏腑辨证立说,强调五脏病变在诊治方面相互影响。提出小儿"脏腑弱,易虚易实,易寒易热",对儿科学及整个中医基础理论之发展影响很大。

钱乙著作很多,有《伤寒指微论》五卷,《婴孺论》百篇,《钱氏小儿方》八卷,《小儿药证直诀》三卷。唯有《小儿药证直诀》经阎季忠整理得以流传下来,余均散佚。

【原文】

钱乙,字仲阳,本吴越王俶支属,祖从北迁,遂为郓州人。父颖善医,然嗜酒喜游,一日,东之海上不反。乙方三岁,母前死,姑嫁吕氏,哀而收养之,长海之医,乃告以家世。即泣,请往迹寻,凡八九反。积数岁,遂迎父以归,时已三十年矣。乡人感慨,赋诗咏之。其事吕如事父,吕没无嗣,为收葬行服。

乙始以《颅囟方》著名,至京师视长公主女疾,授翰林医学。皇子病瘛疭,乙进黄土汤而愈。神宗召问黄土所以愈疾状,对曰:"以土胜水,水得其平,则风自止。"帝悦,擢太医丞赐金紫。由是公卿宗戚家延致无虚日。

广亲宗子病,诊之曰:"此可毋药而愈。"其幼在傍,指之曰:"是且暴疾惊人,后三日过午,可无恙。"其家恚,不答。明日,幼果发痫甚急,召乙治之,三日愈。问其故,曰:"火色直视,心与肝俱受邪。过午者,所用时当更也。"王子病呕泄。他医与刚剂,加喘焉。乙曰:"是本中热,脾且伤,奈何复燥之?不将得前后溲。"与之石膏汤,王不信,谢去。信宿被剧,竟如言而效。

士病咳,面青而光,气哽哽。乙曰:"肝乘肺,此逆候也。若秋昨之,可治;今春,不可治。”其人祈哀，强予药。明日，曰：“吾药再泻肝，而不少却；三补肺，而益虚；又加唇白，法当三日死。今尚能粥，当过期。”居五日而绝。

孕妇病，医言胎且堕。乙曰：“娠者五脏传养，率六旬乃更。诚能候其月，偏补之，何必堕？”已而母子皆得全。又乳妇因悸而病，既愈，目张不得瞑。乙曰：“煮郁李酒饮之使醉，即愈。所以然者，目系内连肝胆，恐则气结，胆衡不下。郁李能去结，随酒入胆，结去胆下，则目能瞑矣。”饮之，果验。

乙本有羸疾，每自以意治之，而后甚，叹曰：“此所谓周痹也。入脏者死，吾其已夫！”既而曰：“吾能移之使在末。”因自制药，日夜饮之。左手足忽挛不能用，喜曰：“可矣！”所亲登东山，得茯苓大逾斗，以法啖之尽，由是虽偏废，而风骨悍坚如全人。以病免归，不复出。

乙为方不名一师，于书无不窥，不斳斳守古法。时度越纵舍，卒与法合。尤邃《本草》诸书，辨证阙误。或得异药，问之，必为言生出本末、物色、名貌差别之详，退而考之皆合。末年挛痹寝剧，知不可为，召亲戚诀别，易衣待尽，遂卒，年八十二。

【译文】

钱乙，字仲阳，本吴越王俶支属，到他祖父时北迁，遂为郓州（今山东东平）人。钱乙的父亲钱颖，是个医生，然而嗜酒喜欢游玩，一日，东游海上不返。这时钱乙才三岁，母亲又早死，姑姑出嫁到吕家，可怜钱乙，于是收养钱乙为子，长大后便教他学医，并告诉他家庭的世业和父亲的情况。钱乙听了很难过，哭着向姑父请求，要将父亲找回来。钱乙出外寻父八、九次，数年后终于将父亲找了回来，那年他已三十岁。当地的人为他这种孝心所感动，写了许多诗来传颂他寻父的事迹。钱乙对抚养他成人的姑父母和父亲一样孝顺。姑父母没有儿女，他们死后，钱乙披麻戴孝，为老两口送葬。

钱乙很早以研究应用儿科名著《颅囟方》治病远近闻名。到京师，因治好长公主女儿的疾病，被授为翰林医学士。一位皇子患病抽风，钱乙用黄土汤给治好了。神宗皇帝问他黄土为什么能治病，钱乙回答说：“土可以胜水，水土保持平静，则风自然停。”皇帝听他讲得有道理，便将他提升为太医院的医官，并赏赐穿紫色有金饰的三品官服。这样一来，他的名声越来越大，京师的皇亲国戚、达官贵人都纷纷找他治病。

钱乙

广亲王的长子患病，钱乙诊治后说：“此病可以不用药而痊愈。”当时，病人弟弟也在旁边，钱乙指说：“此小儿旦夕间将患使人惊恐的急病，第三日的午后，可以痊愈。”病人家属不高兴，也没搭理他。次日，果然发病甚急，请钱乙医治，三日痊愈。问钱乙这是什么原因，回答说：“两目直视，而两腮赤，是心与肝都受邪。过午后愈,是根据疾病转变规律推算得出的痊愈时间。"一位王子患病上吐下泻,别的医生诊断后,处以刚燥之剂,反而增加了气喘。钱乙诊后说:"病本来就受热邪所致,脾将伤,怎么能用燥药再使津液受伤?将出现不能大小便症状。"处方用石膏汤,王不信,婉言将钱乙辞去。次日,病情加重,王子派人去请钱乙,果然如钱乙所言用石膏汤方治愈。

有一位儒士患咳嗽,面色青而泛光,气喘呼吸困难,钱乙诊治后说:"肝乘肺,此是正虚邪盛之症候。这病如果在秋天得的话,可治;今已春天不可治。"病人哀求,钱乙勉强给他一些药。第二天,钱乙对病人说:"我给你这药一再泻肝火,但症状未见减轻,再三的给予补肺而肺虚症日益严重。再加上病人唇色淡白,气血两虚。按一般规律当三日即死。现在还能够喝粥,应该能多活几天。"果然过了五天方死。

某孕妇患病,一位医生给她诊治,认为将要流产。钱乙诊断后说:"妊娠时五脏六腑经脉轮流护养胎儿。六十天更换表里一组脏腑,如果能按其月而用补药,哪里一定会流产呢?"后来经过服药,果然母子都安全无恙。又有乳妇惊悸而病,治愈后目张不能入睡。钱乙说:"煮郁李酒让她饮醉即能痊愈。所以这样是因为眼珠内连肝胆,恐惧则气结,胆气横阻不下,郁李能去气结、随酒可入胆,结去胆下,则目能闲而睡了。"服后,果然有效。

钱乙本有羸疾,每当病发作时都按自己意志治疗。后来病情加重,叹息说:"这就是所谓周痹的病。此病传入脏者死,看样子我的生命将终止了。"既而他又说:"我能将病移到手足末梢。"因此,自己制药日夜饮用。一天,钱乙左侧手足痉挛不能运用自如,他倒高兴地说:"行了。"有亲属登东山,挖得茯苓大如斗,他全部吃掉。从此他虽然半身瘫痪,但是风骨坚硬如无病者一样。后来他以病辞去太医院医官之职,归家,不复出仕。

钱乙并不墨守一家之学,凡医书无所不读,又不严格据守古法。治疗每能超越常规,但最终都能符合大法。尤其精通《本草》诸书,辨别正误很有心得。人们得到不常见的药拿来问他,他都能说出该药的产地本末,药物的颜色、形态、名称和差别所在。问者回去核查,都与钱乙所说相符。钱乙晚年挛痹逐渐加剧,自知不可救治,请亲戚来和他告别,更换了衣服,等待死亡的到来,终年八十二岁。

林灵素传

【题解】

林灵素,北宋末年道士,字通叟,温州(今属浙江)人,少从佛门,后改从道教,善妖幻及祷雨之术,深得宋徽宗宠信,赐号通直达灵先生,与王允诚称霸京中,人称道家两府。后因无礼于太子,太子入诉,被贬归故里而死。

【原文】

林灵素,温州人。少从浮屠学,苦其师笞骂,去为道士。善妖幻,往来淮、泗间,丐食僧寺,僧寺苦之。

政和末，王老志、王仔昔既衰，徽宗访方士于左道录徐知常，以灵素对。既见，大言曰："天有九霄，而神霄为最高，其治曰府。神霄玉清王者，上帝之长子，主南方，号长生大帝君，陛下是也，既下降于世，其弟号青华帝君者，主东方，摄领之。已乃府仙卿曰褚慧，亦下降佐帝君之治。"又谓蔡京为左元仙伯，王黼为文华吏，盛章、王革为园苑宝华吏，郑居中、童贯及诸巨阉皆为之名。贵妃刘氏方有宠，曰九华玉真安妃。帝心独喜其事，赐号通真达灵先生，赏赉无算。

建上清宝箓宫，密连禁省。天下皆建神霄万寿宫。浸浸造为青华正书临坛，及火龙神剑夜降内宫之事，假帝诰、天书、云篆，务以欺世惑众。其说妄诞，不可究质，实无所能解。惟稍识五雷法，召呼风霆，间祷雨有小验而已。令吏民诣宫受神霄秘录，朝士之嗜进者，亦靡然趋之。每设大斋，辄费缗钱数万，谓之千道会。帝设幄其侧，而灵素升高正坐，问者皆再拜以请。所言无殊异，时时杂捷给嘲诙以资笑。其徒美衣玉食，几二万人。遂立道学，置郎、大夫十等，有诸殿侍晨、校籍、授经，以拟待制、修撰、直阁。始欲尽废释氏以逞前憾，既而改其名称冠服。

灵素益尊重，升温州为应道军节度，加号元妙先生、金门羽客、冲和殿侍晨，出入呵引，至与诸王争道。都人称曰"道家两府"。本与道士王允诚共为怪神，后忌其相轧，毒之死。宣和初，都城暴水，遣灵素压胜。方率其徒步虚城，役夫争举梃将击之，走而免。帝知众所怨，始不乐。

灵素在京师四年，恣横愈不悛，道遇皇太子弗敛避。太子入诉，帝怒，以为太虚大夫，斥还故里，命江端本通判温州，岁察之。端本廉得其居处过制罪，诏徒置楚州而已死。遗奏至，犹以侍从礼葬焉。

【译文】

林灵素，温州人，小时候跟着僧人学，受不了师傅的打骂，离开去当了道士。喜欢妖幻，往来于淮河、泗水之间，在僧寺中讨饭，僧寺很感到麻烦。

政和末年，王老志、王仔昔衰亡后，徽宗向左道录徐知常打听方士，徐知常提到了林灵素。见面之后，大声说："天有九重，而神霄为最高，它的地方叫府。神霄玉清王，是上帝的长子，主管南方，号叫长生大帝君，也就是陛下您。下降到州界上，其弟弟号叫青华帝君，主东方，统领它。我是府仙卿褚慧，也下降来帮助帝王治理天下。"又说蔡京是左元仙伯，王黼是文华吏，盛章、王革是园苑宝华吏，郑居中、童贯和各位大宦官都各有名称。贵妃刘氏正是受宠之时，叫九华玉真安妃。皇帝心中很喜欢这种事，赐号通真达灵先生，赏赐的东西不计其数。

建造上清宝箓宫，秘密地通着朝廷之内。天下都建神宵万寿宫。又伪造青华神大白天降临坛中，和火龙神剑夜晚降在内宫的事，伪造皇帝诰书、天书、云篆，一心欺世骗人。其说法虚妄，不能够认真推敲，实在不能理解。只有略微懂一些五雷法，呼风唤雷，偶尔祝祷雨有小灵验而已。令官吏百姓去宫中接受神霄秘籍，朝廷中人喜好往上爬的，也都一窝蜂地去巴结了。每次设大斋，便浪费数万钱，称之为千道会。皇帝在旁边搭了棚子，而灵素升高坐在正位，提问的人都再拜请求解答。所说的也没什么了不起，时时杂着笑话以资庸俗的谈笑。他的徒弟穿好衣吃好饭，将近有二万人。于是建了道学，设置郎、大夫十等人，有各殿的侍晨、校籍、授经，以模仿待制、修撰、直阁。开始时想要全部废除佛教以释以前的遗憾，后来又改掉其名称、冠服。

灵素更加有权势后，提拔温州为应道军节度，加号元妙先生、金门羽客、冲和殿侍晨，进出都要人吆喝开路，直至同诸王争道。都城人称为"道家两府"。本来与道士王允诚同为怪神，后来忌妒相攻击，把他毒死。宣和初年，都城发大水，派灵素设法控制。便率领徒弟漫步城上，劳工们抢着举棍要打他们，他们逃跑掉才免了挨打。皇帝知道百姓的怨恨，才不高兴他们。

灵素在京师四年，恣戾专横更加不改，路上碰到皇太子也不避开。太子向皇帝诉说，皇帝大怒，贬他为太虚大夫，让他滚回故乡去。命令江端本通判温州，暗中监察他。端本知道了他居住超过了应有的规模的罪，皇帝下诏流放到楚州，却已死了。皇帝让仍然用侍从的礼节安葬他。

皇甫坦传

【题解】

皇甫坦，字履道，人尊为"皇甫先生"。南宋医生。原籍临淄（今属山东）。后避乱入蜀，遂家夹江（今属四川）。生活于十二世纪，善医术。绍兴年间（1131～1162），显仁太后患目疾，临安守臣张荐皇甫坦入宫诊治，迅速痊愈。皇帝很高兴，赏赐丰厚，皆拒绝不受。他擅养生术，曾为高宗论述养生要旨，"先禁诸欲，勿令放逸，丹经万卷，不如守一"。深得皇帝赏识，为之题阉名"清静"，并画像挂宫中。

【原文】

皇甫坦，蜀之夹江人，善医术。显仁太后苦目疾，国医不能愈，诏募他医，临安守臣张称以坦闻。高宗召见，问何以治身，坦曰："心无为则身安，人主无为则天下治。"引至慈宁殿治太后目疾，立愈。帝喜，厚赐之，一无所受。令持香祷青城山，还，复召问以长生久视之术，坦曰："先禁诸欲，勿令放逸。丹经万卷，不如守一。"帝叹服，书"清静"二字以名其庵，且绘其像禁中。

荆南帅李道雅敬坦，坦岁谒道，隆兴初，道入朝，高宗、孝宗问之，皆称皇甫先生而不名。坦又善相人，尝相道中女必为天下母，后果为光宗后。

【译文】

皇甫坦，蜀之夹江（今属四川）人，善医术。一次，显仁太后患目疾，经太医局许多医生治疗都不能愈，于是下诏请别的医生诊治，临安守臣张称回朝廷推荐皇甫坦。高宗亲自召见了皇甫坦，并问他用什么办法治病，皇甫坦回答说："一个人能顺应自然，则能身心安定,一个皇帝能顺应民心,则天下太平。"然后带皇甫坦到慈宁殿给显仁太后治病,治疗不久,显仁太后的病就好了。皇帝很高兴,赐给皇甫坦很多礼物,他一件也没收下。皇帝命令带着香去青城山祈祷,回到京城,皇帝又召问皇甫坦长寿养生的医术。皇甫坦说:"首先禁止各种不良欲望,不要放纵,读万卷炼丹的书,不如洁身操守庵一人。"(道家的得一精神)皇帝很佩服皇甫坦的见解,还为他书写"清静"二字,以名其庵,而且绘其像挂于皇宫中。

荆南帅李道也尊敬皇甫坦,皇甫坦每年都去拜谒李道。隆兴初年(1163~1164),李道入朝,高宗、孝宗都问候皇甫先生而不称呼名字。坦还善于为人看相,曾为李道的女儿看相,说她必为皇后,后果然为光宗皇帝的皇后。

王克明传

【题解】

王克明(1112~1178),字彦昭。祖籍饶州乐平(今属江西),后迁居湖州乌程(今浙江吴兴)。南宋医家,以医术闻名于绍兴、乾道间(公元1131~1173年)。自幼得脾胃疾,随着年龄增长,他的病日益加重,当时许多医生说他的病无法治好,于是自学《难经》《素问》,专心研习医学,自疗获愈。行医于长江、淮河一带,尤精针灸。治病多效,其治风湿病、便秘腹胀、风禁不语等验案,为时人传扬。在苏州治愈金使黑鹿谷伤寒重症,此后名闻北方。绍兴末年(公元1162年),赴军中救治疫病,救活数万人。临诊颇有特点,或病有数症,投一药除病之本,诸症自去;或预知病当自愈日期,不以药治,辨证审因,言多应验。初试礼部中选,累任医官。后迁至额内翰林医痊局并赐金紫官服。卒年六十七岁。

【原文】

王克明,字彦昭,其始饶州乐平人,后徙湖州乌程县。绍兴、乾道间名医也。初生时,母乏乳,饵以粥,遂得脾胃疾,长益甚,医以为不可治。克明自读《难经》《素问》以求其法,刻意处药,其病乃愈。始以术行江、淮,入苏、湖,针灸尤精。诊脉有难疗者,秘沉思得其要,然后予之药。病虽数证,或用一药以除其本;本除而余病自去。亦有不予药者,期以某日安。有以为非药之过,过在某事,当随其事治之。言无不验。士大夫皆自屈与游。

魏安行妻风痿十年不起,克明施针,而步履如初。胡秉妻病内秘腹胀,号呼逾旬,克明视之,时秉家方会食,克明谓秉曰:"吾愈恭人病,使预会可乎?"以半硫圆碾生姜调乳香下之,俄起对食如平常。卢州守王安道风禁不语旬日,他医莫知所为。克明令炽炭烧地,洒药。置安道于上,须臾而苏。金使黑鹿谷过姑苏,病伤寒垂死,克明治之,明日愈。及从徐度聘金,黑鹿谷适为先排使,待克明厚甚。克明讶之,谷乃道其故,由是名闻北方。后再从吕正己使金,金接伴使忽被危疾,克明立起之,却其谢。张子盖救海州,战士大疫,克明时在军中,全活者几万人。子盖上其功,克明力辞之。

克明颇知书,好侠尚义,常数千里赴人之急。初试礼部中选,累任医官。王炎宣抚四川,辟克明,不就。炎怒,劾克明避事,坐贬秩。后迁至额内翰林医痊局,赐金紫。绍兴五年卒,年六十七。

【译文】

王克明,字彦昭,祖籍饶州乐平人,后迁居湖州乌程县。是南宋绍兴(公元1130~1162年)、乾道(公元1165~1173年)时期的名医。他生下来后,因母亲乳少,靠米粥喂养,因而患了消化系统疾病,随着年龄增长,他的病日益加重,当时很多医生说他的病已无法可治。于是,王克明决心自学《难经》《素问》等医学经典以求治疗的方法。他用尽心思研究方药,终于治愈了自己的病。从此,他开始行医于长江、淮河流域,后来又于苏州、湖州等地为人治病,尤精于针灸。若遇疑难病症,必须反复思考,力求找出病人疾病辨证要领,然后再给药物治疗。对于症状繁杂的病人,或用药先治其主要病症,主症既除,其他病也就随之而愈了。也有些病他并不用药,告诉病人何日会自愈。还有些病人,治不好,不是药物的过错,是因为遇到某些悲痛或气愤之事而生病,应当尽量想办法,帮助病人消除思想中存在的问题,因此他治疗无不有效的。官僚阶层,都降低自己身份和他交往。

魏安行的妻子因风邪导致痿症,躺在床上已十年不起,经克明用针灸治疗后,能如以往一样步履自如。胡秉的妻子患大便干燥而腹胀,痛苦号叫已有十几天了,王克明诊病的时候,正赶上胡秉家中宴会,王克明对胡秉说:"我治愈你妻子的病,让她参加宴会好吗?"用半硫圆碾生姜调乳香一起服,一会儿胡秉妻子起床,食欲恢复正常。庐州的地方官王安道患风禁不能言语已十日,别的医生都不知怎么治疗,王克明叫人用烧红了的炭烧地,然后洒上药,将安道放置到药上面熏,一会儿安道病体就复原了。一次,金朝派遣到南宋的特使黑鹿谷路过苏州时,患伤寒重症病危,经王克明诊治后,第二天就好了。后来徐度访金,王克明跟随徐度到金人管辖的北方去,正好黑鹿谷任接待官,他待王克明如上宾,王克明很惊讶,黑鹿谷告诉他缘故,于是名闻北方。后来他又跟随南宋吕正己出使金朝,金朝接待的官员得了重病垂危,又被王克明救治而愈,于是送来许多礼品感谢,王克明都谢绝了。有一次,张子盖带兵援救海州,许多战士都患了传染病,这时王克明正在部队中,救治兵士近万人。张子盖要为他记功上报,王克明竭力推辞之。

王克明平生读书颇多,讲义气肯舍己助人,常数千里奔波去解救他人危急。他在礼部考试中选,历任医官之职。王炎宣抚四川时,征召克明随从,克明未去。王炎发怒,弹劾克明逃避公事,被贬官。后来又升官至额内翰林医痊局并赐穿紫色饰金的官服。绍兴五年(公元1135年)去世,卒年六十七岁。

窦神宝传

【题解】

窦神宝，五代内侍、宋初皇城使窦思俨之子。初为黄门，太平兴国年间从征北汉，得迁入内高品。监并州戍兵，多所斩获。与尹宪屯夏州，大破祓伽罗腻等十四族。淳化年间，与陈德玄破牛家族二十八部。至道时，党项叛宋，先后两次有效抗击李继迁的入侵。咸平年间，受命调解原州野俚族矛盾，使之悉还旧地。大中祥符初年，累迁西京左藏库使、领密州刺史、兼掌往来国信。一生多效力边疆，功绩颇著。

【原文】

窦神宝，父思俨，五代时为内侍，宋初皇城使。兄神兴，左领军卫大将军致仕。神宝初为黄门，太平兴国中从征太原，擐甲登城，中流矢，稍迁入内高品。

监并州戍兵，屡出袭贼，前后破砦三十六，斩千余级，大获铠甲、牛马、橐驼，因筑三砦，诏褒之。九年，命与尹宪屯夏州。时祓伽罗腻等十四族久叛，神宝率兵大破之，焚其庐帐，斩千余级，虏获甚众。

雍熙中，朝廷遣使绥、宥、麟、府州，募边部愿攻契丹者，赐以金帛。神宝上言："狼子野心，由此或生边隙。"乃止。俄转殿头高品。

淳化中，使河东，阅视堡栅兵骑。慕容德丰自邢台徙延州，未至郡，诏神宝乘传权州事。环州近边内扰，与陈德玄讨之，破牛家族二十八部，且规度通远入灵虎路，就命环庆同驻泊。牛家族复结众叛，又破之，歼余党于极泉镇，获其渠帅九人。西戎寇鄜，以援之之劳，迁供奉官。与田绍斌部送灵州刍粮，即命驻泊。

李继迁入寇，与慕容德丰袭破其堡砦，焚帐幕，获人畜数万计，连诏嘉奖，迁内殿崇班。至道初，继迁再寇灵武，神宝遣人间道告急阙下。贼围之岁余，地震二百余日，城中粮糗皆竭。潜遣人市籴河外，商运以入。间出兵击贼，贼引去，以功拜西京作坊副使。

又命于浦洛河、清远军援刍粮，与杨允恭议造小车三千，运粮至环州。三年，迁西京左藏库副使。出使灵武，还，奏对称旨，面授供备库使。

咸平中，出为高阳关铃辖，徙贝、冀巡检。会原州野俚族三千余众徙帐于顺成谷，大虫堪与熟魏族接战，诏神宝和洽之。至则定其经界，遣悉还旧地。

入为内侍右班副都知。真宗朝陵，留与刘承珪同掌大内事。大中祥符初，勾当三班院，又掌诸王宫事，迁西京左藏库使、领密州刺史、兼掌往来国信。

神宝莅职精恪，性吝啬，畜货钜万。天禧初，以皇城使罢内职。三年，卒，年七十一。录其子守志为入内供奉官。

【译文】

窦神宝，父亲窦思俨五代时期是内侍宦官，宋朝初年任皇城使。哥哥窦神兴以左领军卫大将军的职位退休。窦神宝起初为黄门,太平兴国年间随太宗出征太原,披甲登城,被乱箭射中,逐渐升为入内高品。

监并州戍兵时,窦神宝多次出兵袭击贼寇,先后攻破三十六座营垒,斩首一千余级,缴获大量的铠甲、牛马、骆驼,于是筑起三座营垒。太宗下诏嘉奖称许。太平兴国九年,太宗命窦神宝与尹宪驻扎在夏州。当时,岌伽罗腻等十四族长期背叛朝廷,窦神宝率领军队将他们打得大败,烧毁房舍帐幕,斩首一千余级,掳获甚众。

雍熙年间,朝廷派使者前往绥、宥、麟、府各州,招募愿意去攻打契丹的边疆各部,赐给金帛。窦神宝进言说:"这些人有狼子野心,也许会因此在边疆滋生纷争。"朝廷便收回成命。不久,窦神宝改任殿头高品。

淳化年间,窦神宝出使河东,视察城堡营栅、兵器马匹。慕容德丰从邢台迁徙到延州,尚未到达州城,太宗就下诏命窦神宝乘坐驿车赶来摄理延州事务。邻近环州的周边各部骚扰内地,窦神宝与陈德玄前去讨伐,打败牛家族二十八部,并且将通远划归灵武路,就地受命为环庆同驻泊。牛家族再度聚众反叛,窦神宝又将他们打败,在极泉镇歼灭了他们的余党,捉获该族首领九人。党项人侵犯郦州,窦神宝因有援救郦的功劳,升任供奉官。他与田绍斌押送供给灵州的草料军粮,朝廷便命他总管该地戍兵。

李继迁前来侵犯,窦神宝与慕容德丰袭击并攻占他们的堡寨,焚烧帐幕,掳获的人口牲畜数以万计,朝廷接连嘉奖,窦神宝升任内殿崇班。至道初年,李继迁再次侵犯灵武,窦神宝派人抄小道向京城告急。敌军围困灵武一年多,有二百多天发生地震,城中粮食一空。窦神宝暗中派人到黄河以西地区购粮,夜间运输到城中,乘间出兵进击敌军,敌军退去,窦神宝因功受任西京作坊副使。

朝廷又命令在浦洛河、清远军增援粮草,窦神宝与杨允恭商议制造出小车三千辆,把粮草运到环州。至道三年,窦神宝改任西京左藏库副使。窦神宝又出使灵武,回京后当面回答太宗的问题,符合太宗的意旨,太宗当面任命他为供备库使。

咸平年间,窦神宝离京担任高阳关铃辖,被贬谪为贝、冀巡检。适值原州野俚族的三千多人把帐幕迁移到顺成谷,大虫堪与熟魏族接战,有诏命窦神宝调和双方的关系。窦神宝一到,就确定了双方的疆界,让双方全部返回原来活动的地方。

窦神宝又进京担任内侍右班副都知。真宗拜谒陵寝,窦神宝与刘承珪共同执掌大内事务。大中祥符初年,他在三班院办理公事,又执掌诸王宫事务,改任西京左藏库使、领密州刺史,同时掌管国家对外往来的符节文书。

窦神宝履行职务勤谨精细,生性吝啬,积蓄的财物数以万万计。天禧初年,窦神宝在皇城使任上免去内官职务。天禧三年,窦神宝死去,当时七十一岁。真宗录用他的儿子窦守志为入内供奉官。

王继恩传

【题解】

王继恩，北宋陕州陕县人。初为张氏养子，名张德钧。由后周入宋，官至内侍行首。太祖去世时，皇后命召赵德芳，王继恩连夜请太宗进宫，遂深受宠信。雍熙、端拱年间驻兵河北，经营边防，淳化年间受命镇压李顺农民军，攻陷成都，屠杀甚众，朝廷特设宣政使一职以赏其功。王继恩久留成都，纵兵剽惊，危害一方。平时恃恩横行，结党营私，邀求名誉。真宗时，因颇事欺罔，泄露机密，与参政知政事李昌龄等人勾结，多所请托，事涉宫禁，被贬至均州安置，卒于贬所。

【原文】

王继恩，陕州陕人。周显德中为内班高品。初养于张氏，名德钧。开宝中求复本宗，太祖召见，许之，因赐名焉。累为内侍行首。

会讨江南，与窦神兴等部禁兵及战船抵采石。九年春，改里面内班小底都知，赐金紫。十月，加武德使。太祖崩，副杜彦圭案行陵地，寻充永昌陵使。太平兴国三年，迁宫苑使。久之，领河州刺史，掌军器弓枪库。

雍熙中，王师克云、朔，命继恩率师屯易州，又为天雄军驻泊都监。自岐沟关、君子馆败绩之后，河朔诸路为契丹所扰，城垒多圮。四年，诏继恩与翟守素、田仁朗、郭延浚分路按行，增筑之。及遣将北伐，又为排阵都监，屯中山。改皇城使。端拱初，领本州团练使，又为镇、定、高阳关三路排阵钤辖。淳化初，赐甲第一区。五年，加昭宣使，勾当皇城司。

李顺乱成都，命为剑南两川招安使，率兵讨之，军事委其制置，不从中覆，管内诸州系囚，非十恶正赃，悉得以便宜决遣。二月，命马步军都头王杲趣剑门，崇仪使尹元由峡路分遣讨贼，并受继恩节度。诏前军所至，其贼党敢抗王师者，即须杀戮，如本非同恶，受制凶徒，先被胁从，今能归顺者，悉释其罪。

四月，继恩由小剑门路入研石砦，破贼，斩首五百级，逐北过青强岭，平剑州，进破贼五千于柳池驿，斩千六百级，贼众望风奔走，杀戮溺死者不可胜计。又克阆、绵二州。五月，至成都，破贼十万余，斩首三万级，获顺及铠甲、僭伪服用甚众。

朝议赏功，中书欲除宣徽使。太宗曰："朕读前代史书，不欲令宦官预政事。宣徽使，执政之渐也，止可授以他官。"宰相力言继恩有大功，非此任无足以为赏典。上怒，深责相臣，命学士张洎、钱若水议别立宣政使，序位昭宣使上以授之，进领顺州防御使。

继恩握重兵，久留成都，转饷不给。专以宴饮为务，每出入，前后奏音乐。又令骑兵执博局棋枰自随，威振郡县。仆使辈用事恣横，纵所部剽掠子女金帛，军士亦无斗志。余贼迸伏山谷间，州县有复陷者。太宗知之，乃命入内押班卫绍钦同领其事，又遣枢密直学士张鉴、西京作坊副使冯守规乘传督其捕贼，议分减师徒出蜀境，以便粮运。

高品王文寿者,隶继恩麾下,继恩遣领虎翼卒二千,分遂州路追讨。文寿御下严急,士卒皆怨。一夕,卧帐中,指挥使张嶙遣卒排闼入,斩文寿首以出。会夜昏黑,嶙犹疑其非,然炬照之,曰:"是也。"时嘉州贼帅张余有众万余,嶙即以所部与之合,贼势甚盛。初奏至,太宗欲尽诛军人妻子,近臣或请勿杀,悉索营中书,遣帅招抚,谕以释罪,亲属皆全,必自引归,因可破贼。上然之,令巡检程道符谕旨,亡卒斩嶙,函道送继恩,皆自拔来归。因使为向导击贼,悉平之。

至道二年春,布衣韩拱辰诣阙上言:"继恩有平贼大功,当秉机务。今止得防御使,赏甚薄,无以慰中外之望。"上大怒,以拱辰惑众,杖脊黥面配崖州,俄召继恩。太宗崩,命与李神福按行山陵,加领桂州观察使。

继恩初事太祖,特承恩顾。及崩夕,太宗在南府,继恩中夜驰诣府邸,请太宗入,太宗忠之,自是宠遇莫比。喜结党邀名誉,乘间或敢言荐外朝臣,由是士大夫之轻薄好进进者从之交往,每以多宝院僧舍为期。有潘阆者,能诗咏,卖药京师,继恩荐之,召见,赐进士第,寻察其狂妄,追还诏书。

及真宗初,继恩益豪横,颇欺罔,罔泄机事,与参知政事李昌龄缄题往来,多请托,至有连宫禁者。素与胡旦善,时将加恩,密诿其为褒辞,又士人诗颂盈门。上恶其朋党,黜为右监门卫将军,均州安置,籍没赀产,得蜀土僭拟之物。昌龄责忠武军节度行军司马,旦削籍,长流寻州。诏中外臣僚曾与继恩交识及通书尺者一切不问。

咸平二年,卒于贬所,遣使将其家属还京师,假官舍处之。四年,听归葬。大中祥符三年,特诏追复官爵,以白金千两赐其家。子怀珪,转入内高班。

【译文】

王继恩,陕州陕县人。后周显德年间成为内班高品。起初收养在张家,名叫张德钧。开宝年间,请求恢复本宗,太祖予以召见,答应了他,于是赐名为王继恩。王继恩历经升迁,当了内侍行首。

适逢征讨江南,王继恩与窦神兴等统率禁军抵达采石。开宝九年春天,王继恩改任里面和内班小底都知,得赐金鱼袋和紫袍,十月,加任武德使。太祖去世,王继恩作为杜彦圭的副职去巡视墓地,不久便充任永昌陵使。太平兴国三年,王继恩升任宫苑使,久后又兼任河州刺史,掌管军器弓枪库。

雍熙年间,朝廷军攻克云州和朔州,命王继恩率军屯驻易州,又任天雄军驻军都监。自从宋军在岐沟关、君子馆战败后,河朔各路受契丹的骚扰,城堡大多倒塌。太平兴国四年,太宗下诏命王继恩与翟守素、田仁朗、郭延浚分路巡行,增筑城堡。等到派将领北伐时,王继恩又任排阵都监,屯驻中山,改任皇城使。端拱初年,王继恩兼任本州团练使,又任镇州、定州、高阳关三路排阵钤辖。淳化初年,得赐府第一所。端拱五年,加任昭宣使,管理皇城司。

李顺在城都作乱,王继恩受命担任剑南两川招安使,率兵征讨,军政事务都交给他裁措,不须朝廷覆核,管辖范围内的在押囚犯,除了十恶大罪和收缴赃物,一律可以随机自行判决。二月,朝廷命马步军都军头王杲奔赴剑门,崇仪使尹元由峡路分兵讨征李顺,两人都受王继恩的调度。诏书规定，先头部队所到之处，如果贼党胆敢抵抗官军，就立即杀戮，如果本来并未与李顺狼狈为奸，而是受李顺的挟制，起初被迫从命，现在又能归顺的，一律免予治罪。

四月，王继恩从小剑门路进入研石砦，打败李顺军，斩首五百级，追赶败军，越过青强岭，平定剑州，进而在柳池驿打败五千李顺军，斩首一千六百级，李顺军望风而逃，被杀死淹死的人多得无法计算，接着又攻下阆州和绵州两地。五月，王继恩抵达成都，打败十万李顺军，斩首三万级，活捉李顺，缴获铠甲和僭越本分的服饰器物甚多。

朝廷计议奖赏功勋时，中书省打算任命王继恩为宣徽使。太宗说："朕读过前代史书，不想让宦官干预政事。宣徽使是执政的先声，所以只能任命别的官职。"宰相极力声称王继恩立了大功，除了这一职务就不足以体现奖赏的典礼。太宗发怒，深深责备宰相，命学士张泊、钱若水商议另立宣政使一职，地位排在昭宣使以上，以便任命王继恩。王继恩升任领顺州防御使。

王继恩掌握重兵，长期留在成都，军饷运输供给不上。他一心沉湎在宴饮中，每当到什么地方去，总要前后奏起音乐。他又让骑兵手端博戏的棋盘跟随着自己，以威风震慑郡县。供他驱使的仆从都能主事，任意横行，放纵部下劫掠妇女金帛，将士也失去斗志。张顺的余部出没在山谷间，有的州县再度失陷。太宗得知这种情况，便命入内押班卫绍钦与王继恩一起统领其事，又派枢密直学士张鉴、西京作坊副使冯守规乘坐驿车前去督促他捉拿贼寇，商议撤减军队，离开蜀地，以便于粮食运输。

有个名叫王文寿的高品宦官，隶属在王继恩麾下，王继恩派他带领两千虎翼卒，另由遂州一线追击征讨。王文寿统御部下严厉而又急躁，士兵都心怀怨恨。一天夜里，王文寿躺在帐中，指挥使张嶙派兵撞门而入，砍下王文寿的头，带出帐来。适值夜色昏黑，张嶙仍然怀疑不是王文寿的人头，点起火把一照，才说："砍得对。"当时，嘉州贼寇首领张余拥有一万多人，张嶙立即率领本部与张余会合，贼寇的声势甚大。奏报刚到，太宗想把张嶙部下将士的妻子儿女统统杀光，有些为太宗所亲近的官员请求别杀，而是一律要来他们写给这些将士的书信，派将领前去招抚，告诉这些将士可以免罪，亲属还都活着，这些将士一定会自动前来归顺，因而可以打败贼寇。太宗认为言之有理，让巡检程道符前去宣告圣旨。逃亡的士兵杀死张嶙，把人头放在匣子里，送交王继恩，都脱离贼寇，前来归顺。于是王继恩让逃亡的士兵充当向导，进击贼寇，将他们全部镇压下去。

至道二年春天，平民韩拱辰到宫前进言说："王继恩立下平定贼寇的大功，应当执掌机密要务。现在他只得任防御使，奖赏太薄，无法平复朝廷内外的不满。"太宗大怒，认为韩拱辰扬言惑众，便杖打脊背，面上刺字，将他流配崖州，不久又将王继恩召回。太宗去世，命王继恩与李神福巡行陵墓，加任他为桂州观察使。

王继恩起初侍奉太祖，格外受太祖的恩宠眷顾。及至去世那天，太宗住在南府，王继恩半夜骑马急奔府邸，请太宗进宫，太宗认为他有忠心，从此对他无比宠信。王继恩好结团伙，邀求名誉，有时敢于乘机荐举朝廷官员，因此士大夫中轻薄躁进的人都跟他交往，经常把多宝院作为见面的地点。有一个叫潘阆的，会做诗歌，在京城卖药，王继恩推荐给太宗，太宗召见，赐他进士及第。不久，太宗察得此人狂妄，又把诏书追回。

及至真宗初年,王继恩越发恃强横行,办事颇有欺蒙,泄露机密要务与参知政事李昌龄书函往来,多所请托,以至有牵涉宫中的事情。他一向与胡旦友善,当时真宗正准备加恩于他,他便暗中托胡旦说自己的好话,同时,士人送到他家谀诗颂词也很多。真宗憎恶他结党营私,贬他为右监门卫将军,外放均州安置,没收财产时得到许多来自蜀地的僭越的物品。李昌龄被斥为忠武军节度行军司马,胡旦削除名籍,远远发配到寻州。真宗下诏表示,对于朝廷内外臣僚与王继恩结识和有书信往来的,一概不加追究。

咸平二年,王继恩死在被贬的地方。朝廷派使者把他的家属带回京城,把公家的房屋借给他们居住。咸平四年,朝廷允许把王继恩的尸骨运回安葬。大中祥符三年,真宗特意下诏恢复王继恩的官爵,把一千两白银赐给他家。儿子王怀珪,改任入内内侍省高班。

刘承规传

【题解】

刘承规,字大方,原名刘承珪,北宋楚州山阳人。太祖时补高班。太宗时任北作坊副使,曾与乔维岳平定泉州土民的反抗,与张绍勃等至定州防备契丹。真宗时历任北作坊使、宫苑使、勾当群牧司、提举京师诸司库务、皇城使等。曾与林特等议改茶法,颇增羡余。掌管内库,检察精密。编修《册府元龟》及国史等,均由其典领,还制定了权衡法。

【原文】

刘承规,字大方,楚州山阳人。父延韬,内班都知。承规建隆中补高班,太宗即位,超拜北作坊副使。

时泉帅陈洪进归朝,遣承规疾置封其府库。会土民啸聚为寇,承规与知州乔维岳率兵讨定之。太平兴国四年,命与内衣库使张绍勃等六人率师屯定州,以备契丹,又护滑州决河。雍熙中,勾当内藏库,兼皇城司,出为鄜延路排阵都监,改崇仪使,迁洛苑使。至道中,与周莹同签书提点枢密、宣徽诸房公事,仍加六宅使。承规恳辞,帝虽不许,而嘉其退让。

真宗立,莹为宣徽使,以承规领胜州刺史、签书宣徽院公事。寻让宣徽之务,加庄宅使。咸平三年,迁北作坊使。时边境未宁,议修天雄军城垒,命承规乘传经画,又命提举内东、崇政殿等诸门,迁宫苑使。上询承规西事,请益环州木波镇戍兵,以为诸路之援,从之。俄兼勾当群牧司。

景德二年,与李允则使河间,按视尝经战阵等处将卒之劳。是岁,置官提举京师诸司库务,以承规领之。所创局署,多所规制。改皇城使。与林特、李溥议更茶法。四年,三司上言新课增美,承规以劳加领昭州团练使。

大中祥符初,议封泰山,以掌发运使迁昭宣使、长州防御使。会修玉清昭应宫,以承

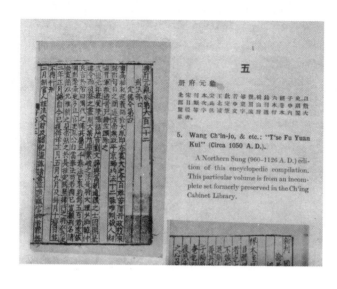

5

册府元龟

北宋刊本宋王钦若等撰辑书六辑子史以
部目期次典北宋中叶眉山刊本卷中朗敬
鲁摇等字供诸宋文字汉府通行木内阁大
库本。

5. Wang Ch'in-jo, & etc.: "T'se Fu Yuan Kui" (Circa 1050 A.D.).

A Northern Sung (960-1126 A.D.) edition of this encyclopedic compilation. This particular volume is from an incomplete set formerly preserved in the Ch'ing Cabinet Library.

《册府元龟》书影

仙为副使。祀汾阴,复命督运。议者以自京至河中,由陆则山险,具舟则湍悍。承规决议水运,凡百供应,悉安流而达。自朝陵、东封及是,皆留掌大内,礼成,当进秩,表求休致,手诏敦勉,仍作七言诗赐之。拜宣政使、应州观察使。

五年,以疾求致仕。修宫使丁谓言:"承规领宫职,藉其督辖,望勿许所请,第优赐告诏,特置景福殿使名以宠之,班在客省使上。"仍改新州观察使,上作歌以赐。承规以廉使月禀归于有司,手诏褒美,复定殿使奉以给之。

本名承珪,以久疾赢瘵,上为取道家易名度厄之义,改珪为规。疾甚,请解务还私第,听之。仍许皇城常务上印日,内藏库有创制,就取商度。又再表求罢,官检校太傅、左骁卫上将军、安远军节度观察留后致仕。七月卒,年六十四。废朝,赠左卫上将军、镇江军节度,谥曰忠肃。

承规事三朝,以精力闻,乐较簿领,孜孜无倦。自掌内藏仅三十年,检察精密,动著条式。又制定权衡法。

性沈毅徇公,深所倚信,尤好伺察,人多畏之。上崇瑞命,修祠祀,饰宫观,承规悉预闻。作玉清昭应宫,尤为精丽。屋室有少不中程,虽金碧已具,必毁而更造,有司不敢计所费。二圣殿塑配飨功臣,特诏塑其像太宗之侧。

承规遇事亦或宽恕,铸钱工常诉本监前后盗铜瘗地数千斤,承规佯为不纳,因密遣人发取送官,不问其罪。

咸平中,朱昂、杜镐编次馆阁书籍,钱若水修祖宗实录,其后修《册府元龟》、国史及编著雠校之事,承规悉典领之。颇好儒学,喜聚书,间接文士,质访故实,其有名于朝者多见礼待,或密为延荐。

自寝疾唯以公家之务为念,遣奏求免赠赗诏葬,上甚嗟惜之,遣内臣与鸿胪典表,亲为祭文。玉清昭应宫成,加赠侍中,遣内侍邓守恩就墓告祭。

【译文】

刘承规,字大方,楚州山阳人。其父刘延韬为内班都知。刘承规在建隆年间补授高班,太宗即位后,越级得任北作坊副使。

当时,泉州镇帅陈洪进归顺朝廷,朝廷派刘承规赶快去封存府库。适逢土民聚众举事,到处骚扰,刘承规与知州乔维岳率军讨伐,将土民平定。太平兴国四年,太宗命刘承规与内衣库使张绍勍等六人率军驻扎在定州,以防备契丹,同时预防黄河在滑州决口。雍熙年间,刘承规掌管内藏库,兼理皇城司,出任鄜延路排阵都监,改任崇仪使,升任洛苑使。至道年间,与周莹都担任同签书提点枢密、宣徽诸房公事,还加任六宅使。咸平三年,升任北作坊使。当时边境尚未安宁,朝廷计议修筑天雄军的城垒,命刘承规乘坐驿车筹划其事,又命他提举内东、崇政殿等诸门,升任宫苑使。真宗向刘承规询问西部边防事务,刘承规建议增加环州木波镇的戍守士兵,作为各路的援军,真宗依言而行。不久,刘承规兼职掌管群牧司。

景德二年,刘承规与李允则出使河间,巡视曾经发生战事的地方,并慰劳将士。本年,朝廷设置提举京师诸司库务的官职,命刘承规兼任。对朝廷创设的官署,刘承规提出许多规程制度。改任皇城使,与林特、李溥建议更改茶法。景德四年,三司上奏说新收茶税盈余增多,刘承规因功加任领昭州团练使。

大中祥符初年,朝廷计东封泰山,刘承规由掌发运使升为昭宣使、长州防御使。适值修建玉清昭应宫,朝廷任命刘承规为副使。真宗祭祀汾阴,又命刘承规监督运送物资。议事者认为,由京城到河中,取道陆路则山势险恶,取道水路则水流湍急。刘承规决议采用水运,各种供应的物品都由水路平安运到。由真宗朝拜陵墓、东封泰山到这次祭祀汾阴,刘承规都留京掌管大内。礼仪结束后,应当晋升官职,刘承规上表请求退休,真宗下达亲笔诏书加以敦促勉励,还作了一首七言诗赐给他。他得授宣政使、应州观察使。

大中祥符五年,刘承规因病要求辞官归居。修宫使丁谓进言说:"刘承规掌管宫内职务,内宫还需要借助他来监督管辖。希望不要答应他的请求,只可从优赐给褒奖诏书,特意设置景福殿使一职让他担任,以示宠任,班序在客省使之上。"刘承规改任新州观察使,真宗写了一首诗歌赐给他。刘承规将观察使每月的俸禄交给有关官员,真宗下达手诏加以褒扬赞美,又确定将景福殿使的俸禄发放给他。

刘承规原来名叫刘承珪,由于长期衰弱多病,真宗采取道家改名以度危难的用意,为他改珪为规。刘承规病重,请求解除职务,返回私第,真宗照准。仍然允许在皇城司用印办理常务的日子,如果内藏库提出新的规制,就到他家中进行商议。刘承规又再次上表请求解官去职,这才以检校太傅、左骁卫上将军、安远军节度观察留后的职务退休。七月,刘承规死去,当时六十四岁。朝廷停止上朝,赠授他为左卫上将军、镇江军节度使,谥号为忠肃。

刘承规历事三朝,以精力充沛闻名,喜欢核查帐簿,孜孜不倦,由掌握内库三十年来,检察精细严密,采用的办法都成了条例和程式。他还制定了权衡法。

刘承规性情深沉刚毅,一心为公,深受信赖,尤其喜欢暗察别人的过失,人们大多怕他。皇上崇尚祥瑞符命,修建祠庙,整饰宫观,刘承规都得以参与意见。建造的玉清昭应宫尤其精美,只要有的房屋稍微不合标准,即使已经镶金钳玉,也一定毁除重盖,有关官员不敢过问消耗的费用。二圣殿塑陪祭功臣的肖像,真宗特意下诏塑他的肖像,置于太宗身旁。

刘承规有时对遇到的事情也能持宽容的态度:铸钱的工匠时常申诉本监先后偷铜埋

在地下达数千斤，刘承规佯装不听，便秘密派人挖出铜来，送交官府，却不追究其罪。

咸平年间，朱昂、杜镐编次馆阁书籍，钱若水修纂先朝实录，之后编修《册府元龟》、国史以及编辑校勘等，刘承规都掌管其事。他颇好儒学，喜欢藏书，时而与文士交往，请教典故，那些在朝廷中有名的文士，他大多以礼相待，有时还暗中推荐他们。

自病重以来，刘承规只挂念着公家的事务，死后留下的奏疏要求朝廷不赠送助葬的财物，不下诏治丧。真宗深为赞叹惋惜，派宦官与鸿胪寺官员主持丧事，亲自为他写了祭文。玉清昭应宫建成后，真宗又加赠他为侍中，派内侍邓守恩到墓前祭奠致告。

秦翰传

【题解】

秦翰，字仲文，北宋真定获鹿人。十三岁为黄门。太宗时，与崔彦进攻打契丹，以善战闻名。监李继隆军时，计擒赵保忠。真宗时先后在莫州东、威虏军西打败契丹，在德清军与契丹相持，使契丹请和。还曾率军平定王均兵变，与陈兴等人进击康奴族，在武延咸泊川袭杀章埋军主。为人以方略自许，颇能和解将帅间的矛盾，轻财好施，能得众心。

【原文】

秦翰，字仲文，真定获鹿人。十三为黄门，开宝中迁高品。

太平兴国四年，崔彦进领众数万击契丹，翰为都监，以善战闻，太宗因加赏异，谓可属任。雍熙中，出为瀛州驻泊，仍管先锋事，迁入内殿头高品、镇、定、高阳关三路排阵都监。淳化四年，补入内押班。

赵保忠叛，命李继隆率师问罪，翰监护其军。次延州，翰虑保忠遁逸，即乘驿先往，矫诏安抚，以缓其阴计。王师至，翰又讽保忠以地主之礼郊迎，因并驱而出，保忠遂就擒，以功加崇仪副使。至道初，为灵环庆州、清远军四路都监。

真宗即位，加洛苑使、入内副都知。咸平中，河朔用兵，以为镇定、高阳关排阵都监，败契丹于莫州东，追斩数万，尽夺所掠老幼。诏褒之，徙定州行营钤辖。

王均之乱，为川峡招安巡检使。时上官正与石普不协，翰恐生事，为晓譬和解之。亲督众击贼，中流矢不却，五战五捷，遂克益州，上手札劳问。翼日，进至广都，斩首千余级，获马数千匹。归朝，迁内园使、领恩州刺史。

出为镇、定、高阳关前阵钤辖，又徙后阵，破契丹二十万众于威虏军西，俘其铁林大将等十五人。又为汾宁、泾原路钤辖，兼安抚都监，率所部按行山外，召戎落酋帅，谕以恩信，凡三千余帐相率内附。

未几，康奴族拒命，翰与陈兴、许均深入击之，斩级数千，焚其庐帐，获牛马甚众。复与陈兴、曹玮袭杀章埋军主于武延鹹泊川，诏书加奖，赐锦袍、金带、白金五百两、帛五百匹。

景德初，车驾将北巡，先遣翰乘传往澶、魏裁制兵要，许便宜从事。俄充邢洺路钤辖，与大军会德清军，张掎角之势。又召为驾前西面排阵钤辖，管勾大阵。翰即督众环城浚沟洫以拒契丹，功毕，契丹兵果暴至，翰不脱甲骨七十余日，契丹乞和。

凯旋，留泊澶州月余，令率所部兵还京师加宫苑使、入内都知，出为泾原仪渭钤辖。先是，西鄙无藩篱之蔽，翰规度要害，凿巨堑，计工三十万，役卒数年而成，不烦于民，就迁皇城使、入内都知。以翰在边久，宣力勤尽，特置是名以宠异焉。翰表让，不听。

大中祥符初，求从东封，手诏谕以西垂委任之异。改昭宣使，又为群牧副使，祀汾阴。是岁，夏州属户有扰境上者，即日遣翰往睥上按视，遍巡边部。及翰至，事宁，复还扈从，凡行在诸司细务，悉令裁决，不须中覆。礼毕，加领平州团练使，奉祀亳州，掌如汾阴。

八年，营葺大内，诏翰参领其事。闰六月，暴卒于内庭之廨，年六十四。上甚悼惜，为之泣下，赠贝州观察使，赙襚加等。修内毕，诏遣使以袭衣、金带赐其家。

翰倜傥有武力，以主略自任，前后战斗，身被四十九创。李继迁之未宾也，翰因使常出入其帐中，无疑间。尝白太宗言："臣一内官不足惜，愿手刺此贼，死无所恨。"太宗深嘉其忠。

翰性温良谦谨，接人以诚信，群帅有刚狠不和者，翰皆得其欢心。轻财好施，与将士同休戚，能得众心，皆乐为用。其殁也，禁旅有泣下者。

九年，重赠彰国家节度，诏杨亿撰碑文。亿以其不蓄财，表辞所赞物，虽朝廷不许，而时论美之。

【译文】

秦翰，字仲文，真定获鹿人。十三岁当了黄门，开宝年间升为高品。

太平兴国四年，崔彦进率领数万人马进击契丹，秦翰担任都监，以善战知名。太宗因而加以奖赏，另眼相看，认为他可以委任。雍熙年间，秦翰到瀛洲统辖驻军，兼管先锋事务，升任入内殿头高品、镇、定、高阳关三路排阵都监。淳化四年，补授入内押班。

赵保忠反叛，朝廷命李继隆率军问罪。秦翰监军。在延州驻扎时，秦翰担心赵保忠逃走，便乘驿马先赶往其地，假借诏书的名义加以安抚，以便推迟赵保忠另作打算的时间。官军到达后，秦翰又婉言劝赵保忠以本地主伯礼节到郊外迎接官军，与赵保忠骑马并驾而出，赵保忠于是就擒，秦翰因功加任崇仪副使。至道初年，秦翰担任灵、环、庆各州和清远军四路都监。

真宗即位，秦翰加任洛苑使、入内副都知。咸平年间，河朔地区发生战事，朝廷任命他为镇、定、高阳关排阵都监，在莫州东面打败契丹，追击斩杀数万人，把契丹掳掠去的老幼人员全部夺回。真宗下诏褒扬，改任他为定州行营钤辖。

王均兵变时，秦翰担任川峡招安巡检使。当时，上官正与石普不和，秦翰唯恐出事，劝导两人归于和解。他亲自督率众人进击反军，身中乱箭，不肯退却，五战五捷，于是攻克益州，真宗送来亲笔信札表示慰劳。第二天，秦翰进抵广都，斩首一千余级，捉获战马数千匹。回朝后，他升任内园使、领恩州刺史。

秦翰出任镇、定、高阳关前阵钤辖，又改任后阵钤辖，在威虏军西面打败契丹的两万人马,俘虏契丹的铁林大将等十五人。他又担任汾宁、泾原路钤固定,兼任安抚都监,率领本部巡行山外,召见戎族部落的酋长,以恩信加以劝导,使三千余账戎人一块儿归附朝廷。

不久,康奴族违抗命令,秦翰与陈兴、许均深入其地,进击该族,斩首数千级,焚毁庐帐,缴获牛马甚多。他又与陈兴、曹玮在武迁鹹泊川袭击章埋军的首领,朝廷下诏予以奖赏,赐给锦袍、金带和银五百两、帛五百匹。

景德初年,真宗准备巡视北部边防,先派秦翰乘驿车前往澶、魏二州规划军事要务,允许见机行事。不久,秦翰充任邢洺路钤辖,与大军在德清军会合,摆开夹击之势,又被召任为驾前西面排阵钤辖,管勾大阵。秦翰立即监督人众环城疏浚壕沟,以抵御契丹。完工后,契丹军果然突然到来,秦翰七十多天不脱盔甲,督军抵御,契丹求和。

官军凯旋,秦翰留下来驻在澶驻守一个多月,朝廷命令他率领本部军队返回京城,加任宫苑使、入内都知,后出任泾原仪渭钤辖。在此之前,西部边疆没有防御设施,秦翰在要害地区进行筹划,开凿巨堑,共用工三十万,让士兵干了几年才告竣工,但没有烦扰百姓。朝廷就地升他为皇城使、入内都知。由于秦翰久在边疆,勤勉尽力,所以特意设置这一职称,以示格外宠信。秦翰上表辞让,没有许可。

大中祥符初年,秦翰请求随从东封泰山,真宗下达手诏,向他说明西部边疆委任将领的特殊需要。秦翰改任昭宣使,又任群牧副使,参加汾阴的祭祀。本年,夏州的内属民户有骚扰边境的,朝廷当日就派秦翰前往睢上按察,将边境各部巡视一遍。赶到后,事已平息,秦翰又返回护驾随行,凡是行在各部门的细事琐务,一律让他裁决,不需要朝廷审核。典礼结束后,加任领平州团练使。他又侍奉真宗到亳州举行祭祀,一如在汾阴那样执掌各项事务。

大中祥符八年,营修大内,真宗下诏命他参与主持其事。闰六月,他在内宫的房屋里暴死,当时六十四岁。真宗深表怀念与惋惜,为他流下眼泪,赠官为贝州观察使,加等送给治丧的财货与衣物。大内修缮告竣,真宗派使者赐给他家一套衣服和金带。

秦翰豪迈不羁,勇武有力,以谋略自许,在战斗中先后受伤四十九处。李继迁尚未归顺时,秦翰通过使者经常在他的营帐中往来,双方毫无猜疑与隔阂。他曾经对太宗说:"臣这样一个内官死不足惜,愿亲手刺死此贼,死无遗憾。"太宗深深嘉许他的忠心。

秦翰性情温良而又谨慎,以诚意与信用待人,众军帅中有人逞强斗狠,互不相和,秦翰却都能赢得他们的好意。他轻财好施,与将士同忧共喜,能得到大家的拥护,大家都愿意为他效力。他死时,禁军中有人流下了眼泪。

大中祥符九年,重新追赠秦翰为彰国军节度使,真宗下诏命杨亿撰写碑文。杨亿因秦翰不积蓄财物,也上表推辞送给他的礼物,虽然朝廷没有答应,但当时的舆论都赞美他。

周怀政传

【题解】

周怀政,北宋并州人,宦官。真宗东封泰山,由周怀政修建行宫,沿途备办酒食,奉迎泰山天书,并镌于玉版。后多次监修宫观,官至入内副都知,权力颇盛。性识浅陋,酷信妖妄,其亲信朱能等人制造符命,假托神灵言国家凶吉,褒贬大臣。天禧四年暗中策划杀丁谓,复寇准相位,奉真宗为太上皇,传位仁宗,被杨崇勋、杨怀吉告发,处以斩刑,由此败死杖配、降职贬官者甚众。

【原文】

周怀政,并州人。父绍忠,以黄门事太宗,从征河东,得怀政于乱尸间,养为子。给事禁中,累至入内高品。

大中祥符初,真宗东封,命修行宫顿递。及奉泰山天书驰驿赴阙,转殿头。天书每出宫,与皇甫继明并为夹侍。东封礼成,与内殿崇班康宗元留泰山,修圜台,转入内西头供奉官。祀汾阴,转东头。六年,刘承规卒,拟内殿崇班、入内押班、勾当皇城司。会朝谒太清宫,与阎承翰等同管勾大内事。七年,奉天书摹刻于乾元殿,为刻玉都监,又为修衮州景灵宫、太极观都监,俄迁内殿承制。是冬,命起居舍人、知制诰盛度为会真宫醮告使,怀政为都监。还,为玉清昭应宫都监,兼掌景灵宫、会灵观使。刻玉成,迁知京副使。九年,建资善堂,以怀政为都监。寿丘宫观成,优赐袭衣、金带,迁崇仪使。天禧大礼,又为修奉宝册都监,加领长州刺史。是冬,迁洛苑使。二年春,迁左藏库使。仁宗为皇太子,命为入内副都知、管勾左右春坊,转左骐骥使。三年领英州团练使,加昭宣使。

怀政日侍内廷,权任尤盛,于是附会者颇众,往往言事获从,同列位望居右者,必排抑之。中外帑库皆得专取,因多入其家。

性识凡近,酷信妖妄。有朱能者,本单州团练使田敏厮养,为人凶狡,遂略怀政亲信,得见,因与侍卒姚斌妄谈神怪以诳之。怀政大惑,援能至御药使、领阶州刺史。俄于终南山修道观,与刘益辈造符命,托神言国家休咎,否臧大臣,时寇准镇永兴,能为巡检,倚准旧望,欲实其事。准好胜,喜其附己,多依违之。

朝臣屡言怀政之妄,真宗含忍不斥,然渐疏远之。怀政忧惧,时使小黄门自禁中出,诈称宣召,入内东门,坐别室,久之而还,以欺同类。会准为相,逾年而罢,怀政愈畏获谴,不自安。

四年七月,与弟礼宾副使怀信谋潜召客省使杨崇勋、内殿承制杨怀吉、阁门祗候杨怀玉会皇城司,期以二十五日窃发,杀丁谓等,复相寇准,奉真宗为太上皇,传位太子。前夕,崇勋、怀吉诣丁谓第密告之,谓即夜偕崇勋、怀吉至曹利用第计议。

翌日,利用入奏,真宗怒,命收怀政,令宣徽北院使曹玮与崇勋于御药院鞫讯,具伏。

帝坐承明殿临问，怀政但祈哀而已，命斩于城西普安寺。父内殿承制绍忠及怀信并杖配复岳州，子俚勒停，赀产没官。朱能父左武卫将军致仕谔、母周氏，罚铜百斤，子守昱、守吉分配邵、蔡、道州。怀政仆使亲从并杖配海岛、远州，部下使臣贬秩有差。怀政之未败也，绍忠尝诟之曰："斫头竖子终累我！"怀信谓之曰："兄前事必败，宜早诣上首实，庶获轻典。"及其谋乱，又泣拜止之，不听，故皆得免死。

右街僧录澄过以预闻妖诈，决杖黥配郴州。内供奉官谭元吉、高品王德信、高班胡允则、黄门杨允文与怀政协同妖妄，皆杖配远州。入内押班郑志诚与能书问往还，削两任，配房州。入内供奉官石承庆尝为怀政所召，夜二鼓不下皇城门钥以待，黄门黄守忠见之，戒门卒勿纳，到言其事，承庆坐削两任，配宿州。杨怀玉次日始诣枢密院自陈，责授侍禁、杭州都监。擢崇勋内客省使、桂州观察使，怀古如京使，赐以金带、金银。

怀政既诛，亟遣入内供奉官卢守明、邓文庆驰驿永兴，捕朱能。刘益、李贵、康玉、唐信、道士王先、张用知悉免死，配远州。能侦知使者至，衷甲出，杀守明以叛。诏遣内殿承制江德明、入内供奉官于德润发兵捕之，能入桑林自缢死。永兴、乾耀都巡检供奉官李光、本军十将张顺断能及其子首以献，补兴阁门祗候，顺牢城都头。以刘益等十一人党能害中使，磔于市。王先、李贵、唐信、张用和八人皆处斩。能母妻子弟皆决杖配隶，阁门祗候穆介、右永兴军府朱巽、转运使梅询、刘楚、知凤翔府臧奎等坐与怀政、能交结相称荐，皆论罪。降寇准太常卿，再贬道州。凡朝士及永兴、凤翔官吏与准厚善者，悉降黜焉。

【译文】

周怀政，并州人。父亲周绍忠担任黄门，侍奉太宗。周绍忠跟随太宗征讨河东，在乱尸间得到周怀政，收养为子。周怀政在宫中任职，历经升迁，当了入内高品。

大中祥符初年，真宗东封泰山，命周怀政修建行宫，并在沿途备办酒食。及至由周怀政捧着泰山天书骑驿马赶赴殿庭，即改任殿头。每当天书出宫时，由周怀政与皇甫继明一同侍候在两旁。泰山封禅典礼告成，周怀政与内殿崇班康宗元留在泰山，修建圜台，得以改任入内西头供奉官。在汾阴举行祀典后，周怀政又改任入内东头供奉官。大中祥符六年，刘承规死去，周怀政被提升为内殿崇班、入内押班、掌管皇城司。适逢真宗朝谒太清宫，周怀政与阎承翰等人共同管勾大内事务。大中祥符七年，周怀政在乾元殿恭奉泰山天书加以摹刻，任刻玉都监，又任修兖州景灵宫、太极观都监，不久升任内殿承制。本年冬天，真宗命起居舍人、知制诰盛度任会真宫醮告使，周怀政任都监。回来后，周怀政任玉清昭应宫都监，兼任掌景灵宫、会灵观使。天书玉版刻成后，周怀政升任如京副使。大中祥符九年，建造资善堂，任周怀政为都监。寿丘的宫观建成后，真宗从优赏赐周怀政一套衣服和玉带，周怀政升任崇仪使。天禧年间举行隆重的典礼，周怀政又任修奉宝册都监，加授领长州刺史，当年冬天升任洛苑使。天禧二年春天，周怀政升任左藏库使。仁宗这时当了皇太子，真宗命他担任入内副都知、管勾左右春坊，改任左骐骥使。天禧三年任领英州团练使，加授昭宣使。

周怀政天天在内廷侍奉皇上，权力与职任甚重，因此依附他的人颇多，他去言事，往往获准，对职位与声望高于他的同事，他一定要加以排挤贬抑。宫内宫外的库存金帛，他都能擅自调取，因此多搬进他的家里。

周怀政天性平庸，才识浅陋，酷信妖邪不经之事。有个叫朱能的，本是单州团练使田敏的仆役，为人凶残狡黠，通过贿赂周怀政的亲信，得到接见，于是与侍卒姚斌胡说神怪来吓唬周怀政。周怀政大受迷惑，援引朱能做官做到御药使、领阶州刺史。不久，在终南山营修道观，朱能与刘益一流人捏造天赐的祥瑞，假托神灵，来讲国家命运的凶吉，褒贬大臣。当时寇准镇守永兴，朱能担任巡检，想借助寇准往日的声望，证明实有其事。寇准好胜，喜欢他们对自己的依附，多采取若即若离的态度。

朝臣屡次谈到周怀政的荒诞行为，真宗含容隐忍，不加贬斥，但对他也逐渐疏远。周怀政又愁又怕，时常指使小黄门从宫中出来，诈称宣旨召他进宫，他便从内东门进去，坐在另设的房间里，过很长时间再回去，以欺骗同事。适逢寇准担任宰相，刚过一年，就被免职，周怀政更怕受到谴责，不能安心。

天禧四年七月，周怀政与弟弟礼宾副使周怀信策划暗中去召客省使杨崇勋、内殿承制杨怀吉、阁门祗侯杨怀玉在皇城司会合，约定在二十五日偷偷采取行动，杀死丁谓等人，重新让寇准担任宰相，遵奉真宗为太上皇，把帝位传给太子。行动前夕，杨崇勋、杨怀吉去见丁谓，秘密告发，丁谓当夜就与杨崇勋、杨怀吉到曹利用家商议对策。

第二天，曹利用进宫奏报，真宗发怒，命收捕周怀政，让宣徽北院使曹玮与杨崇勋在御药院进行审讯，周怀政一概承认。真宗坐在承明殿上亲自追问，周怀政只是乞怜，真宗吩咐在城西普安寺将他杀死。他的父亲内殿承制周绍忠以及周怀信都遭受杖打，流配邵州、岳州服役，勒令他的子侄停职，财产收归官府。对朱能的父亲退休的左武卫将军朱谔、母亲周氏，罚铜一百斤，儿子朱守昱、朱守吉分别流配蔡郡、道州。周怀政的仆从亲信一律处以杖刑，流配到海岛或边远各州，部下使臣降级各有不同。周怀政还没败露时，周绍忠曾骂他说："该砍头的小子终究要牵连到我！"周怀信对他说："你以前的事必定败露，应该及早到皇上哪里自首，或许受刑较轻。"及至周怀政策划作乱，周怀信又哭泣下拜，去阻止周怀政，周怀政不听，所以周绍忠、周怀信都得免一死。

右街僧录澄远因事先知道妖邪诈谋，处以杖刑，面上刺字，流配郴州。内供奉官谭元吉、高品王德信、高班胡允则、黄门杨允文协同周怀政妖言惑众，一律处以杖刑，流配边远各州。入内押班郑志诚与朱能通信往来，削官两任，流配房州。入内供奉官石承庆曾受周怀政的召见，至夜间二更不锁皇城门，等候周怀政，黄门黄守忠看到后，告诫守门士兵不要放人入内。到这时，黄守忠说出此事，石承庆因罪削官两任，流配宿州。杨怀玉在事发第二天才到枢密院去自首，受到指责，贬任侍禁、杭州都监。杨崇勋被提升为内客省使、桂州观察使，杨怀吉升任如京使，赐给金带和金银。

处死周怀政后，朝廷急忙派入内供奉官卢守明、邓文庆由驿站火速赶到永兴，寻捕朱能。刘益、李贵、康玉、唐信、道士王先、张用和一律免死，流配边远各州。朱能探知使者已到，就内披衣甲而出，杀死卢守明，反叛朝廷。朝廷下诏派内殿承制汪德明、入内供奉官于德润发兵收捕朱能，朱能走进桑树林里，上吊自杀。永兴、乾耀都巡检供奉官李兴、本军十将张顺砍下朱能和他的儿子的头颅献上，朝廷补授李兴为阁门祗侯，李顺为牢城都头。由于刘益尊十一人伙同朱能杀害中使，都遭车裂，陈尸街市。王先、李贵、唐信、张用和八人都处以斩刑。朱能的母亲、妻子、子弟都处以杖刑,流配服役。阁门祇候穆介、知永兴军朱巽、转运使梅询、刘楚、知凤翔府臧奎等人因与周怀政、朱能交结,互相称许举荐,都被判罪。寇准降职为太常卿,然后贬至道州。朝廷官员以及永兴、凤翔的官吏,凡是与寇准交情深厚的,一概降职贬官。

张继能传

【题解】

张继能,字守拙,北宋并州太原人。太祖时当了宫中的宦官。太宗时,先后与崔彦进在长城口、唐兴口打败契丹。夏州反宋后,多被派往西部经营边防事务。真宗咸平三年,平定王均兵变。又至邠宁,因未能及时赴援清远军,长流儋州,后得赦免。景德四年与曹利用等平定陈进兵变,大中祥符七年一度又被派往西部,西人畏之。天禧五年卒,时年五十六岁。

【原文】

张继能,字守拙,并州太原人。父赞,晋末为内班。继能建隆初以黄门事禁中,太平兴国初为内品。

从征河东,命主城南洞屋,以劳迁高品。契丹入寇,命为高阳、镇、定路先锋都监,从崔彦进战长城口,多所俘馘。明年,又与彦进败契丹于唐兴口,转殿头高品。

雍熙中,夏州叛,命李继隆为银、夏都部署,以继能监军。俄徙护定州屯兵,领骁捷卒三千,屯五回岭。端拱初,迁入内殿头,从赵保忠讨李继迁。保忠荐其有才,命与保忠同经略其事。代还,掌内弓箭库。

淳化三年,与白承睿护刍粟入灵武。会继迁复寇边,命继能、承睿与知灵州侯延广领骁卒五千,同主军务,俄留为本州都监。及郑文宝议城威州、清远军,继能护其役。工毕,命与西京作坊副使张延洲同知军事,又与田绍斌同掌积石砦。就迁内供奉官、灵环庆、清远军后阵都监,与西人转斗,败走之,复还清远。诣阙奏事,迁内殿崇班。未几,拜备库副使,复遣护环州屯兵,徙泾原仪渭都巡检使。

真宗即位,迁崇仪使、灵环十州军兵马都监,兼巡检安抚使。咸平三年王均之乱,命为川、峡两路招安巡检使。成都平,留为利州招安巡检,寻召归。

会银、夏寇警,复为邠宁驻泊都监。夏人寇清远军,营于积石河,继能与杨琼、冯守规在庆州逗留,不时赴援,致陷城堡,又焚弃青冈砦,特诏下御史府,免死,长流儋州。景德三年,会赦,还,为内侍省内常侍,又为陕西捕贼巡检,获千余人,改内殿崇班。从朝陵,为行宫四面巡检。

四年,宜州卒陈进为乱。初,知州刘永规驭下严酷,课澄海卒伐木葺州廨,数不中程,即杖之,至有率妻孥趣山林以采者,虽甚风雨,不停其役。故进因众怨,杀永规及监军国钩,拥判官卢成均为帅,据其城。

七月,奏至,诏东上阁门使、忠州刺使曹利用,供备库使、贺州刺史张煦为广南东、西路安抚使,如京副使张从古及继能副之,虞部员外郎薛彦同勾当转运事,发荆湖、蕲黄州兵讨之。上语近臣曰:"番禺宝货雄富,贼若募骁果,立谋主,沿流东下趣广州,则为患深矣。"遣内侍高品周文质使广州,监屯兵,会邻路巡检使控西路,集东西海战櫂,扼端州峡口。

贼悉兴来攻柳成县,殿直韩明、许贵、郝惟和以所部兵千余御敌,明、贵死之,惟和仅以身免,成均奉宜州印遣使诣舒赍求赦罪。是夕,进复陷柳城,官军退保象州。贼又寇怀远军,知军、殿直任吉与邕桂巡检、殿直张崇宝、侍禁张守荣击走之。贼退而复集者累日,吉辈固守,屡与斗,大获其器甲。又攻天河砦,砦兵甚少,监军奉职钱吉部署严整,一战败之。贼众屡衄,颇溃去,众心携贰,将弃宜州,以家属之悼髦者五百人陨江中,率其众裁三千趣柳、象,将入容管。初至柳州,限州不能渡。知州王昱望贼遁走,城遂陷。

朝廷以诏书四十分揭要路,谕贼归顺者悉释其罪。贼挈族居思顺州,分兵攻象州。利用命入内高班于德润以千兵信道袭逐,利用等继至,遇贼武仙县之李练铺。贼初不知觉,惟进率众来拒,直犯前军,前军寄班侍班郭志言麾骑士左右纵击。贼衣顺水甲,执标牌以进,飞矢攒锋不能却。前军即持棹刀巨斧破其牌,史崇贵登山大呼曰:"贼走矣,急杀之!"贼心动,众遂溃。逐北至象州城下,贼砦犹有据长竿瞰城中者。成均始挈其族以诏书来降,乃斩进并其党,生擒贼帅六十余人,斩首级、获器甲战马甚众。

利用分兵捕余寇,遣于德润驰奏其事。授利用引进使,煦如京使,从古庄宅副使,继能供备库使,志言供备库使。又以御前忠佐马步军副都军头郭全丰为都军头、领勤州刺史,归远军士手杀进者李昊、刘宗、赵敏并补本军都头,张莹守为供奉官、阁门祗候,张崇宝、任吉并为供奉官,钱吉为右侍禁。又以知象州大理寺丞何邠最有劳,优拜祠部员外郎,赐绯。又赐邠三子知道、知古、知常出身,邠之亲属扞同寇者悉甄叙之,升象州为防御使。

初,贼攻象州,城在高丘上,素无井,闭垒之日,皆以乏水为虑。赖天雨,停水将竭而雨复下,如是者两月,汲之以济。山中无烽候,每欲破贼,即祷于城西神祠,或见巨蟒吞龟,是日果有克获,众以为神灵助顺之应。张守荣俄病瘴,遣尚医驰往视之,未至而卒,赠如京使,录其子官。

十二月,余寇悉平。东封,留继能为京旧城内巡检钤辖,俄加东染院使。

大中祥符二年,入内都知李神祐等坐事悉罢,擢继能入内内侍省副都知。时宗室多召侍讲说书,上嘉其勤学,令讲诵日别给公膳,专遣继能主之。俄又与内殿承制岑保正提点郡县主诸院事。三年,兼群牧都监。祀汾阴,留掌大内,兼旧城内巡检钤辖,俄领会州刺史。谒太清宫,为天书扶侍都监。

七年,以疾求解职,不许。命为泾原仪渭镇戎军路钤辖,未几徙鄜延都钤辖。先是,内属户杀汉口者止罚挛畜,继能则丽于常法,由是西人畏而不敢犯。德明虽受朝命,而羌部不绝寇境。继能日课卒截竹为签,署字其上,且言以备将士记杀获功状,贼闻之甚惧。

归朝,复莅群牧。仁宗在储宫,尝亲书一幅赐之。继能以闻,真宗亦为标题其末,人以为荣。九年，坐前护修庄穆皇后陵摧陷，左授西染院使，掌往来国信。

天禧初，复西京左藏库使。国信司吏陈诚者，颇巧黠，继能欲援置群牧司，而诚抚隶群牧，坐事停职。至是，群牧吏左宗扶其宿负，白制置使曹利用，故诚不遂所求。继能怒宗之沮己，密遣亲事卒侦宗。会宗弟元丧妻，宗尝为假敦骏军校马送葬，及还，元抵饮肆，与酒保相殴，系府中，而假马之事未发。诚即白继能，请属府中，并劾其事。知府乐黄目受属，狱未就，为群牧副使杨崇勋所发，继能坐罢内职，降授西京作坊使，出为邠宁钤辖。继能自陈不愿外任，得掌瑞圣园，寻领往来国信所。

三年，复为西京左藏库使、内侍右班副都知，未几迁崇仪使。以衰老求解职，转内园使，掌琼林苑。五年，卒，年六十五。特赠汀州团练使，录其子怀忠为大理寺丞，孙逖为三班奉职，逊为借职、春坊祗候。

继能性沉密，知兵，颇勇敢，善读书。然好治生，晚年急于聚蓄，众以此少之。

何鄏后归朝，知磁州而卒。一子知崇裁十余岁，特补太庙斋郎，又徙其侄平夷尉知古为滏阳尉。省郎无赏延之例，犹以城守劳，故甄录焉。

【译文】

张继能，字守拙，并州太原人。父亲张赞，在后晋末年为内班宦官。张继能在建隆初年担任黄门，在宫中供职，太平兴国初年成为内品。

张继能跟随太宗出征河东，太宗命他掌管城南洞屋，因功升为高品。契丹入侵，受命担任高阳、镇、定路先锋都监，随崔彦进在长城口作战，多所斩获。明年，张继能又与崔彦进在唐兴口打败契丹，因而升为殿头高品。

雍熙年间，夏州反叛，太宗命李继隆担任银、夏都部署，任命张继能为监军。不久，改为监护定州屯兵，张继能带领骁勇矫捷的士兵三千人，屯驻在五回岭。端拱初年，张继能升任入内殿头，跟随赵保忠讨伐李继迁。赵保忠荐举张继能有才干，太宗命张继能与赵保忠共同筹划其事。由人替代回京后，张继能掌管内弓箭库。

淳化三年，张继能与白承睿把粮草护送到灵武。适逢李继迁再次侵犯边境，太宗命张继能、白承睿与知灵州的侯延广带领五千骁勇士卒，共同主持军务，不久张继能留在灵州担任都监。及至郑文宝建议修筑威州城和清远军城，由张继能监护工程实施。工程告竣，太宗命张继能与作坊副使张延州共同执掌军务，还与田绍斌一起掌管积石砦。张继能就地升任内供事官和灵环庆、清远军后阵都监，与党项人辗转作战，将他们击退，又回到清远军。张继能回京奏事，升任内殿崇班，不久又受任备库副使，又派他护环州屯兵，改任泾原仪渭都巡检使。

真宗即位，张继能升任崇仪使、灵环十州军兵马都监，兼任巡检安抚使。咸平三年，王均兵变，真宗命张继能担任川、陕两路招安巡检使。成都平定后，张继能留下来担任利州招安巡检，旋即召回京城。

适逢银州、夏州被攻告急，张继能又任邠宁驻泊都监。夏人侵犯清远军，在积石河扎营。张继能与杨琼、冯守规在庆州逗留，没有按时赶去援救，致使城堡被攻破，又火烧青冈砦，弃砦而去，真宗特意下诏将他交御史府治罪，结果免其一死，被远远流放到儋州。

景德二年，赶上大赦，张继能回到京城，当了内侍省内常侍，又担任陕西捕贼巡检，捉获一千多人，得以改任内殿崇班。后来真宗朝谒陵寝，张继能任行宫四面巡检。

咸平四年，宜州士卒陈进作乱。起初，知州刘永规控制部下严酷，督责澄海士卒伐木修葺州里的官署，屡次不合标准，便杖打士卒，以至有带着妻子儿女到山林中采伐的，即使风雨很大，也不让停止干活。所以陈进趁大家心怀怨恨之机，杀死刘永规和监军国均，拥奉判官卢成均为首领，占据该城。

七月，奏报送到朝廷，真宗下诏命东上阁门使、忠州刺史曹利用，供备库使、贺州刺史张煦担任广南东路和广南西路安抚使，如京副使张从古和张继能担任副使，虞部员外郎薛颜同勾当转运事，征发荆湖、蕲黄各州军队前去讨伐。真宗对近臣说："番禺的宝物很多，如果贼寇募集勇猛敢死之士，推举一个主谋人，顺流东下，奔赴广州，为害就大了。"便派内侍高品周文质出使广州，监督屯兵，会合邻路巡检使控制交通要道，集中广南东西两路的水军战船，扼守端州峡口。

反军以所有的兵力前来攻打柳成县，殿直韩明、许贵、郝惟和率本部士兵一千多人抵御敌军。韩明、许贵战死，郝惟和仅得以不死，卢成均派使者带着宜州官印到舒贲处请求赦罪。当天夜里，陈进又攻破柳城，官军退保象州。反军又侵犯怀远军，知怀远军、殿直任吉与邕桂巡检、殿直张崇宝、侍禁张守荣将反军击退。反军连日来总是退而复来，官军与反军交战，缴获许多反军的器械盔甲。反军又进攻天河砦，砦中军队很少，监军奉职钱吉部署严整，一仗打败反军。反军屡次受挫，很有一些人溃散而去，大家离心离德，准备放弃宜州，把五百名年幼和年老的家属淹死在江中，仅率领部众三千人奔赴柳州、象州，准备开进容管。反军刚到柳州，隔着江不能渡过。知州王昱望见反军就逃，柳州随即沦陷。

朝廷将四十份诏书分别张贴在交通要道上，谕示反军，归顺的一律免罪。反军携带同族住在思顺州，分兵进攻象州。曹利用命入内高班于德润率领一千军队兼程追袭，曹利用等人接着赶到，在武仙县的李练铺遇到反军。反军起初没有察觉，只有陈进率众前来抵抗，直接进犯前军，前军寄班侍班郭志言指挥骑兵从左右两路进击。反军身穿顺水甲，手拿标枪盾牌前进，密集的乱箭，不能使反军后退。前军就拿棹刀大斧去砍盾牌，史崇贵登到山上大声呼喊："贼寇逃跑啦，赶紧杀死他们！"反军人心动摇，部众随即溃散。官军追赶到象州城下，反军寨中仍有人挂着长竿向城里瞭望，卢成均这才领着他的族人带着诏书前来投降，于是杀死陈进及其党羽，活捉反军首领六十余人，砍掉的首级，缴获的器械、盔甲、战马为数甚多。

曹利用分兵逮捕反军的残余，派于德润骑马火速奏报其事。朝廷任命曹利用为引进使，张煦为如京使，张从古为庄宅副使，张继能为供备库使，郭志言为供备军使。又任命御前忠佐马步军副都军头郭全丰为都军头、领勤州刺史，亲手杀死陈进的归远军士李昊、刘宗、赵敏都补授本军都头，张守荣当了供奉官、阁门祗候，张崇宝、任吉都当了供奉官，钱吉当了右侍禁。朝廷还认为象州大理寺丞何郱最有功劳，从优授任祠部员外郎，赐以绯色朝服，又赐给何郱的三个儿子何知道、何知古、何知常进士出身，现抵御反军的何郱的亲属一律选拔录用，晋升象州为防御使建置。

起初,反军进攻象州,象州城坐落在高丘上,向来没有水井,关闭营垒那天,人们都顾虑缺水。幸亏下了雨,积水快用光时又下了雨,如此过了两个月,军中汲取积水得以度日。山中没有烽火台,每当打算进攻反军时,就到城西的神庙里祈祷,有时看见巨蟒吞乌龟,当天果然取胜,有所俘获,大家认为这是神灵帮助朝廷的反应。张守荣不久因瘴气染病,真宗派尚医火速前往诊视,尚未赶到,张守荣已死,朝廷赠官如京使,录用他的儿子做官。

十二月,反军全部平定。真宗东封泰山,留下张继能担任京旧城内巡检钤辖,不久又加授染院使。

大中祥符二年,入内都知李神祐等人因事获罪,都遭罢免,朝廷提升张继能为入内内侍省副都知。当时,宗室大多召用侍讲讲解典籍,真宗嘉许宗室勤勉向学,吩咐在讲读那天另外由公家供给膳食,专门派张继能主办其事。不久,张继能又与内殿承制岑保正任提点郡主县主各院事务。大中祥符三年,张继能兼任群牧都监。在汾阴举行祭祀时,张继能留京掌管大内,兼任旧城同巡检钤辖,旋即得任领会州刺史。真宗拜谒太清宫时,张继能担任天书扶侍都监。

中祥符七年,张继能因病要求解除职务,真宗没有许可,任命他为泾原仪渭镇戎军路钤辖,不久又改任鄜延都钤辖。在此之前,归附内地的外族民户杀死汉人只罚交牲畜,张继能却按通常的刑法处理,从此西部人为之畏惧,不敢犯法。李德明虽然接受朝廷的任命,但是羌部不断侵犯边境。张继能天天督责士兵削竹为签,在上面署名,并说这是为给将士记杀获的功劳准备的,羌部闻讯非常恐惧。

张继能回朝后,又任群牧都监。仁宗在太子东宫,曾亲自写了一幅字赐给张继能。张继能告诉了真宗,真宗也为他在末端题识,人们都认为这很荣耀。大中祥符九年,张继能因以前监督修建的庄穆皇后的陵墓塌陷而获罪,贬任西染院使,掌管国家对外往来的符节文书。

天禧初年,张继能又任西京左藏库使。国信司的吏人陈诚颇为机灵狡黠,张继能想授引他在群牧司任职,而陈诚原先就隶属过群牧司,因事停职。到这时,群牧司的吏人左宗有寻求他旧日的毛病,禀告制置使曹利用,所以陈诚希求的职位未能得到。张继能恼怒左宗坏了自己要办的事情,暗中派贴身随从护卫的士卒去侦探左宗的动静。适逢左宗的弟弟左元丧妻,有一次左宗为他借敦骏军校的马匹送葬,回来时,左元进了酒店,与酒保斗殴,被押进府中,而借马的事尚未败露。陈诚随即禀告张继能,向知府请托,并弹劾其事。知府乐黄目接受嘱托,但在没定案时,被群牧副使杨崇勋揭发,张继能因此获罪,免除内职,贬任西京作坊使,外放为邠宁钤辖。张继能奏陈自己不愿到外地任职,得以掌管瑞圣园,不久兼管往来国信所。

天禧三年,张继能又担任西京左藏库使、内侍右班副都知,不久升任崇仪使。张继能因衰老请求解除职务,朝廷改任他为内园使,掌管琼林苑。天禧五年,张继能死去,当时六十五岁。朝廷特意赠官汀州团练使,录用他的儿子张怀忠为大理寺丞,孙子张逊为三班奉职,张逊为借职、春坊祗候。

张继能生性沉着缜密,懂得军事,颇为勇敢,喜欢读书,但热衷经营家业,晚年急于积蓄财产，大家因此看不起他。

何郯一度回朝，后来，在知磁州任上死去。何郯的一个儿子何知崇才十多岁，朝廷破格补授太庙斋郎，还将何郯的侄子平夷县尉保知古改任为滏阳县尉。省中的斋郎没有奖赏延及他人的先例，朝廷仍因何郯守城的功劳，录用了何知崇。

卫绍钦传

【题解】

卫绍钦，北宋开封人。太宗当晋王时，为中黄门，太宗即位后甚受亲近倚重。从征刘继元，督诸将攻城，后又烧其营栅。王继恩打败李顺主力后骄横不法，乃受命与之共同主持镇压李顺余部，擒杀、招降义军甚众。真宗时曾随驾至澶渊，领兵守卫河桥。

【原文】

卫绍钦，开封人。父汉超，内侍高品。绍钦始以中黄门给事晋邸，太宗即位，补入内高品，甚被亲倚。

从征太原，命督诸将攻城，刘继元降，命领骁卒先入城，烧其营栅，迁殿头高品。雍熙二年，擢入内西头供奉官。淳化中，部修皇城，功毕，授入内押班。五年，加崇仪副使。

李顺之乱，王师致讨，与王继恩同领招安捉贼事。遇贼，斗学射山南，又攻清水坝，破双流砦，招降数万众，斩千余级。顺死，余党保险为寇，又与杨琼先扼要路以邀之，擒斩万余人，获器甲枪槊千余。遣别将曹习领兵捕余贼于安国镇，斩三百级。时嘉、眉二州贼尚扰城郭，又遣内殿崇班宿翰讨之。两川平，召还，深被褒劳。

真宗嗣位，拜宫苑使、领受州刺史，充入内副都知、修奉永熙陵都监，既复土，遂为陵使。景德元年，至皇城使。从幸河朔，命为车驾前后行宫四面都巡检。次澶渊，命领扈驾兵守河桥。三年，加昭宣使。朝诸陵，复为行宫巡检，驻洛阳，命为皇城内外都巡检，历掌三班院、皇城仪鸾翰林司。卒，年五十六。

绍钦苛愎少恩，不为众所附。太平兴国中，江东有僧诣阙，请修天台寿昌寺，且言寺成愿焚身以报。太宗允其请，命绍钦往督营缮。既讫役，遽积薪于庭，请僧如愿。僧言欲见至尊面谢，绍钦曰："昨朝辞日，亲奉德言，不烦致谢。"僧惴怖偃蹇，顾道俗有救之者。绍钦即促令跻薪上，火既盛，僧欲投下，绍钦遣左右抑按而焚之。

【译文】

卫绍钦，开封人。父亲卫汉超是内侍高品。卫绍钦起初以中黄门的职务在晋王府供职，太宗即位，得以补授入内高品，深受亲近倚重。

卫绍钦跟随太宗出征北汉，太宗命他督促诸将攻城。刘继元投降后，又命他率领骁勇士兵率先进城，烧毁刘继元军的营房栅垒，于是升为殿头高品。雍熙二年，他被提升为西头供奉官。淳化年间，他指挥修筑皇城，工程告竣后，得授入内押班。雍熙五年，加任崇仪副使。

李顺作乱，官军前去讨伐，卫绍钦与王继恩共同掌管招安和捉获李顺军的事务。遭遇李顺军后，卫绍钦在学射山南面战斗，又进攻清水坝，攻破双流砦，招降数万人，斩首千余级。李顺死后，余党据险自保，率军侵犯，卫绍钦又与杨琼先控制交通要道，拦腰截击，擒获斩杀一万余人，缴获器械盔甲枪槊一千余件。卫绍钦派别将曹习领兵在安国镇捉拿李顺余部，斩首三百级。当时，嘉、眉二州的李顺余部还在骚扰城郭，卫绍钦又派内殿崇班宿翰前去讨伐。两川平定召，卫绍钦被召还京城，深受褒奖，劳问有加。

真宗继位，卫绍钦得任宫苑使、领受州刺史，充任入内副都知、修奉永熙陵都监，在下棺覆土成坟后，便当了永熙陵使。景德元年，改任皇城使。卫绍钦跟随真宗前往河朔，真宗命他担任车

宋太宗赵光义

驾前后行宫四面都巡检。真宗居于澶渊，命他带领护驾随行的军队守卫黄河的桥梁。景德三年，卫绍钦加任昭宣使。真宗朝拜诸陵寝时，卫绍钦又担任行宫巡检。真宗进驻洛阳，命卫绍钦担任皇城内外都巡检。卫绍钦先后执掌三班院、皇城仪鸾翰林司，死时五十六岁。

卫绍钦为人刚愎，刻薄少恩，大家都不归附他。太平兴国年间，江东有一个僧人前往京城请求修缮天台寿昌寺，并说寺成后愿意焚身为报。太宗答应了他的请求，命卫绍钦前去监督寿昌寺的营修。工程告竣后，卫绍钦便在院中堆起柴禾，请僧人履行前言。僧人说想去见太宗，当面感谢，卫绍钦说："我前些日子辞别皇上时，亲自听皇上说，不用麻烦你去致谢。"僧人既恐惧，又窘困，看着僧俗人众，希望有人救他。卫绍钦当即催促，让僧人站到柴禾上。火烧旺了，僧人想跳下来，卫绍钦派身边的人按压住他，将他烧死。

石知颢传

【题解】

石知颢，北宋真定人，石希铎之子。太祖时，为内中高品。太宗雍熙年间，随军出征幽蓟。淳化年间，经制明州市舶司，掌与蕃商贸易，后又随王继恩入蜀平定李顺、王小波起义。真宗咸平间，赴北边防御契丹。景德年间，指挥修治泗水河堤，十日而毕。天禧年

间官终并、代二州铃辖兼管勾麟府路军马事。

【原文】

石知颙，真定人。曾祖承渥，梁尚食使。祖守忠，晋内供奉官。父希铎，高品。知颙形貌甚伟，建隆中授内中高品。太宗即位，改供奉官。雍熙中，诸将征幽、蓟，以知颙随军，归，掌仪鸾司。

淳化中，明州初置市舶司，与蕃商贸易，命知颙往经制之。转内殿崇班、亲王诸宫都监。从王继恩平蜀寇，就迁西京作坊副使。

咸平初，迁正使、带御器械。契丹犯边，上北巡，命为天雄军、澶州巡检使，俄改德、博等州缘河巡检使兼安抚，加领长州刺史。三年，戍镇、定、高阳关三路，押大陈。是冬，改高阳关驻泊行营铃辖。归朝，复掌亲王诸宫事。

景德中，自京抵泗，遣徒治河堤，命总其役。初，计工累月，及是，浃日而毕。上面加褒谕，赐白金千两，授入内都知。

大中祥符初，迁内园使。俄以定内侍迁秩品第不当，为其列所诬，坐罢都知。三年，为并、代州铃辖，迁庄宅使，徙镇定、高阳关铃辖。四年，命与内殿崇班张继能、供奉官侍其旭同修太祖神御殿。上封求觐阙下，复掌群牧司、三班院、亲王诸宫事。

天禧二年，为并、代州铃辖，兼管勾麟府路军马事。三年，卒，年六十九。

【译文】

石知颙，真定人。曾祖石承渥是后梁的尚食使，祖父石守忠是后晋的内供奉官，父亲石希铎是朝内高品。石知颙形貌甚为伟岸，建隆年间授任内中高品。太宗即位，改任供奉官。雍熙年间，诸将征讨幽蓟，石知颙随军前往，回朝后执仪鸾司。

淳化年间，明州最初设置市舶司，与蕃商进行贸易，朝廷命石知颙前去经划措制。后改任内殿崇班、亲王诸宫都监。石知颙跟随王继恩平定蜀的寇盗，就地改任西京作坊副使。

咸平初年，石知颙升任西京作坊正使、带御器械。契丹侵犯边境，真宗北上巡视，命石知颙担任天雄军、澶州巡检使，不久改德、博等州缘河巡检使兼安抚，加任领长州刺史。咸平三年，石知颙戍卫镇、定、高阳三路，掌管全军战阵。这年冬天，石知颙改任高阳关泊行营铃辖。返回朝廷后，石知颙又掌管亲王诸宫事务。

景德年间，石知颙由京城以至泗水地带，派民夫整治河堤，命令石知颙总管这一工程。起初计算，需用工日几个月，到这时，仅用十天，工程告竣。真宗当面加以褒扬，赐银一千两，任命石知颙为入内都知。

大中祥符初年，石知颙改任内园使。不久，石知颙因确定内侍宦官职位升迁的品级失当，被同列宦官诬陷获罪，免去入内都知的职务。大中祥符三年，石知颙担任并、代二州铃辖，升为庄宅使，改任镇、定、高阳关铃辖。大中祥符四年，真宗命石知颙与内殿崇班张继能、供奉官侍其旭一同修缮太祖的神御殿。石知颙进呈密封的奏疏，请求进京觐见，又得以执掌群牧司、三班院和亲王诸宫事务。

天禧二年,石知颙担任并、代二州钤辖兼管勾麟府路军马事。天禧三年,石知颙死去,当时六十九岁。

韩守英传

【题解】

韩守英,字德华,开封祥符人。初为入内高品。太祖开宝年间,随军出征北汉,督战石岭关,占领隆州。太宗淳化年间,随王继恩镇压李顺、王小波起义,担任先锋,在剑门作战中立功。契丹包围岢岚军时,与张志言等攻破狼水砦,迫使契丹军撤去。真宗时官终延福宫使、入内都知、提举诸司库务。

【原文】

韩守英,字德华,开封详符人。初为入内高品。从征河东,数奉诏至石岭关督战,取隆州,迁殿头。久之,以西头供奉官擢入内内侍押班,迁副都知。

随王继恩招安西川,为先锋,战于剑门,有功,迁西京作坊使、剑门都监。还,勾当三班院,进入内内侍都知。历定州、镇定高阳关、并代路兵马钤辖。

契丹围岢岚军,守英与钤辖张志言、知府州折惟昌帅所部渡河,抵朔州,以牵贼势。遂破狼水砦,俘数百人,获马、牛、羊、铠甲以数万计,贼为解去,赐锦袍金带。俄领会州刺史,解都知,再迁昭宣使,复领三班。

出为鄜延路都钤辖,徙并代路。建言:“本路宿兵多,百姓困于飞輓。今幸边鄙无事,请留骑军千,余人悉徙内地。”真宗曰:“边臣能体朝廷恤民之意,宜诏诸路视此行之。”

提举在京诸司库务,勾当皇城司,为赵德明官告使。历宣政、宣庆二使、内侍左班都知、领奖州团练使、雅州防御使、入内都知、管勾纂修国史。书成,进景福殿使,又为延福宫使、入内都知,复提举诸司库务。卒,赠定国军节度观察留后。

【译文】

韩守英,字德华,开封祥符人。韩守英起初是入内高品,因随军出征河东,多次接受诏命到石岭关督战,占领了隆州,因而升任殿头。久后,韩守英由西头供奉官被提升为入内内侍押班,改任副都知。

韩守英跟随王继迁去招抚西川,担任先锋,在剑门作战时立下功劳,升任西京作坊使、剑门都监。回朝后,韩守英勾当三班院,晋升为入内内侍都知。后历任定州、镇定高阳关、并代各路兵马钤辖。

契丹包围岢岚军,韩守英与钤辖张志言、知府州折惟昌率领部下渡过黄河,进抵朔州,以便牵制契丹军,分其声势。接着攻破狼水砦,俘虏数百人,捉获牛、马、羊和铠甲有数万之多,契丹军因而解围离去,韩守英得赐锦袍金带。不久,韩守英任领会州刺史,解除了入内内侍都知的职务，又改任昭宣使，再次兼管三班院。

韩守英离京担任鄜延路都铃辖，又改任并代路都铃辖。他提出建议说："本路的军队大多久于征战，百姓火速运送物资，处境艰难。幸亏现在边疆无事，请留下一千骑军，其余的人全部调到内地去。"真宗说："这个边疆之臣能体会朝廷怜恤百姓的用意，应该颁诏命令各路照此实行。"

韩守英提举在京诸司库务，勾当皇城司，担任赵德明官告使，历任宣政、宣庆二使、内侍左班都知、领奖州团练使、雅州防御使、入内都知、管勾纂修国史。国史成书后，韩守英晋升为景福殿使，又任延福宫使、入内都知，再度提举诸司库务。死后被追赠为定国军节度观察留后。

张惟吉传

【题解】

张惟吉，字佑之，宋开封人。由入内黄门历官内如京使、果州团练使、领皇城司。曾监督滑州天台埽治水工程，监理榷货务。康定初年，西夏一度进攻延州退去后，不同意夏竦、韩琦乘虚进击的主张，颇切实际。任内精简陕西冗兵，裁汰军头引见司衰弱多病的将校。黄河在商胡决口时，以为百姓疲困，应稍缓治水工程。虽颇受亲近信任，但发言不肯逢迎苟从。

【原文】

张惟吉，字佑之，开封人。初补入内黄门，迁殿头、高阳关路走马承受公事。

护塞滑州天台埽役，迁西头供奉官，监在京榷货务。知嘉州张约以赃败，诏与御史王轸往劾其狱。还，领内东门事，为修奉章献、章懿太后二陵承受。

时议复用李谘榷茶算缗法，乃以惟吉为内殿崇班，复监榷货务。就内侍领内东门，次迁勾当御药院，而惟吉才进官，众以为薄，惟吉欣然就职。再期，以羡余迁承制。

为赵元昊官告使，还言元昊骄僭，热必叛，请预饬边备。及元昊寇延州，遣按视鄜延、环庆两路器甲，并访攻守利害。敌既退，夏竦、韩琦谋自鄜延深入，乘虚击之，命惟吉募并、汾骁勇，副以土兵，轻赍赴河外。惟吉以为我师当持重伺变，不宜驰赴不测以自困。已而元昊果引去，还奏称旨。

领皇城司，迁内侍省押班、群牧都监，简陕西冗兵。领军头引见司，迁供备库使，尽汰军头司军校之罢癃者。同提举在京诸司库务、领恩州刺史，为入内都知。

商湖决，为澶州修河都铃辖。转运使施昌言请亟塞，崔峄以为岁灾民困，役宜缓。命惟吉按视，言河可塞而民诚困，财用不足，宜少待之，从其议。

迁如京使、果州团练使，复领皇城司，卒。

惟吉任事久，颇见亲信，而言弗阿狗。张贵妃薨，将治丧皇仪殿，诸宦官皆以为可，独惟吉曰："此事干典礼,须翌日问宰相。"既而宰相不能执议,惟吉深以为非。

赠昭信军节度视察留后,逾月,又赠保顺军节度使,谥忠安。

【译文】

张惟吉,字佑之,开封人。最初补任入内黄门,升为殿头、高阳关路走马承受公事。

监督堵塞滑州天台埽治水工程,改任西头供奉官,监理京城的榷货务。知嘉州张约因贪赃垮台,仁宗下诏命张惟吉与御史王轸前去审判这一案件,返回后得以掌管内东门司,担任修奉章献、章懿太后二陵承受。

当时,朝廷计议重新采用李谘提出的榷茶算缗法,朝廷便任命张惟吉为内殿崇班,再次监理榷货务。大凡内侍宦官掌管内东门司,依次应升任勾当御药院,而张惟吉只晋升了官位,大家认为待遇太薄,张惟吉却欣然就职。又过了一整年,因榷货务税收盈余,张惟吉升为承制。

张惟吉担任赵元昊官告使,回朝说赵元昊骄横僭越,势必反叛,请预先整顿边疆防务。及至赵元昊侵犯延州,朝廷派张惟吉巡视鄜延、环庆两路的武器装备,并查问攻守利害。敌人撤退后,夏竦、韩琦打算由鄜延路纵深挺进,乘虚进击赵元昊,命张惟吉招募并州、汾州的骁勇之士,以士兵为辅,轻装奔赴河外。张惟吉认为官军应该持慎重态度,观察事态的发展变化,不宜急速赶往胜负难料之地,使自己陷于困境。不久,赵元昊果然领兵离去。张惟吉回京上奏,符合仁宗的旨意。

张惟吉掌管皇城司,升为内侍省押班、群牧都监,精简陕西多而无用的兵员。张惟吉又掌管军头引见司,升任供备库使,将军头司衰弱多病的将校全部裁汰。接着,张惟吉得任同提举在京诸司库务、领恩州刺史,当了入内都知。

黄河在商湖决门,张惟吉担任澶州修河都钤辖。转运使施昌言请求赶紧堵塞决口,崔峄认为收成受灾,百姓疲困,工程应该从缓。朝廷命张惟吉前去巡视,张惟吉进言说黄河决口可以堵塞,但百姓实在困乏,财物用度不足,应该稍待时日,朝廷接受了他的建议。张惟吉升任如京使、果州团练使,再度掌管皇城司,然后死去。

张惟吉办事日久,颇受亲近信任,但讲话不肯逢迎苟从。张贵妃去世,准备在皇仪殿办理丧事,众宦官都认为可行,只有张惟吉说:"此事与典章礼法抵触,需要明天去问宰相。"后来宰相不能坚持这一意见。张惟吉认为大谬不然。

朝廷追赠张惟青为昭信军节度观察留后,过了一个月,朝廷又追赠他为保顺军节度使,谥号为忠安。

李宪传

【题解】

李宪,字子范,北宋开封祥符人。仁宗时补入内黄门。神宗时与王韶收复河州,继而率军收降进攻河州的吐蕃首领木征。冷鸡朴诱后山生羌扰边，又镇平之，并收降吐蕃将领董毡。元丰四年五路大军进攻西夏，李宪军收得兰州，但未能按期至灵州会师，致使此役毫无建树。西夏包围兰州，李宪预做准备，使西夏军无功而回。后又受命谕示吐蕃首领阿里骨结打败西夏。哲宗时被劾贪功欺罔等事，贬居陈州，卒年五十一岁。

【原文】

李宪，字子范，开封祥符人。皇祐中，补入内黄门，稍迁供奉官。神宗即位，历永兴、太原府路走马承受，数论边事合旨，干当后苑。

王韶上书请复河湟，命宪往视师，与韶进收河州，加东染院使，干当御药院。复战牛精谷，拔珂诺城，为熙河经略安抚司干当公事。

按视鄜延军制，行至蒲中，会木征合董毡、鬼章之兵，攻破踏白城，杀景思立，围河州，诏趣赴之，宪驰至军。先是，朝廷出黄旗书敕谕将士，如用命破贼者倍赏。于是宪晨起帐中，张以示众曰："此旗，天子所赐也，视此以战，帝实临之。"士争呼用命以进。督诸将傍山焚族帐，即日通路至河州。贼余处众保踏白，官军出与战，大破之。进至余州，又破贼堡十余，木征率酋长八十余人诣军门降。捷闻，以功加昭宣使、嘉州防御史。还，为入内内侍省押班、干当皇城司。

安南叛，副赵卨招讨。未行，卨建言："朝廷置招讨副使，军事须共议，至节制号令，即宜归一。"宪衔之。由是屡纷辩，遂罢宪，而令乘驿计议秦凤、熙河边事，诸将皆听节度。于是御中丞邓润甫、御史周尹、蔡承禧、彭汝砺极论其不可，又言："鬼章之患小，用宪之患大；宪功不成其祸小，有成功其祸大。"章再上，弗听。

冷鸡朴诱山后生羌扰边，木征请自效，众以为不可。宪言："何伤乎！羌人天性畏服贵种。"听之往。木征盛装以出，众耸视，皆无斗志。师乘之，杀获万计，斩冷鸡朴。董毡惧，即遣使奉赞效顺。加宣州观察使、宣政使、入内副都知，又迁宣庆使。

时用兵连年，度支调度不继，诏宪兼经制财用。裁冗费什六，岁运西山巨木给京师营缮，赐瑞应坊园宅一区。

元丰中，五路出师讨夏国，宪领熙、秦军至西市新城，复兰州，城之，请建为帅府。帝又诏宪领兵直趣兴、灵，董毡亦称欲往，宜乘机协力入扫巢穴，若兴、灵道阻，即过河以凉州。乃总兵东上，平夏人于高川石峡。进至屈吴峡，营打囕城，趋天都，烧南牟府库，次葫芦河而还。

宪既不能至灵州，董毡亦失期，师无功。宪欲以开兰、会邀功弭责，同知枢密院孙固曰："兵法，期而后至者斩。况诸路皆至而宪独不行，不可赦。"帝以宪犹有功，但令诘擅还之由，宪以馈饷不接为辞，释弗诛。

复上再举之策，兼陈进筑五利，且从之。会李舜举入奏，具陈师老民困状，乃罢兵。趣宪赴阙，道赐银帛四千。为泾原经略安抚制置使，给卫三百。进景福殿使、武信军留后，使复还熙河，仍兼秦凤军马。

夏人入兰州，破西关，降宣庆使。宪以兰州乃西人必争地，众数至河外而相羊不进，意必大举，乃增城守堑壁，楼橹具备。明年冬，夏人果大入，围兰州，步骑号八十万众，十日不克,粮尽引去。又诏宪遣间谕阿里骨结等,且选骑渡河,与贼遇,破之。坐妄奏功状,罢内省职事。

哲宗立,改永兴军路副都总管,提举崇福宫。御史中丞刘挚论宪贪功生事,一出欺罔;避兴、灵会师之期,顿兵以城兰州,遗患至今;永乐之围,逗留不急赴援。降宣州观察使,又贬右千牛卫将军,分司南京,居陈州。卒,年五十一。

绍圣元年,赠武泰军节度使,初谥敏恪,改忠敏。

宪以中人为将,虽能拓地降敌,而罔上害民,终贻患中国云。

【译文】

李宪,字子范,开封祥符人。皇祐年间,补授入内黄门,逐渐升为供奉官。神宗即位后,李宪历任永兴、太原府路走马承受,多次进言边防事务,都合乎神宗的旨意,得以管理后苑事务。

王韶上书请求收复河湟地区,神宗命李宪前去巡视军队,李宪与王韶进军收复河州,加任东染院使,管理御药院。

李宪又在牛精谷作战,攻克珂诺城,得任熙河经略安抚司干当公事。李宪去视察鄜延军务,走到蒲地时,适逢木征会合董毡、鬼章的军队攻破踏白城,杀死景思立,包围河州,朝廷下诏催促赶去营救,李宪火速骑马来到军中。在此之前,朝廷拿出黄旗和敕书谕示将士,说是如能效命破贼,奖赏加倍。这时,李宪一早起身走出营帐,把黄旗张挂起来给大家看,说:"这黄旗是天子颁赐的,望着黄旗出战,就如皇上亲临战场。"将士争着大呼服从命令,于是进军。李宪督率诸将沿山焚烧吐蕃部族的营帐,当日打通道路,抵达河州。吐蕃余众守卫踏白城,官军出兵交战,大破吐蕃军。官军挺进到余州,又攻破吐蕃的十多个营堡,木征率领八十余名酋长到军营门前投降。朝廷得到捷音,因功加授李宪为昭宣使、嘉州防御史。李宪回朝后,任入内内侍省押班、干当皇城司。

安南反叛,李宪担任招讨副使,作为赵卨的副职。出发前,赵卨建议:"朝廷设置招讨副使,招讨使需要与副使共同商议军务。至于调度军队,发布号令,应该由招讨使统一指挥。"李宪衔恨在心。从此,屡次就此纷争辨析,朝廷随即免去李宪招讨副使的职务,命令他乘坐驿车去计议秦凤、熙河地区的边疆防务,诸将都要服从他的调度。当此时,御史中丞邓润甫、御史周尹、蔡承禧、彭汝砺极力论述不可如此,还说:"鬼章的忧患小,任用李宪的忧患大;李宪无所建树祸难小,有所建树祸难大。"奏章两次进呈,英宗不听。

冷鸡朴诱使山后生羌骚扰边境,木征请求让自己前去效力,大家认为不妥。李宪说:"有什么关系!羌人天生敬畏顺服高贵的种族!"朝廷听由木征前往。木征盛装出阵,众羌人敬重地望着他,都丧失斗志。官军乘机进军,杀死和俘获的人数以万计,并将冷鸡朴斩首。董毡为之恐惧,当即派使者带着礼物,前来投诚。朝廷加任李宪为宣州观察使、宣政使、入内副都知,又迁宣庆使。

当时,连年用兵,度支调度给养接续不上,神宗下诏命李宪兼职经划节制财物用度。李宪裁减多余的费用达十分之六,每年把山西的巨型木材运往京城,以供营建修缮,得赐瑞应坊带花园的住宅一所。

元丰年间，五路出兵讨伐夏国，李宪率领熙、秦军抵达西市新城，收得兰州，修筑其城，请求在这里设置师府。神宗又下诏命李宪率领军队直趋兴、灵，董毡也说打算前往，应乘机合力进军，扫荡敌人的巢穴，如果兴、灵道路不通，就渡过黄河，占领凉州。李宪便总领军队东上，在高川石峡镇平西夏人，挺进到屈吴山，在打囉城扎营，奔赴天都，烧毁南牟的府库，在葫芦河略做停留而回。

李宪既不能到达灵州，董毡也误了预定的日期，官军毫无建树。李宪打算通过开通兰州、会州来邀功补过，同知枢密院孙固说："兵法上说，在预定时间之后赶到的，应该处斩。何况各路大军都到了，只有李宪未到，罪不可赦。"神宗认为李宪还有些功劳，只让人责问他擅自回军的缘由，李宪借口说粮饷接应不上，神宗免予治罪，没有杀他。

李宪又进呈再次发兵的计策，同时陈述进军筑城的五点好处，神宗准备依从。适逢李舜举入朝上奏，详陈士气衰落，人民困乏的情形，这才停止用兵，催促李宪回京，途中赏赐银帛四千。李宪当了泾原经略安抚制置使，拨给卫士三百人。朝廷又晋升李宪为景福殿使、武信军留后，让他再次返回熙河地区，仍然让他兼统秦州、凤州兵马。

西夏人进入兰州，攻破西关，李宪被降为宣庆使。李宪认为兰州是西夏人的必争之地，其部众屡次进抵河外，却徘徊不进，估计西夏必定大举进攻，便加强城防守备，增加壕堑壁垒，连瞭望台也完全修好。明年冬天，西夏人果然大举进攻，包围兰州，其步兵、骑兵，号称八十万人，历时十天，没有攻克兰州，由于粮食吃光，撤军离去。神宗又下诏命李宪派密探劝说阿里骨结等人，并选择骑兵，渡过黄河，与西夏军遭遇后，打败西夏军。李宪因上奏报功不实，被免去内省的职务。

哲宗即位，李宪改任永兴军副都总管，掌管崇福宫事务。御史中丞刘挚指责李宪贪功生事，纯属欺骗蒙蔽朝廷；不肯按期在兴、灵会师，停止进兵，以修筑兰州城，祸患遗留至今；永乐被围困时，逗留不前，没有赶紧赴援。李宪降任宣州观察使，又贬为右千牛卫将军，分司南京，住在陈州，死时五十一岁。绍圣元年，朝廷追赠李宪为武泰军节度使，起初追谥敏恪，后改为忠敏。

李宪由宦官担当将领，虽然能开拓疆土，收降敌军，但是欺骗皇上，危害百姓，终究给中国留下后患。

宋用臣传

【题解】

宋用臣，字正卿，北宋开封人，以父荫供职内省。为人敏捷精思，英宗时修建东西府、汴州城、尚书省、太学、原庙，勾通洛、汴二水，均董理其事。善于传达诏令，深受信任，权势显赫一时，同列宦官都靠他得到进用，少廉寡耻，没有气节的朝臣都依附巴结他。哲宗时一度降职。徽宗时官终蔡州观察使、入内副都知。范祖禹《论宦官札子》称他为神宗时期宦官的三朋"魁杰"之一。

【原文】

宋用臣,字正卿,开封人。为人有精思,强力,以父荫隶职内省。

神宗建东、西府,筑京城,建尚书省,起太学,立原庙,导洛通汴,凡大工役,悉董其事。性敏给,善传诏令,故多访以外事。同列悉籍以进,朝士之乏廉节者,往往谄附之,权势震赫一时。积劳至登州防御使,加宣政使。

元祐初,言者论其罪,降为皇城使,谪监滁州、太平州酒税。四年,主管灵仙观。绍圣初,召为内侍押班,进瀛洲刺史。

徽宗即位,迁蔡州观察使、入内副都知。为永泰陵修奉钤辖,卒陵下,赠安化军节度使,谥僖敏。谥议谓用臣为广平宋公,有"天子念公之劳,久徙于外"之语。丰稷论奏,以为凡称公者,皆须耆宿大臣与乡党有德之士,其曰:"念公之劳,久徙于外",斯乃古周公之事,于用臣非所宜言也。止令赐谥,论者是之。

【译文】

宋用臣,字正卿,开封人。为人身强力壮,头脑精细,靠父亲的余荫得以在内侍省供职。

神宗修建东、西两府,修筑京城城墙、修建尚书省,建造太学,设立原庙,疏导洛水与汴水相通,凡是大型的工程,都由宋用臣董理其事。宋用臣生性敏捷,善于传达诏令,所以神宗经常向他打听外界的事情。同列的宦官都通过他得以进用,缺乏廉耻与气节的朝廷官员往往巴结他,依附他,使他权势大振,显赫一时。他因历来的劳绩官至登州防御史,加任宣政使。

元祐初年,进言者论定宋用臣的罪责,宋用臣被降为皇城使,贬至滁州、太平州监收酒税。元祐四年,宋用臣主管灵仙观。绍圣初年,朝廷召宋用臣担任内侍押班,晋升为瀛洲刺史。

徽宗即位,宋用臣改任蔡州观察使、入内副都知。他担任永泰陵的修奉钤辖,死在陵下,被追赠为安化军节度使,得谥僖敏。为宋用臣所写的谥议称宋用臣为广平宋公,内有"天子念公之劳,久徙于外"的话。丰稷上奏评论其事认为,凡是被称作"公"的人,都必须是耆宿大臣和乡间的有德之士,所说的"念公之劳,久徙于外",说的是古代周公的事情,对宋用臣来说,就不应该讲这样的话。朝廷决定只赐谥号,论事者对这种做法予以首肯。

王中正传

【题解】

王中正,字希烈,北宋开封人,初补入内黄门。仁宗时,在平息庆历卫士之乱中颇尽其力，又败西夏立功。神宗时，随王韶修整熙河地区城防，又自率陕西军解吐蕃茂州之围。建议将石泉隶归绵州，使陇东不复可得。前往鄜延、环庆经制边事时，擅招禁军，无人敢违。后在宋军拟五路进攻西夏时失期被贬。哲宗时复为嘉州团练使。

【原文】

王中正，字希烈，开封人。因父任补入内黄门，迁赴延福宫学诗书、历算。仁宗嘉其才，命置左右。

庆历卫士之变，中正援弓矢即殿西督捕射，贼悉就擒，时年甫十八，人颇壮之。迁东头供奉官，历干当御药院、鄜延、环庆路公事，分治河东边事。破西人有功，带御器械。

神宗将复熙河，命之规度。还言：“熙河譬乳虎抱玉，爪牙未备，可取也。”遂从王韶入熙河，治城壁守具，以功迁作坊使、嘉州团练使，擢内侍押班。

吐蕃围茂州，诏率陕西兵援之，围解。自石泉至茂州，谓之陇东路，土田肥美，西羌据之。中正不能讨，乃因吐蕃入寇，言：“其路经静州等族，榛僻不通，迩年商旅稍往来，故外蕃因以乘间。县至绵与茂，道里均，而龙安有都巡检，缓急可倚仗。请割石泉隶绵，而窒其故道。”从之，陇东遂不可得。还，使熙河，经画鬼章，进昭宣使、入内副都知。

元丰初，提举教畿县保甲、将兵、捕盗巡检，献民兵伍保法，请于村疃及县以时阅习，悉行其言。

复往鄜延、环庆经制边事，诏凡所须用度，令两路取给，无限多寡。既行，又称面受诏，所过募禁兵，愿从者将之，主者不敢违。

问罪西夏，以中正签书泾原路经略司事。诏五路之师皆会灵州，中正失期，粮道不继，士卒多死。命权分屯鄜延并边城砦，以俟后举。自请罢省职，迁金州观察使、提举西太一宫，坐前败贬秩。

元祐初，言者再论其将王师二十万，公违诏书之罪，刘挚比中正与李宪、宋用臣、石得一为“四凶”，又贬秩两等。久之，提举崇福宫。绍圣初，复嘉州团练使。卒，年七十一。

【译文】

王中正，字希烈，开封人。靠父亲的职任得以补授入内黄门，改赴延福宫学习诗书历算。仁宗赏识他的才能，吩咐安排在自己身边。

庆历年间，发生卫士之变时，王中正手挽弓箭，在大殿西面督促捕射，贼人全部就擒，当时他才十八岁，人们颇称许他勇气过人。事后他升任东头供奉官，历任干当御药院、鄜延、环庆路公事，分管河东边防事务，因打败党项人有功，得任带御器械。

神宗准备收熙河地区，命王中正进行筹划。王中正回来说：“熙河地区犹如乳虎抱玉，乘爪牙没长锐利以前，可以夺取。”便跟随王韶进入熙河地区，整饬城堡和守城器具，因功升任作坊使、嘉州团练使，又提升为内侍押班。

吐蕃包围茂州，神宗下诏命中正率领陕西的军队前去援救，茂州解围。从石泉到茂州，称作陇东路，这里田地肥美，被西羌人占据。王中正不能进讨，于是趁吐蕃入侵之机进言说：“哪里的道路在经过静州等族一段荒僻不通，近年客商渐有往来，所以外族乘虚而入。由石泉县城到绵州与茂州途程相等,而龙安设置了都巡检,遇有危急情况可以依赖。请将石泉归属绵州,堵塞旧日的通道。"朝廷接受他的建议,陇东路于是不可复得。王中正回朝后,又出使熙河地区,筹划对付鬼章,晋升为昭宣使、入内副都知。

元丰初年,王中正任提举教畿县保甲将兵捕贼盗巡检,进呈民兵伍保法,请求在村舍空地和县里按时训练,朝廷完全依言而行。

王中正又前往鄜延、环庆经划节制边防事务,神宗下诏凡是王中正需要的开支,无论多少,一律由鄜延、环庆两路供给。出发后,王中正又声称当面受诏,可以在所过之处募集禁军,愿意跟随他的就带走,主事人不敢违抗。

向西夏问罪时,神宗任命王中正为签书泾原路经略司事,下诏五路大军都在灵州会齐。王中正误了期限,粮运接济不上,士兵死了很多,朝廷命王中正军姑且分别驻扎在鄜延和沿边的城砦里,以待将来采取行动。王中正请求免除自己在宫中的职务,改任金州观察使、提举西太一宫,因日前的失败而降低品级。

元祐初年,言官重新评判王中正率领二十万官军,公然违背诏书的罪行,刘挚把王中正与李宪、宋用臣、石得一比作"四凶",又降低品级两等。久后,王中正提举崇福宫。绍圣初年,又任嘉州团练使,死时七十一岁。

雷允恭传

【题解】

雷允恭,北宋开封人。真宗时在东宫供职,因揭发周怀政伪造天书,累迁入内内侍省押班。章献太后临朝时,与丁谓勾结得势,横行内外。因办理真宗山陵事不当和盗窃财宝罪赐死。

【原文】

雷允恭,开封人。初为黄门,颇慧黠,稍迁入内殿头,给事东宫。周怀政伪为天书,允恭豫发其事。怀政死,擢内殿崇班,迁承制,再迁西京作坊使、普州刺史、入内内侍省押班。

章献后初临政,丁谓潜结允恭,凡机密事,令传达禁中,由是允恭势横中外。

山陵事起,允恭请效力陵上,章献后曰:"吾虑汝有妄动,恐为汝累也。"乃以为山陵都监。

允恭驰至陵下,司天监邢中和为允恭言:"今山陵上百步,法宜子孙,类汝州秦王坟。"允恭曰:"何不就?"中和曰:"恐下有石与水尔。"允恭曰:"上无他子,若如秦王坟,何不可?"中和曰:"山陵事重,踏行覆按,动经月日,恐不及七月之期耳。"允恭曰:"第移就上穴,我走马入见太后言之。"

允恭素贵横,人不敢违,即改穿上穴。入白其事,章献后曰:"此大事,何轻易如此?

允恭曰："使先帝宜子孙,何惜不可?"章献后意不然,曰："出与山陵使议可否。"时丁谓为山陵使,允恭具道所以,谓唯唯而已。允恭入奏曰："山陵使亦无异议矣。"

既而上穴果有石,石尽水出。允恭竟以是并坐盗金宝赐死,籍其家。中和流沙门岛,谓寻窜海上。

【译文】

雷允恭,开封人。起初担任黄门,颇为机灵,逐渐升任入内殿头,供职东宫。周怀政伪造天书时,雷允恭预先揭发其事。周怀政死后,被提升为内殿崇班,升任承制,再升为西京作坊使、普州刺史、入内内侍省押班。

章献太后刚临朝主政时,丁谓暗中结纳雷允恭,凡是机密事务都让雷允恭向宫中传达,由此雷允恭得势,横行内外。

修建真宗陵墓时,雷允恭请求到陵寝效力,章献太后说："我担心你会瞎干,恐怕对你不利。"便任命他为山陵都监。

雷允恭火速赶到陵地,司天监邢中和对雷允恭说："现在山陵上面一百步处,按理说对子孙后代有利,与汝州的秦王坟类似。"雷允恭说："为什么不在哪里起修?"邢中和说:"恐怕下面遇到石头和水。"雷允恭说："皇上没有别的儿子,如果象秦王坟,有何不可!"邢中和说:"山陵事关重大,实地核查,动不动就需要超过一个月,恐怕赶不上七月的期限了。"雷允恭说:"只管移到上面开穴,我骑马进宫,跟太后说去。"

雷允恭一向恃贵骄横,人们不敢违抗,就改在上面开穴。雷允恭进宫禀告其事,章献太后说："这是大事,怎么轻易就这么干?"雷允恭说:"使先帝长宜子孙,有何顾惜,有何不可?"章献太后心中不以为然,说:"你出去与山陵使商量可行与否吧。"当时,丁谓担任山陵使,雷允恭一一讲出理由,丁谓只是唯唯诺诺。雷允恭进宫奏称:"山陵使也没有异议啦。"

后来,上面开的穴果然遇到石头,把石头凿尽后,又冒出水来。雷允恭最终因此事和盗窃财宝的罪行赐死,被没收家产。邢中和流配沙门岛,不久丁谓也流放到海滨。

阎文应传

【题解】

阎文应,北宋开封人,官入内副都知。帮助吕夷简乘隙废黜郭皇后。仁宗欲使郭后复位,乃挟太医诊治数日,称郭后暴死。为谏官所劾,外放而卒。

【原文】

阎文应,开封人。给事掖庭,积迁至入内副都知。

仁宗初亲政,与宰相吕夷简谋,以张耆、夏竦、陈尧佐、范雍、赵稹、晏殊、钱惟演皆章献后所任用,悉罢之。退以语郭后,后曰"夷简独不附太后邪? 但多机巧,善应变耳。"由是并夷简罢。

夷简素与文应相结,使为中伺。久之,乃知事由郭后,夷简遂怨后。及再相,杨、尚二美人方宠,尚美人于仁宗前有语侵后,后不胜忿,批其颊,仁宗自起救之,误中其颈,仁宗大怒。文应乘隙,遂与谋废后,且劝以爪痕示执政。夷简以怨,力主废事。因奏仁宗出谏官,竟废后为净妃,以所居宫名瑶华,皆文应为夷简内应也。

郭后既废,杨、尚二美人益宠专夕,仁宗体为之弊,或累日不进食,中外忧惧。杨太后亟以为言,仁宗未能去。文应早暮入侍,言之不已,仁宗厌其烦,强应曰"诺"。文应即以毡车载二美人出。二美人涕泣,词说云云,不肯行。文应骂曰"官婢尚何言?"驱使登车。翌日,以尚氏为女道士,居洞宫真,杨氏别宅安置。

既而仁宗复悔废郭后,有复后之意,文应大惧。会后有小疾,挟太医诊视数日,乃言后暴崩,实文应为之也。

累至昭宣使、恩州团练使。时谏官劾其罪,请并其子士良出之。以文应领嘉州防御使,为秦州钤辖,改郓州。士良罢御药院,为内殿崇班。

始,杨、尚二美人之出宫也,左右引陈氏女入宫,父子陈子城,杨太后尝许以为后,宋缓不可,王曾、吕夷简、蔡齐相继论谏。陈氏女将进御,士良闻之,遽见仁宗。仁宗披百叶择日,士良曰:"陛下阅此,岂非欲纳陈氏女为后邪?"仁宗曰:"然。"士良曰:"子城使,大臣家奴仆官名也。陛下纳其女为后,无乃不可乎!"仁宗遽命出之。

文应后徙相州钤辖,卒赠邠州观察使。

【译文】

阎文应,开封人。在后宫供职,历官至入内副都知。

仁宗刚刚亲理政务,与宰相吕夷简商议,认为张耆、夏竦、东尧佐、范雍、赵稹、晏殊、钱惟演都受到章献太后的任用,一律予以罢免。仁宗回宫后告诉了郭皇后,郭皇后说:"难道吕夷简没有依附太后吗? 只是他很机智灵巧,善于应变罢了。"从此吕夷简也一并免职。

吕夷简一向与阎文应交结,让他打探内宫的事情。过了许久,才知道事情由郭皇后造成,吕夷简于是怨恨郭皇后。及至吕夷简再度任相,杨、尚两美人正得宠,尚美人在仁宗面前说话冒犯了郭皇后,郭皇后一时愤恨,打她的耳光,仁宗亲自起身来救尚美人,郭皇后失手打中仁宗的脖子,仁宗大怒。阎文应趁此嫌隙,便与仁宗策划废黜郭皇后,并且劝仁宗让执政大臣去看脖上的指爪痕。吕夷简因怨恨力主废黜,便奏请仁宗外放谏官,最终废黜郭皇后为净妃,将她居住的宫室起名为瑶华宫,其间都是阎文应为吕夷简做的内应。

郭皇后被废黜后,杨、尚两美人越发受宠,专门侍寝,仁宗的身体因此受到损害,有时连日不能进食,朝廷内外忧愁恐惧。杨太后屡次提到此事,仁宗不能舍去。阎文应早晚进宫侍候时不断劝说,仁宗讨厌他絮烦,勉强答应说:"好吧。"阎文应立即用毡车把两位美人拉出宫,两美人流着眼泪,说这说那,不肯离去。阎文应骂道:"官婢还有什么可说!"

便把她们赶上车去。第二天,让尚氏当了女道士,住在洞真宫,杨氏安顿在别的住宅里。

不久,仁宗对废黜郭皇后感到后悔,有恢复郭皇后地位的想法,阎文应大为恐惧。适逢郭皇后生了小病,阎文应挟持太医诊治了几天,就说郭皇后暴死,实际是阎文应干的。阎文应历官至昭宣使、恩州团练使。当时,谏官弹劾他的罪行,请求连同他的儿子阎士良一并外放。仁宗任命阎文应为领嘉州防御使,担任秦州钤辖,改任郓州钤辖。阎士良免去御药院的职务,担任内殿崇班。

起初,杨、尚两美出宫时,身边的人把陈氏领进后宫,陈氏的父亲人称陈子城,杨太后曾经答应让陈氏当皇后,宋绶认为不妥,王曾、吕夷简、蔡齐相继陈论谏阻。陈氏女即将进奉时,阎士良闻讯急忙去见仁宗。仁宗正在翻阅历书,选择吉日,阎士良说:"陛下看这东西,莫非想娶陈氏女为皇后吗?"仁宗说:"对。"阎士良说"子城使是大臣家里奴仆官的名称,陛下娶他的女儿当皇后,恐怕不行吧!"仁宗赶紧吩咐让陈氏出宫。

阎文应后来改任相州钤辖,死后授官为邠州观察使。

方腊传

【题解】

方腊(? ~1121),北宋末年农民起义领袖。原籍歙州(治所在今安徽歙县),后迁至睦州青溪县(今浙江淳安),出身雇工。北宋末年,外受辽、夏侵侮,朝廷软弱妥协,以输送财物屈辱求和;内则朝政败坏,以宋徽宗赵佶为首的统治集团奢侈腐化,鱼肉百姓,民不聊生。江南地区,受花石纲(朝廷派员至江南搜刮奇花异石,运到京城)的骚扰,民众怨声载道,其势一触即发。方腊用明教(由牟尼教发展而来)组织民众,于宋徽宗宣和二年(1120)发动起义,攻打州县,击杀官吏,势如破竹,占领杭州。一时响应者甚众。起义军据有六州五十二县,东南地区震动,朝廷惊恐。宋徽宗派遣童贯等率大军前往镇压。方腊战败,退守青溪封源洞、梓桐洞。官军收复被起义军攻占的州县。宣和三年(1121)四月,官军攻破诸山洞,并在梓桐洞活捉方腊及其妻子等,屠杀起义军七万人。同年秋季,方腊在东京(今河南开封)被杀害。起义军继续战斗,直至宣和四年(1122)三月,才全部被平定。

【原文】

方腊者,睦州青溪人也。世居县堨村,托左道以惑众。初,唐永徽中,睦州女子陈硕真反,自称文佳皇帝,故其地相传有天子基、万年楼,腊益得冯籍以自信。县境梓桐、封源诸峒皆落山谷幽险处,民物繁伙,有漆楮、杉材之饶,富商巨贾多往来。

时吴中困于朱勔花石之扰,比屋致怨,腊因民不忍,阴聚贫乏游手之徒,宣和二年十月,起为乱,自号圣公,建元永乐,置官吏将帅,以巾饰为别,自红巾而上凡六等。无弓矢、介胄,唯以鬼神诡秘事相扇术,焚室庐,掠金帛子女,诱胁良民为兵。人安于太平,不识兵革，闻金鼓声即敛手听命，不旬日聚众至数万，破杀将官蔡遵于息坑。十一月陷青溪，十二月陷睦、歙二州。南陷衢，杀郡守彭汝方；北掠新城、桐庐、富阳诸县，进逼杭州。郡守弃城走，州即陷，杀制置使陈建、廉访使赵约，纵火六日，死者不可计。凡得官吏，必断臠支体，探其肺肠；或熬以膏油，丛镝乱射，备尽楚毒，以偿怨心。警奏至京师，王黼匿不以闻，于是凶焰日炽。兰溪灵山贼朱言吴邦、剡县仇道人、仙居吕师囊、方岩山陈十四、苏州石生、归安陆行儿皆合党应之，东南大震。

发运使陈亨伯请调京畿兵及鼎、沣枪牌手兼程以来，使不至滋蔓。徽宗始大惊，亟遣童贯、谭稹为宣抚制置使，率禁旅及秦、晋蕃汉兵十五万以东，且谕贯使作诏罢应奉局。三年正月，腊将方士佛引众六万攻秀州，统军王子武乘城固守，已而大军至，合击贼，斩首九千，筑京观五，贼还据杭。二月，贯、稹前锋至清河堰，水陆并进，腊复焚官舍、府库、民居，乃宵遁。诸将刘延庆、王禀、王涣、杨惟忠、辛兴宗相继至，尽复所失城。四月，生擒腊及妻邵、子毫二太子、伪相方肥等五十二人于梓桐石穴中，杀贼七万。四年三月，余党悉平。进贯太师，徙国楚。

腊之起，破六州五十二县，戕平民二百万，所掠妇女自贼峒逃出，倮而缢于林中者，由汤岩、榴岭八十五里间，九村山谷相望。王师自出至凯旋，四百五十日。

方腊

【译文】

方腊是睦州青溪人，世世代代居住在青溪县碣村，凭借旁门左道来迷惑群众。从前，在唐朝高宗永徽年间，睦州有一女子陈硕真造反，自称文佳皇帝，因而此地相传有"天子基""万年楼"，方腊更加有了依据而自信造反能成功。青溪县内的梓桐、封源等山峒都位于深山大谷僻静险峻的地方，当地物产丰富，盛产漆树楮树和杉木，富有的大商人经常来来往往。

当时吴地被朱勔搜刮花石骚扰得困苦非常，招致家家户户怨恨，方腊利用百姓不能忍受的情绪，秘密地将贫穷无业的人聚集在一起。宋徽宗宣和二年（1120）十月，方腊开始造反，自称圣公，建年号"永乐"，设置官吏将帅，以头巾区别地位高低，自红巾以上共分六等。没有弓箭、盔甲，只能用鬼神怪异神秘的一套来煽动恫吓，烧毁房屋，抢夺金银绸缎妇女，引诱胁迫良民来当兵。（当时，）人们都习惯了太平生活，不知战争为何物，听到敲钲击鼓的声音即束手听命，不到十天方腊就聚集部众达数万人，在息坑攻杀将官蔡遵。十一月攻占青溪，十二月攻占睦、歙二州。又向南攻占衢州，杀害知州彭汝方；向北攻取新城、桐庐、富阳等县，进逼杭州。杭州知州弃城逃走，杭州陷落，杀害制置使陈建、廉访使赵约，纵火六天，死的人数不清。只要抓到官吏，一定要割肉解肢，掏出他们的肺肠五脏;有的被用油脂煎熬,有的被乱箭齐射,要他们受尽痛苦折磨,借以报复对他们的怨恨。警报上奏到京城,王黼隐瞒不上报,于是造反的气焰一天比一天旺盛。兰溪灵山的贼寇朱言、吴邦,剡县的仇道人,仙居的吕师囊,方岩山的陈十四,苏州的石生,归安的陆行儿都聚集徒众响应方腊,东南地区大为震动。

发运使陈亨伯请求调京城地区的军队以及鼎州、沣州的枪牌手以加倍的速度赶来,以使造反不至于扩大蔓延开来。宋徽宗这才大吃一惊,知道作乱的事,急忙派遣童贯、谭稹为宣抚置使,率领禁军以及秦、晋地区的少数民族和汉族守军共十五万向东进发,并且命令童贯起草诏书撤销应奉局。宣和三年(1121)正月,方腊的部将方士佛带领部众六万人攻打秀州,统军王子武依城坚守,不久大军到达,内外合击贼众,斩敌首九千,收集敌人尸体封土筑成五座高冢,贼众回师据守杭州。二月,童贯、谭稹的前锋部队到达清河堰,水陆路并进,方腊又焚烧官衙、官库和民房,在夜里逃离杭州。官军诸将领刘延庆、王禀、王涣、杨惟忠、辛兴宗陆续到达,完全收复所丧失的城池。四月,在梓桐石洞中,活捉方腊及其妻邵氏、儿子毫二太子、伪宰相方肥等五十二人,斩杀贼众七万人。宣和四年(1122)三月,方腊余党全部平息。童贯晋升为太师,改封楚国公。

方腊起事,攻占六州五十二县,杀戮平民二百万,所抢夺来的妇女从贼寇山峒中逃出来,赤身裸体吊死在树林中的,自汤岩、榴岭八十五里之间,九村山谷中到处都能见到。官军从出兵到胜利而归,共四百五十天。

梁师成传

【题解】

梁师成,字守道,北宋开封人。初为书艺局的宦官,因善于逢迎,深得徽宗的宠幸。混入士的名籍中,以文墨抬高身价,招揽合于己意的士人加以提拔,被视为"隐相",王黼、蔡京父子均依附于他。大收贿赂,行贿者或得予廷试,其小吏亦得中甲科。钦宗即位,因原先保护钦宗的太子地位有功,被留在京城,不随徽宗东下。但钦宗迫于公议,终加贬放,中途缢杀之。

【原文】

梁师成,字守道,慧黠习文法,稍知书。初隶贾详书艺局,详死,得领睿思殿文字外库,主出外传道上旨。

政和间,得君贵幸,至窜名进士籍中,积迁晋州观察使、兴德军留后。建明堂,为都监,既成,拜节度使、加中太一、神霄宫使。历护国、镇东、河东三节度,至检校太傅,遂拜太尉,开府仪同三司,换节淮南。

时中外泰宁,徽宗留意礼文符瑞之事,师成善逢迎,希恩宠。帝本以隶人畜之,命入处殿中,凡御书号令皆出其手,多择善书吏习仿帝书,杂诏旨以出,外廷莫能辨。

师成实不能文,而高自标榜,自言苏轼出子。是时,天下禁诵轼文,其尺牍在人间者皆毁去,师成诉于帝曰:"先臣何罪?"自是,轼之文乃稍出。

以翰墨为己任,四方俊秀名士必招致门下,往往遭玷污。多置书画卷轴于外舍,邀宾客纵观,得其题识合意者,辄密加汲引,执政、侍从可阶而升。王黼父事之,虽蔡高父子亦谄附焉,都人目为"隐相",所领职局至数十百。

黼造伐燕议,师成始犹依违,卒乃赞决,又荐谭稹为宣抚。燕山平,策勋进少保。益通贿谢,人士入钱数百万,以献颂上书为名,令赴廷试,唱第之日,侍于帝前,嗫嗫升降。其小吏储宏亦豫甲科,而执厮养之役如初。李彦括民田于京东、西,所至倨坐堂上,监司、郡守不敢抗礼。有言于帝,师成适在旁,抗声曰:"王人虽微,序于诸侯之上,岂足为过?"言者惧而止。师成貌若不能言,然阴贼险鸷,遇间即发。

家居与黼邻,帝幸黼第,见其交通状,已怒。朱勔又以应奉与黼轧,因乘隙攻之。帝罢黼相,师成由是益绌。郓王楷宠盛,有动摇东宫意,师成能力保护。

钦宗立,嬖臣多从上皇东下,师成以旧恩留京师。于是太学生陈东、布衣张炳力疏其罪。炳指之为李辅国,且言宦官表里相应,变恐不测。东复论其有异志,攘定策功,当正典刑。帝迫于公议,犹未诵言逐之。师成疑之,寝食不离帝所,虽奏厕亦侍于外,久未有以发。会郑望之使金营还,帝命师成及望之以宣和殿珠玉器玩复往。先令望之诣中书谕宰相,至则留之,始诏暴其罪,责为彰化军节度副使。

开封吏护至贬所,行次八角镇,缢杀之,以暴死闻,籍其家。

【译文】

梁师成,字守道,聪明狡黠,熟悉法令条文,稍稍读过一些书。梁师成起初隶属贾详掌管的书艺局,贾详死后,得以掌管睿思殿文字外库,主持下发送往外地的圣旨。

政和年间,他得到徽宗赏识,尊贵受宠,以至把名字混进进士的名籍簿册中,历经升迁,任晋州观察使、兴德军留后。建造明堂时,他提任都监,竣工后,被任命为节度使,加授中太一、神霄宫使,历任护国、镇东、河东三节度使,官至检校太傅,随即受任太尉、开府仪同三司,改任淮南节度使。

当时,内外安宁,徽宗很注意礼节仪式和祥瑞吉兆,梁师成善于逢迎,企图邀求恩宠。徽宗本来把他当作奴仆对待,命他到殿中供职,凡是徽宗亲手写的号令都由他经手。他选择许多擅长书法的吏人模仿徽宗的笔迹,混在诏旨中发出去,朝廷官员都难以分辨。

梁师成实际并不善写文章,但把自己标榜得很高,自称是苏轼的外甥。这时,全国禁止读苏轼的文章,他遗留人世的尺牍都被销毁。梁师民向宋徽宗申诉说:"先臣有什么罪?"由此,苏轼的文章渐渐流传。

梁师成以文墨为己任,对各地才智出众的名士,一定要招揽到自己门下,这些名士的名节往往遭到玷污。他在太学外舍放了许多书画卷轴,邀请宾客任意观看,如遇到题识合于己意的人,就暗中加以提拔,可以逐渐升到执政、侍从大臣的职位。王黼待他像待自己的父亲,即使是蔡京父子也巴结依附他。京城的人把他视为"隐相",他挂衔的职务和掌管的部门多达数十百个。

王黼创议讨伐辽朝的燕京,梁师成起初还犹豫不决,最终决定表示赞成,又推荐谭稹提任宣抚使。取得燕山府后,梁师成得以记功在册,晋升少保。他越发接受人情贿赂,人们送了数百万钱,他让这些人以进献颂文和上书言事的名义,参加廷试。在呼名召见登第进士那天,这些人在徽宗面前侍立,窃窃私语,升降揖让。他的小吏储宏也名列甲科,但仍像当初一样去干奴仆的杂活。李彦在京东、京西搜刮民田,所到之处,傲然坐在堂上,监司、郡守不敢用对等的礼节对待他。有人向徽宗说了,适值梁师成在徽宗身旁,就大声说:"天子的使者地位虽然低微,仍然排在地方官之上,岂算过错!"进言的人心中害怕,不再说话。梁师成看上去好像不善讲话,但是阴险狠毒,一遇机会,立刻就会表现出来。

梁师成与王黼是邻居,徽宗到王黼家去,看到他们交往的情形,已很生气。朱勔又通过掌管应奉局与王黼互相倾轧,因而乘机攻击王黼。徽宗免去王黼的相职,梁师成由此处境愈加不利。郓王赵楷很受宠爱,有动摇东宫太子的企图,梁师成尽力保护。

钦宗即位后,幸臣大多跟随太上皇东下,梁师成却因往日的恩情留在京城。当此时,太学生陈东、平民张炳上疏极力陈述他的罪责。张炳把他比作唐朝的李辅国,还说宦官表里呼应,恐怕会发生意外的变故。陈东又说他有背叛朝廷的企图,想夺取拥立新君的功劳,应当正法。钦宗迫于公论,仍然没有明言加以斥逐。梁师成疑心将遭贬黜,吃饭睡觉都不离开钦宗的住所,钦宗就是去上厕所,他也在外面侍候,因而很久没有机会处置他。适逢郑望之出使金国返回,钦宗命梁师成与郑望之带着宣和殿的珠玉器玩再往金国,事先命令郑望之到中书省告诉宰相,梁师成一到,就将他扣留,钦宗这才公开他的罪状,将他贬为彰化军节度副使。

开封吏人护送他前往被贬的地方,走到八角镇住下时,将他吊死,以梁师成暴死上报,由官府没收他家的财产。

邵成章传

【题解】

邵成章,钦宗朝内侍宦官。钦宗赴金营时,护卫太子代行皇帝职权,后随高宗至扬州,因弹劾黄潜善和汪伯彦误国,被削除名籍,流放编管。高宗欲将他召回,黄、汪一伙云:"邵九百来,陛下无欢乐矣。"即止之。金人重其忠直,赠金帛而去。

【原文】

邵成章,钦宗朝内侍也。帝入青城,命成章卫皇太子赴宣德门称制行事。太子北去,成章留于汴。康王将即位,元祐太后遣成章奉乘舆、服御至南京,从幸扬州。

金人掠陕西、京都诸郡,群盗起山东,黄潜善、汪伯彦匿不以闻。及张遇焚真州,去行在六十里,帝亦不之知也。成章上疏条具潜善、伯彦之罪曰:"必误国",且申潜善等使闻之。帝怒,除名,南雄州编管。侍御史马伸言:"成章缘上书得罪,今是何时,以言为讳!"

久之,帝思成章忠直,召赴行在,其徒忌之,谮于帝曰:"邵九百来,陛下无欢乐矣!"遂止之于洪州。

金人入洪州,闻其名,访求得之,谓之曰:"知公忠正,能事吾主,可坐享富贵。"成章不应,胁之以威,亦不从。金人曰:"忠臣也,吾不忍杀。"遗之金帛而去。

【译文】

邵成章是钦宗朝的内侍宦官。钦宗进入南青城宫时,命邵成章护卫皇太子赶赴宣德门代行皇帝的职权。太子被掳住北方,邵成章留在汴京。康王即将即位,元祐太后派邵成章携带皇帝的车驾衣服前往南京,跟着逃往扬州。

金人掳掠陕西、京都各郡,群盗在山东兴起,黄潜善、汪伯彦隐瞒不报。及至张遇火烧真州,离行在六十里时,高宗仍不知道。邵成章上疏逐条陈述黄潜善和汪伯彦的罪行说:"他们必定误国。"同时向黄潜善等人说了,使他们也知道上疏的内容。高宗发怒,将他削除名籍,流放到南雄州加以管制。侍御史马伸进言说:"邵成章因上书获罪,现在是什么时候,进言还要避讳!"

过了许久,高宗怀念邵成章忠诚正直,召他赶赴行在。黄、汪一伙说:"邵成章一来,陛下就没有欢乐了!"高宗便让他住在洪州。

金人进入洪州,知道邵成章的名声,将他找到,对他说:"知道您忠诚正直,如能侍奉我们主上,可以坐享富贵。"邵成章不予回答。金人威胁他,他仍不从命。金人说:"是个忠臣,我们不忍心杀他。"送给邵成章一些金帛,就离去了。

蓝珪、康履传

【题解】

蓝珪与康履均康王府宦官。高宗即位,二人恃恩妄作威福。扬州失守后,康履与五六名宦官随高宗南逃,由此愈发傲视朝臣。苗傅与刘正彦等人发动兵变,杀死康履,蓝珪流配边远州,并受到管制。苗傅被杀后,蓝珪又被召回供职,得以寿终。

【原文】

蓝珪、康履,初皆为康王府都监、入内东头供奉官,尝从康王使金人行营。

及开元帅府,并主管机宜文字。朝廷遣人趣师入援,履等请王留相州,王叱之而行。既即位,二人俱恃恩用事,履尤妄作威福,大将如刘光世等多曲意事之。帝知之,诏内侍不许与统兵官相见,违者停官编隶。履终无所忌惮,与内侍曾择凌忽诸将,或踞坐洗足,立诸将于左右,声喏甚至马前,故疾之者众。俄迁内侍省押班、金州观察使。

帝在扬州,金兵卒至,帝驰马出门,百官不戒备,从行者惟履等五六人。自是履等益自炫，愈有朝外朝心。及幸浙，道吴江，其党竞以射鸭为乐。比至杭州，江下观潮，中官供帐，赫然遮道。统制苗傅等切齿曰："此辈使天子至此，犹敢尔耶？"傅幕客王世修亦疾中官恣横，以告武功大夫刘正彦，正彦曰："会当共除之。"王渊跻枢管，正彦以为由宦者所荐，愈不平，谋遂决。伏兵斩渊，遣兵围履家，分捕中官，凡无须者皆杀之。

履驰入白帝，傅等至，厉声曰："陛下信任中官，凡中官所主者皆得美官。王渊遇贼不战，交康履，得枢密。中官在外者已诛，更乞康履、蓝珪、曾择等诛之，以谢三军。"帝不忍，除傅等官以安之。傅等曰："欲迁官，第须控两匹马与内侍，何必至此！"帝问百官策安出，主管浙西机宜文字时希孟曰："中官之为患，至此极矣。不除之，天下之患未已。"军器监叶宗谔言："陛下何惜一康履，不以慰三军？"帝不得已，遣人执履至，履望帝呼曰："大家何独杀臣？"遂以付傅，即腰斩之，枭其首。帝幸睿圣宫，傅等留内侍十五人奉左右。寻捕珪、择等，皆编置远州。择，昭州，行一程，追还斩之。

傅等诛，赠履官，谥荣节，召珪等还。中书舍人季陵言："中官复召，其党与相贺，气焰益张，中外切齿。"不报。珪至，自武功大夫擢内侍省押班。慈宁宫建，命提点事务，寻升内侍省都知。及迎太后，命充都大主管。太后既还宫，珪奏应干补授恩，乞听慈宁宫施行，从之。珪初与履同进，而骄横不及履，故幸以寿终。

有安石者，与珪同姓，为内侍省副都知，至景福殿使、湖州观察使。卒，赠保宁军节度使，谥良恪。渡江后，中官赠谥自安石始。

又有与履同姓者名谔，为内侍省押班，亦亲幸用事。与知阁门事蓝公佐善，每邀公佐至其直舍，必纵饮大醉，薄莫乃归，尝漏泄禁中语。刘光远被劾，谔与内侍陈永锡受其金，力为营救。言官劾之，帝诏永锡与祠，谔送吏部。后累官至均州观察使。卒，赠保信军节度使，谥忠定。

【译文】

蓝珪、康履，起初都是康王府都监、入内东头供奉官，曾经跟随康王出使金人行营。

及至康王设立元帅府，两人都主管机要文书。朝廷派人催促各军来援，康履等人请康王留在相州，康王怒加呵斥，随即出发。康王即位后，蓝、康二人都特恩当权，康履尤其妄自作威作福，如刘光世等大将，对他多曲意侍奉。高宗得知后，下诏不许内侍宦官与统兵将官相见，违者停止任官，管制服役。康履始终毫无忌惮，与内侍曾择凌辱蔑视诸将。有时，康履坐着伸腿洗脚，让诸将站在身旁，颐指气使，比在军中还要严厉，所以痛恨他的人很多。不久，康履升任内侍省押班、金州观察使。

高宗在扬州时，金兵突然来到。高宗骑马火速出门，百官没有准备，随康王出逃的只有康履等五六人。从此康履等人愈发炫耀自己，心中更加瞧不起朝廷官员。

高宗逃到浙江，途经吴江时，康履一伙人争着射鸭子取乐。及至高宗来到杭州，在江边观看潮水，宦官陈设帷帐，气派煊赫，充斥道路。统制苗傅等人咬牙切齿地说："这帮人使天子至此地步，还敢这么干吗！"苗傅的幕僚王世修也痛恨宦官任意横行，将此话告诉了武功大夫刘正彦，刘正彦说："应该共同除掉他们。"王渊得以跻身枢密院，刘正彦认为是由宦官推荐的，越发不满，于是把行动计划决定下来。他们伏兵杀死王渊，派兵包围康履的住宅,分别收捕宦官,凡是没有胡须的,一律杀死。

康履跑进宫中禀告高宗,苗傅等人赶来,厉声说:"陛下信任宦官,凡是受宦官主使的,都得任美官。王渊遇到敌军,不肯交战,却因与康履交结,得任枢密,在外面的宦官已经杀了,还请杀死康履、蓝珪、曾择等人,向三军谢罪。"高宗于心不忍,想为苗傅等人加官,来稳住他们。苗傅等人说:"想升官,只需牵两匹马送给内侍宦官,何必到这里来!"高宗询问百官有何主意,主管浙西机宜文字时希孟说:"宦官的危害,至此登峰造极。不除掉宦官,天下的祸患就不能平息。"军器监叶宗谔说:"陛下怎么为了怜惜一个康履,就不安慰三军?"高宗不得已,派人把康履抓来。康履望着高宗大喊:"陛下为什么为了怜惜一个康履,就不安慰三军?"高宗不得已,派人把康履抓来。康履望着高宗大喊:"陛下为什么只杀臣?"高宗于是把他交给苗傅,立即腰斩,枭首示众。高宗出居睿圣宫,苗傅等人留下十五名内侍宦官,侍奉左右。不久,苗傅等人又逮捕蓝珪、曾择等人,一律流放边远州县,并加以管制。曾择流配昭州,没走多远,就被追回杀死。

苗傅等人被杀后,高宗为康履追赠官职,加谥荣节,召蓝珪等人回京。中书舍人季陵说:"重新召回宦官,其党羽互相庆贺,气焰越发嚣张,朝廷内外官员切齿痛恨。"高宗不做答复。蓝珪来到后,由武功大夫升任内侍省押班。建造慈宁宫时,高宗命蓝珪掌管其事,蓝珪旋即升任内侍省都知。及至大体上迎太后时,高宗命他充任都大主管。太后回宫后,蓝珪奏请降恩补授闲职,请求把他安排在慈宁宫办事,太后同意。蓝珪当初与康履一起得到进用,但不像康履那样骄横,所以侥幸寿终。

有一个与蓝珪同姓,名叫蓝安石的,任内侍省副都知,官至景福殿使、湖州观察使,死后追赠为保宁军节度使,谥号良恪。朝廷南渡长江后,宦官得赠谥号始于蓝安石。

又有一个与康履同姓,名叫康谞的,任内侍省押班,也受到亲近宠爱,居中用事。康谞与知阁门事蓝公佐友善,常把蓝公佐邀请到他值班的房间里,总是开怀痛饮,喝得大醉,到黄昏时才回去,曾因此泄漏了皇上说的话。刘光远受弹劾时,康谞与内侍陈永锡收受他的钱财,竭力营救。言官弹劾二人,高宗下诏命陈永锡管理宫观,将康谞送交吏部。后来,康谞历官至均州观察史,死后追赠保信军节度使,谥号忠定。

张去为传

【题解】

张去为,宦官张见道的养子。起初为韦太后宅的提点官,渐得高宗的宠信,与秦桧、王继先一起当权用事,恃恩干预朝政。金兵南侵时,暗中阻止用兵,建议高宗幸蜀,因宰相杜康伯的反对,未能实行,旋被劾致仕。高宗内禅时复被召回,仍然官位尊贵。

【原文】

张去为,内侍张见道养子也。初为韦太后宅提点官,累迁至安德军承宣使、带御器械,又迁内侍省押班。

时见道为入内内侍省押班,父子并充景福殿使。去为寝有宠,请以一官回授见道,帝嘉而许之。其后,见道以保康军承宣使致仕,而去为与秦桧、王继先俱用事。升延福官使,累迁至入内内侍省都知,特恩干外朝谋议。

金兵针至,遣使来,出慢言以相惧。去为阴沮用兵,进幸蜀之计。宰相杜康伯力非之,帝悟而止。侍御史杜莘老乞斩去为,以作士气。先是,去为取御马院西兵二百人,髡其顶发,都人骇之。莘老复劾其罪,帝不得已,令去为致仕,莘老亦出补外。

及内禅,诏落致仕,提举德寿宫,行移如内侍省,仍铸印赐之。修宫有劳,又特迁安庆军承宣使。

初,安恭后入宫,去为实进之。后崩,上皇又遣去为传旨,立谢贵妃为后,故亦贵重,然至死不复涉朝廷事。

【译文】

张去为是内侍宦官张见道的养子,起初担任韦太后宅的提点官,历官至安德军承宣使、带御器械,又升任内侍省押班。

当时,张见道是入内侍省押班,父子两人同时充任景福殿使。张去为逐渐得宠,请求把自己的一个官职转授给张见道,高宗表示嘉许,答应了他的要求。后来,张见道以保康军承宣使的职务辞官归居,而张去为与秦桧、王继先都当权用事。张去为升任延福官使,历官至入内内侍省都知,特恩干预朝廷的筹谋计议。

金兵即将抵达,先派使者前来,说了一些侮辱的话,来吓唬宋朝。张去为暗中阻止用兵,进呈出走蜀地的计划,宰相杜康伯极力非难,高宗省悟,没有接受。侍御史杜莘老请求杀掉张去为,以振作士气。在此之前,张去为剃去御马院西兵二百人头顶上的头发,京城的人为之惊骇。杜莘老又揭发张去为的罪行,高宗不得已,让张去为辞官归居,但也让杜莘离京,在外地补授官职。

及至高宗禅让帝位,有诏撤销张去为辞官归居的决定,命他提举德寿宫,向内侍省发批文,要求铸造印信赐给他。他修缮宫室,颇有功劳,高宗又特意升任他为安庆军承宣使。

起初,安恭后进宫,实际是由张去为进献的。皇后去世后,太上皇又派张去为传旨,立谢贵妃为皇后,所以他仍然职位尊贵,但到死也不能再干涉朝廷事务。

陈源传

【题解】

陈源,孝宗时以宦官身份提举德寿宫,颇受宠信,恃恩专权,连其仆役得得以受官,经朝官抵制被贬。光宗时召还,又颇离间光宗与孝宗的关系,宁宗时再度被贬。行为放荡,

人们怀疑他不是宦官。

【原文】

陈源，淳熙中提举德寿宫，颇有宠，俄带浙西副总管。给事中赵汝愚言，内侍不当干军政，遂轻。

源恃恩颛恣。本宫书史徐彦通者，为源掌家务，不数岁官至经武大夫。甄士昌，源厮役也，工理发，奏补承信郎。又补临安府都吏李庚为官，使之窥伺府事。孝宗闻而恶之。

十年春，诏源应奉日久，特落阶官，与京祠。给事中宇文价封还录黄，改外祠。台官黄洽等又劾之，乃谪源建州居住，籍其赀进德寿宫。彦通除名，道州编管，士昌、庚皆抵罪。言者犹未已，移源梦州。源有园名小隐，其制视禁御有加，高宗以赐王才人。

光宗即位，复召还。绍熙四年，自拱卫大夫、永州防御使除入内内侍省押班。帝以疾不朝重华宫，源与内侍杨舜卿、林亿年数有间言。宁宗即位，命三人俱事光宗于秦安宫。御史章颖论其离间君亲，乞行诛窜，以慰寿皇在天之灵。诏罢源等官，源抚州、亿年常州居住，舜卿任便居住。

庆元二年，以生皇子恩，源、亿年许自便，舜卿与内祠。给事中汪义端驳之，乃移源婺州，亿年湖州。义端再驳舜卿内祠，反坐外补，其后源等卒听自便。

亿养养娼女以别业，源在贬所与妓滥，俱以淫媟闻，人疑其非宦者云。

【译文】

陈源，淳熙年间掌管德寿宫，颇受宠爱，旋即兼任浙西副总管。给事中赵汝愚说，内侍不应当干预军政，才免去此职。

陈源仗着皇帝的眷顾专横无度。德寿宫书史徐彦通为陈源掌管家务，没几年就当了经武大夫；甄士昌是陈源的仆役，会理发，陈源奏举他补任承信郎；还把临安府都吏李庚补授为官，让他察看临安府的事情。孝宗闻讯，深感憎恶。

淳熙十年春天，孝宗下诏说陈源长期应命供职，特意免去职事，充为阶官，让他在京城管理宫观。给事中宇文价驳回孝宗在黄纸上的批示，改为让他到外地管理宫观。御史台的官员黄洽等人又加弹劾他，于是贬陈源到建州居住，将他的资产没收到德寿宫，徐彦通削除名籍，流放到道州加以管制，甄士昌、李庚都依罪论处。言官依然弹劾不已，改将陈源贬至郴州。陈源有一座花园名叫“小隐”，超过宫中的建制，高宗将花园赐给了王才人。

光宗即位，又将陈源召回。绍熙四年，陈源由拱卫大夫、永州防御使授任入内内侍省押班。光宗因病不去重华宫朝见禅位的孝宗，陈源与内侍杨舜卿、林亿年多次进言挑拨离间。宁宗即位，命三人都在泰安宫侍奉光宗。御史章颖评论他们离间君亲的罪行，请求加以诛杀贬斥，以安慰孝宗的在天之灵。宁宗下诏免除陈源的官职，陈源贬至抚州居住，林亿年贬至常州居住，柳舜卿听任就便居住。

庆元二年，宁宗因生皇子降恩，允许陈源、林亿年自便，杨舜卿管理京城宫观。给事中汪义端加以反驳，才将陈源改贬婺州，林亿年改贬湖州。汪义端又驳斥杨舜卿管理京内宫观的决定,反而获罪到外地补官。之后,终究任凭陈源等人自便。

林亿年在别墅里豢养妓女,陈源在流放地与妓女乱来,都以淫荡胡来知名,人们怀疑他们不是宦官。

王德谦传

【题解】

王德谦,原为嘉王府得宠的宦官。宁宗即位后骄横放纵,衣食越制,通过为人求官收受赃赇以巨万计,朝臣多趋附之。后被韩侂胄排挤出朝,在废黜中死去。

【原文】

王德谦,初为嘉邸都监,颇亲幸。

孝宗大渐,光宗以疾久不朝重华宫。黄由时为王府赞读,奏请嘉王诣重华宫问疾。既得旨,德谦固请覆奏,王斥之,遂行。

孝宗崩,王在丧次,中外汹汹,王以告直讲彭龟年。龟年以为建储则人心安,须白中宫乃可。即谕德谦奏之皇太后,德谦不敢,强之,既而无报。

王即位,德谦累迁昭庆军承宣使、内侍省押班,赐居第。骄恣逾法,服食拟乘舆,出入或以导驾灯笼自奉。为人求官,赃以巨万计,泄其事者祸立至,故外朝多附之。中书舍人吴宗量事之尤谨,夜则易服造谒。

德谦求为节度使,先荐宗旦为刑部侍郎、直学士院,将使草麻。宗旦先备草示之,引天宝、同光为经,德谦喜。制出,参政何澹不肯署,谏议大夫刘德秀率台谏论列,宰相京镗复以为言,命遂寝。

韩侂胄与德谦争用事,德谦屡以计胜。侂胄挤之,诏与外祠,台谏又交章论驳。侍御史姚愈言吴宗旦尝草德谦制,遂罢其官。愈又率同列力攻德谦,诏送广德军居住。寻以临安尹劾其赃滥僭拟,诏降团练使,移居抚州,他事勿问。中书舍人高文虎请改为安置,台谏复言其奸诡,乞自今不以赦移,虽特旨亦许执奏。帝用其言,德谦遂坐废斥以死。

【译文】

王德谦,起初任嘉王府都监,颇受亲近宠爱。

孝宗病危,光宗因病,不去重华宫朝见孝宗。当时黄由担任嘉王府赞读,奏请嘉王到重华宫去探问孝宗的病情,已经得到光宗的同意,王德廉坚持要求重行上奏,嘉王对他呵斥一番,便前往重华宫。

孝宗去世,嘉王在服丧之列,朝廷内外人心动荡,嘉王告诉了直讲彭龟年。彭龟年认为册立太子就会人心安定,需要禀告中宫皇太后才行。嘉王当即让王德谦向皇太后奏报,王德谦不敢去,嘉王勉强让他去了,后来没得到答复。

嘉王即位，王德谦历任昭庆军承宣使、内侍省押班，得赐宅第。王德谦骄横无度，超越法纪，穿着进食模仿皇上，外出有时要用引导车驾的仪仗和灯笼拥簇着自己。替别人谋求官职时，收受赃物数以万万计，谁泄露其事，立刻祸事临头，所以朝廷官员大多依附他。中书舍人吴宗旦侍奉王德谦尤其恭服，总是在夜里换了衣服，前去拜见。

王德谦谋求节度使的职务，先推荐吴宗旦任刑部侍郎、直学士院，准备让他起草麻纸诏书。吴宗旦先写成草稿给王德谦看，引述天宝年间的高力士、同光年间的张承业的事迹作为比喻，王德谦很高兴。诏书发出后，参知政事何澹不肯签名，谏议大夫刘德秀带领御史台和门下省的谏官论次评定其事，宰相高镗又就此进言，任命于是搁置不办。

韩侂胄与王德谦争着当权用事，王德谦屡以计取胜。韩侂胄排挤王德谦，宁宗下诏命王德谦到外地管理宫观，御史台和门下省的谏官又纷纷上章陈论驳正。侍御史姚愈说吴宗旦曾经起草任命王德谦为节度使的诏书，宁宗便免去吴宗旦的官职。姚愈又率领同僚极力抨击王德谦，宁宗下诏把王德谦送到广德军居住。不久，由于临安尹弹劾王德谦肆意贪赃、超越本分，宁宗下诏贬他为团练使，迁移到抚州居住，不追问别的事情。中书舍人高文虎请求将居住改为安置。御史台、门下省谏官又说其人奸邪诡诈，请求从今不降赦令把他改移别处，即使破格降旨也允许谏官坚持自己的意见并加奏陈。宁宗采纳了这些主张，于是王德谦因罪废黜而死。

关礼传

【题解】

关礼，高宗时即为宦官，孝宗时颇受亲近信任。光宗有病，关礼帮助赵汝愚及韩侂说服太后策立宁宗，事后亦不居功。

【原文】

关礼，高宗朝宦者。淳熙末，积官至亲卫大夫、保信军承宣使。孝宗颇亲信之，后命提举重华宫。

孝宗崩，光宗疾，不能执丧，枢密赵汝愚等请建储以安人心，光宗御批又有"念欲退闲"语，丞相留正惧，纳禄去，人心愈摇。汝愚遣戚里韩侂胄因内侍张宗尹以禅位之议奏，太皇太后曰："此岂可易言！"

明日，汝愚再遣侂胄附宗尹以奏，未获命。而侂胄退，与礼遇，礼知其意，问之，侂胄不以告。礼指天自誓不言，侂胄遂白其事。礼即入宫，泣告太后以时事可忧之状，且曰："留丞相已去，所恃者赵知院耳。今欲定大计，而无太皇太后之命，亦将去矣。"太后惊曰："知院，同姓也，事体与他人异。"礼曰："知院未去，恃有太后耳。今有请不许，计无所出，亦唯有去而已。知院去，天下将若何？"太后悟，遂命礼传旨侂胄以谕汝愚，约明日太后垂帘上其事。

又明日，嘉王入行禫祭，汝愚即帘前进呈御批，太后遂命王即皇帝位。寻除礼入内内侍省都知，又差兼重华、慈福宫承受，充提举皇城司，迁中侍大夫。

礼不以功自居，乞致仕，不许，乞免推恩，又不许。南渡后，内侍可称者惟邵成章与礼云。

【译文】

关礼是高宗朝的宦官，淳熙末年历官至亲卫大夫、保信军承宣使，孝宗对他颇为亲近信凭，后来命他掌管重华宫。

孝宗去世时，光宗有病，不能主持丧事，枢密赵汝愚等人请求册立太子以安定人心，光宗亲笔批示又有"希望退闲"的话，丞相留正为之恐惧，便自行辞官离去，人心愈加动摇。赵汝愚打发外戚韩侂胄通过内侍宦官张宗尹上奏禅让帝位的建议，太皇太后说："这事岂能轻易谈起！"

第二天，赵汝愚再次派韩侂胄求张宗尹通报上奏，又没获准。韩侂胄退出后，与关礼相遇，关礼知道他的意思，便来询问，韩侂胄不肯相告。关礼指天发誓，说自己不会讲出去，韩侂胄便把事情讲了出来。关礼立即进宫，向太后哭着讲了时事可忧的情况，还说："留丞相已经离开，可依赖的只有赵知院了。现在他想确定皇室大计，却得不到太皇太后的认可，也将走了。"太皇吃惊地说："赵知院与皇室同姓，事情跟别人有所不同。"关礼说："赵知院没离去，仗着太后还在。现在不答应他的请求，他无计可施，也只有走了。赵知院一走，天下将怎么办！"太后醒悟，便命关礼传旨，让韩侂胄告诉赵汝愚，约定明天太后垂帘听政时上奏其事。

又过了一天，嘉王进宫参加除服的祭礼，赵汝愚立即在帘前进呈光宗的批示，太后随即命嘉王即皇帝位。不久，宁宗任命关礼为入内内侍省都知，又差他兼任重华宫、慈福宫承受，充任提举皇城司，升任中侍大夫。

关礼不自居有功，要求辞官归居，宁宗没有允许，要求不用将恩典施及家人，宁宗又没有允许。朝廷南渡后，可称道的内侍宦官只有邵成章和关礼而已。

董宋臣传

【题解】

董宋臣，理宗朝宦官。与宰相丁大全表里为奸，招权纳贿，强取民田，无恶不作。蒙古军进攻鄂州时，主张放弃临安逃跑。洪天锡、文天祥、汤汉等人先后上疏纠弹，理宗曲意袒护，搁置不办。死后追赠为节度使。

【原文】

董宋臣，理宗朝宦官者。淳祐中，以睿思殿祗候特转横行宫。

宝祐三年,兼干办佑圣观。侍御史洪天锡劾之,不报,天锡坐在迁大理少卿。

开庆初,大元兵驻江上,京师大震,宋臣赞帝迁幸宁海军。签判文天祥上疏,乞诛宋臣,又不报。

景定四年,自保康军承宣使除入内内侍省押班,寻兼主管太庙、往来国信所,同提点内军器库、翰林院、编修敕令所,都大提举诸司,提点显应观,主管景献太子府事。会天祥以著作郎兼献景府教授,义不与宋臣联事,上书求去,天祥出知瑞州。

言者论宋臣不置,帝曲为谕解庇之。秘书少监汤汉上封事,亦言:"宋臣十余年来声焰熏灼,其力能去台谏、排大臣,至结凶渠以致大祸。中外惶惑切齿,而陛下方为之辨明,大臣方为之和解,此过计也。愿收还押班等除命,不胜宗社之幸。"疏入,帝亦不之省。

六月,命主管御前马院及酒库。既卒,帝犹命特转节度使,其见宠爱如此。

【译文】

董宋臣是理宗朝的宦官。淳祐年间,由睿思殿祗候破格改任横行武官。宝祐三年,董宋臣兼职掌管佑圣观。侍御史洪天锡弹劾董宋臣,理宗不做答复,洪天锡因此得罪,贬为大理少卿。

开庆初年,元军驻扎在长江岸边,京城大为震恐,董宋臣协助理宗逃到宁海军。签判文天祥上疏请求处死董宋臣,理宗又不做答复。

景定四年,董宋臣由保康军承宣使受任入内内侍省押班,旋即兼主管太庙和往来国信所,同提点内军器库、翰林院、编修敕令所,都大提举诸司,提点显应观、主管景献太子府事。适值文天祥担任著作郎兼任景献府教授,坚持正义,不肯与董宋臣共事,上书要求离去,于是文天祥外放为瑞州知州。

人们继续进言论定董宋臣的罪责,理宗曲意劝解,加以包庇。秘书省监汤汉进呈密封的奏疏,也说:"董宋臣十余年来气焰逼人,其手段能贬逐御史台、谏院的官员,排挤大臣,以至勾结元凶,招致大祸。朝迁内外惶恐迷惑,切齿痛恨,而陛下还为他辩白,大臣还替他和解,是对他估计错了。希望收回有关他的押班等项任命,乃是宗庙社稷的莫大幸事。"奏疏进呈后,理宗也不加省览。

六月,理宗命董宋臣主管御前马院和酒库。董宋臣死后,理宗还命令破格改任他为节度使,他就是如此深受宠爱。

王黼传

【题解】

王黼(1079~1126),宋开封府祥符县(今属河南开封)人,字将明,原名甫,赐改为黼。为人多智善佞,寡学术。崇宁进士。初因何执中推荐而任校书郎,迁左司谏。因助蔡京复相,骤升至御史中丞。历翰林学士、承旨。勾结宦官梁师成,以父事之。宣和元年(1119),拜特进、少宰,权倾一时。后代蔡京执政,伪顺民心,悉反蔡京所为,以沽名钓誉。

利用权势广求子女玉帛,生活糜烂奢华。请置应奉局,苛取四方水陆珍异之物,据为己有。时朝廷欲联金攻辽,王黼竭力怂恿,不遗余力,且大肆搜刮,计口出钱,得钱六千余万缗,买五、六座空城伪称胜利,进封太傅、楚国公。钦宗即位,抄没其家,贬为崇信军节度副使,被开封尹聂山派人诛杀。为"六贼"之一。

【原文】

王黼,字将明,开封祥符人。初名甫,后以同东汉宦官,赐名黼。为人美风姿,目睛如金,有口辩,才疏隽而寡学术,然多智善佞。

中崇宁进士第,调相州司理参军,编修《九域图志》,何志同领局,喜其人,为父执中言之,荐擢校书郎,迁符宝郎、左司谏。张商英在相位,浸失帝意,遣使以玉环赐蔡京于杭。黼觇之,数条奏京所行政事,并击商英。京复相,德其助己,除左谏议大夫、给事中、御史中丞、自校书至是才两岁。

黼因执中进,乃欲去执中,使京专国,遂疏其二十罪,不听。俄兼侍读,进翰林学士。京与郑居中不合,黼复内交居中,京怒,徙为户部尚书,大农方乏,将以邦用不给为之罪。既而诸班禁旅赍犒不如期,诣左藏鼓噪,黼闻之,即诸军揭大榜,期以某月某日,众读榜皆散,京计不行。还学士,进承旨。

遭父忧,阅五月,起复宣和殿学士,赐第昭德坊。故门下侍郎许将宅在左,黼父事梁师成,称为"恩府先生",倚其声焰,逼许氏夺之。白昼逐将家,道路愤叹。复为承旨,拜尚书左丞、中书侍郎。宣和元年,拜特进、少宰。由通议大夫超八阶,宋朝命相未有前比也。别赐城西甲第,徙居之日,导以教坊乐,供张什器,悉取于官,宠倾一时。

蔡京致仕,黼阳顺人心,悉反其所为,罢方田,毁辟雍、医、算学,并会要、六典诸局,汰省吏,减遥郡使、横班官奉入之半,茶盐钞法不复比较,富户科抑一切蠲除之,四方翕然称贤相。

既得位,乘高为邪,多畜子女玉帛自奉,僭拟禁省。诱夺徽猷阁待制邓之纲妾,反以罪窜之纲岭南。加少保、太宰。请置应奉局,自兼提领,中外名钱皆许擅用,竭天下财力以供费。官吏承望风旨,凡四方水土珍异之物,悉苛取于民,进帝所者不能十一,余皆入其家。御史陈过庭乞尽罢以御前使唤为名冗官,京西转运使张汝霖请罢进西路花果,帝既纳,黼复露章劾之,两人皆徙远郡。

睦寇方腊起,黼方文太平,不以告,蔓延弥月,遂攻破六郡。帝遣童贯督秦甲十万始平之。犹以功转少傅,又进少师。贯之行也,帝全付以东南一事,谓之曰:"如有急,即以御笔行之。"贯至吴,见民困花石之扰,众言:"贼不亟平,坐此耳。"贯即命其僚董耘作手诏若罪已然,且有罢应奉局之令,吴民大悦。贯平贼归,黼言于帝曰:"腊之起由茶盐法也,而贯入奸言,归过陛下。"帝怒。贯谋起蔡京以间黼,黼惧。

是时朝廷已纳赵良嗣之计,结女真共图燕,大臣多以为不可。黼曰:"南北虽通好百年,然自累朝以来,彼之慢我者多矣。兼弱攻昧,武之善经也。今弗取,女真必强,中原故地将不复为我有。"帝虽向其言,然以兵属贯,命以保民观衅为上策。黼复折简通诚于贯曰:"太师若北行,愿尽死力。"时帝方以睦寇故悔其事,及黼一言,遂复治兵。

黼于三省置经抚房,专治边事,不关之枢密。括天下丁夫,计口出算,得钱六千二百万缗,竟买空城五六而奏凯,率百僚称贺,帝解玉带以赐,优进太傅,封楚国公,许服紫花袍,驺从仪物几与亲王等,黼议上尊号,帝曰:"此神宗皇帝所不敢受者也。"却弗许。

始,辽使至,率迁其驿程,燕犒不示以华侈。及黼务于欲速,令女真使以七日自燕至都,每张宴其居,辄陈尚方锦绣、金玉、瑰宝,以夸富盛,由是女真益生心。身为三公,位元宰,至陪扈曲宴,亲为俳优鄙贱之役,以献笑取悦。

钦宗在东宫,恶其所为。郓王楷有宠,黼为阴画夺宗之策。皇孙谌为节度使、崇国公,黼谓但当得观察使,召宫臣耿南仲谕指,使草代东宫辞谌官奏,竟夺之,盖欲以是撼摇东宫。

帝待遇之厚,名其所居阁曰"得贤治定",为书亭、堂榜九。有玉芝产堂柱,乘舆临观之。梁师成与连墙,穿便门往来,帝始悟其交结状。还宫,黼眷顿熄,寻命致仕。

钦宗受禅,黼惶骇入贺,阁门以上旨不纳。金兵入汴,不俟命,载其孥以东。诏贬为崇信军节度副使,籍其家。吴敏、李纲请诛黼,事下开封尹聂山,山方挟宿怨,遣武士蹑及于雍丘南辅固村,戕之,民家取其首以献。帝以初即位,难于诛大臣,托言为盗所杀。议者不以诛黼为过,而以天讨不正为失刑云。

【译文】

王黼,字将明,开封府祥符县人。原名甫,后来因为跟东汉的一个宦官同名,皇帝赐名叫黼。长得风姿俊美,眼放金光,能说会道,粗有才气而不学无术,但却机智狡黠,善于谄媚。

考中崇宁进士,调任相州司理参军,编修《九域图志》,何志同领编修局,很喜欢王黼,在父亲何执中面前谈起过他,推荐提拔他当了校书郎,升为符宝郎、左司谏。张商英当宰相,在徽宗面前逐渐失宠,徽宗派使者到杭州赐给蔡京玉环。王黼暗中探知这一情况,于是多次上奏,列举和称赞蔡京的"政迹",并且攻击张商英。蔡京重新当了宰相,感激王黼为自己帮忙,任命他为左谏议大夫、给事中、御史中丞。王黼从校书郎升到御史中丞,只用了两年时间。

王黼因为何执中而得以升官,现在却想把他排挤走,好让蔡京专权。于是上疏指责何执中犯有二十条罪状,但徽宗没听他的。不久兼任侍读,晋升为翰林学士。蔡京与郑居中不和,王黼又暗中与郑居中交好,惹恼了蔡京,被移任户部尚书。当时司农寺正很匮乏,蔡京想以国用不足为借口治王黼的罪。不久,各班禁军因为粮饷犒赏没能按期发放,来到左藏库前鼓噪抗议,王黼听到后,随即来到军中张开大榜,答应在某月某日发放,禁兵们读完榜文都散了,蔡京的计谋没能得逞。王黼又重新担任翰林学士,升为翰林学士承旨。

遭遇父丧,辞官五个月,随后被起用为宣和殿学士,在昭德坊赐给住宅。前门下侍郎许将家在左边与王黼为邻,王黼像对自己父亲那样侍奉宦官梁师成,称他为"恩府先生",倚仗他的权势和声威,逼许将让出住宅,大白天将许将赶出家门,路边旁观者都愤怒叹息。又任翰林学士承旨,拜为尚书左丞、中书侍郎。宣和元年,拜为特进、少宰。由通议大夫连升八级,这是宋朝以前任命宰相从来没有过的。皇帝又另外在开封城西赐给他第一流的住宅。乔迁那天,王黼用教坊音乐作前导,大肆铺张,所用器物全是从官府拿来的,恩宠倾于一时。

蔡京退休后,王黼假装顺应人心,一律反其道而行之,罢黜方田法,拆毁辟雍和医学、算学,合并会要和六典各局,淘汰省府属官,减损远郡使和横班官俸禄的一半,废除茶盐钞法,对富户的科派一律免除,四方一致称赞他是贤相。

当了宰相后,王黼凭借高位做尽坏事,大量蓄养僮仆声伎、搜罗玉帛钱财,以供自己享受,超越制度规定来模仿宫禁的排场。引诱和霸占徽猷阁待制邓之纲的小妾,反而诬陷邓之纲有罪,把他贬逐到岭南。加升少保、太宰。请求朝廷设置应奉局,由他自己兼任提领,内外官钱都可以擅自挪用,竭尽天下财力来供应奉局的费用。官吏们迎奉上意,凡是各地水陆珍贵奇异的东西,都苛刻地向老百姓索取,进贡到皇帝哪里的不足十分之一,剩下的都成了王黼家的私产。御史陈过庭请求把以"御前使唤"为名的冗官全部罢黜,京西转运使张汝霖请求停止进贡京西路花果,徽宗已经同意,王黼却又发布文告弹劾他们,两人都被贬到偏远的州郡。

睦州"盗贼"方腊起事,王黼正在文饰太平,不把这一情况告诉皇帝,一月过后,盗贼发展蔓延,攻破六个州。徽宗派童贯统率陕西兵十万人才平定盗贼。王黼却仍作为"有功之臣"被升为少傅,又升为少师。童贯临行前,皇帝授予他处置东南地区事务的全权,对他说:"如有紧急情况,就用我的御笔号令行事。"童贯来到苏州,目睹了老百姓受花石纲困扰的情况,大家说:"盗贼之所以不能迅速平定,就是因为这花石纲。"童贯随即命令他的幕僚董耘书写皇帝手诏,好像自我检讨的样子,并且命令废除应奉局,苏州百姓大为高兴。童贯平定叛乱,回到京师,王黼对徽宗皇帝说:"方腊造反是由茶盐法引起的,而童贯却胡说八道,把罪过推给陛下。"徽宗大怒。童贯密谋起用蔡京来牵制和排挤王黼,王黼很害怕。

当时朝廷已经采纳了赵良嗣的计策,与女真结盟共同攻打燕京,大臣们多数反对这种做法。王黼说:"宋辽通好虽然已有一百年,但历朝以来,辽国轻视我国的地方太多了。兼并弱国,攻打愚昧之邦,这是用武之道的上策。现在不去夺取,女真必然强大起来,中原故土将不再归我们宋朝所有了。"徽宗虽然倾向于他的意见,但却让童贯执掌兵权,命令他以保护百姓、观察事态的变化为上策。王黼又写信与童贯和好,说:"太师如果率兵北进,我将尽全力支持。"当时徽宗正因为睦州叛乱的缘故而后悔,等到王黼一怂恿,于是又重新用兵。

王黼在三省设置经抚房,专门负责边境事务,不跟枢密院打招呼。搜括天下的丁夫,让百姓家按人口数出钱,共得六千二百万缗,竟然卖了五、六座空城回来报功。率领群臣百官上朝祝贺,徽宗解下自己的玉带赐给王黼,特意升他为太傅,封楚国公,准许他穿紫花袍,行从仪仗几乎跟亲王相等。王黼又提议为徽宗上尊号,徽宗说:"这种事情连神宗皇帝都没敢接受啊。"没有同意。

当初,辽国的使节前来时,都让他绕远路,宴请时也不向他显示宋朝的富足的豪华。到了王黼却竭力想早点跟女真勾结,让女真的使节在七天内从燕京赶到汴梁。每次在自己家设宴款待女真使节，必定要陈列上好的锦绣、金银玉器和珍奇宝物，以炫耀富裕奢华，因而更加勾引了女真人南侵的欲望。身为三公，位列首相，王黼在陪同饮宴时，竟然亲自表演俳优奴仆们才做的卑贱之事，以献媚取悦于女真使节。

钦宗在东宫做太子时，对王黼的所作所为十分厌恶。郓王赵楷受宠，王黼为他阴谋策划篡夺太子之位。皇孙赵谌（钦宗之子）被封为节度使、崇国公，王黼说只应授观察使，把东宫官耿南仲召来，授意他代行起草太子推辞授赵谌官的奏章，终于削夺了赵谌的封官，企图以此动摇东宫太子的地位。

徽宗对待王黼非常优厚，为他居住的阁楼命名为"得贤治定"，又九次为他题写亭、堂榜额。王黼家的堂柱上长出了玉芝，徽宗乘舆辇前去观赏。梁师成与王黼家连着墙壁，经常穿过便门往来，徽宗这才明白他们相互勾结的情况。回宫后，对王黼顿时冷淡了，很快又命令他退休。

钦宗受禅即位，王黼十分害怕，慌忙入宫拜贺，钦宗下旨不准他进入阁门以内。金兵攻入汴梁，王黼不等朝命，带着家小仓皇东逃。钦宗下诏把他贬为崇信军节度副使，抄了他的家。吴敏、李纲等请求诛杀王黼，朝廷将此事交付开封尹聂山处理，聂山与王黼素来有仇，他派琥士在雍丘南面的辅固村追上王黼，将他杀死，当地百姓割下王黼的首级献给朝廷。钦宗刚即位不久，不愿意诛杀大臣，托词王黼是被盗贼所杀。议论的人们不认为杀王黼有什么错，而认为朝廷没有亲自判他死罪不合刑律。

朱勔传

【题解】

朱勔（1075～1126），宋苏州（今属江苏）人。因父亲朱冲谄事蔡京、童贯，父子均得官。当时宋徽宗垂意于奇花异石，朱勔奉迎上意，搜求浙中珍奇花石进献，并逐年增加。政和年间，在苏州设置应奉局，靡费官钱，百计求索，勒取花石，用船从淮河、汴河运入京城，号称"花石纲"。此役连年不绝，百姓备遭困扰涂炭，中产之家全都破产，甚至卖子鬻女以供索取。方腊起义时，即以诛杀朱勔为号召。朱勔在竭力奉迎皇帝的同时，又千方百计，巧取豪夺，广蓄私产，生活糜烂。他权势煊赫，诌事之人立即得官，不附己者统统罢去，州郡官吏奔走听命，奴事朱勔，当时号称"东南小朝廷"。钦宗即位，将他削官放归田里，以后又流放到循州（今广东龙川）关押，复遣使将他斩首处死。为"六贼"之一。

【原文】

朱勔，苏州人。父冲，狡狯有智数。家本贱微，庸于人，梗悍不驯，抵罪鞭背。去之旁邑乞贷，遇异人，得金及方书归，设肆卖药，病人服之辄效，远近幅凑，家遂富。因修葺园辅，结游客，致往来称誉。

始，蔡京居钱塘，过苏，欲建僧寺阁，会费巨万，僧言必欲集此缘，非朱冲不可。京以属郡守,郡守呼冲见京,京语故,冲愿独任。居数日,请京诣寺度地,至则大木数千章积庭下,京大惊,阴器其能。明年召还,挟勔与俱,以其父子姓名属童贯窜置军籍中,皆得官。

徽宗颇垂意花石,京讽勔语其父,密取浙中珍异以进。初致黄杨三本,帝嘉之。后岁岁增加,然岁率不过再三贡,贡物才五七品。至政和中始极盛,舳舻相衔于淮、汴,号“花石纲”,置应奉局于苏,指取内帑如囊中物,每取以数十百万计。延福宫、艮岳成,奇卉异植充牣其中。勔擢至防御使,东南部刺史、郡守多出其门。

徐铸、应安道、王仲闳等济其恶,竭县官经常以为奉。所贡物,豪夺渔取于民,毛发不少偿。士民家一石一木稍堪玩,即领健卒直入其家,用黄封表识,未即取,使护视之,微不谨,即被以大不恭罪。及发行,必彻屋抉墙以出。人不幸有一物小异,共指为不祥,唯恐芟夷之不速。民预是役者,中家悉破产,或鬻卖子女以供其需,斫山辇石,程督峭惨,虽在江湖不测之渊,百计取之,必出乃止。

曾得太湖石,高四丈,载以巨舰,役夫数千人,所经州县,有拆水门、桥梁、凿城垣以过者。既至,赐名“神运昭功石”。截诸道粮饷纲,旁罗商船,揭所贡暴其上,篙工、舵师倚势贪横,陵轹州县,道路相视以目。广济卒四指挥尽给挽士犹不足。

京始患之,从容言于帝,愿抑其太甚者。帝亦病其扰,乃禁用粮纲船,戒伐家藏、毁室庐,毋得加黄封帕蒙人园囿花石,凡十余事。听勔与蔡攸等六人入贡,余进奉悉罢。自是,勔稍戢。既而深甚。所居直苏市中孙老桥,忽称诏,凡桥东西四至壖地室庐悉买赐予己,合数百家,期五日尽徙,郡吏逼逐,民嗟哭于路。遂建神霄殿,奉青华帝君像其中,监司、都邑吏朔望皆拜庭下,命士至,辄朝谒,然后通刺诣勔。主赵霖建三十六浦,兴必不可成之功,天方大寒,役死者相枕藉。霖志在媚勔,益加苛虐,吴、越不胜其苦。徽州卢宗原竭库钱遗之,引为发运使,公肆掊克。园池拟禁御,服饰器用上僭乘舆。又托挽舟募兵数千人,拥以自卫。子汝贤等召呼乡州官僚,颐指目摄,皆奔走听命,流毒州郡者二十年。

方腊起,以诛勔为名。童贯出师,承上旨尽罢去花木进奉,帝又黜勔父子弟侄在职者,民大悦。

然寇平,勔复得志,声焰熏灼。袤人秽夫,候门奴事,自直秘阁至殿学士,如欲可得,不附者旋踵罢去,时谓“东南小朝廷”。帝末年益亲任之,居中白事,传达上旨,大略如内侍,进见不避宫嫔。历随州观察使、庆远军承宣使。燕山奏功,进拜宁远军节度使、醴泉观使。一门尽为显官,驺仆亦至金紫,天下为之扼腕。

靖康之难,欲为自全计,仓卒拥上皇南巡,且欲邀至其第。钦宗用御史言,放归田里,凡由勔得官者皆罢。籍其赀财,田至三十万亩。言者不已,羁之衡州,徙韶州、循州,遣使即所至斩之。

【译文】

朱勔,苏州人。父朱冲,为人狡猾奸诈。他家原来非常卑贱穷困,受雇于人。朱冲性格强悍凶狠,因犯罪而受过鞭背之刑。到邻近县邑乞讨借贷,碰上了高人,得到一笔钱和药书而归,摆设店铺卖起药来,病人服药后立即见效,远近的人接踵前来,朱家于是富裕起来。进而修园种花,结交游客,博得往来客人的称誉。

当初，蔡京移居钱塘，途经苏州，想为佛寺建造阁楼，需要许多集资，和尚说如果一定要使这件事成功，非找朱冲不可。蔡京把此事托付给苏州郡守，郡守喊朱冲面见蔡京，蔡京对他讲了事情的缘由，朱冲愿意独自担当建阁的费用。几天后，朱冲请蔡京到寺中视察阁址，蔡京刚到就看见几千根巨木已经堆放在庭下，蔡京非常吃惊，暗中对朱冲的本事十分器重。第二年，蔡京被朝廷召还复职，带上朱勔一起进京，嘱咐童贯将朱家父子的名字都塞入军籍，并授以官职。

徽宗十分喜爱奇花异石，蔡京让朱勔传话给他老子，秘密搜罗浙中珍奇之物进献。最初送来三种黄杨木，徽宗很赞赏。以后年年增加，但每年不过上贡两三次，每次的贡物才五、七件。到政和年间，此风才开始盛行，运送奇花异石的船只在淮河、汴河上首尾相接，号称"花石纲"，在苏州设立应奉局，挪用官方仓库的钱财犹如囊中取物，每次挪用的数目都达到几十万、几百万。延福宫和艮岳建成后，奇花异木充斥其间。朱勔被提升为防御使，东南一带的部刺史和郡守多出自他的门下。

徐铸、应安道和王仲闳等人帮着朱勔干坏事，竭尽县府所管的经制钱和常平钱物作为奉献。所贡物品，无不向老百姓巧取豪夺，连一根毛发也不偿付。平民家里如果有一石一木稍微值得玩赏，就带着膀大腰圆的士卒闯进家门，用黄色的封条做上标记，不立即拿走，而是让这家主人好好看护，稍微有些疏忽，就被判以大不敬之罪。等到发运时，必定毁坏房舍、拆断屋墙，把上贡之物弄出来。某人不幸有一样比较奇异的东西，大家都会说是不祥之物，毁之唯恐不及。百姓参与这件事的，中等水平的人家全都破产，甚至出卖子女来供应官府的索求。开山运石，象催命鬼一样穷凶极恶，即使"宝物"是在江湖之中危险莫测的地方，也要千方百计地把它弄出来才罢休。

曾经弄到一块"太湖石"，高达四丈，用巨大的船只装载，服役者达几千人，所经州县，有时要拆水门、毁桥梁、挖城墙才能通过。运到京城后，徽宗为这块巨石赐名叫"神运昭功石"。沿途拦截各路运往京城的粮饷纲，搜罗各类商船，把上贡的物品拿出来摆在这些船上，令其载运，撑船和把舵的人也依仗威势，贪婪横行，侵凌州县，道路上的人们以目相视，一句话也不敢多说。广济军四指挥的士卒全部用来拉纤还是不够。

蔡京开始有些担心，便正经严肃地向徽宗谈起此事，希望对太过分的行为进行抑制。徽宗也对"花石纲"困扰百姓感到担忧，于是下令禁止占用粮纲船，不准挖墓取宝，不准毁坏民居，不得用黄封条封盖别人园中的花石，一共有十多条。只允许朱勔、蔡攸等六人进贡"花石纲"，其他进奉一律停止。自此以后，朱勔稍有收敛。不久，他又变本加厉地肆意妄为。朱勔家正对着苏州城内的孙老桥，他忽然假称圣旨，凡是桥东西四周的土地房屋都要买下来作为朝廷对他的赏赐，共几百户人家，朱勔限他

宋徽宗赵佶

们在五天内全部搬走,州官催逼驱赶,居民们一路上悲叹哭号。朱勔进而建造神霄殿,里面供上青华帝君的神像,监司、大邑的官员每逢月初和月半都要到殿庭下跪拜。朱勔命卫士前来,官员们立即拜揖求见,然后递上名帖去见朱勔。当地长官赵霖修建三十六个水闸,兴造不可能成功的东西,正逢天气极为寒冷,服役而死的人堆积重叠。赵霖一心一意要讨好朱勔,为政更加苛酷暴虐,吴、越百姓不胜其苦。徽州长官卢宗原用尽官府钱财贿赂朱勔,朱勔提拔他做了发运使,公然大肆搜刮百姓。朱家的园林水池可以跟宫中相比,服饰器用僭越等级、比拟帝王。又借口拉船招募了几千名士兵,用来护卫自己。朱勔的儿子朱汝贤等人召唤州县官僚,颐指气使,肆无忌惮,而官僚们居然个个奔走听命,为害州郡长达二十年。

方腊造反,以诛杀朱勔为旗号。童贯出兵讨伐,奉徽宗旨意彻底罢黜进献奇花异石,徽宗又贬黜了朱勔父子弟侄中当官的人,老百姓十分高兴。

然而盗贼平定之后,朱勔又重新得志,权势煊赫。禀性邪恶,品行肮脏的人,恭候门下象奴才一样侍奉朱勔,从直秘阁到殿学士,随意可得;不愿依附的人则立即罢免,当时人称"东南小朝廷"。徽宗晚年更加亲信和重用朱勔,在宫中谈论政事,到外朝传达圣旨,大体上跟宦官差不多,觐见皇帝从不回避后宫妃嫔。历任随州观察使、庆远军承宣使。宋金联合攻打燕京成功,朱勔被加拜为宁远军节度使、醴泉观使。一家人都做了高官,连供驱使的奴仆也位至金紫,天下人对此扼腕叹息、切齿痛恨。

靖康之难,朱勔企图保全自己,仓促之间拥扶太上皇(徽宗)向南逃窜,而且想把太上皇迎到自己家里。钦宗采纳了御史的意见,将朱勔罢黜官职,放归老家,凡是通过朱勔而获得官位的人统统罢免。查抄没收他的财产,田产达到三十万亩。台谏官仍不罢休,朝廷又将朱勔关押到衡州,移至韶州、循州,派人到朱勔流放的地方将他斩首处死。

王继先传

【题解】

王继先(1098～1181),宋开封(今属河南)人。建炎初,因医术而受到高宗的宠幸,此后日渐贵宠,累官至荣州防御使、昭庆军承宣使。为人奸诈狡黠,善于奉迎,恃宠作恶,权势煊赫,诸路大帅俯首听命,不敢稍忤。淫威之烈,可比秦桧。秦桧妻王氏与之叙拜兄弟,表里勾结,互为引援。继先子弟皆为朝官,亲戚党羽盘踞要津,几十年间无人能动摇。生活腐朽糜烂,富比王室,巧取豪夺,无所不为。绍兴末年,金兵将至,大将刘锜力主加强战备,而王继先却要求诛杀主战将领以图和好。侍御史杜莘老弹劾他有十大罪状,小罪不计其数,诏福州居住,子孙做官的并勒停,放还良家子女被掠为奴者一百多人,抄没家财以千万计。孝宗即位,诏任便居住,但不得再回杭州。淳熙八年(1181)死去。

【原文】

王继先,开封人。奸黠善佞。建炎初以医得幸,其后浸贵宠,世号"王医师"。至和安大夫、开州团练使致仕。寻以覃恩，改授武功大夫，落致仕。给事中富直柔奏："继先以杂流易前班，则自此转行无碍，深恐将帅解体。"帝曰："朕顷冒海气，继先诊视有奇效，可特书读。"直柔再驳，命乃寝。既而特授荣州防御使。

太后有幸，继先诊视有劳，特补其子悦道为阖门祗候。寻命继光主管翰林医官局，力辞。

是时，继先用事，中外切齿，乃阳乞致仕，以避人言。诏迁秩二等，许回授。俄除右武大夫、华州观察使，诏余人毋得援例。吴贵妃进封，推恩迁奉宁军承宣使，特封其妻郭氏为郡夫人。

继先遭遇冠绝人臣，诸大帅承顺下风，莫敢少忤，其权势与秦桧埒。桧使其夫人诣之，叙拜兄弟，表里引援。迁昭庆军承宣使，又欲得节钺，使其徒张孝直等校《本草》以献，给事中杨椿沮之，计不行。继先富埒王室，子弟通朝籍，总戎寄，姻戚党与盘踞要途，数十年间，无能摇之者。

金兵将至，刘锜请为战备，继先乃言："新进主兵官，好作弗靖，若斩一、二人，和好复固。"帝不怿曰："是欲我斩刘锜乎？"

侍御史杜莘老劾其十罪，大略谓："继先广造第宅，占民居数百家，都人谓之'快乐仙宫'；夺良家妇女为侍妾，镇江有娼妙于歌舞，矫御前索之；渊圣成丧，举家燕饮，令妓女舞而不歌，谓之'哑乐'；自金使来，日辇重宝之吴兴，为避走计；阴养恶少，私置兵甲；受富民金，荐为阁职；州县大狱，以赂解免；诬姊奸淫，加之黥隶；又于诸处佛寺建立生祠，凡名山大刹所有，太半入其家。此特举其大者，其余擢发未足数也。"

奏入，诏继先福州居住，其子安道，武泰军承宣使；守道，朝议大夫、直徽猷阁；悦道，朝奉郎、直秘阁；孙锜，承议郎、直秘阁；并勒停。放还良家子为奴婢者凡百余人。籍其赀以千万计，鬻其田园及金银，并隶御前激赏库。其海舟付李宝，天下称快。

方继先之怙宠奸法，帝亦知之，故晚年以公议废之，遂不复起。孝宗即位，诏任便居住，毋至行在。淳熙八年，卒。

【译文】

王继先，开封人。为人奸诈狡猾，善于讨好拍马。建炎初年，因医术而受到高宗的宠爱，此后日见贵宠，世人称作"王医师"。官至和安大夫、开州团练使退休。不久皇帝加恩，改授武功大夫退休。给事中富直柔上奏道："王继先由杂流医官一跃而至武臣前班，那么从此以后转升官阶就毫无限制了，我很担心将帅们会因此而人心涣散。"高宗说："我不久前染了海上潮气，王继先诊断治疗有奇效，可特加宣授。"直柔再次反对，加恩之命这才作罢。随后又特别授予他荣州防御使的官衔。

太后生病，王继先诊治有功，朝廷特地补授他的儿子王悦道为阖门祗候。不久又命令王继先主管翰林医官局，他极力推辞。

当时，王继先受到宠信和重用，朝廷内外都很反感，于是假意请求退休，以避开别人的议论。高宗下诏为他升官两级，并且准许转授子弟。不久又授右武大夫、华州观察使，诏令其他人不得援引此例。吴贵妃进封，高宗施恩，升王继先为奉宁军承宣使，特封他的妻子郭氏为郡夫人。

　　王继先备受宠信，贵极人臣，各路统帅俯首听命、甘居下风，不敢稍有抵触，他的权势可以跟秦桧相比。秦桧派自己的老婆前去拜访，与王继先结拜为兄弟，内外勾结，互相支持。王继先升为昭庆军承宣使，又想做节度使，指使他的徒弟张孝直等人校订《本草》，进献皇帝。给事中杨椿加以阻挠，王继先的企图没能实现。王继先家富比王室，子弟们做朝官、总军务，亲戚党羽盘踞要害部门，几十年间，没人能够动摇他的地位。

　　金兵将要南侵，刘锜请求加强战备，王继先却说："新近提拔的统兵官员，喜欢惹是生非，很不安分，如果杀掉一、两个，跟金人的和约就可以重新巩固。"高宗不高兴地说道："这岂不是要让我杀掉刘锜吗？"

　　侍御史杜莘老弹劾王继先犯有十大罪状，大致是说："王继先大肆营造私家宅第，侵占民房达几百家，京城里的人称之为'快乐仙宫'；抢夺良家妇女做自己的奴婢和小妾；镇江有个妓女歌舞美妙，王继先假称皇上需要而加以索取；钦宗去世，王继先全家宴饮作乐，命令妓女光跳舞、不唱歌，称之为'哑乐'；自金使南来，每天往吴兴运送贵重宝物，企图逃避战祸；暗中豢养恶少，私自置办武器；接受富人钱财，推荐他任阁职；州县重大案件，犯人因为贿赂了王继先而得以减免罪行；诬陷自己的亲姐犯有奸淫之罪，将她刺面为奴；又在各处佛寺为自己建造生祠，凡是名山大刹的财产，大半成了他的私产。这里只列举了他大的罪行，其他小罪多如头发，不可胜数。"

　　杜莘老的弹劾奏疏呈入朝廷，高宗诏令王继先到福州居住。他的儿子王安道，武泰军承宣使；王守道，朝议大夫、直徽猷阁；王悦道，朝奉郎、直秘阁；孙子王锜，承议郎、直秘阁；一律勒令免除官职。将王继先掠做奴婢的良家子女全部释放回家，共有一百多人。抄没王家财产，多达上千万，出卖王家的田地、园林和金银，全部归入御前激赏库，作为犒赏前方将士之用。他的海船也被拨给李宝统领的水师，天下人拍手称快。

　　正当王继先恃宠作恶的时候，高宗实际上也知道他的不法行为，所以在晚年顺应舆论，将他废罢，不再起用。孝宗即位，下诏命令他随便居住，但不得再入杭州。淳熙八年，王继先死。

蔡京传

【题解】

　　蔡京（1045～1126年），字元长，宋仙游人。熙宁三年进士。为人好私，依附童贯而进宫尚书右仆射，后为太师，深得徽宗重用。后力行王安石新法，实则操纵大权、排斥异己，滥用财物，耗尽储备。又营植私党，大兴土木，肆行奸政。金兵入侵，率家南逃，为钦宗贬死。

【原文】

　　蔡京字元长，兴化仙游人。登熙宁三年进士第，调钱塘尉、舒州推官，累迁起居郎。

使辽还，拜中书舍人。时弟卞已为舍人，故事，入官以先后为序，卞乞班京下。兄弟同掌书命，朝廷荣之。改龙图阁待制，知开封府。

元丰末，大臣议所立，京附蔡确，将害王珪以贪定策之功，不克。司马光秉政，复差役法，为期五日，同列病太迫，京独如约，悉改畿县雇役，无一违者。诣政事堂白光，光喜曰："使人人奉法如君，何不可行之有！"已而台、谏言京挟邪坏法，出知成德军，改瀛洲，徙成都。谏官范祖禹论京不可用，乃改江、淮、荆、浙发运使，又改知扬州。历郓、永兴军，迁龙图阁直学士，复知成都。

绍圣初，入权户部尚书。章惇复变役法，置司讲议，久不决。京谓惇曰："取熙宁成法施行之尔，何以讲为？"惇然之，雇役遂定。差雇两法，光、惇不同。十年间京再莅其事，成於反掌，两人相倚以济，识者有以见其奸。

卞拜右丞，以京为翰林学士兼侍读，修国史。

蔡京

文及甫狱起，命京穷治，京捕内侍张士良，令述陈衍事状，即以大逆不道论诛，并刘挚、梁焘劾之。衍死，二人亦贬死，皆锢其子孙。王岩叟、范祖禹、刘安世复远窜。京觊执政，曾布知枢密院，忌之，密言卞备位承辖，京不可以同升，但进承旨。

徽宗即位，罢为端明、龙图两学士，知太原，皇太后命帝留京毕史事。逾数月，谏官陈瓘论其交通近侍，瓘坐斥，京亦出知江宁，颇怏怏，迁延不之官。御史陈次升、龚夬、陈师锡交论其恶，夺职，提举洞霄宫，居杭州。

童贯以供奉官诣三吴访书画奇巧，留杭累月，京舆游，不舍昼夜。凡所画屏幛、扇带之属，贯日以达禁中，且附语言论奏至帝所，由是帝属意京。又太学博士范致虚素与左街道录徐知常善，知常以符水出入元符后殿，致虚深结之，道其平日趣向，谓非相京不足以有为。已而宫妾、宦官合为一词誉京，遂擢致虚右正言，起京知定州。崇宁元年，徙大名府。韩忠彦与曾布交恶，谋引京自助，复用为学士承旨。徽宗有意修熙、丰政事，起居舍人郑淘武党京，撰《爱莫助之图》以献，徽宗遂决意用京。忠彦罢，拜尚书左丞，俄代曾布为右仆射。制下之日，赐坐延和殿，命之曰："神宗创法立制，先帝继之，两遭变更，国是未定。朕欲上述父兄之志，卿何以教之？"京顿首谢，愿尽死。二年正月，进左仆射。

京起于逐臣，一旦得志，天下拭目所为，而京阴托"绍述"之柄，箝制天子，用条例司故事，即都省置讲议司，自为提举，以其党吴居厚、王汉之十余人为僚属，取政事之大者，如宗室、冗官、国用、商旅、监泽、赋调、尹牧，每一事以三人主之。凡所设施，皆由是出。用冯澥、钱遹之议，复废元祐皇后。罢科举法，令州县悉仿太学三舍考选，建辟雍外学于城南以待四方之士。推方田于天下。榷江、淮七路茶，官自为市。尽更盐钞法，凡旧钞皆弗用，富商巨贾尝齐持数十万缗，一旦化为流丐，甚者至赴水及缢死。提点淮东刑狱章绶见而哀之，奏改法误民，京怒夺其官；因铸当十大钱，尽陷绶诸弟。御史沈畸等用治狱失意，羁削者六人。陈瓘子正汇以上书黥置海岛。

南开黔中,筑靖州。辰溪徭叛,杀溆浦令,京重为赏,募杀一首领者赐之绢三百,官以班行,且不令质究本末。荆南守马城言:"有生徭,有省地徭,今未知叛者为何种族,若计级行赏,惧不能无枉滥。"蒋之奇知枢密院,恐忤京意,白言城不体国,京罢城,命舒亶代之,以剿绝群徭为期。西收湟川、鄀、廓,取牂柯、夜郎地。

擢童贯领节度使,其后杨戬、蓝从熙、谭稹、梁师成皆踵之。凡寄资一切转行,祖宗之法荡然无余矣。又欲兵柄士心皆归己,建澶、郑、曹、拱州为四辅,各屯兵二万,而用其姻昵宋乔年、胡师文为郡守。禁卒于揿月给钱五百,骤增十倍以固结之。威福在手,中外莫敢议。累转司空,封嘉国公。

京既贵而贪益甚,已受仆射奉,复创取司空寄禄钱,如粟、豆、柴薪与兼从粮赐如故,时皆折支,亦悉从真给,但入熟状奏行,帝不知也。

时元祐群臣贬窜死徙略尽,京犹未慊意,命等其罪状,首以司马光,目曰奸党,刻石文德殿门,又自书为大碑,徧班郡国。初,元符末以日食求言,言者多及熙宁、绍圣之政,则又籍范柔中以下为邪等。凡名在两籍者三百九人,皆锢其子孙,不得官京师及近甸。五年,进司空、开府仪同三司、安远军节度使,改封魏国。

时承平既久,帑庾盈溢,京倡为丰、亨、豫、大之说,视官爵财物如粪土,累朝所储扫地矣。帝尝大宴。出玉琖、玉卮示辅臣曰:"欲用此,恐人以为太华。"京曰:"臣昔使契丹,见玉盘琖,皆石晋时物。持以夸臣,谓南朝无比。今用之上寿,于礼无嫌。"帝曰:"先帝作一小台财数尺,上封者甚众,朕甚畏其言。此器已就久矣,倘人言复兴,久当莫辨。"京曰:"事苟当于理,多言不足畏也。陛下当享天下之奉,区区玉器,何足计哉!"

五年正月,彗出西方,其长竟天。帝以言者毁党碑,凡其所建置,一切罢之。京免为开府仪同三司、中太乙宫使。其党阴援于上,大观元年,复拜左仆射。以南丹纳土,躐拜太尉;受八宝,拜太师。

三年,台谏交论其恶,遂致仕。犹提举修《哲宗实录》,改封楚国,朝朔望。太学生陈朝老追疏京恶十四事,曰:"渎上帝,罔君父,结奥援,轻爵禄,广费用,变法度,妄制作,喜导谀,箝台谏,炽亲党,长奔竞,崇释老,穷土木,矜远略。乞投畀远方,以御魑魅。其书出,士人争相传写,以为实录。四年五月,彗复出奎、娄间,御史张克公论京辅政八年,权震海内,轻锡予以蠹国用,托爵禄以市私恩,役将作以葺居第,用漕船以运花石。名为祝圣而修塔,以壮临平之山;托言灌田而决水,以符《兴化》之识。法名"退送",门号"朝京"。方田扰安业之民,园土聚徒郡之恶,不轨不忠,凡数十事。先是,御史中丞石公弼、侍御史毛注数劾京,未允,至是,贬太子少保,出居杭。

政和二年,召还京师,复辅政,徙封鲁国,三日一至都堂治事。京之去也,中外学官颇有以时政为题策士者。提举淮西学士苏焯欲自售,献议请索五年间策问,校其所询,以观向背,于是坐停替者三十余人。

初,国制,凡诏令皆中书门下议,而后命学士为之。至熙宁间,有内降手诏不由中书门下共议,盖大臣有阴从中而为之者。至京则又患言者议己,故作御笔密进,而丐徽宗亲书以降,谓之御笔手诏,违者以违制坐之。事无巨细,皆托而行,至有不类帝札者,群下皆莫敢言。繇是贵戚、近臣争相请求,至使中人杨球代书,号曰"书杨",京复病之而亦不能止矣。

既又更定官名,以仆射为太、少宰,自称公相,总治三省。追封王安石、蔡确皆为王,省吏不复立额,至五品阶以百数,有身兼十余奉者。侍御史黄葆光论之,立窜昭州。拔故吏魏伯刍领榷货,造料次钱券百万缗进入,徽宗大喜,持以示左右曰:"此太师与我奉料也。"擢伯刍至徽猷阁待制。

京每为帝言,今泉币所积赢五千万,和足以广乐,富足以备礼,于是铸九鼎,建明堂,修方泽,立道观,作《大晟乐》,制定命宝。任孟昌龄为都水使者,击大伾三山,创天成、圣功二桥,大兴工役,无虑四十万。两河之民,愁困不佽聊生,而京然自以为稷、契、周、召也。又欲广宫室求上宠媚,召童贯辈五人,风以禁中逼侧之状。贯俱听命,各视力所致,争以侈鹿高广相夸尚,而延福宫、景龙江之役起,浸淫及于艮狱矣。

子攸、倏、脩、攸子行,皆至大学士,视执政。倏尚茂德帝姬。帝七幸其第,赍予无算。命坐传杯,略用家人礼。厮养居大官,媵妾封夫人,然公论益不与,帝亦厌薄之。

宣和二年,令致仕。六年,以朱勔为地,再起领三省。京至是四当国,目昏眊不能事事,悉决于季子倏。凡京所判,皆倏为之,且代京入奏。每造朝,侍从以下皆迎揖,咕哝耳语,堂吏数十人,抱案后从,由是恣为奸利,穷弄威柄,骤引其妇兄韩梠为户部侍郎,媒蘖密谋,斥逐朝士,创宣和库式贡司,四方之金帛与府藏之所储,尽拘括以实之,为天子之私财。宰臣白时中、李邦彦惟奉行文书而已,既不能堪,兄攸亦发其事,上怒,欲窜之,京力丐免,特勒停侍养,而安置韩梠黄州。未几,褫倏侍读,毁赐出身敕,而京亦致仕。方时中等白罢倏以撼京,京殊无去意。帝呼童贯使诣京,令上章谢事,贯至,京泣曰:"上何不容京数年,当有相谗谮者。"贯曰:"不知也。"京不得已,以章授贯,帝命词臣代为作三表请去,乃降制从之。

钦宗即位,边遽日急,京尽室南下,为自全计。天下罪京为六贼之首,侍御史孙觌等始极疏其奸恶,乃以秘书监分司南京,连贬崇信、庆远军节度副使,衡州安置,又徙韶、儋二州。行至潭州死,年八十。

京天资凶谲,舞智御人,在人主前,颛狙伺为固位计,始终一说,谓当越拘挛之俗,竭四海九州之力以自奉。帝亦知其奸,屡罢屡起,且择与京不合者执政以桤之。京每闻将退免,辄入见祈哀,蒲伏扣头,无复廉耻。燕山之役,京送攸以诗,阳寓不可之意,冀事不成得以自解。见利忘义,至于兄弟为参、商,父子如秦、越。暮年即家为府,营进之徒,举集其门,输货僮隶得美官,弃纪纲法度为虚器。患失之心无所不至,根株结盘,牢不可脱。卒致宗社之祸,虽谴死道路,天下犹以不正典刑为恨。

【译文】

蔡京,字元长,兴化仙游人。中宋神宗熙宁三年进士第,调官钱塘县尉、舒州推官,累迁至起居郎。出使辽国归来,拜官中书舍人。当时他弟弟蔡卞已经担任舍人,旧例,入官府以先后为序,蔡卞要求列班于蔡京之下。兄弟同掌书写诏诰,朝廷都认为很值得荣耀。改官龙图阁待制,知开封府事。

神宗元丰末年,大臣议论立谁为帝嗣,蔡京依附蔡确,准备谋害王珪以贪图定策拥立之功,未能成功。司马光执掌政柄,恢复差役法,限期五日之内,同列各官嫌时间太紧迫;只有蔡京如期奉行,把京畿各县的雇役全部更改,无一违拗者。蔡京到政事堂禀告司马光,司马光高兴地说:"假如人人都像你一样奉法,差役法还有什么不可推行的!"接着御史台、谏院诸官上言蔡京心怀奸私以坏法,便让他离京出知成德军,改知瀛洲,迁知成都府。谏官范祖禹弹劾蔡京不可任用,便改官江、淮、荆、浙发运使,又改官知扬州。历知郓州、永兴军,迁官龙图阁直学士,再次知成都府。

哲宗绍圣初年,蔡京入朝代理户部尚书。章惇又要改变役法,设置官府论议差役和雇役的利弊,久而不决。蔡京对章惇说:"采用神宗熙宁时现成的役法施行就是了,何必还讨论呢?"章惇颇以为然,便定为雇役法。差役、雇役两种法,司马光和章惇各执一说。十年之内蔡京再次临莅其事,成于反掌之间,他和章惇两人相互支持,有识者从中看出了他们的奸私。

蔡卞拜官右相,以蔡京为翰林学士兼侍读,掌修国史。文及甫之狱起,命令蔡京穷追到底,蔡京逮捕太监张士良,命他诬述宦官陈衍罪状,便以大逆不道之罪论处诛死,同时又劾奏刘挚、梁焘。陈衍被处死,刘、梁二人也被贬死,其子孙被禁锢不准仕宦。王岩叟、范祖禹、刘安世又接着被流放边远之地。蔡京觊觎执政之位,当时曾布主管枢密院,很疑忌蔡京,便对哲宗密言,说蔡卞已经担任辅臣,蔡京不可同时升任宰相,于是只进位为翰林承旨。

宋徽宗即位,罢职为端明殿、龙图阁两学士,出知太原府。皇太后命徽宗留下蔡京完成修国史的事。过了数月,谏官陈瓘弹劾蔡京与宦官沟通,陈瓘坐罪斥免,蔡京也被出知江宁府,心中怏怏而怨,拖延着不肯去上任。御史陈次升、龚央、陈师锡纷纷弹劾蔡京罪恶,于是夺罢其职,以提举洞霄宫虚衔居住杭州。

宦官童贯以供奉官的身份前往三吴搜访书画奇巧之物,在杭州停留几个月,蔡京与他交往密切,昼夜不舍。凡是蔡京所画的屏幛、扇带之类,童贯连连送达皇宫,并且附上蔡京的言论,奏给徽宗,从此徽宗便留意蔡京了。又有太学博士范致虚平素就与担任左街道录的道士徐知常友善,徐知常因做法事出入元符刘皇后所住的宫殿,范致虚与他深相结纳,说起自己平时所向往的人,道除了用蔡京为宰相就不足以有所作为。不久宫女、宦官异口同声地称誉蔡京,于是便提拔范致虚为右正言,起用蔡京知定州。徽宗崇宁元年,改官知大名府。宰相韩忠彦与曾布关系很坏,图谋拉拢蔡京以自助,便又用蔡京为翰林学士承旨。徽宗有意恢复神宗熙宁、元丰时代的政事,起居舍人邓洵武与蔡京结成一党,撰写《爱莫助之图》献上,徽宗于是下决心大用蔡京。韩忠彦罢相,拜蔡京为尚书左丞,不久又代替曾布为右仆射。诏旨颁下那天,召蔡京赐座于延和殿,吩咐道:"神宗皇帝创立新法,先帝继承,两次遭受变更,国家的政策至今未定。朕想要承述父兄之志,您有何见教?"蔡京顿首谢恩,愿尽死力。崇宁二年正月,蔡京进为左仆射。

蔡京由放逐之臣起用,一旦之间得志,天下拭目以待,看他要做什么,而蔡京假借"绍述"(即承续神宗、哲宗的新法政治)的权柄,箝制天子,用条例司的旧例,就在中书省设置讲议司,自己为提举,以其党羽吴居厚、王汉之等十余人为属官,取最主要的政事,如宗室、官吏闲冗、国家财用、商旅、盐池、赋税、地方大员等，每一事由三个人掌握。凡是有什么新的政策设施，都由这里制定。他采用冯澥、钱遹的建议，再次废除元祐孟皇后（按宋哲宗元祐七年立孟氏为皇后，绍圣三年，哲宗宠刘婕好，用章惇议，废孟皇后，至元符三年，复立孟氏为元祐皇后）。罢废科举法，命令州县都仿照太学的"三舍考选"（按宋神宗熙宁四年立太学生三舍法，分生员为三等，始入太学为外舍，试优者升内舍，再试优为上舍，不经科举及礼部试，由皇帝召试赐第），在城南建辟雍外学，以招聚四方之士。向天下推行方田。征收江淮七路茶叶，由官府自己专卖。全部更改盐钞法，凡是旧钞一律作废，富商巨贾有的持有数十万贯的旧钞，一旦之间化为乞丐，最甚的有投水、自缢而死者。提点淮东刑狱章绰见而哀怜，奏言更改法令祸害百姓，蔡京大怒，夺其官职；于是铸"当十"大钱，诬赖是章绰的弟弟们偷铸，加以陷害。御史沈畸等因为审理刑狱不合蔡京之意，被关押和削官的有六人。陈瓘之子陈正汇，因为上书朝廷而被黥而流放于海岛。

在南方开拓黔中，筑靖州城。辰溪瑶民逼反，杀死溆浦县令，蔡京悬重赏，募招有斩一首级者赐绢三百匹，按其地位赏给官职，而且不让人追究其首级的由来。荆南守马城上言："瑶人有生瑶（按指未"归化"的瑶人），有官府所统辖的瑶人，如今也不知造反的是何种族，如果按首级计算行赏，恐怕不能没有滥杀无辜的事了。"蒋之奇知枢密院，唯恐与蔡京之意抵触，禀言马城不能实心体国。蔡京罢免马城，命舒亶替代他，以剿灭群瑶为目标。蔡京还向西方用兵收取湟川、鄯州、廓州，向西南用兵取牂柯、夜郎之地。

童贯被擢拔领节度使，此后杨戬、蓝从熙、谭稹、梁师成等宦官都紧步后尘。凡是寄禄官资（宋制官分阶官和职事官，阶官只有名衔而无实职，称寄禄官）全部都转为职事官，祖宗法度，荡然无存了。蔡京又想把兵权军心都揽到自己手里，就建置澶州、郑州、曹州、拱州为"四捕"，各屯兵二万，而用其姻亲宋乔年、胡师文为郡守。禁军士卒巡逻捍卫，每月给钱五百，蔡京骤然增了十倍，以牢拢他们。威福在手，内外没有敢评议他的。累转为司空，封嘉国公。

蔡京既已贵盛，而贪婪益甚，已经享受仆射的俸禄，又创例领取司空的寄禄钱，象粟米、豆子、柴薪和仆从的衣粮都如旧例领取，当时本来是折支银钱，也会跟着给成实物。他只是把这事掺进日常事务的奏状中请示行使，徽宗毫不知晓。

当时元祐年间的群臣（按指司马光等在哲宗初年执政的大臣）已经贬斥、流放、死亡、迁徙得差不多光了，蔡京还不满足，命人排比他们的罪状，以司马光为首，称之为"奸党"，在文德殿门前刻石为碑，又亲自书写为大碑，颁布于各郡国。开初，在元符末年，因天有日食，诏求直言，上言者多论及熙宁、绍圣的"新政"，于是又把范柔中等人编成各册，称为"邪等"。名字在"奸党""邪等"两籍中的共有三百零九人，全部禁锢其子孙，不准他们在京师和近畿为官。崇宁五年，蔡京进位司空、开府仪同三司、安远军节度使，改封魏国公。

当时正是承平多年，府库充溢，蔡京便倡兴"丰、亨、豫、大"之说，把官爵财物当成粪土一般滥施滥用，历朝所储备的财物便扫地以尽了。徽宗曾举行盛大宴会，拿出玉瑑、王厄给辅臣们看，说："我想用这个，恐怕别人认为太奢华。"蔡京道："臣昔年曾经出使契丹，见过玉盘玉盏，都是五代石晋时的旧物，契丹主拿来向臣夸耀，说南朝没有这东西。如今用此来上寿，对礼教没什么不妥的。"徽宗道："先帝建造过一个小台，才数尺高，上封事表异议的人很多,朕很怕他们的议论。这玉器早就制成了,如果人们详议起来,我也不好辩解。"蔡京道:"事情只要合于道理,有很多人反对也不足以畏惧。陛下理当享受天下的奉养,区区玉器,算得了什么!"

崇宁五年正月,彗星出现于西方,彗尾横亘天穹。徽宗因有上言的,而毁掉"元祐党人碑",所有新的政令建置,全部停止执行。蔡京被免职,为开府仪同三司、中太乙宫使。他的党羽暗自在皇帝面前援引他,至大观元年,又拜官为左仆射。由于广西南丹的黎人归土内附,蔡京越等拜太尉;受赐八宝,拜太师。

大观三年,御史台、谏院交章论劾蔡京之恶,遂致仕去职。但还主管修《哲宗实录》,改封楚国公,每月朔望入朝。太学生陈朝老上疏追劾蔡京十四件罪恶,为:亵渎上帝,欺罔君父,私结党羽,滥施爵禄,铺张费用,变更法度,妄制乱作,喜欢逢迎谄谀,箝制台谏言路,遍树亲党,助长奔竞,崇信佛老,大兴土木,夸示边功。乞请流放边疆,以御魑魅。疏文传出,士人争相传写,认为是真实的记录。大观四年五月,彗星再次出现于奎、娄二宿之间,御史张克公论劾蔡京:辅政八年,权震海内,滥赏赐以蠹蛀国库,借爵禄以收买私党,役使官府工匠以修葺私第,占用漕运船只以运送花石。以祷祝圣寿而修塔,实为壮观临平之山;以灌溉农田而决水,实为符合"兴化"之谶。他的法名叫"退送",他家大门号"朝京"。用方田法骚扰安业之良民,建辟雍学招聚流荡之恶徒。不法不忠,共数十事。在此之前,御史中丞石公弼、侍御史毛注,屡次劾奏蔡京,未被徽宗接受,到这一次,贬蔡京为太子少保,出居于杭州。

政和二年,召蔡京还京师,重新辅政,改封鲁国公,三天一次到都堂处理政事。蔡京当年去职,中外的学官有很多用时政为题目来策问士子的。此时掌管淮西学政的苏棫打算卖身投靠蔡京,就献上建议,要求把近五年内的策问全部取来,审查试官所提的问题,以观察他们的政治倾向。因此案而坐罪停职替免的学官有三十余人。

早先,国家的制度是,所有的诏令都由中书门下省讨论,然后再吩咐翰林学士来起草。到了神宗熙宁年间,出现从大内降下手诏而不经由中书门下省讨论的事,这是因为有大臣(指王安石)暗自在内做手脚的缘故。到了蔡京,则又顾虑言官指责自己,故意制作御笔秘密呈进,而乞请徽宗亲自书写诏书降下,称之为"御笔手诏",有不同意的就以违制坐罪。此后事无巨细,他都借"御笔手诏"来推行,甚至有的不像是徽宗亲笔,众臣也都不敢吭声。从此贵戚、近臣争相向徽宗请求"御笔",致使徽宗让宦官杨球代为书写,号为"书杨",蔡京这时又觉得不妙但也不能禁止了。

接着蔡京又改定官名,以仆射为太宰、少宰,自称公相,总管门下、中书、尚书三省。追封王安石、蔡确为王。三省吏员不再定限额,以至五品阶的官员数以百计,有一身而兼领十余份俸禄的。侍御史黄葆光批评此事,立刻被流放到昭州。提拔旧时属吏魏伯刍掌管货物专卖,制造专供宫中购物的钱券一百万贯,送上,徽宗大喜,拿着给左右侍从看,说:"这是太师给我的日用钱。"擢升魏伯刍至徽猷阁待制。

蔡京常对徽宗说,如今钱币储备已盈余五千万贯,天下祥和,足以大造雅乐,国家富有,足以广备仪礼,于是铸造九鼎,建造明堂,修方泽,立道观,作《大晟乐》,制定命宝玺。任命孟昌龄为都水使者,开凿大伾等三山,创建天成、圣功二桥,大兴劳役,用民工不下四十万。两河（河北、河东两路）的百姓，愁困不能聊生，而蔡京却傲然自以为是稷、契、周公、召公了。他还想扩建皇宫以谋求皇上的宠幸，召来童贯之流五人，暗示皇宫的规模太狭隘。童贯等俱都听命，各自根据能力所及，争着以奢侈华丽、高大宽广相夸耀，于是延福宫、景龙江之役兴起，渐渐而发展到修建艮岳。

蔡京之子蔡攸、蔡倏、蔡翛，蔡攸的儿子蔡行，全都位至大学士，位视于执政。其子蔡倏娶了茂德帝姬（时改称公主为帝姬）。徽宗七次临幸他的府第，赐予不可胜计。命坐传杯，略用一家人的礼仪。他家的家奴位居大官，媵妾封为夫人，但舆论越发不能容忍，而徽宗也有些厌倦冷淡他了。

宣和二年，徽宗命蔡京致仕。宣和六年，靠朱勔出力，再次起用管领三省。蔡京至此四次执掌国政，眼睛昏花不能处理事务，都取决于三子蔡倏。凡是蔡京的批示，都是蔡倏所为，而且还代替蔡京入奏。每次蔡倏上朝，皇帝侍从以下的官员都作揖相迎，叽咕耳语，本堂吏员数十人，抱着案卷在身后相从。由是恣意牟取奸利，窃弄威权，把他的大舅子韩梱骤然提拔为户部侍郎，密谋构陷，斥逐朝廷之臣，创设宣和库式贡司，把四方的金帛与国家府库所储的财物，全搜刮来充实它，当作天子的私财。宰臣白时中、李邦彦只是奉行文书而已，已经难于忍受，而蔡倏的哥哥蔡攸也揭发这事。徽宗大怒，想流放他，蔡京极力乞求脱免，特旨勒令停止其侍养等待遇，而安置（即流放）韩梱于黄州。不久，又褫免蔡倏的侍读，销毁其赐进士出身的敕命，而蔡京也被勒令致仕。当时白时中等人正禀白徽宗罢免蔡倏，以动摇蔡京，而蔡京毫无去职之意。徽宗叫童贯来，让他去找蔡京，命他上奏章辞职。童贯来到，蔡京哭着说："皇上为什么不能多容我几年，一定有人进我的谗言。"童贯说："我不知道这事。"蔡京不得已，便把奏章交给童贯。徽宗命词臣代替蔡京写了三篇表文，要求辞职，于是便降旨批准。

宋钦宗即位，边事日益危急，蔡京把全家迁往南方，以为自全之计。天下人指责蔡京为"六贼"之首（六贼为蔡京、梁师成、李彦、朱勔、王黼、童贯，见于太学生陈东所上书），侍御史孙觌等开始极力疏劾其奸恶，便命蔡京以秘书监之职分司南京（今河南商丘，北宋为南京应天府），接连又贬为崇信、庆远军节度副使，衡州安置；又流放于韶州、儋州，行至潭州而死，年八十岁。

蔡京生性凶狡，玩弄权术以操纵别人。在皇上面前，他专门窥伺主人颜色，为巩固自己权位做打算。他从始到终就是一个"理论"，就是要皇帝突破拘俭的旧习，竭尽四海九州的财力物力以满足自己的私欲。徽宗心里也明白他的奸恶，屡次罢免屡次起用，并且选择与蔡京合不来的人执政以遏制他。蔡京每听说要让他退职，就入宫见皇上哀求怜悯，匍匐叩头，毫无廉耻可言。燕山之役（宣和间，北宋与金相约攻辽，图谋收复燕、云等州。灭辽之后，金主同意归还已被其攻占的燕京及六州，宋命童贯、蔡攸至燕交割），蔡京以诗送别蔡攸，暗寓不可之意，指望事情不成而使自己得到解脱。见利忘义，以致兄弟之间如参、商，父子之间如秦、越！蔡京晚年以家为官署，钻营求进之徒，全都聚集于他家门，只要给家奴送钱财就可以得到美官，蔑弃国家法度纲常如无物。患失之心无所不至，党羽盘根错节，牢不可脱。终于导致宗庙社稷灭亡之祸，虽然是被谴而流死于道途，天下人还以未能依典刑处决为恨事。

秦桧传

【题解】

秦桧(1090~1155年),宋代奸相,历史上最臭名昭著的卖国贼。早年进士及第,"倡言"抗金,累迁御史中丞,出使金营,奇迹般的归来,声称杀死监视而归,从此首倡和议,结纳党羽,弹劾忠良,陷害岳飞,致使江山沦落。又贬斥胡铨,遮拦圣听。两次窃居相位,包藏祸心、阿谀奉上,为害尤烈。

【原文】

秦桧字会之,江宁人,登政和五年第,补密州教授。继中词学兼茂科,历太学学正。靖康元年,金兵攻汴京,遣使求三镇,桧上兵机四事:一言金人要请无厌,乞止许燕山一路;二言金人狙诈,守御不可缓;三乞集百官详议,择其当者载之誓书;四乞馆金使于外,不可令入门及引上殿。不报。除职方员外郎。寻属张邦昌为干当公事,桧言:"是行专为割地,与臣初议矛盾,失臣本心。"三上章辞,许之。

时议割三镇以弭兵,命桧借礼部侍郎与程瑀为割地使,奉肃王以往。金师退,桧、瑀至燕而还。御史中丞李回、翰林承旨吴开共荐桧,拜殿中侍御史,迁左司谏。王云、李若水见金二酋归,言金坚欲得地,不然,进兵取汴京。十一月,集百官议于延和殿,范宗尹等七十人请与之,桧等三十六人持不可。未几,除御史中丞。

秦桧

闰十一月,汴京失守,二帝幸金营。二年二月,莫俦、吴开自金营来,传金帅命推立异姓。留守王时雍等召百官军民共议立张邦昌,皆失色不敢答,监察御史马伸言于众曰:"吾曹职为争臣,岂容坐视不吐一辞?当共入议状,乞存赵氏。"时桧为台长,闻伸言以为然,即进状曰:

桧荷国厚恩,甚愧无报。今金人拥重兵,临已拔之城,操生杀之柄,必欲易姓,桧尽死以辨,非特忠於主也,且明两国之利害尔。赵氏自祖宗以至嗣君,百七十余载。顷缘奸臣败盟,结怨邻国,谋臣失计,误主丧师,遂致生灵被祸,京都失守,主上出郊,求和军前。两元帅既允其议,布闻中外矣,且空竭帑藏,追取服御所用,割两河地,恭为臣子,今乃变易前议,人臣安忍畏死不论哉?

宋於中国,号令一统,绵地万里,德泽加於百姓,前古未有。虽兴亡之命在天有数,焉可以一城决废立哉?昔西汉绝於新室,光武以兴;东汉绝於曹氏,刘备帝蜀;唐为朱温篡夺,李克用犹推其世序而继之。盖基广则难倾,根深则难拔。

张邦昌在上皇时,附会权倖,共为蠹国之政。社稷倾危,生民涂炭,固非一人所致,亦邦昌为之也。天下方疾之如仇雠,若付以土地,使主人民,四方豪杰必共起而诛之,终不足为大金屏翰。必立邦昌,则京师之民可服,天下之民不可服;京师之宗子可灭,天下之宗子不可灭。桧不顾斧钺之诛,言两朝之利害,愿复嗣君位以安四方,非特大宋蒙福,亦大金万世利也。

金人寻取桧诣军前。三月,金人立邦昌为伪楚。邦昌遗金书请还孙傅、张叔夜及桧,不许。初,二帝北迁,桧与傅、叔夜、何栗、司马朴从至燕山,又徙韩州。上皇闻康王即位,作书贻粘罕,与约和议,俾桧润色之。桧以厚赂达粘罕。会金主吴乞买以桧赐其弟挞懒为任用,挞懒攻山阳,建炎四年十月甲辰,桧与妻王氏及婢仆一家,自军中取涟水军水砦航海归行在。丙午,桧入见。丁未,拜礼部尚书,赐以银帛。

桧之归也,自言杀金人监己者奔舟而来。朝士多谓桧与栗、傅、朴同拘,而桧独归;又自燕至楚二千八百里,逾河越海,岂无讥诃之者,安得杀监而南?就令从军挞懒,金人纵之,必质妻属,安得与王氏偕?惟宰相范宗尹、同知枢密院李回与桧善,尽破群疑,力荐其忠。未对前一日,帝命先见宰执。桧首言"如欲天下无事,南自南,北自北"及首奏所草与挞懒求和书。帝曰:"桧朴忠过人,朕得之喜而不寐。盖闻二帝、母后消息,又得一佳士也。"宗尹欲处之经筵,帝曰:"且与一事简尚书。"故有礼部之命。从行王安道、冯由义、水砦丁祀及参议官并改京秩,舟人孙靖亦补承信郎。始,朝廷虽数遣使,但且守且和,而专与金人解仇议和,实自桧始。盖桧在金庭首唱和议,故挞懒纵之使归也。

绍兴元年二月,除参知政事。七月,宗尹罢。先是,范宗尹建议讨论崇宁、大观以来滥赏,桧力赞其议,见帝意坚,反以此挤之。宗尹既去,相位久虚。桧扬言曰:"我有二策,可耸动天下。"或问何以不言,桧曰:"今无相,不可行也。"八月,拜右仆射、同中书门下平章事兼知枢密院事。九月,吕颐浩再相,桧同秉政,谋夺其柄,风其党建言:"周宣王内修外攘,故能中兴,今二相宜分任内外。"颐浩遂建都督府於镇江。帝曰:"颐浩专治军旅,桧专理庶务,如种、蠡之分职可也。"

二年,桧奏置修政局,自为提举,参知政事翟汝文同领之。未几,桧面劾汝文擅治堂吏,汝文求去;谏官方孟卿一再论之,汝文竟罢。监察御史刘一止,桧党也,言:"宣王内修,修其所谓外攘之政而已。今簿书狱讼、官吏差除、土木营缮俱非所当急者。"屯田郎曾统亦谓桧曰:"宰相事无不统,何以局为?"桧皆不听。既而有议废局以摇桧者,一止及检讨官林待聘皆上疏言不可废。七月,一止出台,除起居郎,盖自叛其说,识者笑之。

颐浩自江上还,谋逐桧,有教以引朱胜非为助者。诏以胜非同都督。给事中胡安国言胜非不可用,胜非遂以醴泉观使兼侍读。安国求去,桧三上章留之,不报。颐浩寻以黄龟年为殿中侍御史,刘棐为右司谏,盖将逐桧。于是江跻、吴表臣、程瑀、张焘、胡世将、刘一止、林待聘、楼炤并落职予祠,台省一空,皆桧党也。桧初欲倾颐浩,引一时名贤如安国、焘、瑀辈布列清要。颐浩问去桧之术於席益,益曰:"目为党可也。今党魁胡安国在琐闼,宜先去之。"盖安国尝问人材於游酢,酢以桧为言,且比之荀文若。故安国力言桧贤於张浚诸人,桧亦力引安国。至是,安国等去,桧亦寻去。桧再相误国,安国已死矣。黄龟年始劾桧专主和议，沮止恢复，植党专权，渐不可长，至此桧为莽、卓。八月，桧罢，乃为观文殿学士，提举江州太平观。

前一日，上召直学士院綦崇礼入对，示以桧所陈二策，欲以河北人还金国，中原人还刘豫。帝曰："桧言'南人归南，北人归北'。朕北人，将安归？桧又言'为相数月，可耸动天下'，今无闻。"崇礼即以上意载训辞，播告中外，人始知桧之奸。龟年等论桧不已，诏落职，牓朝堂，示不复用。三年，韩肖胄等使还，泊金使李永寿、王翊偕来，求尽还北俘，与桧前议吻合。识者益知桧与金人共谋，国家之辱未已也。

五年，金主既死，挞懒主议，卒成其和。二月，复资政殿学士，仍旧宫祠。六月，除观文殿学士、知温州。六年七月，改知绍兴府。寻除醴泉观使兼侍读，充行宫留守；孟庚同留守，并权赴尚书、枢密院参决庶事。时已降诏将行幸，桧乞扈从，不许。帝驻跸平江，召桧赴行在，用右相张浚荐也。十二月，桧以醴泉观兼侍读赴讲筵。七年正月，何藓使金还，得徽宗及宁德后讣，帝号恸发丧，即日授桧枢密使，恩数视宰臣。四月，命王伦使金国迎奉梓宫。

九月，浚求去，帝问："谁可代卿？"浚不对。帝曰："秦桧何如？"浚曰："与之共事，始知其暗。"帝曰："然则用赵鼎。"鼎于是复相。台谏交章论浚，安置岭表。鼎约同列救解，与张守面奏，各数千百言，桧独无一语。浚遂谪永州。始，浚、鼎相得甚，浚先达，力引鼎。尝共论人才，浚剧谈桧善，鼎曰："此人得志，吾人无所措足矣！"浚不以为然，故引桧，共政方知其暗，不复再荐也。桧因此憾浚，反谓鼎曰："上欲召公，而张相迟留。"盖怒鼎使挤浚也。桧在枢府惟听鼎，鼎素恶桧，由是反深信之，卒为所倾。鼎与浚晚遇于闽，言及此，始知皆为桧所卖。

十一月，奉使朱弁以书报粘罕死，帝曰："金人暴虐，不亡何待？"桧曰："陛下但积德，中兴固有时。"帝曰："此固有时，然亦须有所施为，然后可以得志。"

八年三月，拜右仆射、同中书门下平章事兼枢密使。吏部郎晏敦复有忧色，曰："奸人相矣。"五月，金遣乌陵思谋等来议和，与王伦偕至。思谋即宣和始通好海上者。议以吏部侍郎魏矼馆伴，矼辞曰："顷任御史，尝言和议之非，今不可专对。"桧问矼所以不主和，矼备言敌情。桧曰："公以智料敌，桧以诚待敌。"矼曰："第恐敌不以诚待相公尔。"桧乃改命。六月，思谋等入见。帝愀然谓宰相曰："先帝梓宫，果有还期，虽待二三年尚庶几。惟是太后春秋高，朕旦夕思念，欲早相见，此所以不惮屈己，冀和议之速成也。"桧曰："屈己议和，此人主之孝也。见主卑屈，怀愤不平，此人臣之忠也。"帝曰："虽然，有备无患，使和议可成，边备亦不可弛。"

十月，宰执入见，桧独留身，言："臣僚畏首尾，多持两端，此不足与断大事。若陛下决欲讲和，乞颛与臣议，勿许群臣预。"帝曰："朕独委卿。"桧曰："臣亦恐未便，望陛下更思三日，容臣别奏。"又三日，桧复留身奏事，帝意欲和甚坚，桧犹以为未也，曰："臣恐别有未便，欲望陛下更思三日，容臣别奏。"帝曰："然。"又三日，桧复留身奏事如初，知上意确不移，乃出文字乞决和议，勿许群臣预。

鼎力求去位，以少傅出知绍兴府。初，帝无子。建炎末，范宗尹造膝有请，遂命宗室令广择艺祖后，得伯琮、伯玖入宫，皆艺祖七世孙。伯琮改名瑗，伯玖改名璩。瑗先建节，封建国公。帝谕鼎专任其事。又请建资善堂,鼎罢,言者攻鼎,必以资善为口实。及鼎、桧再相,帝出御札,除璩节度使,封吴国公。执政聚议,枢密副使王庶见之,大呼曰:"并后匹嫡,此不可行。"鼎以问桧,不答。桧更问鼎,鼎曰:"自丙辰罢相,议者专以此藉口,今当避嫌。"约同奏面纳御笔,及至帝前,桧无一语。鼎曰:"今建国在上,名虽未正,天下之人知陛下有子矣。今日礼数不得不异。"帝乃留御笔俟议。明日,桧留身奏事。后数日,参知政事刘大中参告,亦以此为言。故鼎与大中俱罢。明年,璩卒授保大军节度使,封崇国公。故鼎入辞,劝帝曰:"臣去后,必有以孝弟之说胁制陛下者。"出见桧,一揖而去,桧亦憾之。

鼎既去,桧独专国,决意议和。中朝贤士,以议论不合,相继而去。于是,中书舍人吕本中、礼部侍郎张九成皆不附和议,桧谕之使优游委曲,九成曰:"未有枉己而能正人者。"桧深憾之。殿中侍御史张戒上疏乞留赵鼎,又陈十三事论和议之非,忤桧。王庶与桧尤不合,自淮西入枢庭,始终言和议非是,疏凡七上,且谓桧曰:"而忘东都欲存赵氏时,何遗此敌邪?"桧方挟金人自重,尤恨庶言,故出之。

枢密院编修官胡铨上疏,愿斩桧与王伦以谢天下。于是上下汹汹。桧谬为解救,卒械送铨贬昭州。陈刚中以启贺铨,桧大怒,送刚中吏部,差知赣州安远县。赣有十二邑,安远滨岭,地恶瘴深,谚曰:"龙南、安远,一去不转。"言必死也。刚中果死。寻以铨事戒谕中外。既而校书郎许忻、枢密院编修官赵雍同日上书,犹祖铨意,力排和议。雍又欲正南北兄弟之名,桧亦不能罪。曾开见桧,言今日当论存亡,不当论安危。桧骇愕,遂出之。司勋员外郎朱松、馆职胡珵、张扩、凌景夏、常明、范如圭同上一疏言:"金人以和之一字得志于我者十有二年,以覆我王室,以弛我边备,以竭我国力,以懈缓我不共戴天之雠,以绝望我中国讴吟思汉之赤子,以诏谕江南为名,要陛下以稽首之礼。自公卿大夫至六军万姓,莫不扼腕愤怒,岂肯听陛下北面为仇敌之臣哉!天下将有仗大义,问相公之罪者。"后数日,权吏部尚书张焘、吏部侍郎晏敦、复魏矼、户部侍郎李弥逊、梁汝嘉、给事中楼炤、中书舍人苏符、工部侍郎萧振、起居舍人薛徽言同班入奏,极言屈己之礼非是。新除礼部侍郎尹焞独上疏,且移书切责桧,桧始大怒,焞于是固辞新命不拜。奉礼郎冯时行召对,言和议不可信,至引汉高祖分羹事为喻。帝曰:"朕不忍闻。"蹙蹙而起。桧乃谪时行知万州,寻亦抵罪。中书舍人勾龙如渊抗言於桧曰:"邪说横起,胡不择台官击去之。"桧遂奏如渊为御史中丞,首劾铨。

金使张通古、萧哲以诏谕江南为名,桧犹恐物论咎己,与哲等议,改江南为宋,诏谕为国信。京、淮宣抚处置使韩世忠凡四上疏力谏,有"金以刘豫相待"之语,且言兵势重处,愿以身当之,不许。哲等既至泗州,要所过州县迎以臣礼,至临安日,欲帝待以客礼,世忠益愤,再疏言:"金以诏谕为名,暗致陛下归顺之义,此主辱臣死之时,愿效死战以决胜败。若其不克,委曲从之未晚。"亦不许。哲等既入境,接伴使范同再拜问金主起居,军民见者,往往流涕。过平江,守臣向子諲不拜,乞致仕。哲等至淮安,言先归河南地,且册上为帝,徐议余事。

桧至是欲上行屈己之礼,帝曰:"朕嗣守太祖、太宗基业,岂可受金人封册。"会三衙帅杨沂中、解潜、韩世良相率见桧曰:"军民汹汹,若之何?"退,又白之台谏。于是勾龙如渊、李谊数见桧议国书事,如渊谓得其书纳之禁中,则礼不行而事定。给事中楼炤亦举"谅阴三年不言"事以告桧,于是定桧摄冢宰受书之议。帝亦切责王伦,伦谕金使,金便亦惧而从。帝命桧即馆中见哲等受其书。金使欲百官备礼,桧使省吏朝服导从,以书纳禁中。先一日,诏金使来,将尽割河南、陕西故地,又许还梓宫及母兄亲族,初无需索,以参知政事李光素有时望,俾押和议榜以镇浮言。又降御札赐三大将。

九年,金人归河南、陕西故地,以王伦签书枢密院事,充迎奉梓宫、奉还两宫、交割地界使,蓝公佐副之。判大宗正事士、兵部侍郎张焘朝八陵。帝谓宰执曰:"河南新复,宜命守臣专抚遗民,劝农桑,各因其地以食,因其人以守,不可移东南之财,虚内以事外。"帝虽听桧和而实疑金诈,未尝弛备也。

时张浚在永州,驰奏,力言以石晋、刘豫为戒,复遗书孙近,以"帝秦之祸,发迟而大"。徐俯守上饶,连南夫帅广东,岳飞宣抚淮西,皆因贺表寓讽。俯曰:"祸福倚伏,情伪多端。"南夫曰:"不信亦信,其然岂然?虽虞舜之十二州,皆归王化;然商於之六百里,当念尔欺!"飞曰:"救暂急而解倒悬,犹之可也;欲长虑而尊中国,岂其然乎?"他如秘书省正字汪应辰、樊光远、澧州推官韩纠、临安府司户参军毛叔庆,皆言金人叵测;迪功郎张行成献《询荛书》二十篇,大意言自古讲和,未有终不变者,条具者皆豫备之策。桧悉加黜责,纠贬循州。

七月,兀术杀其领三省事宗磐及左副元帅挞懒,拘王伦於中山府。盖兀术以归地为二人所主,将有他谋也。伦尝密奏于朝,桧不之备,但趣伦进。时韩世忠有乘懈掩声之请,桧言《春秋》不伐丧,与帝意合,遂已。

十年,金人果败盟,分四道入侵。兀术入东京,葛王褒取南京,李成取西京,撒离喝趋永兴军。河南诸郡相继陷没。帝始大怪,下诏罪状兀术。御史中丞王次翁奏曰:"前日国是,初无主议。事有小变,则更用他相,后来者未必贤,而排黜异党,纷纷累月不能定,愿陛下以为至戒。"帝深然之。桧力排群言,始终以和议自任,而次翁谓无主议者,专为桧地也。于是桧位复安,据之凡十八年,公论不能撼摇矣。

六月,桧奏曰:"德无常师,主善为师。臣昨见挞懒有割地讲和之议,故赞陛下取河南故疆。今兀术戕其叔挞懒,蓝公佐归,和议已变,故赞陛下定吊伐之计。愿至江上谕诸帅同力招讨。"卒不行。闰六月,贬赵鼎兴化军,以王次翁受桧旨,言其规图复用也。言者不已,寻窜潮州。

时张俊克亳州,王胜克海州,岳飞克郾城,几获兀术。张浚战胜於长安,韩世忠胜於泇口镇,诸将所向皆奏捷,而桧力主班师。九月,诏飞还行在,沂中还镇江,光世还池州,锜还太平。飞军闻诏,旗靡辙乱,飞口呿不能合。于是淮宁、蔡、郑复为金人有。以明堂恩封桧莘国公。十一年,兀术再举,取寿春,入庐州,诸将邵隆、王德、关师古等连战皆捷。杨沂中战拓皋,又破之。桧忽谕沂中及张俊遽班师。韩世忠闻之,止濠州不进;刘锜闻之,弃寿春而归。自是不复出兵。

四月,桧欲尽收诸将兵权,给事中范同献策,桧纳之。密奏召三大将论功行赏,韩世忠、张俊并为枢密使,岳飞为副使,以宣抚司军隶枢密院。六月,拜左仆射、同中书门下平章事兼枢密使,进封庆国公。《徽宗实录》成,迁少保,加封冀国公。先是,莫将、韩恕使金，拘于涿州。至是，兀术有求和意，纵之归。桧复奏遣刘光远、曹勋使金，又以魏良臣为通问使。未几，良臣偕金使萧毅等来，议以淮水为界，求割唐、邓二州。寻遣何铸报聘，许之。

十月，兴岳飞之狱。桧使谏官万俟卨论其罪，张俊又诬飞旧将张宪谋反，于是飞及子云俱送大理寺，命御史中丞何铸、大理卿周三畏鞠之。十一月，贬李光滕州，范同罢参知政事。同虽附和议，以自奏事，桧忌之也。十二月，杀岳飞。桧以飞屡言和议失计，且尝奏请定国本，俱与桧大异，必欲杀之。铸、三畏初鞠，久不伏；卨入台，狱遂上。诬飞尝自言"己与太祖皆三十岁建节"为指斥乘舆，受诏不救淮西罪，赐死狱中。子云及张宪杀于都市。天下冤之，闻者流涕。飞之死，张俊有力焉。

十二年，胡铨再编管新州。八月，徽宗及显肃、懿节二梓宫至行在。太后还慈宁宫。九月，加太师，进封魏国公。十月，进封秦、魏两国公。桧以封两国与蔡京、童贯同，请改封母为秦、魏国夫人。子熺举进士，馆客何溥赴南省，皆为第一。熺本王晚孽子，桧妻晚妹，无子，晚妻贵而妒，桧在金国，出晚为桧后。桧还，其家以熺见，桧喜甚。桧幸和议复成，益咎前日之异己者。先是，赵鼎贬潮州，王庶贬道州，胡铨再贬新州。至是，皆遇赦永不检举。曾开、李弥逊并落职。张俊本助和议，居位岁余无去意，桧讽江邈论罢之。

十三年，贺瑞雪，贺雪自桧始。贺日食不见，是后日食多书不见。彗星常见，选人康倬上书言彗星不足畏，桧大喜，特改京秩。楚州奏盐城县海清，桧请贺，帝不许。知虔州薛弼言木内有文曰"天下太平年"，诏付史馆。于是修饰弥文，以粉饰治具，如乡饮、耕籍之类节节备举，为苟安余杭之计，自此不复巡幸江上，而祥瑞之奏日闻矣。

洪皓归自金国，名节独著，以致金酋室撚语，直翰苑不一月逐去。室撚者，粘罕之左右也。初，粘罕行军至淮上，桧尝为之草檄，为室撚所见，故因皓归寄声。桧意士大夫莫有知者，闻皓语，深以为憾，遂令李文会论之。胡舜陟以非笑朝政下狱死，张九成以鼓唱浮言贬，累及僧宗杲编配，皆以语忤桧也。张邵亦坐与桧言金人有归钦宗及诸王后妃意，斥为外祠。十四年，贬黄龟年，以前尝论桧也。闽、浙大水，右武大夫白锷有"燮理乖谬"语，刺配万安军。太学生张伯麟尝题壁曰"夫差，尔忘越王杀而父乎"，杖脊刺配吉阳军。故将解潜罢官闲居，辛永宗总戎外郡，亦坐不附和议，潜窜南安死，永宗编置肇庆死。赵鼎、李光皆再窜过海。皓之罪由白锷延誉，光以在滕州唱和有讽刺及桧者，为守臣所告也。

先是，议建国公出阁。吏部尚书吴表臣、礼部尚书苏符等七人论礼与桧意异，于是表臣等以讨论不详、怀奸附鼎皆罢。始，桧为上言：赵鼎欲立皇太子，是待陛下终无子也，宜俟亲子乃立。遂嗾御史中丞詹大方言鼎邪谋密计，深不可测，与范冲等咸怀异意，以徼无妄之福。冲尝为资善翊善，故大方诬之。其后监察御史王镃言帝未有嗣，宜祠高禖，诏筑坛于圜丘东，皆桧意也。

台州曾惇献桧诗称"圣相"。凡投献者以皋、夔、稷、契为不足，必曰"元圣"。桧乞禁野史。又命子熺以秘书少监领国史，进建炎元年至绍兴十二年《日历》五百九十卷。熺因太后北还，自颂桧功德凡二千余言，使著作郎王扬英、周执羔上之，皆迁秩。自桧再相，凡前罢相以来诏书章疏稍及桧者，率更易焚弃，日历、时政亡失已多，是后记录皆熺笔，无复有公是非矣。冬十月，右正言何溥指程颐、张载遗书为专门曲学，力加禁绝，人无敢以为非。

十五年，熺除翰林学士兼侍读。四月，赐桧甲第，命教坊乐导之入，赐缗钱金绵有差。六月，帝幸桧第，桧妻妇子孙皆加恩。桧先禁私史，七月又对帝言私史害正道。时司马伋遂言《涑水记闻》非其曾祖光论著之书，其后李光家亦举光所藏书万卷焚之。十月，帝亲书"一德格天"扁其阁。十六年正月，桧立家庙。三月，赐祭器，将相赐祭器自桧始。

先是，帝以彗星见求言。张浚上疏言今事势如养大疽于头目心腹之间，不决不止，愿谋为豫备。不然，异时以国与敌者，反归罪正议。桧久憾浚，至是大怒，即落浚节钺，贬连州寻移永州。

十七年，改封桧益国公。五月，移贬洪皓于英州。八月，赵鼎死于吉阳军。是夏，先有赵鼎遇赦永不检举之旨，又令月申存亡，鼎知之，不食而卒。自鼎之谪，门人故史皆被罗织，虽闻其死而叹息者亦加以罪。又窜吕颐浩子摭于滕州。十二月，进士施锷上《中兴颂》《行都赋》及《绍兴雅》十篇，永免文解。自此颂咏导谀愈多。赐百官喜雪御筵于桧第。

十八年，熺除知枢密院事，桧问胡寅曰："外议如何？"寅曰："以为公相必不袭蔡京之迹。"五月，李显忠上恢复策，落军职，与祠。六月，迪功郎王廷珪编管辰州，以作诗送胡铨也。闰八月，福州言民采竹实万斛以济饥。十一月，胡铨自新州移贬吉阳军，以作颂谤讪也。

十九年，帝命绘桧像，自为赞。是岁，湖、广、江西、建康府皆言甘露降，诸郡奏狱空。帝尝语桧曰："自今有奏狱空者，当令监司验实。果妄诞，即按治，仍命御史台察之。苟不惩戒，则奏甘露瑞芝之类，崇虚饰诞，无所不至。"帝虽眷桧，而不可蔽欺也如此。十二月，禁私作野史，许人告。

二十年正月，桧趋朝，殿司小校施全刺桧不中，磔于市。自是每出，列五十兵持长梃以自卫。是月，曹泳告李光子孟坚省记光所作私史，狱成，光窜已久，诏永不检举；孟坚编置峡州；朝士连坐者八人，皆落职贬秩；胡寅窜新州。泳由是骤用。五月，秘书少监汤思退奏以桧存赵氏本末付史馆。六月，熺加少保。郑炜告其乡人福建安抚司机宜吴元美作《夏二子传》，指蚊、蝇也；家有潜光亭、商隐堂，以亭号潜光，有心於党李，堂名商隐，无意於事秦。故桧尤恶之。编管右迪功郎安诚、布衣汪大圭，斩有荫人惠俊、进义副尉刘允中，黥径山僧清言，皆以讪谤也。时桧疾愈，朝参许肩舆，二孙扶掖，仍免拜。二十一年，朝散郎王扬英上书荐熺为相，桧奏扬英知泰州。

二十二年，又兴王庶二子之奇、之荀、叶三省、杨炜、袁敏求四大狱，皆坐谤讪。炜又以尝登李光、萧振之门，言时事也。于是光永不检举，振贬池州。二十三年，桧请下台州于谢伋家取蔡密礼所受御笔缴进。桧初罢相，上有责桧语，欲泯其迹焉。是岁，进士黄友龙会谤讪，黥配岭南；内侍裴咏坐指斥，编管琼州。二十四年二月，杨炬以弟炜旧累死宾州，炬编管邕州。何兑讼其师马伸发端上金人书乞存赵氏，为分桧功，兑编管英州。三月，桧孙敷文阁待制埙试进士举，省殿试皆为第一，桧从子炜煇、姻党周夤、沈兴杰皆登上第，士论为之不平。考官则魏师逊、汤思退、郑仲熊、沈虚中、董德元也。师逊等初知贡举,即语人曰:"吾曹可以富贵矣。"及廷试,桧又奏思退为编排。师逊为详定。埙与第二人曹冠策皆攻专门之学,张孝祥策则主一德元老且及存赵事。帝读埙策,皆桧、熺语,于是擢孝祥为第一,降埙第三。未几,埙修撰实录院,宰相子孙同领史职,前所无也。

六月,以王循友前知建康尝罪桧族党,循友安置滕州。八月,王趯为李光求内徙,趯编管辰州。郑忌、贾子展以会中有嘲谪讲和之语,忌窜容州,子展窜德庆府。方畴以与胡铨通书,编置永州。十二月,魏安行、洪兴祖以广传程瑀《论语解》,安行编置钦州,兴祖编置昭州。又窜程纬,以其慢上无礼也。

帝尝谕桧曰:"近轮对者,多谒告避免。百官轮对,正欲闻所未闻,可令检举约束。"桧擅政以来,屏塞人言,蔽上耳目,凡一时献言者,非诵桧功德,则评人语言以中伤善类。欲有言者恐触忌讳,畏言国事,仅论销金铺翠,乞禁鹿胎冠子之类,以塞责而已。故帝及之,盖亦防桧之壅蔽也。

衢州尝有盗起,桧遣殿前司将官辛立将千人捕之,不以闻。晋安郡王因入侍言之,帝大惊,问桧,桧曰:"不足上烦圣虑,故不敢闻,盗平即奏矣。"退而求其故,知晋安言之,遂奏晋安居秀王丧不当给俸,月损二百缗,帝为出内帑给之。

二十五年二月,以沈长卿旧与李光启讥和议,又与芮烨共赋《牡丹诗》,有"宁令汉社稷,变作莽乾坤"之句,为邻人所告,长卿编置化州,烨武冈军。静江有驿名秦城,知府吕愿中率宾僚共赋《秦城王气诗》以媚桧,不赋者刘芮、李燮、罗博文三人而已。愿中由此得召。又张扶请桧乘金根车,又有乞置益国官属及议九锡者,桧闻之安然。十月,申禁专门之学。以太庙灵芝绘为华旗,凡郡国所奏瑞木、嘉禾、瑞瓜、双莲悉绘之。

赵令衿观桧《家庙记》,口诵"君子之泽,五世而斩",为汪召锡所告。御史徐嘉又论赵鼎子汾与令衿饮别厚煦,必有奸谋,诏送大理,拘令衿南外宗正司。桧於一德格天阁书赵鼎、李光、胡铨姓名,必欲杀之而后已。鼎已死而憾之不置,遂欲孥戮汾。桧忌张浚尤甚,故令衿之狱,张宗元之罢,皆波及浚。浚在永州,桧又使其死党张柄知潭州,与郡丞汪召锡共伺察之。至是,使汾自诬与浚及李光、胡寅谋大逆,凡一时贤士王十三人皆与焉。狱成,而桧病不能书。

是月乙未,帝幸桧第问疾,桧无一语,惟流涕而已。熺奏请代居相位者,帝曰:"此事卿不当与。"帝遂命权直学士院沈虚中草桧父子致仕制。熺遣其子埙与林一飞、郑枏夜见台谏徐嘉、张扶谋奏请己为相。丙申,诏桧加封建康郡王,熺进少师,皆致仕,埙、堪并提举江州太平兴国宫。是夜,桧卒,年六十六。后赠申王,谥忠献。

桧两据相位,凡十九年,劫制君父,包藏祸心,倡和误国,忘雠灭伦。一时忠臣良将,诛锄略尽。其顽钝无耻者,率为桧用,争以诬陷善类为功。其矫诬也,无罪可状,不过曰谤讪,曰指斥,曰怨望,曰立党沽名,甚则曰有无君心。凡论人章疏皆桧自操以授言者,识之者曰:"此老秦笔也。"察事之卒,布满京城,小涉讥议,即捕治,中以深文。又阴结内侍及医师王继先,伺上动静,郡国事惟申省,无一至上前者。桧死,帝方与人言之。

桧立久任之说,士淹滞失职,有十年不解者。附己者立与擢用。自其独相,至死之日,易执政二十八人,皆世无一誉。柔佞易制者,如孙近、韩肖胄、楼炤、王次翁、范同、万俟卨、程克俊、李文会、杨愿、李若谷、何若、段拂、汪勃、詹大方、余尧弼、巫伋、章夏、宋朴、史才、魏师逊、施钜、郑仲熊之徒,率拔之冗散,遽跻政地。既共政,则拱默而已。又多自言官听桧弹击,辄以政府报之,由中丞、谏议而升者凡十有二人,然甫入即出,或一阅月,或半年即罢去。惟王次翁阅四年,以金人败盟之初持不易相之论,桧德之深也。开门受赂,富敌於国,外国珍宝,死犹及门。人谓熺自桧秉政无日不锻酒具,治书画,特基细尔。

桧阴险如崖阱,深阻竟叵测。同列论事上前,未尝力辩,但以一二语倾挤之。李光尝与桧争论,言颇侵桧,桧不答。及光言毕,桧徐曰:"李光无人臣礼。"帝始怒之。凡陷忠良,率用此术。晚年残忍尤甚,数兴大狱,而又喜谀佞,不避形迹。

然桧死熺废,其党祖述余说,力持和议,以窃据相位者尚数人,至孝宗始荡涤无余。开禧二年四月,追夺王爵,改谥谬丑。嘉定元年,史弥远奏复王爵、赠谥。

【译文】

秦桧,字会之,江宁人。登徽宗政和五年进士第,补官为密州教授。继而考中"词学兼茂"科,官为太学学正。宋钦宗靖康元年,金兵攻打汴京,派使者索求三镇,秦桧上言兵机四事:一言金人索求无厌,请只应许燕山一路;二言金人狡诈,不可放松守御之计;三请集合百官详细讨论,选择其合理者载之于誓书;四请让金人使者住于城外,不可令其入门及引领上殿。未受到答复。拜官职方员外郎。不久,任命他做张邦昌的下属为干当公事,秦桧上言:"此行专为割地,与臣的意见矛盾,不合臣的本心。"三次上章推辞,被批准。

当时商议割让三镇以求停战,命秦桧代理礼部侍郎衔,与程瑀为割地使,侍奉肃王赵枢前往金营。金兵退师,秦桧、程瑀随行至燕京而还。御史中丞李回、翰林承旨吴开共同举荐秦桧,拜官为殿中侍御史,迁为左司谏。王云、李若水会见金兵两个头子(指完颜宗翰、完颜宗望)回来,说金人执意要得到土地,不然的话,就要进兵夺取汴京。靖康元年十一月,集合百官论议于延和殿,范宗尹等七十人请求割地给金人,秦桧等三十六人持反对意见。不久,秦桧拜官为御史中丞。

闰十一月,汴京失守,徽宗、钦宗二帝入金营。靖康二年二月,莫俦、吴开从金营回来,传达金帅的命令,让推立异姓为帝。留守王时雍等召集百官军民共同商议提出要立张邦昌为帝,众人都大惊失色而不敢作答,监察御史马伸声言于众道:"我辈任职为言官,岂能坐视而不吐一句话!我们应共入议状,请求保存赵氏。"当时秦桧为御史台长官,听了马伸的话表示赞同,便进议状,道:

秦桧承受国家厚恩,甚为未能报效而惭愧。会金人拥重兵,临已被拔取之城,操生杀予夺之权,一定要改立异姓,秦桧拼命以争,不但是为了忠于主人,而且也是申明两国的利害。赵氏自祖宗以至嗣君(指宋钦宗),已一百七十余年。前因奸臣破坏盟约,结仇怨于邻国,谋臣策划失当,贻误君主,军队败没,遂使生灵涂炭,京都陷落,主上出于郊外,求和于军前。两元帅既已应允和议,遍闻于中外了,况我们也已竭尽府库所藏财物,追取主上服御所用,割让河北、河东土地,恭为臣子;现在竟改变前议,我们为人臣子,怎能忍心怕死而不争论呢?

宋对于中国,号令一统,疆土绵延万里,德泽加于百姓,前古所未曾有。虽然兴亡之命运,在天有气数,但怎能以一座都城之失而决定废立呢?从前西汉断送于王莽的新朝,但光武帝又重新振兴;东汉绝灭于曹氏,但刘备又在蜀地称帝;唐朝为朱温篡夺,李克用尚推演自己的族谱而承继之。这是因为大厦基础广厚而难于倾倒,大树根植深因而难于拔掉的缘故呀。

张邦昌在太上皇时,附会权幸之臣,共为蠹害国家之政。社稷倾危,生民涂炭,固然不是一人所致,但也是张邦昌所为。天下人正疾恨他如仇雠,如果把土地交给他,让他统治人民,四方豪杰必然一同奋起而诛讨之,绝对不会成为大金国的屏障。如果非要立张邦昌不可,则即使京师之民服从,天下之民也不会服从;京师的宗室子弟可以灭绝,但天下的宗室子弟绝不会灭绝。秦桧不顾忌斧钺之诛,陈述两国的利害,愿恢复嗣君之位以安定四方,这不仅使大宋蒙福,也是大金的万世之利呀。

紧接着,金人便要求秦桧前往金营。三月,金人立张邦昌为伪楚帝。张邦昌给金人写信,要求送还孙傅、张叔夜和秦桧,未被答应。开始,徽、钦二帝迁送北方,秦桧与孙傅、张叔夜、何栗、司马朴相随至燕山,又被迁徙至韩州。太上皇听说康王赵构已即皇帝位,便写信给金帅粘罕(宗翰),与他相约订立和议,交给秦桧加以润色。秦桧通过厚赂送达粘罕。正好金主吴乞买把秦桧赐给他弟弟挞懒为当差,挞懒攻打山阳。宋高宗建炎四年十月甲辰,秦桧与妻子王氏及婢仆一家,离开兵营,取路涟水军水寨,航海至行在。丙午,秦桧入见高宗。丁未,拜官礼部尚书,赐以银帛。

秦桧的归来,自称是杀死监视自己的金人,乘舟而来。但朝臣们很多都认为,秦桧与何栗、孙傅、司马朴同被拘留,而单单只有秦桧归来;另外从燕地到楚地两千八百里,渡河越海,难道就没有盘查他的?他怎么能够杀死监视者而南逃呢?即使让他从军挞懒,金人宽纵他,也必然把他的妻子作为人质,怎么会让他带着王氏一同随军?只有宰相范宗尹、同知枢密院李回与秦桧友善,便破除众人的各种怀疑,极力推荐秦桧忠心。未与高宗对问的前一天,高宗命他先见宰相。秦桧上来便谈"如果想要天下无事,那就南方自是南方,北方自是北方",并奏上所起草的与挞懒求和书。高宗道:"秦桧质朴忠诚,过于常人,朕得到他高兴得都睡不着觉了,这是因为不仅听到二帝与母后的消息,而且得到一个难得的人才呀。"范宗尹想把他安排为经筵侍读,高宗说:"先给他一个事情少的尚书当。"所以才有了礼部尚书的任命。与秦桧同行的王安道、冯由义,水寨人丁祀及参议官,都改为京官,船夫孙靖也补承信郎。开始,朝廷虽然屡次派遣使者,但还是且守且和,而专门与金人解仇议和,实自秦桧开始。这是因为秦桧在金庭首倡和议,所以挞懒才纵放他让他南归。

绍兴元年二月,除官为参知政事。七月,范宗尹罢相。先是,范宗尹建议讨论徽宗崇宁、大观以来的滥赏,秦桧极力赞成这建议,后来看见高宗坚决不同意,反而以此来挤陷范宗尹。范宗尹既已去职,相位长久空虚。秦桧扬言道:"我有两个主意,可以耸动天下。"有人问他为什么不说出来,秦桧道:"如今没有宰相,是不可实行的。"八月,拜官为右仆射、同中书门下平章事,兼知枢密院事。九月,吕颐浩再次为宰相,秦桧与他共同秉政,图谋夺取他的权柄,示意自己的党羽建言:"周宣王内修国政,外攘夷狄,所以才能成中兴大业,现今两位宰相应该分任于内外。"于是吕颐浩便建都督府于镇江。高宗道:"吕颐浩专门治理军旅,秦桧专门处理政务,像春秋时越国的文种、范蠡的分工就可以了。"

绍兴二年，秦桧奏请建置修政局，自己担任提举，参知政事翟汝文与他共同掌管。没有多久，秦桧当面劾奏翟汝文擅自处治堂吏，翟汝文请求去职；谏官方孟卿一再弹劾，翟汝文竟被罢免。监察御史刘一止，是秦桧的党羽，说："周宣王内修国政，是修其所谓外攘夷狄的国政。如今簿书狱讼、官吏任命、土木营建，都不是当务之急。"屯田郎曾统也对秦桧说："宰相什么事都管，还要修政局干什么？"秦桧都不听从。既而有议论要废除修政局以动摇秦桧的，刘一止及检讨官林待聘都上疏说修政局不可废除。七月，调刘一止离开御史台，除官起居郎，这是因为他自叛其说，为有识者所讪笑。

吕颐浩自江上还朝，策谋赶走秦桧，有人教他牵引朱胜非为帮手。诏旨任命朱胜非为同都督。给事中胡安国言朱胜非不可用，于是朱胜非便调任醴泉观使兼侍读。胡安国请求去职，秦桧三次上奏请求留下，未予回答。不久吕颐浩以黄龟年为殿中侍御史，刘棐为右司谏，这是为驱逐秦桧做准备。于是江跻、吴表臣、程瑀、张焘、胡世将、刘一止、林待聘、楼炤全部免职，予以宫观使的虚衔，御史台、中书省为之一空，这些人都是秦桧的党羽。秦桧开初想倾倒吕颐浩，引荐当时的名贤如胡安国、张焘、程瑀等人布满清要之职。吕颐浩向席益问起除掉秦桧的策略，席益道："称他为朋党就可以了。如今党魁胡安国任职宫廷，应该先除去他。"这是由于胡安国曾向游酢问起人才的事，游酢以秦桧作回答，并且把他与荀文若相比拟。所以胡安国极力称赞秦桧比张浚贤能，秦桧也极力提引胡安国。至此，胡安国等人去职，秦桧不久也被免相。等到秦桧再次担任宰相误国，胡安国已经死了。黄龟年开始弹劾秦桧专主和议，破坏恢复大计，培植党羽，独揽大权，其苗头不可助长，以至把秦桧比成王莽、董卓。八月，秦桧罢相，为观文殿学士，提举江州太平观。

罢相的前一天，高宗召见直学士院綦崇礼入对，让他看秦桧所陈奏的二策：想把河北人归还金，把中原人还给刘豫。高宗道："秦桧说'南人归南，北人归北'。朕是北方人，将归于何处？秦桧还说'为相数月，可以耸动天下'，如今也没有听说他干过什么。"綦崇礼便把高宗说的话载之于"训辞"，播告中外，人们这才知道秦桧的奸邪。黄龟年等人劾论秦桧不已，下诏罢免其职，揭榜于朝堂，表示不再起用。绍兴三年，韩肖胄等出使金国还朝，以及金国使者李永寿、王翊一同来，要求全部放还北方的俘虏，与秦桧以前的建议相吻合。有识者越发明白秦桧与金人同谋，国家要受的屈辱还没完呢。

绍兴五年，金主既死，挞懒主持议和，终于达成和议。二月，恢复秦桧的资政殿学士，仍提举江州太平观。六月，除官观文殿学士、知温州。绍兴六年七月，改知绍兴府。不久，除官醴泉观使，兼侍读，充行宫留守；孟庚同为留守，并权赴尚书，枢密院参决庶事。当时已经降下诏旨将要巡幸，秦桧乞请扈从，不许。高宗驻跸于平江，召秦桧赴往行在，这是采用右相张浚的推荐。十二月，秦桧以醴泉观使兼侍读赴讲筵。绍兴七年正月，何藓出使金国还朝，得知宋徽宗和宁德太后的讣闻，高宗号恸发丧，当日授秦桧担任枢密使，待遇同于宰相。四月，命王伦出使金国，迎还徽宗、宁德后的灵柩。

九月，张浚请求罢相。高宗问："谁能替代您呢？"张浚不回答。高宗问："秦桧怎么样？"张浚道："与他共事之后，才知道他愚昧不通。"高宗道："那么就用赵鼎。"于是赵鼎再次为相。御史台、谏院交章论劾张浚，安置于岭南。赵鼎约集同列救解张浚，与张守向高宗面奏，各讲了数千百言，秦桧偏偏一言不发。于是张浚便被贬谪于永州。开初，张浚、赵鼎很合得来，张浚先为相，极力引荐赵鼎。他们曾一起讲论人才，张浚极口称说秦桧的优点，赵鼎说："此人如得志，我们就无立足之地了。"张浚不以为然，所以引荐秦桧，共同处理政事才知道他的愚昧，就不复再引荐了。秦桧因此怀恨张浚，反而对赵鼎说："皇上想要召用您，而张相国加以阻挠。"他是企图激怒赵鼎，让他排挤张浚。秦桧在枢密府只听从赵鼎，赵鼎一向厌恶秦桧，到这时反而对他深加信赖，最后终于被他倾陷。赵鼎与张浚晚年相遇于福建，说到这事，才知道全被秦桧所出卖了。

十一月，驻金国的使臣朱弁，来信报告粘罕死了，高宗道："金人暴虐，不灭亡还等什么！"秦桧道："陛下只管积德，中兴一定有机会的。"高宗道："这固然是有机会，但也须有所作为，然后才可以得志。"

绍兴八年三月，拜官右仆射、同中书门下平章事，兼枢密使。吏部侍郎晏敦复而有忧色，说："奸人当宰相了。"五月，金国派遣乌陵思谋等人来议和，与王伦偕同抵达。乌陵思谋就是宣和年间与宋朝通好于海上的人。朝议以吏部侍郎魏矼为馆伴（陪同接待外国使者的官员），魏矼辞道："以前我担任御史，曾上言议和不对，今不可单独与他们相处。"秦桧问魏矼为什么反对主和，魏矼详细谈了敌国的情况。秦桧道："您是以智识料度敌国，我是以真诚对待敌国。"魏矼道："只怕敌国不以真诚对待相公。"秦桧便中改任命。六月，乌陵思谋等入见高宗。高宗愀然不乐地对宰相说："先帝的灵柩，果然有归还之期，就是再等二三年也还可以。只是太后年纪已经高迈，朕旦夕思念，这就是所以不怕委屈自己，希冀和议早日谈成的原因呀。"秦桧道："委屈自己议和，这是皇上的孝心。见到主人卑屈，怀愤不平，这是臣子的忠心。"高宗道："虽然如此，也要有备无患，假使和议可成，边备也不可松弛。"

十月，宰相执政入见高宗，事后秦桧单独留下，道："臣僚们畏首畏尾，大多手执两端，这不足以与他们决定大事。如若陛下决心要讲和，乞请专与臣商议，不要让群臣参预。"高宗道："朕只委托您一个人。"秦桧道："臣依然担心有所不妥，望陛下再思考三天，容臣另奏。"又过三日，秦桧再次单独留下奏事。高宗求和的愿望很坚决，秦桧仍然以为还不够，道："臣恐怕别有不便，想希望陛下再思考三天，容臣另奏。"高宗道："好吧。"又过了三日，秦桧又照旧单独留下奏事，知道高宗的决心已坚定不移了，便拿出文字请决定和议，不许群臣参预。

赵鼎力求离开相位，以少傅衔出知绍兴府。开初，高宗没有儿子。建炎末年，范宗尹贴近高宗膝下请示，于是命令宗室赵令广从宋太祖的后代中挑选，得到赵伯琮、赵伯玖收养宫中，他们都是太祖的七世孙。赵伯琮改名赵瑗，赵伯玖改名赵璩。赵瑗先建节，封建国公。高宗谕令赵鼎专门负责此事。赵鼎又请求建资善堂，赵鼎罢相，言官攻击赵鼎，必以资善堂为口实。及至赵鼎、秦桧再次为相，高宗降出御札，除赵璩为节度使，封吴国公。众执政相聚议论，枢密副使王庶见到御札，大呼道："两个后嗣并列，这是不可实行的。"赵鼎把这事问秦桧，秦桧不回答。秦桧反过来问赵鼎，赵鼎道："自从丙辰年（绍兴六年）我被罢相，批评我的人专门以此为口实，如今我应避嫌。"二人相约一同上奏当面把御札退还给高宗，及至到了高宗面前，秦桧一句话也不说了。赵鼎道："如今建国公位次在赵璩之上，虽然没有正式立他为太子，但天下之人知道陛下已有后嗣了。今天在礼数上不能不与赵璩有所区别。"高宗便留下御札答应再商议。第二天,秦桧单独留下奏事。过了几天,参知政事刘大中参见秦桧,也主张建国公与赵璩名位要有区别。所以赵鼎与刘大中一同被罢免。明年,赵璩终于被任命为保大军节度使,封崇国公。所以赵鼎入宫辞别时,劝高宗说:"臣离开之后,必然会有用孝悌之说来挟制陛下的。"出宫见到秦桧,一揖而去,秦桧便也怀恨在心。

赵鼎既已罢相,秦桧独专国政,下决心与金国议和,朝廷的贤达官员,因为议论与秦桧不合,相继去官。中书舍人吕本中、礼部侍郎张九成都不肯赞同和议,秦桧告诉他们要柔顺委曲些,张九成道:"没有自己邪曲而能使别人正直的。"秦桧恨透了他。殿中侍御史张戒上疏请求留下赵鼎,又陈述十三事以论和议的错误,得罪了秦桧。王庶与秦桧尤其合不来,自淮西调入枢密院,始终声言和议不对,总共上疏七次,并且对秦桧说:"你忘了在东都想保存赵氏的时候了,为什么要留下这个敌人呢?"秦桧正挟靠金人以自重,特别恼恨王庶这句话,所以把他排斥出朝廷。

枢密院编修官胡铨上疏,请求斩秦桧、王伦以谢天下。于是上下议论纷纷。秦桧装成解救的样子,终于用刑具押送胡铨,贬斥于昭州。陈刚中写启给胡铨表示支持,秦桧大怒,把陈刚中送交吏部,安排他做赣州安远知县。赣州共有十二个县,安远濒接南岭,地方险恶,瘴毒很重,俗谚道:"龙南、安远,一去不转。"说的是一去必死。陈刚中果然死在哪里。不久,秦桧以胡铨之事告诫中外。既而校书郎许忻、枢密院编修官赵雍同日上疏,依然遵循胡铨的意思,极力反对和议。赵雍又要纠正南朝北朝谁为兄谁为弟的名分,秦桧也不能降罪。曾开见秦桧,说今日应当论存亡,不应论安危。秦桧愕然,把他赶了出去。司勋员外郎朱松、馆职胡珵、张扩、凌景夏、常明、范如圭联名上疏,道:"金人依仗'和'这一个字,得逞于我朝十有二年。他们以此覆灭我们的社稷,松弛我们的边备,竭尽我们的国力,缓削我们的不共戴天之仇,让我们中原地区呕吟怀念大宋的百姓绝望。他们以'诏谕江南'为名,要挟陛下行以稽首之礼。自公卿大夫下至六军万姓,无不扼腕愤怒,岂肯听由陛下北面为仇敌的臣子呢!天下必将有仗恃大义,向相公问罪者!"过了数日,代理吏部尚书张焘,吏部侍郎晏敦复、魏矼,户部侍郎李弥逊、梁汝嘉,给事中楼炤,中书舍人苏符,工部侍郎萧振,起居舍人薛徽言同班入奏,极力倡言高宗对金人行卑屈之礼是不对的。新任命的礼部侍郎尹焞单独上疏,亦递交书函深切地指责秦桧。秦桧开始大怒,尹焞于是坚决推辞新的任命而不拜官。奉礼郎冯时行被高宗召对,说和议不可信赖,以至援引汉高祖分羹事为比喻。高宗道:"我实在不忍心听这种话!"皱着眉头起身而去。秦桧便贬谪冯时行为万州知州,不久便也判罪。中书舍人勾龙如渊高声对秦桧说:"邪说兴起,为什么不选择御史把他们抨击赶走呢!"秦桧便奏请勾龙如渊为御史中丞,首先弹劾胡铨。

金国使者张通古、萧哲以"诏谕江南"为名目,秦桧担心舆论归咎自己,与萧哲等商议,改"江南"为"宋",改"诏谕"为"国信"。京、淮宣抚处置使韩世忠共四次上疏极力谏阻,疏中有"金人把我朝当成刘豫一样对待"的话,并且说敌人兵势强大之处,愿意由自己率兵抵御,未被应允。萧哲等既已抵达泗州,要求所经过的州县以臣礼相迎,到达临安那天,让高宗以客礼相待。韩世忠更加愤怒,再次上疏通:"金人以诏谕为名目,暗自把归顺的名义安在陛下头上,这是君主受辱臣子死节的时刻,我愿效死战以决胜败。如若不能克敌,再委曲所从也不晚。"也未受批准。萧哲等既入边境,接伴使范同连连下拜问金主安好,军民见此情景的,往往流下眼泪。萧哲过平江,守臣向子湮不肯下拜,向朝廷请求致仕。萧哲等至淮安,说先归还河南土地,并册封高宗为帝,然后再慢慢谈其他的事。

秦桧到此时想要高宗行卑屈之礼,高宗道:"朕继承的是太祖、太宗的基业,岂可接受金人的封册。"正值三衙帅杨沂中、解潜、韩世良相率来见秦桧,说:"军民议论汹汹,怎么办?"退下之后,又告诉了御史台和谏院。于是勾龙如渊、李谊屡次见秦桧议论金国封册的事。勾龙如渊说把封册拿来放进宫中,那么册封之礼虽然不行,但册封之事却成定局了。给事中楼炤也举出"谅阴三年不言"的典故告诉秦桧,于是确定由秦桧摄理家宰接受封册的决议。高宗也痛责王伦,王伦告诉金国使者,金国使者也害怕了,便接受了这个方案。高宗命令秦桧就到使馆中见萧哲等接受封册。金国使者要求百官都参加接受封册的大礼,秦桧便让中书省的官吏穿上朝服,前导后从,把封册送进皇宫。这前一天,诏命金国使者来,金国准备全部割还河南、陕西宋朝故土,又答应归还徽宗的灵柩以及高宗的母亲、兄长等亲属,开始并未提出索求什么。高宗因为参知政事李光一向很有声望,所以让他签署和议,以平静舆论。又降御札赐韩世忠、岳飞、张俊三大将。

绍兴九年,金人归还河南地、陕西故土。以王伦签书枢密院事,充任奉迎灵柩、奉还两宫、交割地界使,以蓝公佐为副使。命判大宗正事士、兵部侍郎张焘朝祭北宋诸帝的八陵。高宗对宰相们说:"河南新收复,应该命守臣专心抚恤遗民,劝励农桑,各自凭借本地供应食粮,利用本地人守御疆土,不可移用东南的财物,空虚内地以事边塞。"高宗虽然听信秦桧而议和,但实际上怀疑金人的诡诈,未尝放松边备。

当时张浚在永州,驰驿上奏,力言要以石晋、刘豫为鉴戒,他又写信给孙近,认为"拥戴暴秦为帝,灾祸虽然推迟,但后果更严重"。上饶守徐俯,广东帅连南夫,淮西宣抚使岳飞,都在贺表中暗寓讥讽。徐俯道:"祸福相倚相伏,其情伪诈多端。"连南夫道:"不可信也要相信,他们所说的难道真是那么回事?虽然虞舜十二州全部归于我朝的教化,但对商於六百里的许诺却要提防是他们的欺诈!"岳飞道:"为了一时救急而解倒悬之百姓,这样的还算可以;但要从长计议而为中国之尊,难道应该这样做吗?"其他如秘书省正字汪应辰、樊光远,澧州推官韩纫,临安府司户参军毛叔庆,都上言金人居心叵测;迪功部张行成献上《询荛书》(荛,刍荛,指身在山野的人。询荛,即向山野之人征求对国家大事的看法)二十篇,大意是说,自古讲和,没有始终不变者,他所条列的都是预防之策。秦桧对他们全都加以黜责,韩纫则贬官于循州。

七月,金国兀术杀死其国领三省事宗磐和左副元帅挞懒,拘留王伦于中山府。因为兀术认为归还宋朝土地是这两个人的主谋,他准备另有谋划。王伦曾经把这事秘密上奏于朝廷,但秦桧不做任何防备,只是催促王伦北上。当时韩世忠有乘其松懈而掩袭的建议,秦桧却说《春秋》之义是不乘人之丧而用兵,与高宗之意相合,这事也就完了。

绍兴十年,金人果然撕毁盟约,分四路入侵。兀术入东京(开封),葛王褒取南京(商丘),李成取西京(洛阳),撒离喝直趋永兴军。河南诸郡相继陷落。高宗这时方才大惊,下诏责数兀术之罪。御史中丞王次翁奏道:"前日所定政策,并没有谁是主要制定者。如今事情小有变故，就改用他人为宰相，后来者未必更贤能，而排挤废黜异党，乱纷纷的几个月也安定不下来。愿陛下以此为戒。"高宗非常赞成。秦桧极力压制众人言论，始终以和议自任，而王次翁却说没有人是和议的主谋，这是专门为秦桧做开脱。于是秦桧的相位又稳固住了。他占据其位共十八年，公众舆论都不能动摇了。

六月，秦桧上奏道："德无常师，主张好就是师。臣前见挞懒有割地讲和的建议，所以赞成陛下收取河南故土。如今兀术杀害他的叔父挞懒，蓝公佐归朝，和议已发生变故，所以赞成陛下定征讨伐罪之计。臣愿至长江告谕诸帅，同力招讨。"但他终于没有动身。闰六月，贬赵鼎于兴化军，这是因为王次翁承受秦桧意旨，上言说赵鼎图谋复用为相的缘故。言官攻讦不已，不久赵鼎又流放到潮州。

当时张俊攻克亳州，王胜攻克海州，岳飞攻克郾城，几乎擒获兀术。张浚战胜于长安，韩世忠战胜于泇口镇，诸将所向皆奏捷报，而秦桧极力主张班师。九月，下诏命岳飞还行在，杨沂中还镇江，刘光世还池州，刘锜还太平。岳飞军队闻听诏命，旗帜倒，车辙乱，岳飞惊讶地张开口都合不上了。于是淮宁、蔡州、郑州又为金人据有，以建明堂降恩封秦桧为莘国公。绍兴十一年，兀术再次举兵，取寿春，入庐州。宋将邵隆、王德、关师古等连战皆捷。杨沂中战于拓皋，又破金兵。秦桧忽然谕令杨沂中和张俊立即班师。韩世忠听说了，止于濠州而不进，刘锜听说，也抛弃寿春而归。从此便不再出兵。

四月，秦桧想要把诸将的兵权全部收归朝廷，给事中范同献计，秦桧接受了。秦桧密奏召回三大将论功行赏，韩世忠、张俊同为枢密使，岳飞为枢密副使，以宣抚司军隶属枢密院。六月，秦桧拜官左仆射、同中书门下平章事兼枢密使，进封庆国公。《徽宗实录》修成，迁少保，加封冀国公。之前，莫将、韩恕出使金国，被拘留于涿州。到这时，兀术有求和之意，便放他们南归。秦桧又奏派刘光远、曹勋出使金国，又以魏良臣为通问使。没多久，魏良臣偕同金国使者萧毅等来，议定以淮河为界，要求割让唐、邓二州。接着便派遣何铸报答回访，答应了金国的要求。

十月，兴岳飞之狱。秦桧使谏官万俟卨论定岳飞的罪名，张俊又诬陷岳飞的旧部将张宪谋反，于是岳飞及其子岳云俱被逮送大理寺，命御史中丞何铸、大理卿周三畏审问。十一月，贬李光于滕州，范同罢免参知政事。范同虽然附和和议，但由于独自向皇帝奏事，秦桧很疑忌他。十二月，杀害岳飞。秦桧因为岳飞屡次言说和议失策，并且曾经上奏请早立太子，都与秦桧主张相反，所以一定要杀死他。何铸、周三畏开始鞫问，很久都不承认罪状；万俟卨入御史台，于是便呈上定案。他诬陷岳飞曾说过"自己与太祖皇帝都是三十岁为节度使"，这是图谋不轨，也还有接受诏旨不救淮西之罪，于是赐死于狱中。其子岳云及张宪都被杀于都城市中。天下冤之，闻者流涕。岳飞之死，张俊也用了力。

绍兴十二年，胡铨再贬，被编管于新州。八月，徽宗及显肃太后、懿节太后的灵柩运至行在，韦太后返回，住慈宁宫。九月，加秦桧为太师，进封魏国公。十月，进封秦、魏两国公。秦桧因为所封两国与蔡京、童贯相同（蔡京封魏国公，童贯封秦国公），请改封其母为秦、魏国夫人。其子秦熺举进士，其馆客何溥入尚书省活动，秦熺连中第一。秦熺本是王晚妾生的儿子，秦桧的妻子是王晚的妹妹，没生儿子。王晚的妻子出身权贵而性妒，秦桧当时在金国，便把秦熺作为秦桧的后嗣。秦桧南还，他家带来秦熺给他看，他非常喜欢。秦桧暗幸和议再次达成，更加罪咎前日与自己持异议的人。此前，赵鼎贬于潮州，王庶贬于道州，胡铨再贬于新州。到这时，都被宣布即使遇赦也永远不准检举取用。曾开、李弥逊都被免职。张俊本来赞成和议，但他当了一年多枢密使而毫无辞去之意，秦桧便暗示江邈劾奏罢免他。

绍兴十三年，贺瑞雪。下雪而祝贺祥瑞，这事由秦桧创始。又贺日食不见，此后凡是日食都记载说不见。彗星是经常出现的。待选的官员康倬上书说彗星不值得畏惧，秦桧大喜，特别改命为京官。楚州上奏说盐城县的海水变清，秦桧请求祝贺，高宗没答应。虔州知州薛弼上言，说木头里有字"天下太平年"，降诏把此事载入史册。于是装点形式，以粉饰政治，如乡饮、耕籍之类的礼仪样样并举；只打算苟且偷安于余杭，从此不再巡幸长江，而祥瑞之奏接连上闻了。

洪皓自金国归朝，名节特别突出。因为他把致金国头目室撵的话转达朝廷，在翰林院没做了一个月官就被秦桧赶走了。室撵，是粘罕的亲信。开初，粘罕行军至淮上，秦桧曾替他起草檄文，被室撵看见了，所以借着洪皓南归捎回这个信息。秦桧本以为士大夫没有知道这事的，等听到洪皓的话，深以为恨，便命李文会弹劾他。胡舜陟因为讥笑朝政而下狱死，张九成因为传播民间流言而被贬，连累到和尚宗杲受到发配管制，他们都是因为说话得罪了秦桧。张邵也因为对秦桧说起金人有归还钦宗及诸王后妃的意思，坐罪斥为外祠。绍兴十四年，贬谪黄龟年，因为他过去曾弹劾过秦桧。闽、浙水灾，右武大夫白锷说了句"燮理乖谬"，便刺面发配于万安军。太学生张伯麟曾在墙上写了"夫差，你忘记越王杀死了你父亲吗？"一句话，就杖脊后刺配吉阳军。故将军解潜罢官闲居，辛永宗统兵于外郡，也因为不附和和议而坐罪，解潜流放于南安而死，永宗编管于肇庆而亡。赵鼎、李光都再次流放过海。洪皓的得罪，是由于白锷到处赞扬他在金国不屈的气节。李光是因为在滕州与人唱和诗词，有讽刺到秦桧的话，被守臣所告发。

此前，大臣讨论建国公出阁的事，吏部尚书吴表臣，礼部尚书苏符等七人讨论礼仪时与秦桧意见不同，于是吴表臣等都以讨论不详、怀奸依附赵鼎的罪名被罢免。开始，秦桧曾对高宗说："赵鼎想要立皇太子，是指望陛下永远没有儿子。所以要等陛下有了亲生儿子才立。"于是唆使御史中丞大方上言赵鼎邪谋密计，深不可测，与范冲等都怀有异谋，以徼求不应得到的好处。范冲曾担任资善堂的翊善，所以詹大方诬陷他。其后，监察御史王镒上言：皇帝没有后嗣，应该祠祭高禖。于是诏命筑神坛于圜丘之东。这都是秦桧的意旨。

台州曾惇向秦桧献诗，称为"圣相"。凡是向秦桧投书献诗的，都以为皋陶、夔、稷、契这些古代的贤辅尚不足比拟，必称之为"元圣"。秦桧请求禁止野史。又命其子秦熺以秘书少监领修国史，进呈建炎元年至绍兴十二年《日历》五百九十卷。秦熺因韦太后自北方归来，自己颂扬秦桧的功德共二千余言，让著作郎王扬英、周执羔呈上，都被升了官。自从秦桧再次为相，凡是前次罢相以来的诏书、章疏，只要稍涉及秦桧的，都被更替焚弃，日历和时政的记录已经丧失很多，此后的记录都是秦熺所写，再也没有公道是非了。冬十月，右正言何溥指斥程颐、张载留下的著作为"专门曲学"，力加禁绝，人们不敢说他不对。

绍兴十五年，秦熺除官翰林学士兼侍读。四月，赐秦桧上等的府第，命教坊用音乐引导入内，赐铜钱金绵各有等差。六月，高宗亲临秦桧府第，秦桧的妻子、儿媳和子孙都受恩典。秦桧先已禁绝私史，七月，他又对高宗说私史有害于正道。当时司马伋便上言说《涑水记闻》不是他曾祖司马光论著之书，其后李光家的人也把李光所藏万卷图书全部焚烧。十月，高宗亲自书写"一德格天"作为秦桧楼阁的匾。绍兴十六年正月，秦桧建立家庙。三月，高宗赐祭器。将相被赐祭器，自秦桧开始。

此前，高宗因彗星出现而征求直言。于是张浚上疏，说如今的形势，比如在头目心腹之间养了个大疽疮，不破裂就永远滋长着，愿预先做好准备。不然的话，将来有把国家送给敌人的，反要归罪于正直论议了。秦桧早就怀恨张浚，到这时更加愤怒，便剥夺了张浚的节钺，贬于连州，不久又移至永州。

绍兴十七年，改封秦桧为益国公。五月，移贬洪皓于英州。八月，赵鼎死于吉阳军。这年夏天，先有了赵鼎遇赦也永不录用的御旨，又命令当地官员每月申报赵鼎是否还活着，赵鼎知道了，便绝食而死。自从赵鼎被贬谪，其门生故吏都被罗织陷害，就是听到他死讯而叹息的也要被加罪。又流放吕颐浩的儿子吕摭于滕州。十二月，进士施锷献上《中兴颂》《行都赋》《绍兴雅》等十篇，永远免除文解（即不须地方保送，永远可以直接应试）。从此颂咏诌谀的人越来越多。赐百官赏雪用的御宴于秦桧府第。

绍兴十八年，秦熺除官知枢密院事。秦桧问胡寅："外边议论怎样？"胡寅道："认为公相必然不会蹈袭蔡京的老路。"五月，李显忠上策谈恢复，被罢免军职，挂名祠禄之官。六月，迪功郎王廷珪被编管于辰州，因为他曾作诗送胡铨。闰八月，福州上言百姓采集竹实万斛以充饥。十一月，胡铨自新州移贬吉阳军，因为他作颂"谤讪朝政"。

绍兴十九年，高宗命人为秦桧画像，亲自作赞。这一年，湖广、江西、建康府都上言说天降甘露，诸郡奏言监狱空虚。高宗曾经对秦桧说："如今有奏言监狱空虚的，应该让监司验证核实。如果是妄言，就要以法处治，仍命御史台调查此事。假如不加以惩戒，那么奏言甘露、瑞芝之类，就会崇虚饰诞，无所不至了。"高宗虽然宠眷秦桧，但还是如此不可欺瞒。十二月，禁止私作野史，允许人告发。

绍兴二十年正月，秦桧上朝，殿司小校施全行刺秦桧不中，被斩于市。从此秦桧每次外出，都排列五十名士兵，手持长棍以自卫。这个月，曹泳告发李光之子李孟坚熟记李光所做的私史。狱案成，李光流放已久，诏令永不起用；李孟坚编置于峡州；朝官连坐者八人，都被罢官降级；胡寅流放于新州。曹泳因此而被骤然提拔。五月，秘书少监汤思退上奏，要求把当年秦桧要求金人"存赵氏"的本末交付史馆。六月，秦熺加官为少保。郑炜告发他的同乡、福建安抚司机宜吴元美写了篇《夏二子传》，这二子指的是蚊子和苍蝇；吴家有潜光亭、商隐堂，把亭子起名"潜光"，是有心为李光之党，把厅堂起名叫"商隐"，是无意于效劳秦桧。因此秦桧尤其憎恶吴元美。他还编管了右迪功郎安诚和布衣汪大圭，斩杀了有恩荫的惠俊和进义副尉刘允中，黥刺了径山和尚清言，都是因为他们的"讪谤"。当时秦桧病刚痊愈，朝参皇上时允许乘轿子入宫，由两个孙子挽扶着，免去下拜之礼。绍兴二十一年，朝散郎王扬英上书推荐秦熺为相，秦桧便奏请王扬英做泰州知州。

绍兴二十二年，又兴起王庶的两个儿子王之奇、王之荀、叶三省、杨炜、袁敏求四大狱，都以"谤讪"坐罪。杨炜还因为曾登过李光、萧振的门，上言时事。于是李光便永不起用,萧振贬于池州。绍兴二十三年,秦桧请降旨台州,到谢伋家取回綦崈礼所受的御札缴进。秦桧刚被罢相时,御札上有指责秦桧的话,所以要泯灭其痕迹。这一年,进士黄友龙坐"谤讪"罪,黥面发配岭南;内侍裴咏坐"指斥"罪,编管于琼州。绍兴二十四年二月,杨炬因为其弟杨炜囚死于宾州,杨炬便被编管于邕州。何兑申诉其师马伸发起上金人书请求保存赵氏,因为要分秦桧之功,何兑被编管于英州。三月,秦桧之孙敷文阁待制秦埙参加进士考试,省试、殿试全是第一,秦桧的侄子秦炜熺,秦桧的姻党周夤、沈兴杰也都登上第,士人舆论甚为不平。考官则是魏师逊、汤思退、郑仲熊、沈虚中、董德元。魏师逊刚掌管赠举,就对人说:"吾辈可以富贵了。"及至廷试,秦桧又奏请汤思退为编排官,魏师逊为详定官。秦埙与第二名曹冠的策问都是攻击"专门之学",张孝祥的策问则主张"一德元老"兼及"存赵"事。高宗读秦埙的策,都是秦桧、秦熺平日说的话,于是擢拔张孝祥的第一,降秦埙为第三。没有多久,秦埙为实录院修撰。宰相的子、孙同领史馆之职,这是前所没有的。

六月,因为王循友以前知建康府时曾经追究秦桧族党的罪行,于是被安置于滕州。八月,王趯为李光请求迁往内地,被编管于辰州。郑玘、贾子展因为在聚会时有嘲谑和议的话,郑玘被流放容州,贾子展被流放德庆府。方畴因为与胡铨有书信往来,被编置于永州。十二月,魏安行、洪兴祖由于广泛传播程瑀写的《论语解》,魏安行被编于钦州,洪兴祖被编于昭州。又流放了程纬,因为他傲慢无礼。

高宗曾对秦桧说:"近日轮对的官员,大多告假避免。百官轮对,正想闻所未闻,可让他们检举约束。"秦桧把持政权以来,屏塞人们的言论,遮蔽皇上的耳目,凡是当时献言的,不是歌颂秦桧的功德,就是告讦别人的语言以中伤良善。真想上言的恐怕触碰到忌讳,害怕言及国事,仅说些"销金铺翠""请禁用鹿胎冠子"之类的话,聊以塞责而已。所以高宗言及此事,也是防备秦桧壅塞言路以屏蔽耳目的意思。

衢州曾有盗贼兴起,秦桧派遣殿前司的将官辛立率领千人捕拿,并未报告高宗。晋安郡王因入侍宫中而说到此事,高宗大惊,问秦桧,秦桧说:"这事不足以烦扰圣上思虑,所以不敢奏闻,盗贼平定后自会上奏的。"退下之后追究缘故,知道是晋安郡王说的,便上奏晋安郡王正居秀王之丧,不应给薪俸,每月减少二百贯,高宗为此而从内库中出钱补给晋安郡王。

绍兴二十五年二月,因为沈长卿旧日曾向李光上书讥诮和议,又和芮烨一起赋《牡丹诗》,有"宁令汉社稷,变作莽乾坤"的句子,为邻人所告发,沈长卿被编置于化州,芮烨编制武冈军。静江有个驿站叫秦城,知府吕愿中率领僚属共赋《秦城王气诗》以取媚秦桧,不赋诗者唯有刘芮、李燮、罗博文三人而已。吕愿中因此而被召见。又有张扶请求秦桧乘金根车,还有请置益国公官属和商议给秦桧"九锡"的,秦桧听了安然若素。十月,申命禁止"专门之学"。把太庙的灵芝绘为彩旗,凡是各郡国所奏的瑞木、嘉禾、瑞瓜、双莲之类,全都绘成彩旗。

赵令衿观秦桧的《家庙记》,口里诵念着"君子之泽,五世而斩",为汪召锡所告发。御史徐嘉又劾论赵鼎之子赵汾与赵令衿饮酒相别,厚赠盘缠,必定有奸谋,诏令送交大理寺,拘赵令衿于南外宗正司。秦桧在一德格天阁上书写赵鼎、李光、胡铨的姓名,必欲杀之而后已。赵鼎已死而他仍恨不已,于是便想罪及子孙杀死赵汾。秦桧忌恨张浚尤其厉害,所以赵令衿之狱,张宗元之罢免,都波及到张浚。张浚在永州,秦桧又派他的死党张柄知潭州,与郡丞汪召锡一起监视张浚。到这时,秦桧让赵汾自诬与张浚及李光、胡寅策划叛逃,当时的贤士总共五十三人全部都参与了谋反。此狱已成,而秦桧却病得不能写字了。

这月的乙未日,高宗临幸秦桧府第探视病况,秦桧一句话也说不出来,只有流泪而已。秦熺奏请谁能代居相位,高宗道:"这事不是你该参与的。"高宗便命权直学士院沈虚中草拟秦桧父子致仕的诏书。秦熺还派他的儿子秦埙与林一飞、郑枏趁夜去见台谏徐嘉、张扶,策划让他们奏请自己为宰相。丙申日,诏命秦桧加封建康郡王,秦熺进位少师,全都致仕,秦埙、秦堪都提举江州太平兴国宫。这天夜里,秦桧死,年六十六岁。后追赠申王,谥忠献。

秦桧两次窃据相位,共十九年,劫制君主包藏祸心,求和误国,忘仇灭伦。一时的忠臣良将,被他诛除殆尽。而那些顽钝无耻之人,大都为秦桧所任用,争着以诬陷良善为功。他们的诬陷人,没有什么罪可写,只不过是说"谤讪",说"指斥",说"怨望",说"立党沽名",再甚则说是"有无君之心"。凡是劾奏人的章疏,都是秦桧自己操笔而交给上言的爪牙,认识的人说:"这是老秦的文笔。"伺察窥探别人行事的卒子们,布满了京城,有人稍涉讥议,即被逮捕审治,深文周纳,中以罪名。他还暗自交结内侍及医师王继先,窥伺皇上的举动。郡国有事只申报中书省,没有一件送到皇上面前的。秦桧死后,高宗才对人说起这事。

秦桧倡立"久任"之说,士人淹滞无官,有十年不被荐举的。而依附自己的则立即擢用。从他独自勾宰相(宋制分左、右二相),到死为止,更换执政二十八人,都是世人没有一个称誉的。柔佞而易于控制者,如孙近、韩肖胄、楼炤、王次翁、范同、万俟卨、程克俊、李文会、杨愿、李若谷、何若、段拂、汪勃、詹大方、余尧弼、巫伋、章夏、宋朴、史才、魏师逊、施钜、郑仲熊之徒,大多从冗散之职,骤然提拔至政要之地。既与他共掌政务,唯有拱手无言而已。还有很多本是言官,受秦桧驱使弹劾政敌,便以执政之职做回报,由中丞、谏议而升任执政者共有十二人,但都刚进政府便又离开,或一个多月,或半年就被罢免。只有王次翁当了有四年多,因为金人撕毁和议之初,他曾坚持"不更换宰相"之说,秦桧很是感激他的缘故。秦桧敞开大门接受贿赂,其富敌国,外国的珍宝,在他死后还送到他家。人们说秦熺自从秦桧秉政,没有一天不锻造金银酒具,裱治书画,这只不过是一件小事而已。

秦桧阴险如悬崖陷阱,其深险令人叵测。同列与他论事于皇上面前,他从不极力争辩,只是用一两句话把对方倾陷。李光曾经与秦桧争论,言语对秦桧很有触犯,但秦桧不答辩,等到李光说完,他才从容说道:"李光无人臣之礼。"高宗这才被激怒。凡是陷害忠良,他大多用这种伎俩。晚年他残忍尤甚,屡次兴起大狱。他还特别喜欢别人的阿谀谄佞,以至不避嫌疑。

但秦桧死,秦熺废,他的党羽依然承继他的理论,力持和议,以此而窃据相位者尚有数人,直到孝宗时才清洗干净。宋宁宗开禧二年四月,追夺秦桧王爵,改谥为"谬丑"。到嘉定元年,史弥远又奏请恢复其王爵、赠谥。

万俟卨传

【题解】

万俟卨(1083~1167),宋代奸相,早年与奸相秦桧结党,合伙诬陷岳飞,岳飞之死,实系他罪为大,后与秦桧构隙,被罢相贬官,后高宗一反秦桧所为,再召万俟卨为相,又力主言和,士论更加鄙薄他。

【原文】

万俟卨字元忠,开封阳武县人。登政和二年上舍第。调相州、颖昌府教授,历太学录、枢密院编修官、尚书比部员外郎。绍兴初,盗曹成掠荆湖间,卨时避乱沅、湘,帅臣程昌寓以便宜檄卨权沅州事。成奄至城下,卨召土豪,集丁壮以守,成食尽乃退。除湖北转运判官,改提点湖北刑狱。岳飞宣抚荆湖,遇卨不以礼,卨憾之。卨入觐,调湖南转运判官,陛辞,希秦桧意,潜飞于朝。留为监察御史,擢右正言。

时桧谋收诸将兵权,卨力助之,言诸大将起行伍,知利不知义,畏死不畏法,高官大职,子女玉帛,已极其欲,盍示以逗留之罚,败亡之诛,不用命之戮,使知所惧。

张俊归自楚州,与桧合谋挤飞,令卨劾飞对将佐言山阳不可守。命中丞何铸治飞狱,铸明其无辜。桧怒,以卨代治,遂诬飞与其子云致书张宪令虚申警报以动朝廷,及令宪措置使还飞军;狱不成,又诬以淮西逗留之事。飞父子与宪俱死,天下冤之。大理卿薛仁辅、寺丞李若朴、何彦猷言飞无罪,卨劾之;知宗正寺士卨请以百口保飞,卨又劾之,士卨窜死建州。刘洪道与飞有旧,卨劾其足恭媚飞,闻飞罢宣抚,抵掌流涕。于是洪道抵罪,终身不复。参政范同为桧所引,或自奏事,桧忌之,卨劾罢,再论同罪,谪居筠州。又为桧劾李光鼓倡,孙近朋比,二人皆被窜谪。

和议成,卨请诏户部会计用兵之时与通和之后所费各几何,若减于前日,乞以羡财别贮御前激赏库,不许他用,蓄积稍实,可备缓急。梓宫还,以卨为攒宫按行使,内侍省副都知宋唐卿副之,卨请与唐卿同班上殿奏事,其无耻如此。张浚寓居长沙,卨妄劾浚卜宅逾制,至拟五凤楼。会吴秉信自长沙还朝,奏浚宅不过众人,常产可办,浚乃得免。

除参知政事,充金国报谢使。使还,桧假金人誉己数千言,嘱卨以闻,卨难之。他日奏事退,桧坐殿庐中批上旨,辄除所厚者官,吏铨纸尾进,卨曰:"不闻圣语。"却不视。桧大怒,自是不交一语。言官李文会、詹大方交章劾卨,卨遂求去。帝命出守,桧愈怒。给事中杨愿封还词头,遂罢去,寻谪居归州。遇赦,量称沅州。

二十五年,召还,除参知政事,寻拜尚书右仆射、同中书门下平章事。纂次太后回銮事实,上之。张浚以卨与沈该居相位不厌天下望,上书言其专欲受命于金。卨见书大怒,以为金人未有衅,而浚所奏乃若祸在年岁间,浚坐窜谪。卨提举刊修《贡举敕令格式》五十卷、《看详法意》四百八十七卷,书进,授金紫光禄大夫,致仕。卒,年七十五,谥忠靖。

咼始附桧,为言官,所言多出桧意;及登政府,不能受钳制,遂忤桧去。桧死,帝亲政,将反桧所为,首召咼还。咼主和固位,无异於桧,士论益薄之。

【译文】

万俟咼,字元忠,开封阳武县人。宋徽宗政和二年登上舍第。调相州、颍昌府教授,历官太学录、枢密院编修官、尚书比部员外郎。宋高宗绍兴初年,盗贼曹成抢掠于荆湖之间,万俟咼当时避乱于沅、湘一带,帅臣程昌寓以便宜行事,征调他代理沅州事。曹成突然进至沅州城,万俟咼召聚土豪,集合壮丁守城,曹成粮尽而退。除官湖北转运判官,改提点湖北刑狱。岳飞为荆湖宣抚使,对万俟咼很不客气,万俟咼便怀恨在心。万俟咼入朝觐见,调任湖南转运判官,将辞朝时,迎合秦桧意旨,谮毁岳飞于朝廷。于是留朝为监察御史,擢右正言。

当时秦桧策划收回诸将的兵权,万俟咼极力协助,说诸大将起家于行伍,知利而不知义,畏死而不畏法,高官重职,子女玉帛,已极尽其欲,应该示以逗留不进之罚,战败逃亡之诛,不遵行朝命之戮,使他们知道畏惧。

张俊自楚州归朝,与秦桧合伙挤陷岳飞,指使万俟咼弹劾岳飞对将佐说山阳不可守卫。他们命御史中丞何铸审治岳飞一案,何铸证明岳飞无辜。秦桧大怒,用万俟咼代替何铸治,于是诬陷岳飞与其子岳云写信给张宪,让他虚报军情以震动朝廷,并让张宪设法调回岳飞军中;狱案未成,又诬陷以在淮西逗留不进之事。岳飞父子及张宪都被杀害,天下称冤。大理卿薛仁辅、大理寺丞李若朴、何彦猷上言岳飞无罪,万俟咼弹劾他们;知宗正寺赵士㒟请求以全家百口担保岳飞,万俟咼又弹劾他,使赵士㒟流放死于建州。刘洪道与岳飞有旧交,万俟咼便劾奏他过分谦恭以取媚岳飞,听说岳飞罢去宣抚使,抵掌流涕。于是刘洪道被判罪,终身不起用。参知政事范同为秦桧所荐引,有时范同自行奏事,秦桧忌恨他,万俟咼便劾奏范同罢相,再劾论范同,谪居于筠州。他还为秦桧弹劾李光鼓动舆论,孙近朋比为党,二人都被贬窜。

宋金和议达成,万俟咼建议诏命户部统计用兵之时与通和之后每年所用经费各为多少,如果通和后的经费比以前有减少,就请把多余的钱财另存于御前激赏库,不许做别的用项,积蓄稍多,可备缓急之需。宋徽宗的灵柩南还,命以万俟咼为横宫按行使,以官内侍省副都知宋唐卿为副使,万俟咼建议与宋唐卿同班上殿奏事,他就是这么无耻!张浚寓居于长沙,万俟咼诬陷张浚建造房屋逾越规定,打算模仿五凤楼。正好吴秉信从长沙还朝,上奏说张浚的屋宅没有超过一般人,平常的产业就可以建造,张浚才得以获免。

除官参知政事,充金国报谢使。出使还朝,秦桧编造了金国人赞誉自己的话数千言,托万俟咼奏闻,万俟咼感到为难。后来有一天,奏事退下,秦桧坐在殿庐中批阅高宗的旨意,动辄委任所亲厚者官职,书吏执纸尾让万俟咼签署,万俟咼说:"我没听皇上说这事。"退回不看。秦桧恼怒,从此与他不说一句话。言官李文会、詹大方连章弹劾万俟咼,万俟咼便要求离去。高宗命他以宰相身份出守外郡,秦桧越发恼怒了。给事中杨愿封还词头(皇帝任命官职的谕旨),于是万俟咼被罢相,不久谪居于归州。遇到大赦,近移至沅州。

绍兴二十五年,召万俟卨还朝,除参知政事,不久拜尚书右仆射、同中书门下平章事。编纂韦太后自金归宋事实,呈上。张浚认为万俟卨与沈该占据相位,不孚天下之望,上书指责他只想听命于金国。万俟卨见书大怒,认为金国并未挑起兵衅,而张浚所奏似乎兵祸就在近日之间,张浚坐罪贬窜。万俟卨提举编修《贡举敕令格式》五十卷、《看详法意》四百八十七卷,书成进上,授金紫光禄大夫,退休。卒,年七十五,谥忠靖。

万俟卨开初依附秦桧,担任言官,所上言多出于秦桧意旨;及至登上相位,不能受秦桧钳制,于是忤犯秦桧而去位。秦桧死,高宗亲理政事,准备一反秦桧所作所为,首先召万俟卨还朝。万俟卨用主和来保全相位,与秦桧无异,士论便更加鄙薄他了。

贾似道传

【题解】

贾似道(1213~1275),字师宪,台州人,因身为外戚,自少放荡不羁。宋元开战,他卖国求荣,谎称战功,欺骗理宗,赚得右丞相之名。干预朝政"权倾天下,进用小人,为非作歹"。后因扶立废宗,权势日盛。一时正人君子,全被其贬尽,后遭贬,为县臣郑虎臣杀死。

【原文】

贾似道字师宪,台州人,制置使涉之子也。少落魄,为游博,不事操行。以父荫补嘉兴司仓。会其姊入宫,有宠于理宗,为贵妃,遂诏赴廷对,妃于内中奉汤药以给之。擢太常丞、军器监。益恃宠不检,日继游诸妓家,至夜即燕游湖上不反。理宗尝夜凭高,望西湖中灯火异常时,语左右曰:"此必似道也。"明日询之果然,使京尹史严之戒敕之。严之曰:"似道虽有少年气习,然其材可大用也。"寻出知澧州。

贾似道

淳祐元年,改湖广总领。三年,加户部侍郎。五年,以宝章阁直学士为沿江制置副使、知江州兼江西路安抚使。一岁中,再迁京湖制置使兼知江陵府,调度赏罚,得以便宜施行。九年,加宝文阁学士、京湖安抚制置大使。十年,以端明殿学士移镇两淮,年始三十余。宝祐二年,加同知枢密院事、临海郡开国公,威权日盛。台谏尝论其二部将,即毅然求去。孙子秀新除淮东总领,外人忽传似道已密奏不可矣,丞相董槐惧,留身请之,帝以为无有,槐终不敢遣子秀,以似道所善陆垫代之,其见惮已如此。四年,加参知政事。五年,加知枢密院事。六年,改两淮宣抚大使。

自端平初,孟珙帅师会大元兵共灭金,约以陈、蔡为界。师未还而用赵范谋,发兵据崤、函,绝河津,取中原地,大元兵击败之,范仅以数千人遁归。追兵至,问曰:"何为而败盟也?"遂从攻淮、汉,自是兵端大启。

开庆初,宪宗皇帝自将征蜀,世祖皇帝时以皇弟攻鄂州,元帅兀良哈由云南入交阯,自邕州蹂广西,破湖南,传檄数宋背盟之罪。理宗大惧,乃以赵葵军信州,御广兵;以似道军汉阳,援鄂,即军中拜右丞相。十月,鄂东南陬破,宋人再筑,再破之,赖高达率诸将力战。似道时自汉阳入督师。十一月,攻城急,城中死伤者至万三千人。似道乃密遣宋京诣军中请称臣,输岁币,不从。会宪宗皇帝晏驾于钓鱼山,合州守王坚使阮思聪踔急流走报鄂,似道再遣京议岁币,遂许之。大元兵拔砦而北,留张杰、阎旺以偏师候湖南兵。明年正月,兵至,杰作浮梁新生矶,济师北归。似道用刘整计,攻断浮梁,杀殿兵百七十,遂上表以肃清闻。帝以其有再造功,以少傅、右丞相召入朝,百官郊劳如文彦博故事。

初,似道在汉阳,时丞相吴潜用监察御史饶应子言,移之黄州,而分曹世雄等兵以属江阃。黄虽下流,实兵冲。似道以为潜欲杀己,衔之。且闻潜事急时,每事先发后奏,帝欲立荣王子孟启为太子,潜又不可。帝已积怒潜,似道遂陈建储之策,令沈炎劾潜措置无方,致全、衡、永、桂皆破,大称旨。乃议立孟启,贬潜循州,尽逐其党人。高达在围中,恃其武勇,殊易似道,每见其督战,即戏之曰:"巍巾者何能为哉!"每战,必须劳始出,否即使兵士哗于其门。吕文德谄似道,即使人呵曰:"宣抚在,何敢尔邪!"曹世雄、向士璧在军中,事皆不关白似道,故似道皆恨之。以核诸兵费,世雄、士璧皆坐侵盗官钱贬远州。每言于帝欲诛达,帝知其有功,不从。寻论功,以文德为第一,而达居其次。

明年,大元世祖皇帝登极,遣翰林侍读学士、国信使郝经等持书申好息兵,且徵岁币。似道方使廖莹中辈撰《福华编》称颂鄂功,通国皆不知所谓和也。似道乃密令淮东制置司拘经等于真州忠勇军营。

时理宗在位久,内侍董宋臣、卢允升为之聚敛以媚之。引荐奔竞之士,交通贿赂,置诸通显。又用外戚子弟为监司、郡守。作芙蓉阁、香兰亭宫中,进倡优傀儡,以奉帝为游燕。窃弄权柄。台臣有言之者,帝宣谕去之,谓之"节贴"。

似道入,逐卢、董所荐林光世等,悉罢之,勒外戚不得为监司、郡守,子弟门客敛迹,不敢干朝政。由是权倾中外,进用群小。取先朝旧法,率意纷更,增吏部七司法。买公田以罢和籴,浙西田亩有直千缗者,似道均以四十缗买之。数稍多,予银绢;又多,予度牒告身。吏又恣为操切,浙中大扰。有奉行不至者,提领刘良贵劾之。有司争相迎合,务以买田多为功,皆缪以七八斗为石。其后,田少与硗瘠、亏租与佃人负租而逃者,率取偿田主。六郡之民,破家者多。包恢知平江,督买田,至以肉刑从事。复以楮贱作银关,以一准十八界会之三,自制其印文如"贾"字状行之,十七界废不用。银关行,物价益涌,楮益贱。秋七月,彗出柳,光烛天,长数十丈,自四更见东方,日高始灭。台谏、布韦皆上书,言此公田不便,民间愁怨所致。似道上书力辩之,且乞罢政。帝勉留之曰:"公田不可行,卿建议之始,朕已沮之矣。今公私兼裕,一岁军饷,皆仰于此。使因人言而罢之,虽足以快一时之议,如国计何!"有太学生萧规、叶李等上书,言似道专政。命京尹刘良贵捃摭以罪,悉黥配之。后又行推排法。江南之地,尺寸皆有税,而民力弊矣。

理宗崩,度宗又其所立,每朝必答拜,称之曰"师臣"而不名,朝臣皆称为"周公"。甫葬理宗,即弃官去,使吕文德报北兵攻下沱急,朝中大骇,帝与太后手为诏起之。似道至,欲以经筵拜太师,以典故须建节,授镇东军节度使,似道怒曰:"节度使粗人之极致尔!"遂命出节,都人聚观。节已出,复曰:"时日不利。"亟命返之。宋制:节出,有撤关坏屋,无倒节理,以示不屈。至是,人皆骇叹。然下沱之报实无兵也。三年,又乞归养。大臣、侍从传旨留之者日四五至,中使加赐赍者日十数至,夜即交卧第外以守之。除太师、平章军国重事,一月三赴经筵,三日一朝,赴中书堂治事。赐第葛岭,使迎养其中。吏抱文书就第署,大小朝政,一切决于馆客廖莹中、堂吏翁应龙,宰执充位署纸尾而已。

似道虽深居,凡台谏弹劾、诸司荐辟及京尹、畿漕一切事,不关白不敢行。李芾、文天祥、陈文龙、陆达、杜渊、张仲微、谢章辈,小忤意辄斥,重则屏弃之,终身不录。一时正人端士,为似道破坏殆尽。吏争纳赂求美职,其求为帅阃、监司、郡守者,贡献不可胜计。赵溍辈争献宝玉,陈奕条以兄事似道之玉工陈振民以求进,一时贪风大肆。五年,复称疾求去。帝泣涕留之,不从,令六日一朝,一月两赴经筵。六年,命入朝不拜。朝退,帝必起避席,目送之出殿廷始坐。继又令十日一入朝。

时襄阳围已急,似道日坐葛岭,起楼阁亭榭,取宫人娼尼有美色者为姬,日淫乐其中。惟故博徒日至纵博,人无敢窥其第者。其姬有兄来,立府门,若将入者,似道见之,缚投火中。尝与群姬踞地斗蟋蟀,所狎客入,戏之曰:"此军国重事邪?"酷嗜宝玩,建多宝阁,日一登玩。闻余玠有玉带,求之,已徇葬矣,发其塚取之。人有物,求不予,辄得罪。自是,或累月不朝,帝如景灵宫亦不从驾。八年,明堂礼成,祀景灵宫,天大雨,似道期帝雨止升辂。胡贵嫔之父显祖为带御器械,请如开禧故事,却辂,乘逍遥辇还宫,帝曰平章云云,显祖绐曰:"平章已允乘逍遥辇矣。"帝遂归。似道大怒曰:"臣为大礼使,陛下举动不得预闻,乞罢政。"即日出嘉会门,帝留之不得,乃罢显祖,涕泣出贵嫔为尼,始还。

似道既专恣日甚,畏人议己,务以权术驾驭,不爱官爵,牢宠一时名士,又加太学餐钱,宽科场恩例,以小利啖之。由是言路断绝,威福肆行。

自围襄阳以来,每上书请行边,而阴使台谏上章留己。吕文焕以急告,似道复申请之,事下公卿杂议。监察御史陈坚等以为师臣出,顾襄未必能及淮,顾淮未必能及襄,不若居中以运天下为得。乃就中书置机速房以调边事。时物议多言高达可援襄阳者,监察御史李旺率朝士入言于似道。似道曰:"吾用达,如吕氏何?"旺等出,叹曰:"吕氏安则赵氏危矣。"文焕在襄,闻达且入援,亦不乐,以语其客。客曰:"易耳,今朝廷以襄阳急,故遣达援之,吾以捷闻,则达必不成遣矣。"文焕大以为然。时襄兵出,获哨骑数人,即缪以大捷奏,然不知朝中实无援襄事也。襄阳降,似道曰:"臣始屡请行边,先帝皆不之许,向使早听臣出,当不至此尔。"

十月,其母胡氏薨,诏以天子卤簿葬之,起坟拟山陵,百官奉襄事,立大雨中,终日无敢易位。寻起复入朝。

度宗崩。大兵破鄂，太学诸生亦群言非师臣亲出不可。似道不得已，始开都督府临安，然惮刘整，不行。明年正月，整死，似道欣然曰："吾得天助也。"乃上表出师，抽诸路精兵以行，金帛辎重之舟，舳舻相衔百余里。至安吉，似道所乘舟胶堰中，刘师勇以千人入水曳之不能动，乃易他舟而去。至芜湖，遣还军中所俘曾安抚，以荔子、黄甘遗丞相伯颜，俾宋京如军中，请输岁币称臣如开庆约，不从。夏贵自合肥以师来会，袖中出编书示似道曰："宋历三百二十年。"似道俯首而已。时一军七万余人，尽属孙虎臣，军丁家洲。似道与夏贵以少军军鲁港。二月庚申夜，虎臣以失利报。似道仓皇出，呼曰："虎臣败矣！"命召贵与计事。顷之，虎臣至，抚应而泣曰："吾兵无一人用命也。"贵微笑曰："吾尝血战当之矣。"似道曰："计将安出？"贵曰："诸军已胆落，吾何以战？公惟入扬州，招溃兵，迎驾海上，吾特以死守淮西尔。"遂解舟去。似道亦与虎臣以单舸奔扬州。明日，败兵蔽江而下，似道使人登岸扬旗招之，皆不至，有为恶语谩骂之者。乃檄列郡如海上迎驾，上书请迁都，列郡守于是皆遁，遂入扬州。

陈宜中请诛似道，谢太后曰："似道勤劳三朝，安忍以一朝之罪，失待大臣之礼。"止罢平章、都督，予祠官。三月，除似道诸不恤民之政，放还诸窜谪人，复吴潜、向士璧等官，诛其幕官翁应龙、廖莹中、王庭皆自杀。潘文卿、季可、陈坚、徐卿孙皆似道鹰犬，至是交章劾之。四月，高斯得乞诛似道，不从。而似道亦自上表乞保全，乃命削三官，然尚居扬不归。五月，王爚论似道既不死忠，又不死孝，太皇太后乃诏似道归终丧。七月，黄镛、王应麟请移似道邻州，不从。王爚入见太后曰："本朝权臣稔祸，未有如似道之烈者。缙绅草茅不知几疏，陛下皆抑而不行，非惟行人言于不恤，何以谢天下！"始徙似道婺州。婺人闻似道将至，率众为露布逐之。监察御史孙嵘叟等皆以为罚轻，言之不已。又徙建宁府。翁合奏言："建宁乃名儒朱熹故里，虽三尺童子粗知向方，闻似道来呕恶，况见其人！"时国子司业方应发权直舍人院，封还录黄，乞窜似道广南；中书舍人王应麟、给事中黄镛亦言之，皆不从。侍御史陈文龙乞俯从众言，陈景行、徐直方、孙嵘叟及监察御史俞浙并上疏，于是始谪似道为高州团练使，循州安置，籍其家。

福王与芮素恨似道，募有能杀似道者使送之贬所，有县尉郑虎臣欣然请行。似道行时，侍妾尚数十人，虎臣悉屏去，夺其宝玉，彻轿盖，暴行秋日中，令舁轿夫唱杭州歌谣之，每名斥似道，辱之备至。似道至古寺中，壁有吴潜南行所题字。虎臣呼似道曰："贾团练，吴丞相何以至此？"似道惭不能对。嵘叟、应麟奏似道家畜乘舆服御物，有反状，乞斩之。诏遣鞫问，未至。八月，似道至漳州木绵庵，虎臣屡讽之自杀，不听，曰："太皇许我不死，有诏即死。"虎臣曰："吾为天下杀似道，虽死何憾？"拉杀之。

【译文】

贾似道，字师宪，台州人，制置使贾涉的儿子。自幼放荡，游手赌博，不修品行。靠着父荫，补任嘉兴县的司仓。恰好他姐姐选入宫中，为宋理宗所宠爱，封为贵妃，于是有诏命他赴京廷对，而贾妃在宫内备下汤药送给他。擢为太常丞、军器监。便更加恃仗宠幸而放浪不检，每日恣意地到各妓院去游荡，到了夜里，就到西湖上游宴不归。有一次理宗在夜里登高望远，看见西湖中灯火通明，大异往常，便对左右说："这一定是贾似道。"第二天一问，果然如此，便让京兆尹史严之告诫他。史严之说："贾似道虽然有些少年习气，但他的才能是可以大用的。"不久便出京为澧州知州。

理宗淳祐元年，改任为湖广总领，淳祐三年，加衔户部侍郎。淳祐五年，以宝章阁直学士衔为沿江制置副使、知江州、兼江西路安抚使。一年之中，再升为京湖制置使、兼知江陵府，调度赏罚，可以便宜行事。淳祐九年，加宝文阁学士、京湖安抚制置大使。淳祐十年，以端明殿学士衔移镇两淮，年才三十余岁。理宗宝祐二年，加同知枢密院事、临海郡开国公，威权日盛一日。御史台、谏院曾劾奏他的两个部将，他便毅然提出要辞职。孙子秀新被任命为淮东总领，外面人忽传言，说贾似道已经密奏皇上，认为不可以，丞相董槐害怕了，便在见皇上后单独留下问这事，理宗不承认有密奏，但董槐到底还是不敢遣孙子秀去上任，用贾似道所要好的陆塈代替了他，贾似道就是这样被人所惧怕。宝祐四年，加官为参知政事。宝祐五年，加官知枢密院事。宝祐六年，改官两淮宣抚大使。

自从理宗端平初年，孟珙帅兵与蒙古兵会合共灭金国，相约以陈、蔡一带为界。军队未还，孟珙就采用赵范的计谋，发兵占据崤山、函谷，断绝黄河渡口，夺取中原地区。蒙古兵击败了他们，范珙仅以数千人逃归。追兵来到，问："为什么要破坏盟约？"便纵兵攻打淮河、汉水一带，由此而大开战端。

开庆初，元宪宗蒙哥亲自率兵攻打蜀地，元世祖忽必烈当时作为皇帝的弟弟攻打鄂州，元帅兀良哈由云南进入交趾，自邕州蹂践广西，摧破湖南，传布檄文责数宋朝背叛盟约之罪。理宗吓坏了，便命赵葵驻守信州，抵御广西方面的蒙古军；命贾似道驻守汉阳，援助鄂州，即于军中拜官右丞相。十月，鄂州城东南角攻毁，宋军筑完，元兵再次攻破，城中仗赖高达率诸将奋力而战。贾似道之时从汉阳入鄂州督师。十一月，攻城甚急，城中死伤的达到一万三千人。贾似道便秘密派遣宋京前往蒙古军营，请求称臣，每年输贡钱物，蒙古人不答应。正值蒙哥死于钓鱼山，合州守将王坚派阮思聪趁着急流报告给鄂州，贾似道再次派宋京提议输纳岁币，蒙古人便答应了。蒙古兵拔营北归，留下张杰、阎旺以偏师观察着湖南兵的动向。明年正月，湖南方面的蒙古兵到了，张杰便在新生矶造渡桥，渡过大军而北归。贾似道用刘整之计，攻断浮桥，杀死殿后的蒙古兵一百七十人，便上表朝廷说肃清了敌军。理宗以其有再造社稷之功，便以少傅、右丞相的身份召入朝廷，百官到郊外迎慰，如北宋对文彦博的旧例。

开初，贾似道在汉阳，当时丞相吴潜用监察御史饶应子的建议，把贾似道调到黄州，而分出曹世雄等的部队归属于长江军帅。黄州虽然在汉阳下流，但实为军事要冲。贾似道认为吴潜想害死自己，便记恨在心。而且他还听说吴潜每当事情紧急时，总是先发布命令然后再上奏皇帝，理宗想立荣王之子孟启为太子，吴潜又不赞成。理宗已经积怒于吴潜，贾似道便陈奏建立储君之策，又命沈炎弹劾吴潜措置无方，致使全州、衡州、永州、桂阳全被攻破。于是大称理宗心意，便议立赵孟启为太子，贬吴潜于循州，把他的党羽全部逐出朝廷。高达在鄂州围中，自恃武勇，很是瞧不起贾似道，每见他督战，就嘲戏道："戴着那么高的头巾能干什么呢！"每次战斗，必须让贾似道慰劳才肯出战，否则就让士兵在他的门外喧闹。吕文德谄事贾似道，就派人呵斥道："宣抚使在此，你们怎敢如此！"曹世雄、向士璧在贾似道军中时，事情都不禀告他，所以贾似道都很恨他们。以核查诸路军费用，曹世雄、向士璧都坐侵盗公款之罪贬于僻远州郡。贾似道几次对理宗说，要杀死高达，理宗知道高达有功，没有听从。不久论定功劳，以吕文德为第一，而高达位居其次。

明年(宋理宗景定元年)，元世祖忽必烈登极，派遣翰林侍读学士、国信使郝经等人携来国书申明友好，停息征战。并要求每年纳献的币帛。贾似道正在让廖莹中等辈撰写《福华编》以称颂鄂州之"功"，全国都不知道所谓和好之事。贾似道便密令淮东制置司拘留郝经等人于真州的忠勇军营。

当时理宗在位日久，内侍董宋臣、卢允升为之聚敛财物以取媚理宗。他们引荐那些奔竞钻营的士人，互通贿赂，置于通达显赫的职位之上。又任用外戚子弟为监司、郡守，还建造芙蓉阁、香兰亭于宫中，进献倡优和傀儡戏，以奉享理宗为游乐。他们还窃弄权柄。御史有论劾他们的，理宗便宣布谕旨撤掉优戏，称之为"节贴"。

贾似道入朝，逐去卢允升、董宋臣所引荐的林光世等人，全部罢免，勒令外戚不许担任监司、郡守，其子弟及门客们不见了踪迹，他们也就不敢干预朝政了。从此贾似道权倾中外，进用众小人。把先朝旧法令取来，恣意乱改，增设吏部七司法。买置公田以罢停和籴法，浙西田地有一亩值千贯的，贾似道全都用四十贯收买。用钱稍多，就用银绢抵钱，再多，就给以度牒、告身抵钱。官吏又肆意逼迫，浙中大为扰乱。有奉行不力的官吏，提领刘良贵就弹劾。有司争相迎合，务以买田多为功劳，都胡乱以七八斗为一石。其后，凡是田亩少与土地贫瘠、亏欠租赋与佃户欠租而逃的，都取偿于田地的主人。六郡的百姓，大多破家。包恢知平江府，督促买田，甚至以肉刑行事。贾似道又用楮纸粗率地印制"银关"(钞票)，以一张抵三张"十八界会"(会子，亦即纸钞，南宋孝宗乾道四年规定，旧会子收回即付会子局重造，以三年为一界)，自制印文如"贾"字模样发行，第十七界会子作废不用。银关发行，物价更加涌贵，纸币更加贬值。秋七月，彗星出于柳宿，光芒照天，长数十丈，自四更时出现于东方，太阳很高了才消逝。御史台、谏院的言官和平民们纷纷上书，说这是"公田"不便于民，民间愁怨所致。贾似道上书极力辩解，并要求罢相。理宗勉慰挽留他，说："公田不可实行，你一开始提出这建议，我已经表示过不赞成。如今官府、私家的富足，一年的军饷，全仰赖于公田了。假如因为有人反对而罢停，虽然足以使一时的舆论得以畅快，但国家的财政又怎么办呢？"有太学生萧规、叶李等人上书，说贾似道专擅国政。命京尹刘良贵罗织他们的罪过，全部黥面发配。后来又施行推排法，江南的土地，一尺一寸都有税，而民力凋敝了。

理宗死，度宗又是贾似道所扶立，每次朝见，度宗都答拜，称之为"师臣"而不呼名，朝臣都称他为"周公"。刚刚埋葬了理宗，贾似道即弃官而去，让吕文德上报说蒙古兵进攻下沱，很是危急，朝廷大惊，度宗与太后亲手写诏书起用他。贾似道至朝，想以经筵官(即翰林侍读、侍讲)拜太师，但按照旧例必须先建节钺，于是授他为镇东军节度使。贾似道发怒道："节度使，这是粗人的极致！"便命令出节，都城人相聚而观。节钺已出，贾似道又说："时日不吉利。"赶快命人返回。宋朝制度：节钺已出，可以拆门毁屋，也没有返回之理，以此表示节操不屈。到这时，人们都骇然叹息。可是下沱其实并没有战事。度宗咸淳三年，贾似道又请求退休。大臣、侍从传圣旨挽留他，一天来四五次，中使颁赏赐的一日来十几次，到夜里就交互躺卧在府第外守候着。除官太师、平章军国重事，一月三次赴经筵,三日一朝,赴中书堂办公。赐府第于葛岭,派人迎他到其中养息。吏员抱着文书到他的府第让他签署,大小朝政,一切都由他的馆客廖莹中、堂吏翁应龙来决定,宰相执政们不过充任职位、署名于纸尾而已。

贾似道虽然深居府第,但凡是台谏的弹劾、诸衙门的荐辟官员及京尹、畿辅漕政等一切事,不禀告他就不敢实行。李芾、文天祥、陈文龙、陆达、杜渊、张仲微、谢章等人,稍微忤犯他的意旨就遭贬斥,重的则摒弃出官场,终身不再录用。一时的正人君子,被贾似道破毁殆尽。官吏争相纳贿以求取肥缺,那些要求当将帅、监司、郡守的,贡献财物不可胜计。赵潜之辈争献宝玉,陈奕甚至把贾似道的玉工陈振民当成兄长奉事,以求进身,一时贪污之风大肆。咸淳五年,他再次称病要求去职。度宗淌着眼泪挽留,他不答应,便命他六日一上朝,一月只赴两次经筵。咸淳六年,命他入朝不必下拜。朝退,度宗必起身离席,目送其走出殿庭方才落座。继而又命他十日一入朝。

当时襄阳之围已很紧急(咸淳五年,蒙古军围襄阳),贾似道每日坐于葛岭,起造楼阁亭榭,取宫女、娼妓、尼姑有美色者为姬妾,每日淫乐其中。只有过去的赌友每日来纵情赌博,其他的人没有敢到他府第探一下头的。他的一个姬妾的哥哥来了,立于府门,像要进来的样子,贾似道看见了,便把他捆绑起来投入火中。他曾与众姬妾伏在地上斗蟋蟀,他所狎昵的门客进来,开玩笑地说:"这就是'军国重事'吗?"他酷嗜珍宝奇玩,建了多宝阁,每日一登赏玩珍宝。他听说余玠有条玉带,派人去讨,但已经殉葬了,他便掘了余玠的墓取出来。谁有了好东西,他要而不给,就会得罪他。从此,他有时连着几个月不去上朝,度宗前往景灵宫(宋代历朝皇帝奉祀"圣祖"及列祖列宗的庙宇),他也不随驾前往。咸淳八年,明堂大礼完毕,奉祀景灵宫。天大雨,贾似道希望度宗在雨停后乘辇车,胡贵嫔的父亲胡显祖担任带御器械,请求用开禧时的先例,不用辇车,乘逍遥辇还宫,度宗说:"平章已说要我乘辇车了。"胡显祖骗他说:"平章已经答应陛下乘逍遥辇了。"度宗便乘辇回宫了。贾似道大怒道:"臣为明堂大礼使,陛下的举动竟不能预先闻知,请罢政。"当天便出了嘉会门。度宗挽留不成,只好罢免胡显祖,哭着让贵嫔出宫为尼,贾似道才回朝。

贾似道既已专横恣肆很久,担心别人会议论自己,务以权术驾驭人才,不爱惜官爵,用以牢笼一时的名士,又给太学生增加饭费,放宽考场的恩例,用小利来收买人心。从此言路断绝,威福肆行。

自从襄阳被围以来,他屡次上书要求巡视边塞,而暗自让台谏言官上章奏挽留自己。襄阳守将吕文焕告急,贾似道再次申请出师,这事交给公卿们讨论。监察御史陈坚等人认为,"师臣"出师,顾了襄阳未必能顾两淮,顾了两淮又未必能顾襄阳,不如居于中间以控制天下为得计。于是就在中书省添设机速房,以协调边塞之事。当时的舆论,很多是说高达可救援襄阳的,监察御史李旺率朝士上言于贾似道。贾似道说:"我用了高达,吕氏怎么办?"李旺等出,叹道:"吕氏安则赵氏危了。"吕文焕在襄阳,听说高达将要入援,也不高兴,就对门客讲了。门客道:"这容易,如今朝廷因为襄阳危急,所以派高达来增援。如果我们以捷报奏闻,则高达就派遣不成了。"吕文焕大以为然。当时襄阳兵出城,捉获蒙古哨骑数人,便谎以大捷奏闻,但他不知朝廷中根本就没有高达援襄的事。襄阳投降蒙古(咸淳九年事),贾似道说:"臣开始就屡次请求巡视边塞,先帝都不答应,假如那时早听由臣出边,就不会这样了。"

十月,其母胡氏死,诏用天子仪仗送葬,起坟墓模仿帝陵,百官奉助丧事,立于大雨中,终日不敢挪动一下位置。不久贾似道便起复入朝(依礼,父母死,官员应在家居丧三年)。

度宗死,元兵攻破鄂州。太学诸生也纷言非"师臣"亲自出师不可。贾似道不得已,才在临安开设都督府,但他害怕刘整,不肯启行(刘整此时已降元,拥兵于淮西)。明年正月,刘整死,贾似道欣然道:"我得到天助了。"便上表出师,抽调诸路精兵以行,盛载金帛辎重的舟船,舳舻相接百余里。行至安吉,贾似道所乘的大船搁浅于堤堰间,刘师勇用上千人下水牵曳都不能动,便换乘别的船而离去。行至芜湖,遣还军中所俘虏的曾安抚,用荔枝、黄柑作礼品赠给元丞相伯颜,派宋京前往元军营中,请求输纳岁币称臣,如开庆年时的盟约,被拒绝。夏贵从合肥率军来会合,从袖子中掏出一册书给贾似道看,说:"宋朝的历数是三百二十年。"(北宋建于公元960年,贾似道出师于恭帝协德祐元年,1275年。)贾似道垂头不语而已。当时一军七万余人,全部属孙虎臣,驻扎于丁家洲。贾似道与夏贵以少数部队驻扎鲁港。二月庚申夜,孙虎臣以失利来报。贾似道仓皇而出,呼道:"虎臣败了!"命人召夏贵与他商议。不久,孙虎臣也来了,捶胸而哭道:"我的兵没有一人肯听从命令的。"夏贵微笑道:"我可是用血战抵挡过他们了。"贾似道说:"你们有什么办法?"夏贵道:"诸军已吓破了胆,我还怎么作战?您只有入扬州,招聚溃兵,迎御驾于海上,我只能以死来守御淮西了。"便解舟而去。贾似道也与孙虎臣以单舟逃奔扬州。明日,溃败的兵士蔽江而下,贾似道派人登岸扬旗招聚他们,都不来,还有口出恶语谩骂他的。于是传檄诸郡,前往海上迎驾,上书请求迁都。诸郡郡守于是全都遁逃,而贾似道入扬州。

陈宜中请求诛死贾似道,谢太后说:"贾似道勤劳三朝,哪里能忍心以一旦之罪,失待大臣之礼呢?"只罢免了他的平章、都督,予以祠祭之官。三月,废除贾似道诸种不体恤百姓的政令,放还那些被流放的人,恢复吴潜、向士璧等人的官职,诛杀贾似道的幕僚翁应龙、廖莹中、王庭都自杀。潘文卿、季可、陈坚、徐卿孙,本来都是贾似道的鹰犬,到此时纷纷上章弹劾贾似道。四月,高斯得请求诛杀贾似道,未被接受。而贾似道也上章乞求保全性命,于是命令削去他的三个官职,但他还居于扬州而不归朝。五月,王爚论劾贾似道既不死节尽忠,又不守制尽孝,太皇太后才降诏命贾似道归家守母丧。七月,黄镛、王应麟请迁徙贾似道于邻近州郡,未被接受。王爚入宫朝见太后,道:"本朝的权臣酿成祸乱,没有如贾似道这样严重的。缙绅之士和草野之民,不知上了多少章疏,陛下全都压制而不执行,这不仅是把舆论付之于毫不顾惜而已,何以谢天下!"这才把贾似道迁往婺州。婺州人听说贾似道要来了,便率众为檄文驱逐他。监察御史孙嵘叟等都认为处罚太轻,上言不止。又把贾似道迁往建宁府。翁合上奏道:"建宁是名儒朱熹的故乡,即使是三尺童子也大略知道是非取舍,听见贾似道来就会呕吐,何况亲见其人!"当时国子司业方应发代理舍人院,把诏旨封还,要求流放贾似道于广南;中书舍人王应麟、给事中黄镛也这样上言,都被拒绝。侍御史陈文龙乞请太后俯从众人所言,陈景行、徐直方、孙嵘叟及监察御史愈浙都上疏,于是才谪贬贾似道为高州团练使,安置于循州,抄没其家。

福王赵与芮一向痛恨贾似道,招募能杀死他的人,让他送贾似道到贬谪之地。有个县尉郑虎臣欣然请求上路。贾似道启程时,侍妾还有数十人,郑虎臣全部都让他们离开,夺去他的珠宝玉器,撤去了他的轿盖,让他露天行于秋日之下,命抬轿的轿夫唱着杭州的歌谣嘲谑他,还常呼着名字训斥贾似道,侮辱备至。贾似道行至一古庙中,墙壁上有吴潜流放南行时所题的字。郑虎臣呼叫贾似道说:"贾团练,吴丞相怎么会到的这里?"贾似道羞惭得无言以对。孙嵘叟、王应麟上奏说贾似道家藏有皇上才能使用的东西,有造反的意图,请求处斩。诏旨派人去审问,尚未追到。八月,贾似道行至漳州木绵庵,郑虎臣屡次示意让他自杀,他不听,说:"太皇答应我不受死刑,有诏书我就死。"郑虎臣道:"我为天下人杀贾似道,就是死了又有何憾!"便拽拉死了他。

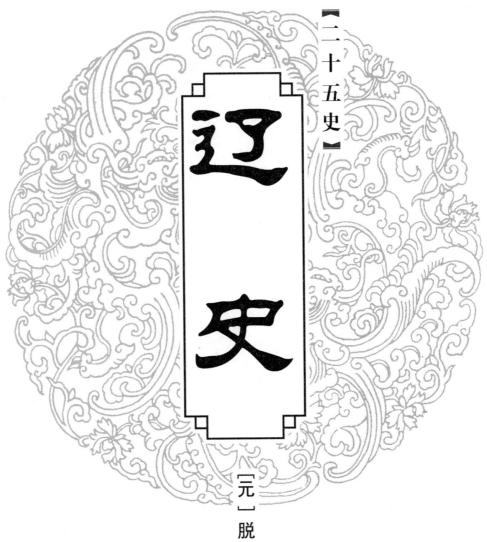

二十五史

辽史

[元] 脱脱 等 ⊙ 原著

导　读

　　《辽史》为元脱脱等人所撰之纪传体史书,中国历代官修正史《二十五史》之一。全书共一百十六卷,包括本纪三十卷,志三十二卷,表八卷,列传四十五卷,国语解一卷。记载了契丹贵族在我国北方建立的辽政权二百多年的历史。

　　元顺帝至正三年(1343 年),在脱脱的主持下,《辽史》由廉惠山海牙、王沂、徐昺、陈绎曾四人分工负责,用了十一个月的时间,全书告成。《辽史》主要依据辽耶律俨的《实录》和金陈大任的《辽史》,兼采他书,稍加整理修订。

　　《辽史》本纪起自辽太祖耶律阿保机(907～926 年在位),终于天祚帝耶律延禧(1101～1125 年在位)。保大五年(1125 年),宋、金夹攻辽,天祚帝被金俘虏,辽政权灭亡。同年,辽将耶律大石称帝,建立了西辽,传国七十多年。西辽这段历史《辽史》却没有记载。

　　契丹贵族建立的政治和军事组织有它自己的特点,适应这些特点,《辽史》不拘泥前史的例目,新创了《营卫》《兵卫》二志。《营卫志》叙述了辽政权的"营卫""行营"概况和部落建置、分布,以及契丹族"有事以攻为务,闲暇则以畋[tián 田]渔为生"的生活情形。《兵卫志》分置"兵制""御帐亲军""宫卫骑军""大首领部族军""众部族军""五京乡丁"等纲目,扼要地叙述了辽的军事组织。这种记述方法是很有特色的。

　　在《二十五史》中,《辽史》的表较多,有些表,如《游幸表》《部族表》等都是前史所没有的。这些表占用的篇幅不多,记载的人物和事件却不少,对纪、传部分起了一定的补充作用。

　　《辽史》最后一卷是《国语解》,对书中用契丹语记载的官制、宫卫、部族、地名等做了注释,给人们阅读《辽史》提供了很大的方便。但译音存在一些讹舛。

　　人们向来批评《辽史》粗疏,没有作认真的加工。但是,它仍是研究辽史不可缺少的资料。辽政权有过严厉的管制令,规定辽人著作,只能在辽境刊行,如果传出,罪至处死。这就严重阻碍了书籍的传播,再加上辽人著述本来就很少,所以这部《辽史》是比较系统地记载辽政权兴亡的独一无二的史书。

天祚皇帝本纪

【题解】

辽国末代皇帝天祚(1075～1125年),名延禧,父亲是道宗长子耶律浚。幼年时先后被封为梁王、燕国王;曾任太尉、中书令、尚书令、总管北南院枢密使事、天下兵马大元帅。1101年其祖父道宗耶律洪基逝世时,其父早已在著名的"昭怀太子之诬"案件中被奸臣所害,故延禧奉遗诏继承皇位,时年二十六岁,定年号为乾统。

天祚

辽代后期,国势日衰。贵族统治集团日益腐朽;庸君宠信奸臣,相互残害,内部斗争不断加剧;各族人民在封建统治压榨下不堪其苦,武装起义彼伏此起。天祚继位后的最初十几年间,终日打猎钓鱼,游历避暑,祭祠神庙,参拜祖陵;国家政事不修。及至向他禀报女真起兵,他于射猎中仍漫不经心。在以后几年女真人建立金国后的不断进攻中,辽军屡战屡败。特别是他宠信皇戚元妃的哥哥萧奉先。萧为了排除异己,使天祚将颇受国人信赖的亲生长子晋王耶律敖卢斡治死,导致全国上下离心离德;继而奉先为庇护其弟免遭战败之罪,诱天祚赦恶诛良,造成人心涣散,军无斗志。在金兵强大进攻面前,统治集团内部四分五裂,或叛辽降金,或独树一帜。各族人民群众又到处燃起武装起义的熊熊烈火,女真族的反辽斗争是民族起义中最强劲的一支。最后天祚四处逃亡,终于在1125年被金兵俘获,病故身亡,在位25年。

同属辽国后裔的耶律淳、耶律雅里及耶律大石,在天祚到处流离逃亡中,都曾经过诸多醒龊而自立为王,建立历史上称之为北辽和西辽的国家。北辽仅仅数月,西辽在我国西北部维持了八十七年。

【原文】

天祚皇帝,讳延禧,字延宁,小字阿果。道宗之孙,父顺宗大孝顺圣皇帝,母贞顺皇后萧氏。大康元年生。六岁封梁王,加守太尉,兼中书令。后三年,进封燕国王。大安七年,总北南院枢密使事,加尚书令,为天下兵马大元帅。

寿隆七年正月甲戌,道宗崩,奉遗诏即皇帝位于枢前。君臣上尊号曰天祚皇帝。

二月壬辰朔,改元乾统,大赦。诏为耶律乙辛所诬陷者,复其官爵,籍没者出之,流放者还之。乙未,遣使告哀于宋及西夏、高丽。乙巳,以北府宰相萧兀纳为辽兴军节度使,

加守太傅。

三月丁卯，诏有司以张孝杰家属分赐群臣。甲戌，召僧法颐放戒于内庭。夏四月，旱。

六月庚寅朔，如庆州。甲午，宋遣王潜等来吊祭。丙申，高丽、夏国各遣使慰奠。戊戌，以南府宰相斡特剌兼南院枢密使。庚子，追谥懿德皇后为宣懿皇后。壬寅，以宋魏国王和鲁斡为天下兵马大元帅。乙巳，以北平郡王淳进封郑王。丁未，北院枢密使耶律阿思加于越。辛亥，葬仁圣大孝文皇帝、宣懿皇后于庆陵。

秋七月癸亥，阻卜、铁骊来贡。

八月甲寅，谒庆陵。

九月壬申，谒怀陵。乙亥，驻跸藕丝淀。

冬十月壬辰，谒乾陵。甲辰，上皇考昭怀太子谥曰大孝顺圣皇帝，庙号顺宗，皇妣曰贞顺皇后。

十二月戊子，以枢密副使张琳知枢密院事，翰林学士张奉珪参知政事兼同知枢密院事。癸巳，宋遣黄实来贺即位。丁酉，高丽、夏国并遣使来贺。乙巳，诏先朝已行事，不得陈告。

初，以杨割为生女真部节度使，其俗呼为太师。是岁杨割死，传于兄之子乌雅束，束死，其弟阿骨打袭。

二年春正月，如鸭子河。

二月辛卯，如春州。

三月，大寒，冰复合。

夏四月辛亥，诏诛乙辛党，徙其子孙于边；发乙辛、得里特之墓，剖棺，戮尸；以其家属分赐被杀之家。

五月乙丑，斡特剌献耶睹刮等部捷。

六月壬辰，以雨罢猎，驻跸散水原。丙午，夏国李乾顺复遣使请尚公主。丁未，南院大王陈家奴致仕。壬子，李乾顺为宋所攻，遣李造福、田若水求援。

闰月庚申，策贤良。壬申，降惠妃为庶人。

秋七月，猎黑岭，以霖雨，给猎人马。阻卜来侵，斡特剌等战败之。

冬十月乙卯，萧海里叛，劫乾州武库器甲。命北面林牙郝家奴捕之，萧海里亡入陪术水阿典部。丙寅，以南府宰相耶律斡特剌为北院枢密使，参知政事牛温舒知南院枢密使事。

十一月乙未，郝家奴以不获萧海里，免官。壬寅，以上京留守耶律慎思为北院枢密副使。有司请以帝生日为天兴节。

三年春正月辛巳朔，如混同江。女真函萧海里首，遣使来献。戊申，如春州。

二月庚午，以武清县大水，弛其陂泽之禁。

夏五月戊子，以猎人多亡，严立科禁。乙巳，清暑赤勒岭。丙午，谒庆陵。

六月辛酉，夏国王李乾顺复遣使请尚公主。

秋七月，中京雨雹，伤稼。

冬十月甲辰，如中京。

己未，吐番遣使来贡。

庚申，夏国复遣使求援。己巳，有事于观德殿。

十一月丙申，文武百官加上尊号曰惠文智武圣孝天祚皇帝，大赦，以宋魏国王和鲁斡为皇太叔，梁王挞鲁进封燕国王，郑王淳为东京留守，进封越国王，百官各进一阶。丁酉，以惕隐耶律何鲁扫古为南院大王。戊戌，以受尊号，告庙。乙巳，谒太祖庙，追尊太祖之高祖曰昭烈皇帝，庙号肃祖，妣曰昭烈皇后；曾祖曰庄敬皇帝，庙号懿祖，妣曰庄敬皇后。召监修国史耶律俨纂太祖诸帝《实录》。

十二月戊申，如藕丝淀。

是年，放进士马恭回等百三人。

四年春正月戊子，幸鱼儿泺。壬寅，猎木岭。癸卯，燕国王挞鲁薨。

二月丁丑，鼻骨德遣使来贡。

夏六月甲辰，驻跸旺国崖。甲寅，夏国遣李造福、田若水求援。癸亥，吐蕃遣使来贡。

秋七月，南京蝗。庚辰，猎南山。癸未，以西北路招讨使萧得里底、北院枢密副使耶律慎思并知北院枢密使事。辛卯，以同知南院枢密使事萧敌里为西北路招讨使。

冬十月己酉，凤凰见于潦阴。己未，幸南京。

十一月乙亥，御迎月楼，赐贫民钱。

十二月辛丑，以张琳为南府宰相。

五年春正月乙亥，夏国遣李造福等来求援，且乞伐宋。庚寅，以辽兴军节度使萧常哥为北府宰相。丁酉，遣枢密直学士高端礼等讽宋罢伐夏兵。

二月癸卯，微行，视民疾苦。丙午，幸鸳鸯泺。

三月壬申，以族女南仙封成安公主，下嫁夏国王李乾顺。

夏四月甲申，射虎炭山。

五月癸卯，清暑南崖。壬子，宋遣曾孝广、王戬报聘。

六月甲戌，夏国遣使来谢，及贡方物。己丑，幸候里吉。

秋七月，谒庆陵。

九月辛亥，驻跸藕丝淀。乙卯，谒乾陵。

冬十一月戊戌，禁商贾之家应进士举。丙辰，高丽三韩国公王颙薨，子俣遣使来告。十二月己巳，夏国复遣李造福、田若水求援。癸酉，宋遣林洙来议与夏约和。

六年春正月辛丑，遣知北院枢密使事萧得里底、知南院枢密使事牛温舒使宋，讽归所侵夏地。

夏五月，清暑散水原。

六月辛巳，夏国遣李造福等来谢。

秋七月癸巳，阻卜来贡。甲午，如黑岭。庚子，猎鹿角山。

冬十月乙亥，宋与夏通好，遣刘正符、曹穆来告。庚辰，以皇太叔、南京留守和鲁斡兼

惕隐，东京留守、越国王淳为南府宰相。

十一月乙未，以谢家奴为南院大王，马奴为奚六部大王。丙申，行柴册礼。戊戌，大赦。以和鲁斡为义和仁圣皇太叔，越国王淳进封魏国王，封皇子敖卢斡为晋王，习泥烈为饶乐郡王。己亥，谒太祖庙。甲辰，祠木叶山。

十二月己巳，封耶律俨为漆水郡王，馀官进爵有差。

七年春正月，钩鱼于鸭子河。

二月，驻跸大鱼泺。

夏六月，次散水原。

秋七月，如黑岭。

冬十月，谒乾陵，猎医巫闾山。

是年，放进士李石等百人。

八年春正月，如春州。

夏四月丙申，封高丽王俣为三韩国公，赠其父颙为高丽国王。

五月，清暑散水原。

六月壬辰，西北路招讨使萧敌里率诸蕃来朝。丙申，射柳祈雨。壬寅，夏国王李乾顺以成安公主生子，遣使来告。丁未，如黑岭。

秋七月戊辰，以雨罢猎。

冬十二月己卯，高丽遣使来谢。

九年春正月丙午朔，如鸭子河。

二月，如春州。

三月戊午，夏国以宋不归地，遣使来告。

夏四月壬午，五国部来贡。

六月乙亥，清暑特礼岭。

秋七月，陨霜，伤稼。甲寅，猎于候里吉。

八月丁酉，雪，罢猎。

冬十月癸酉，望祠木叶山。丁丑，诏免今年租税。

十二月甲申，高丽遣使来贡。

是年，放进士刘桢等九十人。

十年春正月辛丑，预行立春礼。如鸭子河。

二月庚午朔，驻跸大鱼泺。

夏四月丙子，五国部长来贡。丙戌，预行再生礼。癸巳，猎于北山。

六月甲戌，清暑玉丘。癸未，夏国遣李造福等来贡。甲午，阻卜来贡。

秋七月辛丑，谒庆陵。

闰月辛亥，谒怀陵。己未，谒祖陵。壬戌，皇太叔和鲁斡薨。

九月甲戌，免重九节礼。

冬十月，驻跸藕丝淀。

十二月己酉,改明年元。

是岁,大饥。

天庆元年春正月,钓鱼于鸭子河。

二月,如春州。

三月乙亥,五国部长来贡。

夏五月,清暑散水原。

秋七月,猎。

冬十月,驻跸藕丝淀。

二年春正月己未朔,如鸭子河。丁丑,五国部长来贡。

二月丁酉,如春州,幸混同江钓鱼,界外生女真酋长在千里内者,以故事皆来朝。适遇"头鱼宴",酒半酣,上临轩,命诸酋次第起舞;独阿骨打辞以不能。谕之再三,终不从。他日,上密谓枢密使萧奉先曰:"前日之燕,阿骨打意气雄豪,顾视不常,可托以边事诛之。否则,必贻后患。"奉先曰:"粗人不知礼仪,无大过而杀之,恐伤向化之心。假有异志,又何能为?"其弟吴乞买、粘罕、胡舍等尝从猎,能呼鹿,刺虎,搏熊。上喜,辄加官爵。

夏六月庚寅,清暑南崖。甲午,和州回鹘来贡。戊戌,成安公主来朝。甲辰,阻卜来贡。

秋七月乙丑,猎南山。

九月己未,射获熊,燕群臣,上亲御琵琶。初,阿骨打混同江宴归,疑上知其异志,遂称兵,先并旁近部族。女真赵三、阿鹘产拒之,阿骨打虏其家属。二人走诉咸州,详稳司送北枢密院。枢密使萧奉先作常事以闻上,仍送咸州诘责,欲使自新。后数召,阿骨打竟称疾不至。

冬十月辛亥,高丽三韩国公王俣之母死,来告,即遣使致祭,起复。是月,驻跸奉圣州。

十一月乙卯,幸南京。丁卯,谒太祖庙。

是年,放进士韩昉等七十七人。

三年春正月丙寅,赐南京贫民钱。丁卯,如大鱼泺。甲戌,禁僧尼破戒。丙子,猎狗牙山,大寒,猎人多死。

三月,籍诸道户,徙大牢古山围场地居民于别土。阿骨打一日率五百骑突至咸州,吏民大惊。翌日,赴详稳司,与赵三等面折庭下。阿骨打不屈,送所司问状。一夕遁去,遣人诉于上,谓详稳司欲见杀,故不敢留。自是召不复至。

夏闰四月,李弘以左道聚众为乱,肢解,分示五京。

六月乙卯,斡朗改国遣使来贡良犬。丙辰,夏国遣使来贡。

秋七月,幸秋山。

九月,驻跸藕丝淀。

十一月甲午,以三司使虞融知南院枢密使事,西南面招讨使萧乐古为南府宰相。

十二月庚戌,高丽遣使来谢致祭。癸丑,回鹘遣使来贡。甲寅,以枢密直学士马人望参知政事。丙辰，知枢密院事耶律俨薨。癸亥，高丽遣使来谢起复。

四年春正月，如春州。初，女真起兵，以纥石烈部人阿疏不从，遣其部撒改讨之。阿疏弟狄故保来告，诏谕使勿讨，不德，阿疏来奔。至是女真遣使来索，不发。

夏五月，清暑散水原。

秋七月，女真复遣使取阿疏，不发，乃遣侍御阿息保问境上多建城堡之故。女直以慢语答曰："若还阿疏，朝贡如故；不然，城未能已。"遂发浑河北诸军，益东北路统军司。阿骨打乃与弟粘罕、胡舍等谋，以银术割、移烈、娄室、阇母等为帅，集女真诸部兵，擒辽障鹰官。及攻宁江州，东北路统军司以闻。时上在庆州射鹿，闻之略不介意，遣海州刺史高仙寿统渤海军应援。萧挞不也遇女直，战于宁江东，败绩。

冬十月壬寅朔，以守司空萧嗣先为东北路都统，静江军节度使萧挞不也为副，发契丹奚军三千人，中京禁兵及土豪两千人，别选诸路武勇二千馀人，以虞候崔公义为都押官，控鹤指挥刑颖为副，引军屯出河店。两军对垒，女真军潜渡混同江，掩击辽众。萧嗣先军溃，崔公义、邢颖、耶律佛留、萧葛十等死之，其获免者十有七人。萧奉先惧其弟嗣先获罪，辄奏东征溃军所至劫掠，若不肆赦，恐聚为患。上从之，嗣先但免官而已。诸军相谓曰："战则有死而无功，退则有生而无罪。"故士无斗志，望风奔溃。

十一月壬辰，都统萧敌里等营于斡邻泺东，又为女真所袭，士卒死者甚众。甲午，萧敌里亦坐免官。辛丑，以西北路招讨使耶律斡里朵为行军都统，副点检萧乙薛、同知南院枢密使事耶律章奴副之。

十二月，咸、宾、祥三州及铁骊、兀惹皆叛入女真。乙薛往援宾州，南军诸将实娄、特烈等往援咸州，并为女真所败。

五年春正月，下诏亲征，遣僧家奴持书约和，斥阿骨打名。阿骨打遣赛刺复书，若归叛人阿疏，迁黄龙府於别地，然后议之。都统耶律斡里朵等与女真兵战于达鲁古城，败绩。

二月，饶州渤海古欲等反，自称大王。

辽人出行图

三月，以萧谢佛留等讨之。遣耶律张家奴等六人赍书使女真，斥其主名，冀以速降。

夏四月癸丑，萧谢佛留等为渤海古欲所败，以南面副部署萧陶苏斡为都统，赴之。五月，陶苏斡及古欲战，败绩。张家奴等以阿骨打书来，复遣之往。

六月己亥朔，清暑特礼岭。壬子，张家奴等还，阿骨打复书，亦斥名谕之使降。癸丑，以亲征谕诸道。丙辰，陶苏斡招获古欲等。癸亥，以惕隐耶律末里为北院大王。是月，遣萧辞剌使女真，以书辞不屈见留。

秋七月辛未，宋遣使致助军银绢。丙子，猎于岭东。是月，都统斡里朵等与女真战于白马泺，败绩。

八月申子，罢猎，趋军中。以斡里朵等军败，免官。丙寅，以围场使阿不为中军都统，耶律张家奴为都监，率番、汉兵十万；萧奉先充卫营都统，诸行营都部署耶律章奴为副，以精兵二万为先锋。馀分五部为正军，贵族子弟千人为硬军，扈从百司为护卫军，北出骆驼口；以都点检萧胡觌姑为都统，枢密直学士柴谊为副，将汉步骑三万，南出宁江州。自长春州分道而进，发数月粮，期必灭女真。

九月丁卯朔，女真军陷黄龙府。己巳，知北院枢密使萧得里底出为西南面招讨使。辞剌还，女真复遣赛剌以书来报：若归我叛人阿疏等，既当班师。上亲征。粘罕、兀术等以书来上，阳为卑哀之辞，实欲求战。书上，上怒，下诏有"女真作过，大军剪除"之语。女真主聚众，鏊面仰天恸哭曰："始与汝等起兵，盖苦契丹残忍，欲自立国。今主上亲征，奈何？非人死战，莫能当也。不若杀我一族，汝等迎降，转祸为福。"诸军皆曰："事已至此，唯命是从。"乙巳，耶律章奴反，奔上京，谋迎立魏国王淳。上遣驸马萧昱领兵诣广平淀护后妃，行宫小底乙信持书驰报魏国王。时章奴先遣王妃亲弟萧谛里以所谋说魏国王。王曰："此非细事，主上自有诸王当立，北、南面大臣不来，而汝言及此，何也？"密令左右拘之。有顷，乙信等赍御札至，备言章奴等欲废立事。魏国王立斩萧谛里等首以献，单骑间道诣广平淀待罪。上遇之如初。章奴知魏国王不听，率麾下掠庆、饶、怀、祖等州，结渤海群盗，众至数万，趋广平淀犯行宫。顺国女真阿鹘产以三百骑一战而胜，擒其贵族二百余人，并斩首以徇。其妻子配役绣院，或散诸近侍为婢，馀得脱者皆奔女真。章奴诈为使者，欲奔女真，为逻者所获，缚送行在，腰斩于市，剖其心以献祖庙，肢解以徇五路。

冬十一月，遣驸马萧特末、林牙萧察剌等将骑兵五万、步卒四十万、亲军七十万至驼门。

十二月乙巳，耶律张家奴叛。戊申，亲战于护步答冈，败绩，尽亡其辎重。己未，锦州刺史耶律术者叛应张家奴。庚申，北面林牙耶律马哥讨张家奴。癸亥，以北院宣徽使萧韩家奴北院枢密使事，南院宣徽使萧特末为汉人行宫都部署。

六年春正月丙寅朔，东京夜有恶少年十余人，乘酒执刃，逾垣入留守府，问留守萧保先所在："今军变，请为备。"萧保先出，刺杀之。户部使大公鼎闻乱，即摄留守事，与副留守高清明集奚、汉兵千人，尽捕其众，斩之，抚定其民。东京故渤海地，太祖力战二十余年乃得之。而萧保先严酷，渤海苦之，故有是变。其裨将渤海高永昌潜号，称隆基元年。遣萧乙薛、高兴顺招之，不从。

闰月己亥，遣萧韩家奴、张琳讨之。戊午，贵德州守将耶律余睹以广州渤海叛附永昌，我师击败之。

二月戊辰，侍御司徒挞不也等讨张家奴，战于祖州，败绩。乙酉，遣汉人行宫都部署萧特末率诸将讨张家奴。戊子，张家奴诱饶州渤海及中京贼侯概等万余人，攻陷高州。

三月，东面行军副统酬斡等擒侯概于川州。

夏四月戊辰，亲征张家奴。癸酉，败之。甲戌，诛叛党，饶州渤海平。丙子，赏平贼将士有差；而萧韩家奴、张琳等复为贼所败。

五月，清暑散水原。女真军攻下沈州，复陷东京，擒高永昌。东京州县族人痕孛、铎剌、吴十、挞不也、道剌、酬斡等十三人皆降女真。

六月乙丑，籍诸路兵，有杂畜十头以上者皆从军。庚辰，魏国王淳进封秦晋国王，为都元帅；上京留守萧挞不也为契丹行宫都部署兼副元帅。丁亥，知北院枢密使事萧韩家奴为上京留守。

秋七月，猎秋山。春州渤海二千余户叛，东北路统军使勒兵追及，尽俘以还。

八月，乌古部叛，遣中丞耶律挞不也等招之。

九月丙午，谒怀陵。

冬十月丁卯，以张琳军败，夺官。庚辰，乌古部来降。

十一月，东面行军副统马哥等攻曷苏馆，败绩。

十二月乙亥，封庶人萧氏为太皇太妃。辛巳，削副统耶律马哥官。

七年春正月甲寅，减厩马粟，分给诸局。是月，女真军攻春州，东北面诸军不战自溃，女古、皮室四部及渤海人皆降，复下泰州。

二月，涞水县贼董庞儿聚众万馀，西京留守萧乙薛、南京统军都监查剌与战于易水，破之。

三月，庞儿党复聚，乙薛复击破之于奉圣州。

夏五月庚寅，东北面行军诸将涅里、合鲁、涅哥、虚古等弃市。乙巳，诸围场隙地，纵百姓樵采。

六月辛巳，以同知枢密院事余里也为北院大王。

秋七月癸卯，猎秋山。

八月丙寅，猎狨斯哪里山，命都元帅秦晋王赴沿边，会四路兵马防秋。

九月，上自燕至阴凉河，置怨军八营：募自宜州者曰前宜、后宜，自锦州者曰前锦、后锦，自乾自显者曰乾曰显，又有乾显大营、岩州营，凡二万八千余人，屯卫州蒺藜山。丁酉，猎辋子山。

冬十月乙卯朔，至中京。

十二月丙寅，都元帅秦晋国王淳遇女真军，战于蒺藜山，败绩。女真复拔显州旁近州郡。庚午，下诏自责。癸酉，遣夷离毕查剌与大公鼎诸路募兵。丁丑，以西京留守萧乙薛为北府宰相，东北路行军都统奚霞末知奚六部大王事。

是岁，女真阿骨打用铁州杨朴策，即皇帝位，建元天辅，国号金。杨朴又言，自古英雄开国或受禅，必先求大国封册，遂遣使议和，以求封册。

八年春正月，幸鸳鸯泺。丁亥，遣耶律奴哥等使金议和。庚寅，保安军节度使张崇以双州二百户降金。东路诸州盗贼蜂起，掠民自随以充食。

二月，耶律奴哥还自金，金主复书曰："能以兄事朕，岁贡方物，归我上、中京、兴中府三路州县;以亲王、公主、驸马、大臣子孙为质;还我行人及元给信符,并宋、夏、高丽往复书诏、表牒,则可以如约。"

三月甲午,复遣奴哥使金。

夏四月辛酉,以西南面招讨使萧得里底为北院枢密使。

五月壬午朔,奴哥以书来,约不逾此月见报。戊戌,复遣奴哥使金,要以酌中之议。是月,至纳葛泺。贼安生儿、张高儿聚众二十万,耶律马哥等斩生儿于龙化州,高儿亡入懿州,与霍六哥相合。金主遣胡突衮与奴哥持书,报如前约。

六月丁卯,遣奴哥等赍宋、夏、高丽书诏、表牒至金。霍六哥陷海北州,趣义州,军帅回离保等击败之。通、祺、双、辽四州之民八百余户降于金。

秋七月,猎秋山。金复遣胡突衮来,免取质子及上京、兴中府所属州郡,裁减岁币之数,"如能以兄事联,册用汉仪,可以如约。"

八月庚午,遣奴哥、突迭使金,议册礼。

九月,突迭见留,遣奴哥还,谓之曰:"言如不从,勿复遣使。"

闰九月丙寅,遣奴哥复使金,而萧宝、讹里等十五人各率户降于金。

冬十月,奴哥、突迭持金书来。龙化州张应古等四人率众降金。

十一月,副元帅萧挞不也薨。

十二月甲申,议定册礼,遣奴哥使金。宁昌军节度使刘宏以懿州户三千降金。时山前诸路大饥,乾、显、宜、锦、兴中等路,斗粟直数缣,民削榆皮食之,既而人相食。

是年,放进士王翚等百三人。

九年春正月,金遣乌林答赞谟持书来迎册。

二月,至鸳鸯泺。贼张撒八诱中京射粮军,潜号,南面军帅余睹擒撒八。

三月丁未朔,遣知右夷离毕事萧习泥烈等册金主为东怀国皇帝。己酉,乌林答赞谟、奴哥等先以书报。

夏五月,阻卜补疏只等叛,执招讨使耶律斡里朵,都监萧斜里得死之。

秋七月,猎南山。金复遣乌林答赞谟来,责册文无"兄事"之语,不言"大金"而云"东怀",乃小邦怀其德之义;及册文有"渠材"二字,语涉轻侮;若"遥芬多戬"等语,皆非善意,殊乖体式。如依前书所定,然后可从。杨询卿、罗子韦率众降金。

八月,以赵王习泥烈为西京留守。

九月,至西京。复遣习泥烈、杨立忠先持册藁使金。

冬十月甲戌朔,耶律陈图奴等二十余人谋反,伏诛。是月,遣使送乌林答赞谟持书以还。

十年春二月,幸鸳鸯泺。金复遣乌林答赞谟持书及册文副本以来,仍责乞兵于高丽。

三月己酉,民有群马者,十取其一,给东路军。庚申,以金人所定"大圣"二字,与先世称号同,复遣习泥烈往议。金主怒,遂绝之。

夏四月,猎胡土白山,闻金师再举,耶律白斯不等选精兵三千以济辽师。

五月,金主亲攻上京,克外郭,留守挞不也率众出降。

六月乙酉,以北府宰相萧乙薛为上京留守、知盐铁内省两司、东北统军司事。

秋,猎沙岭。

冬,复至西京。

保大元年春正月丁酉朔,改元,肆赦。初,金人兴兵,郡县所失几半。上有四子:长赵王,母赵昭容;次晋王,母文妃;次秦王、许王,皆元妃生。国人知晋王之贤,深所属望。元妃之兄枢密使萧奉先恐秦王不得立,潜图之。文妃姊妹三人:长适耶律挞曷里,次文妃,次适余睹。一日,其姊若妹俱会军前,奉先讽人诬驸马萧昱及余睹等谋立晋王,事觉,昱、挞曷里等伏诛,文妃亦赐死;独晋王未忍加罪。余睹在军中,闻之大惧,即率千余骑叛入金。上遣知奚王府事萧遐买、北府宰相萧德恭、大常衮耶律谛里姑、归州观察使萧和尚奴、四军太师萧干将所部兵追之,及诸间山县。诸将议曰:“主上信萧奉先言,奉先视吾辈蔑如也。余睹乃宗室豪俊,常不肯为奉先下。若擒余睹,他日吾党皆余睹也!不若纵之。”还,即给曰:“追袭不及。”奉先既见余睹之亡,恐后日诸校亦叛,遂劝骤加爵赏,以结众心。以萧遐买为奚王,萧德恭试中书门下平章事兼判上京留守事,耶律谛里姑为龙虎卫上将军,萧和尚奴金吾卫上将军,萧干镇国大将军。

二月,幸鸳鸯泺。

夏五月,至曷里狱。

秋七月,猎炭山。

九月,至南京。

冬十月癸亥,以西京留守赵王习泥烈为惕隐。

二年春正月乙亥,金克中京,进下泽州。上出居庸关,至鸳鸯泺。闻余睹引金人娄室字董奄至,萧奉先曰:“余睹乃王子班之苗裔,此来欲立甥晋王耳。若为社稷计,不惜一子,明其罪诛之,可不战而余睹自回矣。”上遂赐晋王死,素服三日,耶律撒八等皆伏诛。王素有人望,诸军闻其死,无不流涕,由是人心解体。余睹引金人逼行宫,上率卫兵五千余骑幸云中,遗传国玺于桑乾河。

二月庚寅朔,日有食之,既。甲午,知北院大王事耶律马哥、汉人行宫都部署萧特末并为都统,太和宫使耶律补得副之,将兵屯鸳鸯泺。己亥,金师败奚王霞末于北安州,遂降其城。

三月辛酉,上闻金师将出岭西,遂趋白水泺。乙丑,群牧使谟鲁斡降金。丙寅,上至女古底仓。闻金兵将近,计不知所出,乘轻骑入夹山,方悟奉先之不忠。怒曰:“汝父子误我至此,今欲诛汝,何益于事!恐军心愤怨,尔曹避敌苟安,祸必及我,其勿从行。”奉先下马,哭拜而去。行未数里,左右执其父子,缚送金兵。金人斩其长子昂,以奉先及其次子昱械送金主。道遇辽军,夺以归国,遂并赐死。逐枢密使萧得里底。召挞不也典禁卫。丁卯,以北院枢密副使萧僧孝奴知北院枢密事,同知北院枢密使事萧查剌为左夷离毕。戊辰,同知殿前点检事耶律高八率卫士降金。己巳,侦人萧和尚、牌印郎君耶律哂斯为金师所获。癸酉,以诸局百工多亡,凡扈从不限吏民,皆官之。初,诏留宰相张琳、李处温与泰晋国王淳守燕,处温闻上入夹山,数日不通,即与弟处能、子奭,处假怨军,内结都统萧干,谋立淳。遂与诸大臣耶律大石、左企弓、虞仲文、曹勇义、康公弼集番汉百官、诸军及父老数万人诣淳府。处温邀张琳至,白其事。琳曰:"摄政则可。"处温曰:"天意人心已定,请立班耳。"处温等请淳受礼,淳方出,李奭持赭袍被之,令百官拜舞山呼。淳惊骇,再三辞,不获已而从之。以处温守太尉,左企弓守司徒,曹勇义知枢密院事,虞仲文参知政事,张琳守太师,李处能直枢密院,李奭为少府少监、提举翰林医官,李爽、陈秘十余人曾与大计,并赐进士及第,授官有差。萧干为北枢密使,驸马都尉萧旦知枢密院事。改怨军为常胜军。于是肆赦,自称天锡皇帝,改元建福,降封天祚为湘阴王。遂据有燕、云、平及上京、辽西六路。天祚所有,沙漠已北,西南面、西北路两都招讨府、诸番部族而已。

夏四月辛卯,西南招讨使耶律佛顶降金,云内、宁边、东胜等州皆降。阿踈为金兵所擒。金已取西京,沙漠以南部族皆降。上遂遁於讹莎烈。时北部谟葛失赆马、驼、食羊。

五月甲戌,都统马哥收集散亡,会于沤里谨。丙子,以马哥知北院枢密使事,兼都统。

六月,淳寝疾,闻上传檄天德、云内、朔、武、应、蔚等州,合诸蕃精兵五万骑,约以八月入燕;并遣人问劳,索衣裘、茗药。淳甚惊,命南、北面大臣议。而李处温、萧干等有迎秦拒湘之说,集蕃汉百官议之。从其议者,东立;惟南面行营都部署耶律宁西立。处温等问故,宁曰:"天祚果能以诸番兵大举夺燕,则是天数未尽,岂能拒之?否则,秦、湘,父子也,拒则皆拒。自古安有迎子而拒其父者?"处温等相顾微笑,以宁煽乱军心,欲杀之。淳欹枕长叹曰:"彼忠臣也,焉可杀?天祚果来,吾有死耳,复何面目相见耶!"已而淳死,众乃议立其妻萧氏为皇太后,主军国事。奉遗命,迎立天祚次子秦王定为帝。太后遂称制,改元德兴。处温父子惧祸,南通童贯,欲挟萧太后纳土于宋,北通于金,欲为内应,外以援立大功自陈。萧太后骂曰:"误秦晋国王者,皆汝父子!"悉数其过数十,赐死,裔其子奭而磔之;籍其家,得钱七万缗,金玉宝器称是,为宰相数月之间所取也。谟葛失以兵来援,为金人败于洪灰水,擒其子陀古及其属阿敌音。夏国援兵至,亦为金所败。

秋七月丁巳朔,敌烈部皮室叛,乌古部节度使耶律棠古讨平之,加太子太保。乙丑,上京毛八十率二千户降金。辛未,夏国遣曹价来问起居。

八月戊戌,亲遇金军,战于石辇驿,败绩,都统萧特末及其侄撒古被执。辛丑,会军于欢挞新查剌,金兵追之急,弃辎重以遁。

九月,敌烈部叛,都统马哥克之。

冬十月,金兵攻蔚州,降。

十一月乙丑,闻金兵至奉圣州,遂率卫兵屯于落昆髓。秦晋王淳妻萧德妃五表于金,求立秦王,不许,以劲兵守居庸。及金兵临关,崖石自崩,戍卒多压死,不战而溃。德妃出古北口,趋天德军。

十二月,知金主抚定南京,上遂由扫里关出居四部族详稳之家。

三年春正月丁巳,奚王回离保僭号,称天复元年,命都统马哥讨之。甲子,初,张珏为辽兴军节度副使,民推珏领州事。秦晋王淳既死,萧德妃遣时立爱知平州。珏知辽必亡,练兵畜马,籍丁壮为备。立爱至,珏弗纳。金帅粘罕入燕,首问平州事於故参知政事康公弼。公弼曰:"珏狂妄寡谋,虽有乡兵,彼何能为?示之不疑,图之未晚。"金人招时立爱赴军前,加珏临海军节度使,仍知平州。既而又欲以精兵三千先下平州,擒张珏。公弼曰:"若加兵,是趣之叛也。"公弼请自往觇之。珏谓公弼曰:"辽之八路,七路已降;独平州未解甲者,防萧干耳。"厚赂公弼而还。公弼复粘罕曰:"彼无足虑。"金人遂改平州为南京,加珏试中书门下平章事,判留守事。庚辰,宜、锦、乾、显、成、川、豪、懿等州相继皆降,上京卢彦伦叛,杀契丹人。

二月乙酉朔,兴中府降金。来州归德军节度使田颢、权隰州刺史杜师回、权迁州刺史高永昌、权润州刺史张成,皆籍所管户降金。丙戌,诛萧德妃,降淳为庶人,尽释其党。癸巳,兴中、宜州复城守。

三月,驻跸于云内州南。

夏四月甲申朔,以知北院枢密使事萧僧孝奴为诸道大都督。丙申,金兵至居庸关,擒耶律大石。戊戌,金兵围辎重于青塚,硬寨太保特母哥窃梁王雅里以遁,秦王、许王、诸妃、公主、从臣皆陷没。庚子,梁宋大长公主特里亡归。壬寅,金遣人来招。癸卯,答言请和。丙午,金兵送族属辎重东行,乃遣兵邀战于白水泺,赵王习泥烈、萧道宁皆被执。上遣牌印郎君谋卢瓦送兔纽金印伪降,遂西遁云内。驸马都尉乳奴诣金降。己酉,金复以书来招,答其书。壬子,金帅书来,不许请和。是月,特母哥挈雅里至,上怒不能尽救诸子,诘之。

五月乙卯,夏国王李乾顺遣使请临其国。庚申,军将耶律敌烈等夜劫梁王雅里奔西北部,立以为帝,改元神历。辛酉,渡河,止于金肃军北。回离保为众所杀。

六月,遣使册李乾顺为夏国皇帝。

秋九月,耶律大石自金来归。

冬十月,复渡河东还,居突吕不部。梁王雅里殁,耶律术烈继之。

十一月,术烈为众所杀。

四年春正月,上趋都统马哥军。金人来攻,弃营北遁,马哥被执。谟葛失来迎,赆马、驼、羊,又率部人防卫。时侍从乏粮数日,以衣易羊。至乌古敌烈部,以都点检萧乙薛知北院枢密使事,封谟葛失为神于越王。特母哥降金。

二月,耶律遥设等十人谋叛,伏诛。

夏五月,金人既克燕,驱燕之大家东徙,以燕空城及涿、易、檀、顺、景、蓟州与宋以塞盟。左企弓、康公弼、曹勇义、虞仲文皆东迁。燕民流离道路,不胜其苦,入平州,言於留守张珏曰:"宰相左企弓不谋守燕,使吾民流离,无所安集。公今临巨镇,握强兵,尽忠於辽,必能使我复归乡土,人心亦惟公是望。"珏遂召诸将领议。皆曰:"闻天祚兵势复振,出没漠南。公若仗义勤王,奉迎天祚,以图中兴,先责左企弓等叛降之罪而诛之,尽归燕民,使复其业,而以平州归宋,则宋无不接纳,平州遂为蕃镇矣。即后日金人加兵,内用平山之军,外得宋为之援,又何惧焉!"珏曰:"此大事也,不可草草。翰林学士李石智而多谋,可召与议。"石至,其言与之合。乃遣张谦率五百余骑,传留守令,召宰相左企弓、曹勇义、枢密使虞仲文、参知政事康公弼至滦河西岸,遣议事官赵秘校往数十罪,曰:"天祚播迁夹山,不即奉迎,一也;劝皇叔秦晋王僭号,二也;诋讦君父,降封湘阴,三也;天祚遣知阁王有庆来议事而杀之,四也;檄书始至,有迎秦拒湘之议,五也;不谋守燕而降,六也;不顾大义,臣事于金,七也;根括燕财,取悦于金,八也;使燕人迁徙失业,九也;教金人发兵先下平州,十也。尔有十罪,所不容诛。"左企弓等无以对,皆缢杀之。仍称保大三年,画天祚象,朝夕谒,事必告而后行,称辽官秩。

六月,榜谕燕人复业,恒产为常胜军所占者,悉还之。燕民既得归,大悦。翰林学士李石更名安弼,偕故三司使高党往燕山,说宋王安中曰:"平州带甲万余,珏有文武材,可用为屏翰;不然,将为肘腋之患。"安中深然之,令安弼与党诣宋。宋主诏帅臣王安中、詹度厚加安抚,与免三年常赋。珏闻之,自谓得计。

秋七月,金人屯来州,阇母闻平州附宋,以二千骑问罪,先入营州。珏以精兵万骑击败之。宋建平州为泰宁军,以珏为节度使,以安弼、党为徽猷阁待制,令宣抚司出银绢数万犒赏。珏喜,远迎。金人谍知,举兵来袭,珏不得归,奔燕。金人克三州,始来索珏,王安中讳之。索急,斩一人貌类者去。金人曰:"非珏也,以兵来取。"安中不得已,杀珏,函其首送金。天祚既得林牙耶律大石兵归,又得阴山室夷谟葛失兵,自谓得天助,再谋出兵,复收燕、云。大石林牙力谏曰:"自金人初陷长春、辽阳,则车驾不幸广平淀,而都中京;及陷上京,则都燕山;及陷中京,则幸云中;自云中而播迁夹山。向以全师不谋战备,使举国汉地皆为金有。国势至此,而方求战,非计也。当养兵待时而动,不可轻举。"不从。大石遂杀乙薛及坡里括,置北、南面官属,自立为王,率所部西去。上遂率诸军出夹山,下渔阳岭,取天德、东胜、宁边、云内等州。南下武州,遇金人,战于奄遏下水,复溃,直趋山阴。

八月,国舅详稳萧挞不也、笔砚祗候察剌降金。是月,金主阿骨打死。

九月,建州降金。

冬十月,纳突吕不部人讹哥之妻谙葛,以讹哥为本部节度使。昭古牙率众降金。金攻兴中府,降之。

十一月,从引者举兵乱,北护卫太保术者、舍利详稳牙不里等击败之。

十二月,置二总管府。

五年春正月辛巳,党项小斛禄遣人请临其地。戊子,趋天德,过沙漠,金兵忽至。上徒步出走,近侍进珠帽,却之,乘张仁贵马得脱,至天德。己丑,遇雪,无御寒具,术者以貂裘帽进;途次绝粮,术者进麨与枣;欲憩,术者即跪坐,倚之假寐。术者辈惟啮冰雪以济饥。过天德。至夜,将宿民家,给曰侦骑,其家知之,乃叩马首,跪而大恸,潜宿其家。居数日,嘉其忠,遥授以节度使,遂趋党项。以小斛禄为西南面招讨使,总知军事,仍赐其子及诸校爵赏有差。

二月,至应州新城东六十里,为金人完颜娄室等所获。

八月癸卯,至金。丙午,降封海滨王。以疾终,年五十有四,在位二十四年。金皇统元年二月,改封豫王。五年,葬于广宁府闾阳县乾陵傍。

耶律淳者,世号为北辽。淳小字涅里,兴宗第四孙,南京留守、宋魏王和鲁斡之子。清宁初,太后鞠育之。既长,笃好文学。昭怀太子得罪,上欲以淳为嗣。上怒耶律白斯不,知与淳善,出淳为彰圣等军节度使。

天祚即位,进王郑。乾统二年,加越王。六年,拜南府宰相,首议制两府礼仪。上喜,徙王魏。其父和鲁斡薨,即以淳袭父守南京。冬夏入朝,宠冠诸王。

天庆五年,东征,都监章奴济鸭子河,与淳子阿撒等三百余人亡归,先遣敌里等以废立之谋报淳,淳斩敌里首以献,进封秦晋国王,拜都元帅,赐金券,免汉拜礼,不名。许自择将士,乃募燕、云精兵。东至锦州,队长武朝彦作乱,劫淳。淳匿而免,收朝彦诛之。会金兵至,聚兵战于阿里轸斗,败绩,收亡卒数千人拒之。淳入朝,释其罪,诏南京刻石纪功。

保大二年,天祚入夹山,奚王回离保、林牙耶律大石等引唐灵武故事,议欲立淳。淳不从,官属劝进曰:"主上蒙尘,中原扰攘,若不立王,百姓何归? 宜熟计之。"遂即位。百官上号天锡皇帝,改保大二年为建福元年,大赦。放进士李宝信等一十九人,遥降天祚为湘阴王。以燕、云、平、上京、中京、辽西六路,淳主之;沙漠以北、南北路两都招讨府、诸蕃部族等,仍隶天祚。自此辽国分矣。封其妻普贤女为德妃,以回离保知北院枢密院事,军旅之事悉委大石。又遣使报宋,免岁币,结好。宋人发兵问罪,击败之。寻遣使奉表于金,乞为附庸。事未决,淳病死,年六十。百官伪谥曰孝章皇帝,庙号宣宗,葬燕西香山永安陵。

遗命遥立秦王定以存社稷,德妃为皇太后,称制,改建福为德兴元年,放进士李球等百八人。时宋兵来攻,战败之,由是人心大悦,兵势日振。宰相李纯等潜纳宋兵,居民内应,抱关者被杀甚众。翌日,攻内东门,卫兵力战,宋军大溃,逾城而走,死者相藉。五表于金,求立秦王,不从。而金兵大至,德妃奔天德军,见天祚。天祚怒,诛德妃,降淳庶人,除其属籍。

耶律雅里者,天祚皇帝第二子也,字撒鸾。七岁,欲立为皇太子,别置禁卫,封梁王。保大三年,金师围青塚寨,雅里在军中。太保特母哥挟之出走,间道行至阴山。闻天祚失利趋云内,雅里驰赴。时扈从者千余人,多於天祚。天祚虑特母哥生变,欲诛之。责以不能全救诸王,将讯之。仗剑召雅里问曰:"特母哥教汝何为?"雅里对曰:"无他言。"乃释之。

天祚渡河奔夏,队帅耶律敌列等劫雅里北走。至沙岭,见蛇横道而过,识者以为不祥。后三日,君僚共立雅里为主。雅里遂即位,改元神历,命士庶上便宜。

雅里性宽大,恶诛杀。获亡者,笞之而已。有自归者,即官之。因谓左右曰:"欲附来归;不附则去。何须威逼耶?"每取唐《贞观政要》及林牙资忠所作《治国诗》,令侍从读之。乌古部节度使纠哲、迭烈部统军挞不也、都监突里不等各率其众来附。自是诸部继至。而雅里日渐荒怠,好击鞠。特母哥切谏,乃不复出。以耶律敌列为枢密使,特母哥副之。敌列劾西北路招讨使萧纠里荧惑众心,志有不臣,与其子麻涅并诛之。以遥设为招讨使,与诸部战,数败,杖免官。

从行有疲困者,辄振给之。直长保德谏曰:"今国家空虚,赐赉若此,将何以相给耶?"雅里怒曰:"昔畋於福山,卿诬猎官,今复有此言。若无诸部,我将何取?"不纳。初,令群牧运盐泺仓粟,而民盗之,议籍以偿。雅里乃自为直:每粟一车,偿一羊;三车一牛;五车一马;八车一驼。左右曰:"今一羊易粟二斗且不可得,乃偿一车!"雅里曰:"民有则我有。若令尽偿,民何堪?"

后猎查剌山,一日而射黄羊四十,狼二十一,因致疾,卒,年三十。

耶律大石者,世号为西辽。大石字重德,太祖八代孙也。通辽、汉字,善骑射,登天庆五年进士第,擢翰林应奉,寻升承旨。辽以翰林为林牙,故称大石林牙。历泰、祥二州刺辽史,兴军节度使。

保大二年,金兵日逼,天祚播越,与诸大臣立秦晋王淳为帝。淳死,立其妻萧德妃为太后,以守燕。及金兵至,萧德妃归天祚。天祚怒诛德妃而责大石曰:"我在,汝何敢立淳?"对曰:"陛下以全国之势,不能一拒敌,弃国远遁,使黎民涂炭。即立十淳,皆太祖子孙,岂不胜乞命於他人耶?"上无以答,赐酒食,赦其罪。

大石不自安,遂杀萧乙薛、坡里括,自立为王,率铁骑二百宵遁。北行三日,过黑水,见白达达详稳床古儿。床古儿献马四百,驼二十,羊若干。西至可敦城,驻北庭都护府,会威武、崇德、会蕃、新、大林、紫河、驼等七州及大黄室韦、敌剌、王纪剌、茶赤剌、也喜、鼻古德、尼剌、达剌乖、达密里、密儿纪、合主、乌古里、阻卜、普速完、唐古、忽母思、奚的、纠而毕十八部王众,谕曰:"我祖宗艰难创业,历世九主,历年二百。金以臣属,逼我国家,残我黎庶,屠翦我州邑,使我天祚皇帝蒙尘于外,日夜痛心疾首。我今仗义而西,欲借力诸蕃,翦我仇敌,复我疆宇。惟尔众亦有轸我国家,忧我社稷,思共救君父,济生民於难者乎?"遂得精兵万余,置官吏,立排甲,具器仗。

明年二月甲午,以青牛白马祭天地、祖宗,整旅而西。先遗书回鹘王毕勒哥曰:"昔我太祖皇帝北征,过卜古罕城,即遣使至甘州,诏尔祖乌母主曰:'汝思故国耶,朕即为汝复之;汝不能返耶,朕则有之。在朕,犹在尔也。'尔祖即表谢,以为迁国于此,十有余世,军民皆安土重迁,不能复返矣。是与尔国非一日之好也。今我将西至大食,假道尔国,其勿致疑。"毕勒哥得书,即迎至邸,大宴三日。临行,献马六百,驼百,羊三千,愿质子孙为附庸,送至境外。所过,敌者胜之,降者安之。兵行万里,归者数国,获驼、马、牛、羊、财物,不可胜计。军势日盛,锐气日倍。

至寻思干,西域诸国举兵十万,号忽儿珊,来拒战。两军相望二里许。谕将士曰:"彼军虽多而无谋,攻之,则首尾不救,我师必胜。"遣六院司大王萧斡里剌、招讨副使耶律松山等将兵二千五百攻其右;枢密副使萧剌阿不、招讨使耶律术薛等将兵二千五百攻其左;自以众攻其中。三军俱进,忽儿珊大败,僵尸数十里。驻军寻思干凡九十日,回回国王来降,贡方物。

又西至起儿漫,文武百官册立大石为帝,以甲辰岁二月五日即位,年三十八,号葛儿罕。复上汉尊号曰天祐皇帝,改元延庆。追谥祖父为嗣元皇帝,祖母为宣义皇后,册元妃萧氏为昭德皇后。因谓百官曰:"朕与卿等行三万里,跋涉沙漠,夙夜艰勤。赖祖宗之福,卿等之力,冒登大位。尔祖尔父宜加恤典,共享尊荣。"自萧斡里剌等四十九人祖父,封爵有差。

延庆三年,班师东归,马行二十日,得善地,遂建都城,号虎思斡耳朵,改延庆为康国元年。三月,以六院司大王萧斡里剌为兵马都元帅,敌剌部前同知枢密院事萧查剌阿不副之,茶赤剌部秃鲁耶律燕山为都部署,护卫耶律铁哥为都监,率七万骑东征。以青斗白马祭天,树旗以誓于众曰:"我大辽自太祖、太宗艰难而成帝业,其后嗣君耽乐无厌,不恤国政,盗贼蜂起,天下土崩。朕率尔众,达至朔漠,期复大业,以光中兴。此非朕与尔世居之地。"申命元帅斡里剌曰:"今汝其往,信赏必罚,与士卒同甘苦,择善水草以立营,量敌而进,毋自取祸败也。"行万余里无所得,牛马多死,勒兵而还。大石曰:"皇天弗顺,数也!"康国十年殁,在位二十,庙号德宗。

子夷列年幼,遗命皇后权国。后名塔不烟,号感天皇后,称制,改元咸清,在位七年。子夷列即位,改元绍兴。籍民十八岁以上,得八万四千五百户。在位十三年殁,庙号仁宗。

子幼,遗诏以妹普速完权国,称制,改元崇福,号承天太后。后与驸马萧朵鲁不弟朴古只沙里通,出驸马为东平王,罗织杀之。驸马父斡里剌以兵围其宫,射杀普速完及朴古只沙里。普速完在位十四年。

仁宗次子直鲁古即位,改元天禧,在位三十四年。时秋出猎,乃蛮王屈出律以伏兵八千擒之,而据其位。遂袭辽衣冠,尊直鲁古为太上皇,皇后为皇太后,朝夕问起居,以侍终焉。直鲁古死,辽绝。

耶律淳在天祚之世,历王大国,受赐金券,赞拜不名。一时恩遇,无与为比。当天祚播越,以都元帅留守南京,独不可奋大义以激燕民及诸大臣,兴勤王之师,东拒金而迎天祚乎?乃自取之,是篡也。况忍王天祚哉?

大石既帝淳而王天祚矣,复归天祚。天祚责以大义,乃自立为王而去之。幸藉祖宗余威遗智,建号万里之外。难寡母弱子,更继迭承,几九十年,亦可谓难矣。

然淳与雅里、大石之立,皆在天祚之世。有君而复君之,其可乎哉?诸葛武侯为献帝发丧,而后立先主为帝者,不可同年语矣。故著以为戒云。

【译文】

天祚皇帝,名延禧,字延宁,小字阿果。他是道宗的孙子,父亲是顺宗大孝顺圣皇帝,母亲是贞顺皇后萧氏。大康元年生。六岁时封为梁王,加官守太尉,兼任中书令。三年后,进封为燕国王。大安七年,总管北南院枢密使事务,加官尚书令,任天下兵马大元帅。

寿隆七年正月甲戌日,道宗去世,延禧遵奉遗诏在灵柩前即皇帝位。各大臣奉上的尊号称天祚皇帝。

二月壬辰初一,改年号为乾统,大赦天下。下令为被耶律乙辛诬陷的人恢复官职和爵位,没收的财产发还,流放的召回。乙未日,派遣使臣向南宋及西夏、高丽通报丧事。乙巳日,由北府宰相萧兀纳任辽兴军节度使,加官守太傅。

三月丁卯日,命令有关部门将张孝杰的家属分赐各大臣。甲戌日,召僧法颐和尚在宫内放戒。

夏四月，天旱。

六月庚寅初一，皇帝去庆州。甲午日，宋朝派遣王潜等人来吊祭。丙申日，高丽、夏国各派使者来祭奠慰哀。戊戌日，任命南府宰相斡特剌兼任南院枢密使。庚子日，追奉懿德皇后谥号为宣懿皇后。壬寅日，任命宋魏国王和鲁斡为天下兵马大元帅。乙巳日，将北平郡王耶律淳晋封为郑王。丁未日，北院枢密使耶律阿思加官于越。辛亥日，将仁圣大孝文皇帝和宣懿皇后葬于庆陵。

秋七月癸亥日，阻卜、铁骊前来进贡。

八月甲寅日，皇上参拜庆陵。

九月壬申日，皇上参拜怀陵。乙亥日，驻留藕丝淀。

冬十月壬辰日，参拜乾陵。甲辰日，尊奉皇父昭怀太子谥号为大孝顺圣皇帝，庙号为顺宗；母亲谥号为贞顺皇后。

十二月戊子日，由枢密副使张琳执掌枢密院事务，翰林学士张奉珪为参知政事，兼任同知枢密院事。癸巳日，宋朝派遣黄实来祝贺皇帝即位。丁酉日，诏令凡是先朝已处理过的事，都循例办理不再禀告。

起初，由杨割任生女真部节度使，俗称为太师。当年杨割去世，将官位传给他哥哥的儿子乌雅束，乌雅束又死去，由他兄弟阿骨打承袭。

乾统二年春正月，皇帝去鸭子河。

二月辛卯日，皇帝去春州。

三月，天气甚冷，重又结冰。

夏四月辛亥日，下令处死乙辛党徒，将他们的子孙迁往边疆；挖开乙辛、得里特的坟墓，劈开棺材，杀尸断身；将他们的家产分给被他们杀害的人家。

五月乙丑日，斡特剌献耶睹刮等部的战利品和俘虏。

六月壬辰日，因下雨停止打猎，留住在散水原。丙午日，夏国王李乾顺又派使者来请求娶公主为妻。丁未日，南院大王陈家奴辞官回乡。壬子日，李乾顺遭宋朝攻打，派遣李造福、田若水来请求救援。

闰月庚申日，策试贤良人士。壬申日，将惠妃降为平民。

秋七月，在黑岭打猎，因天降喜雨，赐予猎人马匹。阻卜来进犯，斡特剌等人打败了他们。

冬十月乙卯日，萧海里反叛，抢走乾州武库中的兵器甲服。命令北面林牙郝家奴捉拿，萧海里逃入陪术水阿典部。丙寅日，任命南府宰相斡特剌为北院枢密使，参知政事牛温舒知南院枢密使事。

十一月乙未日，郝家奴因未能将萧海里捉获，免去官职。壬寅日，任命上京留守耶律慎思为北院枢密副使。有关部门奏请将天祚帝生日作为天兴节。

三年春正月辛巳初一，去混同江。女真人将萧海里首级装入盒内，派遣使臣来献。戊申日，去春州。

二月庚午日，鉴于武清县发大水，放宽对该地滩涂湖地的管理禁令。

夏五月戊子日，由于很多猎人逃亡，制定严格的管理法规。乙巳日，皇帝在赤勒岭避暑。丙午日，参拜庆陵。

六月辛酉日，夏国王李乾顺又派使者来求娶公主。

秋七月，中京降冰雹，庄稼受灾。

冬十月甲辰日，去中京。己未日，吐蕃派遣使者前来进贡。庚申日，夏国又派使者来求援。己巳日，在观德殿祭祀。

十一月丙申日，文武百官为皇上加尊号称惠文智武圣孝天祚皇帝。发布大赦令，尊宋魏国王和鲁斡为皇太叔，梁王挞鲁晋封为燕国王，郑王耶律淳任东京留守，进封越国王，百官都晋升一等。丁酉日，由惕隐耶律何鲁扫古任南院大王。戊戌日，将所受尊号祭告祖庙。乙巳日，晋谒太祖庙，追尊太祖的高祖为昭烈皇帝，庙号肃祖，高祖帝后为昭烈皇后；追奉曾祖为庄敬皇帝，庙号懿祖，曾祖帝后为庄敬皇后。命监修国史耶律俨编写太祖等诸皇帝的《实录》。

十二月戊申日，皇上去藕丝淀。

这一年，录取进士马恭回等一百零三人。

乾统四年春正月戊子日，皇上到鱼儿泺。壬寅日，在木岭打猎。癸卯日，燕国王挞鲁逝世。

二月丁丑日，鼻骨德派使者前来进贡。

夏六月甲辰日，皇帝在旺国崖驻留。甲寅日，夏国派李造福、田若水来求援。癸亥日，吐蕃派使者来进贡。

秋七月，南京发生蝗灾。庚辰日，皇上在南山打猎。癸未日，由西北路招讨使萧得里底，北院枢密副使耶律慎思共同执掌北院枢密使事务。辛卯日，任命同知南院枢密使萧敌里为西北路招讨使。

冬十月己酉日，在漷阴县出现凤凰。己未日，皇上到南京。

十一月乙亥日，皇上到迎月楼，向贫民分赐银两。

十二月辛丑日，任命张琳为南府宰相。

五年春正月乙亥日，夏国派李国福等人前来求援，并请求讨伐宋朝。庚寅日，任命辽兴军节度使萧常哥为北府宰相。丁酉日，派遣枢密直学士高端礼等人去婉言劝说宋朝停止攻打夏国。

二月癸卯日，皇帝便装出访，体察民间疾苦。丙午日，到鸳鸯泺。

三月壬申日，将本族姑娘南仙封为成安公主，下嫁给夏国王李乾顺。

夏四月甲申日，皇上在炭山猎虎。

五月癸卯日，在南崖避暑。壬子日，宋朝派曾孝广、王戬前来回访。

六月甲戌日，夏国派使者来致谢，进贡地方物产。乙丑日，皇上到候里吉。

秋七月，皇上参拜庆陵。

九月辛亥日，驻留藕丝淀。乙卯日，参拜乾陵。

冬十一月戊戌日，禁止商人家属参加进士考试。丙辰日，高丽三韩国公王颙逝世，他儿子王俣派使者前来报丧。

十二月己巳日,夏国又派李造福、田若水来求援。癸酉日,宋朝派林洙来商谈与夏国议和事。

六年春正月辛丑日,派遣知北院枢密使事萧得里底、知南院枢密使事牛温舒出使宋国,婉言劝说宋国归还所侵占的夏国领土。

夏五月,皇上在散水原避暑。

六月辛巳日,夏国派李造福等人来致谢。

秋七月癸巳日,阻卜来进贡。甲午日,皇上去黑岭。庚子日,在鹿角山打猎。

冬十月乙亥日,宋朝与夏国和好,派遣刘正符、曹穆前来通报。庚辰日,任命皇太叔、南京留守和鲁斡兼任惕隐,任命东京留守、越国王耶律淳为南府宰相。

十一月乙未日,任命谢家奴为南院大王,马奴为奚六部大王。丙申日,举行柴册礼。戊戌日,发布大赦令。称和鲁斡为义和仁圣皇太叔,进封越国王耶律淳为魏国王,封皇太子敖卢斡为晋王,习泥烈为饶乐郡王。己亥日,参拜太祖庙。甲辰日,祭祀木叶山。

十二月己巳日,封耶律俨为漆水郡王,其余官员分等第晋升爵位。

七年春正月,在鸭子河钓鱼。

二月,皇上在大鱼泺驻留。

夏六月,在散水原停留。

秋七月,去黑岭。

冬十月参拜乾陵,在医巫闾山打猎。

这一年,录取进士李石等共一百人。

乾统八年春正月,去春州。

夏四月丙申日,封高丽王王俣为三韩国公,赠他父亲王颙为高丽国王。

五月,皇上在散水原避暑。

六月壬辰日,西北路招讨使萧敌里率领各蕃属来朝见皇上。丙申日,举行射柳仪式以求降雨。壬寅日,夏国王李乾顺派使者来报告:成安公主生子。丁未日,皇上去黑岭。

秋七月戊辰日,因下雨未打猎。

冬十二月己卯日,高丽派使者来致谢。

九年春正月丙午初一,去鸭子河。

二月,去春州。

三月戊午日,夏国派使者来通报有关宋朝不归还土地之事。

夏四月壬午日,五国部前来进贡。

六月乙亥日,在特礼岭避暑。

秋七月,下霜,庄稼受损。甲寅日,在候里吉打猎。

八月丁酉日,下雪,未打猎。

冬十月癸酉日,缺木叶山。丁丑日,下令免征今年租税。

十二月甲申日,高丽派使者来进贡。

这一年录取进士刘祯等九十人。

乾统十年春正月辛丑日，举行立春礼。到鸭子河。

二月庚午初一，在大鱼泺驻留。

夏四月丙子日，五国部各酋长来进贡。丙戌日，举行再生礼。癸巳日，在北山打猎。

六月甲戌日，在玉丘避暑，癸未日，夏国派李造福等人来进贡。甲午日，阻卜人来进贡。

秋七月辛丑日，晋谒庆陵。

闰月辛亥日，晋谒怀陵。己未日，晋谒祖陵。壬戌日，皇太叔和鲁斡逝世。

九月甲戌日，未举行重九节礼仪。

冬十月，在藕丝淀驻留。

十二月乙酉日，更改明年年号。

这年，发生了严重饥荒。

天庆元年春正月，在鸭子河钓鱼。

二月，去春州。

三月乙亥日，五国部各酋长前来进贡。

夏五月，在散水原避暑。

秋七月，打猎。

冬十月，在藕丝淀驻留。

二年春正月己未初一，去鸭子河。丁丑日，五国部酋长来进贡。

二月丁酉日，去春州，在混同江钓鱼；边界外生女真族各酋长凡在千里以内的，按惯例都来朝见皇上。正赶上"头鱼宴"，饮酒半醉时，皇上来到大厅里，让各酋长依次表演舞蹈；唯有阿骨打推辞说不会，皇上再三命令他跳舞，但他始终未听从。过后，皇帝私下向枢密使萧奉先说："在前些天的宴会上，阿骨打态度雄傲豪亢，眼神不同凡响，应借边事将他杀掉。如不然则必留后患。"奉先说："他是粗人，不懂得礼节和情谊，没有多大过错而杀了他，恐怕会挫伤人们归顺的心情。即使他有二心，又能有什么作为？"他弟弟吴乞买、粘罕、胡舍等人曾随从皇上打猎，会唤鹿、打虎、捉熊。皇上一高兴，便为他们加官晋爵。

夏六月庚寅日，皇上在南崖避暑。甲午日，和州回鹘人来进贡。戊戌日，成安公主朝见皇上。甲辰日，阻卜来进贡。

秋七月乙丑日，在南山打猎。

九月己未日，打猎，射获熊，设宴招待群臣，亲自弹奏琵琶。原来，阿骨打自从在混同江参加宴会回来，怀疑皇上知道了他的反叛企图，于是调集军队，先吞并了邻近部族。女真人赵三、阿鹘产抗拒，阿骨打掳去他们的家属。两人跑到咸州告状，详稳司将他们送到北枢密院。枢密使萧奉先作为一般事项禀告皇上后，仍交咸州去责问解决，想让阿骨打改过自新。后来几次召见阿骨打，他竟推说有病不来。

冬十月辛亥，高丽三韩国国公王俣的母亲去世，前来报丧，派使者前往吊祭。王俣虽丧期不满，但仍起用担任原职。这个月皇上在奉圣州驻留。

十一月乙卯日,到南京。丁卯日,参拜太祖庙。

这一年录取进士韩昉等七十七人。

三年春正月丙寅日,赐给南京贫民钱两。丁卯日,去大鱼泺。甲戌日,严禁和尚尼姑违反教规。丙子日,在狗牙山打猎,天气十分寒冷,很多猎人被冻死。

三月,检查各地户口,将大牢古山猎场地区的住户迁往其他地方。某日阿骨打率领五百骑兵突然来到咸州,官民十分惊慌。第二天,他到详隐司,与赵三等人当面对质,阿骨打不服,被送到主管部门盘查。一天晚上他私自逃走,并派人向皇上禀诉,说详隐司要杀死他,所以不敢留在这里。从此以后,召见他从不再来。

夏闰四月,李弘用妖术惑众作乱,被分尸送往五京示众。

六月乙卯日,斡朗改国派使者来进献良犬。丙辰日,夏国派使者来进贡。

秋七月,到秋山。

九月,在藕丝淀驻留。

十一月甲午日,任命三司使虞融掌管南院枢密使事,西南面招讨使萧乐古任南府宰相。

十二月庚戌日,高丽派使者来感谢辽的吊丧。癸丑日,回鹘派使者来进贡。甲寅日,任命枢密直学士马人望为参知政事。丙辰日,掌管枢密院事耶律俨逝世。癸亥日,高丽派使者来感谢王俣丧期未满,准予复职之事。

四年春正月,皇上去春州。开始,女真起兵时,因纥石烈部的阿疏不同意,女真派所属撒改的军队攻打他。阿疏的弟弟狄故保来报告,皇帝命令女真不要打,但女真人不听,阿疏前来投奔。现在女真派使者来索要回阿疏,未予交还。

夏五月,皇上在散水原避暑。

秋七月,女真又派使者来索阿疏,仍没交出,并派侍御阿息保责问女真在边境上大量修建城堡的原因。女真以傲慢的口气回答说:"如果交还阿疏,仍和从前一样朝见进贡。若不然,将不断的修城。"随后辽国调集浑河以北各部军队,加强东北路统军司。阿骨打与他弟弟粘罕、胡舍等人一起谋划,由银术割、移烈、娄室、阇母等人为统帅,调集女真各部军队,先捉去辽国的障鹰官。接着攻打宁江州,东北路统军司来禀报。当时皇上正在庆州打鹿,听到报告没太介意,只派海州刺史高仙寿率领渤海军去支援。萧挞不也与女真军遭遇,在宁江以东开战,辽军战败。

冬十月壬寅初一,守司空萧嗣先任东北路都统,静江军节度使萧挞不也任副都统,派契丹奚军三千人,中京禁卫兵及地方豪强的士卒两千人,另从各路军挑选出英勇武士二千多人,由虞候崔公义任都押官,控鹤指挥邢颖为副都押官,发兵到出河店驻扎。两军对峙,女真军队偷渡混同江,突袭辽兵。萧嗣先的军队被击溃,崔公义、邢颖、耶律佛留、萧曷十等人战死,幸免于死的十七人。萧奉先怕他弟弟被治罪,便禀奏说东征溃散的军队到处抢掠,如不宽赦,唯恐他们聚众酿成祸害。皇上同意了他的意见,萧嗣先只被免去了官职。各部军队中的将士彼此议论说:"打仗的战死而无功,败退可以活命并无罪。"因而军队士无斗志,遇敌望风而逃。

十一月壬辰日,都统萧敌里等屯营于斡邻泺以东,又被女真军袭击,死伤士卒很多。甲午日,萧敌里也被免职。辛丑日,任命西北路招讨使耶律斡韩里朵为行军都统,副点检萧乙薛、同知南院枢密使事耶律章奴为副都统。

十二月,咸州、宾州、祥州和铁骊、兀惹等地官兵都反叛逃入女真。萧乙薛前去救援宾州,南军各部将领实娄、特烈等去援救咸州,都被女真人打败。

天庆五年春季正月,发布亲征诏令,派遣僧奴携带书信去女真提出条件讲和,并指名斥责阿骨打。阿骨打派赛剌送来复信,提出如果归还反叛人员阿疏,把黄龙府迁往其他地方,而后才可商谈议和。都统耶律斡里朵等与女真军队在达鲁古城交战,辽军战败。

二月,饶州渤海古欲等人反叛,自称大王。

三月,派萧谢佛留等人征讨反叛人员。派耶律张家奴等六人携带书信去女真,指名斥责他们的主子,希望他们赶快投降。

夏四月癸丑日,萧谢佛留等被渤海古欲打败,由南面副部署萧陶苏斡任都统,前往参战。

五月,陶苏斡与古欲开战,结果大败。张家奴等因为阿骨打复信来,又派他再去见阿骨打。

六月己亥初一,皇上在特礼岭避暑。壬子日,张家奴等人回来,阿骨打复信,也指名斥责,命令投降。癸丑日,通告各地皇上将亲征。丙辰日,陶苏斡招降擒获古欲等人。癸亥日,任命惕隐耶律末里为北院大王。这一月,派萧辞剌出使女真,因所带信件言辞强硬而被扣留。

秋季七月辛未日,宋朝派使臣送来支援军队的银两和布匹。丙子日,皇上在岭东打猎。这个月里,都统斡里朵等人与女真军在白马泺交战,被打败。

八月申子日,皇上停止打猎,赶赴军中。斡里朵等人因作战失利,被免除官职。丙寅日,任命围场使阿不任中军都统,耶律张家奴为都监,统领番军、汉军共十万人;由萧奉先任御营都统,诸行营都部署耶律章奴为副都统,以精锐部队二万人为先遣军。其余兵力划为五部分作为正军,贵族子弟一千人为硬军,朝廷各部门护从人员为护卫军,向北面的骆驼口进发。由都点检萧胡觌姑任都统,枢密直学士柴谊为副都统,率领汉族步兵骑兵共三万人,向南方宁江州进发。从长春州开始分路前进,发给几个月吃用的军粮,决心消灭女真。

九月丁卯初一,女真军队攻陷了黄龙府。己巳日,知北院枢密使萧得里底出任西南面招讨使。辞剌被放回,女真又派赛剌携带书信来报:如果归还我方反叛人员阿疏等,女真军队立即后撤。皇上亲征。粘罕、兀术等写信给皇上,表面上言词谦卑,貌似无奈,实质上是要打仗。将信呈送皇上,皇上大怒,在写下的诏令中有"女真人太过分,发兵消灭他们"等语。女真首领集合广大将士,用刀划脸仰面大哭着说:"原来我与你们共同起兵,是由于遭受契丹的残忍欺侮,打算自立国家。现在宗主皇上亲自率兵来征讨,怎么办?除非大家奋死战斗,是阻挡不了的。不如杀了我一家,你们迎降,这样就可以转祸为福。"各将士都说:"事情已到了这般地步,我们听从你的决定,乙巳日,耶律章奴反叛,逃往上京,策划迎立魏国王耶律淳为皇帝。皇上派驸马萧昱率兵到广平淀保护后妃,派行宫小底乙信携带书信急速去告知魏国王。当时章奴曾先派王妃的弟弟萧谛里按他的想法去劝说魏国王。魏国王说:"这不是小事,各国王中应该立谁,皇上自有主张,北、南面大臣不来,而由你来谈这样的事,是何道理?"密令左右扣留了他。不久,乙

信等人携带皇上亲笔信来到,详细叙述了章奴等人打算废上立王等情况。魏国王立即斩取萧谛里等人的首级送献给皇上,并单人骑马抄近路往广平淀去等待皇上问罪。皇上见了他一如既往。章奴得知魏国王不顺从他的谋划,便率领部下在庆州、饶州、怀州、祖州等地抢劫掠夺,联合渤海的盗匪,人数多达几万人,拥向广平淀,企图进犯行宫。顺国女真阿鹘产率三百名骑兵一举打败匪徒,擒获其中贵族二百多人,将他们斩首示众。把他们妻子儿女分派给绣院做使役,有的分给皇上的侍从人员做奴婢,其余逃脱了的都去投奔女真。章奴冒充使者,打算逃往女真,被巡逻人员捉住,捆绑押送皇上住地,并被当众腰斩,将他的心挖出祭献祖庙,将尸体肢解拿到各地示众。

冬季十一月,派遣驸马萧特末、林牙萧察刺等人率领骑兵五万、步兵四十万、亲军七十万,进至驼门。

十二月乙巳日,耶律张家奴反叛。戊申日,皇上亲自指挥,在护步答冈与女真军作战,战败,武器辎重损失殆尽。己未日,锦州刺史耶律术者叛变加入张家奴一伙。庚申日,北面林牙耶律马哥征讨张家奴。癸亥日,由北院宣徽使萧韩家奴执掌北院枢密使事务,南院宣徽使萧特末任汉人行宫都部署。

天庆六年春正月丙寅初一,在东京夜间有十几名少年无赖趁着酒醉,持刀跳墙进入留守府,打听留守萧保先在何处,说:"现在军队已经变乱,你须做准备。"萧保先走出,便被刺杀。户部使大公鼎得知此次事变后,便代行留守职责,与副留守高清明召集了奚兵、汉兵共一千人,捕获了所有作乱人员,全部杀掉,安抚了当地民众。东京是原来渤海的地域,是太祖经过了二十多年的征战才得到的地方。而萧保先在当地施政严厉苛刻,渤海人深受其害,才导致这次事件发生。他的副将渤海高永昌自称帝号,定年号为隆基元年。皇上派萧乙薛、高兴顺去招降,他不接受。

闰月己亥日,派萧韩家奴、张琳去讨伐高永昌。戊午日,贵德州守将耶律余睹占据广州、渤海叛归高永昌,被我军打败。

二月戊辰日,御卫司徒挞不也等人讨伐张家奴,在祖州交战,结果失败。乙酉日,派

汉人行宫都部署萧特末率领各将士攻打张家奴。戊子日，张家奴诱使饶州渤海及中京贼寇侯概等一万多人，攻陷了高州。

三月，东面行军副统酬斡等人在川州擒获了侯概。

夏四月戊辰日，皇帝亲征张家奴。癸酉日，打败了他。甲戌日，处死反叛党徒，平定了饶州渤海。丙子日，对参加征讨张家奴战斗的将士按等第给予奖赏；而萧韩家奴，张琳等又被叛贼打败。

五月，皇上在散水原避暑。女真军攻下沈州，又攻陷东京，擒住了高永昌。东京各州县女真族人痕孛、铎刺、吴十、挞不也、道刺、酬斡等十三人都向女真投降。

六月乙丑日，登记各路军队士兵，凡有各种牲畜十头以上的家户都要出人参加军队。庚辰日，魏国王耶律淳晋封为秦晋国王，任都元帅；上京留守萧挞不也任契丹行宫都部署兼副元帅。丁亥日，知北院枢密使事萧韩家奴任上京留守。

秋季七月，皇上在秋山打猎。春州渤海二千多户居民叛逃，东北路统军使率领军队追赶，全部俘获迁回。

八月，乌古部反叛，派中丞耶律挞不也等去招抚。

九月丙午日，皇上参拜怀陵。

冬季十月丁卯日，张琳因作战失利，被撤销官职。庚辰日，乌古部来投降。

十一月，东面行军副统马哥等人攻打曷苏馆，战败。

十二月乙亥日，封平民萧氏为太皇太妃。辛巳日，免去耶律马哥副统的官职。

七年春正月甲寅日，削减厩马饲料粮食，分给各局。这月内，女真军队攻打春州，东北面各部军队未开始作战即自行溃散，女古、皮室等四部及渤海人都投降了，接着泰州又被攻下。

二月，涞水县贼寇董庞儿聚众一万多人，西京留守萧乙薛、南京统军都监查刺与他在易水交战，击溃了他们。

三月，董庞儿党徒又聚集作乱，萧乙薛又在奉圣州将他们击溃。

夏季五月庚寅日，东北面行军的各将领涅里、合鲁、涅哥、虚古等人被当众处死，陈尸于街市。乙巳日，各围猎场之间的地带，允许百姓砍柴。

六月辛巳日，任命同知枢密院事余里也为北院大王。

秋季七月癸卯日，皇上在秋山打猎。

八月丙寅日，在狋斯哪里山打猎，命令都元帅秦晋王前往边境沿线，会合四路兵马加强警戒，防止外部趁入秋时节进犯。

九月，皇上自燕到阴凉河，建立报怨于女真的怨军八营：士兵从宜州招募来的营叫前宜营、后宜营，从锦州招来的叫前锦营、后锦营，自乾州、显州招来的叫乾营和显营，又有乾显大营、岩州营，共二万八千多人，驻扎在卫州蒺藜山。丁酉日，皇上在辋子山打猎。

冬季十月乙卯初一，皇上到中京。

十二月丙寅日，都元帅秦晋国王耶律淳与女真军相遇，在蒺藜山交战，被战败。女真又攻陷了显州邻近的一些州郡。庚午日，皇上下诏令自责。癸酉日，派夷离毕查剌和大公鼎到各地去招募兵卒。丁丑日,由西京留守萧乙薛任北府宰相,东北路行军都统奚霞末执掌奚六部大王事务。

这一年,女真阿骨打采纳铁州杨朴的谋划,即位为皇帝,年号为天辅,国号金。杨朴又进言说,自古以来英雄开基立国或是受禅即位,都必须先求大国封册承认,于是派使者来议和,以争取册封。

八年春正月,皇上到鸳鸯泺。丁亥日,派耶律奴哥等人出使金国议和。庚寅日,保安军节度使张崇带双州二百户投降金国。东路各州盗贼蜂拥而起,掳掠百姓,以便为自己提供粮食。

二月,耶律奴哥从金国回来,金国国主复信说:"如果能以兄长待我,每年进献方地物产,归还上京、中京、与中府三路州县;将亲王、公主、驸马、大臣子孙做人质;放回我方使者及原来给的信符,以及宋、夏、高丽相互来往的书诏、表牒,那么就可以议和。"

三月甲午日,又派奴哥为使者去金国。

夏季四月辛酉日,任命西南面招讨使萧得里底为北枢密院使。

五月壬午初一,奴哥带着书信回来,与对方约定不超过这个月给以答复。戊戌日,又派奴哥出使金国。基本意图是大体上按折中办法与对方商谈。这月内皇上到纳葛泺。贼寇安生儿、张高儿逃入懿州境内,与霍六哥联合。金国君主派胡突衮和奴哥携带书信回来,答复内容与上次所说的相同。

六月丁卯日,派奴哥等人携带宋、夏、高丽的书诏、表牒去金国。霍六哥攻占海北州,向义州进发,军帅回离保等人打败了他。通、祺、双、辽等四个州的民众八百多户向金国投降。

秋季七月,皇上在秋山打猎。金国又派突衮来,说明可不要人质和上京、与中府所属各州郡,减少每年进献的数量,"如果按兄长待我,按照汉制仪礼册封,可以讲和。"

八月庚午日,派奴哥、突迭出使金国、商谈册封仪式事宜。

九月,金国扣留了突迭,只派奴哥回来,他们的说法是:"如果不接受所提条件,不必再派使者前来。"

闰九月丙寅日,派奴哥再去金国,而萧宝、讹里等十五人各自带领当地群众向金国投降。

冬季十月,奴哥、突迭带着金国的信件来。龙化州张应古等四人率领民众向金国投降。

十一月,副元帅萧挞不也逝世。

十二月甲申日,商定了册封仪式,派奴哥为使者去金国。宁昌军节度使刘宏带领懿州三千户民众投降金国。这时山前各路发生严重饥荒,乾州、显州、宜州、锦州、与中府等地,一斗谷值好几匹绢,百姓都剥榆树皮吃,后来还发生人吃人的现象。

这一年,录取进士王翚等一百零三人。

九年春季正月,金国派遣乌林答赞谟携带书信来迎娶封册。

二月,皇上到鸳鸯泺。寇贼张撒八诱骗中京射粮军,自立为王,南面军帅余睹擒获了三月丁未初一，派遣知右夷离毕事萧习泥烈等人册封金国君主为东怀国皇帝。己酉日，乌林答赞谟、奴哥等人先带信回去报告。

夏五月，阻卜补疏只等人反叛，逮捕了招讨使耶律斡里朵，都监萧斜里得被杀死。

秋七月，皇上在南山打猎。金国又派乌林答赞谟来，责怪封册文字中没有"按兄长对待"这句话，未称作"大金"而说"东怀"，这是指小国怀念辽的恩德的意思；还有册文中有"渠材"两个字，话里有轻蔑的意思，又如"遥芬多蔑"等一些话，都不是善意的，文章格式也特别乖僻不当。要按上次信件所确定的内容修改后，才能同意。杨询卿、罗子韦率领部属投降金国。

八月，任命赵王习泥烈为西京留守。

九月，皇上到西京。又派习泥烈、杨立忠先带着册文的草稿去金国。

冬十月甲戌初一，耶律陈图奴等二十多人阴谋反叛，被处以死刑。这月内，派使者送乌林答赞谟带着书信返回金国。

十年春二月，皇上到鸳鸯泺。金又派乌林答赞谟携带信件和册文副本来，还怪罪辽曾向高丽请求援兵。

三月己酉日，凡民众有马群的，每十匹征收一匹，分配给东路军。庚申日，册文中采用金人所提出的"大圣"二字，这与对祖先的称呼相同，又派习泥烈去商谈。金国君主发怒，拒绝谈判。

夏四月，皇上在胡土白山打猎，听说金又发兵，由耶律白斯不等人选派三千精锐部队去支援辽军。

五月，金国君主亲自率军攻打上京，攻破了外城，留守挞不也率领部下出城投降。

六月乙酉日，由北府宰相萧乙薛任上京留守，掌管盐铁内省两司及东北统军司事务。

秋，皇上在沙岭打猎。

冬，皇上又去西京。

保大元年春正月丁酉初一，更改年号，大赦天下。起初，从金人起兵以来，所失守的郡县几乎占一半。皇上有四个儿子：长子赵王，他母亲是赵昭容；二儿子晋王，他母亲是文妃；再以下是秦王、许王，都是元妃所生。全国上下都知道晋王贤良，极负重望。元妃的哥哥枢密使萧奉先担心秦王不能被立为皇太子，便暗地谋划使他得立。文妃姐妹共三人：长女嫁给耶律挞曷里，次女就是文妃，三女嫁给余睹。有一天，他们姐妹都在军营里碰在一起，奉先便暗示别人诬陷驸马萧昱和余睹等人图谋拥立晋王为帝，皇上发觉此事，萧昱和挞曷里等人被杀，文妃也被赐死，唯独对晋王没有忍心治罪。余睹在军队里听说后十分害怕，便带领一千多名骑兵反叛逃去金国。皇上派知奚王府事萧遐买、北府宰相萧德恭、大常衮耶律谛里姑、归州观察使萧和尚奴、四军太师萧干率领所属部队去追击，追到间山县。各将领商量说："皇上听信萧奉先的活，奉先把我们这些人全然不当一回事。余睹是皇族宗室里的豪爽俊杰人物，平常不肯居萧奉先下。如果我们捉拿住余睹，日后我们这些人就会得到余睹同样下场！不如放过他。"回来后，便谎报说："没有追上。"

奉先眼看余睹得以逃走,唯恐日后其他人也叛逃,于是劝皇上大加晋爵封赏,以笼络人心。封萧遐买为奚王,萧德恭为试中书门下平章事兼判上京留守事,耶律谛里姑为龙虎卫上将军,萧和尚奴为金吾卫上将军,萧干为镇国大将军。

二月,皇上到鸳鸯泺。

夏五月,皇上到曷里狨。

秋七月,皇上在炭山打猎。

九月,皇上到南京。

冬十月癸亥,任命西京留守赵王习泥烈为惕隐。

二年春正月乙亥日,金兵攻占中京,接着攻下泽州。皇上出居庸关,到鸳鸯泺。听说余睹带领金国人娄室孛堇突然来到,萧奉先说:"余睹是王子班中的后裔,这次来不过是为了立他外甥晋王为帝。如果为祖宗大业着想,要不惜一个儿子,指明他的罪行处死,可以不必打仗,余睹自己就会回去。"于是皇上赐晋王死,晋王在众人中一向很有声望,各地军队听说他被处死,无不泪流满面,哭泣悲伤,由此人心涣散。余睹带领金兵逼近行宫,皇上率领卫队五千多名骑兵到云中,在桑干河遗失了传国玉玺。

二月庚寅初一,发生日全食。甲午日,由知北院大王事耶律马哥、汉人行宫都部署萧特末共同任都统,太和宫使耶律补得为副都统,率领军队驻扎在鸳鸯泺。己亥日,金国军队在北安州打败奚王霞末,并使他驻扎的城市投降。

三月辛酉日,皇上得知金军将从岭西出发,于是移向白水泺。乙丑日,群牧使谟鲁斡投降金国。丙寅日,皇上到女古底仓。听说金兵将要很快到来,不知如何是好,便轻装骑马进入夹山,这时才明白萧奉先的不忠。气恼地说:"你们父子误我到这般地步,现在真想杀了你们,可是有什么用! 怕的是将士们心感愤懑怨恨,你们避敌苟且偷生,但大祸必然降临到我头上。你们不要再跟我走了。"奉先下马,哭着叩拜而去。没走几里路,左右人逮捕了萧奉先父子俩,捆绑着送交给金兵。金人杀了他的长子萧昂,将萧奉先和他的次子萧昱带上刑具,送往金国君主处。途中遇到辽军,将他们抢到并送回国,随即都被赐死。皇上赶走了枢密使萧得里底。召来挞不也任典禁卫。丁卯日,由北院枢密副使萧僧孝奴掌管北院枢密使事务,同知北院枢密使事萧查剌任左夷离毕。戊辰日,同知殿前点检事耶律高八率领卫士投降金国。己巳日,探子萧和尚、牌印郎君耶律晒斯被金国军队俘获。癸酉日,由于各局百工很多人逃亡,因而凡是当时跟随护从皇上的人,不论是吏是民,都封为官。原来,皇上曾命令宰相张琳、李处温和秦晋国王耶律淳防守燕地。李处温听说皇上进入了夹山,一连几天接不到命令,便和他弟弟处能、儿子奭一起,外部借怨军的力量,内部联合都统萧干,谋划拥立淳为皇帝。于是他和各大臣耶律大石、左企弓、虞仲文、曹勇义、康公弼等召集蕃族、汉族百官、各部军队将士及父老几万人来到耶律淳的府邸。李处温找来张琳,说明了事情的原委。张琳说:"临时执政还可以。"李处温说:"现在天意人心都已如此,请按班位次序站立吧!"处温等人请淳受朝拜礼,淳刚出来,李奭便拿着赭色皇袍给他披上,让百官叩拜欢呼。淳十分惊异害怕,再三推辞,推不掉只好顺从。于是由李处温任太尉,左企弓任司徒,曹勇义掌管枢密院事,虞仲文为参知政事,张琳任太师,李处能管理枢密院,李奭为少府少监、提举翰林医官,李爽、陈秘等十几人曾经参与商讨大计,都赐给进士及第衔,分别授以官职。萧干任北枢密使,驸马都尉萧旦掌管枢密院事务。将怨军改称为常胜军。于是实行大赦,自称为天锡皇帝,改年号为天福,将天祚降封为湘阴王。占据的疆域有燕、云、平及上京、辽西六路。天祚所有的领土,只有沙漠以北,西南、西北路两都招讨府及各蕃部族。

夏季四月辛卯日,西南面招讨使耶律佛顶投降金国,云内、宁边、东胜等州都相继投降。原金国叛逃人员阿疏被金兵俘获。金已占领西京,沙漠以南各部族都向金投降。皇上随后逃往讹莎烈。这时北部的谟葛失送来马匹、骆驼和食羊。

五月甲戌日,都统马哥收集溃散的军队,在沤里谨集合。丙子日,任命马哥为知北院枢密使事,兼任都统。

六月,耶律淳患病卧床不起,听说天祚皇帝向天德州、云内州、朔州、武州、应州、蔚州等地发出檄文,将集合各蕃族精锐部队五万骑兵,在八月进入燕国,并派人来慰劳,索要布衣皮衣、茶叶药品等。耶律淳很害怕,命令南、北面大臣商讨对策。而李处温和萧干等人的意见是迎应秦王耶律定而抵抗湘阴王天祚,于是召集蕃族及汉族百官商量。同意这一意见的站在东面;只有南面行营都部署耶律宁站在西面。李处温等问他是何道理,耶律宁说:"天祚如果真能够带领各蕃族军队大举进攻夺取燕地,就是他作为皇帝的气数未尽,哪能拒绝他?若不然,秦王耶律定和湘阴王天祚也是父子关系,要拒绝就都拒绝,自古以来哪里有迎奉儿子而拒绝他父亲的事?"李处温等人相视微笑,便以耶律宁煽动惑乱军心为由,打算杀了他。耶律淳倚在枕头上长叹说:"他是忠臣啊,怎能杀他?如果天祚真回来,我只有死,哪里还有脸面与他相见呢!"此后不久耶律淳死去。于是大家商议拥立他妻子萧氏为皇太后,主持军国大事。遵照耶律淳的遗命,迎立天祚的次子秦王耶律定为皇帝,由太后行使皇帝的权力,改年号为德兴。李处温父子怕遭祸,便南面串通童贯,打算挟持萧太后归顺宋朝;北面与金国串通,打算作为内应。对外,以援立秦王的大功自我表白。萧太后大骂他说"贻误秦晋国王的,都是你们父子!"历数他的几十宗罪过,赐死,将他儿子碎尸;没收他的家产,抄到钱七万串,金制玉制宝器很多,都是在当宰相几个月内搜刮所得。谟葛失派兵来支援,被金兵在洪灰水打败,金兵还抓去了他的儿子陀古和属将阿敌音。夏国的援兵来到,也被金兵打败。

秋季七月丁巳初一,敌烈部皮室反叛,乌古部节度使耶律棠古攻打平定了他,为棠古加官太子太保。乙丑日,上京毛八十率领民众二千户投降金国。辛未日,夏国派使者曹价来问候平安。

八月戊戌日,天祚皇帝与金军遭遇,在石辇驿交战,被打败,都统萧特末及他侄子撒古被俘。辛丑日,将军队集中到欢挞新查剌,金兵追得很紧,辽军扔掉了武器辎重逃走。

九月,敌烈部反叛,都统马哥降服了他们。

冬十月,金兵攻打蔚州,守兵投降。

十一月乙丑日,皇上听说金兵已到奉圣州,便带领卫兵在落昆髓屯营。秦晋王耶律淳的妻子萧德妃曾五次上书金国,请求立秦王为帝,金不允许,萧德妃便派强兵把守居庸关。待金兵来到关下时，山上崖石自行崩落，守关兵卒大多被压死，尚未开战就自行溃散。德妃出古北口，投奔天德军。

十二月，天祚皇帝得知金国君主已在南京稳定了局势，便经扫里关外出，住到四部族详稳的家里。

保大三年春季正月丁巳日，奚王回离保自立称帝，称天复元年。天祚帝命令都统马哥去讨伐他。甲子日，原来，张珏是辽兴军节度副使，民众推举他主持州事。秦晋王耶律淳死后，萧德妃派时立爱去掌管平州。张珏看出辽国必定灭亡，便操练士卒，储备马匹，登记壮丁为后备。时立爱来到后，张珏不接受替代。金国统帅粘罕进入燕地后，首先向原来的参知政事康公弼征询对平州事务的意见。公弼说："张珏狂妄自大，缺乏谋略，即使有些地方武装，他能做出什么大事？可以先稳住使他不生疑，以后再处理他不晚。"金人即将时立爱召回军队，加封张珏为临海军节度使，仍旧主持平州事务。不久金人又想派三千名精兵去攻下平州，捉拿张珏。康公弼说："如果出兵攻打，就会促使他反叛。"公弼表示愿意亲自前往观察情况。张珏向公弼说："辽国八路地区，七路已经投降；唯独平州没有放下武器，只不过是为了防备萧干。"给公弼大量贿赂即返回。公弼回复粘罕说："对他不必担心。"于是金人改平州为南京，为张珏加官试中书门下平章事，判留守事。庚辰日，宜、锦、乾、显、成、川、豪、懿等各州相继投降，上京卢彦伦反叛，杀害契丹人。

二月乙酉日初一，兴中府投降金国。来州归德军节度使田颢、代理隰州刺史杜师回、代理迁州刺史高永昌、代理润州刺史张成，都携领所管辖民户投降金国。丙戌日，处死萧德妃，死去的耶律淳又贬降为普通百姓，他们的党羽全部迁散。癸巳日，收复了兴中府和宜州的城池。

三月，天祚帝驻留在云内州以南。

夏四月甲申初一，任命掌管北院枢密使事萧僧孝奴为诸道大都督。丙申日，金兵到居庸关，擒获耶律大石。戊戌日，金兵将辽军武器给养等围藏在青塚，硬寨太保特母哥偷带着梁王雅里逃出，秦王、许王、各妃后、公主和随从大臣均落入敌人之手。庚子日，梁宋大长公主特里逃脱回来。壬寅日，金派人来招降。癸卯日，答复对方请求议和。丙午日，金兵将所获家族皇属和物资往东送去，并派兵在白水泺求战，赵王习泥烈、萧道宁都被俘。皇上派牌印郎君谋卢瓦把带兔纽的金印送给金人假投降，随后向西逃到云内。驸马都尉乳奴去金人哪里投降。己酉日，金又来书招降，回了信。壬子日，金国统帅来信，不答应议和的请求。这月里，特母哥带着雅里来到，皇上对于他没能把所有人都解救出来感到很生气，训斥了他。

五月乙卯日，夏国王李乾顺派使者来请皇上到他们国家去。庚申日，军队将领耶律敌烈等夜间劫持梁王雅里向西北部逃去，拥立雅里为皇帝，改年号为神历。辛酉日，渡过黄河，停留在金肃军以北。回离保被他的属下官民杀死。

六月，派使者册封李乾顺为夏国皇帝。

秋九月，耶律大石从金国回来。

冬十月，又渡过黄河回到东岸，住在突吕不部。梁王雅里逝世，耶律术烈继承帝位。

十一月，术烈被属下官兵杀死。

保大四年春季正月，天祚皇帝前往都统马哥军中。金人派兵来攻打，皇上放弃军营向北逃去，马哥被敌人俘获。谟葛失前来迎驾，送来马匹、骆驼、羊，又率领所属军队保卫。当时侍从人员连续几天没有粮食，用衣服换羊吃。到了乌古敌烈部，任命都点检萧乙薛为知北院枢密使事，封谟葛失为神于越王。特母哥投降了金人。

二月，耶律遥设等十人阴谋反叛，被处死。

夏季五月，金人占领燕地以后，便强逼燕京的豪门大家东迁，将燕京这一空城和涿、易、檀、顺、景、蓟等州送给宋国作为对修盟的酬谢。左企弓、康公弼、曹勇义、虞仲文都东迁。燕地民众沿途流离失所，痛苦不堪，进入平州后，便向留守张珏说："宰相左企弓不设法守住燕地，使我们百姓颠沛流离，无处安身。您大人占据着重地，拥有强兵，对辽国尽忠，一定能够让我们重新回到故乡本土去，大家都只有指望大人了。"于是张珏召集各将领商量。大家一致说："听说天祚帝已重振军威，在漠南一带出没。大人应当执仗正义，为帝王效力，迎奉天祚，以求重新振兴国邦；首先遣责左企弓等人叛国投敌的罪行，而后处死他们；使燕地民众都返回故里，重新兴家立业；而使平州归顺于宋国，宋决不会不接受，这样平州就成了宋国的藩镇。即使日后金人派兵来攻，我们内可以使用平山的军队，外可以得到宋国的支援，还怕什么呢！"张珏说："这是大事，不能草率。翰林学士李石机智多谋，可找他来商量。"李石来到后，他的说法与大家的意见一致。于是派张谦率领五百多名骑兵，传达留守的命令，召集宰相左企弓、曹勇义、枢密使虞仲文、参知政事康公弼到滦河西岸，派议事官赵秘校去列举他们的十项罪状说："第一，天祚皇帝流离迁徙到夹山，不立即前去奉迎；第二，鼓动皇叔秦晋王耶律淳擅立国号称帝；第三，暴露君王的隐私进行诽谤，并降封为湘阴王；第四，天祚皇帝派知阁王有庆来商量事情而被杀；第五，檄书刚到时有迎立秦王、拒绝湘阴王的论调；第六，不设法防守燕地而投降；第七，不顾大义气节而向金国称臣；第八，搜尽燕地资财去取悦于金；第九，使燕地民众迁徙失业；第十，教唆金人派兵先攻打平州。你们有十大罪行，罪不容诛。"左企弓等人无话可说，全被勒死。仍沿用原年号保大三年；画天祚帝像，早晚参拜；凡事必定向皇帝画像禀告以后再施行；官职仍按辽国官制称呼。

六月，张贴皇帝的告示令燕地民众都恢复旧业，房地产业凡被常胜军所占据的，全部归还。燕地民众得以返回故乡，大家兴高采烈。翰林学士李石改名为安弼，带领原来的三司使高党前往燕山，向宋国的王安中游说道："平州有军队一万多人，张珏有文才武略，可用为镇守一方的长官；不然，他将成为一个掣肘的祸患。"安中觉得很对，便让安弼和高党去见宋国皇帝。宋帝命令帅臣王安中、詹度给以优厚待遇安抚，准许三年内免交一般赋税。张珏得知后，自以为得计。

秋七月，金兵驻扎在来州，阇母得知平州归附了宋国，便率领二千名骑兵来问罪，先进入了营州。张珏派精锐骑兵一万人将他打败。宋国将平州建制为泰宁军，任命张珏为节度使，安弼和高党为徽猷阁待制，命令宣抚司拨出几万银两和绢匹进行犒赏。张珏十分高兴，远出去迎接宋使。金人探知这一消息，便派兵趁机前往袭击，张珏无法返回原处。金兵先攻占了三个州,再提出要张珏,王安中回避不答复。催要得更急,便杀了一个面貌与张珏长得差不多的人送去。金人说这不是张珏,要派兵来捉拿,王安中不得已杀了张珏,把他的首级装入盒内送给金人。天祚有了林牙耶律大石带回的军队,又有了阴山室夷谟葛失的军队,自己说是得到了苍天的助力,又谋划出兵,收复燕地和云州。大石林牙极力劝谏说:"自从金人一开始攻陷长春、辽阳以后,皇上没有前去广平淀,而是退居中京;后来上京陷落,居住在燕山;中京陷落,到了云中;从云中又逃奔到夹山。一向为了保存人员而没有谋划准备打仗,以致全国汉族集居的地区全被金人占据。现在国势到了这般地步,才主动去求战,这不是办法。应该养兵蓄锐,等待时机再行作,不可轻举。"天祚帝不听。耶律大石于是杀死萧乙薛和坡里括,设置北、南面官属,自立为王,率领所属人马向西进发。天祚皇帝便率领各军出夹山,攻下渔阳岭,占据了天德、东胜、宁边、云内等州。往南到武州,与金国军队相遇,在奄遏下水发生战斗,又被打败,一直奔向山阴。

八月,国舅详稳萧挞不也、笔砚祗候察剌投降金人。这月内,金国君主阿骨打死去。

九月,建州向金国投降。

冬季十月,皇上收纳突吕不部人讹哥的妻子谐葛,任命讹哥为本部节度使。昭古牙率领部下投降金国。金兵攻打兴中府,兴中府投降。

十一月,随从皇帝出行人员发生兵变,北护卫太保术者、舍利详稳牙不里等打败叛乱人员。

十二月,设置两个总管府。

保大五年正月辛巳日,党项的小斛禄派人来请天祚皇帝去他所在的地方。戊子日,皇上出发去天德,越过沙漠,金兵忽然到来。皇上徒步逃出,近身侍从人员送上珠帽,皇上不要,骑上张仁贵的马得以逃脱,到达天德。己丑日,遇上天下大雪,没有御寒衣物,术者把貂皮衣帽,送给皇上;途中没有了粮食,术者送上炒面和枣;皇上想休息,术者便跪坐,让皇上倚在他身上小睡。术者一伙人自己只吃冰雪充饥。过了天德。到夜晚,打算住进民家过夜,便谎称是侦察骑兵,当那家人知道了是皇上,便对马首叩拜,跪着号啕大哭,皇上便藏在他家中。住了几天,皇上很赞赏他的忠心,授他为节度使,随兵往党项去了。任命小斛禄为西南面招讨使,总管军事,并对他儿子和军官们按不同等第封赐爵位奖赏。

二月,到应州新城以东六十里处,皇上被金人完颜娄室等人所俘获。

八月癸卯日,天祚到达金国。丙午日,降封他为海滨王。因病去世,时年五十四岁,在皇帝位二十四年。金皇统元年二月,改封豫王。五年,葬在广宁府间阳县辽景宗乾陵的近旁。

耶律淳,他所建立的国家被称为北辽。耶律淳小字叫涅里,是兴宗的第四个孙子,是南京留守、宋魏王和鲁斡的儿子。清宁初年,他由太后抚养。长大以后,爱文学。昭怀太子因故获罪,皇上本打算由耶律淳做继承人。但皇上对耶律白斯很不满,而且知道他与耶律淳要好,于是把耶律淳派出担任彰圣等军的节度使。

天祚即皇位后,进封耶律淳为郑国王。乾统二年,加封越王。六年,任命他为南府宰相，他第一次提出南北两府礼仪制式。皇帝很高兴，改封为魏国王。他父亲和鲁斡死后，即由他承袭父位留守南京。每年冬夏季回到朝廷，在各国王中他最受皇帝宠爱。

天庆五年，辽军东征，派都监耶律章奴去支援鸭子河，他与耶律淳的儿子阿撒等三百多人逃跑回来，并先派萧敌里等人把打算废除天祚、立淳王为帝的谋划报告了耶律淳，耶律淳当即杀了萧敌里，将他的首级献给天祚帝，由此耶律淳被晋封为秦晋国王，任命为都元帅，赏赐金券，见皇帝免行汉制拜礼，不必通报姓名。皇上允许他自己选择将士，于是在燕地和云州招募精兵。向东行进至锦州，队长武朝彦叛乱，劫持了耶律淳，淳隐藏起来而未被劫走，后来擒获了朝彦处死。这时正好金兵来到，于是集结军队在阿里轸斗交战，耶律淳被打败，搜集几千名散兵继续抵抗。耶律淳回到朝廷，皇上赦免了他的战败之罪，并诏令在南京刻石立碑纪念这次功绩。

保大二年，天祚移入夹山，奚王回离保、林牙耶律大石等人援引唐代灵武的事例，商量拥立耶律淳为帝。淳不同意，所属官员劝进说："现在国君流亡失位，中原局势混乱，如果国不立王，百姓听从谁呢？应该予以认真考虑。"于是耶律淳即皇帝位。百官奉尊号为天锡皇帝，改保大二年为建福元年，实行大赦。录取进士李宝信等一十九人，降封天祚为湘阴王。把燕、云、平、上京、中京、辽西等六路，作为耶律淳的疆土；沙漠以北、南北路两都招讨府、各蕃部族等，仍隶属于天祚。从此辽国分裂。耶律淳封他妻子普贤女为德妃，任命回离保为知北院枢密事，军队事务全部委托给耶律大石。又派遣使者通报宋国，免去每年交付的银两，愿友好相交。宋人发兵问罪，被耶律淳打败。不久派使者去向金国上书，乞求作为它的附庸国。事情尚无结果，耶律淳因病去世，时年六十岁。百官奉上谥号为孝章皇帝，庙号宣宗，葬在燕京以西香山的永安陵。

耶律淳遗命立秦王耶律定继承皇统，德妃成为皇太后，代皇帝摄理国事，改建福年号为德兴元年，录取进士李球等一百零八人。这时宋国派兵来攻打，他们打败了宋兵，于是大家十分兴奋，兵势日渐兴盛。宰相李纯等人暗地里接纳宋兵，居民又在内部接应，把守城门的许多士兵被杀死。第二天，宋兵攻打内东门，防卫的士兵顽强作战，宋军大败，纷纷爬过城墙逃跑，死尸遍地。德妃曾五次上书金国，请求允立秦王耶律定为帝，金国未同意。随之大批金兵来到，德妃逃奔天德军，见到天祚皇帝。天祚很生气，处死了德妃，将耶律淳的名分降为普通百姓，从皇族中除名。

耶律雅里，是天祚皇帝的第二个儿子，字撒鸾。七岁时，打算立他为皇太子，单独安排护卫，封为梁王。

保大三年，金兵包围了青塚寨，当时雅里在军中。太保特母哥带他逃出，沿小路走到阴山。听说天祚帝打仗失败，正赶向云内，雅里也快马奔赴哪里。那时他的护从人员有一千多人，比天祚的还多。天祚唯恐特母哥发生变故，打算处死他，责怪他为何不能救出皇族所有各王，准备审讯他。皇上手持宝剑先招来雅里问话："特母哥曾教你做什么？"雅里回答说："他什么也没说。"于是放了他们。

天祚渡过黄河逃往夏国，队帅耶律敌列等人劫持雅里向北去。到沙岭，遇见蛇横道爬过，懂得事故的人认为这是不祥的征兆。三天以后，僚属们共同拥立雅里为帝。于是雅里即皇帝位,改年号为神历,命令官民向皇上提出自己认为应办的事。

雅里性情宽厚大度,讨厌打杀。捉住逃跑的人,打一顿了事。逃跑后自己回来的,便给他官做。因此,向左右人说:"愿意来跟从我们的就来,不愿意来的就走,何必威逼强迫呢?"他经常拿出唐代的《贞观政要》和林牙资忠所做的《治国诗》,让侍从人员读。乌古部节度使纠哲、迭烈部统军挞不也,都察突里不等人都率领部下来归附,从此许多部属相继来到。而雅里却越来越荒废政务,喜好以踢球为乐。特母哥恳切规劝,仍然不再出来执掌政事。任命耶律敌列为枢密使,特母哥为副使。敌列弹劾西北路招讨使萧纠里迷惑人心,有背叛君主的图谋,把他和他的儿子一起处死。任命遥设为招讨使,与来犯的军队作战,几次被打败,用木棍痛打后免去官职。

随从行军的人中有疲乏困倦的人,便发给钱物。直长保德劝谏说:"目前国家空虚,总是这样赏赐,以后用什么东西给呢?"雅里生气地说:"过去我在福山打猎,你就诬告狩猎官,现在又说这样的话。如果没有这些部属,我的东西又从哪儿来呢?"没有接受劝说。起初,雅里命令群牧运来盐泺仓储备的粮食,被民众偷窃,商量要他们用东西赔偿。雅里便亲自计算值多少钱:每一车粮食,赔偿一只羊;三车粮食赔一头牛,五车粮食赔一匹马,八车赔一匹骆驼。左右人员说:"现在一只羊换二斗米还换不来,竟用一支羊赔偿一车米!"雅里说:"百姓有了我才有。如果让他们全数赔偿,百姓怎么受得了?"

后来在查刺山打猎,一天打到黄羊四十只,狼二十一只,累得生了病,随即逝世,享年三十岁。

耶律大石,他所建立的国家被称为西辽。大石字重德,是太祖第八代孙。他懂辽、汉文字,擅长于骑马射箭,考取天庆五年进士,提升为翰林应奉,不久又升为承旨。辽称翰林为林牙,所以称他为大石林牙。他历任泰、祥州刺史,辽兴军节度使。

保大二年,金兵日益逼近,天祚流亡他乡,大石与各位大臣拥立秦晋王耶律淳为帝。耶律淳死后,立他妻子萧德妃为太后,以防守燕地。到金兵来到时,萧德妃投奔天祚。天祚发怒处死德妃而责备大石说:"我还在,你怎敢拥立耶律淳?"大石答道:"您以全国的力量,不能抵抗一下敌人,放弃国家远逃,使黎民百姓遭受涂炭。即使立十个耶律淳,都是太祖的子孙,难道不比乞命于别人更好吗?"皇上无言以对,设酒食招待,赦他无罪。

大石自觉不安,便杀死萧乙薛、坡里括,自立为王,夜里带领二百名精壮骑兵逃走。向北走了三天,渡过黑水,见到白达达详隐床古儿。床古儿赠献马四百匹,骆驼二十头和一些羊。往西走到可敦城,在北庭都护府停留,集合威武、崇德、会蕃、新、大林、紫河、驼等七州和大黄室韦、敌剌、王纪剌、茶赤束、也喜、鼻古德、尼剌、达剌乖、达密里、密儿纪、合主、乌古里、阻卜、普速完、唐古、忽母思、奚的、纠而毕等十八部的各首领,训示说:"我的祖宗艰难创业,已经历九代皇帝,历时二百年。金作为辽的陪臣属国,竟逼我国家,残害我黎民百姓,屠杀践踏我州地城池,使我天祚皇帝流离失所,日夜痛心疾首。现在我仰仗道义西来,想借助各蕃邦的力量,消灭我的仇敌,恢复我国疆域。你们众位之中,有为我的国家感到痛心,为我的祖宗社稷忧伤,愿意共同救助君主父王,拯救生民于危难之中的人吗?"于是得到精兵一万多人,设置了官吏,建立了护卫兵甲,置备了仪仗器物。第二年二月甲午日，大石用青牛白马祭奠天地、祖宗，整饬军队向西进发。先派人送信给回鹘王毕勒哥说："从前我太祖皇帝北征，曾经过卜古罕城，当时就曾派使者到甘州，诏示你的祖上乌母主说：'你思念故国么，我这就为你恢复；你不能返回故国么，可是我有它。在我手中，就等于在你手中。'于是你祖上即上表感谢，说你们国家迁到了这里，至今已有十几代，军民都已在此安居乐业，不愿再回去了。因此我们与你们国家之间并非一日之好。现在我要西去大食，从你们国家通过，请不必疑心。"毕勒哥接到信，便迎接大石到府邸，大宴三天。临离开时，赠献马六百匹，骆驼一百头，羊三千只；表示愿做附庸，以子孙做人质；并陪送到境外。西行所经地区，抗拒的被打败，降服的给予安抚。大军行进万里，好几个国家归附，得到骆驼、马匹、牛、羊、财物，不计其数。军队的气势越来越盛，锐气连日倍增。

到寻思干，西域各国调集军队十万人，号称忽儿珊，前来阻击作战。双方军队相隔二里左右。大石训示将士们说："他们的军队虽多但无谋略，我们一进攻，他们首尾不能相互救援，我军必胜。"于是派六院司大王萧斡里剌、招讨副使耶律松山等率领二万五千名兵士攻敌人的右翼；枢密副使萧剌阿不、招讨使耶律术薛等率领兵士二千五百人攻打左翼；大石本人率领大部分军队攻打中部。三军同时并进，忽儿珊大败，死尸遍布几十里。大石的军队在寻思干驻扎达九十天，回回国王来投降，进贡地方物产。

继续向西进军到起儿漫，文武百官册立大石为皇帝，在甲辰年二月五日即位，当时大石年三十八岁，尊号葛尔罕。接着又奉上按汉制定的尊号，称为天祐皇帝，改年号为延庆。追奉祖父谥号为嗣元皇帝，祖母为宣义皇后，册封元妃萧氏为昭德皇后。于是向百官说："我与你们各位行军三万里，跋涉沙漠，昼夜艰辛努力。托祖宗的福泽，大家的力量，我贸然登上皇位。对你们的祖先父母也应给以抚恤典祭，共享尊荣。"对自萧斡里剌以下四十九人的祖先父母，按等级封赐爵位。

延庆三年，大石带领军队向东返回，骑马走了二十天，遇到一处条件好的地方，便在哪里建立都城，称作虎思斡耳朵，改年号延庆为康国元年。三月，任命六院司大王萧斡里剌为兵马都元帅，敌剌部原来的同知枢密院事萧查剌阿不为副元帅，茶赤剌部秃鲁耶律燕山为都部署，护卫耶律铁哥为都监，率领七万骑兵东征。大石用青牛白马祭天，树旗向大家发誓说："我大辽自太祖，太宗历尽艰难而创成帝业，后来继业的君主贪图享乐无休无厌，不体察国家政事，以至盗贼蜂起，天下土崩瓦解。我带领你们大家，远征到北方不毛之地，为的是恢复祖宗大业，以光耀中兴盛世。这里并非我和你们世代居留之地。"严词命令元帅斡里剌说："这次派你去，赏罚要说到做到，要与士卒同甘共苦，选择水草条件好的地方扎营，根据敌人的力量强弱进兵，不要自吃败仗而遭祸。"行军一万多里毫无所得，牛马死亡很多，只能收兵而回。大石说："皇天不依从我，这是天数啊！"康国十年大石逝世，在位二十年，庙号德宗。

大石的儿子夷列年幼，大石曾留下命令由皇后代主国政。皇后名叫塔不烟，号感天皇后。她行使皇帝权力，改年号为咸清，在位七年。儿子夷列即皇帝位，改纪元为绍兴。统计年满十八岁以上的民众，共八万四千五百户。夷列在位十三年后去世，庙号仁宗。

夷列的儿子年幼,根据遗书让夷列的妹妹普速完掌管国事,行使皇帝权力,改年号为崇福,称号为承天皇后。后来她与驸马萧朵鲁不的弟弟朴古只沙里私通,把驸马派出任东平王,并罗织罪名杀了他。驸马的父亲斡里剌派兵包围了她住的宫室,用箭射死了普速完和朴古只沙里。普速完在位十四年。

仁宗夷列的次子直鲁古即皇帝位,改年号为天禧,在位三十四年。秋天时节外出打猎,乃蛮王屈出律用早已埋伏好的八千名士兵逮捕了他,而占据了他的皇位。于是承袭了辽国的事业,尊奉直鲁古为太上皇,皇后为皇太后,早晚前去问安,一直侍奉到死。直鲁古去世,辽国灭绝。

在天祚当皇帝时,耶律淳多次被封为大国国王,受赐金券,朝见皇帝不必通名。当时对他的恩宠和优厚待遇,无与伦比。当天祚流亡时,让他担任都元帅留守南京,难道他就不能发扬大义的精神,以激励燕地的民众和各大臣,组织效忠皇帝的军队,东去抗拒金兵,而迎回天祚吗?可是他却自己占据了皇位,这是篡位。更何况他还忍心降封天祚为国王啊!

大石既然曾拥立耶律淳为皇帝,而且参与降封天祚为王,又归附天祚。天祚以大义之词责备他,他便自立为王而离去。有幸凭借祖宗的余威和传给他的知识,在万里以外建国立号。后来虽是寡居的母妇和幼小的儿子,仍然承继更迭,延续近九十年,也可以说是不容易啊!

然而耶律淳和雅里、大石的自立为帝,都是在天祚皇帝尚在位的时候。已有君主而再立君主,这可以吗?这与诸葛武侯先为汉献帝发丧,而后立先主为帝,真是不可同日而语。所以著史者以为应引以为戒。

太祖淳钦皇后述律氏传

【题解】

辽太淳钦皇后述律氏(879~958),名平,小名月理朵。其先为回鹘人。有雄略,佐辽太祖建国,加号地皇后。太祖卒,称制摄军国事。太宗即位,被尊为皇太后。太宗卒,立少子李胡,与皇孙兀欲(世宗)争位。世宗即位,被迁于祖州(今内蒙古巴林左旗西南)。穆宗时卒。

【原文】

太祖淳钦皇后述律氏,讳平,小字月理朵。其先回鹘人糯思,生魏宁舍利,魏宁生慎思梅里,慎思生婆姑梅里,婆姑娶匀德恝王女,生后于契丹右大部。婆姑名月椀,仕遥辇氏为阿扎割只。

后简重果断,有雄略。尝至辽、土二河之会,有女子乘青牛车,仓卒避路,忽不见。未

契丹人引马图

几,童谣曰:青牛妪,曾避路。盖谚谓地祇为青牛妪云。

太祖即位,群臣上尊号曰地皇后。神册元年,大册,加号应天大明地皇后。行兵御众,后尝与谋。太祖尝渡碛击党项,黄头、臭泊二室韦乘虚袭之;后知,勒兵以待,奋击,大破之,名震诸夷。

时晋王李存勖欲结援,以叔母事后。幽州刘守光遣韩延徽求援,不拜,太祖怒,留之使牧马。后曰:"守节不屈,贤者也。宜礼用之。"太祖乃召延徽与语,大悦,以为谋主。吴主李昪献猛火油,以水沃之愈炽。太祖选三万骑以攻幽州。后曰:"岂有试油而攻人国者?"指帐前树曰:"无皮可以生乎?"太祖曰:"不可。"后曰:"幽州之有土有民,亦犹是耳。吾以三千骑掠其四野,不过数年,困而归我矣,何必为此?万一不胜,为中国笑,吾部落不亦解体乎!"其平渤海,后与有谋。

太祖崩,后称制,摄军国事。及葬,欲以身殉,亲戚百官力谏,因断右腕纳于柩。太宗即位,尊为皇太后。会同初,上尊号曰广德至仁昭烈崇简应天皇太后。

初,太祖尝谓太宗必兴我家,后欲令皇太子倍避之,太祖册倍为东丹王。太祖崩,太宗立,东丹王避之唐。太后常属意于少子李胡。太宗崩,世宗即位于镇阳,太后怒,遣李胡以兵逆击。李胡败,太后亲率师遇于潢河之横渡。赖耶律屋质谏,罢兵。迁太后于祖州。

应历三年崩,年七十五,祔祖陵,谥曰贞烈。重熙二十一年,更今谥。

【译文】

太祖淳钦皇后述律氏,名字叫平,小名月理朵。她的祖先是回鹘人糯思。糯思生舍利官魏宁,魏宁生梅里官慎思,慎思生梅里官婆姑。婆姑娶匀德恝王的女儿为妻,在契丹右大部生下了述律皇后。婆姑又有一个名字叫月椀。他在遥辇可汗时代做官,任阿扎割只。

述律皇后性情宽简，稳重果断，有雄才大略。曾经到辽、土两条河合流的地方，遇到一个乘青牛车的妇女。这个妇女一看见述律皇后就仓皇躲避，忽然就不见了。过了不久，童谣流传说："青牛婆婆，曾经让路"当时的俗谚，把地神称为青牛婆婆。

太祖即位，群臣给述律皇后上尊号为地皇后。神册元年，举行大册礼，加号应天大明地皇后。统军打仗等事务，述律皇后都曾参与谋划。一次太祖越过沙漠攻打党项，黄头、臭泊两部室韦乘虚前来偷袭。述律皇后得知，部署军队做好准备，突然出击，大败敌军。她的声名由此远震周边部族。

当时晋王李存勖打算结好契丹作为声援，以叔母的礼节侍奉述律皇后。割据幽州的刘守光派韩延徽前来求援，见了太祖不下拜。太祖大怒，把韩延徽扣留起来，让他去放马。述律皇后说："这个人坚守臣节不屈服，是一位贤士。应当加以尊礼重用。"太祖于是召见韩延徽，交谈之后，大为高兴，就用他充当自己的谋士。吴皇帝李升献上猛火油，用水去浇它，火烧得更猛烈。太祖于是挑选了三万名骑兵，打算带着猛火油进攻幽州。述律皇后说："哪有为试验油而攻打别人国家的道理？"又指着帐篷前面的树说："它没有了树皮能活吗？"太祖说："不能。"述律皇后说："幽州有土地，有百姓，也和这棵树一样。我们只要派三千骑兵到他们的土地上抄掠，用不了几年，他们就会陷入困境，向我们投降，又何必大举进攻呢？万一没有获胜，被中原人所耻笑，我们的部落不是也会解体吗？"后来太祖征服渤海，述律皇后也参与了作战谋划。

太祖驾崩，述律皇后临朝称制，代行军国大事。太祖下葬的时候，述律皇后打算亲自殉葬，亲戚百官都极力劝谏，于是砍下右手放在棺材当中。太宗即位，尊奉她为皇后。会同初年，上尊号为广德至仁昭烈崇简应天皇太后。

起初，太祖曾经说太宗一定会振兴本家族，述律皇后就打算让皇太子耶律倍让位给太宗。太祖册封耶律倍为东丹王。太祖驾崩，太宗登基，东丹王躲避到后唐。此后述律皇太后十分希望幼子李胡能够继位。太宗驾崩，东丹王的儿子世宗在镇阳即位。太后发怒，派李胡率兵前去迎击。李胡兵败，太后亲自统军队在黄河的横渡与世宗相遇。幸亏耶律屋质进谏，方才罢兵。世宗把太后迁徙到祖州。

穆宗应历三年，述律皇太后驾崩，终年七十五岁。合葬于祖陵，谥号为贞烈。兴宗重熙二十一年改为现在的谥号淳钦。

景宗睿智皇后萧氏传

【题解】

辽景宗睿智皇后萧氏（953～1009年），名绰，小字燕燕，北府宰相萧思温之女。景宗时选为贵妃，进皇后。圣宗即位，尊为皇太后，摄国政。任用大臣耶律斜轸、耶律休哥、韩德让等，败宋军于歧沟关（今河北涿县西南）。后与圣宗率军伐宋，至澶州（今河南濮

阳），与宋订立"澶渊之盟"。明达治道，习知
军政。

【原文】

景宗睿智皇后萧氏，讳绰，小字燕燕，北府
宰相思温女。早慧。思温尝观诸女扫地，惟后
洁除，喜曰："此女必能成家！"帝即位，选为贵
妃。寻册为皇后，生圣宗。

景宗崩，尊为皇太后，摄国政。后泣曰："母
寡子弱，族属雄强，边防未靖，奈何？"耶律斜轸、
韩德让进曰："信任臣等，何虑之有！"于是，后与
斜轸、德让参决大政，委于越休哥以南边事。统
和元年，上尊号曰承天皇太后。二十四年，加上
尊号曰睿德神略应运启化承天皇太后。二十七
年崩，谥曰圣神宣献皇后。重熙二十一年，更
今谥。

后明达治道，闻善必从，故群臣咸竭其忠。

萧太后

习知军政，澶渊之役，亲御戎车，指麾三军，赏罚信明，将士用命。圣宗称辽盛主，后教训
为多。

【译文】

景宗睿智皇后萧氏，名字叫绰，小名燕燕，是北府宰相萧思温的女儿。从小就非常聪
明。萧思温曾经察看几个女儿扫地，只有燕燕扫得最干净，高兴地说："这个女孩子一定
会成就家业！"景宗即位，选为贵妃。不久册为皇后，生下了圣宗。

景宗驾崩，被尊奉为皇太后，代行国政。萧太后哭道："我们孤儿寡母，又遇上各部族
势力强大，边防也不安宁，该怎么办呢？"大臣耶律斜轸，韩德让上前说："只要您信任我们
几个人，又有什么可担心的！"于是萧太后与耶律斜轸，韩德让共同商议决断国家大事，把
南部边防事务委托给于越官耶律休哥。统和元年，上尊号为承天皇太后。二十四年，加
上尊号为睿德神略应运启化承天皇太后。二十七年，萧太后驾崩，谥号为圣神宣献皇后。
兴宗重熙二十一年，改为现在的谥号睿智。

萧太后通晓治国之道，听到好意见一定听从，所以群臣都竭尽自己的忠心。她还熟
悉军事方面的情况，在澶渊战役中亲自乘坐军车，指挥辽军作战，赏罚严明，将士十分效
命。圣宗被称为辽代贤能的君主，就与萧太后的教导有很大关系。

圣宗仁德皇后萧氏传

【题解】

辽圣宗仁德皇后萧氏(983~1032年),小字菩萨哥,景宗萧皇后弟萧隗因之女,貌美有才,圣宗时册为齐天皇后,生子早夭,养宫女萧耨斤之子,是为兴宗。兴宗即位后,被萧耨斤(时尊为皇太后)逼死。

【原文】

圣宗仁德皇后萧氏,小字菩萨哥,睿智皇后弟隗因之女。年十二,美而才,选入掖庭。统和十九年,册为齐天皇后。

尝以草茎为殿式,密付有司,令造清风、天祥、八方三殿。既成,益宠异。所乘车置龙首鸥尾,饰以黄金。又造九龙辂、诸子车,以白金为浮图,各有巧思。夏秋从行山谷间,花木如绣,车服相错,人望之以为神仙。

生皇子二,皆早卒。开泰五年,宫人耨斤生兴宗,后养为子。帝大渐,耨斤詈后曰:"老物宠亦有既耶!"左右扶后出。帝崩,耨斤自立为皇太后,是为钦哀皇后。护卫冯家奴、喜孙等希旨,诬告北府宰相萧浞卜、国舅萧匹敌谋逆。诏令鞠治,连及后。兴宗闻之曰:"皇后侍先帝四十年,抚育眇躬,当为太后;今不果,反罪之,可乎?"钦哀曰:"此人若在,恐为后患。"帝曰:"皇后无子而老,虽在,无能为也。"钦哀不从,迁后于上京。

车驾春蒐,钦哀虑帝怀鞠育恩,驰遣人加害。使至,后曰:"我实无辜,天下共知。卿待我浴,而后就死,可乎?"使者退。比反,后已崩,年五十。是日,若有见后于木叶山阴者,乘青盖车,卫从甚严。

追尊仁德皇后。与钦哀并祔庆陵。

【译文】

圣宗仁德皇后萧氏,小名叫菩萨哥,是景宗睿智皇后弟弟萧隗因的女儿。十二岁的时候因为貌美有才,被选送到后宫。圣宗统和十二年,册立为齐天皇后。

萧皇后曾经用草茎做成宫殿模型,暗中交给有关机构,让他们修造清风、天祥、八方三座宫殿。宫殿修成后,萧皇后更加受到圣宗的宠爱。她所乘的车辆车头形状像龙,车尾形状像鸥鸟,以黄金作为装饰。又制造过九龙辂、诸子车,用白金修造佛塔,都体现出巧妙的构思。夏季和秋季随从圣宗出巡,走在山谷间,花草鲜艳如同图画,车辆和服饰交相辉映,人们远远望去,都以为是神仙。

生了两位皇子,都夭折了。开泰五年,宫女萧耨斤生了兴宗,萧皇后把他收养为自己的孩子。圣宗病危,萧耨斤辱骂萧皇后说:"老东西得宠也有结束的时候!"左右的人将萧皇后架了出去。圣宗驾崩，萧耨斤自立为皇太后，这就是钦哀皇后。护卫冯家奴、喜孙等迎合钦哀皇后的旨意，诬告北府宰相萧浞卜、国舅萧匹敌策划作乱。有诏命令加以审讯，牵连到萧皇后。兴宗知道以后，说："萧皇后侍奉先帝四十年，又抚养我长大，应当尊为皇太后。现在没有受到尊奉，反而被加上罪名，怎么能行呢？"钦哀皇后说："要是把此人留下来，恐怕造成后患。"兴宗说："萧皇后没有儿子，况且已经年老，即使留下来，也不会有什么影响。"钦哀皇后不听，把萧皇后迁徙到上京。

兴宗在春天出巡狩猎，钦哀皇后担心他感怀萧皇后抚养的恩德，派人骑马疾驰到上京，去杀害萧皇后。使节到达后，萧皇后说："我实际上是无辜的，这一点天下人都知道。你让我先洗一个澡，然后再去死，可以吗？"使者退下。到使者回来的时候，萧皇后已经死去了。终年五十岁。这一天，有人似乎在木叶山北面看见了萧皇后，乘着一辆打青色伞盖的车，护卫侍从十分严密。

追尊为仁德皇后，与钦哀皇后一同合葬在庆陵。

韩延徽传

【题解】

韩延徽(881～959)，字藏明，幽州安次(今属河北)人。辽太祖的佐命功臣之一。有才学，深得燕帅刘仁恭赏识。刘守光为燕帅时，韩延徽奉使契丹，辽太祖留为参军事。建策筑城郭，分市里，以居俘降的汉人。又为定配偶，教垦种，建都邑宫殿，制定制度，多所谋划。并在征服党项、室韦各部的过程中出了大力。逃归后唐省亲，又归辽。辽太祖仍然信任他，赐名"匣列"(契丹语，意为复来)，为守政事令、崇文馆大学士。天赞四年(925)从征渤海，以功拜左仆射。太宗时，封鲁国公，仍为政事令，改南京三司使。世宗时，迁南府宰相。穆宗应历年间致仕，九年(959)去世。追赠尚书令，永世为"崇文令公"。

【原文】

韩延徽，字藏明，幽州安次人。父梦殷，累官蓟、儒、顺三州刺史。延徽少英，燕帅刘仁恭奇之，召为幽都府文学、平州录事参军，同冯道祗候院，授幽州观察度支使。

后守光为帅，延徽来聘，太祖怒其不屈，留之。述律后谏曰："彼秉节弗挠，贤者也，奈何因辱之？"太祖召与语，合上意，立命参军事。攻党项、室韦，服诸部落，延徽之筹居多。乃请树城郭，分市里，以居汉人之降者。又为定配偶，教垦艺，以生养之。以故逃亡者少。

居久之，慨然怀其乡里，赋诗见意，遂亡归唐。已而与他将王缄有隙，惧及难，乃省亲幽州，匿故人王德明舍。德明问所适，延徽曰："吾将复走契丹。"德明不以为然。延徽笑曰："彼失我，如失左右手，其见我必喜。"既至，太祖问故。延徽曰："忘亲非孝，弃君非忠。臣虽挺身逃，臣心在陛下。臣是以复来。"上大悦，赐名曰："匣列"。"匣列"，辽言"复来"

也。即命为守政事令、崇文馆大学士，中外事悉令参决。

天赞四年，从征渤海，大湮譔乞降，既而复叛，与诸将破其城，以功拜左仆射。又与康默记攻长岭府，拔之。师还，太祖崩，哀动左右。

太宗朝，封鲁国公，仍为政事令。使晋还，改南京三司使。

世宗朝，迁南府宰相，建政事省，设张理具，称尽力吏。天禄五年六月，河东使请行册礼，帝诏延徽定其制，延徽奉一遵太宗山册帝礼，从之。

应历中，致仕。子德枢镇东平，诏许每岁东归省。九年卒，年七十八。上闻震悼，赠尚书令，葬幽州之鲁郭，世为崇文令公。

初，延徽南奔，太祖梦白鹤自帐中出，比还复入帐中。诘旦，谓侍臣曰："延徽至矣。"已而果然。太祖初元，庶事草创，凡营都邑，建宫殿，正君臣，定名分，法度井井，延徽力也，为佐命功臣之一。

【译文】

韩延徽，字藏明，幽州安次人。父亲韩梦殷，相继担任蓟、儒、顺三州的刺史。韩延徽从小就很出众，燕京统帅刘仁恭认为他不同凡响，召他为幽都府文学、平州录事参军，与冯道同在祗侯院，被任命为幽州观察度支使。

后来刘守光担任统帅，韩延徽奉使契丹，辽太祖恼怒他不屈服，扣留了他。述律后劝阻道："他奉使我国，不屈不挠，是个贤明的人才，为什么要难为和羞辱他呢？"太祖召他谈话，他的话很符合太祖的心意，立即任命他为参军事。攻打党项、室韦，降服各部落，韩延徽的谋划居多。继而请求建立城郭，划分市井乡里，以安置归降的汉人。又为他们选定配偶，教他们农耕技术，让他们生息繁衍。因此逃亡的人很少。

韩延徽在辽朝居住了很长时间，感慨地怀念起自己的家乡，赋诗以表达这种心情，于是逃回后唐。不久，他与另一个将领王缄有矛盾，怕招来祸患，于是到幽州看望亲友，藏在老友王德明家里。王德明问他要到哪里去，韩延徽说："我将重回契丹。"王德明不以为然。韩延徽笑道："他们失去了我，就好像失去了左右手，所以见了我一定很高兴。"回到契丹后，太祖问他为什么跑了。韩延徽说："忘掉亲人是不孝，抛弃君王是不忠。我虽然引身逃回去，但心中想着陛下。所以我又回来了。"太祖非常高兴，赐名叫匣列。"匣列"，契丹语是"又来"的意思。立即任命他为守政事令、崇文馆大学士，朝廷内外的事情都让他参与决断。

天赞四年，跟随辽太祖征讨渤海，渤海王大湮譔请求投降。不久又再次背叛，韩延徽与其他将领一起攻破他的城池，因战功被拜为左仆射。又与康默记一起攻打长岭府，占领了这座城池。队伍返回，太祖逝世，韩延徽哀恸欲绝，左右部属为之感动。

太宗时，韩延徽被封为鲁国公，仍担任政事令。出使后晋归来，改任南京三司使。

世宗时，改任南府宰相，设置政事省，从设立到管理完善，可以说是用尽了心力。天禄五年六月，河东刘崇派使节请求为他举行册封典礼，世宗下诏令韩延徽拟定礼仪，韩延徽上奏请求全部遵照太宗册封后晋皇帝的礼仪，世宗同意了他的请求。

辽穆宗应历年间，韩延徽退休。他的儿子韩德枢镇守东平，皇帝下诏准许他每年东归探望父亲。应历九年，韩延徽去世，终年七十八岁。穆宗听说后震惊哀悼，赠官为尚书令，安葬在幽州的鲁郭，永世为"崇文令公"。

起初，韩延徽南归后唐，太祖梦见一只白鹤从帐中飞出；等到他归来，太祖又梦见白鹤飞回帐中。第二天早晨，太祖对侍臣说："韩延徽回来了。"不久，果然灵验。太祖初年，许多事情刚刚开始，凡是营造都城、修建宫殿、端正君臣之间的名分、确定各项制度，使法纪制度井井有条，都是韩延徽出的力，是辽朝的佐命大臣之一。

耶律休哥传

【题解】

耶律休哥（？～998），辽朝大将。字逊宁，契丹族。辽保宁十一年（979），宋军进攻幽州，他奉命率三万精骑往救，在高梁河大败宋军。同年十月，跟随南京留守韩匡嗣攻打满城，他识破宋军诈降之计，全师而还，以功封北院大王。次年，又与宋军激战于瓦桥关，还师后被授予辽国最高荣衔于越称号。辽统和四年（986），宋将曹彬率十万大军北伐，他又一次大败宋军于涿州，以功封宋国王。休哥身经百战，料敌如神，是辽朝的一代名将。

【原文】

耶律休哥，字逊宁。祖释鲁，隋国王。父绾思，南院夷离堇。休哥少有公辅器。初乌古、室韦二部叛，休哥从北府宰相萧干讨之。应历末，为惕隐。

乾亨元年，宋侵燕，北院大王奚底、统军使萧讨古等败绩，南京被围。帝命休哥代奚底，将五院军往救。遇大敌于高梁河，与耶律斜轸分左右翼，击败之。追杀三十余里，斩首万余级，休哥被三创。明旦，宋主遁去，休哥以创不能骑，轻车追至涿州，不及而还。

是年冬，上命韩匡嗣、耶律沙伐宋，以报围城之役。休哥率本部兵从匡嗣等战于满城。翌日将复战，宋人请降，匡嗣信之。休哥曰："彼众整而锐，必不肯屈，乃诱我耳。宜严兵以待。"匡嗣不听。休哥引兵凭高而视，须臾南兵大至，鼓噪疾驰。匡嗣仓卒不知所为，士卒弃旗鼓而走，遂败绩。休哥整兵进击，敌乃却。诏总南面戍兵，为北院大王。

明年，车驾亲征，围瓦桥关。宋兵来救，守将张师突围出。帝亲督战，休哥斩师，余众退走入城。宋阵于水南。将战，帝以休哥马介独黄，虑为敌所识，乃赐玄甲、白马易之。休哥率精骑渡水，击败之，追至莫州。横尸满道，轊矢俱罄，生获数将以献。帝悦，赐御马、金盂，劳之曰："尔勇过于名，若人人如卿，何忧不克？"师还，拜于越。

圣宗即位，太后称制，令休哥总南面军务，以便宜从事。休哥均戍兵，立更休法，劝农桑，修武备，边境大治。统和四年，宋复来侵，其将范密、杨继业出云州；曹彬、米信出雄、易，取歧沟、涿州，陷固安，置屯。时北南院、奚部兵未至，休哥力寡，不敢出战。夜以轻骑

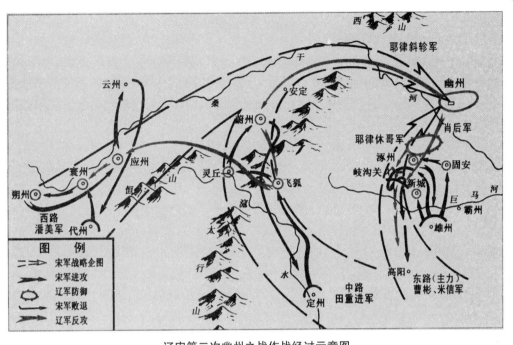

辽宋第二次幽州之战作战经过示意图

出两军间,杀其单弱以胁余众;昼则以精锐张其势,使彼劳于防御,以疲其力。又设伏林莽,绝其粮道。曹彬等以粮运不继,退保白沟。月余,复至。休哥以轻兵薄之,伺彼蓐食,击其离伍单出者,且战且却。由是南军自救不暇,结方阵,堑地两边而行。军渴乏井,漉淖而饮,凡四日始达于涿。闻太后军至,彬等冒雨而遁。太后益以锐卒,追及之。彼力穷,环粮车自卫,休哥围之。至夜,彬、信以数骑亡去,余众悉溃。追至易州东,闻宋师尚有数万,濒沙河而爨,促兵往击之。宋师望尘奔窜,堕岸相践死者过半,沙河为之不流。太后旋旆,休哥收宋尸为京观。封宋国王。

又上言,可乘宋弱,略地至河为界。书奏,不纳。及太后南征,休哥为先锋,败宋兵于望都。时宋将刘廷让以数万骑并海而出,约与李敬源合兵,声言取燕。休哥闻之,先以兵扼其要地。会太后军至,接战,杀敬源,廷让走瀛洲。七年,宋遣刘廷让等乘暑潦来攻易州,诸将惮之,独休哥率锐卒逆击于沙河之北,杀伤数万,获辎重不可计,献于朝。太后嘉其功,诏免拜、不名。自是宋不敢北向,时宋人欲止儿啼,乃曰:"于越至矣!"

休哥以燕民疲弊,省赋役,恤孤寡,戒戍兵无犯宋境,虽马牛逸于北者悉还之。远近向化,边鄙以安,十六年,薨。是夕,雨木冰。圣宗诏立祠南京。

休哥智略宏远,料敌如神。每战胜,让功诸将,故士卒乐为之用。身更百战,未尝杀一无辜。二子:高八,官至节度使;高十,终于越。孙马哥。

【译文】

耶律休哥,字逊宁。他的祖父耶律释鲁,被封为隋国王;父亲耶律绾思,官至南院夷离堇。休哥少年时就具有三公和辅相的才识和气度。当初乌古和室韦两个部落叛乱,休乾亨元年,宋军进攻燕州,北院大王奚底、统军使萧讨古等兵败失利,南京被围困。皇帝命令休哥代替奚底,率领五院军前去援救。在高梁河与宋军大部队遭遇,他与耶律斜轸分兵为左右二翼,击败宋军,追杀赶奔了三十余里,斩首一万余级,休哥身负三处伤。次日清晨,宋军主帅逃去,休哥因为受伤不能骑马,乘一辆轻车一路追到涿州,没赶上敌军就回来了。

这年冬天,皇帝命令韩匡嗣、耶律沙讨伐宋,以报复宋军包围南京之役。休哥率本部兵马跟从韩匡嗣等人在满城作战。第二天正要再次开战,宋人请求投降,匡嗣相信了他们。休哥说:"宋军部伍整齐,兵锋正锐,一定不会轻易屈服,这只是诱骗我们罢了,应当严阵以待。"匡嗣不听。休哥率部登上高处观察敌情,一会儿,大批宋军赶到,击鼓呐喊,快速进击,匡嗣仓促之间不知所措,士兵们丢弃了大旗、战鼓而逃散,辽军失败。休哥指挥本部完整的队伍出击,宋军才退却。皇帝下诏任命他总领南面戍兵,封为北院大王。

第二年,皇帝亲自出征,辽军包围了瓦桥关。宋军前来援救,瓦桥关守将张师率兵突围而出,皇帝亲自督战,休哥斩杀了张师,余下的宋兵又逃回关里。宋军在河水南面摆开阵势,将要交战时,皇帝看到唯独休哥的战马和铠甲都是黄色的,担心被敌军认出,就赐给他黑甲、白马换了下来。休哥率领精锐骑兵渡河,击败了宋军,一直追到莫州。杀得尸首堆满于道路,靫箭都用光了,生擒了宋军几员战将回来献给皇帝。皇帝十分高兴,赏赐给他御马、金盂,并慰劳他说:"你的勇猛超过了你的名声,假若人人都像你一样,还担忧什么不能被攻克?"回师后,授予他于越的称号。

圣宗即位后,太后临朝行使皇帝权力,命令休哥总督南面军务,并授予他临机处置的权力。休哥平均安排了各地戍兵,设立更休法,奖励农业生产,整治武备,边境一带呈现出一派安定繁荣的景象。统和四年,宋军再次前来进攻,他们的将领范密、杨继业兵出云州;曹彬、米信兵出雄州、易州,夺取了歧沟、涿州,攻陷了固安并屯兵驻守。当时,北南院、奚部的部队没有赶到,休哥兵单将寡,不敢出战。夜间派轻装骑兵出没于两军交界地带,捕杀单个和老弱的宋兵来威吓其他人;白天则用精锐士兵虚张声势,使宋军忙于应付防守,借此消耗他们的战斗力。又在树林草丛中设下伏兵,阻截宋军的粮道。曹彬等人因为粮草供应不上,退保白沟,一个多月后,再次赶来。休哥派轻骑兵迫近他们,趁他们临时休息吃饭时,击杀那些离开队伍单独出来的人,一边战斗一边退却。因此宋军自救不暇,就集结成方阵,在队伍两侧边挖战壕边行进。士兵渴了却没有水井,就趴在烂泥塘边喝水,这样共走了四天才进抵涿州。听说太后的军队赶到,曹彬等人冒雨而逃。太后增派精锐的士兵,追赶上了他们。宋军精疲力竭,就把兵车联在一起依托据守,休哥包围了他们。到了晚上,曹彬、米信率数骑逃走,其余的宋军全都溃散。休哥追到易州东边,得知宋军还有数万人马,正在沙河岸边升火做饭,休哥当即指挥部队前往进攻他们。宋军望见尘土飞扬便四处逃散,掉下河岸相互践踏而死的人超过一半,尸首把沙河水都堵塞住了。太后回师,休哥收殓宋兵尸体筑成一座大墓,以示军功,被封宋国王。

休哥又一次上书说,可以乘宋朝衰弱,南下攻略,使黄河成为宋、辽的边界线。此书奏上后，没有被采纳。等到太后南下征伐，休哥担任先锋，在望都击败了宋军。当时宋将刘廷让率领数万名骑兵并海而出，与李敬源约定会师，扬言要攻取燕州。休哥听说后，首先派兵扼守住宋军所要经过的要害之地。等到太后率大部队赶到，休哥与宋军交战，杀死李敬源，刘廷让逃向瀛洲。七年，宋朝派刘廷让等人乘夏季大雨天气前来攻打易州，诸将对他非常畏惧。只有休哥率精锐士兵在沙河北侧迎头拦击，打死打伤了数万人，缴获辎重不可胜计，进献给朝廷。太后称赞他的功劳，下诏令他今后入朝不必行跪拜之礼，不用称名。自此以后，宋军不敢北上。当时宋朝人想止住小孩子啼哭，就说："于越来了！"

休哥认为燕州的人民穷乏困苦，便减免租赋和徭役，抚恤孤寡人家，告诫戍兵不要侵犯宋朝边境，即使是牛马跑到北面来也要全部送还过去。远近的人民仰慕他的教化，偏僻之地得以安宁。十六年，休哥去世。这天晚上，天降大雨，树木结冰。圣宗下诏在南京为他立祠。

休哥谋略宏大深远，料算敌情如有神助一般。每次作战胜利，常常把功劳推让给手下诸将，所以将士们都乐意为他效力。他身经百战，从没有杀一个无辜的人。他有两个儿子：耶律高八，官至节度使；耶律高十，最后也被封为于越。孙子耶律马哥。

萧挞凛传

【题解】

萧挞凛（？～1004），辽大将，字驼宁，契丹族。统和四年，随枢密使耶律斜轸俘宋将杨业于朔州。后屡次率部攻宋、夏、高丽，累功加侍中，封兰陵郡王，任南京统军使。统和二十二年，辽军南下攻宋，他率部攻克遂城、祁州，至澶渊城，中箭身亡。

【原文】

萧挞凛，字驼宁，思温之再从侄。父术鲁列，善相马，应历间为马群侍中。

挞凛幼敦厚，有才略，通天文，保宁初，为宿直官，累任䍐剧。统和四年，宋杨继业率兵由代州来侵，攻陷城邑。挞凛以诸军副部署，从枢密使耶律斜轸败之，擒继业于朔州。六年秋，改南院都监，从驾南征，攻沙堆，力战被创，太后尝亲临视。明年，加右监门卫上将军、检校太师，遥授彰德军节度使。

十一年，与东京留守萧恒德伐高丽，破之。高丽称臣奉贡。十二年，夏人梗边，皇太妃受命总乌古及永兴宫分军讨之，挞凛为阻卜都详稳。凡军中号令，太妃并委挞凛。师还，以功加兼侍中，封兰陵郡王。十五年，敌烈部人杀详稳而叛，遁于西北荒，挞凛将轻骑逐之，因讨阻卜之未服者，诸蕃岁贡方物充于国，自后往来若一家焉。上赐诗嘉奖，仍命林牙耶律昭作赋，以述其功。挞凛以诸部叛服不常，上表乞建三城以绝边患，从之。俄召为南京统军使。

二十年，复伐宋，擒其将王先知，破其军于遂城，下祁州，上手诏奖谕。讲至澶渊，宋主军于城隍间。未接战，挞凛按视地形，取宋之羊观、盐堆、凫雁，中伏弩卒。明日，辒车至，太后哭之恸，辍朝五日。子慥古，南京统军使。

【译文】

萧挞凛字驼宁，思温的再从侄。他父亲术鲁列，擅长相马，应历年间担任马群侍中。

挞凛小时候就诚实宽厚，有才干谋略，懂得天文。保宁初年，担任宿直官，后几次升迁，担任了齮剧，统和四年，宋将杨继业率兵从代州来侵扰，攻城拔镇。挞凛担任诸军副部署，跟从枢密使耶律斜轸打败了他，在朔州俘获了杨继业。六年秋，改任南院都监，跟随皇帝南下征伐，攻打沙堆，力战负伤，太后曾亲临探视。第二年，加任右监门卫上将军、检校太师，遥领彰德军节度使。

十一年，与东京留守萧恒德讨伐高丽，击败了他们。高丽称臣进贡。十二年，夏人阻塞边界，皇太妃命令总管乌古和永兴宫分兵进讨，挞凛担任阻卜部的都详稳。举凡军中的号令，太妃全部委托给挞凛。回师后，以战功升调兼侍中，封为兰陵郡王。十五年，敌烈部人杀死详稳叛乱，逃跑到西北僻远之地，挞凛率领轻装骑兵追捕他们，趁机讨平了阻卜部尚未臣服的人。各蕃部每年进贡的地方特产充满了京师，自此以后相互来往如家人一样。皇帝赐诗嘉奖，依旧例命令林牙耶律昭作赋，以表述他的功劳。挞凛认为各部落叛乱、臣服反复不定，上表请求建立三座城池来根绝边境的祸患，皇帝听从了这个意见。不久，被任命为南京统军使。

二十年，再次讨伐宋朝，挞凛生擒了他们的将领王先知，在遂城击败了他的部队，攻克祁州，皇帝亲笔作诏书奖励表彰。进军至澶渊，宋朝皇帝驻军于城隍中。尚未交战，挞凛巡察地形，夺取了宋的羊观、盐堆、凫雁，被伏弩射中而死。第二天，灵车到，太后哭得十分哀痛，罢朝五天。他的儿子慥古，担任南京统军使。

大公鼎传

【题解】

大公鼎(1043～1121)，辽中京大定(今内蒙古宁城西)人，为渤海族。祖先世代居住在辽阳率宾(今俄罗斯双城子附近)，圣宗统和年间，徙辽东豪族于中京，他祖先也随之迁居于大定。咸雍年间中进士，任沈州观察判官，改良乡令，迁兴国节度副使，进拜大理卿。天祚帝时，历长宁节度使、南京副留守，改东京户部使，进拜东京留守。大公鼎任官以清正爱民为本，务农桑，省徭役，平冤狱，安民变，多有惠政。

【原文】

大公鼎，渤海人，先世籍辽阳率宾县，统和间，徙辽东豪右以实东京，因家于大定。曾祖忠,礼宾使;父信,兴中主簿。

公鼎幼庄愿,长而好学。咸雍十年,登进士第,调沈州观察判官,时辽东雨水伤稼,北枢密院大发濒河丁壮以完堤防。有司承令峻急,公鼎独曰:"边障甫宁,大兴役事,非利国便农之道。"乃奏疏其事,朝廷从之,罢役,水亦不为灾。濒河千里,人莫不悦。改良乡令,省徭役,务农桑,建孔子庙学,部民服化。累迁兴国军节度副使。

时有隶鹰坊者,以罗毕为名,扰害田里,岁久,民不堪。公鼎言于上,即命禁戢。会公鼎造朝,大臣谕上嘉纳之意,公鼎曰:"一郡获安,诚为大幸;他郡如此者众,愿均其赐于天下。"从之。徙长春州钱帛都提点,车驾如春水,贵主例为假贷,公鼎曰:"岂可辍官用,徇人情?"拒之。颇闻怨骂语,曰:"此吾职,不敢废也。"俄拜大理卿,多所平反。

天祚即位,历长宁军节度使、南京副留守。改东京户部使,时盗杀留守萧保先,始利其财,因而倡乱;民亦自生猜忌,家自为斗。公鼎单骑行郡,陈以祸福,众皆投兵而拜曰:"是不欺我,敢弗听命。"安辑如故。拜中京留守,赐贞亮功臣,乘传赴官,时盗贼充斥,有遇公鼎于路者,即叩马乞自新。公鼎给以符约,俾还业,闻者接踵而至,不旬日,境内清肃。天祚闻之,加赐保节功臣。时人心反侧,公鼎虑生变,请布恩惠以安之,为之肆赦。

公鼎累表乞归,不许。会奴贼张撒八率无赖啸聚,公鼎欲击而势有不能,叹曰:"吾欲谢事久矣。为世故所牵,不幸至此,岂命也夫!"因忧愤成疾,保大元年卒,年七十九。

子昌龄,左承制;昌嗣,洺州刺史;昌朝,镇宁军节度。

【译文】

大公鼎为渤海族人,祖先世居辽阳率宾县。统和年间,迁徙辽东的豪族充实中京,从而居于大定府。他的曾祖父大忠,曾任礼宾使。父亲大信,官任兴中府主簿。大公鼎幼年时庄重有志,长大后好学。

辽道宗咸雍十年,考中进士,调任为沈州观察判官,当时辽东地区雨量过大,庄稼深受其害,北枢密院大规模调发辽河两岸壮丁维护堤防,官府依照命令催促得很紧迫,只有大公鼎说:"边境地区刚刚安宁,又大规模征徭役,不利于国家安定、发展农耕。"于是把自己的想法奏报朝廷,朝廷采纳,停止了这项工程,雨水也未造成灾害;沿河两岸千里之内的人无不喜悦。改任为良乡县令,减省徭役,重视农桑,兴办孔子庙学,县民悦服并得到教化。经多次迁升至兴国节度副使。

当时隶属于鹰坊的人,以捉鸟为名,扰害乡间田里,时间长了,百姓都不堪忍受。大公鼎向皇帝报告了这种情况,当即命令禁止。正值大公鼎进朝,大臣告知皇帝嘉奖采纳他建议的事,大公鼎说:"一个郡得到安宁,确实是很幸运的事;其他郡这种事还很多,希望把这一恩惠遍赐天下。"又被采纳。调任为长春州钱帛都提点,当他到达春水,贵族、公主照例向钱帛司借贷,大公鼎说:"岂可停止官家用度,他舞弊徇私拉人情?"予以拒绝。因此多听到怨恨咒骂之语,他说:"这是我的职责,不敢渎职。"不久拜为大理卿,平反了许多冤假错案。

天祚皇帝即位之后,他历任长宁军节度使、南京副留守。改任为东京户部使,当时贼盗杀死东京留守萧保先，开始是图谋他的财产，进而发动暴乱，百姓之间也互相猜忌，各家互相争斗。大公鼎一个人单骑到郡中，向百姓晓以祸福，众人都扔下兵器叩拜说："只要不欺压我们，我们怎敢不听你的命令。"从此安居如故。被拜为中京留守，赐为贞亮功臣，乘坐驿车赴任，当时盗贼充斥，有些盗贼在路上遇到大公鼎，都在他的马前叩拜，请求改过自新。大公鼎发给他们凭证，让他们回家恢复旧业，盗贼听说后，接踵而来，要求改过。不到十天，境内的贼盗便被肃清了。天祚皇帝听说后，加赐他为保节功臣。当时人心动荡不安，大公鼎顾虑发生变乱，请求布施恩惠予以安定，施行特赦。

大公鼎多次上表请求归家，皇帝不同意。正巧奴贼张撒八率无赖聚集起事，大公鼎想平乱而没有力量，叹息说："我想辞职已很久了，因为被世俗之念所牵思，才不幸到这一步，难道不是天命吗！"从此忧愤成疾，保大元年去世，享年七十九岁。他的儿子昌龄，任左承制；昌嗣，任洺州刺史；昌朝，任镇宁军节度使。

马人望传

【题解】

马人望，字俨叔。辽道宗、天祚帝时人。咸雍年间进士及第，任杜山县令，迁涿州新城县知县。擢任中京度支司盐铁判官，转南京三司度支判官，奉命检括户口。天祚帝即位，受命究治耶律乙辛一案，后迁上京副留守，中京度支使，进拜参知政事，判南京三司使事，后因遭谗言调任南院宣徽使。天祚帝知误，拜为南院枢密使。施政以爱民为本，多平冤狱，锄强扶弱，有操守，喜怒不形于色，为人谨严。

【原文】

马人望，字俨叔，高祖胤卿为石晋青州刺史，太宗兵至，坚守不降，城破被执，太宗义而释之，徙其族于医巫闾山，因家焉。曾祖廷煦，南京留守。祖渊，中京副留守。父诠，中京文思使。人望颖悟，幼孤，长以才学称。

咸雍中第进士，为松山县令。岁运泽州官炭，独役松山，人望请于中京留守萧吐浑均役他邑，吐浑怒，下吏系几百日；复引诘之，人望不屈。萧喜曰："君为民如此，后必大用。"以事闻于朝，悉从所请。徙知涿州新城县，县与宋接境，驿道所从出。人望治不扰，吏民畏爱。近臣有聘宋还者，帝问以外事，多荐之，擢东京度支司盐铁判官，转南京三司度支判官，公私兼裕。迁警巡使。京城狱讼填委，人望处决，无一冤者。会检括户口，未两旬而毕。同知留守萧保先怪而问之，人望曰："民产若括之无遗，他日必长厚敛之弊，大率十得六七足矣。"保先谢曰："公虑远，吾不及也。"

先是，枢密使乙辛窃弄威柄，卒害太子。及天祚嗣位，将报父仇，选人望及萧报恩究其事，人望平心以处，所活甚众。改上京副留守，会剧贼赵钟哥犯阙，劫宫女、御物，人望率众捕之，右臂中矢，炷以艾，力疾驰逐，贼弃所掠而遁。人望令关津讥察行旅，悉获其盗。

寻擢枢密都承旨，宰相耶律俨恶人望与己异，迁南京诸宫提辖制置，岁中，为保静军节度使。有二吏凶暴，民畏如虎，人望假以辞色，阴令发其事，黥配之。是岁诸处饥乏，惟人望所治粒食不阙，路不鸣桴，遥授彰义军节度使。迁中京度支使，始至，府廪皆空；视事半岁，积粟十五万斛，钱二十万缗，徙左散骑常侍，累迁枢密直学士。未几，拜参知政事，判南京三司使事，时钱粟出纳之弊，惟燕为甚，人望以缣帛为通历，凡库物出入，皆使别籍，名曰"临库"。奸人黠吏莫得轩轾，乃以年老扬言道路。朝论不察，改南院宣徽使，以示优老。逾年，天祚手书"宣马宣徽"四字诏之，既至，谕曰："以卿为老，误听也。"遂拜南院枢密使。人不敢干以私，用人必公议所当与者，如曹勇义、虞仲文尝为奸人所挤，人望推荐，皆为名臣。当时，民所甚患者，驿递、马牛、旗鼓、乡正、厅隶、仓司之役，至破产不能给。人望使民出钱，官自募役，时以为便。

久之请老，以守司徒、兼侍中致仕。卒，谥曰文献。

人望有操守，喜怒不形，未尝附丽求进。初除执政，家人贺之，人望愀然曰："得勿喜，失勿忧，抗之甚高，挤之必酷。"其畏慎如此。

【译文】

马人望，字俨叔，高祖马胤卿曾任后晋的青州刺史，辽太宗攻青州，坚守不降，城破，被活捉，辽太宗看重他的忠义，予以释放，将其全族迁徙至医巫闾山，从此便居住于此。他的曾祖父马廷煦，任辽南京留守；祖父马渊，任中京副留守。父亲马诠，任中京文思使。马人望聪明颖悟，幼时便成孤儿，年长以后以才学著称。

辽道宗咸雍年间进士及第，任松山县令。每年运送泽州的官炭，只在松山征调夫役，马人望向中京留守萧吐浑请求，在其他县均平夫役，萧吐浑大怒，将马人望抓起来，关了近百日。又将他提出来审讯，仍不屈服。萧吐浑大喜说："阁下这样一心为了百姓，以后必有大用。"并将此事上报给朝廷，他的全部请求都得到满足。调任涿州新城县知县，新城县与宋朝接壤，驿道从此处通过。马人望任官不扰民，官吏百姓都敬畏爱戴他。皇帝的近臣出使于宋，归来后，皇帝询问地方的情况，多举荐马人望，因此擢升为东京度支司盐铁判官，转任南京三司度支判官，任官时，官府、百姓都很富裕。迁升为警巡使，京城中狱讼很多，马人望断案，却没有一个被冤枉的人。正值检验户口，他没用两个月便检验完毕。同知留守萧保先感到奇怪，便问他为什么如此之快，马人望说："百姓的资产若一点不漏地全部登记，以后定会助长厚敛的弊端，大体登记十分之六七便可以了。"萧保先拜谢说："阁下深思远虑，我实在不如您。"

先前，枢密使耶律乙辛窃取大权，玩弄权术，终于害死太子。天祚帝即位后，要为父报仇，选派马人望及萧报恩追究耶律乙辛的罪行，马人望平心论处，救活了很多人。改任上京留守，正巧大盗赵钟哥攻打上京，劫走宫女和皇帝所用之物，马人望率众追捕，右臂中箭，用艾蒿熏灼之后，又奋力驰驱，贼人只好丢弃劫掠的人和财物而逃。马人望命令各关口稽查过往行人，将盗贼全部抓获。

不久被擢升为枢密都承旨，宰相耶律俨厌恶马人望与自己意见不合，从而迁升他为南京诸宫提辖制置，年中，担任保宁军节度使。有两个官吏凶狠残暴，百姓畏之如虎，马人望极为严厉地对待二人，暗中调查他们的劣迹，处以黥刑，将其发配。这一年，各处都缺乏粮食，只有马人望所治之处不缺粮，路上没有桴鼓之声，被遥授彰义军节度使，迁升为中京度支使，开始到任时，仓库都是空的；他任官仅半年，便积储粮谷十五万斛，钱二十万缗，调任左散骑常侍，经多次升迁为枢密直学士。时间不长，又拜任为参知政事，判南京三司使事。当时，在钱粟出纳方面的弊端，以燕京地区最为严重，马人望以缣帛作为单据，凡是库中的钱物出入，都分门别类地列在单据上，称之为"临库"。奸人和狡猾的官吏因此无法营私舞弊，便到处声言说马人望年老糊涂。朝廷不调查分析，便把马人望改任为南院宣徽使，以表示优待年老的臣僚。过了一年，天祚皇帝又亲手书写"宣马宣徽"四字诏书给他，召见之后，告谕地说："以爱卿为年老，是误听了他人的话。"于是拜任他为南院枢密使。他任职期间，人们不敢以私情请托，用人必任用大家都赞成的人，例如曹勇义、虞仲文曾被坏人排挤，经马人望的推荐，都成为有名的大臣。当时，困扰民众的，主要有驿递、马牛、旗鼓及乡正、厅隶、仓司等徭役，很多人因此破产不能自给。马人望要百姓出钱，由官府自行招募人员充役，当时人们认为效果很好。

很久之后，他以年老请求离任，以守司徒、兼侍中退休。去世后，谥号为"文献"。

马人望注重节操，喜怒不形于色，从不巴结奉承以求晋升。刚被拜任为执政官，家人表示祝贺，马人望严肃地说："得到不必高兴，失去也不要忧伤，被抬举得愈高，人们排挤得就愈严酷。"他就是这样小心谨慎。

列女传

【题解】

《辽史·列女传》所收列女总共只有五位，其中有两位聪明的妻子，三位节烈的女子。聪明总有好报，节烈都由杀身证明。《辽史》列女数量这么少，可能与编著史书者的主观倾向有关，因为编者有这样一个观点：辽国占据了北方，风化教育比中原差些。

【原文】

男女居室，人之大伦。与其得烈女，不若得贤女。天下而有烈女之名，非幸也。《诗》赞卫共姜，《春秋》褒宋伯姬，盖不得已，所以重人伦之变也。辽据北方，风化视中土为疏。终辽之世，得贤女二，烈女三，以见人心之天理有不与世道存亡者。

邢简妻陈氏，营州人。父陉，五代晋时官司徒。

陈氏甫笄，涉通经义，凡览诗赋，辄能诵，尤好吟咏，时以女秀才名之。年二十，归于

简。孝舅姑,闺门和睦,亲党推重。有六子,陈氏亲教以经。后二子抱朴、抱质皆以贤,位宰相。统和十二年卒。睿智皇后闻之,嗟悼,赠鲁国夫人,刻石以表其行。及迁祔,遣使以祭。论者谓贞静柔顺,妇道母仪始终无慊云。

耶律氏,太师适鲁之妹,小字常哥。幼爽秀,有成人风。及长,操行修洁,自誓不嫁。能诗文,不苟作。读《通历》,见前人得失,历能品藻。

咸雍间,作文以述时政。其略曰:“君以民为体,民以君为心。人主当任忠贤,人臣当去比周;则政化平,阴阳顺。欲怀远,是崇恩尚德;欲强国,则轻徭薄赋。四端五典为治教之本,六府三事实生民之命。淫侈可以为戒,勤俭可以为师。错枉则人不敢诈,显忠则人不敢欺。勿泥空门,崇饰土木;勿事边鄙,妄费金帛。满当思溢,安必虑危。刑罚当罪,则民劝善。不宝远物,则贤者至。建万世磐石之业,制诸部强横之心。欲率下,则先正身;欲治远,则始朝廷。”上称善。

时枢密使耶律乙辛爱其才,屡求诗,常哥遗以回文。乙辛知其讽己,衔之。大康三年,皇太子坐事,乙辛诬以罪,按无迹,获免。会兄适鲁谪镇州,常哥与俱,常布衣疏食,人问曰:“可自苦如此?”对曰:“皇储无罪遭废,我辈岂可美食安寝。”及太子被害,不胜哀痛。年七十,卒于家。

耶律奴妻萧氏,小字意辛,国舅驸马都尉陶苏斡之女。母胡独公主。

意辛美姿容,年二十,始适奴。事亲睦族,以孝谨闻。尝与娣姒会,争言厌魅以取夫宠;意辛曰:“厌魅不若礼法。”众问其故,意辛曰:“修己以洁,奉长以敬,事夫以柔,抚下以宽,毋使君子见其轻易,此之为礼法,自然取重于夫。以厌魅获宠,独不愧于心乎!”闻者大惭。

初,奴与枢密使乙辛有隙。及皇太子废,被诬夺爵,没入兴圣宫,流乌古部。上以意辛公主之女,欲使绝婚。意辛辞曰:“陛下以妾葭莩之亲,使免流窜,实天地之恩。然夫妇之义,生死以之。妾自笄年从奴,一旦临难,顿尔乖离,背纲常之道,于禽兽何异?幸陛下哀怜,与奴俱行,妾即死无恨!”帝感其言,从之。

意辛久在贬所,亲执役事,虽劳无难免。事夫礼敬,有加于旧。寿隆中,上书乞子孙为著帐郎君。帝嘉其节,召举家还。

子国隐,乾统间始仕。保大中,意辛在临潢,谓诸子曰:“吾度卢彦伦必叛,汝辈速避,我当死之。”贼至,遇害。

耶律术者妻萧氏,小字讹里本,国舅孛董之女。性端悫,有容色,自幼与他女异。年十八,归术者,谨裕贞婉,娣姒推尊之。

及居术者丧,极哀毁。既葬,谓所亲曰:“夫妇之道,如阴阳表里。无阳则阴不能立,无表则里无所附。妾今不幸失所天,且生必有死,理之自然。术者早岁登朝,有才不寿。天祸妾身,罹此酷罚,复何依恃。倘死者可见,则从;不可见,则当与俱。”侍婢慰勉,竟无回意,自刃而卒。

耶律中妻萧氏,小字拨兰,韩国王惠之四世孙。聪慧谨愿。年二十归于中,事夫敬顺,亲戚咸誉其德。中尝谓曰:“汝可粗知书,以前贞淑为鉴。”遂发心诵习,多涉古今。

天庆中,为贼所执,潜置刃于履,誓曰:"人欲污我者,即死之。"至夜,贼遁而免。久之,帝召中为五院都监,中谓妻曰:"吾本无宦情,今不能免。我当以死报国,汝能从我乎?"援兰对曰:"谨奉教。"及金兵徇地岭西,尽徙其民,中守节死。兰悲戚不形于外,人怪之。俄跃马突出,至中死所自杀。

论曰:陈氏以经教二子,并为贤相,耶律氏自洁不嫁,居闺阃之内而不忘忠其君,非贤而能之乎。三萧氏之节,虽烈丈夫有不能者矣。

【译文】

男女在一起生活,是人伦关系中重要的部分。与其有烈女,不如有贤女。天下有烈女这个名称,不是什么好事。《诗经》赞颂卫共的妻子,《春秋》褒扬宋伯的姬妾,那是出于不得已,只好通过那样来强调人伦的变化。辽国占据了北方,风化教育上比起中原来就要差些。整个辽代,也有两位贤惠的女子,三位节烈的女子,从这也可以看出人心的本性跟世道也有不一致的时候。

邢简的妻子陈氏,营州人。父亲名陉,五代时官做到司徒。

陈氏刚刚到出嫁年龄时,已广泛浏览并精通经典意义,她看过的诗赋,都能背诵,尤其喜欢吟咏作诗,当时人称她为女秀才。二十岁时,嫁给了邢简。她孝敬公婆,家里上下和睦,亲戚族人都很推重她。她有六个儿子,陈氏亲自教他们经籍。后来抱朴、抱质两个儿子,都因为贤能,做到宰相的位子。陈氏死于统和十二年。睿智皇后听说后,叹息痛悼,追赠她鲁国夫人的封号,并且刻石碑来表扬她的品行。到了迁殡附葬的时候,派了使者去祭祀。人们评价她为贞静柔顺,妇道母仪始终没有可疑处等等。

耶律氏,太师适鲁的妹妹,小名常哥。小时候爽快聪明。有成人的样子。等到长大,节操品行美好无暇,自己发誓不嫁人。她善于写诗作文,从不马虎。读《通历》,见到前人得失,都能头头是道地做出评价。

咸雍年间,她写文章评述当时政治。大略说:"国君把百姓当作肌体,百姓把君主当作心脏。君主应当任用忠良贤明的人,臣子应当摈弃结党;这样,政令教育就能平衡,阴阳就能和顺。想要让远处归附,就应崇尚恩德;想要强国,就应减轻徭役赋税。四端五典是治国教育的根本,六府三事是百姓的命根。过度奢侈可以作为警戒,勤奋节俭可以作为师表。废弃弯曲人们不敢作假,扬显忠诚,人们就不敢欺骗。不拘泥空门,尊崇装饰那些土木(偶像);不想着边疆(侵掠)浪费金银财帛。满的时候应当想着会溢出来,安全的时候一定考虑到有危险存在。刑罚都符合罪行,百姓就会勉励着行善。不把远方的东西当作宝贝,贤能的人就会到来。创建传于万代坚如磐石的事业,控制各部分强悍横逆的心思。想要做属下的表率,就先端正自身;想要治理远方,就从朝廷开始。"皇帝都称赞了她的文章。

当时的枢密使耶律乙辛喜爱她的才华,多次向她求诗,常哥赠给他回文诗。乙辛知道她讥讽自己,怀恨在心。大康三年,皇太子犯罪,乙辛诬陷她罪名,调查后没有证据,得到豁免。正好她哥哥适鲁贬谪到镇州,常哥跟他一起去,经常穿粗布衣服吃粗粝的饭食。

有人偶尔问:“为什么这样自己苦自己呢?”她回答说:“皇储没有犯罪都被废弃,我们这些人岂能吃美食睡安稳觉!”到太子被杀害时,她不胜哀痛。七十岁时,死在自己家中。

耶律奴的妻子萧氏,小名意辛,国舅驸马都尉陶苏斡的女儿。母亲是胡独公主。

意辛姿色容貌美丽,二十岁时,才嫁给耶律奴。侍奉亲人和睦族里,以孝顺恭谨闻名。曾经跟其他妯娌在一起时,大家争着说要用满足献媚来博取大夫的宠爱;意辛说:“满足献媚不如用礼仪法度。”大家问她原因,意辛说:“用贞洁来修养自己,用孝敬来侍奉长辈,用温柔侍奉丈夫,用宽厚来安抚下人,不要让君子看见她轻佻不敬的地方,这就是礼仪法度,自然会获得丈夫的重视。用满足献媚获得宠爱,难道不会心中有愧吗!”听的人都很惭愧。

当初,耶律奴跟枢密使乙辛有矛盾。等到太子被废,(耶律奴)遭诬陷被剥夺了爵禄,籍没进了兴圣宫,被放逐到乌古都。皇帝因为意辛是公主的女儿,想让她离婚。意辛拒绝说:“陛下因为我是疏远的亲戚,让我免于流窜,实在是天地那样博大的恩情。但是夫妻的情分,生死都寄托上了。我从出嫁时就跟从耶律奴,一旦有难,马上就乖剌离异,违背纲常的道义,跟禽兽有什么分别呢?希望陛下可怜我,让我跟耶律奴一块去,我即使马上死了也没有遗憾了!”皇帝被她的话感动了,同意了她的要求。

意辛久住贬谪的地方,亲自动手做下等人的活,虽然劳苦她都面无难色。侍候丈夫在礼敬上,比从前更加多了。寿隆年间,她上书要求让子孙做著帐郎君。皇帝赞许她的节操,召令她全家回京。

儿子国隐,乾统年间开始出仕。保大年间,意辛在临潢,对儿子们说:“我揣度卢彦伦一定要叛乱,你们赶快躲起来,我会以死保全名节的。”叛贼到后,她被杀害。

耶律术者的妻子萧氏,小名讹里本,国舅李董的女儿。她性情端正敦厚,容貌姣好,从小就与别的女儿不同。十八岁时嫁给术者。谨慎从容,贞静温婉,姐妹们都推重尊敬她。

等到为术者居丧时,她悲哀到了极点。下葬后,对亲近的人说:“夫妇的道义,好比阴与阳、表与里。没有阳,阴就不能存在;没有表面,里子就无处依附。我现在不幸死了丈夫,而且有生就有死,也是必然规律。术者早年入朝做官,有才能但寿命不长。上天降祸给我,遭到这种残酷的惩罚,还有什么能够依靠的。如果死去的人可以重现,就跟他在一起;如果不能重现,就应刻去陪他。”侍婢们劝慰勉励她,都没有回心转意,拿刀自杀而死。

耶律中的妻子萧氏,小名挼兰,韩国王惠的四世孙。聪明贤惠谨慎诚厚。二十岁时嫁给耶律中。侍奉丈夫恭敬温顺,亲戚都赞誉他的品德。耶律中曾经对她说:“你可以粗略地理解书义,以从前贞静贤淑的女人作为镜子。”她于是用心诵读温习,博览古今。

天庆年中,被贼人拘执,她暗中把刀子放在鞋中,发誓说:“有人想污辱我,就自杀。”到了夜晚,贼人逃跑,她才免祸。很久以后,皇帝征召耶律中为五院都监,他对妻子说:“我本来没有做官的兴趣,现在避免不了。我应当以死报国。你能跟从我吗?”挼兰回答说:“我诚心听从你的教诲。”等到金兵占领了岭西,把当地百姓都迁走了,耶律中为守节而死。挼兰悲哀忧虑却不表露出来,别人对此都感到奇怪。不久,她跃马冲出去,到耶律中死的地方自杀了。

评论:陈氏拿经书教育两个儿子,都做了贤明的宰相,耶律氏自己保持贞洁不嫁人,住在闺房之内但不忘记忠于她的君主,如果不是贤惠的人,能做得到吗?三萧氏的节烈,即使男子汉大丈夫也有做不到的啊。

直鲁古传

【题解】

直鲁古(915~1005)辽医官。吐谷浑(今青海省及四川松潘县)人。世代善医,其父能在马上视疾,并提出合理而有效的治疗方法。襁褓时,于战乱中为父所弃,被辽太祖的淳钦皇后收养。长大之后习医,精通针灸。辽太宗时(927~947)任太医给侍。曾经撰有《脉诀》《针灸书》,今佚。卒年九十岁。

【原文】

直鲁古,吐谷浑人。初,太祖破吐谷浑,一骑士弃橐,反射不中而去。及追兵开橐视之,中得一婴儿,即直鲁古也。因所俘者问其故,乃知射橐者,婴之父也。世善医,虽马上视疾,亦知标本。意不欲子为人所得,欲杀之耳。

由是进于太祖,淳钦皇后收养之。长亦能医,专事针灸。太宗时,以太医给待。尝撰《脉诀针灸书》,行于世。年九十卒。

【译文】

直鲁古,吐谷浑人。最初,辽太祖破吐谷浑,有一个骑士扔下一个袋子,回头射袋子不中而去。追兵解开口袋一看,里面有一个婴儿,即后来的直鲁古。因此,询问被俘的人为什么丢弃婴儿?才知道射袋子的人,是直鲁古的父亲。他是一个世传医生,虽然在马上诊病,也同样能知道疾病的表现及其病根而采取有效的治疗方法。他不希望自己的孩子为别人所得,所以想杀死他。

于是将直鲁古送到辽太祖处,由淳钦皇后收养。长大后也会看病,专门从事针灸。辽太宗时,以太医身份侍奉皇帝。曾撰有《脉诀》《针灸书》,流传于后世。卒年九十岁。

耶律敌鲁传

【题解】

耶律敌鲁,字撒不椀。生活于十至十一世纪间。辽代医生,契丹族。他精通医术,尤善观察病者外表形色以知其病源。枢密使耶律斜轸妻患重病久治不愈,经敌鲁诊视,说此人心有蓄热,不是用药能治好的,应当以心理疗法来治疗。因其耳聋,遂大击钲鼓,由于声音震动,病人果然发狂,大声呼喊怒骂,直到力竭乃止,病也得愈。耶律敌鲁认为此法可泄其毒。他治病的方法皆类似于此。卒年八十岁。

【原文】

耶律敌鲁,字撒不椀。其先本五院之族,始置宫分,隶焉。

敌鲁精于医,察形色即知病原。虽不诊候,有十全功。统和初,为大丞相韩德让所荐,官至节度使。

初,枢密使耶律斜轸妻有沉疴,易数医不能治。敌鲁视之曰:"心有蓄热,非药石所及,当以意疗。因其聩,聒之使狂,用泄其毒则可。"于是令大击钲鼓于前。翌日果狂,叫呼怒骂,力极而止,遂愈。治法多此类,人莫能测。年八十卒。

【译文】

耶律敌鲁,字撒不椀。其祖上本属五院部族,辽太祖开始将宫卫骑军分为十二宫时,即隶属于宫卫骑军下。

敌鲁精于医学,经过观察人的形色,就能知道发病的病因,虽然不问症诊脉,仍可以得到很好的治疗效果。统和初(约公元984年),经大丞相韩德让推荐,官至节度使。

最初,枢密使耶律斜轸妻患重病久治不愈,更换了许多医生治疗,都没治好,于是请敌鲁诊治,他仔细观察病人之后说:"心有积热,不是用药物能治好的,应当选用心理疗法来进行治疗。因为病人症状是耳聋,可以用噪声来扰乱他,使病人发狂,用来泄出其热毒就可以了。"于是就命令在病人面前大敲钲鼓。第二天,病人果然发狂,大声呼喊怒骂,直叫喊到力竭了才停止,于是病愈。他的治疗方法都类似这样,都是人们意想不到的。卒年八十岁。

耶律乙辛传

【题解】

《辽史》不设酷吏传,但是列传中援引"《春秋》褒贬,善恶并书"(《奸臣传上》)之例,为耶律乙辛以下"败国皆足以为戒"的奸臣十人立传,其中不乏以严刑残虐致人于死命地,耶律乙辛便是代表之一。当大康元年(1075)皇太子耶律浚始预朝政、兼领南北枢密院事之时,乙辛不得随心所欲兜售其奸,于是设计陷害皇后、皇太子。为了罗织太子的罪名,乙辛对人妄加酷刑,施以重枷,绳捆其颈,使其气绝而亡;甚至尸体不得埋葬,任其在地上发臭。如此残酷暴虐,即或置诸他史的酷吏传中,亦可谓有过之而无不及。

【原文】

耶律乙辛,字胡睹衮,五院部人。父迭剌,家贫,服用不给,部人号"穷迭剌"。

初,乙辛母方娠,夜梦手搏杀羊,拔其角尾。既寤占之,术者曰:"此吉兆也。羊去角尾为王字,汝后有子当王。"及乙辛生,适在路,无水以浴,迴车破辙,忽见涌泉。迭剌自以得子,欲酒以庆,闻酒香,于草棘间得二榼,因祭东焉。

乙辛幼慧黠。尝牧羊至日昃,迭剌枧之,乙辛熟寝。迭剌触之觉,乙辛怒曰:"何遽惊我!适梦人手执日以食我,我已食月,啖日方半而觉,惜不尽食之。"迭剌自是不令牧羊。

及长,美风仪,外和内狡。重熙中,为文班吏,掌太保印,陪从入宫。皇后见乙辛详雅如素宦,令补笔砚吏;帝亦爱之,累迁护卫太保。道宗即位,以乙辛先朝任使,赐汉人户四十,同知点检司事,常召决疑议,升北院同知,历枢密副使。清宁五年,为南院枢密使,改知北院,封赵王。

九年,耶律仁先为南院枢密使,时驸马都尉萧胡睹与重元党,恶仁先在朝,奏曰:"仁先可任西北路招讨使。仁先乃先帝旧臣,不可遽离朝廷。"帝将从之。乙辛奏曰:"臣新参国政,未知治体。"帝然之。重元乱平,拜北院枢密使,进王魏,赐匡时翊圣竭忠平乱功臣。咸雍五年,加守太师。诏四方有军旅,许以便宜从事。势震中外,门下馈赂不绝。凡阿顺者蒙荐擢,忠直者被斥窜。

大康元年,皇太子始预朝政,法度修明,乙辛不得逞,谋以事诬皇后。后既死,乙辛不自安,又欲害太子。乘间入奏曰:"帝与后如天地并位,中宫岂可旷?"盛称其党驸马都尉萧霞抹之妹美而贤。上信之,纳之宫,寻册为皇后。时护卫萧忽古知乙辛奸状,伏桥下,欲杀之。俄暴雨坏桥,谋不遂。林牙萧岩寿密奏曰:"乙辛自皇太子预政,内怀疑惧,又与宰相张孝杰相附会。恐有异图,不可使居要地。"出为中京留守。乙辛泣谓人曰:"乙辛无过!因谗见出。"其党萧霞抹辈以其言闻于上。上悔之。无何,出萧岩寿为顺义军节度使,诏近臣议召乙辛事。北面官属无敢言者,耶律撒剌曰:"初以萧岩寿奏,出乙辛。若所言不当,宜坐以罪;若当,则不可复召。"累谏不从。乃复召为北院枢密使。

时皇太子以母后之故,忧见颜色。乙辛党欣跃相庆,谗谤沸腾,忠良之士斥逐殆尽。乙辛因萧十三之言,夜召萧得里特谋构太子,令护卫太保耶律查剌诬告耶律撒剌等同谋立皇太子。诏按无迹而罢。又令牌印郎君萧讹都斡诣上诬首:"耶律查剌吉耶律撒剌等事皆实,臣亦与其谋。本欲杀乙辛等立太子。臣等若不言,恐事自连坐。"诏使鞫劾,乙辛迫令具伏。上怒,命诛撒剌及速撒等。乙辛恐帝疑,引数人庭诘,各令荷重校,绳系其颈,不能出气,人人不堪其酷,唯求速死。反奏曰:"别无异辞。"时方暑,尸不得瘗,以至地臭。

乃囚皇太子于上京，监卫者皆其党。寻遣萧达鲁古、撒把害太子。乙辛党大喜，聚饮数日。上京留守萧挞得以卒闻。上哀悼，欲召其妻，乙辛阴遣人杀之，以灭其口。

五年正月，上将出猎，乙辛奏留皇孙，上欲从之。同知点检萧兀纳谏曰："陛下若从乙辛留皇孙，皇孙尚幼，左右无人，愿留臣保护，以防不测。"遂与皇孙俱行。由是上始疑乙辛，颇知其奸。会北幸，将次黑山之平淀，上适见扈从官属多随乙辛后，恶之，出乙辛知南院大王事。及例削一字王爵，改王混同，意稍自安。及赴阙入谢，帝即日遣还，改知兴中府事。

七年冬，坐以禁物鬻入外国，下有司议，法当死。乙辛党耶律燕哥独奏当入八议，得减死论，击以铁骨朵，幽于来州。后谋奔宋及私藏兵甲事觉，缢杀之。乾统二年，发冢，戮其尸。

【译文】

耶律乙辛，字胡睹衮，五院部人。父亲迭剌，家中贫穷，服用不足，部落中的人称他为"穷迭剌"。

起初，耶律乙辛的母亲刚刚怀孕时，夜中梦见手捉黑色公羊，拔掉它的犄角和尾巴。醒后占卜，道术之士称："此乃吉兆，羊去犄角、尾巴为王字，你以后有儿子会当上王。"耶律乙辛降生时，正赶上迭剌一家奔走在路上，没有水加以洗浴，在掉转车头、碾破辙迹，忽然看见上涌的泉水。迭剌原为得了儿子，正想饮酒而庆贺。闻到酒香，在草丛荆棘中得到两壶酒，于是以酒祭祀东方。

乙辛幼年聪慧机敏。曾经牧羊至太阳偏西，迭剌巡视，看到乙辛正在熟睡。迭剌把他碰醒，乙辛怒道："为什么这样快就惊动我？方才梦见有人手持日月而让我进食，我已经吃掉月亮，吞吃太阳刚到一半就醒了，可惜不能全部吃掉它。"迭剌从此以后不再让乙辛牧羊。

等到长大以后，风度翩翩，仪表堂堂，外貌谦和，内心狡黠。重熙年间，任文班吏，掌太保印，陪从在宫中。皇后见乙辛安详文雅如古代大臣，委任他为笔砚吏；辽兴宗也喜欢他，屡次升迁到护卫太保。道宗即位，由于乙辛为先朝任使，赐给汉人户四十，同知点检司事，常常召他参与解决难于议决的问题，升北院同知，枢密副使。清宁五年，为南院枢密使，改官主持北院，封为赵王。

清宁九年，耶律仁先任为南院枢密使，当时驸马都尉萧胡睹和重元结成同伙，讨厌耶律仁先在朝内，启奏说："仁先可任西北路招讨使。"道宗准备依从他。乙辛奏说："我刚参朝政，不熟悉治国的大体。仁先乃是先皇帝的旧臣，不可突然离开朝廷。"道宗表示赞同。重元之乱平定以后，授乙辛北院枢密使，进号为魏王，赐号为匡时翊圣竭忠平乱功臣。道宗咸雍五年，代理太师。诏令四方如有军事行动，允许乙辛斟酌事势自行处理。一时权势倾动朝野，门下贿赠络绎不绝，凡曲从迎合的就受到荐举提升，凡忠信耿直的则被废弃贬逐。

道宗太康元年，皇太子开始参与朝政，法令制度整饬清明，乙辛不能再随意得逞，就谋划诬陷皇后。皇后死了以后，乙辛不能自安，又想加害太子。便趁机入奏说："皇帝和皇后如同天地一样并列的位置，中宫岂可空缺？"于是竭力称赞他的同伙驸马都尉萧霞抹的妹妹美丽贤良。道宗听信了他，将萧抹霞的妹妹接纳入宫，不久册封为皇后。当时护卫萧忽古了解乙辛邪恶不正的详情，埋伏在桥下，想要杀他。不久暴雨冲坏桥梁，计划没有成功。林牙官萧岩寿向道宗密奏："乙辛自从皇太子参与朝政后，内心一直感到疑惧不安，与宰相张孝杰互相依附，恐有反叛的图谋，不可使他居于枢要地位。"于是外放为中京留守。乙辛哭泣着对人说："乙辛并没有过错，只因为受到谗言而被外放。"他的同伙萧霞抹之流把他的话禀告道宗，道宗后悔。不久，外放萧岩寿为顺义军节度使，令近臣商议召回乙辛的事情。朝中大臣没有人敢于说话，耶律撒剌说："最初因为萧岩寿上奏而外放乙辛，如果他所说的不恰当，应该加以判罪；如果恰当，那就不再召回。"屡次劝谏道宗都不听从。于是再次征召乙辛为北院枢密使。

当时皇太子以母后被害死，忧愁表现在脸上。乙辛一伙欢欣跳跃互相庆贺，谗言谤语沸沸扬扬，忠良之士几乎统统被贬斥。乙辛根据萧十三的话，连夜召萧得里特谋划构陷太子，命令护卫太保耶律查剌诬告耶律撒剌等同谋立皇后太子。诏令审查，找不到证据，只好罢手。又让牌印郎君萧讹都斡晋见道宗，诬陷说："耶律查剌以前告发耶撒剌等事都确实无误，臣也参与了谋划，本来要杀乙辛等而立太子。臣等如不坦白承认，恐怕真相大白以后牵连获罪。"诏令问罪审讯，乙辛迫使他们全部承认。道宗震怒，命令诛杀撒剌及速撒等。乙辛恐怕道宗日后生疑，拉众人当堂审问，证人戴着重枷，绳索捆着他们的脖颈，以致不能出气，人人难以忍受其残暴，唯求赶快一死。乙辛回去向道宗启奏说："没有不同的说法。"当时正值暑天，尸体不得埋葬，以至于连地上都发臭。于是在上京囚禁皇太子，监护守卫者都是乙辛的同党。不久派萧达鲁古、撒把害死太子，乙辛一伙大为高兴，相聚饮宴数日。上京留守萧挞得把太子的死讯禀告道宗。道宗哀悼，想召回太子的妻子，乙辛暗中派人杀掉了她灭口。

五年正月，道宗将要出猎，乙辛上奏将皇孙留在京城，道宗想听从他。同知点检萧兀纳谏说："陛下如果听从乙辛的意见留下皇孙，皇孙尚且幼小，左右无人照顾，愿留臣加以保护，以防意外事件。"于是与皇孙一起上路。从此道宗开始怀疑乙辛，颇为知晓他的一些奸邪之事。适逢皇帝起驾临幸北方，将到达黑山的平淀，恰好看见邑从官员多随乙辛身后，于是讨厌他，外派乙辛知南院大王事。按照规定削掉一字王爵，改混同郡王，自己稍稍感到安心。等到入宫谢恩，皇上当日遣还，改派主持兴中府事。

七年冬，乙辛以法令禁止的物品卖给外国而获罪，被发交有关部门议罪，按法律应处死刑。乙辛同伙耶律燕哥独奏当以八议之例减刑，得免死罪，以铁骨朵棍棒相击，拘禁在来州。终以勒颈绝气的刑法被杀掉了。乾统二年，掘开坟墓，陈其尸骨示众。

张孝杰传

【题解】

张孝杰,辽建州永霸县(今辽宁朝阳西)人。辽兴宗重熙二十四年(1055)为进士第一。辽道宗清宁年间累迁为枢密直学士,咸雍初出为惠州刺史,不久恢复旧职,兼知户部司事。三年,拜参知政事,同知枢密院事。八年,封陈国公,迁北府宰相,在汉人中贵幸无比。与耶律乙辛一起谗害皇太子耶鲁斡,诬害忠良。大康六年(1080),耶律乙辛被贬出,道宗亦知张孝杰之奸,遂贬出为武定军节度使,坐私贩广济湖盐及擅改诏旨削爵,大安中,死于乡。乾统初,剖棺戮尸。孝杰任官贪得无厌,曾与人说:"无百万两黄金,不足为宰相家。"

【原文】

张孝杰,建州永霸县人。家贫,好学,重熙二十四年擢进士第一。清宁间累迁枢密直学士,咸雍初坐误奏事,出为惠州刺史,俄召复旧职,兼知户部司事。三年,参知政事,同知枢密院事,加工部侍郎。八年,封陈国公。上以孝杰勤干,数问以事,为北府宰相。汉人贵幸无比。

大康元年,赐国姓。明年秋猎,帝一日射鹿三十,燕从官。酒酣,命赋《云上于天诗》,诏孝杰坐御榻旁,上诵《黍离诗》:"知我者谓我心忧,不知我谓我何求。"孝杰奏曰:"今天下太平,陛下何忧? 富有四海,陛下何求?"帝大悦。三年,群臣侍燕,上曰:"先帝用仁先、化葛,以贤智也。朕有孝杰、乙辛,不在仁先、化葛下,诚为得人。"欢饮至夜乃罢。

是年夏,乙辛皇太子,孝杰同力相济。及乙辛受诏按皇太子党人,诬害忠良,孝杰之谋居多。乙辛荐孝杰忠于社稷,帝谓孝杰可比狄仁杰,赐名仁杰,乃许放海东青鹘。六年,既出乙辛,上亦悟孝杰奸佞,寻出为武定军节度使,坐私贩广济湖盐及擅改诏旨,削爵,贬安肃州,数年乃归,大安中,死于乡。乾统初,剖棺戮尸,以族产分赐臣下。

孝杰久在相位,贪货无厌,时与亲戚会饮,尝曰:"无百万两黄金,不足为宰相家。"初,孝杰及第,诣佛寺,忽迅风吹孝杰幞头,与浮图齐,坠地而碎,有老僧曰:"此人必骤贵,亦不得其死。"竟如其言。

【译文】

张孝杰,建州永霸县人。家中贫困,却很好学,辽兴宗重熙二十四年考进士第一。清宁年间经多次升迁为枢密直学士,咸雍初年因为奏事有误,被贬出为惠州刺史,不久又被召回官复旧职,兼任户部司事。三年,任参知政事,同知枢密院事,加官为工部侍郎。八年,封为陈国公,辽道宗认为张孝杰勤劳肯干,多次向他询问政事,拜任北府宰相,在汉人大康元年，被赐以契丹国姓。次年秋天，皇帝出猎，一日之内，射获三十头鹿。大宴随从官员，皇帝下令作《云上于天诗》，诏令张孝杰坐在御榻旁，皇帝背诵《黍离诗》："知我者谓我心忧，不知我者谓我何求。"张孝杰上奏说："如今天下太平，陛下还有什么可心忧？富有整个国家，陛下还有什么可求？"道宗皇帝非常高兴。三年，很多大臣侍从道宗宴饮，道宗说："先皇帝任用耶律仁先、耶律化葛，是因为他们贤而有才智。我有张孝杰、耶律乙辛，不在耶律仁先、耶律化葛之下，实在是得到了人才。"君臣高兴地宴饮到夜晚才作罢。

这一年夏天，耶律乙辛谗毁皇太子，张孝杰与耶律乙辛合伙作恶。及至耶律乙辛接受诏令追查皇太子的党羽，诬蔑陷害忠良大臣，以张孝杰所出的坏主意居多。耶律乙辛向道宗推荐说张孝杰忠于国家，道宗说张孝杰可与唐代的狄仁杰相比，因此赐名为张仁杰，并特别允许他放飞海东青鹘。六年，耶律乙辛被贬黜后，道宗也感觉到张孝杰的奸佞，没多久，便外任他为武定军节度使，因为私自贩卖广济湖所产盐，以及擅自更改皇帝诏书，他被削夺爵位，贬官至安肃州，过了很多年才归家。大安年间，死于故乡。天祚帝乾统初年，被剖棺戮尸，将其族中产业分别赐给臣属。

张孝杰任宰相多年，贪得无厌，曾在与亲戚一起宴饮时说："没有上百万两黄金，不足以称作宰相之家。"当初，张孝杰进士及第，到佛寺朝拜，忽然一阵疾风把张孝杰的幞头吹跑了，吹得与佛塔一样高，掉在地下摔碎，有一名老僧说："这个人必定很快得到富贵，但也不会得到好死。"后来果然如老僧所说。

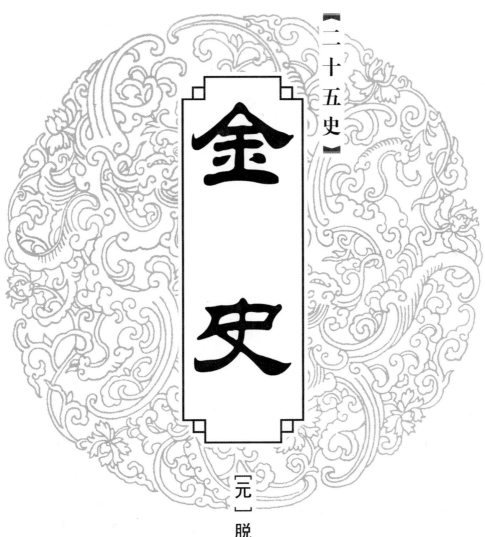

【二十五史】

金史

[元] 脱脱 等·原著

导　读

　　《金史》撰成于元代，是反映女真族所建金朝的兴衰始末的重要史籍。全书共一百三十五卷，包括本纪十九卷，志三十九卷，表四卷，列传七十三卷。主要记载了女真贵族在我国北方建立的金政权一百二十年的历史。

　　同《辽史》一样，脱脱等编写《金史》也是有所依傍的。元朝初年，王鹗利用《金实录》修成《金史》，包括帝纪、列传、志三个部分。在此之前，记金朝史事的刘祁的《归潜志》和元好问的《壬辰杂编》等已经行世。脱脱等人修《金史》，主要以王鹗的《金史》为蓝本，兼采刘、元两家的史著笔削成书。元朝撰修的三史，在史料整理、叙事文笔、编史体例方面，以《金史》居上。

　　《金史》模仿《魏书》，本纪部分先列一篇《世纪》，追述金太祖阿骨打的先世。最后又列一篇《世纪补》，叙述后来追认的几个皇帝。这是《金史》首创的一种体例。《世纪补》为后来的元、明两史所取法，只不过由本纪移到了列传的前面。

　　金与辽、宋、蒙古之间，发生过频繁的战争，《金史》把每次战役的经过，集中纳入战事主持者的本纪或列传中，这样就能从一纪一传中窥见每次战争的概貌，便于查阅。

　　女真族是我国历史上一个重要的民族，有关这一民族的发展情况，特别是早期历史，保存到现在的比较完整的记载并不多见，因此《金史》一向受到人们的重视。它的志系统而详备，如《食货志》内分户口、通检推排、田制、租赋、牛头税、钱币、盐、酒、醋税、茶、诸征商税等许多细目，井井有条地记录了金朝经济的各个侧面。这样的材料，今天是很难得的。

　　《金史》的表有所创新，它第一次编制了《交聘表》，把金与宋、夏、高丽的和战庆吊的交往记录下来，使人一目了然。书后有一篇《金国语解》，分为"官称""人事"两类，它的性质和作用与《辽史》的《国语解》相同。

熙宗悼平皇后传

【题解】

金熙宗悼平皇后裴满氏(？～1149年)，名不详。熙宗即位，册为贵妃，后晋为皇后。生皇子济安，不久夭折。熙宗在位后期，她掣制熙宗，干预朝政，致使政事混乱，为完颜亮(海陵王)弑君篡位创造了条件。为熙宗所杀。

【原文】

熙宗悼平皇后，裴满氏。熙宗即位，封贵妃。天眷元年，立为皇后。父忽达拜太尉，赠曾祖斜也司空，祖鹘沙司徒。皇统元年，熙宗受尊号，册为慈明恭孝顺德皇后。二年，太子济安生。是岁，熙宗年二十四，喜甚，乃肆赦，告天地宗庙。弥月，册为皇太子，未一岁薨。

熙宗在位，宗翰、宗干、宗弼相继秉政，帝临朝端默。虽初年国家多事，而庙算制胜，齐国就废，宋人请臣，吏清政简，百姓乐业。宗弼既没，旧臣亦多物故，后干预政事，无所忌惮，朝官往往因之以取宰相。济安薨后，数年继嗣不立，后颇掣制熙宗。熙宗内不能平，因无聊，纵酒酗怒，手刃杀人。左丞相亮生日，上遣大兴国以司马光画像、玉吐鹘、厩马赐之，后亦附赐生日礼物。熙宗闻之，怒，遂杖兴国而夺回所赐。海陵本怀觊觎，因之疑畏愈甚，萧墙之变，从此萌矣。近侍高寿星随例迁屯燕南，入诉於后，后激怒熙宗，杀左司郎中三合，杖平章政事秉德，而寿星竟得不迁。秉德、唐括辩之奸谋起焉，海陵乘之，以成逆乱之计。

久之，熙宗积怒，遂杀后，而纳胙王常胜妃撒卯入宫继之。又杀德妃乌古论氏，妃夹谷氏、张氏、裴满氏。明日，熙宗遇弑。海陵已弑熙宗，欲收人心，以后死无罪，降熙宗为东昏王，追谥后为悼皇后，封后父忽达为王。大定间，复熙宗帝号，加谥后为悼平皇后，祔葬思陵。

【译文】

熙宗悼平皇后，姓裴满氏。熙宗即位，封为贵妃。天眷元年，册立为皇后。父亲忽达进拜太尉，追赠曾祖父斜也为司空，祖父鹘沙为司徒。皇统元年，熙宗接受了尊号，又册封裴满皇后为慈明恭孝顺德皇后。二年，太子济安降生。这一年熙宗二十四岁，非常高兴，就宣布大赦，祭告天地、宗庙。满一个月的时候，册立为皇太子，然而没过一年就夭折了。

熙宗在位的时候，大臣宗翰、宗干、宗弼相继主持政务，熙宗本人在朝端庄沉默，较少发挥作用。虽然当时是立国之初，国家事务繁多，而朝廷筹划政策能够料敌制胜，齐国顺利被废,宋人请求臣服,吏治清明,政务宽简,百姓安居乐业。宗弼去世以后,前朝旧臣也大多已死,裴满皇后干预政事,无所忌惮。朝廷官员往往通过她牟取宰相职位。皇太子济安死后,好几年没有再生皇子,裴满皇后对熙宗多加掣肘要挟。熙宗心里非常不满,因而情绪消沉,经常酗酒发怒,亲手用刀杀人。左丞相完颜亮过生日,熙宗派大兴国赐给他司马光画像、玉制的吐鹘以及皇家马圈中的骏马。裴满皇后也附带赏赐完颜亮生日礼物。熙宗听说以后,大怒,于是杖责大兴国,夺回所赐物品。完颜亮本来就有篡夺帝位的野心,由于发生了这件事,更加疑虑害怕,从此萌发了发动宫廷政变的计划。近侍高寿星按照规定应当迁徙到燕京以南屯田,进宫向裴满皇后告状。裴满皇后激怒熙宗,杀掉左司郎中三合,杖责平章政事秉德,而高寿星最终没有迁徙。秉德,唐括辩由此产生了作乱的阴谋。完颜亮乘机加以利用,后来终于完成了弑君篡位的计划。

过了很久,熙宗的怒气长期积压,无法控制,就杀死了裴满皇后,而迎纳胙王常胜的王妃撒卯入宫继承皇后之位。又杀掉了德妃乌古论氏、妃夹谷氏、张氏、裴满氏。第二天,熙宗被完颜亮所杀。完颜亮杀害熙宗之后,打算收买人心,因为裴满皇后无罪被杀,降熙宗的称号为东昏王,追谥裴满皇后为悼皇后,又封她的父亲忽达为王。世宗大定年间,追复熙宗帝号,加谥裴满皇后为悼平皇后,与熙宗合葬在思陵。

世宗昭德皇后传

【题解】

金世宗昭德皇后乌林答氏,名不详。其先世为乌林答部长,与完颜氏通婚。父石土黑,为东京留守。世宗在藩邸,迎娶为王妃。治家得宜,有贤名。海陵王在位,淫乱无度,召乌林答氏进见,乌林答氏自杀。世宗即位,追册为昭德皇后。生子允恭,世宗时立为太子。

【原文】

世宗昭德皇后,乌林答氏,其先居海罗伊河,世为乌林答部长,率部族来归,居上京,与本朝为婚姻家。曾祖胜管,康宗时累使高丽。父石土黑,骑射绝伦,从太祖伐辽,领行军猛安。虽在行伍间,不嗜杀人。以功授世袭谋克,为东京留守。

后聪敏孝慈,容仪整肃,在父母家,宗族皆敬重之。既归世宗,事舅姑孝谨,治家有叙,甚得妇道。睿宗伐宋,得白玉带,盖帝王之服御也。睿宗没后,世宗宝畜之。后谓世宗曰:“此非王邸所宜有也,当献之天子。”世宗以为然,献之熙宗,于是悼后大喜。熙宗晚年颇酗酒,独于世宗无间然。

海陵篡立,深忌宗室。乌带潜秉德以为意在葛王。秉德诛死,后劝世宗多献珍异以说其心,如故辽骨睹犀佩刀、吐鹘良玉茶器之类,皆奇宝也。海陵以世宗恭顺畏己,由是忌刻之心颇解。

后不妒忌，为世宗择后房，广继嗣，虽显宗生后而此心不移。后尝有疾，世宗为视医药，数日不离去。后曰："大王视妾过厚，其知者以为视疾，不知者必有专妒之嫌。"又曰："妇道以正家为大，第恐德薄，无补内治，安能效嫔妾所为，惟欲己厚也。"

世宗在济南，海陵召后来中都。后念若身死济南，海陵必杀世宗，惟奉诏，去济南而死，世宗可以免。谓世宗曰："我当自勉，不可累大王也。"召王府臣仆张仅言谕之曰："汝，王之腹心人也。为我祷诸东岳，我不负王，便皇天后土明鉴我心。"召家人谓之曰："我自初年为妇以至今日，未尝见王有违道之事。今宗室往往被疑者，皆奴仆不良，傲恨其主，以诬陷之耳。汝等皆先国王时旧人，当念旧恩，无或妄图也。违此言者，我死后於冥中观汝所为。"众皆泣下。后既离济南，从行者知后必不肯见海陵，将自为之所，防护甚谨。行至良乡，去中都七十里，从行者防之稍缓，后得间即自杀。海陵犹疑世宗教之使然。

世宗自济南改西京留守，过良乡，使鲁国公主葬后于宛平县土鲁原。大定二年，追册为昭德皇后，立别庙。赠三代，曾祖胜管司空、徐国公，曾祖母完颜氏徐国夫人，祖术思黑司徒、代国公，祖母完颜氏代国夫人，父石土黑太尉、沈国公，母完颜氏沈国夫人。敕有司改葬，命皇太子致奠。以后兄晖子天锡为太尉，石土黑后授世袭猛安。上谓天锡曰："我四五岁时与皇后订婚，乃祖太尉置我于膝上曰：'吾婿七人，此婿最幼，后来必大吾门。'今卜葬有期，畴昔之言验矣。"

六年，利涉军节度副使乌林答钞兀捕逃军受赃，当死。有司奏，钞兀，后大功亲，当议。诏论如法。

八年七月，章宗生，世宗喜甚。谓显宗曰："得社稷家嗣，我乐何极。此皇后贻尔以阴德也。"

十年十月，将改葬太尉石土黑，有司奏礼仪，援唐葬太尉李良器、司徒马燧故事，百官便服送至都门外五里。上曰："前改葬太后父母，未尝用此故事。但以本朝礼改葬之，惟亲戚皆送。"诏皇太子临奠。

十一年，皇太子生日，世宗宴於东宫。酒酣，命豫国公主起舞。上流涕曰："此女之母皇后，妇道至矣。我所以不立中宫者，念皇后之德今无其比故也。"

十二年四月，立皇后别庙于太庙东北隅。是岁五月，车驾幸土鲁原致奠。十九年，改卜于大房山。十一月甲寅，皇后梓宫至近郊，百官奉迎。乙卯，车驾如杨村致祭。丙辰，上登车送，哭之恸。戊午，奉安于磐宁宫。庚申，葬于坤厚陵，诸妃祔焉。二十九年，祔葬兴陵。章宗时，有司奏太祖谥有'昭德'字，改谥明德皇后。

【译文】

世宗昭德皇后，姓乌林答氏。祖先居住在海罗伊河，世代担任乌林答部首领，后来率部落归附完颜部，居住在上京，与皇族完颜氏累世通婚。曾祖父胜管，在康宗时屡次出使高丽。父亲石土黑，骑射技艺超群，随从太祖征伐辽国，担任行军猛安的职务。虽然整日行军打仗，但不喜欢杀人。凭借战功授世袭谋克，担任东京留守。

乌林答氏聪颖敏捷、孝顺慈善，容貌端庄，仪表肃穆，在父母家中的时候，同宗族的人都对她十分敬佩看重。嫁给世宗完颜雍之后，侍奉公婆孝顺谨慎，治理家务井井有条，在尽妻子职责方面做得很出色。世宗的父亲宗辅伐宋，得到一条白玉带，是皇帝用来佩戴的。宗辅去世后，世宗把这条玉带当宝物珍藏起来。乌林答氏对世宗说："这不是王府应该有的东西，应当献给天子。"世宗认为说得很对，就把玉带献给了熙宗，熙宗皇后裴满氏大为高兴。熙宗在位晚年经常酗酒发怒，只对世宗没产生猜忌。

女真文墨锭

海陵王完颜亮篡位自立，对宗室非常猜忌。乌带进谮秉德，说他企图拥立世宗。秉德被海陵王杀掉后，乌林答氏劝世宗多进献奇珍异物来取悦海陵王。如辽代的骨睹犀佩刀，吐鹘良玉茶器之类，都是罕见的宝贝。海陵王认为世宗恭敬顺从，害怕自己，由此对他猜忌疑虑的心情有很大放松。

乌林答氏性情不妒忌，为世宗选择婢妾，以便多生子嗣。即使自己的儿子允恭降生后，这种做法也没变。一次乌林答氏患病，世宗亲自来探视护理，好几天没有离开。乌森答氏说："大王对待我过好，知道的人明白是在探病，不知道的人一定会说我专宠妒忌。"又说："做妻子的职责，最重要的是端正家风。只担心自己德行不足，不能很好地治理家事；又怎么能仿效嫔妾的做法，一心为自己打算呢？"

世宗在济南任职时，海陵王征召乌林答氏前往中都。乌林答氏暗中考虑：自己如果在济南自杀，海陵王一定会处死世宗。只有接受诏命，离开济南以后再自尽，世宗才能获免。于是对世宗说："我一定会自己努力，不会拖累大王。"召来王府的仆人张仅言，对他说："你是大王的心腹之人，可以替我到东岳泰山祈祷，我绝不会辜负大王，希望皇天后土明白我的苦心。"又召来众位家人，告诉他们说："我自从年轻时出嫁到现在，从未见到大王做过违背道义的事情。现在宗室当中很多人受到皇帝猜疑，都因为家中奴仆不是良善之辈，憎恨他们的主人，从而加以诬陷的缘故。你们都是先国王在世时的旧人，应当怀念先国王旧日的恩德，千万不要肆意妄为。有不听我话的，我死后会在阴间看你的所作所为。"大家都哭泣起来。乌林答氏离开济南以后，从行的人知道她一定不肯见到海陵王，会早早自作打算，就对她提防看护，十分谨慎。走到良乡，离中都还有七十里，从行者的提防稍有放松。乌林答氏得到机会，就自尽而死。海陵王仍然怀疑是世宗教她这样做的。

世宗由济南调任西京留守，路过良乡，让女儿鲁国公主前去把乌林答氏埋葬在宛平县土鲁原。世宗即位以后，大定二年，追册乌林答氏为昭德皇后，单独立庙。追赠三代，曾祖父胜管为司空、徐国公，曾祖母完颜氏为徐国夫人，祖父术思黑为司徒、代国公，祖母完颜氏为代国夫人，父亲石土黑为太尉、沈国公，母亲完颜氏为沈国夫人。命令有关机构改葬乌林答皇后，让皇太子允恭前去祭奠。授给皇后兄长乌林答晖的儿子天锡以太尉头衔,石土黑的后人都加授世袭猛安。世宗对天锡说:"我四、五岁的时候,与皇后订婚。你的祖父石土黑太尉把我抱到他的膝盖上说:'我有七个女婿,这个女婿年纪最小,将来一定会光大我的家门'。现在皇后改葬的日期已定,你祖父当年的话算是应验了。"

大定六年,利涉军节度副使乌林答钞兀因为追捕逃军接受贿赂,应当处死。有关机构上奏,钞兀是乌林答皇后的大功亲,应当从轻论罪。世宗下诏按法律办事。

大定八年七月,太子允恭的儿子章宗完颜璟降生。世宗非常高兴,对允恭说:"得到了社稷嫡传继承人,我高兴的心情无法表达。这都是皇后留给你的阴德啊。"

大定十年十月,打算改葬太尉乌林答石土黑,有关机构陈奏所用礼仪,援引唐代埋葬太尉李良器、司徒马燧的典故,百官都穿便服送葬,走出都城门外五里。世宗说:"以前改葬太后的父母,没有用过这样的典故。用本朝的礼节改葬就可以了,只有亲戚才去送葬。"诏令皇太子亲临祭奠。

大定十一年,皇太子过生日,世宗到东宫出席宴会。酒喝到高兴的时候,让豫国公主起来跳舞。世宗流下了眼泪,说:"这个女儿的母亲乌林答皇后,尽妻子职责做到了极点。我之所以不再立中宫皇后,就是因为考虑到乌林答皇后的德行,现在没有人比得上了。"

大定十二年四月,在太庙东北角建立皇后别庙。这一年五月,世宗亲自到土鲁原进行祭奠。十九年,改葬到大房山。十一月甲寅日,皇后的棺材运到近郊,百官都去奉迎。乙卯日,世宗亲自前往杨村进行祭奠。丙辰日,世宗登车送葬,哭得很伤心。戊午日,将棺木安放在磐宁宫。庚申日,在坤厚陵下葬,与去世诸妃合葬。大定二十九年,与世宗合葬在兴陵。章宗时,有关机构上奏:太祖谥号中有"昭德"二字。于是改谥乌林答皇后为明德皇后。

宣宗明惠皇后传

【题解】

金宣宗明惠皇后王氏(? ~1231),名不详。中都(今北京)人。宣宗在藩邸时,与妹并以民家女被选为妃。宣宗即位后,立为元妃,其妹立为皇后。生哀宗。哀宗即位,与其妹并尊为皇太后。性端严,教哀宗得法。

【原文】

宣宗明惠皇后,王皇后之姊也。生哀宗。宣宗即位,封为淑妃。及妹立为后,进封元妃。哀宗即位,诏尊为皇太后,号其宫曰慈圣。

后性端严,颇达古今。哀宗已立为皇太子,有过尚切责之,及即位,始免楛楚。一日,宫中就食,尚器有玉杯碟三,一奉太后,二奉帝及中宫。荆王母真妃庞氏以玛瑙器进食,后见之怒,召主者责曰:"谁令汝妄生分别,荆王母岂卑我儿妇耶。非饮食细故,已令有司杜杀汝矣。"是后,宫中奉真妃有加。或告荆王谋不轨者,下狱,议已决。帝言于后,后曰:"汝止一兄,奈何以谗言欲豁之。章宗杀伯与叔,享年不永,皇嗣又绝,何为欲效之耶。趣赦出,使来见我。移时不至,吾不见汝矣。"帝起,后立待,五至,涕泣慰无抚之。

哀宗甚宠一宫人,欲立为后。后恶其微贱,固命出之。上不得已,命放之出宫,语使者曰:"尔出东华门,不计何人,首遇者即赐之。"于是遇一贩缯者,遂赐为妻。点检撒合辇教上骑鞠,后传旨戒之云:"汝为人臣,当辅主以正,顾乃教之戏耶。再有闻,必大仗汝矣。"

比年小捷,国势颇振,文士有奏赋颂以圣德中兴为言者。后闻不悦曰:"帝年少气锐,无惧心则骄怠生。今幸一胜,何等中兴,而若辈谄之如是。"

正大八年九月丙申,后崩,遗命园陵制度,务从俭约。十二月已未,葬汴城迎朔门外五里庄献太子墓之西。谥明惠皇后。

【译文】

宣宗明惠皇后王氏,是宣宗最初所立王皇后的姐姐。生下了哀宗。宣宗即位后,封为淑妃。后来妹妹立为皇后,自己也晋封为元妃。哀宗即位后,下诏尊王氏为皇太后,所居后宫的称号为慈圣。

王太后性情端庄严肃,颇为通晓古今知识。哀宗已被立为皇太子,犯了错误还要痛加责罚;到正式即位以后,才算免于鞭笞之苦。一天,在宫中进餐,上等的餐具有三套玉制碗碟,一套呈献给王太后,另外两磁分别献给哀宗和他的皇后。荆王守纯的母亲真妃庞氏却使用玛瑙餐具进食。王太后看到之后,非常生气,叫来主管官员训斥说:"谁让你擅自进行分别,荆王的母亲难道比我的儿媳妇卑贱吗? 这要不是饮食方面的小事,早就让有关机构把你用廷杖打死了。"从此以后,宫中的人对真妃侍奉更加周到。有人告发荆王企图作乱,荆王被关入监狱,罪状已经定议。哀宗把这件事告诉王太后,王太后说:"你只有一位兄长,为什么要听人谗言,打算杀害他呢? 章宗死了伯父和叔父,结果自己寿命短促,而且没有后嗣。为什么要加以效法呢? 赶快赦免、放出荆王,让他来见我。过一段时间荆王不来,我就永远不再见你了。"哀宗起身退下,王太后站立起来等待。荆王到来以后,哭泣着对他进行抚慰。

哀宗非常宠爱一名宫女,打算立她为皇后。王太后讨厌她出身微贱,坚持命令把她逐出宫外。哀宗没有办法,下令放这位宫女出宫,并对负责这件事的使者说:"你走出东华门以后,不管是什么样的人,首先碰到谁,就把宫女赐呛。"出门时使者碰到了一个卖丝绸的人,就把宫女赐给他为妻。点检撒合辇教哀宗骑马击球,王太后传旨警告他说:"你作为臣下,应当用正道辅佐君主,怎么反而教他游戏呢? 再听说这样的事,一定要对你痛加杖责。"

几年中金兵对蒙古作战打了一些小胜仗,国势颇有振作的气象。文士中有人奏上,辞赋以"圣德中兴"作为主题。王太后听到了,不高兴地说:"皇帝年轻气盛,没有惧怕的心理,就要产生骄傲懈怠情绪。现在侥幸打一次胜仗,哪里谈得上中兴,而你们这些人就这样向皇帝献媚！"

哀宗正大八年九月丙申日，王太后去世。临终遗嘱埋葬的规模制度，要尽可能节俭。十二月已未日，埋葬在汴梁城迎朔门外面五里的地方，庄献太子墓西面。追谥明惠皇后。

完颜宗翰传

【题解】

宗翰（1080~1137），金朝大将。曾参与拥立金太祖完颜阿骨打建国称帝。天辅五年（1121），率部攻破辽西京（今山西大同），同年冬随金太祖攻克辽南京（今北京）。金太宗即位，宗翰力主攻宋。天会四年（1126）冬，率军攻克汴京，灭北宋。宋高宗即位后，宗翰再次出任统帅率师攻宋。金熙宗时拜太保、尚书令、领三省事，封晋国王。后病逝。

【原文】

宗翰本名粘没喝，汉语讹为粘罕，国相撒改之长子也。年十七，军中服其勇。及议伐辽，宗翰与太祖意合。太祖败辽师于境上，获耶律谢十。撒改使宗翰及完颜希尹来贺捷，即称帝为贺。及太宗以下宗室群臣皆劝进，太祖犹谦让。宗翰与阿离合懑、蒲家奴等进曰："若不以时建号，无以系天下心。"太祖意乃决。辽都统耶律讹里朵以二十余万戍边，太祖逆击之，宗翰为右军，大败辽人于达鲁古城。

天辅五年四月，宗翰奏曰："辽主失德，中外离心。我朝兴师，大业既定，而根本弗除，后必为患。今乘其衅，可袭取之。天时人事，不可失也。"太祖然之，即命诸路戒备军事。五月戊戌，射柳，宴群臣。上顾谓宗翰曰："今议西征，汝前后计议多合朕意。宗室中虽有长于汝者，若谋元帅，无以易汝。汝当治兵，以俟师期。"上亲酌酒饮之，且命之醴，解御衣以衣之。群臣言时方暑月，乃止。无何，为移赍勃极烈，副蒲家奴西袭辽帝，不果行。

十一月，宗翰复请曰："诸军久驻，人思自奋，马亦壮健，宜乘此时进取中京。"群臣言时方寒，太祖不听，竟用宗翰策。于是，忽鲁勃极烈杲都统内外诸军，蒲家奴、宗翰、宗干、宗磐副之，宗峻领合扎猛安，皆受金牌，余睹为乡导，取中京实北京。既克中京，宗翰率偏师趋北安州，与娄室、徒单绰里合兵，大败奚王霞末，北安遂降。

宗翰驻军北安，遣希尹经略近地，获辽护卫耶律习泥烈。乃知辽主猎于鸳鸯泺，杀其子晋王敖鲁斡，众益离心，西北、西南两路兵马皆羸弱，不可用。宗翰使耨碗温都、移剌保报都统杲曰："辽主穷迫于山西，犹事畋猎，不恤危亡，自杀其子，臣民失望。攻取之策，幸速见谕。若有异议，此当以偏师讨之。"杲使奔睹与移剌保同来报曰："顷奉诏旨，不令便趋山西，当审详徐议。"当时，宗翰使人报杲，即整众俟兵期。及奔睹至，知杲无意进取，宗翰恐待杲约或失机会，即决策进兵。使移剌保复往报都统曰："初受命虽未令便取山西，亦许便宜从事。辽人可取，其势已见，一失机会，后难图矣。今已进兵，当与大军会于何地,幸以见报。"宗干劝杲当如宗翰策,杲意乃决,约以奚王岭会议。

宗翰至奚王岭,与都统杲会。杲军出青岭,宗翰军出瓢岭,期于羊城泺会军。宗翰以精兵六千袭辽主,闻辽主自五院司来拒战,宗翰倍道兼行,一宿而至,辽主遁去。乃使希尹等追之。西京复叛,耿守忠以兵五千来救,至城东四十里,蒲察乌烈、谷赧先击之,斩首千余。宗翰、宗雄、宗干、宗峻继至,宗翰率麾下自其中冲击之,使余兵去马从旁射之。守忠败走,其众歼焉。宗翰弟扎保迪没于阵。天眷中,赠扎保迪特进云。

宗翰已抚定西路州县部族,谒上于行在所,遂从上取燕京。燕京平,赐宗翰、希尹、挞懒、耶律余睹金器有差。太祖既以燕京与宋人,还军次鸳鸯泺,不豫,将归京师。以宗翰为都统,昃勃极烈昱、迭勃极烈斡鲁副之,驻军云中。

太宗即位,诏宗翰曰:"寄尔以方面,当迁官资者,以便宜除授。"因以空名宣头百道给之。宋人来请割诸城,宗翰报以武、朔二州。宗翰请曰:"宋人不归我叛亡,阻绝燕山往来道路,后必败盟,请勿割山西郡县。"太宗曰:"先皇帝尝许之矣,当与之。"

诸将获耶律马哥,宗翰归之京师。诏以马七百匹给宗翰军,以田种千石、米七千石赈新附之民。诏曰:"新附之民,比及农时,度地以居之。"宗翰请分宗望、挞懒、石古乃精兵讨诸部。诏曰:"宗望军不可分,别以精锐五千给之。"宗翰朝太祖陵,入见上,奏曰:"先皇帝时,山西、南京诸部汉官,军帅皆得承制除授。今南京皆循旧制,惟山西优以朝命。"诏曰:"一用先皇帝燕京所降诏敕从事,卿等度其勤力而迁授之。"

宗翰复奏曰:"先皇帝征辽之初,图宋协力夹攻,故许以燕地。宋人既盟之后,请加币以求山西诸镇,先皇帝辞其加币。盟书曰:'无容匿逋逃,诱扰边民。'今宋数路招纳叛亡,厚以恩赏。累疏叛人姓名,索之童贯,尝期以月日,约以誓书,一无所致。盟未期年,今已如此,万世守约,其可望乎。且西鄙未宁,割付山西诸郡,则诸军失屯据之所,将有经略,或难持久,请姑置勿割。"上悉如所请。

上以宗翰破辽,经略夏国奉表称藩,深嘉其功,以马十匹,使宗翰自择二匹,余赐群帅。

及斡鲁奏宋不遣岁币户口事,且将渝盟,不可不备。太宗命宗翰取诸路户籍按籍索之。而阇母再奏宋败盟有状,宗翰、宗望俱请伐宋。于是,谙班勃极烈杲领都元帅,居京师,宗翰为左副元帅,自太原路伐宋。

宗翰发自河阴,遂降朔州,克代州,围太原府。宋河东、陕西军四万救太原,败于汾河之北,杀万余人。宗望自河北趋汴,久不闻问,遂留银术可等围太原,宗翰率师而南。天会四年降定诸县及威胜军,下隆德府实潞州。军至泽州,宋使至军中,始知割三镇讲和事。路允迪以宋割太原诏书来,太原人不受诏。宗翰取文水及盂县,复留银术可围太原。宗翰乃还山西。

宋少帝诱萧仲恭贻书余睹,以兴复辽社稷以动之。萧仲恭献其书,诏复伐宋。八月,宗翰发自西京。九月丙寅,宗翰克太原,执宋经略使张孝纯等。鹘沙虎取平遥,降灵石、介休、孝义诸县。十一月甲子,宗翰自太原趋汴,降威胜军,克隆德府,遂取泽州。撒剌答等先已破天井关,进逼河阳,破宋兵万人,降其城。宗翰攻怀州,克之。丁亥,渡河。闰月，宗翰至汴，与宗望会兵。宋约画河为界，复请修好，不克和。丙辰，银术可等克汴州。辛酉，宋少帝诣军前，舍青城。十二月癸亥，少帝奏表降。诏元帅府曰："将帅士卒立功者，第其功之高下迁赏之。其殒身行阵，没于王事者，厚恤其家，赐赠官爵务从优厚。"使勖就军中劳赐宗翰、宗望，使皆执其手以劳之。五年四月，以宋二主及其宗族四百七十余人及珪璋、宝印、衮冕、车辂、祭器、大乐、灵台、图书，与大军北还。七月，赐宗翰铁券，除反逆外，余皆不问，赐予甚厚。

宗翰奏河北、河东府镇州县请择前资官良能者任之，以安新民。上遣耶律晖等从宗翰行。诏黄龙府路、南路、东京路于所部各选如耶律晖者遣之。宗翰遂趋洛阳。宋董植以兵至郑州，郑州人复叛。宗翰使诸将击董植军，复取郑州。遂迁洛阳、襄阳、颍昌、汝、郑、均、房、唐、邓、陈、蔡之民于河北，而遣娄室平陕西州郡。是时河东寇盗尚多，宗翰乃分留将士，夹河屯守，而还师山西。昏德公致书"请立赵氏，奉职修贡，民心必喜，万世利也。"宗翰受其书而不答。

康王遣王师正奉表，密以书招诱契丹、汉人。获其书奏之。太宗下诏伐康王。河北诸将欲罢陕西兵，并力南伐。河东诸将不可，曰："陕西与西夏为邻，事重体大，兵不可罢。"宗翰曰："初与夏约夹攻宋人，而夏人弗应。而耶律大石在西北，交通西夏。吾舍陕西而会师河北，彼必谓我有急难。河北不足虞，宜先事陕西，略定五路，既弱西夏，然后取宋。"宗翰盖有意于夏人也。议久不决，奏请于上，上曰："康王构当穷其所往而追之。俟平宋，当立藩辅如张邦昌者。陕右之地，亦未可置而不取。"于是娄室、蒲察帅师，绳果、婆卢火监战，平陕西。银术可守太原，耶律余睹留西京。

宗翰会东军于黎阳津，遂会睿宗于濮。进兵至东平，宋知府权邦彦弃家宵遁，降其城，驻军东平东南五十里。复取徐州。先是，宋人运江、淮金币皆在徐州官库，尽得之，分给诸军。袭庆府来降。宋知济南府刘豫以城降于挞懒。乃遣拔离速、乌林答泰欲、马五袭康王于扬州，未至百五十里，马五以五百骑先驰至扬州城下。康王闻兵来，已于前一夕渡江矣。于是，康王以书请存赵氏社稷。先是，康王尝致书元帅府，称"大宋皇帝构致书大金元帅帐前"，至是乃贬去大号，自称"宋康王赵构谨致书元帅阁下"。其四月、七月两书皆然。元帅府答其书，招之使降，于是，挞懒、宗弼、拔离速、马五等分道南伐。宗弼之军渡江取建康，入于杭州。康王入海，阿里、蒲卢浑等自明州行海三百里，追之弗及。宗弼乃还。其后宗翰欲用徐文策伐江南，睿宗、宗弼议不合，乃止。语在刘豫传。归德叛，都统大纠里平之。

初，太宗以斜也为谙班勃极烈，天会八年，斜也薨，久虚此位。而熙宗宗峻子，太祖嫡孙，宗干等不以言太宗，而太宗亦无立熙宗意。宗翰朝京师，谓宗干曰："储嗣虚位颇久，合剌先帝嫡孙，当立，不早定之，恐授非其人。宗翰日夜未尝忘此。"遂与宗干、希尹定议，入言于太宗，请之再三。太宗以宗翰等皆大臣，义不可夺，乃从之，遂立熙宗为谙班勃极烈。于是，宗翰为国论右勃极烈，兼都元帅。

熙宗即位，拜太保、尚书令，领三省事，封晋国王。乞致仕，诏不许。天会十四年薨，年五十八。追封周宋国王。正隆二年，例封金源郡王。大定间，改赠秦王，谥桓忠，配享太祖庙廷。

孙秉德、斜哥。秉德别有传。

【译文】

完颜宗翰的本名叫粘没喝，在汉语中错念为粘罕，是金国宰相完颜撒改的长子。十七岁时，军中就无不钦服他的英勇。等到商议证伐辽国，宗翰与太祖的意见不谋而合。太祖在边境上击败辽军。俘获耶律谢十，撒改派遣宗翰和完颜希尹前来祝贺胜利，当时就建议太祖即皇帝位以示庆贺。等到太宗以下的宗室成员和群臣们都劝太祖登基时，太祖仍然谦让再三，宗翰与阿离合懑、蒲家奴等人进言道："如果不乘此时建立国号，就无法维系天下人之心了。"太祖于是才定下决心。辽国的都统耶律讹里朵率领二十余万人戍卫边境，太祖出兵迎击他们，宗翰指挥右军，在达鲁古城大败辽军。

天辅五年四月，宗翰上奏说："辽国皇帝作恶多端，国内外人心离散。我朝兴师以来，大业已经奠定，但是辽国还没有扫灭，今后一定会成为祸患，现在乘他们国内不稳，可以出其不意夺取他们的天下。无论从天时上看，还是从人事上说，都不可失去这个机会。"太祖认为他的话有道理，就下令诸路整军备战。五月戊戌，皇帝举行射柳仪式，大宴群臣。皇帝看着宗翰说："今天商议西征，你前后所上的计策十分符合我的心愿。宗室之中虽然有比你年长的人，但如果选择元帅，没有谁能代替你。你应努力训练部队，等待出兵的日期来临。"皇帝亲自为他斟酒，并命他一饮而尽，并解下自己的衣服给他穿上。群臣们说眼下正值天气暑热，这才作罢。没过多久，宗翰担任移赉勃极烈，作为蒲家奴的副职西进袭击辽国皇帝，但没有成行。

十一月，宗翰再次请求说："各部队长期停驻，人人想发奋争先，战马也很健壮，应当乘此时进军攻取中京。"群臣们说此时天气刚刚寒冷，太祖不听这些话，终于采纳了宗翰的意见。于是，忽鲁勃极烈完颜杲担任内外诸军都统，蒲家奴、宗翰、宗干、宗磐任副手，宗峻率领合扎猛安，都领受了金牌，余睹担任向导，攻取中京即北京。攻下中京之后，宗翰率偏师奔赴北安州，与娄室、徒单绰里合兵，大败奚王霞末，北安州于是投降。

宗翰在北安州驻扎部队，派遣希尹经营附近各地，俘获了辽国护卫耶律习泥烈，才得知辽国皇帝正在鸳鸯泺打猎，杀了自己的儿子晋王敖鲁斡，众人越发离心离德，而且西北、西南两路兵马都是老弱病残，无法用来作战。宗翰派耨碗温都、移剌保向都统杲报告说："辽国皇帝在山西已是穷困交迫，却仍以射猎为事，不忧虑危亡，自己杀死自己的儿子，臣民失望。攻取的策略，希望从速通知。如果有不同意见，我在此亲提偏师去讨伐他。"杲派奔睹与移剌保一起来答复说："刚刚接到诏令，不让马上进军山西，应当审核详细后再慢慢议定。"当时，宗翰派人向杲报告时，就已经整顿兵马等着出兵的日期。等奔睹来到，知道杲没有发兵进取的意思，宗翰担心等待与杲约会就可能失去机会，当即决定进军出发。派移剌保再次前往报告都统说："当初受命时虽然没让乘机攻取山西，但也准许我们见机行事。辽人可以攻取，这个形势已经十分明显，一旦失去机会，以后就很难牟取了。现在我已经进兵，应当与大部队会合于什么地方，希望见告。"宗干劝杲同意宗翰的决策,杲才下定决心,约定在奚王岭会合商议。

宗翰进至奚王岭,与都统杲会合。杲的部队出青岭,宗翰的军队出瓢岭,相约在羊城泺会师。宗翰率六千名精锐士兵袭击辽朝皇帝。听说辽朝皇帝从五院司前来拒战,宗翰加快速度昼夜行军,一夜赶到了五院司,辽朝皇帝逃走了。于是派希尹等追赶他。西京又叛乱,耿守忠率五千名士兵来援救,行至城东四十里,蒲察乌烈、谷赦率先迎击,斩首一千余。宗翰、宗雄、宗干、宗峻随即赶到,宗翰率部下从中间冲击耿守忠的部队,让其余的士兵下马从旁边射箭,耿守忠大败而逃,他的人马被歼灭了。宗翰的弟弟扎保迪于是役阵亡。天眷年间,朝廷追赠扎保迪为特进。

宗翰已经安抚平定了西路的州县部族,在皇帝的临时行宫拜见皇帝,于是跟从皇帝攻取燕京。燕京平定,皇帝赐给宗翰、希尹、挞懒、耶律余睹金器多少不等。由于太祖已经答应把燕京送给宋人,所以把军队撤到鸳鸯泺,身体不适,将要回京师。任命宗翰为都统,昃勃极烈昱、迭勃极烈斡鲁担任他的副手,驻军于云中。

太宗即位,诏令宗翰说:"托付你独当一面,应当升迁官职的人,你不用请命即可自行任免。"因而给了他空名宣头一百道。宋人来请求割让几个城池,宗翰答复说给武、朔二州。宗翰请示皇帝说:"宋人不归返我国叛逃的人,阻绝了燕山往来的道路,以后必定会破坏盟约,请不要割让山西的郡县。"太宗说:"先皇帝曾经答应他们了,还是应该给他们。"

手下诸将俘获了耶律马哥,宗翰把他送到京师。皇帝下令给宗翰的部队七百匹马,田种一千石、米七千石赈济新近归附的百姓。诏令说:"新归附的百姓,等到可以耕作之时,划分土地让他们居住。"宗翰请求分宗望、挞懒、石古乃的精锐部队讨伐各部。诏令说:"宗望所部不能分兵,另外以精锐士兵五千名给你。"宗翰朝拜太祖的陵墓,入见皇帝,说:"先皇帝在世时,山西、南京各部的汉族官吏,军帅都可以用皇帝的名义进行任免。现在南京全遵循旧制,只有山西需要朝廷直接任命。"皇帝下诏说:"全部按照先皇帝在燕京所下的诏敕从事,你等根据他们的勤奋与能力来迁升他们的职务。"

宗翰又奏说:"先皇帝在征讨辽国之初,为争取宋朝与我们协力夹攻,所以答应把燕地割让给他们。宋人与我们结盟之后,请求增加钱币以求换取山西诸镇。先皇帝推辞了他们增加的钱币。盟书上说:'不能收容藏匿逃亡的人,以引诱纷扰边境的百姓。'现在宋朝好几路都招纳叛逃之人并厚加赏赐。我们多次开列出叛逃人的名单,向童贯索要,曾经限定日期,用誓书相约束,结果一个人也没送回来。结盟还未满一年,现在已成这样,万世遵守盟约,哪里还有指望呢?况且西部边境并未安宁,割去山西各郡,那么各部队就失去了屯驻据守的地点,如果有作战行动,恐怕难以持久,请求暂时搁置不要割让。"皇帝全部同意了他的请求。

皇帝因为宗翰打败了辽国,经营夏国使其奉表称臣,非常嘉许他的功劳,拿出十匹马,让宗翰自己挑选两匹,其余的分赐各位军帅。

斡鲁奏报宋朝不发运每年应交纳的岁币及人口,而且将要背叛盟约,所以不可不加以防备。太宗命令宗翰拿着各路的户口簿按上面的登记数字向宋朝索要。随后,阇母再一次奏称宋朝有破坏盟约的各种迹象，宗翰、宗望一起请求讨伐宋朝。于是，谙班勃极烈杲任都元帅职，留居京师，宗翰担任左副元帅，从太原路讨伐宋朝。

宗翰从河阴出发，降服朔州，攻克代州，包围了太原府。宋朝河东、陕西的军队四万人援救太原，在汾河北岸战败，被斩杀一万余人。宗望自河北直趋汴京，许久没有音讯，于是留下银术可等围困太原，宗翰率领部队向南进发。天会四年降服平定了几个县和威胜军，攻克了隆德府即潞州。部队进至泽州，宋朝使者来到军中，才得知割让三镇讲和的事。路允迪拿着宋廷割让太原的诏书前来，太原人却拒不受诏。宗翰攻取文水及盂县，再次留银术可围困太原。宗翰于是返回山西。

宋少帝诱使萧仲恭写信给余睹，用复兴辽国的江山社稷来打动他。萧仲恭呈献了这封信，皇帝诏令再次讨伐宋朝。八月，宗翰从西京出发。九月丙寅，宗翰攻克太原，捉住了宋朝经略使张孝纯等。鹘沙虎攻取了平遥，降服了灵石、介休、孝义各县。十一月甲子，宗翰从太原直奔汴京，降服了威胜军。攻克了隆德府，于是攻下了泽州。撒剌答等在此之前已攻破了天井关，进兵逼迫河阳，打败了宋兵一万余人，降服了该城。宗翰攻克了怀州。丁亥，渡黄河。闰月，宗翰率军抵达汴京，与宗望会师。宋朝约定以黄河为两国界限，重新请求和好，但两国没有和解。丙辰，银术可等攻克了汴州。辛酉，宋少帝来到军前，住在青城。十二月癸亥，少帝上奏表投降。皇帝诏令元帅府说："将帅和士卒立有战功的人，按其功劳高下升官并奖赏。那些战死在沙场，为王朝献身的，要优厚地抚恤他们的家属，赐赠官职和封爵务必要从优从厚。"皇帝派完颜勖到军中慰劳赏赐宗翰、宗望，使者都一一握着他们的手以示慰劳。五年四月，宗翰押着宋朝的二位皇帝及其宗族四百七十余人和珪璋、宝印、衮冕、车辂、祭器、大乐、灵台、图书，随大军一道北还。七月，皇帝赐给宗翰铁券，除了谋反和叛逆之罪以外，其余无论何罪都不追究，对他的赏赐非常丰厚。

宗翰奏称，请在河北、河东的府、镇、州、县中选拔以前的资历深、能力强的人出来任职，以安抚新归附的百姓。皇帝派耶律晖等人随从宗翰前行。皇帝又诏令黄龙府路、南路、东京路各于所部选择像耶律晖这样的人派遣给宗翰。宗翰于是奔赴洛阳。宋朝的董植率兵到郑州，郑州人重新反叛。宗翰命令各将进击董植部队，再次攻取了郑州。于是迁移洛阳、襄阳、颍昌、汝州、郑州、均州、房州、唐州、邓州、陈州、蔡州的百姓到河北，而派遣娄室平定陕西的州郡。当时河东一带强盗寇贼还挺多，宗翰就分别留下将领和士兵，在黄河两岸屯兵驻守，自己回师山西。昏德公给宗翰写信"请立赵氏，使他奉职修贡，民心一定欢喜，这是万世之利。"宗翰接到了这封信却没有答复。

康王派遣王师正奉表前来金国，暗中却携带着康王的信件招诱契丹人和汉人。金人得到了这封信并报告了皇帝。太宗下诏讨伐康王。河北各将领打算停止对陕西用兵，并力南伐。河东诸将认为不可，说："陕西和西夏接邻，事关重要，部队不可撤回。"宗翰说："当初与夏人相约夹攻宋人，而夏人不响应。然而耶律大石在西北，与西夏交结往来。我们舍弃陕西而会师于河北，他们必定会认为我们有急难之事。河北不足为虑，应当首先对陕西用兵，攻略平定五路，削弱西夏之后，然后再攻取宋朝。"宗翰可能是想出兵平掉夏国。议论久而不决，上奏请示于皇帝，皇帝说："康王赵构跑到哪里我们就穷追到哪里。

等到平定宋朝,应当建立一个如同张邦昌那样的藩辅属国。陕右的土地,也不能放置而不夺取。"于是娄室、蒲察统帅部队,绳果、婆卢火监战,平定陕西。银术可守卫太原,耶律

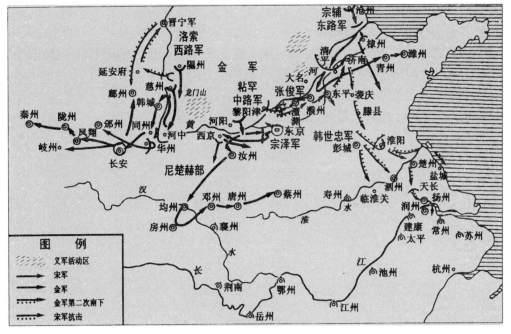

金军第一、二次南下作战经过示意图

余睹留守西京。

　　宗翰在黎阳津与东军会合,于是在濮州与睿宗相会。进军至东平,宋朝知府权邦彦弃家夜逃,降服了该城,把部队驻扎在东平东南五十里处。又攻取了徐州。在此之前,宋人把江、淮地区的金币都运来放在徐州的官库,宗翰全部得到了它,分给各部队。袭庆府前来投降。宋朝济南知府刘豫率城向挞懒投降。于是派遣拔离速、乌林答泰欲、马五去扬州袭击康王,还没有走到一百五十里,马五率领五百名骑兵已先行赶赴到了扬州城下。康王得知金兵前来,已经在前一天晚上渡江了。于是康王写信请求保存赵氏的社稷。在此之前,康王曾经写信给元帅府,称"大宋皇帝构致书大金元帅帐前",到此时则贬去大号,自称"宋康王赵构谨致书元帅致下"。他在四月、七月写的两封信都是如此。元帅府答复他的信,招他投降。于是,挞懒、宗弼、拔离速、马五等分道向南进讨。宗弼的部队渡长江攻取建康,进入杭州。康王被逼逃入海上,阿里、蒲卢浑等从明州在海上航行了三百里,没有追赶上。宗弼就率军返回。在这以后,宗翰准备用徐文的计策讨伐江南,与睿宗、宗弼的意见不一致,就停止了。这件事记载在刘豫传中。归德反叛,都统大纠里平定了他。

　　当初,太宗让斜也担任谙班勃极烈,天会八年,斜也去世,这一位置空了许久。而熙宗是宗峻的儿子,太祖的嫡孙,宗干等人不跟太宗说这件事,太宗也没有立熙宗为皇位继承人的意思。宗翰入京师朝见,对宗干说:"皇位继承人的位置空虚的太久了,合刺是先

帝的嫡孙,应当册立,不早日确定下来,恐怕此位会授给不应得到的人。我日日夜夜未曾忘却此事。"于是与宗干、希尹商议定,入宫向太宗进言,请求再三。太宗因为宗翰等都是朝廷大臣,情义不可削夺,于是就听从了他们的意见,册立熙宗为谙班勃极烈。于是,宗翰担任了国论右勃极烈,兼都元师。

熙宗即位,任命宗翰为太保、尚书令、领三省事,封为晋国王。宗翰请求退休,皇帝下诏不许。天会十四年去世,终年五十八岁。追封他为周宋国王。正隆二年,按惯例封他为金源郡王。大定年间,改赠为秦王,谥号为桓忠,灵位安放于太祖庙。

宗翰有两个孙子:秉德、斜哥。秉德另外有传。